Irene Gerlach

Bundesrepublik Deutschland

Irene Gerlach

Bundesrepublik Deutschland

Entwicklung, Strukturen und Akteure eines politischen Systems

3., aktualisierte und überarbeitete Auflage

VS VERLAG FÜR SOZIALWISSENSCHAFTEN

Bibliografische Information der Deutschen Nationalbibliothek
Die Deutsche Nationalbibliothek verzeichnet diese Publikation in der
Deutschen Nationalbibliografie; detaillierte bibliografische Daten sind im Internet über
<http://dnb.d-nb.de> abrufbar.

1. Auflage 1999
2. Auflage 2002
3. Auflage 2010

Alle Rechte vorbehalten
© VS Verlag für Sozialwissenschaften | GWV Fachverlage GmbH, Wiesbaden 2010

Lektorat: Frank Schindler / Tilmann Ziegenhain

VS Verlag für Sozialwissenschaften ist Teil der Fachverlagsgruppe
Springer Science+Business Media.
www.vs-verlag.de

Das Werk einschließlich aller seiner Teile ist urheberrechtlich geschützt. Jede Verwertung außerhalb der engen Grenzen des Urheberrechtsgesetzes ist ohne Zustimmung des Verlags unzulässig und strafbar. Das gilt insbesondere für Vervielfältigungen, Übersetzungen, Mikroverfilmungen und die Einspeicherung und Verarbeitung in elektronischen Systemen.

Die Wiedergabe von Gebrauchsnamen, Handelsnamen, Warenbezeichnungen usw. in diesem Werk berechtigt auch ohne besondere Kennzeichnung nicht zu der Annahme, dass solche Namen im Sinne der Warenzeichen- und Markenschutz-Gesetzgebung als frei zu betrachten wären und daher von jedermann benutzt werden dürften.

Umschlaggestaltung: KünkelLopka Medienentwicklung, Heidelberg
Druck und buchbinderische Verarbeitung: Ten Brink, Meppel
Gedruckt auf säurefreiem und chlorfrei gebleichtem Papier
Printed in the Netherlands

ISBN 978-3-531-16265-2

Inhalt

1 Die Entstehung der Bundesrepublik Deutschland 13
   1.1 Die Grundpositionen der alliierten Deutschlandpolitik 13
   1.2 Die wichtigsten Konferenzen 19
   1.3 Das Kriegsende und die Konferenz von Potsdam 23
   1.4 Die Besatzungszeit 28
   1.5 Auf dem Weg zur Teilung 32
   1.6 Die Geburt des deutschen Weststaates 35

2 Das Grundgesetz: Bedeutung, Aufbau, Verfassungsprinzipien und Staatszielbestimmungen 42
   2.1 Wertbindung und freiheitlich-demokratische Grundordnung 43
   2.2 Aufbau des Grundgesetzes 46
   2.3 Die Grundrechte 49
   2.4 Verfassung in Kurzform: Art. 20 GG 52
   2.5 Staatsziele und Verfassungsprinzipien 54
      2.5.1 Menschenwürde 56
      2.5.2 Republikprinzip 56
      2.5.3 Demokratieprinzip 57
      2.5.4 Föderalismusprinzip 59
      2.5.5 Rechtsstaatsprinzip 61
      2.5.6 Sozialstaatsprinzip 64
      2.5.7 Frieden 68
      2.5.8 Supranationalität 69
      2.5.9 Wiedervereinigung 71
      2.5.10 Gesamtwirtschaftliches Gleichgewicht 71
      2.5.11 Umweltschutz 73
      2.5.12 Verwirklichung der Gleichberechtigung 73

3 Deutsche Einigung und die Diskussion um eine Verfassungsreform 76
   3.1 Der Zusammenbruch der DDR 77
   3.2 Das Ringen um die deutsche Zukunft 80
   3.3 Die Verträge und der Vollzug der deutschen Einheit 87
   3.4 Die deutsche Einheit aus internationaler Perspektive 100
   3.5 Die gemeinsame Verfassungskommission als Ausgleich für den Weg der schnellen Einheit nach Art. 23 GG a. F. 106

	3.5.1 Arbeitsauftrag und Zusammensetzung	107
	3.5.2 Arbeitsweise und –ergebnisse	109
	3.5.3 Resümee	116

4 Das Zusammenspiel von Bund und Ländern im deutschen Föderalismus und in Europa 120
   4.1 Staatsorganisation zwischen Unitarismus und Föderalismus 122
   4.2 Aufgabenverteilung zwischen Bund und Ländern 126
   4.3 Der kooperative Föderalismus und die Politikverflechtungsfalle 131
   4.4 Vertikaler und horizontaler Finanzausgleich 135
   4.5 Die Länder im Prozess der deutschen Einheit 143
   4.6 Die „Mutter aller Reformen": Föderalismusreform von 2006 147
   4.7 Die deutschen Länder im europäischen Integrationsprozess 152

5 Die Rolle der Kommunen 162
   5.1 Entwicklung der Gemeinden 163
   5.2 Kommunale Rechte und Aufgaben 164
   5.3 Die Finanzen der Kommunen 174
   5.4 Die kommunale Finanzsituation und kommunale Reformversuche 179
   5.5 Politik und Verwaltung vor Ort: Die unterschiedlichen Kommunalverfassungen 187
   5.6 Beteiligungsmöglichkeiten für den Bürger 193

6 Die Verfassungsorgane 200
   6.1 Der Bundestag 200
      6.1.1 Die Aufgaben des Bundestages 205
      6.1.2 Zusammensetzung und Organisation des Bundestages 224
      6.1.3 Die wichtigsten Inhalte der Reformdiskussion 232
   6.2 Bundesregierung 239
   6.3 Bundespräsident 250
   6.4 Bundesrat 255
      6.4.1 Zusammensetzung und Organisation 257
   6.5 Bundesverfassungsgericht 261
      6.5.1 Aufbau und Arbeitsweise des Bundesverfassungsgerichtes 263
      6.5.2 Nationales Verfassungsrecht und EU: Ein besonderes Problem für Deutschland? 271
      6.5.3 Reformdiskussion und Reformerfordernisse 275

7 Wahlen: Möglichkeiten und Grenzen der politischen Gestaltung 280
   7.1 Wahlsysteme und ihre Konsequenzen 282
   7.2 Das deutsche Wahlsystem: Die personalisierte Verhältniswahl 285
      7.2.1 Wahlgrundsätze 290

Inhalt

      7.2.2   Die Kernelemente der Reformdiskussion:
              Wahlkreiseinteilung, Sperrklausel und Überhangmandate 293
   7.3   Wählerverhalten und Erklärungsansätze 299
   7.4   Partizipation zwischen repräsentativer und direkter Demokratie 309

8   Parteien: Zentrum der politischen Interessenvertretung? 319
   8.1   Parteien: Begriff nach dem GG und dem Parteiengesetz 320
   8.2   Organisation und Demokratie 328
   8.3   Parteiensystem und Parteitypen 329
   8.4   Parteien Ost und West 336
   8.5   Das Parteienfinanzierungsproblem als Gestaltungselement des
         Parteienbegriffs 341
      8.5.1   Der Normierungsprozess zur Parteienfinanzierung 345
      8.5.2   Die staatliche Teilfinanzierung seit 1994 351
      8.5.3   Die Einnahmen der Parteien 354
      8.5.4   Parteienfunktionen: Bewertung und Ausblick 357

Literaturverzeichnis 363

Verzeichnis der Texte/Dokumente/Statistiken im Internet 385

Index 391

Einleitung

Im Jahr 2008 werden 60 Jahre vergangen sein, seitdem die Westalliierten und die Benelux-Staaten mit ihren Beschlüssen auf einer Sechs-Mächte-Konferenz in London die Entscheidung zur Gründung eines deutschen Weststaates fällten. Vom Sommer des Jahres 1948 an wurden von den deutschen Länderparlamentariern die Eckwerte für die zweite deutsche Demokratie festgelegt, die seit 1949 im Grundgesetz niedergelegt sind. Diese Verfassung wurde für den westdeutschen Staat und sein Volk zum Herzstück der Realisierung von Souveränität.

Das 1999 vollzogene 50. Jubiläum der Gründung der Bundesrepublik Deutschland ebenso wie der mittlerweile bald zwei Dekaden zurückliegende Beitritt der ostdeutschen Länder zum Geltungsbereich des Grundgesetzes und schließlich das 50jährige Jubiläum der Römischen Verträge und der Gründungsveranstaltung der EWG 2007 bieten Anlässe zu bilanzieren. Nicht zuletzt durch den fortschreitenden Prozess der europäischen Einigung und die Globalisierung der Handlungsorientierung politischer wie ökonomischer Akteure und Aktionen haben sich die Handlungsgrundlagen des Nationalstaates geändert. Auch hier stellen sich Fragen nach Anpassungsfähigkeit und Anpassungsnotwendigkeit des politischen Systems.

Wenngleich mit diesen Hinweisen so etwas wie eine (vorläufige) Zäsur in der Existenz des demokratischen Deutschlands markiert wird, so muss doch davon ausgegangen werden, dass Demokratie sich v.a. als Entwicklungsprozess unter geänderten Rahmenbedingungen, aber mit Weitergeltung zentraler Grundwerte versteht.

Dementsprechend wurde auch die vorliegende Einführung in das politische System der Bundesrepublik Deutschland in der Überzeugung geschrieben, dass Demokratie v.a. aus dieser Spannung zwischen den Grundwerten, die sich ein Volk in seiner Verfassung gegeben hat und der ständigen Überprüfung und Anpassung der Realisierungen dieser Grundwerte in den Organisations- und Handlungsformen eines politischen Systems und seiner politischen Kultur lebt. Daher werden sich auch die Perspektiven der Normanalyse, der Strukturanalyse sowie der Prozessanalyse als Gestaltungselemente durch alle Kapitel des Buches ziehen.

Diese Einführung in das politische System der Bundesrepublik Deutschland ist einerseits als politikwissenschaftliches Lehrbuch für Studierende gedacht. Andererseits möchte sie aber auch dem interessierten Laien einen zusammenfassenden Überblick über das Funktionieren der deutschen Demokratie bieten. Wenngleich in allen Kapiteln versucht wurde, die jeweiligen Themen unter historischer, verfassungsrechtlicher, institutioneller sowie prozessorientierter Perspektive darzustellen, so sind dennoch viele Aspekte dem Diktat des begrenzten Platzes zum Opfer gefallen. Ein ausführliches Literaturverzeichnis bietet jedoch die Möglichkeit zu einer intensiveren Auseinandersetzung mit den behandelten Themen. Weitergehende Verweise auf eine Auswahl von Quellentexten wie Dokumenten, Verträgen, Statistiken, Parteiprogrammen und nicht zuletzt das Grundgesetz, befindet sich im Anhang. Diese Quellen sind im Text jeweils mit * [+ Ziffer] gekennzeichnet.

Im Aufbau orientiert sich das Buch an den Darstellungsfeldern Geschichte, Verfassung, Institutionen, Aktion und Akteure des politischen Systems. Auch hier musste eine Auswahl vorgenommen werden.

So gilt das erste Kapitel der Beschreibung des Entwicklungsprozesses der alliierten Deutschlandpolitik von 1941 bis zur Verabschiedung des Grundgesetzes im Jahr 1949.

Besonderer Wert wurde in diesem Kapitel auf die Darstellung der „doppelten Determiniertheit" der Politik zwischen dem Ziel der Schaffung einer Nachkriegsfriedensordnung in der Welt einerseits und der Niederschlagung der Hitlerdiktatur andererseits gelegt.

Das zweite Kapitel beschreibt Aufbau und Bedeutung des Grundgesetzes und analysiert die dort verankerten Verfassungsprinzipien und Staatszielbestimmungen zwischen ihrer verfassungstheoretischen Grundlegung und den Erfordernissen realpolitischer Umsetzung.

Thema des dritten Kapitels sind der Beitritt der Länder der DDR zum Geltungsbereich des Grundgesetzes und die Entwicklung seines innerdeutschen wie internationalen Gestaltungsprozesses. Hier fließen zentrale Fragen des zweiten und des dritten Kapitels wieder zusammen, wenn einerseits die Positionen der ehemaligen Alliierten zur Vereinigung beschrieben werden und bezüglich der Revision des Grundgesetzes nach dem Vollzug der Einheit die Arbeit der Gemeinsamen Verfassungskommission des Bundestages und des Bundesrates.

Das vierte Kapitel ist der Darlegung eines wesentlichen Verfassungsprinzips der deutschen Staatsorganisation gewidmet, dem Föderalismusprinzip. Hier werden grundsätzliches Funktionieren, verfassungsrechtliche Grundlegung und Praxis des Zusammenspiels der Akteure von Bund und Ländern geschildert. Eine Perspektive gilt dabei möglichen Kritik- und daraus erwachsenden Reformpotentialen der Praxis des Föderalismus und in diesem Zusammenhang auch der Dynamik, die der europäische Integrationsprozess ebenso wie der deutsche Einigungsprozess für die Gestaltung von Föderalismus bedeuten.

Im Zentrum des fünften Kapitels steht die Beschreibung der Gemeinde als für die Bürger unmittelbarste Einheit staatlicher Organisation ebenso wie bürgerlicher Mitgestaltung. Neben der grundsätzlichen Darstellung gemeindlicher Aufgaben und Rechte im deutschen Staatsaufbau stehen hier insbesondere Probleme der Gemeinden im Spannungsfeld zwischen Selbstverwaltungsgarantie und Überbordung mit Aufgaben, die ihnen von Bund und Ländern übertragen werden, im Mittelpunkt. Ein besonderer Aspekt dieses Kapitels gilt der Darstellung kommunaler Reformansätze und bürgerlicher Mitwirkungsmöglichkeiten in den Gemeinden.

Einleitung　　　　　　　　　　　　　　　　　　　　　　　　　　　　11

Das sechste Kapitel gilt der Darstellung der Verfassungsorgane Deutschlands, des Bundestages und des Gemeinsamen Ausschusses, der Bundesregierung, des Bundespräsidenten, des Bundesrates und schließlich des Bundesverfassungsgerichtes. Hier ist jeweils versucht worden, zunächst die grundsätzlichen Funktionen sowie die Organisation der Handlungsabläufe deutlich zu machen, um anschließend mögliche Reformansätze aus der Kritik realer politischer Prozessabläufe abzuleiten. So werden im Abschnitt zum Bundestag nicht nur dessen Funktionen und die Organisation von deren Realisierung beschrieben und den Erfordernissen klassischer Parlamentarismus- und Gewaltenteilungstheorien gegenübergestellt, sondern auch die auf den Bundestag und seine Mitglieder gerichtete(n) Reformdiskussion(en) dargestellt. Dieser auf Dynamik zielende Aspekt ist jedoch auch für die Analyse des Bundesverfassungsgerichtes und seiner Funktionen im politischen System Deutschlands, aber auch im Zusammenhang der geänderten Qualität staatlichen Handelns im Rahmen der europäischen Integration von großer Bedeutung.

Im siebten Kapitel werden unter der Perspektive der Aktion im politischen System die Bedeutung und die Praxis der Wahl beschrieben. Auch hier gilt der Blick insbesondere dem Zusammenhang zwischen Wahlsystemen und politischer Kultur und den Erfordernissen von Wahlrechtsreformen. Daneben werden aber auch Fragen nach dem Stand und der Bewertung direktdemokratischer Mitwirkungsmöglichkeiten erörtert.

Unter der Perspektive „politische Akteure" wurden für das achte Kapitel die Parteien als diejenigen Akteure ausgewählt, denen im System der repräsentativen Demokratie und im Verständnis des Grundgesetzes eine herausragende Bedeutung beigemessen werden muss.

Für die dritte Auflage dieses Lehrbuches wurde der Text umfassend aktualisiert und an vielen Stellen ergänzt. Für eine bessere Lesbarkeit wird auf die Verwendung weiblicher Personenbezeichnungen verzichtet. Das generische Maskulinum ist jedoch durchgehend geschlechtsneutral zu verstehen.

Mein Dank gilt meinen studentischen und wissenschaftlichen Mitarbeitern und Mitarbeiterinnen, die mir beim Überarbeiten des Buches und beim Zusammenstellen des Materials für die Diskette der ersten und zweiten Auflage immer wieder unterstützend zur Seite standen oder mir als Tutorinnen und Tutoren im „Grundkurs II: Einführung in das politische System der Bundesrepublik Deutschland" an der Universität Münster didaktische Anregungen gegeben haben. Namentlich hervorgehoben seien hier insbesondere Detlef Braun M.A., Jörg Bürmann M.A., Thorsten Rühlemann M.A., Steffen Roos M.A., Karen Radtke M.A. für die erste und Oliver Richter M.A. für die zweite Auflage. Bei der Überarbeitung der dritten Auflage haben mich Claudia Anschütz B.A. und David Juncke M.A. tatkräftig unterstützt. Ein ebensolcher Dank gilt aber auch den Studierenden, die mir in zahlreichen Einführungsveranstaltungen zum politischen System Deutschlands am Institut für Politikwissenschaft der Westfälischen Wilhelms-Universität Münster sowie im Rahmen von Lehrstuhlvertretungen in Freiburg, Vechta, Wuppertal und Hamburg mit konstruktiver Kritik die Auswahl des Stoffes und dessen Darstellung erleichtert haben. Sie haben mir mit ihren kritischen Anmerkungen und engagierten Diskussionen zu vielen Aspekten unseres politischen Systems und seiner empirischen Umsetzung aber auch eines immer wieder deutlich gemacht: Eine Demokratie – zumal eine solche, die nicht über den Weg sozialer und politischer Bewegungen geboren wurde, sondern unter maßgeblicher Mitwirkung externer Verursacher – ist vor allem als Handlungssystem zu verstehen, dass nur überlebt, wenn eine kritisch-konstruktive Auseinandersetzung mit seiner Realität stattfindet und allseitig als fruchtbar empfunden wird. Unverzichtbar ist dabei ein Bekenntnis zu den Grundwerten unserer Demokratie, die sich nach 60 Jahren durchaus bewehrt haben und zudem bewiesen haben, dass sie in den unterschiedlichen Gewändern jeweiliger Aktualität doch auch den Charakter eines ewig gültigen Kerns der guten Politik beweisen können. Andererseits bedarf es aber auch der Einsicht in das Funktionieren des Systems, seiner Teile und der Spielregeln des politischen Geschäfts, um gerade den Kern unserer politischen Wertordnung nicht aus den Augen zu verlieren. Es ist – wenn man so will – also ein Wechselspiel aus Lernen und Lieben, mit dem wir es zu tun haben. Denn auch heute noch gilt:

„Demokratie ist Volksherrschaft nur in den Händen eines politischen Volkes, in den Händen eines unerzogenen und unpolitischen Volkes ist sie Vereinsmeierei und kleinbürgerlicher Stammtischkram" (Walther Rathenau).

Greven, im Juli 2008

1 Die Entstehung der Bundesrepublik Deutschland

Das erste Kapitel dieser Einführung in das politische System der Bundesrepublik Deutschland gilt der Darstellung der alliierten Deutschlandpolitik im Zeitraum von 1941-1945 und führt über die Beschreibung der Besatzungszeit zur Verabschiedung des Grundgesetzes und damit zur Gründung der Bundesrepublik Deutschland. Alliiertes Gestaltungsziel der Politik dieser Phase war dabei einerseits der Sieg über das nationalsozialistische Deutschland und die Verhinderung einer nochmaligen kriegerischen Bedrohung von deutschem Boden aus. Auf der anderen Seite wurde die Politik aber auch von dem Ziel geleitet, eine neue Weltordnung und, damit in Zusammenhang stehend, eine Organisation der Nationen zu schaffen, die 1945 in die Gründung der Vereinten Nationen mündete. Gleichzeitig bildete die alliierte Deutschlandpolitik auch das Zentrum des Konfliktes, der für die folgenden fast fünf Jahrzehnte als Ost-Wst-Konflikt die Konturen der Weltpolitik bestimmen sollte.

1.1 Die Grundpositionen der alliierten Deutschlandpolitik

Die Geschichte der alliierten Deutschlandpolitik nahm am 14. August 1941 ihren Beginn, als sich Franklin D. Roosevelt und Winston Churchill auf dem Schlachtschiff „Prince of Wales" und dem amerikanischen Kreuzer „Augusta" in der Placentia-Bucht vor Neufundland trafen, um die grundsätzlichen Eckwerte einer neuen Weltordnung abzustecken. Durch das am 11. März 1941 vom amerikanischen Kongress verabschiedete Leih- und Pachtgesetz (Lend-Lease-Act) hatte sich Roosevelt schon zuvor die Möglichkeit geschaffen, Großbritannien amerikanische Zerstörer und Waffen zum Schutz der atlantischen Seeverbindungen gegen deutsche U-Boote zu überlassen. Faktisch hatten die USA damit ihre noch lange bekundete formale Neutralität bereits aufgegeben.

Auf der „Augusta" verfassten Roosevelt und Churchill eine gemeinsame Erklärung, die als „Atlantik-Charta" in die Geschichte eingegangen ist und die Skizze eines Friedens sowie einer Nachkriegsfriedensordnung darstellte (s. Abb. 1), wie es 1919 Woodrow Wilsons Vierzehn-Punkte-Programm getan hatte. Darüber hinaus erklärten sie die Vernichtung der Nazityrannei zum Ziel ihrer gemeinsamen Politik. Die Tatsache, dass dieses Treffen zwei Monate nach Hitlers Angriff auf die Sowjetunion stattfand, war für die Inhalte der verfassten Erklärung nur ein bestimmender Faktor unter anderen.

Abbildung 1: Die Prinzipien der Atlantik-Charta vom 14. August 1941
(Churchill 1995: 547/548)

„Der Präsident der Vereinigten Staaten von Amerika und Premierminister Churchill als Vertreter der Regierung seiner Majestät im Vereinigten Königreich halten es nach gemeinsamer Beratung für richtig, gewisse gemeinsame Grundsätze der von ihren beiden Ländern verfolgten nationalen Politik bekanntzugeben, auf die sie ihre Hoffnungen auf eine bessere Zukunft der Welt gründen.

1. Beide Länder streben keine Vergrößerung an, weder territorial noch sonstwie.
2. Sie mißbilligen territoriale Veränderungen, die nicht mit den frei geäußerten Wünschen der beteiligten Völker übereinstimmen.
3. Sie respektieren das Recht jeden Volkes, sich die Regierungsform, unter der es leben will, selbst zu wählen; es ist ihr Wunsch, die Souveränität und das Recht zur Selbstregierung jener Völker wiederhergestellt zu sehen, denen sie gewaltsam entrissen wurden.
4. Sie werden bestrebt sein, unter gebührender Berücksichtigung bestehender Verpflichtungen, allen Staaten, groß oder klein, Siegern oder Besiegten, zu ermöglichen, sich den für ihr wirtschaftliches Gedeihen nötigen Anteil am Welthandel und an den Weltrohstoffen unter gleichen Bedingungen zu sichern.
5. Sie haben den Wunsch, die Zusammenarbeit aller Nationen auf wirtschaftlichem Gebiet herbeizuführen, um verbesserte Arbeitsbedingungen, wirtschaftlichen Fortschritt und soziale Sicherheit zu gewährleisten.
6. Sie hoffen nach dem endgültigen Sturz der Nazityrannei einen Frieden aufgerichtet zu sehen, der allen Nationen die Möglichkeit bietet, innerhalb ihrer Grenzen in Sicherheit zu leben, und allen Menschen in allen Ländern ein Leben frei von Furcht und Not sichert.
7. Ein solcher Friede muß allen Menschen die Möglichkeit geben, die Meere und Ozeane ungehindert zu befahren.
8. Sie sind der Überzeugung, daß alle Nationen der Welt aus materiellen wie aus ethischen Gründen zum Verzicht auf Anwendung von Gewalt kommen müssen. Und da kein künftiger Friede gewahrt werden kann, solange Nationen, die mit der Gewaltanwendung außerhalb ihrer Grenzen drohen bzw. drohen können, weiterhin ihre Rüstung zu Land, zur See und in der Luft beibehalten, glauben sie, daß die Entwaffnung solcher Nationen bis zur Errichtung einer umfassenden und ständigen Organisation für die allgemeine Sicherheit unbedingt nötig ist. Sie werden gleichermaßen die Ergreifung aller anderen praktischen Maßnahmen unterstützen und fördern, die den friedliebenden Völkern die drückende Last der Rüstung erleichtern."

- Zustimmung der Sowjetunion: 24. September 1941
- Beitritt von 26 Staaten am 1. Januar 1942; darin Bezeichnung als „Vereinte Nationen" (Washingtoner Abkommen)
- bis März 1945: Beitritt von 50 Staaten
- 26. Juni 1945: formale Gründung der Vereinten Nationen

Das Vorbild Woodrow Wilsons vor Augen, der mit der Idee des Völkerbundes von 1919 gescheitert war, weil diesem nicht genügend Macht gegeben worden war, – wie es Lord Robert Cecil einmal ausdrückte –, wollte Roosevelt mit einer Gemeinschaft der Völker gleichzeitig auch die Positionen der Großmächte und darunter die der USA in einem neuen Weltstaatensystem festschreiben.[1] Diese Zielsetzung wollte er im Rahmen seiner Vorstellung eines „One-World-Traumes" verwirklichen.

Sowohl die Charta als auch die sich herausbildenden Positionen der Alliierten in der folgenden Deutschlandpolitik und schließlich die Gründung der Vereinten Nationen im Jahr 1945 ergaben sich als Kompromisse im Zusammenhang der Gestaltung einer neuen Weltordnung, vor deren Realisierung allerdings erst der gemeinsame Feind Deutschland und seine Verbündeten ausgeschaltet werden mussten.

Die Motive, welche die USA und Großbritannien, abgesehen von der Ausschaltung der Naziherrschaft, zunächst mit der Abfassung der Atlantik Charta verfolgten, waren unterschiedlich. Roosevelt intendierte neben der Schaffung eines internationalen Systems der Sicherheit, in dem den USA eine deutliche Vormachtstellung zukam, v.a. eine Liberalisierung des Welthandels und eine Abschaffung des europäischen Protektionismus im Rahmen einer „Open-Door-Politik". Churchill dagegen war daran gelegen, die internationale Stellung Großbritanniens durch die Absicherung des Commonwealth zu garantieren, was u.a. durch eine protektionistische Politik geschehen sollte, wie sie durch das 1932 in Ottawa festgelegte System der Empire-Vorzugszölle festgelegt war. Einig waren sich die Vertreter Großbritanniens und der USA in der Überzeugung, dass der zukünftige Weltfrieden quasi treuhänderisch nur von zwei Staaten garantiert werden könne, die auf eine stabile demokratische Tradition zurückblicken konnten, und dies waren eben nur ihre Staaten.

Diese von Roosevelt so genannte Gemeinschaft der beiden „Weltpolizisten" USA und Großbritannien war neben der Vernichtung der nationalsozialistischen Herrschaft eine Säule, auf der die alliierte Politik ruhte, die andere bildete sich, dort wo es in Europa darum ging, hegemoniale Ansprüche durchzusetzen bzw. zurückzuweisen.

Anders als Roosevelt sah sich Churchill in Europa nicht nur mit der Bedrohung durch Deutschland direkt konfrontiert, sondern auch mit den Machtansprüchen Stalins. Seit dem Juli 1941 – also schon zu der Zeit des Treffens in der Placentia-Bucht – existierte ein Abkommen zwischen Großbritannien und der Sowjetunion zur gegenseitigen Unterstützung im Krieg mit Deutschland. Stalin befand sich damit auf dem Weg in die Riege der Konstrukteure einer Nachkriegsweltordnung.

---

[1] Die amerikanische Sicht solch einer internationalen Organisation der „friedliebenden Nationen" lässt sich bis zum 5. Oktober 1937 zurückverfolgen, als Roosevelt in einer Rede diese Nationen aufforderte, sich gegen die Verletzungen internationaler Verträge und gegen die „Ausbreitung der ansteckenden Krankheit" mit Quarantäne zu wehren. Dies geschah ohne Nennung von Namen und mit der Ablehnung von Allianzen und verwickelnden Verpflichtungen sowie der Aufforderung zu Gewaltverzicht, Nicht-Intervention, Rüstungsbegrenzung sowie zu einer Liberalisierung des Handels (n. Gillessen 1995: 1).

Churchill war nun daran gelegen, auch Frankreich – quasi als „Verstärkung" der britischen Schutzinteressen gegen das von ihm schon frühzeitig erkannte Hegemonialstreben Stalins – als vierte Großmacht in die alliierte Politik mit einzubeziehen.

Roosevelt unterstützte diesen Wunsch Churchills allerdings nicht und zwar einerseits, weil er Frankreich die Kollaboration mit Hitler in der Vichy-Regierung vorwarf. Auf der anderen Seite aber zeigte sich schon hier Roosevelts später immer deutlicher werdende Fehleinschätzung bzw. Unterschätzung der Bedrohung Europas durch Stalin.

Am 24. September 1941 stimmte auch die Sowjetunion der Atlantik-Charta zu, allerdings nicht ohne wesentliche Inhalte zu relativieren und damit die Erklärung in ihrer Bindungskraft deutlich einzuschränken, indem sie eine Vorbehaltserklärung hinzufügte, in der sie betonte, dass die genannten Prinzipien „sich notwendigerweise den Umständen, Notwendigkeiten und historischen Besonderheiten bestimmter Länder anzupassen haben" (Gillessen 1995: 1). Die Annexion der ostpolnischen und baltischen Gebiete durch die Sowjetunion in den Jahren 1939 und 1940 fiel nach der Interpretation Stalins keineswegs unter die Punkte 1 bis 3 der Charta, da dort zuvor Scheinabstimmungen stattgefunden hatten, die den „freien Willen" der Völker bekundet hatten (Kleßmann 1986: 20). Das Leih-Pacht-System wurde nun auch auf die Sowjetunion ausgedehnt.

Die Politik der zwei „Weltpolizisten" wurde von nun an von einem dritten mitbestimmt, der allerdings eher die eigenen hegemonialen Interessen, als den Aufbau einer Weltfriedensorganisation im Auge hatte.[2]

---

[2] Bekanntlich hatten Hitler und Stalin durch ihre Außenminister von Ribbentrop und Molotow am 23. August 1939 einen Nichtangriffsvertrag unterzeichnet, der mit einem geheimen Zusatzprotokoll sowie weiteren, am 28. September 1939 unterzeichneten Verträgen verbunden war, in dem die Interessensphären beider Mächte in Osteuropa festgelegt wurden. Deutschland erklärte darin u.a. sein Desinteresse an Finnland, Estland und Lettland, erhob aber Anspruch auf Litauen (durch Änderung vom 28. September 1939 und Tausch gegen die Woiwodschaften Lublin und Warschau dann der sowjetischen Sphäre zugeordnet). Die Sowjetunion drückte dafür ihr Interesse an Bessarabien in Südosteuropa aus. Polen sollte zwischen Deutschland und der Sowjetunion aufgeteilt werden (Geheimes Zusatzprotokoll vom 23. August 1939 Ziffern 1-3/geheimes Zusatzprotokoll vom 28. September 1939; n. FAZ 23. August 1989: 5). Obwohl diesem Pakt eher strategische als reale Bedeutung zukam (Hitler glaubte sich mit dem starken Bündnispartner die möglichen Kriegsgegner England und Frankreich „vom Hals geschafft zu haben", und Stalin wollte nach der deutschen Annexion der Tschechoslowakei der direkten Bedrohung durch Hitler bei weiterem Vordringen entgehen), stellte er doch auch einen Teil der Stalin'schen Doppelstrategie da, die dieser auch im Hinblick auf einen Separatfrieden mit Deutschland noch bis 1944 betrieb (Gasteyger 1994: 43). Die ambivalente Haltung Churchills gegen den Bündnispartner Stalin drückt sich auch in dem folgenden Zitat aus: „Bis zu dem Tag, an dem Hitler die Sowjetmachthaber anfiel, schienen diese keine anderen als ihre eigenen Angelegenheiten im Auge zu haben. (...) Bis dahin hatten sie mit eisiger Kälte zugesehen, wie 1940 die Front in Frankreich zusammenbrach und wie wir uns in der ersten Jahreshälfte 1941 vergeblich bemühten, eine Front am Balkan zu schaffen. Sie hatten Nazideutschland dabei noch wichtige wirtschaftliche Hilfe gewährt und ihm mit allerlei kleineren Mitteln geholfen. Jetzt, nachdem sie sich getäuscht und überrascht sahen, befanden sie sich selber unter dem blank geschliffenen deutschen Schwert. Ihr erster Impuls und ihr unablässiges Streben richteten sich darauf, von Großbritannien und seinem *Empire* jedwede mögliche Hilfe zu fordern. Dabei hatte die

Aus der Sicht der USA ging es ab 1942 darum, nicht nur die Zahl der Mitglieder zu konkretisieren, die der Völkergemeinschaft beitreten sollten, sondern v.a. auch die Voraussetzungen für den Beitritt sowie die internationale Organisation der Arbeit festzulegen. Herzstück der Organisation sollte ein Exekutivrat mit vier ständigen Mitgliedern sein: USA, Sowjetunion, Großbritannien und China. Stalin wehrte sich vehement gegen die Aufnahme Chinas in den Rat, weil er die sowjetische Position in Asien durch die Akzeptanz einer weiteren Großmacht fürchtete. Aber auch Churchill sah in dieser Viererkonstellation eine deutliche Unterbewertung Europas in der Organisation der zukünftigen Weltpolitik. Er votierte für die Vorschaltung von Regionalräten in Asien und Europa (Gillessen 1995: 1) bzw. für einen europäischen Staatenbund, der zur Aufrechterhaltung eines Machtgleichgewichtes in Europa beitragen sollte (Gasteyger 1994: 27). Dies wiederum wurde sowohl von der Sowjetunion als auch von den USA abgelehnt: von den USA, da sowohl Roosevelt als auch sein Staatssekretär Cordell Hull davon ausgingen, dass regionale Bündnisse zu einer abermaligen Aufteilung der Welt in Einflusssphären führen und so wiederum den Kern nächster Kriege in sich bergen würden (ebenda: 27). Diese Überzeugung hat dazu geführt, dass Roosevelt sich in der alliierten Deutschlandpolitik entgegen den Bestrebungen von Churchill sehr lange gegen endgültige territoriale Zuordnungen von Einflusssphären wehrte, was andererseits Stalin für den Ausbau seines hegemonialen Vorgehens in Osteuropa und auf dem Balkan sehr gerne nutzte. Stalin lehnte die von Churchill vorgeschlagenen Regionalräte daher auch als mögliche Schwächungsfaktoren der sowjetischen Position ab.

Wenn wir versuchen, die Interessen der späteren Alliierten noch vor den ersten Kriegskonferenzen zu skizzieren, dann ergibt sich das folgende Lagebild für 1941/42:

Alle drei Großmächte, die USA, Großbritannien und die Sowjetunion waren von dem Ziel geeint, das nationalsozialistische Regime zu besiegen und auf Dauer eine Bedrohung des Weltfriedens, die von deutschem Boden ausgeht, zu verhindern.

Die USA sah das Ziel des Weltfriedens am ehesten im Rahmen einer (mit entsprechendem Machtpotential ausgestatteten) Völkergemeinschaft garantiert, deren Handlungsmaximen in der Atlantik-Charta von 1941 festgelegt worden waren. Darin verstand Roosevelt die USA und Großbritannien als die zwei „Weltpolizisten", die auf Grund langer demokratischer Traditionen in ihren Staaten den Weltfrieden treuhänderisch verwalten sollten. Daneben aber hatte Roosevelt auch dezidierte machtpolitische und v.a. ökonomische Interessen. Ihm war an einer Stabilisierung der Weltmachtposition gelegen, wie sie sich für die USA im Verlaufe des Ersten und Zweiten Weltkrieges herausgebildet hatte und darüber hinaus an einem Weltwirt-

---

eventuelle Aufteilung dieses Reiches zwischen Stalin und Hitler die sowjetischen Gedanken in den letzten acht Monaten so in Bann geschlagen, daß sie sich über die fortschreitende deutsche Truppenkonzentration im Osten blinder Täuschung hingaben" (Churchill 1995: 530/531).

schafts- und Handelssystem des freien Güterflusses unter Abschaffung aller protektionistischen Maßnahmen. Eine Neuzuordnung von Macht- und Einflusssphären wollten die USA daher sowohl aus ökonomischen Gründen verhindern als auch aus der Überzeugung heraus, dass eine solche entsprechend aufgeteilte Welt wieder den Kern für neue Konflikte in sich berge. Dies schlug sich in der von Roosevelt betriebenen „policy of postponement" nieder, die eine Vertagung vieler Deutschland konkret betreffende Fragen auf die Zeit nach dem Krieg intendierte, was wiederum die Kriegsallianz schwer belastete (Loth 1989: 30f.).

Wie Roosevelt unterstützte auch Churchill die Idee einer weltweiten Organisation der Staaten mit dem Ziel der zukünftigen Konfliktvermeidung. Ihm war allerdings daran gelegen, die Weltmachtstellung Großbritanniens im Zusammenhang des Commonwealth zu erhalten. Im Verlauf der Einbindung der Sowjetunion in die „Riege der Weltpolizisten" und mit der Stärkung der militärischen Position der Sowjets im Verlauf des weiteren Krieges wuchs aber für Churchill v.a. die Bedeutung des Zieles, in der Form von europäischen Allianzen dem Hegemonialstreben Stalins eine Gegenwehr bieten zu können. Er bekundete schon früh sein Interesse an konkreten, v.a. territorialen Absprachen zwischen den Alliierten. Stärker als den USA war Großbritannien aber im Verlauf der folgenden Jahre v.a. auch daran gelegen, mit einem wirtschaftlich lebensfähigen Nachkriegsdeutschland konfrontiert und nicht „an einen Leichnam gekettet" zu sein wie es Churchill ausdrückte (Grosser 1991: 45).

Für den Zeitraum 1941/42 lässt sich eine eindeutige Motivlage der sowjetischen Deutschlandpolitik auch heute nur schwer beschreiben, vielmehr müssen die Intentionen Stalins als mehrdimensional bzw. flexibel eingeordnet werden (Kleßmann 1986: 27). Anders als die USA und in stärkerem Ausmaß als Großbritannien war die Sowjetunion Opfer des nationalsozialistischen Vormachtstrebens geworden. Von daher schien Stalin sowohl ein bilateraler Vertrag (23. August 1939/vgl. Fußn. 2) mit Deutschland erstrebenswert, um Zeit zu gewinnen und die Bedrohung seines Landes hinauszuschieben, als auch später die Mitgestaltung der alliierten Deutschlandpolitik. Der ungeheuer verlustreiche Befreiungskampf der Roten Armee sowie das Ziel, den „bisher gegen Russland gerichteten mittel- und osteuropäischen cordon sanitaire in ein möglichst breites Aufmarschgebiet, das fortan als Sicherheitsstreifen gegen Westeuropa dienen sollte", umzuwandeln (Gasteyger 1994: 42), führten zunächst zu einer sowjetischen Politik, in deren Zentrum der Schutz vor weiteren deutschen Aggressionen stand. Die Westverschiebung Polens entsprechend der Curzon-Linie war daher die eine Forderung, die Stalin ohne Willen zur Rücknahme schon früh äußerte. Die „Zerstückelung" Deutschlands war seine andere Zielsetzung, die er schon in einem Gespräch mit dem britischen Außenminister Anthony Eden im Dezember 1941 in Moskau äußerte, genauso wie in Vorgesprächen zu dem sowjetisch-britischen Bündnisvertrag (26. Mai 1942),[3] im Verlauf der weiteren Verhandlungen stetig wiederholte, sich aber gegen Kriegsende dezidiert davon distanzierte. Es spricht heute einiges dafür, dass die Entwicklung der sowjetischen Position in der alliierten Deutschlandpolitik sich zu einem gewissen Ausmaß auch als Resultat des Handelns, bzw. Nicht-Handelns der anderen Großmächte und insbesondere der USA ergeben hat. Dies lässt sich v.a. an den auf den alliierten Kriegskonferenzen vorgetragenen Positionen der Verhandlungspartner zeigen, deren wichtigste im Folgenden dargestellt werden.

1.2 Die wichtigsten Konferenzen

Auf einer Außenministerkonferenz, die im Zeitraum vom 19. bis 30. Oktober 1943 in Moskau stattfand, wurde in Erwartung eines nahen Kriegsendes v.a. auf Drängen Großbritanniens eine Kommission gegründet, die die Aufgabe der Organisation des konkreten deutschlandpolitischen Vorgehens übernehmen sollte (EAC: European Advisory Commission) (Rupp 1982: 20). Sie trat ab Januar 1944 zusammen und entwickelte Pläne für die Besetzung Deutschlands, die Aufteilung in Besatzungszonen (Protokoll vom 12. September 1944 (* [2])), für die Gestaltung des alliierten Kontrollsystems mit dem Kontrollrat als höchstem Entscheidungsgremium (Protokoll vom 14. November 1944 (* [3])) sowie für die Ausarbeitung der Kapitulationsurkunde.

Auf der Konferenz von Teheran kam es im Zeitraum vom 28. November bis zum 1. Dezember 1943 zum ersten Zusammentreffen der „Großen Drei". Sowohl das weitere militärische Vorgehen als auch Möglichkeiten der späteren Besetzung waren Gesprächsinhalte.

Ergebnisse der Konferenz von Teheran waren die endgültige Entscheidung zur Aktion „Overlord", der alliierten Invasion in Nordfrankreich und nicht in der Poebene sowie Gespräche über die Curzon- oder die Oder-Linie als Ostgrenze der Sowjetunion und damit verbunden die Westverschiebung Polens auf Kosten Deutschlands (Churchill 1995: 840ff.). Hier zeigten sich später in Jalta noch stärker ausgeprägte Differenzen zwischen Stalin und Churchill, der sich gegen die Oder-Neiße Linie wehrte, da er ein zu starkes Vorrücken der Sowjetunion nach Westen vermeiden wollte. Er votierte zwar für einen Ausgleich der Gebietsverluste im Osten durch deutsche Gebiete im Westen, aber nur insoweit Polen selbst dies so wollte und zur Bewirtschaftung der Gebiete in der Lage sei. Er bediente sich später in Jalta der Formulierung, es könne nicht darum gehen, die polnische Gans dermaßen mit

---

[3] Hier entwarf Stalin eine europäische Nachkriegsordnung, derzufolge der Sowjetunion eine Vormachtstellung in Ostpolen, Bessarabien, Karelien, im Baltikum sowie in Südosteuropa zukommen sollte. Für Deutschland schlug er eine Auflösung in Form der Trennung des Rheinlandes von Preußen und die Unabhängigkeit Bayerns und Österreichs vor.

deutschem Futter zu mästen, dass sie an Verdauungsbeschwerden eingehe (Churchill 1995: 1025).

Seine Vertrauensseligkeit bzw. sein Desinteresse an einer konkreten Festlegung der Grenzen im Nachkriegseuropa bekundend, kommentierte Roosevelt die Bedenken Churchills folgendermaßen: „Das Ärgerliche ist, daß Churchill zu sehr an die Nachkriegszeit denkt. Er fürchtet, die Russen würden zu stark werden (...). Ich sehe nicht ein, daß wir das Leben amerikanischer Soldaten allein zu dem Zweck opfern sollen, um die britischen Interessen auf dem europäischen Kontinent, ob tatsächliche oder imaginäre, zu schützen" (n. Kleßmann 1986: 25).

Differenzen zwischen den „Großen Drei" bestanden jedoch auch hinsichtlich der Behandlung Deutschlands in der Nachkriegszeit. V.a. Stalin, darin von Roosevelt unterstützt, wollte eine „Zerstückelung" Deutschlands, die sicherstellen sollte, dass es auf lange Zeit nicht mehr in der Lage war, die Welt wieder in einen Krieg zu reißen. In einem Gespräch mit Churchill sagte Stalin, „Deutschland besitze jede Fähigkeit, sich nach dem Krieg schnell zu erholen und binnen verhältnismäßig kurzer Zeit einen neuen zu beginnen" (Churchill 1995: 841). Das Wichtigste sei daher, Deutschland zu zerteilen, wobei er darüber hinaus auch an deutliche Eingriffe in die deutsche Industrie dachte (ebenda). Dies wiederum kam dem vom amerikanischen Finanzminister Morgenthau 1944 entwickelten Plan entgegen, Deutschland zu „zerstückeln" und zu entindustrialisieren. Roosevelt schlug zur großen Freude Stalins vor, Deutschland in fünf selbstständige Staaten und zwei weitere Gebiete unter alliierte Kontrolle zu zerstückeln (ebenda: 857). Churchill dagegen wehrte sich gegen diese massiven Zerstückelungspläne und zwar einerseits, weil er sich im Falle ihrer Realisation nur noch mit der Sowjetunion als Großmacht in Europa konfrontiert sah, und zum anderen, weil er kein Interesse an der Entstehung nicht lebensfähiger Staaten in Europa hatte. Er votierte darum für eine Verkleinerung und Isolierung Preußens und für die Bildung eines Bundes zwischen Bayern, Österreich und Ungarn ohne Aggressionstendenzen (Churchill 1995: 842). Letztendlich blieb aber die Frage der Behandlung Deutschlands nach dem Krieg noch ungelöst.

Die nächste wichtige Konferenz der „Großen Drei" war diejenige von Jalta, die vom 4. bis zum 11. Februar 1945 tagte. Dieser Konferenz kann aus heutiger Sicht eine Schlüsselposition bezüglich der späteren konflikthaften Entwicklung des Verhältnisses der Alliierten untereinander beigemessen werden und zwar nicht wegen der Beschlüsse, die gefasst, sondern wegen derjenigen, die nicht konkret gefasst wurden. Es kann mit einigem Recht sogar behauptet werden, dass hier der Grundstein des Kalten Krieges gelegt wurde, indem auftretende Spannungen zwischen den Alliierten bewusst oder unbewusst nicht gesehen wurden und sich auf eine Reihe von extrem vagen Arrangements eingelassen wurde, um den nahen gemeinschaftlich erreichten Sieg über Deutschland nicht zu gefährden.[4]

---

[4] Es hat sich eingebürgert, in der Unterscheidung unterschiedlicher außenpolitischer Positionen von einer „Riga-Schule" und einer „Jalta-Schule" zu sprechen. Unter der ersten verstand man in der Nach-

Inhalte der Verhandlungen waren noch einmal der genaue Verlauf der polnischen Ostgrenze und v.a. die von Seiten Churchills gestellte Forderung, die kommunistische Regierung Polens um Teile der nach London geflüchteten Exilregierung zu einer „Regierung der nationalen Einheit" zu ergänzen sowie freie Wahlen in Polen zuzulassen (Churchill 1995: 854ff., 1027/Kleßmann 1986: 30).

Bezüglich der weiteren Behandlung Deutschlands kam man zu einem „vorläufigen Überblick (...) über ein ungeheures historisches Problem" (Churchill 1995: 861) in der Form eines Einverständnisses der Zuweisung separater Zonen an die drei Besatzungsmächte und einer eventuellen Beteiligung Frankreichs (falls es dies wolle), dessen Zone durch die European Advisory Commission (EAC) festgelegt werden solle. Eine koordinierte Verwaltung und Kontrolle sollte durch einen Kontrollrat erfolgen (Erklärungen und Vereinbarungen von Jalta n. Kleßmann 1986: 345). Die Zoneneinteilung war durch die EAC-Protokolle vom 12. und 14. November 1944 vorbereitet worden.

Einig war man sich über die endgültige Zerstörung des deutschen Militarismus und Nationalismus sowie darüber, dass Deutschland für die von ihm verursachten Schäden Sach-Entschädigungen in größtmöglichem Ausmaß zu leisten hatte. Zur Bestimmung von Umfang und Art der Reparationsleistungen wurde eine Kommission eingesetzt, die in Moskau tagen sollte (ebenda: 346). Als Arbeitsgrundlage erhielt diese Kommission eine Reihe von Beschlüssen, die im Protokoll der Verhandlungen von Jalta niedergelegt sind. Danach sollten v.a. die Staaten entschädigt werden, die die größten Verluste erlitten und den Sieg über Deutschland organisiert hatten. Es sollten für einen Zeitraum von zwei Jahren v.a. mit dem Ziel der Zerschlagung des deutschen Kriegspotentials einmalige Entnahmen aus deutschem In- und Auslandsbesitz stattfinden. Für einen noch festzulegenden Zeitraum waren jährliche Warenlieferungen aus der laufenden Produktion vorgesehen. Als Gesprächsgrundlage wurde der Kommission der von der Sowjetunion eingebrachte Vorschlag übermittelt, die Reparationssumme auf 20 Milliarden Dollar festzulegen, von denen die Hälfte an die Sowjetunion gehen sollte (Protokoll über die Verhandlungen der drei Regierungschefs auf der Krim-Konferenz zur Frage von Reparationen in Form von Naturalleistungen aus Deutschland; abgedr. in Kleßmann 1986: 347). Auf Druck der USA entschied sich die Sowjetunion in Jalta zum Kriegseintritt gegen Japan (Erdmann 1993: 28ff.) und erklärte sich mit der Gründung der Vereinten Nationen einverstanden.

In der nachträglichen Bewertung der Konferenz von Jalta durch deren Teilnehmer fällt v.a. die fast überschwängliche Begeisterung der Amerikaner auf. So-

---

kriegszeit die v.a. von George Kennan, der vor Anerkennung der Sowjetunion im Jahr 1933 Leiter einer amerikanischen Beobachterkommission in Riga war, entwickelte Sicht, dass eine vertrauensvolle und nach demokratischen Maßstäben erfolgende Kooperation mit der Sowjetunion unmöglich sei. Vertreter der „Jalta-Schule" wie z.B. der Präsidentenberater Harry L. Hopkins, gingen davon aus, dass Jalta den Höhepunkt der alliierten Kooperation und sowjetischer Kompromissbereitschaft darstellte (Kleßmann 1986: 29).

wohl Roosevelt als auch z.B. sein Berater Hopkins gingen davon aus, dass Stalin nichts anderes im Sinn hatte, als für eine friedliche, demokratische Welt zu arbeiten und dass er den anderen Verhandlungspartnern sehr weit entgegengekommen war.

Churchill machte nach seiner Rückkehr keinen Hehl daraus, dass er v.a. im Hinblick auf „das Problem Polen" gerne konkretere Lösungen gesehen hätte, aber dennoch mit den gefassten Entschlüssen unter den gegebenen Bedingungen bei Unterstellung eines entsprechenden „Geistes", mit dem die Verlautbarungen und Dokumente unterzeichnet worden waren, zufrieden war (Churchill 1995: 1033).[5]

Mit dieser von 200 Trinksprüchen und allerlei Freundlichkeiten und Rücksichtnahmen begleiteten Konferenz nahm die Reihe der Fehlwahrnehmungen und entsprechenden Reaktionen ihren Lauf, die zur Zweiteilung Deutschlands und der Welt und keineswegs zur „One-World" im Sinne Roosevelts führen sollte. Im Jahr 1989, nach deren Überwindung, wurde dann erneut die Frage nach den Strukturen einer neuen Weltordnung gestellt.

An einer Reihe schnell aufeinanderfolgender Ereignisse sollte sich erweisen, dass es den Vereinbarungen von Jalta an Konkretheit mangelte und dass es eindeutige Fehlperzeptionen bezüglich des Verhandlungswillens Stalins gegeben hatte.

Die schon am 1. Januar 1945 von Stalin anerkannte kommunistische Regierung Polens (Lubliner Komitee), mit der er am 21. April 1945 einen Beistandspakt schloss, blieb im Amt, ohne dass eine Beteiligung der Londoner Exilregierung oder freie Wahlen stattfanden und die Gebiete entsprechend der Oder-Neiße-Linie blieben der polnischen Administration unterstellt. Für die südosteuropäischen Gebiete Rumänien, Bulgarien, Jugoslawien und Ungarn, in denen seit 1944 die Rote Armee stand, verlangte er schon in Jalta die Akzeptanz seines Machtanspruches durch die Verhandlungspartner. Ost- sowie Südosteuropa befanden sich faktisch schon in seiner Hand.

Als sich im Verlauf des Frühjahrs 1945 zeigte, dass die USA dem schon vor Jalta von der Sowjetunion an sie gerichteten Ersuchen um einen Kredit von sechs Milliarden Dollar für den Wiederaufbau des Landes nicht nachkommen würde und die Leistungen nach dem Lend-Lease-Gesetz im Mai 1945 abrupt eingestellt wurden, wertete die Sowjetunion dies als Affront und war um eine deutlichere Umsetzung ihrer Interessen bemüht.

---

[5] In seinen Erinnerungen umschreibt Churchill das Pragmatische des Vorgehens folgendermaßen: „Heute, da die Deutschen geschlagen sind, ist es leicht, diejenigen zu verurteilen, die ihr Bestes taten, die Russen bei der Stange zu halten und das gute Einvernehmen mit diesem großen Verbündeten, der so furchtbar gelitten hatte, zu wahren. Was wäre geschehen, wenn wir uns mit den Russen überworfen hätten, als die Deutschen noch zwei- bis dreihundert Divisionen an den Fronten stehen hatten? Unsere optimistischen Annahmen sollten nur zu bald Lügen gestraft werden. Dennoch waren sie in der damaligen Zeit die einzig möglichen" (Churchill 1995: 1035).

1.3 Das Kriegsende und die Konferenz von Potsdam

Am 7. Mai 1945 kapitulierte die deutsche Wehrmacht bedingungslos. Generaloberst Jodl, Chef des Wehrmachtsführungsstabes im Oberkommando der Wehrmacht, unterzeichnete zunächst, bevollmächtigt durch Großadmiral von Dönitz – als von Hitler, der sich am 30. April 1945 durch Selbstmord seiner Verantwortung entzogen hatte, eingesetzter Reichspräsident – im Hauptquartier der alliierten Streitkräfte in Reims die Kapitulationsurkunde (* [5]). Auf Wunsch der Sowjets wurde diese Kapitulation am 8. Mai 1945 in deren Hauptquartier in Berlin-Karlshorst durch Unterschrift der Oberbefehlshaber von Heer, Marine und Luftwaffe wiederholt. Die Regierung von Dönitz wurde am 23. Mai 1945 verhaftet, hatte aber auch zuvor nicht mehr handeln können. Die Regierungsgewalt ging an den Alliierten Kontrollrat über. Zwar war Deutschland damit nicht als Völkerrechtssubjekt ausgelöscht, es war aber zum Objekt der Siegermächte geworden.

Die Welt blickte auf die Bilanz eines grauenhaften Krieges zurück, in dem etwa 55 Millionen Menschen ihr Leben gelassen hatten, allein 20 Millionen davon waren Bürger der Sowjetunion gewesen.

Mit der Direktive JCS 1067 vom 26. April 1945 an den Oberbefehlshaber der Besatzungstruppen der USA (* [4]) hatte die amerikanische Regierung schon erste Eckwerte für die Besatzungspolitik gesetzt. Danach sollte den Deutschen ihre Schuld für die Verwüstungen deutlich gemacht werden, die sie der Welt, aber auch Deutschland selbst zugefügt hatten, und es sollte ebenso deutlich gemacht werden, dass sie die Verantwortung dafür zu tragen hätten. Der Besatzungsstatus sollte betont und Verbrüderungen mit der deutschen Bevölkerung und der Administration sollten unterbunden werden. Mit dem Ziel der Verhinderung einer nochmaligen Bedrohung des Friedens durch Deutschland sollten Nationalismus und Militarismus ausgeschaltet werden, die Wirtschaft kontrolliert und die Reparationsmaßnahmen mit Härte durchgeführt werden. Dies alles wurde mit dem Ziel eines langfristigen Wiederaufbaus des politischen Lebens auf demokratischer Grundlage verbunden. Diese offiziell bis 1947, dennoch die politische Praxis nicht sehr lange definierende Direktive, trug noch deutliche Spuren der Handschrift des amerikanischen Finanzministers Morgenthau.[6]

Am 5. Juni 1945 veröffentlichten die Alliierten die Berliner Deklaration (* [6]), in der sie die Übernahme der Regierungsgewalt durch ihre vier Regierungen und den Alliierten Kontrollrat in den Besatzungszonen und gemeinsam in Berlin erklärten, Maßnahmen zur Entmilitarisierung Deutschlands und zur Friedenssicherung ankündigten und der Bevölkerung „zusätzliche politische, verwaltungsmäßige, wirtschaftliche, finanzielle, militärische und sonstige Forderungen auf(erlegten), die sich

---

[6] Mit dem Motto „Germany's road to peace leads to the farm" schlug Henry Morgenthau 1944 eine vollständige Deindustrialisierung und Reagrarisierung Deutschlands als sicherstes Mittel zur Verhinderung weiterer Bedrohungen durch dieses vor (Morgenthau 1945: 147).

aus der vollständigen Niederlage Deutschlands ergeben" (Art. 13 b der Deklaration). Die Festlegung der rechtlichen Stellung und der Grenzen Deutschlands wurde darin ausdrücklich auf einen späteren Zeitpunkt verschoben.

Churchill hatte schon kurz nach der Kapitulation Kontakt zu Harry S. Truman aufgenommen, Roosevelts Nachfolger als Präsident der USA nach dessen Tod am 12. April 1945, um die nächste, die abschließende Konferenz mit Stalin vorzubereiten. In einem Telegramm vom 11. Mai 1945 flehte er Truman fast an, die amerikanischen Truppen auf keinen Fall aus den besetzten Gebieten zurückzuziehen (Churchill 1995: 1079). Er fürchtete – wie der weitere Lauf der Geschichte zeigte nicht grundlos –, dass ein schneller Rückzug in die eigenen Besatzungszonen[7] den Westmächten jede Möglichkeit aus den Händen nehmen würde, ihre Vorstellungen über die zukünftigen polnischen Westgrenzen sowie dessen Regierung und schließlich auch diejenigen über die sowjetische Besetzung Deutschlands und die Kontrolle der Länder des Donauraumes und Südosteuropas durch die Sowjets in die Verhandlungen einzubringen (Churchill 1995: 1058). Zu dieser Zeit prägte Churchill in einem weiteren Telegramm das Bild vom „eisernen Vorhang". Er schrieb: „Wie wird sich die Lage in ein bis zwei Jahren darstellen, wenn die britischen und amerikanischen Armeen nicht mehr existieren und die Franzosen noch keine beachtliche Armee aufgestellt haben, so daß wir nur über eine Handvoll von Divisionen, davon die Mehrzahl französische, verfügen, während Rußland zwei- bis dreihundert unter den Fahnen hält? (...) Ein Eiserner Vorhang ist vor ihrer Front niedergegangen. Was dahinter vorgeht, wissen wir nicht. Es ist kaum zu bezweifeln, daß der gesamte Raum östlich der Linie Lübeck-Triest-Korfu schon binnen kurzem völlig in ihrer Hand sein wird" (Churchill 1995: 1080). Auf die Bitte Churchills um eine möglichst baldige erneute „Dreierkonferenz" votierte Truman zunächst für ein Treffen zwischen ihm und Stalin allein.[8]

Truman schlug jedoch die Warnungen Churchills in den Wind und gab im Juni 1945 den Befehl zum Abzug der amerikanischen Truppen aus Böhmen, Sachsen, Mecklenburg und Thüringen. Diese Entscheidung knapp fünf Wochen vor der Konferenz von Potsdam war folgenschwer. Zum Zeitpunkt der Konferenz verfügten die Amerikaner über die Atombombe, und das Ende des Krieges gegen Japan war abzusehen, so dass sie die sowjetische Hilfe nicht mehr brauchten, was die Verhandlungspositionen der Westmächte gestärkt hätte, wenn zuvor eben nicht „das letzte Pfand" fortgegeben worden wäre.

---

[7] Die Demarkationslinie zwischen den britisch-amerikanischen und sowjetischen Truppen verlief zu diesem Zeitpunkt deutlich östlicher als die vereinbarte Zoneneinteilung.
[8] Er begründete dies damit, dass er auf jeden Fall den Eindruck eines „ganging up", eines Zusammenschlusses gegenüber Stalin vermeiden wollte. Die amerikanische Angst vor diesem Eindruck des „ganging up" hatte schon in Jalta zu wiederholten Gesprächen zwischen Roosevelt und Stalin, aber zur Vermeidung von Gesprächen unter vier Augen zwischen Roosevelt und Churchill geführt (Churchill 1995: 1079).

Schon beim Inkrafttreten der Kapitulation Deutschlands am 9. Mai 1945, die Stalin mit dem Satz kommentiert hatte: „Die Sowjetunion feiert den Sieg, wenn sie sich auch nicht anschickt, Deutschland zu zerstückeln oder zu vernichten", deutete sich der massive Positionswechsel an, den Stalin vollzogen hatte. Vier Jahre lang hatte er immer wieder für die „Zerstückelung" Deutschlands votiert, und jetzt rückte er vom Zerstückelungskonzept ab. Auf seinen Einfluss hin wurde der Begriff auch nicht in die Kapitulationsurkunde aufgenommen. Dieser extreme Einstellungswandel Stalins lässt sich aus heutiger Sicht durch die militärischen Erfolge der Sowjetunion und ihren damit verbundenen Machtzuwachs in der Zeit zwischen 1941 und 1945 erklären. Auf Grund der Tatsache, dass Roosevelt schon am Rande der Konferenz von Jalta Stalin gegenüber hatte verlautbaren lassen, dass die Amerikaner sich spätestens zwei Jahre nach Kriegsende aus Europa zurückziehen wollten, schien ihm die Möglichkeit der Erhaltung seines im Krieg erreichten Einfluss- bzw. Machtbereiches in Europa gegeben und dessen Ausdehnung auf ganz Deutschland nicht ausgeschlossen.

In der Zeit zwischen dem 17. Juli und dem 2. August 1945 trafen sich die „großen Drei" zu ihrer letzten Konferenz in Potsdam, die das beziehungsreiche Codewort „terminal" trug. Knapp einen Monat zuvor war in San Francisco durch Unterzeichnung der Charta der Vereinten Nationen die UNO gegründet worden. Institutionell schien damit Roosevelts Traum einer friedenssichernden Völkergemeinschaft noch vor der endgültigen Lösung der deutschen Frage realisiert.

In Potsdam sollte die Anti-Hitler-Koalition, repräsentiert durch Harry S. Truman, zunächst Winston Churchill und dann Clement Attlee, der Churchill während der Konferenz nach dessen Wahlniederlage als Premierminister ablöste, und Jossif W. Stalin, die endgültigen Regelungen für die Verwaltung des besetzten Deutschlands sowie für eine Nachkriegsfriedensordnung in Europa verabschieden. Frankreich wurde an den Beschlüssen in Potsdam nicht beteiligt, sondern nur über diese informiert, was seine spätere Obstruktionspolitik im Kontrollrat zu einem wesentlichen Teil bedingte.

Nach der Niederlage des gemeinsamen Feindes war die Klammer, die die auseinanderweichenden Interessen der „großen Drei" bisher zusammengehalten hatte, gesprengt und die Brüche, die durch das Bündnis gingen, ließen sich auf der Konferenz kaum noch verbergen.

Der größte Teil der zu behandelnden Fragen blieb auf Grund der Unfähigkeit zum Konsens und der Unwilligkeit zum offenen Konflikt unter den Verhandlungspartnern ungelöst.

Unstrittig waren die Ziele der vollständigen Entwaffnung und Entmilitarisierung Deutschlands sowie der bleibenden Ausrottung des Nazismus, so in III A 3 der „Amtlichen Verlautbarungen über die Konferenz in Potsdam" (* [7]) festgelegt. Das deutsche Volk sollte zwar büßen, aber es sollte nicht vernichtet werden. „Es ist nicht die Absicht der Alliierten, das deutsche Volk zu vernichten oder zu versklaven. Es ist die Absicht der Alliierten, dem deutschen Volk Gelegenheit zu geben, sich darauf vorzubereiten, später sein Leben auf demokratischer und friedlicher Grundlage neu aufzubauen. Sind seine eigenen Anstrengungen unablässig auf dieses Ziel gerichtet, so wird es zu gegebener Zeit seinen Platz unter den freien und friedliebenden Völkern der Welt einnehmen können" (Vorwort des III. Abschn.).

Einverständnis bestand auch über die Einsetzung eines Rates der Außenminister der vier Besatzungsländer und zusätzlich Chinas, der die Friedensverträge vorbereiten sowie Vorschläge für die bei Kriegsende ungelösten territorialen Fragen erarbeiten sollte (II). Darüber hinaus einigte man sich über eine Zonenverwaltung in der Verantwortung der jeweiligen Regierungen, auf einen Sonderstatus für Berlin und eine dezentrale Verwaltungs- und Wirtschaftsstruktur, dies jedoch bei Aufrechterhaltung der wirtschaftlichen Einheit Deutschlands (III B 14). So weit es durchführbar war, sollte die deutsche Bevölkerung einer einheitlichen Behandlung unterliegen (III A 2).

In allen anderen Fragen erzielte man keine Einigungen, sondern war v.a. auf Seiten der Westalliierten gezwungen, für schon Vollzogenes pragmatische, aber nicht endgültige Begriffe zu finden und auf die Lösung der noch offenen Probleme durch den Rat der Außenminister zu hoffen.

Im gesamten Ost- und Südosteuropa hatte Stalin inzwischen Tatsachen geschaffen, indem überall dort, wo die Rote Armee stand, ihm gut gewogene kommunistische Regierungen eingesetzt worden waren. In der Frage Polens teilte Stalin den anderen Konferenzteilnehmern kurzerhand mit, dass er die deutschen Gebiete östlich von Oder und Neiße, die laut EAC-Protokoll vom 12. September 1944 zur sowjetischen Besatzungszone gehören sollten, mit Ausnahme des eisfreien Hafens Königsberg an Polen übergeben hatte und behauptete unrichtigerweise, dass die deutsche Bevölkerung vollständig aus diesen Gebieten geflüchtet sei. In einem im Juli 1944 mit der provisorischen polnischen Regierung abgeschlossenen Abkommen hatte er Polen die Durchsetzung der Oder-Neiße-Grenze als polnische Westgrenze gegenüber den anderen Alliierten zugesagt. Die für die Ernährung der deutschen Bevölkerung wichtigen Gebiete in Pommern und Schlesien sowie die schlesische Schwerindustrie standen damit nicht mehr für Reparationsleistungen zur Verfügung. Allerdings war die provisorische polnische Regierung kurz vor Potsdam – wie in Jalta beschlossen – um Mitglieder der Londoner Exilregierung erweitert worden und hatte ihre Zustimmung zu freien Wahlen verlautbaren lassen. Man half sich dadurch aus der schwierigen Situation, dass die fraglichen Gebiete unter polnische Verwaltung gestellt und die Frage der endgültigen polnischen Westgrenze auf den Zeitpunkt eines Friedensvertrages vertagt wurden (IX B). Die deutsche Bevölkerung in Polen, der Tschechoslowakei und Ungarns sollte „in geordneter und humaner Weise" umgesiedelt werden (XIII).

Auch in der Reparationsfrage rächte sich in Potsdam, dass in Jalta konkrete Beschlüsse vermieden worden waren. Was in Jalta der Kommission als Planungsgrundlage mitgegeben worden war, die Gesamtsumme von 20 Milliarden Dollar Reparationsleistungen, von denen die Sowjetunion die Hälfte erhalten sollte, erklärte

Stalin nun zur Beschlusssache von Jalta. Sowohl Churchill als auch Truman war daran gelegen, die Praxis der Reparationszahlungen so zu gestalten, dass die Ernährung der deutschen Bevölkerung nicht infrage gestellt würde, was angesichts der faktisch an Polen verlorenen großen landwirtschaftlichen Flächen erschwert wurde. Während Amerikaner und Briten so zunächst Nahrungsmittelimporte aus Produktionserlösen finanzieren wollten, bestanden die Sowjets auf vorrangiger Erfüllung von Reparationspflichten. Auch hier konnte der formale Konsens auf der Konferenz nur durch einen Kompromiss erhalten bleiben: Deutschland wurde in zwei Reparationsgebiete aufgeteilt, um wenigstens zu verhindern, dass den Sowjets der Zugriff auf das westdeutsche Industriepotential ermöglicht wurde. Der beschlossene Grundsatz der Wahrung eines einheitlichen deutschen Wirtschaftssystems wurde allerdings damit faktisch aufgegeben. Es wurde festgelegt, dass die UdSSR ihre Ansprüche aus der eigenen Besatzungszone und entsprechendem deutschen Auslandsvermögen (Bulgarien, Finnland, Ungarn, Rumänien, Österreich) befriedigen sollte und dass die Ansprüche der Westalliierten aus den anderen Zonen, verbleibendem Auslandsvermögen sowie dem in Deutschland erbeuteten Gold entnommen werden sollten (IV 1-3, IV 8-10). Zusätzlich sollte die UdSSR 25% der im Westen demontierten Anlagen erhalten, 15% davon im Austausch gegen Waren- und Lebensmittelleistungen (IV 4).

In Absatz X der Potsdamer Vereinbarungen wird auf die Möglichkeiten und Bedingungen für weitere Staaten eingegangen, den Vereinten Nationen beizutreten. Damit schließt sich, wenn man so will, der Kreis, den Roosevelts Gedanke von der Gemeinschaft friedliebender Völker seit seinem Treffen mit Churchill im August 1941 auf der Augusta gezogen hatte und der sich als äußerst wichtig in der Gestaltung der Ergebnisse in den Kriegskonferenzen erwiesen hatte.

Schon zurzeit der Potsdamer Konferenz gewannen die Vertreter der Riga-Schule in der amerikanischen Regierung an Bedeutung und bereiteten einen außenpolitischen Stimmungsumschwung vor. Für Churchill waren die Ergebnisse der Konferenz äußerst unbefriedigend, was er teilweise durch den britischen Regierungswechsel im Verlauf der Konferenz erklärte.[9]

---

[9] „Ich übernehme für die in Potsdam gefaßten Beschlüsse keine Verantwortung über das hinaus, was hier geschildert ist" (Teilnahme Churchills bis zum 25. Juli 1945; Anm. d. Verf.). „Ich ließ einfach die Differenzen, die weder von uns am runden Tisch noch von unseren Außenministern in täglichen Sitzungen bereinigt werden konnten, anstehen. (...) Es war jedoch meine Absicht, nach dem – wie man allgemein erwartete – für mich günstigen Wahlausgang diesen Stapel für mich unerledigter Dinge hart auf hart mit der Sowjetregierung durchzufechten. Beispielsweise hätten weder ich noch Eden die westliche Neiße als Grenze akzeptiert. (...) Es gab noch viele andere Punkte, bezüglich derer der Sowjetregierung Halt geboten werden mußte – nicht weniger aber auch den Polen, die, eifrig damit beschäftigt, sich aus Deutschland gewaltige Stücke herauszuschneiden, offensichtlich gehorsame Marionetten Moskaus geworden waren. Doch die ganze Diplomatie wurde durch das Ergebnis der Parlamentswahlen jählings zu einem ungelegenen Ende gebracht" (Churchill 1995: 1096/97).

Er setzte einen Teil seiner Kräfte nach 1945 dafür ein, die von ihm schon 1942 vorgebrachte Idee einer Gemeinschaft der Vereinigten Staaten von Europa zu verwirklichen (ebenda: 1107).

1.4 Die Besatzungszeit

Die vier Besatzungszonen, in die Deutschland nun aufgeteilt war, waren nach Größe, Bevölkerungszahl und Wirtschaftsstruktur sehr unterschiedlich (Kleßmann 1986: 67). Die sowjetische Zone mit 17,3 Mio. Einwohnern und zusätzlichen 3,2 Mio. in Berlin und die amerikanische Zone mit 17,2 Mio. Einwohnern umfassten jeweils etwa ein Drittel des Gebietes Gesamtdeutschlands, die britische Zone war etwas kleiner, aber mit 22,3 Mio. Einwohnern die bevölkerungsreichste. Frankreich hatte eine Fläche besetzt, die mit dem Saargebiet einen Anteil von 12% der Gesamtfläche ausmachte und knapp 6 Mio. Einwohner hatte (ebenda: 67).

Sowohl der Aufbau der alliierten Zonenverwaltung als auch die Kooperation mit den deutschen Auftragsverwaltungen wiesen von Anfang an wesentliche Unterschiede auf, die uns heute als Indiz für den geplanten Umgang mit dem Nachkriegsdeutschland dienen können.

Den an der Bevölkerungszahl gemessen höchsten Personalbestand hatten die sowjetische und die französische Zone, wobei die sowjetische Zone im Bereich der Spitzenpositionen und im Erziehungsbereich über viel qualifiziertes Personal verfügte (ebenda: 71). Schon vor der Konferenz von Potsdam waren in der sowjetischen Besatzungszone Länder- und Zentralverwaltungen für Mecklenburg, Sachsen und Thüringen sowie Provinzialverwaltungen für Brandenburg und Sachsen-Anhalt eingerichtet worden. Während der Konferenz wurden diese um elf deutsche Zentralverwaltungen in der sowjetischen Zone ergänzt, unter deren Präsidenten KPD-Mitglieder deutlich überwogen.

Dem Potsdamer Abkommen entsprechend sollte der gesellschaftliche und politische Wiederaufbau Deutschlands dezentral und unter Entwicklung der örtlichen Verantwortlichkeiten erfolgen. In der SBZ wurde schon am 10. Juni 1945 mit dem Sowjetische Militäradministration (SMAD) in Deutschland-Befehl Nr. 2 die Gründung von „antifaschistischen" Parteien sowie von Massenorganisationen wieder zugelassen und in der Tradition des deutschen Parteiensystems KPD, SPD, CDU und LDP gegründet. In den Westzonen erfolgte die Gründung der Parteien im Verlauf des Jahres 1945.

Die frühe Zulassung von Parteien in der SBZ geschah im Zusammenhang detaillierter Pläne, die schon seit Februar 1944 von der im Moskauer Exil befindlichen KPD-Führung („Gruppe Ulbricht") in Zusammenarbeit mit sowjetischen Dienststellen erarbeitet worden war (BT-Drucksache 12/7820: 19). Nach der von Walter Ulbricht 1945 so beschriebenen Devise: „Es muß demokratisch aussehen, aber wir müssen alles in der Hand haben", war die Deutschlandpolitik der Sowjets und der deutschen Kommunisten darauf angelegt, alle entscheidenden Funktionen in Staat und Gesellschaft zu kontrollieren. „Zu den wesentlichen Zielsetzungen eines ‚Aktionsprogramms' vom Oktober 1944, das eine Rückkehr zur Weimarer Demokratie ausschloß, gehörten u.a. die enge Bindung an die Sowjetunion, die ‚Blockpolitik', d.h. die Unterordnung neu entstehender Parteien und politischer Organisationen unter den Führungsanspruch der KPD, grundsätzliche Veränderungen der Wirtschafts- und Gesellschaftsstruktur sowie die ‚Ausrottung' von Faschismus und Imperialismus mit ihren Wurzeln" (ebenda: 19).

Um eine unkontrollierte bzw. unerwünschte Entwicklung des neu gegründeten Parteienspektrums von vornherein auszuschließen, formierten SMAD und KPD eine Einheitsfront der „antifaschistisch-demokratischen" Parteien auf der Basis eines zwischen KPD und SPD am 15. Juni 1945 beschlossenen Aktionsabkommens. Zur selben Zeit gründete sich ein vorbereitender Gewerkschaftsausschuss, dessen Arbeiten dann zur Schaffung des Freien Deutschen Gewerkschaftsbund (FDGB) führte, in dem KPD-Mitglieder mit massiver Unterstützung der SMAD die Interessen der Werktätigen im Sinne des von ihnen gewünschten gesellschaftlichen Umbaus bündelten.

Wenn auch die Option eines (sozialistischen) Gesamtdeutschlands für die Sowjets und die deutschen Kommunisten noch bis weit in die 50er Jahre bestehen blieb, so stand doch schon zu diesem frühen Zeitpunkt die faktische vorläufige Teilung des Besatzungsgebietes in zwei Einflussbereiche fest. So notierte Wilhelm Pieck die wesentlichen Inhalte und Weisungen aus einem Gespräch, das im Juni 1945 zwischen Stalin, Molotow, Ulbricht, Ackermann, Sobottka und Schdanow stattfand (FAZ: 30. März 1991). Hier heißt es: „Perspektive – es wird zwei Deutschlands geben – trotz aller Einheit der Verbündeten (...) Einheit Deutschland(s) sichern durch einheitliche KPD – einheitliches ZK, einheitliche Partei der Werktätigen, im Mittelpunkt einheitliche Partei".

Entsprechend wurde schon in den ersten Monaten der sowjetischen Besatzung ein umfassender Umbau von Wirtschaft und Gesellschaft vorbereitet. Durch Befehl der SMAD vom 23. Juli 1945 wurde die Schließung aller privaten Banken und Versicherungen, die sich in Privatbesitz befanden, angeordnet, und durch die auf Weisung der Besatzungsmacht handelnden Präsidien der Landes- und Provinzialverwaltungen wurden zwischen dem 3. und 10. September 1945 eine umfassende entschädigungslose Bodenreform sowie eine Enteignung von Grundstoff- und Schlüsselindustrien in der SBZ eingeleitet. Schon im Juni 1945 hatte Stalin über das „Bauernlegen" in der SBZ gesagt: „Die alten Grundbücher sind auf Bauernversammlungen zu verbrennen und sofort neue Grundbücher anzulegen, eine zweite Bodenreform darf es nicht geben" (FAZ vom 2. September 1995).

Nicht uninteressant in diesem Zusammenhang ist sicher, dass diese Maßnahmen auch von den deutschen Kommunisten ausgingen und von der SMAD mit Befehl vom 22. Oktober 1945 teilweise erst nachträglich legitimiert wurden (FAZ vom 2. September 1994).

Etwa 10.000 Betriebe wurden enteignet, von denen die etwas mehr als 200 größten in Sowjetische Aktiengesellschaften (SAGs) umgewandelt wurden und ausschließlich für sowjetischen Bedarf arbeiteten.[10]

Unter der Losung „Junkerland in Bauernhand" wurden etwa 4.000 Höfe mit weniger als 100 Hektar, etwa 8.000 Grundbesitzer mit Gütern über 1.000 Hektar sowie der Grundbesitz von allen „Kriegsverbrechern, Kriegsschuldigen, Naziführern und aktiven Verfechtern der Nazipartei und ihren Gliederungen sowie von führenden Personen des Hitlerstaates" enteignet (FAZ vom 2. September 1995).

Das waren etwa 35% der landwirtschaftlichen Nutzfläche, die an Landarbeiter, landarme Bauern und Vertriebene aus den deutschen Ostgebieten sowie zu etwa einem Drittel zur Bewirtschaftung an Länder, Kreise und Gemeinden verteilt wurden. Die Tatsache, dass die Mehrzahl der Neunutzer nur Flächen von weniger als 20 Hektar erhielt, die ein wirtschaftliches Überleben nicht ermöglichten, führte dazu, dass diese Flächen 1952 als Erste zwangsweise zu Landwirtschaftlichen Produktionsgemeinschaften zusammengefasst wurden.[11]

---

[10] Die Enteignungen wurden pro forma durch einen Volksentscheid über die „Enteignung der Naziaktivisten und Kriegverbrecher" in Sachsen legitimiert. Rechtsgrundlage dafür war die vom Präsidium der Landesverwaltung Sachsen verabschiedete „Verordnung über Volksbegehren und Volksentscheid". Ergebnis des Entscheides: 77,6% Zustimmung, 16,6% Ablehnung, 5,8% ungültige Stimmen (Staritz 1987: 109). Die SAGs mussten von der DDR Anfang der 50er Jahre zurückgekauft werden.

[11] Die Frage der Enteignungen im Zeitraum zwischen 1945 bis 1949 im Rahmen der sog. Bodenreform in der Sowjetischen Besatzungszone und der DDR beschäftigte die Gerichte aller Instanzen. Von der Bundesregierung ist immer wieder behauptet worden, dass die Anerkennung und Unumkehrbarkeit dieser Enteignungen für die Sowjetunion eine Voraussetzung für deren Zustimmungsbereitschaft zu den Zwei-plus-vier-Verhandlungen des Sommers 1990 war. So wurde die Unumkehrbarkeit der Enteignungen in Ziffer 1 der Gemeinsamen Erklärung vom 15. Juni 1990, in Artikel 41 des Einigungsvertrages sowie in dem eigens durch den Vertrag eingeführten Artikel 143 Abs. 3 GG festgeschrieben. Das BVerfG hat in einem Urteil vom 23. April 1991 (BVerfGE 84, 90) unter Hinweis auf die Tatsache, es sei von der Bundesregierung überzeugt worden, dass für die Sowjetunion die Unumkehrbarkeit der Enteignungen Bedingung für die Zustimmung zur deutschen Einheit war, entschieden, dass die Vereinbarung über die Nichtrückgabe nicht verfassungswidrig sei. In den folgenden Jahren mehrten sich allerdings die Anzeichen dafür, dass von Seiten der Bundesregierung die Position der Sowjetunion nicht korrekt dargestellt worden ist. Diese hat lediglich Wert darauf gelegt, dass die Legitimität ihrer Maßnahmen anerkannt wurde, nicht dass diese für alle Zeiten unumkehrbar blieben. Viel spricht heute dafür, dass hier deutsche und nicht sowjetische Interessen vertreten wurden. Die Berliner Regierung wollte für ihre Bevölkerung die Zahl der Rückgabeforderungen so gering wie möglich halten, die Bonner Regierung erhoffte sich aus dem Verkauf des in Staatsbesitz befindlichen Eigentums die Möglichkeit, einen Teil der Einheitskosten zu finanzieren (FAZ vom 6. Februar 1993: 10/vom 2. September 1994: 8). Unverständlicherweise hat das BVerfG in seinen Urteilen im Jahr 1996 (18. April und 19. sowie 28. November) die Legitimität des Ausschlusses des zwischen 1945 und 1949 enteigneten Besitzes von der Rückgabe bzw. Entschädigung erneut bestätigt. Nachdem das BVerfG bereits im Jahr 2004 wiederholt seine Urteile zur Entschädigung der Bodenreform-Erben bekräftigte, urteilte im März 2005 auch der Europäische Gerichtshof für Menschenrechte gegen weitere Entschädigungen. Darüber hinaus regelt ein Urteil des Straßburger Gerichtshofs vom Juni 2005 nun auch in letzter Instanz die entschädigungslose Enteignung der sog. „Neubauern", die zu DDR Zeiten Land aus der Bodenreform bekamen, es nach der Wiedervereinigung aber wegen des sog. „Modrow-Gesetz" endgültig verloren. Der Menschengerichtshof bestätigte auch hier die früheren Urteile der deutschen Gerichte wonach die Enteignungen verfassungskonform

Die Akzeptanz der KPD in der SBZ erwies sich im Jahr 1945 als nicht so stark wie von der SMAD und den deutschen Kommunisten gewünscht, so dass für die 1946 in den ostdeutschen Ländern geplanten Wahlen Einflussverluste befürchtet wurden. Ein Zusammenschluss von SPD, die sich als stärkste Partei erwiesen hatte und immer lauter mit einem Führungsanspruch für ganz Deutschland auftrat, und KPD wurde angestrebt. Im Dezember 1945 traten in Berlin je dreißig Vertreter von SPD und KPD zur „Sechziger-Konferenz" zusammen, die einen Zusammenschluss vorbereiten sollte. Otto Grotewohl, der SPD-Vorsitzende in der SBZ stimmte einem solchen Zusammenschluss zu, allerdings zunächst mit der Forderung verbunden, dass der gesamtdeutschen Bedeutung der SPD Rechnung getragen und der Vormachtanspruch der KPD zurückgewiesen wurde. SMAD und KPD antworteten mit erhöhtem Druck in der Form von Redeverboten, Verhaftungen von Vereinigungsgegnern und „intensiven" Gesprächen, so dass die SPD dem Zusammenschluss am 10. Februar 1946 zustimmte, der dann am 20. und 21. April als Vereinigung in der SED erfolgte. Lediglich in Berlin konnte die SPD im Schutz des Viermächtestatus´ eine Mitgliederbefragung durchführen. In den westlichen Sektoren stimmten 82% der Befragten gegen die Vereinigung, über die Hälfte sprach sich allerdings für eine enge Zusammenarbeit mit der KPD aus (BT- Drucksache 12/7820: 21).

Vehementer Gegner des Zusammenschlusses war Kurt Schumacher, der Vorsitzende der SPD in den Westzonen. Er sah die Trennungslinie zwischen SPD und KPD darin, dass die Kommunisten fest „an Rußland als Staat und an seine außenpolitischen Ziele gebunden" seien und weigerte sich, die SPD zu „Blutspendern" für die Kommunisten zu machen (ebenda: 20).[12]

Vor den Gemeinde-, Kreis- und Landtagswahlen des Herbstes 1946 in der SBZ und Berlin wurden die bürgerlichen Parteien massiv durch geringere Papierzuteilungen, Verweigerungen der Registrierung von Ortsgruppen oder Verhaftungen benachteiligt, trotzdem erhielt die SED in den Kommunen nur 57,1% aller Stimmen und bei den Landtagswahlen 47,6%. Die im Schutz der Westalliierten erfolgte Wahl

---

sind (siehe auch: Wissenschaftlicher Dienst des Deutschen Bundestages Nr. 49/05 vom 14.7.2005 sowie die FAZ vom 1.7.2005).

[12] Auch heute, über 60 Jahre nach der (Zwangs-) Vereinigung von SPD und KPD zur SED, besteht keine Einigkeit über den Anteil an Freiwilligkeit, der auf Seiten der SPD zur Vereinigung geführt hat. Insbesondere PDS, die sich seit dem 16. Juni 2007 „Die Linke" nennt, und CDU lehnen in diesem Zusammenhang die Sicht einer reinen Zwangsvereinigung ab. Fest steht heute allerdings, dass in dem Maße, in dem auf den alliierten Außenministerkonferenzen in den Jahren 1946, 1947 und 1948 die Unvereinbarkeit der sowjetischen Standpunkte einerseits und der Westalliierten andererseits hervortraten und damit taktische Rücksichten auf die ehemaligen Verbündeten und die deutsche Bevölkerung hinfällig wurden, die SED ihre Monopolstellung zunehmend rücksichtslos durchsetzte. „Der ‚demokratische Zentralismus', die strikte Herrschaftsausübung von oben nach unten sowie die ‚Parteidisziplin' wurden zu Prinzipien des Parteiaufbaus. Das Bekenntnis zur KpdSU Stalins sowie zur ‚führenden Rolle' der Sowjetunion und der Kampf gegen den ‚Sozialdemokratismus' waren nunmehr für alle SED-Mitglieder verpflichtend" (BT-Drucksache 12/7820: 21). Allein in den Jahren 1950/51 wurden 150.000 Mitglieder aus der Partei ausgeschlossen, viele davon unter dem Vorwurf des „Sozialdemokratismus".

zur Gesamtberliner Stadtverordnetenversammlung führte nur zu einem Anteil von 19,8% für die SED.

Im Westen fanden die ersten Wahlen zu den Gemeinderäten in der amerikanischen Zone im Januar 1946 und in der britischen und französischen Zone im September desselben Jahres statt. In der amerikanischen Zone begannen die gewählten verfassungsgebenden Versammlungen schon im Juni 1946 mit der Ausarbeitung von demokratischen Länderverfassungen, die zunächst durch Abstimmung der Bürger legitimiert wurden und dann den Weg für Landtagswahlen freigaben.

In der amerikanischen Zone hatte die Besatzungsmacht schon am 17. Oktober 1945 mit dem Länderrat, der sich aus den ernannten Ministerpräsidenten der Zone zusammensetzte, ein zentrales deutsches Beratungsgremium zugelassen. In der britischen Zone gab es mit dem Zonenbeirat ein analoges deutsches Beratungsgremium. In den beiden anderen Zonen gab es keine deutsche Instanz, deren Kompetenzen Ländergrenzen überschritt.

1.5 Auf dem Weg zur Teilung

Vor allem im Verlauf der alliierten Konferenzen in den Jahren 1946 und 1947 wurde immer deutlicher, dass es bezüglich der Interessen der Alliierten zu unüberwindlichen Schwierigkeiten gekommen war. Schon Ende 1945 zeigte sich eine Zuspitzung der entstandenen Konflikte, als die Amerikaner den Sowjets vorwarfen, sie entnähmen in der SBZ entgegen den Potsdamer Vereinbarungen Reparationen aus der laufenden Produktion und ohne Rücksicht auf eine ausgeglichene deutsche Handelsbilanz. Als dann die in Potsdam als Ausgleich für die Reparationen aus den Westzonen vereinbarte Lebensmittellieferung ausblieb, stellten die USA die Reparationslieferungen aus ihrer Zone in die SBZ ein.

Insbesondere für die USA wurde nun die Erhaltung bzw. die Neuschaffung der wirtschaftlichen Einheit Deutschlands wesentliches Ziel der Besatzungspolitik. Auf den Außenministerkonferenzen im April/Mai und Juni/Juli 1946, die in Paris stattfanden, wagten die Amerikaner einen Vorstoß im Hinblick auf ein gemeinsames alliiertes Handeln, das möglichst bald zu einem wirtschaftlich sich selbst tragenden Deutschland führen sollte. Sie schlugen einen Neutralitäts- und Entmilitarisierungsvertrag mit Deutschland vor und regten die Schaffung einer gesamtdeutschen Verwaltung und freien Güterverkehr in ganz Deutschland an. Sowohl die Sowjetunion als auch – in gemäßigterer Form – Frankreich wehrten sich gegen jede Art von ganz Deutschland betreffende Übereinkommen und Institutionen. Am 5. September 1946 einigten sich die Amerikaner und die Briten über den Zusammenschluss ihrer Zonen, der am 1. Januar 1947 in der Form der Bizone in Kraft trat.

In einer am 6. September 1946 in Stuttgart gehaltenen Rede (* [8]) hatte der amerikanische Außenminister James F. Byrnes den Wechsel in der amerikanischen Deutschlandpolitik angekündigt und dies mit dem faktischen Scheitern einer gemeinsamen alliierten Politik und des bisherigen wirtschaftlichen Wiederaufbaus begründet. In dieser Rede skizzierte er die baldige Errichtung eines nichtkommunistischen deutschen Kernstaates. Vom Zeitpunkt der Gründung der Bizone an gab es Verwaltungsräte für Wirtschaft, Ernährung und Landwirtschaft, Arbeit, Verkehr, Finanzen sowie Post- und Fernmeldewesen. Die Bizone erfuhr zwei organisatorische Änderungen: Seit Februar 1948 war ihr oberstes Organ der Wirtschaftsrat als parlamentarisches Organ aus 104 von den Länderparlamenten entsandten Mitgliedern. Der zuvorige Exekutivrat als Zusammenschluss der Verwaltungsräte, hieß ab 1948 Länderrat. Damit waren die legislativen und exekutiven Institutionen der späteren Bundesrepublik bereits angelegt. Am 8. April 1949 trat auch Frankreich dem vereinigten deutschen Wirtschaftsgebiet bei, das damit zur Trizone wurde (Müller 1993: 319).

Ganz Europa stand vor der großen Aufgabe des wirtschaftlichen Wiederaufbaus, was nach dem harten „Hungerwinter" 1946/47 umso deutlicher geworden war. „Eine im Jahr 1946 vorgenommene erste Bestandsaufnahme ergab ein erschreckendes Bild vom Rückschlag, den allein die industrielle Produktion in Europa erlitten hatte. Die Indexzahlen hierfür (verglichen mit denjenigen von 1938 = 100) lauteten: Belgien 77, Bulgarien 90, Tschechoslowakei 70, Dänemark 93, Finnland 65, Frankreich 75, Deutschland 22, Griechenland 44, Irland 103, Italien 54, die Niederlande 62, Norwegen 93, Polen 71, Schweden und Großbritannien je 101" (Gasteyger 1994: 54).

Der wirtschaftliche Aufbau in der Bizone wurde wesentlich ermöglicht durch das European Recovery Program (ERP), das am 5. Juni 1947 vom amerikanischen Außenminister George C. Marshall vor Harvard-Studenten verkündet wurde (* [9]) und als Marshall-Plan in die Geschichte eingegangen ist (Seebacher-Brandt: 1992: 18).

Der Ankündigung war während der Außenministerkonferenz in Moskau (10. März bis 24. April 1947) die Veröffentlichung der Truman-Doktrin durch den amerikanischen Außenminister vorausgegangen, womit endgültig der Wechsel von der „postponement-Politik" der Kriegskonferenzen zur „containment-Politik", der Eindämmungspolitik der Amerikaner gegenüber dem sowjetischen Vormachtstreben dokumentiert wurde. Anlass dazu lieferten u.a. die kommunistischen Guerillakämpfe in Griechenland und ein wachsender Druck Moskaus auf die Türkei (Gasteyger 1994: 54). Die Botschaft über die Verkündung der Truman-Doktrin traf zwei Tage nach Beginn der Außenministerkonferenz in Moskau ein. Darin wurde allen freien Völkern, die sich der Unterwerfung durch bewaffnete Minderheiten oder durch Druck von außen widersetzen, wirtschaftliche Hilfe zugesagt. In derselben Botschaft wurde eine Klassifikation von Staaten aufgestellt, nach der es einerseits solche gäbe, die sich für eine freiheitlich-demokratische Lebensweise entschieden hätten, und andererseits solche, in denen der Wille einer Minderheit einer unterdrückten Mehrheit aufgezwungen werde und die sich durch die Unterdrückung persönlicher Freiheiten kennzeichnen ließen (Rupp 1982: 35/36). Der Adressat dieses Teils der Botschaft war zweifelsfrei die Sowjetunion, und die ursprünglich als

Treffen zur Herbeiführung einer endgültigen Lösung der Deutschlandfrage geplante Moskauer Außenministerkonferenz hatte kaum noch Aussicht auf Erfolg.

Im März 1947 war es im amerikanischen Kongress zu einer ersten Resolution über die Unterstützung europäischer Einigungsbestrebungen gekommen, die dann in die Ankündigung des Marshall-Planes im Juni 1947 mündete (* [9]). Das Angebot bezog sich auf amerikanische Hilfeleistungen für den Aufbau Europas und war mit der Auflage verbunden, die Völker Europas zusammenzuschließen und auf diese Art eine Gewähr für eine tragfähige Organisation und eine wirkungsvolle Verwendung der Mittel zu bieten. Ausdrücklich wurden die Völker Osteuropas miteingeschlossen. Stalin lehnte aber eine Teilnahme Osteuropas sowie der SBZ am Marshall-Programm ab und ließ dies durch seinen Außenminister Molotow auf einer weiteren Außenministerkonferenz in Moskau im Juli 1947 verkünden (Gasteyger 1994: 55). Im April 1948 unterzeichneten 17 europäische Länder – darunter die drei Westzonen Deutschlands – das Abkommen über die Gründung einer Organisation für Europäische Wirtschaftliche Zusammenarbeit (Organisation for European Economic Cooperation, OEEC) zur praktischen Umsetzung des Marshall-Programms, nachdem am 17. März 1948 Großbritannien, Frankreich und die Benelux-Staaten schon den „Brüsseler Pakt" gegründet hatten. Polen und der Tschechoslowakei war die Teilnahme an der OEEC von Stalin ausdrücklich untersagt worden (ebenda: 55).

Von Seiten der Ministerpräsidenten der deutschen Länder hat es einen Versuch gegeben, das immer offensichtlicher werdende Auseinanderbrechen der alliierten Kontrolle des Besatzungsgebietes und damit Deutschlands zu verhindern: die Münchner Ministerpräsidentenkonferenz. Ursprünglich hatte Jakob Kaiser, der Vorsitzende der CDU in der SBZ im März 1947 in der interzonalen Arbeitsgemeinschaft der CDU/CSU angeregt, eine ständige Konferenz aus Führungsgremien der Parteien zu bilden, um damit eine Vorstufe für eine parlamentarische Versammlung Gesamtdeutschlands zu schaffen.[13] Die Initiative wurde zwar von den Ministerpräsidenten der Westzonenländer positiv aufgenommen, scheiterte jedoch am Widerstand Kurt Schumachers, der ein Zusammenarbeiten mit der SED solange ablehnte wie die SPD in der SBZ nicht wieder zugelassen wurde.

Der bayerische Ministerpräsident Erhard lud die Ministerpräsidenten dann für den 6. und 7. Juni 1947 zu einer Konferenz nach München ein, die die Grundlage

---

[13] Ebenfalls mit dem Anspruch das Fehlen einer Gesamtdeutschen Vertretung des Volkes auszugleichen, war in der SBZ seit 1947 unter Einfluss der SED und der SMAD die Volkskongressbewegung entstanden. Ausgelöst worden war dies durch den abnehmenden Einfluss der SED auf CDU und LDPD. Die Volkskongresse setzten sich aus Vertretern unterschiedlicher gesellschaftlicher Bereiche zusammen, die von der SED nach ihren Gesichtspunkten bestimmt wurden, und zwar mit dem Ziel der Einflussnahme auf das Parteiensystem der SBZ. Ab 1948 bezeichnete sich der aus dem Volkskongress hervorgegangene Volksrat als Repräsentationsgremium für ganz Deutschland, was durch die Berufung von 100 Vertretern aus dem Westen zusätzlich zu den 300 aus dem Osten legitimiert werden sollte. Im Oktober 1948 legte ein vom Volksrat eingesetzter Arbeitsausschuss einen Verfassungsentwurf vor, der in allen wesentlichen Punkten einem Entwurf der SED aus dem Jahr 1946 entsprach und der als Vorlage für die spätere DDR-Verfassung diente.

für eine wirtschaftliche Zusammenarbeit aller Länder und die zukünftige politische Zusammenfassung bieten sollte. Dieses Unterfangen wurde von Parteipolitikern unterschiedlich aufgenommen. Während Jakob Kaiser es z.b. begrüßte, verhielt sich Konrad Adenauer abwartend und Kurt Schumacher ablehnend, da die Ministerpräsidenten aus der SBZ keine hinreichende Legitimation für die Fassung entsprechender Beschlüsse hätten und zudem die Gestaltung der zukünftigen politischen Struktur Deutschlands Sache der Parteien, nicht der Ministerpräsidenten sei. Entsprechend instruierte Schumacher die Ministerpräsidenten der SPD-geführten Länder in einem Treffen, das der Konferenz vorausging, nur über wirtschaftliche Tagesordnungspunkte zu sprechen, wie es zuvor auch schon die französische Militärregierung mit ihren Ministerpräsidenten getan hatte.

Als dann die Ministerpräsidenten der Ostzone am Vorabend der Konferenz auf Weisung Ulbrichts verlangten, der Tagesordnung einen neuen Punkt 1 zum Thema: „Bildung einer deutschen Zentralverwaltung durch Verständigung der politischen Parteien und Gewerkschaften zur Schaffung eines deutschen Einheitsstaates" (Hesselberger 2003: 28) hinzuzufügen, war die Konferenz quasi gescheitert. Die Ostministerpräsidenten waren mit der Weisung nach München gekommen, die Konferenz sofort zu verlassen, wenn ihrem Ersuchen nicht nachgekommen wird, was den Westministerpräsidenten auf Grund ihrer Festlegung auf wirtschaftliche Fragen nicht möglich war. Trotz des Angebotes, die Frage der deutschen Einheit unter anderen Tagesordnungspunkten zu besprechen, verließen die Ministerpräsidenten der SBZ in der Nacht vor Konferenzbeginn München wieder (Müller 1993: 321).

1.6 Die Geburt des deutschen Weststaates

Die Zusammenfassung der drei Westzonen zu einem Staat wurde auf einer Sechs-Mächte-Konferenz im Frühsommer 1948 in London beschlossen (Teilnehmer: USA, Frankreich, Großbritannien und die Benelux-Staaten). Als Teil der „Londoner Empfehlungen" wurden den Ministerpräsidenten der westdeutschen Länder durch die Militärgouverneure am 1. Juli 1948 die „Frankfurter Dokumente" übergeben. Dort hieß es in Dokument Nr. 1: „In Übereinstimmung mit den Beschlüssen ihrer Regierungen autorisieren die Militärgouverneure der amerikanischen, britischen und französischen Besatzungszone in Deutschland die Ministerpräsidenten der Länder ihrer Zonen, eine verfassungsgebende Versammlung einzuberufen, die spätestens am 1. September 1948 zusammentreten sollte. (...) Die Anzahl der Abgeordneten von jedem Land wird im gleichen Verhältnis zur Gesamtzahl der Mitglieder der verfassungsgebenden Versammlung stehen, wie seine Bevölkerung zur Gesamtbevölkerung der beteiligten Länder. Die verfassungsgebende Versammlung wird eine demokratische Verfassung ausarbeiten, die für die beteiligten Länder eine Regierungsform des föderalistischen Typs schafft, die am besten geeignet ist, die gegenwärtig zerrissene deutsche Einheit schließlich wiederherzustellen, und die

Rechte der beteiligten Länder schützt, eine angemessene Zentralinstanz schafft und Garantien der individuellen Rechte und Freiheiten enthält" (n. Rupp 1982: 45).

Zur Gewährleistung eines wirkungsvollen Einsatzes der Mittel aus dem Marshall-Plan und auf Grund eines enormen Überhanges an Bargeld und Bankguthaben wurde eine Währungsreform schon seit Längerem geplant (Kleßmann 1986: 188ff.). Am 20. Juni 1948 erfolgte in den Westzonen die Ausgabe der neuen DM. Jeder Bürger erhielt im Tausch 40 DM und einen Monat später noch einmal 20 DM. Die restlichen Altgeldbestände wurden im Verhältnis 10:1 umgestellt, waren aber nur teilweise verfügbar, so dass schließlich ein Umtauschwert von 100:6,5 zu Stande kam. Da nur Geldvermögen, nicht aber Sachwerte entwertet wurden, stellte die Währungsreform eine Ungerechtigkeit dar, für die erst mit der Verabschiedung des Lastenausgleichsgesetzes im Jahr 1952 eine gerechtere Grundlage geschaffen wurde (ebenda: 190). Die Sowjets zogen mit einer Währungsreform nach, indem sie das alte Geld durch Umstempeln entwerteten. Sie beabsichtigten die Ausdehnung ihrer Reform auf ganz Berlin. Am 23. Juni 1948 wurde die DM auch in Westberlin eingeführt, was von den Sowjets am 24. Juni 1948 mit einer totalen Sperre der Schienen-, Straßen- und Wasserwege nach Westberlin beantwortet wurde. Nach dem endgültigen Auseinanderbrechen des Alliierten Kontrollrates in Berlin am 20. März 1948[14] bestand ihr Interesse darin, die Westalliierten aus Berlin zu verdrängen, was mit der Aushungerung der Berliner Bevölkerung und der Verweigerung von Energielieferungen geschehen sollte. Der amerikanische Militärgouverneur Lucius D. Clay rief daraufhin eine einzigartige Hilfsaktion aus der Luft für die Versorgung Berlins ins Leben, die „Luftbrücke" mit der Verteilung von Care-Paketen, die schließlich am 12. Mai 1949 nach geheimen Verhandlungen zwischen den Sowjets und den Amerikanern sowie einem Viermächteabkommen zur Beendigung der Berliner Blockade führte.

Nachdem die Ministerpräsidenten der Länder in den Westzonen am 1. Juli 1948 mit den „Londoner Empfehlungen" die „Frankfurter Dokumente" überreicht bekommen hatten, in denen sie mit der Ausarbeitung der Verfassung für einen deutschen Weststaat beauftragt worden waren, trafen sie sich in der Zeit zwischen dem 8. und 10. Juli 1948 im Hotel „Rittersturz" in Koblenz. Ihnen war daran gelegen, noch einmal auszudrücken, dass sie mit der nun von ihnen verlangten organisatorischen Neuordnung nicht eine endgültige Trennung des deutschen Staates herbeiführen wollten. Sie wehrten sich gegen die Eigenstaatlichkeit eines Westdeutschlands, bestanden auf dem Charakter des Provisoriums, lehnten die Bezeichnung

---

[14] Der Alliierte Kontrollrat war am 20. März 1948 nach einem Eklat endgültig zerbrochen. Ursache war das erboste Verlassen der Sitzung durch den Oberbefehlshaber der sowjetischen Truppen in Deutschland, Marshall Sokolowski aus Protest über die Beschlüsse der Londoner Sechs-Mächte-Konferenz, auf der eine Einigung auf eine zukünftige staatliche Ordnung in den drei Westzonen herbeigeführt worden war. Ein weiterer Grund war der Abschluss des Brüsseler Paktes am 17. März 1948, der den Kern eines späteren europäischen Verteidigungsbündnisses bilden sollte und der Gründung der NATO am 4. April 1949 vorausging.

Verfassung ab und votierten dagegen für „Grundgesetz" als Ausdruck einer ersten, grundlegenden, aber provisorischen Neuregelung Deutschlands, und schließlich lehnten sie auch eine Volksabstimmung über den zu entwickelnden Verfassungsentwurf ab. Sie setzten sich gegenüber den Alliierten im Hinblick auf die Bezeichnung der Verfassung und deren Ratifizierung in den Länderparlamenten durch, konnten sich aber einer Eigenstaatlichkeit Westdeutschlands nicht mehr verweigern.

Erarbeitungs- und Beschlussgremium für den Verfassungsentwurf wurde der „Parlamentarische Rat", dessen 65 Mitglieder – und zusätzlich fünf Berliner Abgeordnete mit beratender Stimme – von den Länderparlamenten nach deren Mehrheitsverhältnissen bestimmt wurden.[15] Er trat am 1. September 1948 in der Pädagogischen Akademie Bonn zusammen. Präsident wurde Konrad Adenauer, Vorsitzender des Hauptausschusses Carlo Schmid, Ministerpräsident von Württemberg-Hohenzollern (Doemming u.a. 1951).

In einem vorbereitenden Ausschuss, der im August 1948 auf Schloss Herrenchiemsee tagte (Herrenchiemseekonvent), wurden die Grundlagen für die neue Verfassung erarbeitet.

Kontroverse Diskussionen ergaben sich im Parlamentarischen Rat und mit den Alliierten v.a. in drei Bereichen:

- in der Frage der Gestaltung einer Sozial- und Wirtschaftsordnung,
- bezüglich der Kompetenzverteilung zwischen Bund und Ländern
- sowie die Finanzverfassung des zukünftigen deutschen Weststaates betreffend.

Der Parlamentarische Rat hat die ausdrückliche Formulierung sozialer Grundrechte sowie die Ausgestaltung einer Sozial- und Wirtschaftsordnung durch das Grundgesetz nicht vollzogen, da einerseits davon ausgegangen wurde, dass die zu schaffende verfassungsrechtliche Grundlegung für den deutschen Weststaat von vorläufigem Charakter sei und die Regelung solch grundsätzlicher Fragen der endgültigen Verfassung vorbehalten bleiben sollte. Andererseits ergab sich in den Diskussionen aber auch die paradox erscheinende Situation, dass gerade weil die Verhandlungspartner der Ausgestaltung einer Wirtschafts- und Sozialordnung aus ihrer jeweils unterschiedlichen parteipolitischen Perspektive sehr große Bedeutung beimaßen, sie einer vagen Umschreibung des Sozialstaatsprinzips (vgl. Kap. 2) den Vorzug gegenüber konkreteren, aber durch die Notwendigkeit zum Kompromiss stark verwässerten Formulierungen gaben. Hier sollte die zukünftige Politik das regeln, was im Bereich der Verfassungsformulierung nicht möglich schien (Kleßmann 1986: 198).

Der föderalistische wie der demokratische Staatsaufbau waren den Deutschen mit den „Frankfurter Dokumenten" von den Alliierten vorgegeben worden. Der Verfassungskonvent von Herrenchiemsee sah noch eine völlige Trennung von Bund

---

[15] Die Sitze verteilten sich wie folgt auf die Parteien: CDU/CSU: 27; SPD: 27; KPD: 2; Zentrum: 2; DP: 2; F.D.P./LPD/DVP: 5 (Doemming u.a. 1951: 4ff.).

und Ländern nach amerikanischem Vorbild in der Form einer Konföderation vor (Hesselberger 2003: 29). Im Verlauf der Beratungen im Parlamentarischen Rat näherten sich die CDU/CSU und die süddeutschen Länder bezüglich der Ausgestaltung des Föderalismus' der Position der SPD und den norddeutschen Ländern an, die nicht für eine gleichgewichtige Kompetenzverteilung zwischen Bund und Ländern, sondern für einen Vorrang des Bundes eintraten. Dies ist nicht zuletzt auf den Einfluss Kurt Schumachers zurückzuführen, der sich vehement gegen die seiner Meinung nach von den Amerikanern betriebene Einführung eines „Hyperföderalismus" wehrte (Kleßmann 1986: 198).

Schumacher war es auch, der die Formulierung der Finanzverfassung maßgeblich prägte und zwar ebenfalls gegen den Protest der Amerikaner. Er war der Auffassung, dass die umfangreichen Aufbaumaßnahmen, vor denen Deutschland stand, eine Finanzverfassung voraussetzten, die dem Bund ausreichende Gestaltungsspielräume ermöglichte. Der Herrenchiemseekonvent war bezüglich der Finanzverfassung zu keiner Einigung gekommen, sondern hatte drei alternative Vorschläge erarbeitet: „landeseigene Verwaltung, bundeseigene Verwaltung und nach Weisung des Bundes zu führende Landesfinanzverwaltungen" (Hesselberger 2003: 29). Nach ausgiebigen Diskussionen entschied sich der Parlamentarische Rat zunächst für die Bundesfinanzverwaltung, die allerdings gegenüber den Alliierten nicht durchsetzbar war. Beschlossen wurde eine Kompromisslösung, die nach Art. 108 Abs. 1 GG eine Bundesfinanzverwaltung vorsah, den Ländern aber teilweise exekutive Funktionen zuordnete und für bestimmte Steuern ebenfalls Rechte einräumte.

Am 10. November 1948 fand im Hauptausschuss des Parlamentarischen Rates die erste Lesung des Entwurfes statt. Die zweite Lesung begann am 20. Dezember und am 8. und 10. Februar wurde der Entwurf im Hauptausschuss angenommen. Am 8. Mai 1949, auf den Tag genau fünf Jahre nach der deutschen Kapitulation, wurde das Grundgesetz vom Parlamentarischen Rat mit 53 zu 12 Stimmen angenommen. Die Gegenstimmen kamen von den Abgeordneten der KPD, der DP und dem Zentrum sowie von sechs der acht CSU-Abgeordneten, die sich aus der Perspektive Bayerns eine weniger zentralistische Ordnung wünschten (Doemming u.a. 1951). Alle Länderparlamente – außer dem bayerischen, das jedoch die Zugehörigkeit Bayerns zum Bund dennoch bekundete – stimmten dem Grundgesetz zu, so dass es von den drei Militärgouverneuren der Westzonen am 12. Mai 1949 unterschrieben und am 23. Mai verkündet werden konnte. Das Grundgesetz trat am 24. Mai 1949 in Kraft. Am 14. August 1949 wählte das deutsche Volk in den Westzonen mit 78,5% Wahlbeteiligung den ersten Deutschen Bundestag und vollzog damit die Gründung der Bundesrepublik Deutschland.

Am 7. Oktober 1949 verkündete der Volksrat die Verfassung der Deutschen Demokratischen Republik, nachdem er sich zuvor zur provisorischen Volkskammer der DDR erklärte hatte.

Die Bundesrepublik Deutschland war mit der Verabschiedung des Grundgesetzes aber nur in sehr eingeschränkter Form souverän geworden. Im Rahmen der

„Frankfurter Dokumente" waren den Ministerpräsidenten der deutschen Länder nicht nur in Dokument I die Aufforderung zur Einberufung einer verfassungsgebenden Versammlung und zur Prüfung einer Neugliederung der Länder (Dokument II) übergeben worden, sondern mit Dokument III auch die Skizzierung des zukünftigen Besatzungsstatuts. Darin erklärten die Westalliierten, Deutschlands zukünftige auswärtige Beziehungen vorläufig für dieses wahrzunehmen, den Außenhandel zu kontrollieren, Kontrollen bezüglich der Internationalen Ruhrbehörde, bezüglich der Dekartellisierung der Industrie, der Reparationszahlungen und des Standes der Entmilitarisierung vorzunehmen sowie die Beachtung der von den Alliierten gebilligten Verfassung zu sichern. Diese Zuständigkeiten wurden auch im Besatzungsstatut (* [10]) noch einmal festgehalten, das am 10. April 1949 noch vor der Verabschiedung des Grundgesetzes verkündet wurde. Hier hieß es noch viel weitergehend als in Teil III der Frankfurter Dokumente:

> „Die Regierungen Frankreichs, der Vereinigten Staaten und des Vereinigten Königreiches hoffen und erwarten, daß die Besatzungsbehörden keinen Anlaß haben werden, auf anderen als den oben ausdrücklich vorbehaltenen Gebieten Maßnahmen zu treffen. Die Besatzungsbehörden behalten sich jedoch das Recht vor, auf Weisung ihrer Regierungen die Ausübung der vollen Gewalt ganz oder teilweise wieder zu übernehmen, wenn sie dies als wesentlich erachten für ihre Sicherheit oder zur Aufrechterhaltung der demokratischen Regierungsform in Deutschland oder in Verfolg der internationalen Verpflichtungen ihrer Regierungen" (Abschn. 3).

In Fortsetzung der Westzonenmitgliedschaft in der OEEC wurde auch die Bundesrepublik am 31. Oktober 1949 dort Mitglied. Dieser Mitgliedschaft im Bereich der wirtschaftlichen europäischen Zusammenarbeit folgte im Juli 1950 auf Anregung der anderen Mitglieder der Beitritt zum Europarat, zunächst als assoziiertes Mitglied und ab 1951 als gleichberechtigtes Mitglied.

Die wirtschaftliche Integration Deutschlands und die damit verbundene Aufhebung noch bestehender Beschränkungen (internationale Kontrolle des Ruhrgebietes auf der Basis des Ruhrstatuts vom 28. April 1949) gelang mit der Gründung der EGKS (Europäische Gemeinschaft für Kohle und Stahl) durch Frankreich, Italien, die Benelux-Staaten und die Bundesrepublik Deutschland, die im Juli 1952 in Kraft trat und die maßgeblich durch den französischen Außenminister Robert Schuman („Schuman-Plan") initiiert worden war.

Angesichts der zunehmenden Vehemenz des Kalten Krieges, die sich v.a. auch im Zusammenhang des Koreakrieges zeigte, war den Alliierten und unter diesen v.a. den Amerikanern daran gelegen, die Konditionen eines deutschen Beitrages für die Verteidigung des Westens festzulegen.[16] Dies sollte im Rahmen einer Europäischen

---

[16] An dieser Stelle sind die so genannte „Stalin-Note" und der folgende Notenwechsel zu erwähnen, die auf den ersten Blick die letzte Möglichkeit der Aufhebung der deutschen Teilung darstellten, sich bei genauer Betrachtung aber als taktischer Schachzug Stalins zur Verhinderung eines westeuropäischen

Verteidigungsgemeinschaft (EVG) geschehen, was zuvor allerdings eine Auflösung des Besatzungsstatuts von 1949 voraussetzte. Dies geschah durch den Deutschlandvertrag (* [17]), der von der USA und Großbritannien 1952 und von der Bundesrepublik 1953 ratifiziert wurde. Im Deutschlandvertrag wurden das Besatzungsregime in der Bundesrepublik Deutschland beendet und die Alliierte Hohe Kommission sowie die Dienststellen der Landeskommissare aufgelöst. Die Westalliierten legten jedoch in diesem Vertrag eine Reihe von Vorbehaltsrechten für sich fest, „in Bezug auf Berlin und auf Deutschland als Ganzes einschließlich der Wiedervereinigung Deutschlands und einer friedensvertraglichen Regelung" (n. Müller 1993: 345). Sie behielten sich darüber hinaus das Recht zur Stationierung von Streitkräften sowie zur Regelung des Notstandes vor. Das Inkrafttreten des Vertrages wurde vom Zustandekommen der EVG abhängig gemacht. Die Ratifikation des EVG-Vertrages in der französischen Nationalversammlung scheiterte jedoch im August 1954, so dass sich die EVG-Staaten, Großbritannien und die USA auf einer Konferenz im Herbst des gleichen Jahres für die Gründung der Westeuropäischen Verteidigungsunion (WEU) und den Beitritt Deutschlands in die NATO entschieden. Die entsprechende Anpassung des Deutschlandvertrages geschah mit den Pariser Verträgen vom 23. Oktober 1954, die mit ihrem Inkrafttreten am 5. Mai 1955 Deutschland seine Souveränität (in eingeschränkter Weise) wiedergaben und dessen Beitritt zur NATO am gleichen Tag ermöglichten. Die Vorbehaltsrechte der Alliierten erloschen teilweise im Jahr 1968 mit der Verabschiedung der Notstandsgesetze (vgl. Kap. 2), aber vollständig erst mit der Unterzeichnung der Zwei-Plus-Vier-Verträge des Jahres 1990 (vgl. Kap. 3).

Völkerrechtlich bestand das Deutsche Reich nach Gründung der Bundesrepublik Deutschland weiter, es war weder durch Selbstauflösung noch durch Annexion untergegangen, so dass auch die deutsche Staatsangehörigkeit nach 1945 weiter-

---

Verteidigungsbündnisses erwiesen. Am 10. März 1952, zwei Monate vor der geplanten Unterzeichnung des EVG-Vertrages, wandte sich Stalin mit dem Angebot an die Westalliierten, einer Vereinigung Deutschlands in den Grenzen des Potsdamer Vertrages sowie einem Abzug der Streitkräfte aller Alliierten zuzustimmen, wenn bestimmte Bedingungen erfüllt würden. Dafür sollte Deutschland sich verpflichten, „keinerlei Koalitionen oder Militärbündnisse einzugehen, die sich gegen irgendeinen Staat richten, der mit seinen Streitkräften am Krieg gegen Deutschland teilgenommen hat" (Punkt 7). Diese strikte Neutralitätsforderung war aber sowohl für die Westalliierten, welche die Integration Deutschlands in ein Verteidigungsbündnis als Zeichen seines Friedenswillens und seiner politischen Zuverlässigkeit forderten, als auch für die deutsche Regierung unter Adenauer indiskutabel. Im folgenden Notenwechsel verlangten die Westalliierten von den Sowjets die Zulassung freier Wahlen unter UN-Kontrolle sowie die Handlungsfreiheit für die deutsche Regierung Bündnisse einzugehen, die mit den Grundsätzen und Zielen der UN übereinstimmten. In ihren Antworten deuteten die Sowjets in der Frage der Wahlen zwar ein Entgegenkommen an, blieben jedoch bezüglich der Bündnisfrage in ihrer Position fest. Heute kann davon ausgegangen werden, dass Stalins Angebot keinen ernst zu nehmenden Weg für die Wiederherstellung eines freien Deutschlands darstellte, sondern als Manöver gedacht war, „die Westmächte zu einer endlosen und natürlich ergebnislosen Deutschlandkonferenz (zu) verleiten (..). Mit einer solchen Konferenz war eine zumindest sehr störende und verzögernde, vielleicht für das Projekt sogar tödliche Unterbrechung der EVG-Verhandlungen zu erreichen" (Graml 1988: 15).

bestand und zwar sowohl für die Bürger der Bundesrepublik Deutschland als auch für die der DDR und schließlich für diejenigen, die innerhalb der Grenzen von 1937 lebten bzw. leben. Das Bundesverfassungsgericht erarbeitete in seinem Urteil zum Grundlagenvertrag 1973 die folgende Sichtweise der verfassungsrechtlichen Lage Westdeutschlands: „ Das GG – nicht nur eine These der Völkerrechtslehre – geht davon aus, daß das Deutsche Reich den Zusammenbruch 1945 überdauert hat und weder mit der Kapitulation noch durch Ausübung fremder Staatsgewalt in Deutschland durch die alliierten Okkupationsmächte noch später untergegangen ist; das ergibt sich aus der Präambel, aus Art. 16, Art. 23, Art. 116 und Art. 146 GG'. Daraus folgt: ‚Das deutsche Reich existiert fort', und: ‚Die BRD ist also nicht ‚Rechtsnachfolger' des deutschen Reiches, sondern als Staat identisch mit dem Staat ‚Deutsches Reich' – in bezug auf seine räumliche Ausdehnung allerdings ‚teilidentisch', sodaß insoweit die Identität keine Ausschließlichkeit beansprucht' " (n. Fülberth 1993: 113). „Daraus ergab sich, daß das Staatsgebiet der Bundesrepublik über den Geltungsbereich des Grundgesetzes hinausreichte und die DDR intentional einschloß, auch wenn dort die Staatsgewalt der Bundesrepublik Deutschland nicht ausgeübt werden konnte" (Hesselberger 1995: 36).

Als im Grundlagenvertrag zwischen der Bundesrepublik Deutschland und der DDR 1972 die Gleichberechtigung beider deutscher Staaten anerkannt, die Unverletzlichkeit der bestehenden Grenzen zugesichert und die Beschränkung der Hoheitsgewalt auf das jeweils eigene Staatsgebiet erklärt wurden, prüfte das Bundesverfassungsgericht auf Verlangen Bayerns die völkerrechtliche Einordnung der Bundesrepublik erneut. Es blieb im Wesentlichen seiner bisherigen Sicht treu und argumentierte: „Das Deutsche Reich existiert fort, besitze nach wie vor Rechtsfähigkeit, ist allerdings als Gesamtstaat mangels Organisation, insbesondere mangels institutionalisierter Organe selbst nicht handlungsfähig. [...] Mit der Errichtung der Bundesrepublik wurde nicht ein neuer westdeutscher Staat gegründet, sondern ein Teil Deutschlands neu organisiert." (Säcker: 2003: 125).

2 Das Grundgesetz: Bedeutung, Aufbau, Verfassungsprinzipien und Staatszielbestimmungen

Das Grundgesetz (* [11]) vom 23. Mai 1949 entstand zwar unter starker Einwirkung und Mitgestaltung der Alliierten, es fügte sich aber auch in eine 140jährige Tradition des deutschen Verfassungsstaates (* [1]) dadurch ein, dass es wesentliche Strukturelemente der Verfassungen des 19. Jahrhunderts und hier insbesondere der Paulskirchenverfassung von 1848 wieder aufgenommen und weitergeführt hat, aber auch dadurch, dass es in „historisch lernender Weise" ganz bewusst gewisse Lücken der ersten demokratischen Verfassung Deutschlands, der Weimarer Reichsverfassung von 1919, schloss.

Der monarchistische Verfassungsstaat entstand im 19. Jahrhundert einerseits mit der in der Entwicklung vertragsrechtlichen Denkens gebildeten Intention, die Kräfte des Leviathans zu begrenzen und seine Verfügungsgewalt über den Bürger zu zähmen. Andererseits wurde ein großer Teil der Verfassungsgeschichte des deutschen Frühkonstitutionalismus nicht von Recht begehrenden und sich gegenüber dem Staat wehrenden Bürgern geschrieben, sondern von den deutschen Fürsten und später von der preußischen Obrigkeit als Teil „eines Kalküls der bestehenden Staatsgewalt zur Festigung ihrer Herrschaft unter veränderten Bedingungen" (Grimm 1989: 3). Dies hatte zur Folge, dass die deutschen Verfassungen im Gegensatz zu den aus Revolutionen hervorgegangenen Verfassungen Frankreichs und Amerikas die monarchistische Staatsgewalt lange nicht durch eine demokratische ersetzten.

Mit der Paulskirchenverfassung von 1848, die auf Grund der Ablehnung der Kaiserkrone durch Friedrich Wilhelm IV nie in Kraft trat, fand zum ersten Mal ein umfangreicher Grundrechtskatalog Eingang in die Verfassung Deutschlands bzw. seiner Vorläufer, der sich so auch in der Weimarer Reichsverfassung wiederfand und für die Geschichte des deutschen Verfassungsstaates wegweisend wurde. Die Paulskirchenverfassung war aber auch im Hinblick auf ihre detaillierte Ausformung eines funktional differenzierten Föderalismus, auf dessen Tradition bei der Gestaltung des Grundgesetzes zurückgegriffen werden konnte, ausgesprochen progressiv. Gleiches kann über die gerichtliche Verfassungskontrolle gesagt werden, die nicht nur eine dem heutigen Bundesverfassungsgericht vergleichbare Reichsgerichtsbarkeit vorsah, sondern auch die Einklagbarkeit der Grundrechte. Damit hatte die Paulskirchenverfassung einen Standard geschaffen, der in vielem erst mit dem Grundgesetz 1949 realisiert wurde.

Mit der Verfassung von 1871, die im Wesentlichen auf der Verfassung des Norddeutschen Bundes von 1867 basierte, wurde der Grundrechtskatalog wieder aus der gesamtstaatlichen Verfassung getilgt und in die Zuständigkeit der Einzelstaaten verwiesen.

Die Weimarer Reichsverfassung von 1919 war die erste Verfassung eines demokratischen Staates auf deutschem Boden. Ihr Grundrechtskatalog wurde durch die Einführung sozialer Grundrechte, die aber wegen fehlender materieller Rechtsstaatlichkeit die Qualität von Absichtserklärungen nicht überschritten, stark erweitert. Andererseits dokumentierte sie ein gewandeltes Verständnis des Staatshandelns dadurch, dass sie im fünften Teil der Grundrechte die wirtschaftliche Freiheit einschränkte, indem sie das wirtschaftliche Handeln an das Ziel der Gewährleistung eines menschenwürdigen Daseins für alle band (Grimm 1989: 8/9) und somit die Entwicklung zum Sozialstaat mit prägte. Die Legitimation staatlichen Handelns war durch die Wahl von Reichstag einerseits und Reichspräsident andererseits gespalten, was zu einer relativen Schwäche des Parlaments und einer relativen Stärke des Reichspräsidentenamtes führte.

2.1 Wertbindung und freiheitlich-demokratische Grundordnung

Für die Entwicklung des demokratischen Verfassungsstaates war aber in der Folge v.a. von Bedeutung, dass die Weimarer Demokratie ungeschützt dem Mehrheitswillen ausgesetzt war, was schließlich zu ihrer Abschaffung auf legalem Wege führte. So können wir heute das Grundgesetz u.a. auch als gezielten Versuch verstehen, aus den Fehlern der ersten Verfassung eines demokratischen deutschen Staates zu lernen.

Dies geschah einerseits durch die Schaffung eines Legitimationsmonopols beim Bundestag und bei den Landtagen (denn nur diese werden direkt vom Volk gewählt) und die Abschaffung des Verordnungsrechts für den Bundespräsidenten sowie die strikte Bindung eines solchen für die Regierung an die Zustimmung des Parlamentes sowie des Bundesrates und schließlich dadurch, dass weder der Bundespräsident den Bundestag von sich aus auflösen kann noch dieser ein Selbstauflösungsrecht hat.

Es geschah aber v.a. durch die Entwicklung eines Abwehr- und Schutzsystems für die Demokratie, das als freiheitlich-demokratische Grundordnung (FDGO) das Beharrungsvermögen des bundesdeutschen Staates gegen alle Tendenzen zur Abschaffung der Demokratie sichern sollte. Das dieser Demokratie zu Grunde liegende Konzept ist im Verlaufe des Bestehens der Bundesrepublik mit vielen Adjektiven verbunden worden: militante, streitbare, wehrhafte, abwehrbereite oder auch wachsame Demokratie (Wassermann 1991: 12). Kennzeichnend ist und bleibt für seine Beschreibung der Gedanke, den die Eltern des Grundgesetzes als Lehre aus der Weimarer Republik zogen: „Die Demokratie soll ein Gemeinwesen sein, das sich gegen seine Zerstörung wehrt" (ebenda).

Die freiheitlich-demokratische Grundordnung lässt sich nach der Interpretation des Bundesverfassungsgerichtes als eine Ordnung beschreiben, „die unter Ausschluß jeglicher Gewalt- und Willkürherrschaft eine rechtsstaatliche Herrschaftsordnung auf der Grundlage der Selbstbestimmung des Volkes nach dem Willen der jeweiligen Mehrheit und der Freiheit und Gleichheit darstellt. Zu den grundlegenden Prinzipien dieser Ordnung sind mindestens zu rechnen: die Achtung vor den im Grundgesetz konkretisierten Menschenrechten, vor allem vor dem Recht der Persönlichkeit auf Leben und freie Entfaltung, die Volkssouveränität, die Gewaltenteilung, die Verantwortlichkeit der Regierung, die Gesetzmäßigkeit der Verwaltung, die Unabhängigkeit der Gerichte, das Mehrparteienprinzip und die Chancengleichheit für alle politischen Parteien mit dem Recht auf verfassungsmäßige Bildung und Ausübung einer Opposition" (BVerfGE 2, 12ff.).

Ausdrücklich erwähnt wird die freiheitlich-demokratische Grundordnung in Art. 18 II GG und Art. 91 I GG, die dem Staat erlauben, gegen jeden, der es unternimmt, diese Ordnung zu gefährden, (teilweise) Grundrechtsverwirkungen auszusprechen bzw. die Zusammenarbeit von Sicherheitskräften über Ländergrenzen hinaus zu ermöglichen. Aber auch Art. 21 II GG erwähnt sie, wenn er die Möglichkeit des Parteienverbotes durch das Bundesverfassungsgericht für diejenigen Parteien festlegt, die die freiheitlich-demokratische Grundordnung beeinträchtigen oder danach trachten, sie zu beseitigen oder den Bestand der Bundesrepublik Deutschland zu gefährden. In Art. 9 II GG wird in ähnlicher Weise das Verbot von Vereinigungen geregelt, die sich u.a. gegen die verfassungsmäßige Ordnung richten. Zu diesem Schutzrepertoire gehört aber v.a. auch Art. 79 III GG, der die Änderung der Gliederung des Bundes in Länder, die grundsätzliche Mitwirkung der Länder bei der Gesetzgebung und der in Art. 1 und 20 GG niedergelegten Grundsätze ausschließt. Das bedeutet, dass Demokratie, Föderalismus, Rechtsstaatlichkeit und Sozialstaatlichkeit als unseren Staat charakterisierende, verbindliche Leitideen und Strukturelemente mit Ewigkeitsgarantie seine Ordnung vorgeben.

Trotz dieser Verankerung im GG gibt es keine Legaldefinition des Begriffes der freiheitlich-demokratischen Grundordnung. Vielmehr ist die konkrete Ausgestaltung des Konzeptes in hohem Maße davon abhängig, ob die Wertordnung des Grundgesetzes auch von der Politik getragen wird.

Viermal in der Geschichte der Bundesrepublik hat die Bundesregierung bisher das Bundesverfassungsgericht zur Einleitung von Verfahren zur Grundrechtsverwirkung auf Grund einer wahrgenommenen Bedrohung der freiheitlich demokratischen Grundordnung (Art. 18 GG) angerufen: 1952 gegen den stellvertretenden Vorsitzenden der Sozialistischen Reichspartei (SRP) Otto Ernst Remer (BVerfGE 11, 282) und 1974 gegen den Herausgeber der "Deutschen Nationalzeitung" Dr. Gerhard Frey (BVerfGE 38, 23) sowie jeweils 1992 (2 BvA 1/92 und 2 BvA 2/92) gegen die Rechtsextremisten Thomas Dienel und Heinz Reisz. In allen Fällen wurden diese Anträge vom Bundesverfassungsgericht zurückgewiesen.[17]

Anders verhielt es sich bezüglich der von Art. 21 GG vorgegebenen Möglichkeit des Parteienverbotes, von der bisher ebenfalls zweimal Gebrauch gemacht wurde. Beide Anträge wurden im Jahr 1951 gestellt, der eine richtete sich gegen die SRP (Sozialistische Reichspartei) und der andere gegen die KPD (Kommunistische Partei Deutschlands). Beiden Verbotsanträgen wurde stattgegeben, dem ersten 1952, dem anderen 1956.[18]

Danach wählte der Staat bis zum Januar 2001, als die Bundesregierung einen Verbotsantrag bezüglich der NPD beim Bundesverfassungsgericht einbrachte, das Mittel der Vereinigungsverbote, für die die Zuständigkeit beim Bundesinnenministerium oder bei den Innenministern der Länder liegt (vgl. Kap. 8).

Aber auch der „Extremistenerlass", der am 28.1.1972 von den Regierungschefs des Bundes und der Länder gefasst wurde, ist als Versuch der Abwehr des demokratischen Staates gegen Bedrohungen zu verstehen. Schon zuvor galt für die Einstellung im öffentlichen Dienst, dass Bewerber nur dann eingestellt würden, wenn sie die Gewähr dafür böten, für die freiheitlich-demokratische Grundordnung ihres Staates einzutreten. Unter dem Eindruck des anwachsenden Protestpotentials im Zusammenhang der Studentenbewegung wurde der Entschluss gefasst, die zuvor vorausgesetzte Zuverlässigkeit durch Regelanfragen beim Verfassungsschutz zu überprüfen. Auch die Waffe der „Berufsverbote" erwies sich wie die der Grundrechtsverwirkungen in der Praxis als relativ stumpf, nicht zuletzt darum, weil sich im Zusammenhang der sich entwickelnden Diskussion in der Praxis ein zurückhaltender Umgang mit dem Erlass herausgebildet hat: „Nach offiziellen Angaben befanden sich Ende 1987 2338 Extremisten im öffentlichen Dienst. Verglichen mit 1972, als 2720 Extremisten – 382 mehr als 1987 – dem öffentlichen Dienst angehörten, nahm die Zahl der Rechtsextremisten um 1000 ab, während die Zahl der Linksextremisten um nahezu die gleiche Menge zunahm. Abgelehnt wurden zwischen 1973

---

[17] Interessant in diesem Zusammenhang ist auch die Bedeutung, die der sog. „Spiegelaffäre" aus dem Jahr 1962 zukommt. Unter dem Titel „Bedingt abwehrbereit" war im Spiegel ein Artikel über ein NATO-Manöver erschienen, in dem die Verteidigungspolitik der Bundesregierung kritisiert wurde. Unter dem Verdacht des publizistischen Landesverrats wurden die Redaktionsräume des Spiegels besetzt und durchsucht sowie der zuständige Redakteur sowie der Chefredakteur verhaftet. Obwohl einerseits die Eröffnung des Hauptverfahrens wegen Landesverrats gegen die beiden Beschuldigten nicht zu Stande kam und das Bundesverfassungsgericht andererseits auch der vom Spiegel erhobenen Verfassungsbeschwerde wegen Verstoßes gegen die Pressefreiheit (knapp) nicht entsprach, handelte es sich bei der Affäre um eine Gratwanderung zwischen Selbstschutzinteressen des Staates und politischen Interessen. Parallelen zur „Spiegelaffäre" werden aktuell in der sog. „Cicero Affäre" gezogen: Nachdem im April 2005 im Monatsmagazin Cicero in einem Artikel über einen irakischen Terroristen vertrauliche Informationen des BKA zitiert wurden, veranlasste die Staatsanwaltschaft Potsdam im Sept. 2005 eine Hausdurchsuchung beim zuständigen Redakteur sowie in den Redaktionsräumen. Dem Journalisten und dem Chefredakteur des Cicero-Magazins wird Beihilfe zum Geheimnisverrat vorgeworfen. Die deutsche Presse verurteilte die Durchsuchungen als eine Missachtung der Pressefreiheit.

[18] Siehe zum SRP-Verbot auch BverfGE 2, 1; sowie BverfGE 5, 85 zum KPD Verbot.

und 1980 1102 Bewerber, was einer Quote von weniger als 0,1 Prozent bedeutete" (Wassermann 1991: 12).

Im Verlauf des Bestehens der Bundesrepublik wechselte der Staat bezüglich des Schutzes der freiheitlich-demokratischen Grundordnung vom Legalitätsprinzip zum Opportunitätsprinzip, d.h. er versucht nur dort mit rechtlichen Mitteln gegen Extremismus vorzugehen, wo es unbedingt erforderlich erscheint, und bemisst sein Handeln eher nach Kriterien der politischen Opportunität.

Die Praxis der freiheitlich-demokratischen Grundordnung steht und fällt mit der engen Verbundenheit zwischen dem Prinzip der Abwehrbereitschaft einerseits und dem der Wertgebundenheit andererseits (ebenda).

Dabei befindet sich der moderne Verfassungsstaat mit einer hochgradig differenzierten pluralistischen Gesellschaft in einem Dilemma, wenn er sich die Frage stellt, ob und in welchem Ausmaß seine Verfassung Wertaussagen enthalten soll und zugleich seine Wertordnung zukunftsoffen gestalten soll (Wittkämper/Robert 1990: 11/12). Wenngleich ein großer Teil der Wertbindung des staatlichen Handelns in der Bundesrepublik Deutschland erst durch verfassungsrichterliche Urteile konkretisiert und ausgeformt wurde, so hat sich das Grundgesetz doch ganz deutlich für eine Wertbindung entschieden und zwar indem es in Art. 1 I und II GG die Menschenwürde für unantastbar erklärt und zur Grundlage der staatlichen Gemeinschaft erklärt hat. Dies geschieht im Range eines Staatsziels, was uns weiter unten noch einmal beschäftigen wird. Darüber hinaus bindet Art. 1 III GG Gesetzgeber, vollziehende Gewalt und Rechtsprechung an die Grundrechte (Art. 1-19 GG). Nach Auffassung des Bundesverfassungsgerichtes wird durch die Grundrechte und die Bindung des Staatshandelns an diese einerseits die Möglichkeit der Abwehr des Bürgers gegenüber dem Staat geschaffen, andererseits aber auch eine „objektive Wertordnung, die als verfassungsrechtliche Grundentscheidung für alle Bereiche des Rechtes gilt" (BVerfGE 7, 198 (204f.)).

Zudem hat das Bundesverfassungsgericht in seinem Urteil vom 1. Juli 1953 erklärt, „daß das Verfassungsrecht nicht nur aus den einzelnen Sätzen der geschriebenen Verfassung besteht, sondern auch aus gewissen sie verbindenden, innerlich zusammenhaltenden allgemeinen Grundsätzen und Leitideen, die der Verfassungsgesetzgeber, weil sie das vorverfassungsmäßige Gesamtbild geprägt haben, von dem er ausgegangen ist, nicht in einem besonderen Rechtssatz konkretisiert hat" (BVerfGE 2, 403).

2.2 Aufbau des Grundgesetzes

Ohne den Ausführungen im Einzelnen vorzugreifen, kann davon ausgegangen werden, dass das Grundgesetz Folgendes regelt:

- Es formuliert in seinen ersten 19 Artikeln einen Katalog von Grundrechten als unmittelbar geltendes Recht;

- es gewährleistet eine parlamentarische Demokratie mit dem Parlament als frei gewählter Volksvertretung im Mittelpunkt des staatlichen Handelns, dem die Regierung verantwortlich ist;
- es garantiert einen freiheitlichen und sozialen Rechtsstaat, der nach dem Prinzip der Gewaltenteilung zwischen Legislative, Exekutive und Judikative organisiert ist;
- es regelt die Aufgabenteilung zwischen Bund, Ländern und Kommunen und beschreibt damit die Ausformung des bundesdeutschen Föderalismus;
- es beschreibt den Staatsaufbau und in diesem die Rechte und Pflichten der Verfassungsorgane des Bundes: Bundestag, Bundesregierung, Bundesrat, Bundespräsident und Bundesverfassungsgericht.

Das Grundgesetz gliedert sich in 14 Abschnitte:

Abbildung 2: Aufbau des Grundgesetzes

I.	Die Grundrechte
II.	Der Bund und die Länder
III.	Der Bundestag
IV.	Der Bundesrat
IVa.	Gemeinsamer Ausschuss
V.	Der Bundespräsident
VI.	Die Bundesregierung
VII.	Die Gesetzgebung des Bundes
VIII.	Die Ausführung der Bundesgesetze und die Bundesverwaltung
VIIIa.	Gemeinschaftsaufgaben
IX.	Die Rechtsprechung
X.	Das Finanzwesen
Xa.	Verteidigungsfall
XI.	Übergangs- und Schlussbestimmungen

Diesen 14 Abschnitten der Verfassung ist eine Präambel vorangestellt, die Bestandteil der Verfassung ist und „grundsätzliche Auslegungsregeln für die bestehende und Richtlinien für die künftige staatliche Gestaltung" bietet (Hesselberger 2003: 54).

Diese Bindung staatlichen Handelns kam v.a. in der bis zur deutschen Einheit gültigen Präambel zum Ausdruck; hier hieß es:

„Im Bewußtsein seiner Verantwortung vor Gott und den Menschen, von dem Willen beseelt, seine nationale und staatliche Einheit zu wahren und als gleichberechtigtes Glied in einem vereinten Europa dem Frieden der Welt zu dienen, hat das Deutsche Volk in den Ländern Baden, Bayern, Bremen, Hamburg, Hessen, Niedersachsen, Nordrhein-Westfalen, Rheinland-Pfalz, Schleswig-Holstein, Württemberg-Baden und Württemberg-Hohenzollern, um dem staatlichen Leben für eine Übergangszeit eine neue Ordnung zu geben, kraft seiner verfassungsgebenden Gewalt dieses Grundgesetz der Bundesrepublik Deutschland beschlossen. Es hat auch für jene Deutsche gehandelt, denen mitzuwirken versagt war. Das gesamte deutsche Volk bleibt aufgefordert, in freier Selbstbestimmung die Einheit und Freiheit Deutschlands zu vollenden."

Die Aufforderung, die Einheit Deutschlands in Freiheit und Selbstbestimmung zu realisieren, wurde von den Eltern des Grundgesetzes in dem Bewusstsein der Vorläufigkeit der zu formulierenden Verfassung so artikuliert (vgl. Kap. 1). Sie hatte bis zum Vollzug der deutschen Einheit und der Änderung des Präambeltextes im Jahr 1990 den Rang eines Staatsziels.

In der geänderten Präambel verblieben im Wesentlichen drei Gestaltungselemente für den deutschen Staat und sein Handeln. Dort heißt es nun:

„Im Bewußtsein seiner Verantwortung vor Gott und den Menschen, von dem Willen beseelt, als gleichberechtigtes Glied in einem vereinten Europa dem Frieden der Welt zu dienen, hat sich das Deutsche Volk kraft seiner verfassungsgebenden Gewalt dieses Grundgesetz gegeben (...)".

Mit der Bindung der Verfassung und der staatlichen Ordnung an die Verantwortung vor Gott und den Menschen ist ein ethisches Fundament von absoluter Tragfähigkeit formuliert worden (Hesselberger 2003: 56). Mit dem von Theodor Heuss so vorgeschlagenen Bezug war allerdings nicht die Entscheidung für einen christlichen Staat gemeint, sondern die Betonung der besonderen Verantwortung und der damit verbundene hohe ethische Anspruch an die Staatsgewalt.[19]

Mit den in der Präambel verankerten Zielsetzungen „Frieden der Welt" und „vereintes Europa" sind zwei weitere Wertsetzungen für staatliches Handeln formuliert und zwar im Range von Staatszielen, was uns weiter unten noch beschäftigen wird. Zunächst wollen wir uns Entstehung und Bedeutung der Grundrechte zuwenden.

---

[19] Ende 1993 wurde von Vertretern der SPD der Vorschlag gemacht, den Bezug auf Gott aus der Präambel zu streichen. In einer vom Institut für Demoskopie Allensbach Anfang 1994 durchgeführten Befragung brachte 57% der westdeutschen Bevölkerung zum Ausdruck, dass sie dies nicht wünschten, 20% plädierten dafür. Umgekehrt zeigten sich die Zustimmungszahlen in Ostdeutschland: Hier waren 48% der Befragten für eine Streichung und nur 22% dagegen (Allensbacher Berichte 1994/Nr. 4). In die niedersächsische Verfassung wurde ein ebensolcher Bezug auf Gott durch Volksinitiative angeregt und 1994 auch aufgenommen.

2.3 Die Grundrechte

Die ideengeschichtliche Entwicklung der Grundrechte setzt sich im Wesentlichen aus drei Strängen zusammen:

- Bis in die Antike lässt sich der vor allem von Alkidamas artikulierte Gedanke zurückverfolgen, dass alle Menschen unverzichtbare Freiheitsrechte haben und dass demzufolge kein Mensch zum Sklaven gemacht werden dürfe.
- Im Rahmen der Entwicklung eines vertragsrechtlichen Staatsverständnisses und der Herausbildung naturrechtlicher Positionen in der Staatsphilosophie wurde die Überzeugung ausgearbeitet, dass der Mensch eine angeborene, unveräußerliche Freiheitssphäre besitzt, etwa konkretisiert anhand der Glaubens- und Gewissensfreiheit, aber auch der des Eigentums. Im Zusammenhang der Aufklärung und später des politischen Liberalismus war aber auch die Betonung des Rechts auf Schutz gegen staatliche Willkür von großer Bedeutung. Erste Konkretisierungen dieser Grundrechte waren schon zuvor in England die Magna Charta Libertatum (1215), die auch schon Teilhaberechte mit einschloss, die Petition of Rights (1628), die Habeas-Corpus-Akte (1679) und die Bill of Rights (1689). Teilweise waren hier schon Rechte formuliert, die in anderen Staaten Europas erst Jahrhunderte später Erwähnung finden sollten, wie das Recht auf einen gesetzlichen Richter und das Recht auf Gleichheit vor dem Gesetz.
- Mit dem in der amerikanischen Unabhängigkeitserklärung (1776) formulierten Menschenrechtskatalog wurde ein Mindeststandard für weitere Verfassungsstaaten geschaffen, der auch in die Verfassung der Vereinigten Staaten (1789/90) sowie in die französische Erklärung der Menschen- und Bürgerrechte (1789) wieder aufgenommen wurde. Hier traten allerdings als neue, wesentliche Rechte neben die Freiheits- und Naturrechte, die Mitwirkungsrechte der Bürger an der Staatsgewalt.

Entsprechend dieser historischen Entwicklung können wir heute unter den Grundrechten die folgenden Typen unterscheiden:

- Freiheits- und Abwehrrechte
- politische und/oder soziale Teilhabe- oder Mitwirkungsrechte
- Menschen- oder Bürgerrechte (je nachdem, ob sie als Rechte verstanden werden, die jedem Menschen zustehen, oder nur den Bürgern eines Staates).

Die besondere Bedeutung erlangen die Grundrechte im Grundgesetz u.a. darum, weil sie der Verfassung nicht nur in der Form einer maßgebenden Deklaration vorangestellt sind, sondern unmittelbar geltendes Recht darstellen und Legislative, Exekutive und Judikative unseres Staates binden wie in Art. 1 III GG festgelegt.

Jedem Menschen, der durch die öffentliche Gewalt in seinen Rechten verletzt wird, steht der Rechtsweg offen (Art. 19 IV GG), der die Verfassungsbeschwerde mit einbezieht (Art. 93 I GG). Grundrechte sind ihrem Wesensgehalt nach geschützt und nur in der Formulierung änderbar (Art. 19 III GG).[20]

Umstritten ist, ob die Grundrechte ausschließlich das Verhältnis zwischen Staat und Bürgern/Menschen regeln oder ob sie auch direkt auf Privatrechtsbeziehungen und den Schutz der individuellen Freiheit vor den Gefahren und dem Missbrauch gesellschaftlicher Macht gerichtet sind (Avenarius 1989: 193).

Die Grundrechte in ihrer Gesamtheit bilden zusammen mit den Grundsätzen von Art. 20 GG (Demokratie, Sozial- und Bundesstaat, Gewaltenteilung, Volkssouveränität, Delegation durch Wahl, Bindung der Staatsgewalt an Recht und Gesetz, Widerstandsrecht) eine „objektive Wertordnung, die als verfassungsrechtliche Grundentscheidung für alle Bereiche des Rechts gilt (BVerfGE 7, 198).

Im Mittelpunkt dieser Wertordnung steht die durch Art. 1 GG festgelegte Würde des Menschen und zwar im Range eines Staatsziels.

Abbildung 3: Art. 1 GG

Art. 1
(1) Die Würde des Menschen ist unantastbar. Sie zu achten und zu schützen ist Verpflichtung aller staatlichen Gewalt.
(2) Das Deutsche Volk bekennt sich darum zu unverletzlichen und unveräußerlichen Menschenrechten als Grundlage jeder menschlichen Gemeinschaft, des Friedens und der Gerechtigkeit in der Welt.
(3) Die nachfolgenden Grundrechte binden Gesetzgebung, vollziehende Gewalt und Rechtsprechung als unmittelbar geltendes Recht.

Art. 79 III schließt eine Änderung des Grundgesetzes, die die in Art. 1 niedergelegten Grundsätze berührt, genauso aus wie eine solche, die die Organisation der Staatsgewalt entsprechend der laut Art. 20 GG festgelegten Grundsätze antastet.

Die Grundrechte im Grundgesetz lassen sich folgendermaßen einteilen (n. Hesselberger 2003: 59f.):

Unter den Freiheits- oder liberalen Grundrechten sowie den Abwehrrechten wird in Art. 1 GG das grundsätzliche Verhältnis zwischen Staat und Individuum beschrieben und werden in Art. 2 GG das Recht auf freie Entfaltung der Persönlichkeit und – eng damit zusammenhängend – die Rechte auf Leben, körperliche Unversehrtheit und Freiheit der Person festgelegt. Konkretisierungen des Rechts auf

---

[20] Dabei muss der Inhalt von Art. 19 I und II GG deutlich von den Regelungen des Art. 79 GG unterschieden werden. „Während letztgenannte Norm die Änderung der Verfassung zum Gegenstand hat, gelten Art. 19 I und II für einfache Gesetze, die ein Grundrecht dem Wortlaut der Verfassung gemäß näher umschreiben oder begrenzen (...)." Das entsprechende Gesetz muss das Grundrecht unter Angabe des Artikels nennen (Zitiergebot) (n. Löw 1997: 197/198).

persönliche Freiheit sind z.B. das Recht auf Freizügigkeit (Art. 11 GG) und der Schutz jedes Deutschen vor Auslieferung (Art. 16 II GG).[21] Der Schutz der persönlichen Freiheiten ist den unabhängigen Gerichten anvertraut und wird durch die Gewährleistung der „klassischen prozessualen Garantien gegen Freiheitsbeschränkungen (sog. Habeas-Corpus-Recht) gewährt (vgl. Art. 101, 103 und 104 GG)" (ebenda: 59).

Neben diesen Rechten auf äußere Freiheit sichert das Grundgesetz auch „Rechte auf die sog. Freiheit des Innenlebens und seiner Kundgabe" (ebenda). Zu nennen sind hier die Glaubens- und Gewissensfreiheit einschließlich des Rechtes auf Wehrdienstverweigerung (Art. 4 GG), die Meinungs-, Informations- und Pressefreiheit (Art. 5 GG) und das Elternrecht (Art. 6 II und Art. 7 II GG).

Unter den Staatsbürgerrechten oder politischen Grundrechten sind z.B. das Recht auf Staatsangehörigkeit (Art. 16 I GG) und die – allerdings nicht im Rahmen der Grundrechte verankerten – Rechte auf gleichen Zugang zu öffentlichen Ämtern (Art. 33 GG) und das aktive sowie passive Wahlrecht (Art. 38 GG) zu nennen.

Das Grundgesetz enthält keine sozialen Grundrechte wie z.B. das Recht auf Arbeit oder das Recht auf Wohnung. Dies erklärt sich einerseits aus dem Charakter des Provisoriums, den das Grundgesetz für dessen Eltern 1949 besaß und diese zu der Überzeugung geführt hatte, dass die Formulierung sozialer Rechte bzw. einer sozialen Ordnung einer „endgültigen" Verfassung überlassen bleiben sollte. Andererseits war bei der Entstehung des Grundgesetzes hier aber auch die Überzeugung gestaltend, dass die Festlegung einer sozialen Grundordnung nicht im gewünschten Maße zukunftsoffen sei und dass vielmehr die Politik das regeln sollte, was durch eine Verfassung nicht zu regeln schien (vgl. Kap. 1). Auch im Rahmen der Beratungen der Gemeinsamen Verfassungs-Kommission des Bundestages und des Bundesrates wurde die Frage der Aufnahme sozialer Grundrechte in das Grundgesetz wieder gestellt, aber letztendlich abschlägig behandelt (vgl. Kap. 3). Viele Landesverfassungen, insbesondere diejenigen der neuen Bundesländer, weisen allerdings soziale Grundrechte auf.

Unter den oben erwähnten Rechten stehen die Menschenrechte wie z.B. Art. 1 I GG, Art. 2 GG sowie Art. 3 GG allen Menschen zu. Staatsbürgerliche Rechte, die

---

[21] Die letzten Änderungen des Grundgesetzes im Bereich der Freiheits- bzw. liberalen Grundrechte im Oktober 2000 ergaben sich als Anpassungen an die Internationalisierung bzw. Globalisierung von Politik. Dabei handelte es sich einerseits um die Einführung von Art. 12a GG – des Rechtes von Frauen freiwilligen Dienst an der Waffe zu leisten – als Umsetzung der Forderung des EuGH Frauen gleichberechtigten Zugang zu den Streitkräften zu ermöglichen. Andererseits wurde in Art. 16 GG die Möglichkeit geschaffen, Deutsche an einen Mitgliedstaat der EU oder einen internationalen Gerichtshof auszuliefern. Während es hier zuvor lediglich hieß: „Kein Deutscher darf an das Ausland ausgeliefert werden", ist nun formuliert worden: „Kein Deutscher darf an das Ausland ausgeliefert werden. Durch Gesetz kann eine abweichende Regelung für Auslieferungen an einen Mitgliedstaat der Europäischen Union oder an einen internationalen Gerichtshof getroffen werden, soweit rechtsstaatliche Grundsätze gewahrt sind."

dagegen nur Deutschen sowie Flüchtlingen und Vertriebenen (vgl. Art. 116 I GG) zustehen, finden wir in den Artikeln 8, 9, 11 und 12 GG.

Abbildung 4: Die Grundrechte im GG

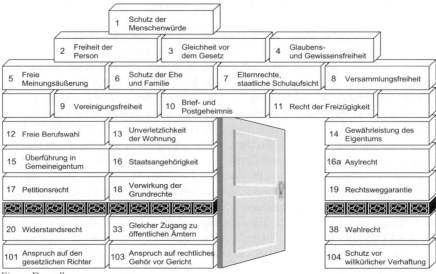

Eigene Darstellung.

Durch Art. 18 GG ist im Zusammenhang des Konzeptes der freiheitlich-demokratischen Grundordnung festgelegt, dass bezüglich eines Teils der Grundrechte eine Grundrechtsverwirkung ausgesprochen werden kann. Dies bezieht sich jedoch nur auf die Freiheit der Meinungsäußerung (Art. 5 I GG), die Lehrfreiheit (Art. 5 III GG), die Versammlungsfreiheit (Art. 8 GG), die Vereinigungsfreiheit (Art. 9 GG), das Brief-, Post- und Fernmeldegeheimnis (Art. 10 GG), das Eigentum (Art. 14 GG) und das Asylrecht (Art. 16a GG) für den Fall, dass jemand eines dieser Rechte zum Kampf gegen die freiheitlich-demokratische Grundordnung missbraucht. Die Verwirkung sowie deren Ausmaß werden durch das Bundesverfassungsgericht ausgesprochen.

2.4 Verfassung in Kurzform: Art. 20 GG

Mit Artikel 20 GG, der den Grundrechten folgt, werden tragende Grundsätze unseres Staatsaufbaus festgelegt, die Art. 79 III GG entsprechend auch nicht durch eine Verfassungsänderung abgeschafft werden können. So wird in Art. 20 I GG das Prinzip des demokratischen und sozialen Bundesstaates für die Bundesrepublik Deutschland festgelegt.

Artikel 20 II GG bindet alle Souveränität in unserem Staat an das Volk und an das Prinzip der Souveränitätsübertragung durch Wahlen und Abstimmungen. Er verankert zudem das Prinzip der Gewaltenteilung, treffender formuliert als Gewaltenverteilung: Die Ausübung der Staatsgewalt wird besonderen Organen der Gesetzgebung, der vollziehenden Gewalt und der Rechtsprechung übertragen und an die verfassungsmäßige Ordnung sowie an Gesetz und Recht gebunden (Art. 20 III GG). Mit dem Prinzip der Gewaltenteilung soll die Ausübung einer Willkürherrschaft dadurch verhindert werden, dass kein Organ in der Lage ist, die gesamte Staatsgewalt auszuüben. Dabei ist die organisatorische Gewaltenteilung, die Ausübung der Staatsgewalt durch getrennte und voneinander unabhängige Institutionen der verteilten Staatsgewalt, von der personellen Gewaltenteilung zu unterscheiden, was bedeutet, dass eine prinzipielle Inkompatibilität der Amtsinhabe im Rahmen von mehr als einer Gewalt besteht (Hesselberger 2003: 186).[22]

Sehr kontrovers wurde Art. 20 IV GG diskutiert, der ein Widerstandsrecht für die Bürger festlegt. Die Eltern der Verfassung hatten zunächst die Aufnahme eines Widerstandsrechtes in das Grundgesetz mit der Begründung abgelehnt, dass dadurch die Gefahr bestünde, dieses als Aufforderung zum Landfriedensbruch missverstehen. Mit der zu Beginn der 60er Jahre einsetzenden Diskussion um eine Notstandsverfassung (die im Deutschlandvertrag von den Alliierten gefordert worden war; vgl. Kap. 1), die schließlich mit der Änderung des Grundgesetzes im Jahr 1968 endete (u.a. Art. 87 a, 115 GG), wurde auch die Frage nach weiteren Schutzmöglichkeiten gegen die Bedrohung der verfassungsmäßigen Ordnung unter Ausnahmebedingungen gestellt. Quasi als Ausgleich für die verabschiedete Notstandsverfassung wurde Art. 20 IV GG in das Grundgesetz eingeführt, der für alle Deutschen die Möglichkeit zum Widerstand gegen jeden eröffnet, der es unternimmt, die verfassungsmäßige Ordnung zu beseitigen, wenn andere Abhilfe nicht möglich ist. Damit stellt das Widerstandsrecht eine Erweiterung des Instrumentariums der freiheitlich-demokratischen Grundordnung dar, es ist ausdrücklich nicht als Aufforderung zur Revolution oder zum Systemumsturz zu verstehen (Hesselberger 2003: 195). Widerstand – etwa mit den Mitteln des Ungehorsams oder des politischen Streiks – ist jedoch nur gerechtfertigt, wenn „andere Abhilfe nicht möglich ist". Dies setzt voraus, dass zuvor alle Schutzmechanismen der freiheitlich-demokratischen Grundordnung versagen (ebenda). Auf Grund der vagen Formulierungen von Art. 20 IV GG ist der Widerstandsfall für die Bürger kaum konkret zu fassen, wurde

---

[22] Dieser Aspekt wird uns in Kap. 6 noch einmal beschäftigen. Wir können nämlich durchaus Durchbrechungen des Prinzips der Gewaltenverteilung feststellen, dann nämlich, wenn in der Praxis die Ministerialbürokratie als Teil der Exekutive wesentliche Anteile bei der inhaltlichen Gestaltung der Legislative übernimmt (Gesetzesvorlagen aus den Ministerien), wenn Abgeordnete ein Minister- oder Kanzleramt übernehmen, aber nicht ihr Abgeordnetenmandat niederlegen und schließlich auch, wenn Ministerialbeamte bzw. Staatssekretäre gleichzeitig Abgeordnete sind.

jedoch von der RAF als Möglichkeit zur Legitimierung der von ihr angewandten Gewalt beansprucht.[23]

2.5 Staatsziele und Verfassungsprinzipien

Das Grundgesetz besteht nicht nur aus den in ihm verankerten Einzelnormen, sondern umfasst auch eine Reihe von untereinander verbundenen Leitideen, die Form, Organisation und Ziele des staatlichen Handelns regeln.[24] Durch diese Grundprinzipien werden Organisations- und Verfahrensmuster für das staatliche Handeln festgelegt. Zu diesen Grundentscheidungen der Verfassung sind das Demokratie-, das Rechtsstaats-, das Föderalismus-, das Republik- sowie das Sozialstaatsprinzip zu zählen. Auf der anderen Seite enthält das Grundgesetz aber auch eine Reihe von inhaltlichen Bindungen staatlichen Handelns, die nicht nur auf die Gegenwart, sondern die Zukunft unseres Gemeinwesens gerichtet sind. Diese Staatsziele begründen keine unmittelbar verfolgbaren Ansprüche des Einzelnen, sondern richten sich an den Gesetzgeber und verpflichten ihn auf bestimmte Programmziele (Hesselberger 2003: 60). Hier sind z.b. ebenfalls das Sozialstaatsprinzip, der Umweltschutz, der Tierschutz, das Verbot des Angriffskrieges und der Frieden, das Gebot des gesamtwirtschaftlichen Gleichgewichts, der Behindertenschutz sowie die Förderung der Gleichberechtigung zwischen Mann und Frau zu nennen.

Die Verfassungsprinzipien und Staatsziele lassen sich folgendermaßen zusammenfassen:

---

[23] So erklärte z.B. Ulrike Meinhof: „das gefängnis, das militär, und die polizei sind die hauptwerkzeuge des imperialistischen staates, des staates der bourgeoisie, mit denen sie ihre macht als herrschende klasse behauptet, verteidigt, durchsetzt – schon immer". In der „Erklärung der Gefangenen" vom 21.8.1975 heißt es weiter: „im bruch zwischen recht und moral durch die auflösung der gewaltenteilung im imperialistischen staat wird politische opposition illegal im maß, wie der konsens zwischen gesellschaft und staat, vermittelt durch die werte der bürgerlichen verfassung, selbst zerbrochen wird" (n. Fetscher/Rohrmoser 1981: 134/135). Mit dem als fehlend definierten Konsens war es für die RAF legitim den Staat zu zwingen, die von ihm benutzte Gewalt offen zu legen. Damit sahen sich ihre Mitglieder in der Tradition des klassischen Widerstandsrechts, das Gewaltanwendung und Widerstand gegen den Usurpator und Tyrannen erlaubte, dabei völlig ignorierend, dass das Widerstandrecht in einem demokratischen Verfassungsstaat nur diejenige Gewalt und denjenigen Widerstand rechtfertigt, die mit dem Ziel der Wiederherstellung eines ursprünglich legitimen Zustandes geschieht (ebenda: 136).
[24] Das Bundesverfassungsgericht führte dazu aus, „(...) daß das Verfassungsrecht nicht nur aus den einzelnen Sätzen der geschriebenen Verfassung besteht, sondern auch aus gewissen, sie verbindenden, innerlich zusammenhaltenden allgemeinen Grundsätzen und Leitideen, die der Verfassungsgesetzgeber, weil sie das vorverfassungsmäßige Gesamtbild geprägt haben, von dem er ausgegangen ist, nicht in einem besonderen Rechtssatz konkretisiert hat (...)" (BVerfGE 2, 403).

Das Grundgesetz: Bedeutung, Aufbau, Verfassungsprinzipien und Staatszielbestimmungen 55

Abbildung 5: Staatsziele und Verfassungsprinzipien des GG

Staatsziele/Verfassungsprinzipien	Verankerung im GG	seit
Achtung und Schutz der Menschenwürde	Art.1 II, III Art. 79 III (Verweis)	1949
Republikprinzip	Präambel Art. 20 I Art. 28 I	1949
Demokratieprinzip	Art. 20 Art. 28 I Art. 79 III (Verweis) (Parlamentarische Demokratie: Art. 38ff.) (FDGO: Art. 18; 21 II; 91 I)	1949
Föderalismusprinzip	Art. 20 I Art. 28 I Art. 79 III	1949
Rechtsstaatsprinzip	Art. 1 III Art. 19 IV Art. 20 III Art. 28 I Art. 79 III (Verweis)	1949
Sozialstaatsprinzip	Art. 20 I Art. 28 I Art. 79 III (Verweis)	1949
Frieden	Präambel Art. 1 II Art. 9 II Art. 24 II Art. 26 I	1949/1990
Europa/Supranationalität	Präambel Art. 23 (Mitw. EU) Art. 24 (Hoheitsrechtsübertr.) Art. 28 I (kom. Wahlrecht f. Bürger der EU) Art. 45 (BT-Ausschuss f. europäische Angelegenheiten) Art. 50 (BR-/Länderbeteiligung an EU-Gesetzgebung) Art. 53 III a (Europakammer des BR) Art. 76 II, III (Gesetzgebungsverfahren bzgl. Art. 23, 24) Art. 88 (Bundesbank/Europäische Zentralbank) Art. 115 e (Gemeinsamer Ausschuss in EU-Angelegenheiten)	1949/1990/1992/1994

Gesamtwirtschaftliches Gleichgewicht	Art. 104 a IV Art. 109 II, IV Art. 115 I	1967/1969
(Wiedervereinigung)	Präambel	1949 bis 1990
Umweltschutz	Art. 20 a	1994
Gleichberechtigung	Art. 3 II	1994
Behindertenschutz	Art. 3 III	1994
Tierschutz	Art. 20a	2002

Angesichts der Vielfalt der in der Wertordnung des Grundgesetzes festgelegten Strukturprinzipien und Handlungsziele entsteht natürlich die Frage nach einer möglichen Rangordnung unter den Staatszielen. Dabei wird heute davon ausgegangen, dass die nach Art. 79 III GG festgelegten unabänderlichen Grundsätze gleichrangig und gleichwertig sind, dass allerdings „die Grundsätze des Rechtsstaates, der Demokratie und der Menschenwürde inhaltlich hervor(ragen)" (Kirchhoff 1987: 803ff.).

Wir wollen in der gebotenen Kürze im Folgenden auf die einzelnen Prinzipien eingehen.

2.5.1 Menschenwürde

Die Verpflichtung zur Achtung der Menschenwürde bedeutet, dass der Staat alles zu unterlassen hat, was diese Menschenwürde beeinträchtigen könnte und dass er darüber hinaus verpflichtet ist, auch der Verletzung der Menschenwürde durch Dritte entgegenzuwirken (Avenarius 1989: 270). Wie schon in den Abschnitten 2.2 und 2.3 dieses Kapitels ausgeführt wurde, ist durch die Grundrechte und die Bindung allen staatlichen Handelns an diese Grundrechte sowie durch den Schutz ihres Wesensgehaltes (Art. 19 II GG) eine objektive Wertordnung begründet, „die als verfassungsrechtliche Grundentscheidung für alle Bereiche des Rechts gilt" (BVerfGE 7, 198).

2.5.2 Republikprinzip

Mit dem Republikprinzip hat das Grundgesetz die unabänderliche Organisation des Staates (Bund einerseits und Länder andererseits) im Rahmen einer Republik festgelegt und damit die Monarchie ausgeschlossen. Die Festlegung auf eine Republik bedeutet auch, dass das Staatsoberhaupt auf Zeit vom Volk gewählt wird. Darüber hinaus impliziert das Republikprinzip aber auch die Absage an totalitäre Systeme und unterstellt auf der Seite des Volkssouveräns die Bereitschaft sich für die freiheitliche Ordnung und das Gemeinwohl einzusetzen (Wittkämper/Robert 1990: 13).

2.5.3 Demokratieprinzip

Das im Grundgesetz v.a. in Art. 20 I und Art. 28 I verankerte Demokratieprinzip bedeutet nicht nur die Festlegung auf eine bestimmte Staatsform, sondern ebenso die Akzeptanz entsprechender politischer Prinzipien und Verfahrensregeln sowie die Verankerung wesentlicher Leitgedanken – unter ihnen insbesondere die von Freiheit und Gleichheit – im gesellschaftlichen Leben.

Das Grundgesetz hat sich laut Art. 38ff. nicht für die Form einer direkten Demokratie entschieden, sondern für die parlamentarische Demokratie. D.h., dass nicht das identitäts-, sondern ein repräsentativdemokratisches Modell gewählt wurde, das der Konkurrenz unterschiedlicher Gruppen politischer Interessenvertretung einen hohen Stellenwert beimisst. Die deutsche Verfassung fordert zwar in Art. 20 II GG „Alle Staatsgewalt geht vom Volke aus," bindet so also die Souveränität an das Volk. Ebenfalls in Art. 20 II GG heißt es dann aber weiter: „Sie wird vom Volke in Wahlen und Abstimmungen und durch besondere Organe der Gesetzgebung, der vollziehenden Gewalt und der Rechtsprechung ausgeübt." Dies bedeutet, dass die Willensbildung des Volkes ausdrücklich von der Bildung des staatlichen Willens durch dessen verfasste Organe unterschieden werden muss. „Nur dann, wenn das Volk als Verfassungs- und Kreationsorgan durch Wahlen und Abstimmungen selbst die Staatsgewalt ausübt, fällt die Äußerung des Volkswillens tatsächlich mit der Bildung des Staatswillens zusammen" (Wittkämper/Robert 1990: 14).

Aber nicht nur im Prinzip der Repräsentation finden wir eine Durchbrechung des Grundsatzes der beim Volk liegenden Staatsgewalt, sondern auch bezüglich der Unabhängigkeit der Gerichte, die lediglich an Recht und Gesetz gebunden sind (Art. 1 III, Art. 20 III, Art. 97 I GG) und in Bezug auf die Bedeutung des Bundesverfassungsgerichtes als oberstes Gericht und zugleich unabhängiges Verfassungsorgan (§ 1 BVerfGG).

Das Volk ist so zwar primärer Träger der Staatsgewalt, kann aber bei der Ausübung der Staatsgewalt unmittelbar nur eingeschränkt tätig werden (Wittkämper/Robert 1990: 14). Möglichkeiten der Gestaltung bei der Staatswillensbildung sind dem Volk auf Bundesebene abgesehen von Wahlen im Bereich der Grundrechte mit den Rechten auf Meinungsfreiheit, Versammlungs- und Vereinigungsfreiheit (Art. 5, 8, 9 GG) sowie mit dem Petitionsrecht (Art. 17 GG) gegeben. Darüber hinaus sieht das Grundgesetz lediglich in Art. 29 bezüglich der Neugliederung des Bundesgebietes direktdemokratische Beteiligungen vor. Im Rahmen der Länderpolitik sowie auf kommunaler Ebene kennen alle Landes- bzw. Kommunalverfassungen heute den Bürgerentscheid bzw. das Bürgerbegehren (z.B. § 26 GO NW).

Die mit dem Ordnungskern des Grundgesetzes verbundenen Organisationsprinzipien für unsere Demokratie können folgendermaßen zusammengefasst werden:

> Die Legitimation der staatlichen Herrschaft ergibt sich aus der zeitlich begrenzten und nach bestimmten Verfahrensregeln ablaufenden Beauftragung durch das Volk. Das

setzt einen Prozess der politischen Willensbildung im Volk einerseits voraus, der eine Schlüsselfunktion übernimmt, eine Kontrolle der staatlichen Herrschaft andererseits (Böhret u.a. 1979: 89).

Das bedeutet, dass im Zentrum des Legitimationsprozesses die Wahlen stehen und zwar insbesondere die Parlamentswahlen. Bundestag und Länderparlamente sind die Institutionen, auf die der Volkssouverän seine Macht zur Ausübung überträgt, aus ihnen erwachsen die Regierungen, die allein gegenüber den Parlamenten verantwortlich sind. Das bedeutet auch, dass dem Prozess der politischen Willensbildung eine ganz besondere Bedeutung zukommt, die u.a. dadurch zum Ausdruck kommt, dass die Funktion der Parteien (vgl. Kap. 8) in diesem Zusammenhang durch die Verfassung festgelegt ist. Die Anerkennung der zentralen Position des politischen Willensbildungsprozesses basiert auf der Akzeptanz einer heterogenen Gesellschaftsstruktur, verbunden mit „Interessenvielfalt, Interessenkonflikten und der Möglichkeit der freien Interessenwahrnehmung. (...) Damit zusammen hängt die Forderung nach Organisationsfreiheit und nach einem autonomen politischen Willensbildungs- und Entscheidungsprozeß" (Münch/ Donner 1992: 52). Das Gemeinwohl wird nicht als a priori vorhanden, sondern im Willensbildungsprozess einer pluralistischen Gesellschaft zu bestimmen eingestuft.

Das Demokratieprinzip des Grundgesetzes setzt auch die Kontrolle staatlicher Macht voraus, die zum einen durch das System horizontaler und vertikaler Gewaltenteilung zwischen Bund und Ländern und unter den Institutionen von Legislative, Exekutive und Judikative andererseits realisiert wird. Es beinhaltet aber auch die Möglichkeit der Regierungskontrolle durch das Parlament bzw. die Opposition.

Das Demokratieprinzip des Grundgesetzes ist aber auch untrennbar mit einer Wertordnung verbunden (vgl. Abschn. 2.1), die trotz der Konkurrenz unterschiedlicher Interessen in der pluralistischen Gesellschaft einen übergreifenden Konsens garantieren soll. Im Zentrum dieser normativen Bindung des Grundgesetzes stehen die Unantastbarkeit der Menschenwürde und die Grundrechte sowie der Schutz der Demokratie durch die FDGO (vgl. Abschn. 2.2).

Hier ist der Unterschied zwischen der formalen Demokratie angelegt, die „die wesentlichen Elemente der Demokratie in der Kontrolle der Macht des Staates durch Gewaltenteilung, der Geltung der Menschenrechte und der Möglichkeit einer Opposition mit Aussicht auf Regierungsübernahme" sowie in der Bindung der Staatsmacht an Wahlen vorsieht (Hesselberger 2003: 182), und der materiellen Demokratie als „eine auf Menschenwürde, Freiheits- und Gleichheitsrechten aufbauende Lebensform" (Wittkämper/Robert 1990: 15). „Demokratisch ist ein Gemeinwesen zu nennen, das unter Anerkennung der Würde des Menschen als letzten Wert darauf abzielt, allen Bürgern in gleicher Weise die Freiheit zur Entfaltung ihrer Persönlichkeit und zu verantwortlicher Lebensgestaltung zu gewährleisten und dafür auch die sozialen Voraussetzungen zu schaffen. Demokratie ist darum nicht eine Summe formaler Verfahrensvorschriften, sondern sie bestimmt sich von ihrem inhaltlichen Ziel her, unter den jeweiligen historischen und gesellschaftlichen Bedingungen das größtmögliche Maß an Freiheit, Eigenverantwortung und sozialer Gerechtigkeit zu verwirklichen" (Besson/Jasper 1990: 14).

2.5.4 Föderalismusprinzip

Das Föderalismusprinzip[25] gehört mit dem Demokratieprinzip zu den Strukturmerkmalen unserer Verfassung, die die Alliierten mit den „Frankfurter Dokumenten" (vgl. Abschn. 1.3) festlegten und deren Bestand durch Art. 79 III GG für alle Zeit gesichert ist. Es legt in Art. 20 I GG die Organisation unseres Staates im Rahmen eines Bundesstaates, d.h. Zentralstaat auf der einen und Gliedstaaten auf der anderen Seite, fest und steht damit im Gegensatz zu den Prinzipien des Staatenbundes und des Einheitsstaates.

Mit Bezug auf Art. 28 I GG ist von der eigenstaatlichen Qualität der Länder auszugehen, die vom Parlamentarischen Rat mit der Zielsetzung der Kontrolle des Zentralstaates eindeutig so gewollt war.[26] In dieser Eigenstaatlichkeit der Länder liegt der Unterschied zwischen Ländern und Gemeinden begründet, die zwar nach Art. 28 II das Recht haben, „alle Angelegenheiten der örtlichen Gemeinschaft im Rahmen der Gesetze in eigener Verantwortung zu regeln", aber keine eigenstaatlichen Subjekte und daher als Teile der Länder zu verstehen sind.

V.a. in Art. 30 GG ist das Verhältnis zwischen Bund und Ländern geklärt: „Die Ausübung der staatlichen Befugnisse und die Erfüllung der staatlichen Aufgaben ist Sache der Länder, soweit dieses Grundgesetz keine andere Regelung trifft oder zuläßt." War vom Parlamentarischen Rat bei der Formulierung des Grundgesetzes noch von einer größtmöglichen Zuständigkeit der Länder ausgegangen worden, so hat die politische Praxis diese Zielsetzung der Länderautonomie nahezu in ihr Gegenteil verkehrt. Gründe finden wir v.a. in der Struktur der Finanzverfassung (Art. 104a bis 109 GG) und in der Regelung der Gesetzgebungskompetenz in den Art. 70ff. GG.

Hier sind ausschließliche und konkurrierende Kompetenzen von Bund und Ländern festgelegt, die in der Vergangenheit zu einer zunehmenden Ausschöpfung maximaler Kompetenzen durch den Bund geführt hatte. Mit der Föderalismusreform wurde dies z.T. begrenzt. So kann der Bund nach Art. 72 II GG nun nur noch in einigen genau definierten Bereichen der konkurrierenden Gesetzgebung aktiv werden, „wenn und soweit die Herstellung gleichwertiger Lebensverhältnisse im Bundesgebiet oder die Wahrung der Rechts- oder Wirtschaftseinheit im gesamtstaat-

---

[25] Die folgenden Ausführungen sind auf eine Beschreibung der wesentlichsten Merkmale reduziert, da Kap. 4 noch einmal separat das Thema Föderalismus behandeln wird.
[26] Allerdings gibt es unter dem Eindruck der Praxis bundesstaatlichen Handelns, derzufolge der Bund im Verlaufe des Bestehens der Bundesrepublik seine Kompetenzen immer stärker ausgeweitet hat, auch Stimmen, die den Ländern den Charakter der Eigenstaatlichkeit absprechen und davon ausgehen, dass erst das Zusammenwirken von Bund und Ländern im Gesamtstaat den Staat ausmacht (Hesse 1984: 83).

lichen Interesse eine bundesgesetzliche Regelung erforderlich macht". Diese Kompetenz erstreckt sich auf 10 von 33 in Art. 74 GG definierten Gebiete der konkurrierenden Gesetzgebung. Die Rahmengesetzgebung (ehemals Art. 75 GG) wurde mit der Föderalismusreform 2006 gänzlich aufgehoben und führte zu einer weiteren Beschränkung der Bundeskompetenzen.

Abbildung 6: Gesetzgebungskompetenzen von Bund und Ländern

Ausschließliche Gesetzgebung des Bundes (Art. 73 GG)	Konkurrierende Gesetzgebung (Art. 74 GG)
Auswärtige Angelegenheiten, Verteidigung u. Schutz der Zivilbevölkerung	Bürgerliches Recht, Strafrecht, Gerichtsverf. Personenstandswesen
Staatsangehörigkeit im Bunde	Vereinsrecht
Freizügigkeit, Passwesen, Melde- und Ausweiswesen (einschl. Ein- u- Auswanderung/Auslieferung)	Aufenthalts- u. Niederlassungsrecht für Ausländer, Angelegenheiten von Flüchtlingen u. Vertriebenen/Kriegsschäden und Wiedergutmachung
Währung/Geld/Münzen/Maße/Gewichte/Zeit	
Außenhandel/Zoll/Grenzschutz	Öffentliche Fürsorge
Luftverkehr und Bahn (einschl. Schienennetz)	Kriegsgräber
Post u. Telekommunikation	Wirtschaftsrecht/Arbeitsrecht
Dienstrechtsverhältnisse für Angehörige des öffentlichen Dienstes	Ausbildungsbeihilfen/ Forschung Enteignungen
Gewerbl. Rechtsschutz sowie Urheber- u. Verlagsrecht	Ernährung/Küstenschutz/Schiff-Fahrt Wohngeld- u. Wohnungsbauprämienrecht
Länderübergreifende Abwehr des internat. Terrorismus	Seuchenschutz Krankenhäuser (wirtschaftl. Sicherung/ Pflegesätze)
Regelung der Zusammenarbeit von Bund und Ländern in Fragen der Kriminalpolizei, der FDGO, des Verfassungsschutzes, des Schutzes auswärtiger Interessen durch Gewalt, die vom Bundesgebiet ausgeht, der internationalen Verbrechensbekämpfung	Straßenverkehr/ Kraftfahrwesen/ Straßenbau (Landstraßen)/Schienenverkehr außer Bundesbahn Abfallbeseitigung, Luftreinhaltung, Lärmbekämpfung Staatshaftung
Bundesstatistik	künstliche Befruchtung beim Menschen
Waffen- u. Sprengstoffrecht	Jagdwesen, Naturschutz, Landschaftspflege
Versorgung von Kriegsbeschädigten u. -hinterbliebenen sowie Kriegsgefangenen	Bodenverteilung, Raumordnung, Wasserhaushalt
Erzeugung u. Nutzung von Kernenergie	Hochschulzulassung u. -abschlüsse
Ausschließliche Gesetzgebung der Länder	
Kultur	Bildungswesen
Gesundheitswesen	Polizeiwesen

Als Bereiche ausschließlicher Landesgesetzgebung bleiben so nur Kultur, Polizeiwesen, Bildungswesen und Gesundheitswesen erhalten, in denen jedoch durch die

Finanzsituation sowie durch entsprechende Bundespolitik (z.B. „Gesundheitsreformen") die Gestaltungsmöglichkeiten für die Länder z.T. stark eingeschränkt sind.
Wollen wir die Hauptprinzipien des bundesdeutschen Föderalismus zusammenfassen, so können wir das folgendermaßen tun (vgl. dazu Wittkämper/Robert 1990: 21/ Hesselberger 2003: 180ff./Böhret 1988: u.a. 80ff.):

- Zugleich das Prinzip der Subsidiarität als auch das der Komplementarität kennzeichnen den bundesdeutschen Föderalismus: Prinzipiell sollen im Bundesstaat diesen betreffende Aufgaben jeweils von der kleineren Einheit erfüllt werden (Hesselberger 2003: 181).
- Komplementär ist Aufgabenverteilung z.b. dort, wo festgelegt ist, dass die Ausführung der staatlichen Befugnisse sowie die Verwaltung in der Regel Sache der Länder sind (Art. 30 u. 83 GG).
- Die Länder sind an das Gebot der Homogenität ihrer staatlichen Organisation nach den Grundsätzen von Art. 28 II GG gebunden.
- Die Länder haben trotz weitgehender Ausschöpfung der Kompetenzen des Bundes bei der Bundesgesetzgebung wesentliche Mitwirkungsrechte (genauer dazu Kap. 4).
- Im Konfliktfall bricht Bundesrecht Landesrecht (Art. 31 GG) und die Zuständigkeit, über die Träger von Kompetenz zu entscheiden, d.h. die Kompetenz-Kompetenz liegt beim Bund.
- Die umfassend geregelten getrennten Kompetenzen bergen unweigerlich die Gefahr von Spannungen zwischen den Trägern Bund und Länder in sich. Die wechselseitige Abhängigkeit bedingt trotzdem den Willen zur Koordination.
- Der föderalistische Aufbau der Bundesrepublik ist – solange das Grundgesetz gilt – nicht abzuschaffen, für die Länder existiert kein Austrittsrecht. Allerdings ist mit Art. 29 GG die Möglichkeit zur Umstrukturierung der Ländergrenzen gegeben.

2.5.5 Rechtsstaatsprinzip

Dass die Bundesrepublik Deutschland nach dem Rechtsstaatsprinzip organisiert ist, ist u.a. in Art. 1 III GG, in Art. 20 III GG, in Art. 19 IV GG sowie in Art. 28 I GG festgelegt.
Das Rechtsstaats- und das Demokratieprinzip bilden eine untrennbare Einheit. Der Rechtsstaat stellt den radikalen Gegensatz zum Willkürstaat dar.
Zu den Leitideen, die das Grundgesetz laut Auffassung des Bundesverfassungsgerichtes nicht in einem besonderen Verfassungssatz konkretisiert hat, weil sie bereits das vorverfassungsmäßige Gesamtbild geprägt haben (BVerfGE 2, 403), gehört auch das Rechtsstaatsprinzip, das aus einer Zusammenschau der Art. 20 III

GG, 1 III GG, 19 IV GG, 28 I GG sowie der Gesamtkonzeption des Grundgesetzes gefolgert werden kann (Hesselberger 2003: 188).

Das Rechtsstaatsprinzip hat seine Wurzeln im liberalen Rechtsstaatsdenken des 19. Jahrhunderts und bedeutete zunächst in der Ausprägung des formalen Rechtsstaates, dass die Gesetze eines Staates nach bestimmten Regeln zu Stande kamen und dass der Staat in seinem Handeln an diese Gesetze gebunden sei. Die Tragik eines solchen formalen Rechtsstaates ist, dass trotz formal korrekten Handelns nach dem Recht der Gerechtigkeitsgedanke und insbesondere die Kongruenz mit einer unaufkündbaren Wertordnung (Grundrechte) im Handeln des Staates nicht bindend sind, wie wir aus der legalen Entstehung des nationalsozialistischen Terrorregimes gelernt haben.

Die Bundesrepublik Deutschland ist ein materieller Rechtsstaat, d.h. das Handeln des Staates ist nicht nur an Recht, sondern an die unmittelbare Geltung der Grundrechte und an den Gerechtigkeitsgedanken gebunden.

Der materielle Rechtsstaat ist außer in den oben zitierten Artikeln des Grundgesetzes auch in den folgenden Artikel normiert (n. ebenda: 188):

- In Art. 79 GG wird in der Form eines erhöhten Bestandsschutzes der wesentlichen Prinzipien und der Struktur des Staatsaufbaus der Staat gegen Änderungen geschützt.
- In Art. 80 GG werden die sehr eingeschränkten Möglichkeiten der Ausnahme vom Primat der Gesetzgebung in der Form des Verordnungsrechts der Exekutive festgelegt.
- In Art. 92ff. GG wird die Sicherung einer unabhängigen Rechtsprechung garantiert.
- Art. 101 bis 104 GG sind Garanten der Gewährung von Grundrechten im Zusammenhang des Rechtsweges.

Das Rechtsstaatsprinzip konkretisiert sich in einer Reihe von Leitideen und Grundsätzen:

Prägend ist zunächst die Idee der Gerechtigkeit, die die Schaffung bzw. Erhaltung materieller Gerechtigkeit zum obersten Ziel staatlichen Handelns erklärt (BVerfGE 21, 378).

Die Rechtsbindung (Art. 20 III GG, Art. 79 GG, Art. 93 GG, Art. 104 GG) beinhaltet einerseits den Vorrang und andererseits den Vorbehalt des Gesetzes. Vorrang des Gesetzes bedeutet, dass die Verwaltung an bestehende Gesetze gebunden ist und keine Maßnahmen treffen darf, die einem Gesetz widersprechen würden. Nach dem Vorbehaltsprinzip darf die Verwaltung nur tätig werden, wenn sie dazu durch Gesetz ermächtigt worden ist (Maurer 1994a: 96-97).

Der Grundsatz der Rechtssicherheit (Art. 103 GG, Art. 104 GG) beinhaltet einerseits das Recht auf die Rechtsweggarantie, andererseits das auf rechtliches Gehör für jedermann. Es ist v.a. als Garant der Kalkulierbarkeit für den Bürger zu werten. Dies schließt auch das u.U. für den Bürger nicht einzusehende Institut der Rechtskraft gerichtlicher Entscheidungen ein, d.h. die Tatsache, dass einmal ergangene gerichtliche Entscheidungen auch dann nicht angefochten werden können, wenn sie unrichtig sind (Hesselberger 2003: 189). Ebenso zum Prinzip der Rechtssicherheit ist die Frage der Behandlungen von Rückwirkungen zu rechnen, d.h. des Umgangs mit Gesetzen, die bestimmte Sachlagen nachträglich ändern.[27] Zu der rechtsstaatlichen Forderung der Messbar- und Vorausberechenbarkeit staatlichen Handelns gehört aber auch die größtmögliche Präzision und Klarheit der Gesetzgebung und damit die Vermeidung von unbestimmten Rechtsbegriffen, wo immer dies möglich erscheint (Besson/Jasper 1990: 91).

Der Grundsatz der Rechtsgleichheit (Art. 3 I u. III GG, Art. 19 I GG) zwingt den Staat, gleichliegende Sachverhalte auch gleich zu behandeln.

Im Grundsatz der Verhältnismäßigkeit ist festgelegt, dass der Einzelne vor unnötigen staatlichen Eingriffen zu schützen ist und dass bei der Notwendigkeit für staatliche Eingriffe diese durch hinreichende gesetzliche Regelungen bestimmt sein müssen. Die Verwaltung darf auch bei Eingriffen, für die eine Ermächtigung durch Gesetz vorliegt, nur diejenigen Mittel anwenden, die notwendig sind, um den angestrebten Erfolg zu garantieren und diese wiederum auch nur dann, wenn das Mittel im Verhältnis zum angestrebten Erfolg steht (Hesselberger 2003: 189).

Diese Grundsätze sind eingebettet in das Primat der Unabhängigkeit der Gerichte sowie in das der Gewaltenteilung. Die Rechtsnormen stehen in einer festen Rangordnung. Höherrangige Normen (z.B. Bundesgesetze) gehen Normen, die auf einer niedrigen Rangstufe stehen (z.B. Rechtsverordnungen des Bundes), vor (Kock u.a. 1998: 375)

Auf Grund der Differenziertheit, mit der das Rechtsstaatsprinzip im Einzelnen geregelt ist und v.a. auch auf Grund seines Anspruches der umfassenden Durchsetzung von Gerechtigkeit, birgt es eine Reihe von Quellen für Kritik in sich. Dazu gehört zunächst eines seiner Grundprinzipien, die Rechtsweggarantie, die zur Konsequenz haben kann, dass sich die Entwicklung rechtlicher Entscheidungen sehr langwierig und schwerfällig darstellen kann. Rechtsweggarantie und Rechtsbindung haben v.a. im Anschluss an die Herstellung der deutschen Einheit dazu geführt, dass die ostdeutsche Bevölkerung dem Rechtsstaatsprinzip ambivalent gegenübersteht,

---

[27] Das Bundesverfassungsgericht hat hier zwischen echten Rückwirkungen, die vorliegen, wenn ein Gesetz nachträglich in Vorgänge der Vergangenheit eingreift, und unechten Rückwirkungen unterschieden. Letztere liegen vor, wenn Rechtspositionen im Nachhinein dadurch entwertet werden, dass Gesetze in die Zukunft hinein wirken, ohne die entsprechende Sachlage sicher einschätzen zu können (BVerfGE 39, 157). Den Bürger belastende Rückwirkungen sind grundsätzlich verfassungswidrig, wobei von diesem Grundsatz auch Ausnahmen möglich sind. Dies gilt, wenn der Bürger mit diesen Regelungen hätte rechnen müssen, wenn das geltende Recht unklar war, wenn eine nichtige Bestimmung durch eine verfassungsgemäße ersetzt wurde und wenn zwingende Gründe i. S. des Gemeinwohls vorliegen (Stober 1989: 53).

da es manchmal als Mittel der Verfolgung von Unrecht in der DDR zu scheitern scheint.[28] Daneben gibt es eine Reihe von Mängeln beim Normenvollzug und in der Rationalität des Normenbestandes sowie die Verlässlichkeit und die Akzeptanz des Rechts betreffend (Wittkämper/Robert 1990: 20), die eine ständige Herausforderung für die Realisierung des Rechtsstaatsprinzips darstellen.

Trotz dieser u.U. kritisierbaren Realität des Rechtsstaatsprinzips gehört das Recht zu den wichtigsten Steuerungsinstrumenten des Staates. Grundsätzlich handelt es sich aber beim Instrumentarium des Rechtsstaates v.a. auch darum, durch die Handlungsbindung des Staates den Schutz der Bürger zu garantieren. „Hierzu scheint das allgemeine, mit Wirkung auf Dauer ausgestattete Gesetz am besten in der Lage zu sein" (Benz 1995: 47). In modernen Gesellschaften steht der Staat hier allerdings zunehmend vor Problemen, wenn es gilt, eine Vielfalt ausdifferenzierter staatlicher Teilsysteme durch Recht zu steuern. Dies hat über lange Zeiträume dazu geführt, dass versucht wurde, eine entsprechende Regelungstiefe durch korrespondierende Regelungsdichte und damit eine unüberschaubare Flut von Gesetzen zu realisieren. Neuere Ansätze gehen heute allerdings davon aus, dass die Steuerung durch kontextgebundene Selbststeuerung in den Teilsystemen erfolgen muss. Als geeignetes Mittel dazu erscheint das so genannte reflexive Recht, das lediglich die Selbststeuerung der Teilsysteme initiiert und dafür den Rahmen setzt (dazu: Teubner/Willke 1984: 12ff.; Ritter 1990: 85; Gerlach 1996: 134ff.). Die Frage der Steuerungsfähigkeit des Rechtes ist in unserem Zusammenhang v.a. bezüglich der Neudefinition bzw. Ergänzung von Grundrechten von Bedeutung, wenn wir z.B. an die Diskussion von Art. 6 und Art. 3 GG im Zusammenhang der Gemeinsamen Verfassungskommission des Bundes und der Länder denken (vgl. dazu Kap. 3).

2.5.6 Sozialstaatsprinzip

Die Festlegung des Sozialstaatsprinzips geschieht zunächst durch die Grundrechte. Hier sind Art. 1 I und III GG zu nennen, die ergänzt werden durch Art. 3 GG (Gleichheit vor dem Gesetz), Art. 6 GG (Schutz von Ehe und Familie), Art. 9 III GG (Koalitionsfreiheit) sowie Art. 14 II GG (Sozialbindung des Privateigentums).

In den Art. 20 und 28 GG wird die Sozialstaatlichkeit der Bundesrepublik durch Zentralnormen definiert, im Gegensatz zu den anderen Staatszielen, die zusätzlich in verschiedenen Einzelnormen formuliert sind (Zacher 1977: 152f.). Ergänzt wird die Verankerung der Sozialstaatlichkeit durch die Bestandsgarantie des Art. 79 III GG.

Die Sozialstaatlichkeit der Bundesrepublik Deutschland ist somit bindend und unwiderruflich als staatliches sowie gesellschaftliches Handlungsprinzip bzw. -ziel festgelegt. Sie bedarf aber auf Grund ihres inhaltlichen Unbestimmtheitscharakters

---

[28] So hatte nur 30% der deutschen Bevölkerung Verständnis dafür, dass das Verfahren gegen Erich Honecker 1993 wegen seines Gesundheitszustandes eingestellt wurde (Allensbacher Berichte Nr. 3/1993).

der ständigen rechtlichen und nicht zuletzt auch politischen Aktualisierung und Konkretisierung.

Üblicherweise wird heute davon ausgegangen, dass die Väter und Mütter der Verfassung mit der relativen Offenheit der inhaltlichen Bestimmung des Sozialstaatsprinzips dessen Bindung an eine jeweils aktuelle Vorstellung von sozialer Gerechtigkeit entsprachen, die in ihrer Konsequenz dazu führe, dass eine Festschreibung der Sozialstaatsinhalte ohne die Möglichkeit einer Dynamisierung nicht sinnvoll sei (Zacher 1977: 24/Bull 1977: 163ff.).[29] Trotzdem ging nicht nur der Staatsrechtler Hans-Peter Ipsen schon zu Beginn der 50er Jahre davon aus, dass aus der Formulierung des Sozialstaatsprinzips im Grundgesetz eine Ermächtigung zur Gestaltung der Sozialordnung zu entnehmen sei.

Vielleicht stärker als alle anderen Staatsziele ist das Sozialstaatsprinzip in seiner Konkretisierung auf die Bestimmung seines Verhältnisses zu anderen Verfassungsnormen angewiesen. Dies gilt insbesondere für den Freiheits- und Gleichheitsgrundsatz sowie für das Rechtsstaatsprinzip. So ist davon auszugehen, dass die prinzipielle Entscheidung des Grundgesetzes für die Freiheit und die Würde des Individuums ein sozialstaatliches Konzept unzulässig macht, das zu einem zentral gesteuerten Versorgungsstaat führt, in dem selbstverantwortliche Freiheit erstickt (Herzog in Maunz/Dürig 1987 VIII: 46). Aufgabe des freiheitlichen Sozialstaates ist es vielmehr, für jeden die Voraussetzungen für Freiheit zu schaffen (ebenda: 34).

Damit verbunden ist die durch das Bundesverfassungsgericht so zum Ausdruck gebrachte Auffassung, dass das Grundgesetz keine bestimmte Wirtschaftsverfassung vorgeschrieben hat (BVerfGE 4, 7 (17f.)). Allerdings ist der Staat verpflichtet, „für einen Ausgleich der sozialen Gegensätze und damit für eine gerechte Sozialordnung zu sorgen" wie das Bundesverfassungsgericht in seinem Urteil zum Bundessozialhilfegesetz ausführte (BVerfGE 22, 180 (204); so auch BVerfGE 35, 202 (235f.) sowie 69, 272 (314)). Dabei steht ihm jedoch ein erheblicher Ermessensspielraum zur Verfügung (BVerfGE 12, 354 (367)).

Die Konkretisierung des Sozialstaatsprinzips und damit die Gestaltung dieses Ermessensspielraumes ist v.a. Dingen dem Gesetzgeber überantwortet.[30]

Ein solcher bis jetzt umrissener sozialstaatlicher Auftrag beinhaltet darüber hinaus die Verpflichtung (dazu im Einzelnen Jarras/Pieroth 1992: 389ff.)

- der Fürsorge für Hilfsbedürftige,[31]
- zur Schaffung sozialer Sicherungssysteme gegen die Wechselfälle des Lebens,[32]

---

[29] Daneben dürfte auch die Tatsache eine Rolle gespielt haben, dass bei den Beratungen des Grundgesetzes davon ausgegangen worden ist, dass es sich bei dem vorzubereitenden Verfassungsentwurf um ein Provisorium handelte. Regelungen des sozialen Lebens sollten nach Ansicht vieler Beratungsteilnehmer der Formulierung einer endgültigen Verfassung vorbehalten bleiben (Stenographischer Bericht, Verhandlungen des Parlamentarischen Rats, Ausschuss für Grundsatzfragen, 29. Sitzung: 3ff.).
[30] BVerfGE 51, 115 (125); 59, 231 (262f.); 65, 182 (193); 71, 66 (80).
[31] BVerfGE 40, 121 (133; 43, 13 (19)).

- zur Realisierung der Chancengleichheit, worunter die „Angleichung der tatsächlichen Voraussetzungen zum Erwerb materieller und immaterieller Güter" und damit die „faktischen Vorbedingungen, die zur Nutzung der Freiheitsrechte notwendig sind" zu verstehen ist bzw. zu verstehen sind (Jarras/Pieroth 1992: 390),
- sowie – wie weiter oben schon erwähnt – der Herstellung einer gerechten Sozialordnung z.B. mithilfe arbeitsrechtlicher oder mietrechtlicher Maßnahmen.

Wenngleich dem Staat durch das Sozialstaatsprinzip die Schaffung von „sozialen Sicherungssystemen gegen die Wechselfälle des Lebens" aufgetragen ist und die Gesetzgebungskompetenz für die gegenwärtig wesentlichsten solcher Sicherungssysteme (Arbeitsrecht einschließlich Betriebsverfassung, Arbeitsschutz und Arbeitsvermittlung sowie Sozialversicherung einschließlich Arbeitslosenversicherung) mit Art. 74 Nr. 12 GG der konkurrierenden Gesetzgebung zugeordnet ist, lässt sich aus dem Grundgesetz keine Garantie bestehender Versicherungssysteme ableiten (BVerfGE 77, 340 (344)). Dabei ist ein Abbau von Sozialleistungen in erheblichem Umfang möglich, allerdings begrenzt durch den Bestandsschutz des Art. 14 GG oder den rechtsstaatlichen Vertrauensschutz (Jarras/Pieroth 1992: 391).

Subjektive Rechte ergeben sich aus dem Sozialstaatsprinzip allein nicht, allerdings unter Umständen im Verbund mit den Grundrechten (ebenda: 391). Wenngleich auch der Kombination von Grundrechten und Sozialstaatsprinzip in der Regel keine Leistungsrechte entnommen werden können (ebenda: 392), gibt es Ausnahmen. Dazu gehört die Gewährung eines Existenzminimums (BVerwGE 82, 364 (368)), das nicht besteuert werden darf.

Bei der einfachrechtlichen Umsetzung des Sozialstaatsprinzips ist es nicht Aufgabe des Staates, „Härten und Unbilligkeiten im Einzelfall zu modifizieren" (Jarras/Pieroth 1992: 393). Erst „wenn der soziale Schutz einer ins Gewicht fallenden Zahl von Personen vernachlässigt wird", ist das Sozialstaatsprinzip tangiert (BVerwGE 68, 80 (84) n. ebenda: 393).

Zusammenfassend kann hier also gesagt werden, dass Grundzüge des sozialstaatlichen Handelns durch das Grundgesetz und die verfassungsrichterliche Interpretation festgelegt sind, die einen abrupten Systemwechsel in den Systemen sozialer Sicherung nicht zulassen. Gleichwohl hat die ständige Rechtsprechung des Bundesverfassungsgerichtes immer wieder verdeutlicht, dass es bei der Gestaltung einer gerechten Grundordnung auch immer darum gehen muss, ein Gleichgewicht zwischen Ökonomie und Sozialpolitik anzustreben (Kolb 1994: 44). Dabei ist das Sozialstaatsprinzip stärker als die anderen Staatsziele für seine Konkretisierung auf den politisch-gesellschaftlichen Diskurs angewiesen.

---

[32] BVerfGE 28, 324 (348ff.); 45, 376 (387); 68, 193 (209).

Die Alternative der Ausgestaltung des Sozialstaatsprinzips im Grundgesetz hieß bzw. heißt grundsätzlich: „Der Sozialstaat kann definiert werden als das bestehende Besitz- und Statusverhältnisse affirmierende Konzept sozialpolitischer Korrekturen marktwirtschaftlicher Prozesse und staatlicher Ausgleichsinterventionen für alle Teile der Gesellschaft einerseits oder als Konzept der Veränderung dieser Verhältnisse mit dem Ziel, den in der Verfassung verankerten Rechten, vor allem denen der Freiheit und Gleichheit, zu gesellschaftlich realer Geltung zu verhelfen, andererseits" (Hartwich 1990: 11/12).

Insbesondere in den Anfangsjahren des Bestehens der Bundesrepublik Deutschland wichen die Vorstellungen darüber, wie das Sozialstaatspostulat zu konkretisieren sei, stark voneinander ab. Sie reichten von der Idee eines physische und Rechtssicherheit gewährenden Staates im Sinne der liberalen Vorstellungen des 19. Jahrhunderts, über die eines Not mildernden Staates bis hin zu der Forderung eines systematischen Umbaus von Staat und Gesellschaft, verbunden mit einer formellen Aufhebung der gegebenen Wirtschaftsordnung sowie deren Sozialisierung und umfassenden Demokratisierung. Hier war dann also von einem Staat die Rede, der sich nicht damit beschied, die Folgen bestehender Besitz- und Produktionsverhältnisse abzumildern, sondern dagegen bestrebt war, die Ursachen sozialer Probleme abzuschaffen (Bull 1977: 169ff.).

In der Politik der ersten beiden Jahrzehnte konkretisierte sich in der Bundesrepublik allerdings ein Sozialstaat, der allenfalls unter Akzeptanz der bestehenden ökonomischen und sozialen Bedingungen intervenierte und zwar in einer „diese lediglich fördernden, absichernden und unterstützenden, allenfalls nachträglich korrigierenden" Weise (Böhret u.a. 1979: 110). Der Wechsel von einem solchen „konservativen" Sozialstaatsverständnis zu einem „progressiven" vollzog sich in den 70er Jahren angesichts erster rezessiver Entwicklungen, als sich zeigte, dass allein die Entfaltung der sozialen Marktwirtschaft die anstehenden sozialen Probleme nicht lösen konnte.

Im Laufe der Zeit mischte sich angesichts gesellschaftlicher Problemlagen wie stabiler Quoten von Sockelarbeitslosen, verkürzter Lebensarbeitszeiten und veränderter individueller Lebensplanungen immer stärker die Frage nach den Leistungsgrenzen des Sozialstaates und seiner Sicherungssysteme in die Diskussion, so dass aus einem anfänglichen „juristischem Kreisverkehr der Diskussion über Alternativen" (Hartwich 1990: 12) im Rahmen des Diskurses über das Sozialstaatsprinzip ein solcher über dessen Versagen und dessen Bedrohung durch ökonomische oder steuerungstheoretische Defizite geworden ist, der einer normativen Argumentation verlustig gegangen ist (ebenda: 12). Mehr und mehr wurde die Diskussion zu einer um Strukturen, Bedingungsverhältnisse und Konsequenzen des „out-puts" sozialpolitischer Staatstätigkeit. Das Verständnis von Sozialstaatlichkeit als normativer Zielgröße staatlicher Handlungsverpflichtung trat hinter das einer Sozialpolitik zurück, in der in immer stärkerem Maße Experten unter zunehmendem Ausschluss aus einem normativ-politischen Diskurs Lösungen für Detailprobleme erarbeiten, was zu dem Typ einer „fragmentierten" Sozialpolitik führte (Greven 1990: 29).

Wenn wir nach einem aktuell richtungsweisenden Sozialstaatsbegriff suchen, so haben wir diesen im Konzept des integrativen Sozialstaates gefunden, in dem nicht nur die staatlichen Organe verpflichtet sind, i.S. ausgleichender Gerechtigkeit und in der Form der Nach- oder Vorsorge tätig zu werden, sondern Sozialstaatlichkeit als gesamtgesellschaftliche Verpflichtung einzustufen ist (Hartwich 1990: 14ff.). Die spezifische Problematik von Sozialstaatlichkeit zu Beginn des dritten Jahrtausends lässt sich im Spannungsfeld von Globalisierung – und damit teilweise korrespondierend Konkurrenz der unterschiedlichen Sozialstaatsmodelle –, Effizienznotwendigkeit und Chancen bzw. Grenzen zivilgesellschaftlicher Aufgabenwahrnehmung beschreiben. Reformnotwendigkeiten des Sozialstaates lassen sich dabei vor dem Hintergrund der folgenden drei Fragen bewerten: 1. Wie lässt sich das Maß der Beteiligung von Individuum, Staat und Solidargemeinschaft sowie darüber hinaus Zivilgesellschaft an den Kosten der sozialen Sicherheit neu bestimmen und legitimieren? 2. Wie lassen sich i.S. eines Benchmarking aus der Vielfalt europäischer Sozialstaatsregime einerseits und vor dem Hintergrund der mit dem Vertrag von Amsterdam zumindest in Teilen möglich gewordenen europäischen Sozialpolitik Schlussfolgerungen ableiten? 3. Welche Forderungen wären an eine globalisierte bzw. europäisierte „Arena" von Sozialpolitik zu formulieren, in deren Zusammenhang der Solidargedanke faktisch in entgrenzten Räumen neu zu verankern wäre und die Konkretisierung von sozialer Gerechtigkeit neu zu definieren und v.a. zu legitimieren wäre (mehr dazu: Gerlach/ Nitschke 2000: 91ff.)?

2.5.7 Frieden

Das Staatsziel ist in der Präambel des Grundgesetzes ausdrücklich erwähnt, wenn erklärt wird, das deutsche Volk habe sich „von dem Willen beseelt, (...) dem Frieden der Welt zu dienen" dieses Grundgesetz gegeben. In Art. 1 II GG wird die Geltung der unverletzlichen und unveräußerlichen Menschenrechte zur Grundlage des Friedens und der Gerechtigkeit in der Welt erklärt. In Art. 24 II GG wird ausdrücklich die Möglichkeit des Bundes erwähnt, „sich zur Wahrung des Friedens einem System gegenseitiger kollektiver Sicherheit" einzuordnen, was die Übertragung von Hoheitsrechten im Rahmen einer „friedliche(n) und dauerhafte(n) Ordnung in Europa und zwischen den Völkern der Welt" einschließt.

Wenn auch nicht ausdrücklich, so bedeutet doch die Erklärung der allgemeinen Regeln des Völkerrechts zum Bestandteil des Bundesrechts in Art. 25 GG eine Verpflichtung für den Frieden. Art. 26 GG verbietet jede Art von Handlung, die geeignet ist, das friedliche Zusammenleben der Völker zu stören, „insbesondere die

Führung eines Angriffskrieges vorzubereiten".[33] Wir finden also die Bindung an das Staatsziel Frieden an vielen Stellen des Grundgesetzes. Dabei bezieht sich das Verbot des Krieges nicht auf einen Verteidigungskrieg, für den die Voraussetzungen durch die Wehrergänzungen des Grundgesetzes in den Jahren 1954 und 1956 geschaffen wurden und zwar durch Art. 73 Nr. 1 und 87 a I GG, die die Bedingungen für eine funktionsfähige Landesverteidigung festlegen, und Art. 12 a I GG, der die Wehrpflicht regelt.

Das Verbot des Angriffskrieges geht auf den nach wie vor gültigen Briand-Kellogg-Pakt[34] aus dem Jahr 1928 zurück, der ergänzt wird durch Art. 51 der UNO-Satzung.

Für die Bundeswehr ergeben sich trotz Auflösung des Ost-West-Konfliktes nach dem Vollzug der deutschen Einheit neben dem Schutz vor äußerer Gefahr zunehmend internationale Aufgaben im Zusammenhang von NATO- oder UNO-Friedensaktionen. Diese Bundeswehreinsätze im Ausland haben zu ausgeprägten innenpolitischen Diskussionen geführt, die – zumindest vorläufig – in ein Urteil des Bundesverfassungsgerichts (12. Juli 1994) mündeten, das alle Aktionen der Bundeswehr im Rahmen von NATO- oder WEU-Friedensmissionen als verfassungsgemäß erklärte, sofern zuvor die Zustimmung des Bundestages erfolgt ist (mehr dazu: Woyke 2000: 107).

Die Bundeswehr kann z.B. bei Naturkatastrophen wie der Oderflut 1997 auch im Inneren eingesetzt werden. Anfang 2006 wurde im Bundestag ein Einsatz der Bundeswehr auch bei der Fußball-WM in Deutschland mittels Grundgesetzänderung diskutiert, der aber keine Mehrheit fand.

2.5.8 Supranationalität

Das Staatsziel Europa/Supranationalität steht in engem Zusammenhang mit dem europäischen Ziel der Sicherung einer Nachkriegsfriedensordnung, in dessen Zusammenhang die Bundesrepublik 1949 entstand (vgl. Kap. 1). Es war zunächst schon in der Präambel sowie in Art. 24 GG erklärt, die beide eine Integration Deutschlands in die internationale Völkergemeinschaft und deren Systeme zur Friedenssicherung intendierten. Dazu war die Übertragung von Hoheitsrechten durch den Bund auf zwischenstaatliche Einrichtungen schon immer möglich. Die Konkre-

---

[33] Das Strafgesetzbuch ergänzt hier folgendermaßen (§ 80 StGB): Wer einen Angriffskrieg, an dem die Bundesrepublik Deutschland beteiligt sein soll, vorbereitet und dadurch die Gefahr eines Krieges für die Bundesrepublik herbeiführt, wird mit lebenslanger Freiheitsstrafe oder mit Freiheitsstrafe nicht unter 10 Jahren bestraft. Nach § 80a StGB ist auch das Aufstacheln zu einem solchen Krieg schon strafbar.

[34] Der auf Bestreben der amerikanischen und französischen Außenminister zu Stande gekommene Vertrag sollte sicherstellen, dass zukünftig jeder Krieg moralisch unmöglich würde. Statt der militärischen Konfliktlösung sollte grundsätzlich die friedliche vor einem Schiedsgericht erfolgen. Am 27. August 1928 wurde der Pakt in Paris von 15 Nationen unterzeichnet, darunter auch Deutschland, für den sein Außenminister Gustav Stresemann zustimmte. 45 weitere Staaten schlossen sich an.

tisierung des Staatsziels Supranationalität hat allerdings in der Folge des Vertrages von Maastricht (7. Februar 1992) sowie der folgenden Grundgesetzesänderungen wesentliche Erweiterungen erfahren. Der europäische Einigungsprozess vollzog damit einen bedeutenden qualitativen Sprung, der mit entsprechenden Rückwirkungen auf die Souveränität in den Mitgliedsstaaten verbunden war.

1952 hatten sich sechs Staaten zur Europäischen Gemeinschaft für Kohle und Stahl (EGKS) zusammengeschlossen, die 1957 mit den Römischen Verträgen zur Europäischen Wirtschaftsgemeinschaft (EWG) wurde. In wichtigen weiteren Schritten wurde das Europäische Währungssystem (1979) eingeführt und wurden mit der Einheitlichen Europäischen Akte (1987) die Rahmenbedingungen für die politische Zusammenarbeit festgelegt. Im Vertrag von Maastricht wurde ein differenziertes Stufenmodell verabschiedet, das – auf drei Säulen fußend – die politische Einheit Europas realisieren soll. Dieses 3-Säulen Modell wurde mit dem Vertrag von Amsterdam und Nizza noch weiter ausgebaut und gestaltet sich nun wie folgt: Die erste Säule ist die bestehende Europäische Gemeinschaft mit deutlich erweiterten Kompetenzen und der seit dem 1. Januar 1999 eingeleiteten Wirtschafts- und Währungsunion, die seit 2002 als gemeinsame Währung den Euro eingeführt hat. Die zweite Säule bezieht sich auf das Ziel der Verwirklichung einer gemeinsamen Außen- und Sicherheitspolitik (GASP), deren Kern die schrittweise Verwirklichung einer gemeinsamen Verteidigungspolitik unter Einbeziehung der Funktionen der WEU bildet. Schließlich bilden die Bestimmungen über die polizeiliche und justitielle Zusammenarbeit in Strafsachen zur Schaffung eines Raums der Freiheit, der Sicherheit und des Rechts (Art. 29 EUV) die dritte Säule des Vertrages von Nizza. Dieser umfangreichen Verlagerung von Kompetenzen auf die europäische Ebene musste auch Konsequenzen für den Willensbildungsprozess im System der Bundesrepublik Deutschland nach sich ziehen.

Hier ist vor allem der neue Art. 23 GG (21. Dezember 1992) zu nennen, der das Staatsziel eines vereinten Europas ausdrücklich nennt und die Verwirklichung eines vereinten Europas dabei an die im Grundgesetz formulierten nicht änderbaren Grundsätze des Staatsaufbaus bindet: Demokratie, Rechtsstaat, Sozialstaat und Föderalismus sowie an einen dem Grundgesetz vergleichbaren Grundrechtsschutz (Struktursicherungsklausel). V.a. werden aber durch Art. 23 GG (II-V) die Mitwirkungsrechte von Bundestag und Bundesrat bzw. der Länder im europäischen Gesetzgebungsprozess festgelegt. Darüber hinaus regelt das Grundgesetz nach seinen Änderungen aus den Jahren 1990, 1992 und 1994 in der Form einer Reihe weitere Einzelnormen, die Abb. 5 entnommen werden können, die Umsetzung der Staatszielbestimmung Europa/Supranationalität.

2.5.9 Wiedervereinigung

Das Staatsziel der Wiedervereinigung war von 1949 bis 1990 in der Präambel des Grundgesetzes formuliert. Mit dem Beitritt der DDR zum Geltungsbereich des Grundgesetzes zum 3. Oktober 1990 wurde es getilgt.

2.5.10 Gesamtwirtschaftliches Gleichgewicht

Die Verpflichtung des Staates auf die Erhaltung oder Herstellung des „Gesamtwirtschaftlichen Gleichgewichtes" ist eine Staatszielbestimmung, die 1969 nachträglich in das Grundgesetz aufgenommen wurde. Sie ist an drei Stellen erwähnt und in dem am 8. Juni 1967 verabschiedeten „Stabilitätsgesetz" genauer geregelt. Art. 104 a IV GG eröffnet für den Bund die Möglichkeit, den Ländern für besondere Investitionen, „die zur Abwehr einer Störung des gesamtwirtschaftlichen Gleichgewichts oder zum Ausgleich unterschiedlicher Wirtschaftskraft im Bundesgebiet oder zur Förderung des wirtschaftlichen Wachstums erforderlich sind", Finanzhilfen zu gewähren.

Art. 109 GG bindet Bund und Länder bei ihrer Haushaltswirtschaft an die Erfordernisse des gesamtwirtschaftlichen Gleichgewichts (II). In Art. 109 IV GG werden die Voraussetzungen festgelegt, unter denen Vorschriften für die Verschuldung von Gebietskörperschaften und Zweckverbänden sowie zur Anlage von Konjunkturausgleichsrücklagen erlassen werden können. Ziel der Maßnahmen muss dabei immer die „Abwehr einer Störung des gesamtwirtschaftlichen Gleichgewichts" sein.

Art. 115 GG schließlich regelt die Voraussetzungen zur Aufnahme von Krediten des Bundes, bezüglich derer Lockerungen der sonstigen Vorschriften vorgesehen sind, für den Fall, dass „die Abwehr einer Störung des gesamtwirtschaftlichen Gleichgewichts" intendiert ist.

Das im Grundgesetz zwar erwähnte, aber nicht definierte Staatsziel des Gesamtwirtschaftlichen Gleichgewichtes wird im „Gesetz zur Förderung der Stabilität und des Wachstums der Wirtschaft" näher inhaltlich bestimmt. In seinem Zentrum steht das so genannte „Magische Viereck", das den Staat auf die Erreichung der folgenden Teilziele verpflichtet: Vollbeschäftigung, Preisstabilität, außenwirtschaftliches Gleichgewicht und stetiges Wachstum.[35] „Magisch" heißt dieses Viereck, weil die Einzelziele durchaus in Konflikt zueinander stehen können und es nicht möglich ist, alle gleichzeitig und gleich stark anzustreben. Mit der Verpflichtung auf diese Einzelziele wurde in der Politik der ausgehenden 60er Jahre das Instrument der „Globalsteuerung" der Wirtschaft eingeführt, das Ausdruck eines neuen Verständ-

---

[35] § 1 des StabG lautet: „Bund und Länder haben bei ihren wirtschafts- und finanzpolitischen Maßnahmen die Erfordernisse des gesamtwirtschaftlichen Gleichgewichts zu beachten. Die Maßnahmen sind so zu treffen, daß sie im Rahmen der marktwirtschaftlichen Ordnung gleichzeitig zur Stabilität des Preisniveaus, zu einem hohen Beschäftigungsstand und außenwirtschaftlichem Gleichgewicht bei stetigem und angemessenem Wirtschaftswachstum beitragen".

nisses von Staatsaufgaben war. Bis zum Beginn des 20. Jahrhunderts war für die Politik ein Verständnis leitend, das von einer Trennung zwischen Staat und Gesellschaft ausging (vgl. dazu Kaufmann 1994) und Wirtschaft und Gesellschaft weitgehend frei von staatlicher Gestaltung ließ. Dem entsprach eine Steuer- und Finanzpolitik, die möglichst neutral war, um der wirtschaftlichen Entwicklung freien Lauf zu lassen. Diese folgte dem Grundsatz eines ausgeglichenen Haushaltes mit reduzierten Staatsausgaben in Rezessionen und bei rückläufigem Steueraufkommen und Erhöhung der Staatsausgaben mit dem Konjunkturaufschwung (Müller/Röck 1976: 98). Diese Politik wirkte verstärkend auf die Konjunkturzyklen. Die Grundlagen für eine antizyklische Finanzpolitik bildete die von John M. Keynes entwickelte These, dass Massenarbeitslosigkeit nicht durch die Gesetze des Marktes überwunden werden kann, da ein Gleichgewicht zwischen Angebot und Nachfrage sich bei Unterbeschäftigung nicht einstellen könne. Der Staat sollte seiner Meinung nach als Krisenmanager auftreten und durch antizyklische Maßnahmen und entsprechende Staatsausgaben stabilisierend wirken. Dieser Kerngedanke Keynes bildete den Ausgangspunkt für das Konzept der Globalsteuerung, das mit dem Stabilitätsgesetz in der Bundesrepublik Deutschland seinen Ausdruck fand und dem Staat nun neben den klassischen Mitteln der Konjunktursteuerung, die v.a. in der Geldpolitik bestanden hatten, neue an die Hand gab.

Die wirtschaftliche Globalsteuerung i.S. Keynes kann heute als weitgehend gescheitert angesehen werden, obwohl sie in nicht zu vernachlässigendem Ausmaß noch zur Anwendung kommt. Dies gilt u.a. darum, weil sie durch erhebliche zeitliche Wirkungsverzögerungen zwar antizyklisch gedacht ist, aber prozyklisch wirken kann. Insbesondere aber hat sie sich nicht als erfolgreich zur Lösung von Arbeitsmarktproblemen erwiesen.

Der amerikanische Wirtschaftswissenschaftler Milton Friedman hat gerade die staatlichen Eingriffe für steigende Arbeitslosigkeit, Staatsverschuldung,[36] rückläufiges Wachstum sowie Deflation verantwortlich gemacht (Friedman: 1971). V.a. in den 80er und 90er Jahren wurde eine zunehmend monetaristische Politik proklamiert, die v.a. das Ziel der Reduzierung der Staatsquote sowie des Budgetausgleichs, der Erhöhung der Geldmenge sowie wirtschaftlicher Deregulierung verfolgte (Nahamowitz 1993: 234). In der praktischen Politik wurde jedoch die Umstellung auf eine monetaristische Wirtschaftspolitik nicht immer konsequent betrieben, wie z.B. das „Zukunftsinvestitionsprogramm" der Regierung Kohl (ebenda: 233) oder das in der Folge der Vereinigung verabschiedete „Gemeinschaftswerk Aufschwung Ost" zeigen (ebenda: 29). Insbesondere fraglich erscheinen aber die Zielsetzungen des

---

[36] Insbesondere die mit Verabschiedung des StabG ermöglichte erhöhte Staatsverschuldung und des Deficit-Spending mit dem Ziel der Abwehr einer Störung des gesamtwirtschaftlichen Gleichgewichts (Art. 115 GG) und die Tatsache, dass die gleichzeitig verankerte Verpflichtung zur Anlage von Konjunkturausgleichsrücklagen zu Zeiten der Hochkonjunktur von der Politik geflissentlich ignoriert wurde, haben ein Erhebliches zum gegenwärtigen Stand der Staatsverschuldung beigetragen (vgl. Gerlach, Konegen, Sandhövel 1996: 36f.).

"Magischen Vierecks" heute, wenn wir sie nicht in Zusammenhang mit dem Ziel der Erhaltung der natürlichen Lebensgrundlagen sehen, was notgedrungen zur einer Relativierung des Strebens nach stetigem und angemessenem Wachstums führt (Wittkämper/Robert 1990: 25).

2.5.11 Umweltschutz

Das zusammen mit den Zielen der Verwirklichung der Gleichberechtigung und dem Diskriminierungsverbot für Behinderte 1994 eingeführte neue Staatsziel Umweltschutz trägt den Erkenntnissen über die Bedrohung unserer natürlichen Lebensgrundlagen und die Ausplünderung der Ressourcen auf unserer Welt Rechnung. Es entstand einerseits als Abschluss einer innenpolitischen Wertediskussion, die schon mit der „Enquête-Kommission Verfassungsreform" des Deutschen Bundestages begonnen wurde, die jedoch eine Aufnahme neuer Staatsziele in das Grundgesetz ablehnte (ebenda: 26). Auf Betreiben von Bundeskanzler Helmut Schmidt wurde dann eine Kommission „Staatszielbestimmungen/Gesetzgebungsaufträge" eingesetzt, die in ihrem Bericht aus dem Jahr 1983 zu der Empfehlung kam, das Grundgesetz um drei neue Staatsziele zu ergänzen: Arbeit, Umwelt und Kultur. Die Diskussion um die Aufnahme des Staatsziels Umwelt in das Grundgesetz kreiste in den folgenden Jahren um Fragen der konkreten Formulierung (n. Wittkämper/Robert 1990: 29). Wie sollte der Umweltbegriff gefasst werden? Reichte eine anthropozentrische Definition oder musste eine ökozentrische gewählt werden? Sollte ein Staatsziel Umweltschutz mit Gesetzesvorbehalt verbunden werden, konnte die Homogenität der Durchsetzung in allen Bundesländern garantiert werden und schließlich: Wo sollte ein Staatsziel Umweltschutz im Grundgesetz verankert werden? Diese Fragen wurden erst durch die deutsche Einheit und die Arbeit der Gemeinsamen Verfassungskommission des Bundestages und des Bundesrates beantwortet (vgl. Kap. 3) und zwar in der Form eines neu eingeführten Art. 20a GG. Die Diskussion um die Art der Einführung verlief in der Kommission ausgesprochen problematisch und wird uns im folgenden Kapitel noch einmal beschäftigen. Insbesondere bleibt die Frage offen, ob die eingeführte Formulierung wirklich in der Lage sein wird, den Umweltschutz als nachhaltiges Strukturprinzip der Politik festzulegen (Batt 1996: 123).

Erweitert wurde der Art. 20a GG am 26.7.2002 noch um das Staatsziel Tierschutz.

2.5.12 Verwirklichung der Gleichberechtigung

Die Geschichte der Gleichberechtigung von Männern und Frauen hat in der Bundesrepublik Deutschland einen recht traurigen Weg genommen. Zwar wurde sie mit Art. 3 GG 1949 eingeführt, aber in ihrer Verwirklichung schon dadurch gehindert, dass die einfachrechtlichen Vorschriften des BGB ihr widersprachen. Das Grundgesetz hatte mit Art. 117 I zwar den Auftrag formuliert, dem Prinzip der Gleichberechtigung entgegenstehende Regelungen bis zum 31. März 1953 zu ändern, da diese zu dem Zeitpunkt außer Kraft traten, der Gesetzgeber kam diesem Auftrag aber erst nach mehreren Verfassungsklagen und Ermahnungen des Bundesverfassungsgerichtes zum 1. Juli 1958 nach (mehr dazu Gerlach 1996: 104ff.). Zwar war das Gleichberechtigungsgebot im Rahmen der Grundrechte hochrangig eingeordnet, von der rechtlichen bis zur tatsächlichen Gleichheit blieb aber noch ein weiter Weg zu beschreiten, obwohl bereits aus dem Schutzpflichtengehalt des Gleichberechtigungsgebotes schon vor der ausdrücklichen Formulierung einer staatlichen Umsetzungsverpflichtung eine aktive Rolle des Staates in der Form der Ergreifung entsprechender Maßnahmen zu entnehmen war (z.B. BVerfGE 74, 163 (180)).

Die letztendliche Einführung einer Verpflichtung des Staates zur Durchsetzung der Gleichberechtigung im Range eines Staatsziels durch Art. 3 II 2 GG resultiert einerseits aus dieser Erkenntnis, andererseits aber auch aus dem Erbe der neuen Bundesländer, das diese in die Arbeit der Verfassungskommission einbrachten. Dort kreiste die Diskussion insbesondere um die Frage, ob das neue Staatsziel mit Quotierungsregeln verbunden werden sollte wie etwa von den Vertretern der GRÜNEN und der SPD verlangt.

„Durch die Ergänzung des Art. 3 Abs. 2 GG wird ein Staatsziel normiert, durch das die zuständigen staatlichen Organe angehalten werden, Maßnahmen zur Erreichung der tatsächlichen Gleichberechtigung zu ergreifen. Dabei geht es nicht nur darum, Rechtsnormen zu beseitigen, die Vor- oder Nachteile an die Geschlechtszugehörigkeit knüpfen, sondern auch darum, die Lebensverhältnisse von Männern und Frauen auch real auszugleichen" (BT-Drucksache 12/6000: 50). Wichtig dabei ist, „daß eine Bevorzugung von Frauen – selbst wenn sie an ergebnisorientierten Ungleichheiten ansetzt und in diesem Sinne gruppenbezogen ist – zum Ausgleich bestehender Nachteile nicht als Durchbrechung des besonderen Gleichheitssatzes des Art. 3 Abs. 3 GG zu bewerten ist" (Vogel 1994: 501), so dass die in die Diskussion geworfene These von der Verfassungswidrigkeit der neuen Verfassungsnorm (Brohm 1994: 220) nichtig ist. „Das neue Staatsziel bildet nicht den Schlusspunkt, sondern den entfaltungsbedürftigen Anfang einer weiteren Verfassungsentwicklung zur Realisierung der Gleichstellung der Frauen" (Vogel 1994: 501). Diese Entfaltung geschieht nicht zuletzt auch auf der europäischen Ebene, etwa durch Urteile des EuGH, die Verankerung des Chancengleichheitsprinzips zwischen Männern und Frauen an exponierter Stelle des Vertrages von Nizza (Art. 2 und 3 EG-Vertrag) sowie der Charta der Grundrechte (Art. 23) oder durch das in der Folge von Kommission eingeführte Prinzip des „Mainstreaming", d.h. der Berücksichtigung der Chancengleichheit in sämtlichen politischen Konzepten und Maßnahmen der Gemeinschaft.

Art. 3 III GG schließt die Diskriminierung eines Menschen auf Grund „seines Geschlechtes, seiner Abstammung, seiner Rasse, seiner Sprache, seiner Heimat und Herkunft, seines Glaubens, seiner religiösen oder politischen Anschauungen" aus.

Dieses Diskriminierungsverbot wurde mit den Verfassungsänderungen aus dem Jahr 1994 um den Ausschluss der Benachteiligung behinderter Menschen im Range eines Staatsziels ergänzt.[37]

---

[37] Interessant ist hier, dass diese Ergänzung von Art. 3 III GG keine Mehrheit in der Gemeinsamen Verfassungskommission gefunden hat (BT-Drucksache 12/6000: 52) und dennoch die Änderung durch Abstimmung in Bundestag und Bundesrat zu Stande gekommen ist.

3 Deutsche Einigung und die Diskussion um eine Verfassungsreform

Die mit der Verabschiedung des Grundgesetzes (vgl. Kap. 1) und der Verfassung der DDR im Jahr 1949 dokumentierte Teilung Deutschlands fand im Jahr 1990 ihr Ende. Für viele Deutsche war dies ein nicht mehr erwarteter Schlussstrich, der durch die Ereignisse des Jahres 1989 unter die Nachkriegsgeschichte des geteilten Deutschlands und ebenso des geteilten Europas gezogen wurde. In der Retrospektive ist der Betrachter heute geneigt, die historische Entwicklung der Jahre 1989 und 1990 so einzuschätzen, als hätte sie quasi aus „einem Guss" und mit unbezweifelbarer Eindeutigkeit den zu wählenden Weg vorgegeben. Bei genauer Betrachtung aber zeigt sich, dass sowohl die internationalen Akteure UdSSR, USA, England und Frankreich als Vertreter der alliierten Deutschlandpolitik sowie die EG und die deutschen Akteure in Ost und West selbst auf weiten Streckenabschnitten des Einigungsprozesses eher von der Dynamik der sich überschlagenden Ereignisse „geschoben" worden sind, als diese gezielt gestaltet zu haben.

Der Blick zurück zum Beginn der Ereignisse, die schließlich am 3. Oktober 1990 zum Vollzug der Deutschen Einheit führten, fokussiert unweigerlich auf eine Person: Michail Gorbatschow. Ähnlich wie die „großen Drei" Stalin, Roosevelt und Churchill in den Jahren zwischen 1941 und 1945 nicht frei von persönlichen Visionen und gegenseitigen Sympathien sowie Antipathien den Gang der Weltgeschichte gelenkt haben (vgl. Kap. 1), hat dies auch Gorbatschow in der zweiten Hälfte der 80er Jahre getan.

Der seit März 1985 amtierende Generalsekretär kündigte auf dem 27. Parteitag der KPdSU umfangreiche Reformen an, die zur Besserung der katastrophalen wirtschaftlichen Situation in der UdSSR beitragen sollten. Für die weitere historische Entwicklung war insbesondere von Bedeutung, dass er die Aufhebung der „Breschnew-Doktrin"[38] betrieb und erklärte, dass die UdSSR von nun an die Eigenständigkeit aller Staaten außerhalb ihrer Grenzen achten werde und militärische Eingriffe zukünftig ablehnte. Insbesondere Ungarn und Polen ergriffen in den sich anschließenden Jahren die Gelegenheit, politische Reformen zu realisieren. Die DDR jedoch verschloss sich jeglichem Reformdenken und distanzierte sich z.B. durch das Verbot der sowjetischen Jugendzeitschrift „Sputnik", die deutliche Spuren einer sich entwi-

---

[38] Die nach dem sowjetischen Staatsoberhaupt (1960-64 u. 1977-82) Leonid Iljitsch Breschnew benannte Doktrin rechtfertigte die innenpolitische und militärische Intervention der Staaten des Warschauer Paktes in der Tschechoslowakei im Jahr 1968. Darin wurde von einer begrenzten Souveränität und einem beschränkten Selbstbestimmungsrecht aller sozialistischen Staaten ausgegangen.

ckelnden Pressefreiheit in der UdSSR trug, im November 1988 offiziell vom Reformkurs des ehemaligen „großen Bruders".

Wenngleich Michail Gorbatschow so wesentlich zum Auslöser der Prozesse wurde, die 1990 zur deutschen Einheit führten, so stand er wie die anderen Staatschefs der ehemaligen Alliierten dem Einigungsbestreben durchaus ambivalent gegenüber, wie wir in einem späteren Abschnitt dieses Kapitels noch sehen werden. Zunächst werden wir uns einer kurzen Chronologie der Ereignisse der Jahre 1989 und 1990 zuwenden.

3.1 Der Zusammenbruch der DDR

Das erste offizielle Ereignis des Jahres 1989 in der DDR war die wie jedes Jahr am 15. Januar in Berlin stattfindende Demonstration zum Jahrestag der Ermordung von Karl Liebknecht und Rosa Luxemburg, der sich 1989 zum 70. Mal wiederholte. 250.000 Menschen nahmen daran teil und erweckten den Eindruck, als sei die „von Mauer und Stacheldraht umgebene Gartenzwergidylle der DDR (...) so intakt wie eh und je" (Wolle 1992: 74). Bei genauer Betrachtung jedoch zeigen sich Indizien dafür, dass nicht mehr alles so verlief wie zuvor. Vertreter einer Bürgerbewegung forderten i. S. Rosa Luxemburgs schon 1988 Freiheit als Freiheit der Andersdenkenden und bezahlten dies mit ihrer Verhaftung (ebenda: 76). Anschließende Mahngottesdienste und die Versammlung von Freunden und Bekannten vor dem Gerichtsgebäude während der Verhandlung waren Zeichen dafür, dass sich die seit Beginn der 80er Jahre v.a. im Schutz der Kirche langsam entwickelnde Bürger- und Oppositionsbewegung zunehmend gegen den SED-Staat wehren würde. Am Rande der Demonstration am 15. Januar 1989 enrollten zwei Frauen ein Plakat, auf dem sie Perestroika und Glasnost auch in der DDR forderten, dessen Wirkung aber durch sofortiges Eingreifen von Sicherheitskräften verpuffte (ebenda: 77). Der DDR-Staat zeigte sich unbeirrt, und während der amerikanische Präsident Bush eine Forderung von Ronald Reagan aufnahm (Tear down this wall!) und den Abriss der Mauer verlangte, verkündete Erich Honecker, die Mauer werde auch in 50 oder 100 Jahren noch stehen. Und Chris Gueffroy wurde im Februar bei einem Fluchtversuch zu einem weiteren, dem letzten Opfer der innerdeutschen Grenze.

Als bekannt wurde, dass die Kommunalwahlen am 7. Mai 1989 wieder nicht den Maßstäben demokratischer Wahlen entsprechen würden, entschieden sich Vertreter von Bürgerbewegungen und Oppositionsgruppen, die Wahlen durch Kontrollen der Auszählungen zu überwachen. Damit wurde es zum ersten Mal seit Bestehen der DDR möglich, die auch zuvor vollzogenen massiven Fälschungen der Wahlergebnisse nachzuweisen. Die Bekanntgabe der angeblichen Wahlergebnisse führte zu einer Intensivierung der Leipziger Montagsdemonstrationen, die aus den schon seit 1981 in der Nikolaikirche jeweils montags stattfindenden Friedensgebeten erwachsen waren.

Insbesondere die Tatsache, dass von der SED die bei den Wahlkontrollen festgestellten 10 bis 20% ablehnenden Stimmen geleugnet wurden sowie diejenige, dass sich die deutschen Kommunisten jeglichem Reformdenken verschlossen (Einflüsse aus der Sowjetunion versuchte man u.a. durch Störungen von Radiosendungen zu vermeiden), zeigte den Oppositionsgruppen einerseits, dass die mehrheitlich zu diesem Zeitpunkt noch gewünschten internen Reformen des Sozialismus kaum zu realisieren sein würden. Andererseits begann aber auch in den Reihen der SED das Nachdenken über Rettungsmaßnahmen für das bestehende System. Dies zeigt sich u.a. an der von Erich Mielke am 31. August 1989 angstvoll an einen Mitarbeiter gerichteten Frage: „Ist es so, daß morgen der 17. Juni ausbricht?" (Mitter/Wolle (Hrsg.) 1990: 125) und ebenso an einem von Erich Mielke an elf Mitglieder des SED-Politbüros am 22. September 1989 verschickten Bericht über die Stimmungslage in der SED und den Reihen ihrer Funktionäre (Wolle 1992: 86ff.). Der 17. Juni 1953 existierte aber nicht nur in den Köpfen der SED-Führung als Schreckensszenario, sondern auch auf Seiten der Bevölkerung, mit der von der DDR-Führung ausdrücklich gutgeheißenen „chinesischen Lösung" auf dem Platz des Himmlischen Friedens in Peking im Juni 1989.[39]

Anfang Mai 1989 hatten ungarische Soldaten mit dem Abbau der Grenzbefestigungen zum benachbarten Österreich begonnen, was für viele ausreisewillige Bürger der DDR die Entscheidung nahe legte, für den Sommer 1989 einen Urlaub in Ungarn zu planen. Am 11. September 1989 entschloss sich der ungarische Außenminister Gyula Horn die in Ungarn weilenden DDR-Bürger in die Bundesrepublik ausreisen zu lassen, was Zehntausende auch taten. Auch die Tschechoslowakei und Polen signalisierten Bereitschaft, die massenhaft in die bundesdeutschen Botschaften ihrer Staaten geflohenen DDR-Bürger in die Bundesrepublik ausreisen zu lassen. Zusammen mit den fast fünfzigtausend legal durch genehmigte Ausreiseanträge im ersten Halbjahr 1989 aus der DDR reisenden Bürgern bedeutete dies für die SED-Führung eine zunehmend aussichtslose Lage, der sie mit lächerlichen Maßnahmen zu entkommen versuchte, wie z.B. durch die verplombte Durchfahrt der Züge durch die DDR, die die Botschaftsflüchtlinge in die Bundesrepublik brachten oder die Schließung der Grenze zur Tschechoslowakei am 3. Oktober 1989. Im Oktober 1989 spitzte sich die Lage zu, als die Teilnehmerzahlen der Montagsdemonstrationen immens anwuchsen und MfS-Mitarbeiter im Vorfeld der Feierlichkeiten zum 7. Oktober zunehmend präsenter wurden und zu Gewalt provozierten (Wolle 1992: 106). Am 9. Oktober gingen in Leipzig 70.000 Menschen auf die Straße (Weber 1991: 344), am 16. waren es bereits 120.000. Mit dem Ruf „Wir sind das Volk" dokumentierten sie, dass nicht mehr die Ausreise, sondern die Wahrnehmung der Volkssouveränität und der Umbau des Systems ihre Ziele waren.

---

[39] Am 4. Juni 1989, auch als Tian'anmen-Massaker bekannt, zerschlug die chinesische Regierung unter Li Peng durch Einsatz von Truppen der Volksbefreiungsarmee gewaltsam die monatelangen Proteste der chinesischen Demokratiebewegung auf dem Platz des Himmlischen Friedens in Peking.

Am 18. Oktober setzte das Politbüro mit der Entbindung Erich Honeckers von seinen Ämtern ein Zeichen des Entgegenkommens, dokumentierte aber mit der Ernennung von Egon Krenz zu dessen Nachfolger, dass keineswegs grundsätzliche Reformen beabsichtigt waren.

Seit Anfang November war die zwischenzeitlich verbotene Ausreise in die Tschechoslowakei und nach Polen wieder möglich. Etwa 10.000 Bürger verließen täglich die DDR (Jesse 1992: 121).

Am 7. November trat der gesamte Ministerrat unter seinem Ministerpräsidenten Willi Stoph zurück, und am Tag darauf folgte das Politbüro. Am selben Tag wurde das „Neue Forum" als Vereinigung zugelassen.[40]

Am 9. November 1989 schließlich verkündete das Politbüromitglied Günter Schabowski auf einer Pressekonferenz eine Gesetzesänderung, die den Bürgern der DDR zukünftig die Ausreise ermöglichen sollte. Vieles spricht heute dafür, dass diese Verkündung der Reisefreiheit, so wie sie geschehen ist, nicht beabsichtigt war,[41] was uns heute als eindeutiges Indiz für die vollkommene Führungsunfähigkeit der Machthabenden in diesen Tagen dienen kann.[42] Man kann mit einiger Sicherheit sogar davon ausgehen, dass der Fall der Mauer von den DDR-Funktionären weder beabsichtigt noch vorhergesehen worden war (Hertle 1996).

Mit dem formalen Verfall der Machtstrukturen im alten SED-Staat entwickelte sich ein neues Akteursnetz, was dazu beigetragen hat, von der Wiederbelebung der Bürgergesellschaft in der DDR der Jahre 1989/90 zu sprechen. Im Oktober und November 1989 gründeten sich die SDP, das „Neue Forum", der „Demokratische Aufbruch" und viele mehr, von denen schließlich am 7. Dezember zwölf zur ersten Sitzung des „Runden Tisches" zusammenkamen.[43] Resultat der Sitzung war der Beschluss zur Ausarbeitung einer neuen Verfassung und zur Durchführung von Volkskammerwahlen. Der „Runde Tisch" beteiligte sich auf Vorschlag von Modrow schon vor den Volkskammerwahlen an einer „Regierung der nationalen Verantwortung". Der von ihm erarbeitete Verfassungsentwurf für eine reformierte DDR blieb allerdings Makulatur.

Die Blockparteien distanzierten sich von der SED, deren führende Rolle schließlich am 1. Dezember 1989 durch Beschluss der Volkskammer aus der Ver-

---

[40] Das Neue Forum gründete sich im September 1989 als Bürgerinitiative, die als politische Plattform einen demokratischen Dialog zwischen Bürgern und Staat herstellen wollte. Ihr kommt große Bedeutung beim Zusammenbruch des SED-Regimes durch Protestaktionen wie die Montagsdemonstrationen sowie die Teilnahme am „Runden Tisch" zu.
[41] Vgl. dazu Hinze, Albrecht: Versehentliche Zündung mit verzögerter Sprengkraft. In: Süddeutsche Zeitung vom 9.11.1990/n. Jesse 1992: 139/Der Spiegel. 41/1990. S. 102ff./n. Korger: 1991: 532.
[42] Diese zeigt sich auch an der Tatsache, dass am 11. November 1989 der Befehl an die 1. Motorschützendivision in Potsdam erging, in voller Kampfstärke und mit scharfer Munition auszurücken, um die Grenze wieder zu sperren (Wolle 1992: 107).
[43] Vertreter der Regierung: SED, LDPD, CDU, NDPD, DBD; FDGB; Vertreter der Bürgerbewegungen: kirchliche Gruppen, „Neues Forum", „Demokratischer Aufbruch", „Grüne Partei", „Initiative Frieden und Menschenrechte", SDP, „Vereinigte Linke".

fassung gestrichen wurde. Die SED, die sich auf dem Sonderparteitag am 16. und 17. Dezember in SED-PDS umbenannte, zuvor die Auflösung der SED abgelehnt hatte und schließlich ab 4. Februar 1990 nur noch PDS hieß, war zu einer Partei unter anderen geworden. Eine Epoche hatte damit ihren Abschluss gefunden.

3.2 Das Ringen um die deutsche Zukunft

Zwischen dem 31. Oktober und dem 1. November 1989 hielt sich Egon Krenz zu einem Arbeitsbesuch in Moskau auf. Beide, sowohl Michail Gorbatschow als auch Egon Krenz verkündeten zu diesem Zeitpunkt, das Thema deutsche Wiedervereinigung stehe nicht auf der Tagesordnung (Weber 1991: 345).

Von Seiten der Reformkräfte, die den Sturz der alten Machthaber bewirkt hatten, wurde nicht die Einheit, sondern die Demokratisierung der DDR innerhalb der Zweistaatlichkeit angestrebt. Der ökonomische Zusammenbruch, das „Ausbluten" der DDR durch die nach wie vor massive Fluchtwelle in Richtung Westen sowie der reale Kontakt der DDR-Bevölkerung mit der Lebens- und Konsumwelt des Westens führten jedoch dazu, dass in den Demonstrationen aus dem zuvor skandierten Slogan „Wir sind das Volk" „Wir sind ein Volk" wurde. Die Bevölkerung konnte sich nicht mehrheitlich für die Reformplanungen der Bürgergruppen begeistern. Die Einheit Deutschlands –auf welchem Weg auch immer – wurde politisches Programm.

Helmut Kohl ergriff am 28. November 1989 die Initiative für eine vertragliche Regelung des neuen Verhältnisses der beiden Teile Deutschlands zueinander und zwar mit dem vor dem Bundestag vorgetragenen, aber zuvor nicht mit den Alliierten abgestimmten „Zehn-Punkte-Programm zur Überwindung der Teilung Deutschlands und Europas". Der Plan stellte Sofortmaßnahmen in humanitären und ökonomischen Bereichen in Aussicht, die gewährt würden, sofern ein Wandel des politischen und wirtschaftlichen Systems bindend beschlossen würde. Institutionell dachte Kohl an eine Konföderation, in deren Zusammenhang ein dichtes Netz von Kommissionen und Institutionen die Basis einer Vertragsgemeinschaft bilden sollte. Wichtig war dabei die geplante Einbettung in EG und den KSZE-Prozess.

Am 19. Dezember trafen sich Helmut Kohl und Hans Modrow, der seit dem 17. November 1989 Ministerpräsident der DDR war, in Dresden und planten einen „Vertrag über Zusammenarbeit und gute Nachbarschaft". Wenige Tage zuvor hatte Modrow eine Vereinigung der beiden Teile Deutschlands in seiner Regierungserklärung als indiskutabel erklärt. Anfang Februar 1990 gab auch er der allgemeinen Einheitseuphorie nach und erklärte die Einheit Deutschlands nun auch zum Ziel der PDS. Allerdings versuchte er dies an Bedingungen zu binden, wie z.B. die zukünftige Neutralität Deutschlands.

Auch die neue Regierung der DDR handelte noch ohne wirkliche Legitimation durch das Volk. Dies sollte sich mit den ersten freien Volkskammerwahlen am 18. März 1990 ändern.

Die seit Dezember 1989 sich entwickelnde Bewegungs- und Parteienlandschaft stand nun vor der Aufgabe, sich „wählbar" zu organisieren, d.h. entsprechend dem von der Volkskammer am 21. Februar 1990 verabschiedeten „Gesetz über die Wahlen zur Volkskammer". Dieses sah im Gegensatz zum bundesdeutschen Wahlrecht einmalig für die anstehende Volkskammerwahl neben der Teilnahme von Parteien auch die von politischen Vereinigungen und Listenverbindungen vor. Die Sperrklausel (5%-Klausel) des westdeutschen Wahlgesetzes gab es nicht. In Anlehnung an dieses wurden aber Parteien und politische Vereinigungen, die faschistische, antihumanistische sowie militaristische Ziele vertreten oder entsprechende Botschaften verbreiten, ausgeschlossen (Falter 1992: 164).

Insgesamt bewarben sich 24 Parteien, politische Vereinigungen und Listenverbände um die Sitze in der Volkskammer. Das westliche Parteienspektrum aus Sozial- und Christdemokraten sowie Liberalen bildete das Gros des „organisierten politischen Willens". Es wurde ergänzt durch die Bürgerbewegungen und viele kleine Interessenparteien bzw. Bewegungen wie die „Deutsche Biertrinker Union", „Die Nelken" oder die „Spartakist-Arbeiterpartei Deutschlands" (Falter 1992: 165).

Die SDP, die sich seit Mitte Januar 1990 auch SPD nannte, konnte aufgrund der Tatsache, dass sie im Gegensatz zu den Blockparteien (CDU, LDPD) eine wirklich unbelastete Partei war, von sehr guten Chancen bei der Wahl ausgehen (Jesse 1992: 127) und lehnte daher das Eingehen von Bündnissen ab.[44] Zudem gab es starke Unterstützung von den westdeutschen Sozialdemokraten, die „den Einmarsch des westdeutschen Parteiensystems in die darauf noch ganz unvorbereitete DDR" eröffneten (Lehmbruch 1990: 469; n. ebenda: 127).

Die durch ihre Vergangenheit belastete CDU konnte sich glücklich schätzen, als der „Demokratische Aufbruch" sich dann Mangels anderer Bündnispartner auf ihre Seite schlug und den Weg für die „Allianz für Deutschland" (CDU, DA, DSU) frei machte, die dann von der CDU-West sowie der CSU massive Unterstützung erhielt.

Der Wahlkampf war geprägt durch die Auftritte westlicher Parteien- und Politikerprominenz, die im Wesentlichen über die Art des Vollzugs der deutschen Einheit sowie das anzustrebende Wirtschaftssystem diskutierten.

Der Wahlabend brachte jedoch große Überraschungen, einerseits für die Demoskopen und Wahlforscher, die mangels Datenmaterial aus vorhergehenden Wahlen, den Ausgang nicht vorausgesehen hatten. Andererseits für die SPD sowie die Bürgerbewegungen, denen die Wählerschaft nicht wie erwartet in wesentlichen Ausmaßen das Vertrauen ausgesprochen hatte.

---

[44] Mit einigem Recht kann heute behauptet werden, dass diese Entscheidung den weiteren Gang der Einheitspolitik wesentlich beeinflusst hat, da durch sie und die anschließende Bildung von Wahlbündnissen zu denen in der Bundesrepublik vergleichbare Mehrheitsverhältnisse geschaffen wurden, die den schnellen und im nachhinein relativ konfliktlosen vertraglichen Weg zur Einheit erst ermöglichten.

Abbildung 7: Ergebnisse der Wahlen zur DDR-Volkskammer am 18. März 1990

	Allianz für Deutschland				BFD	SPD	GRÜNE + Frauen	Bünd- nis '90	PDS	Sonst.
	CDU	DA	DSU	Summe						
Mecklenburg	36,4%	0,6%	2,3%	39,3%	3,6%	23,9%	2,0%	2,3%	22,4%	6,4%
Brandenburg	34,0%	0,8%	3,7%	38,5%	4,8%	28,9%	2,1%	3,3%	18,4%	4,0%
Sachsen-Anhalt	44,7%	0,6%	2,4%	47,8%	7,7%	23,6%	1,8%	2,2%	14,0%	3,0%
Thüringen	53,0%	1,6%	5,6%	60,2%	4,6%	17,4%	2,1%	2,0%	11,2%	2,4%
Sachsen	43,6%	0,9%	13,2%	57,7%	5,7%	15,1%	1,7%	3,0%	13,3%	3,5%
Ost-Berlin	18,3%	1,0%	2,2%	21,5%	3,0%	34,8%	2,7%	6,3%	30,2%	1,5%
DDR insg.	40,5%	0,9%	6,7%	48,1%	5,3%	21,9%	2,0%	2,9%	16,4%	3,5%

Bei einer Wahlbeteiligung von 93,4% verfehlte die „Allianz für Deutschland" mit einem Stimmenanteil von 48% nur knapp die absolute Mehrheit. Die SPD erhielt nur 22% der Stimmen, die Liberalen etwas über 5%. Die PDS wurde mit 16,4% immerhin drittstärkste Partei. Die Bürgerbewegungen, die zu wesentlichen Anteilen die Revolution im Herbst 1989 bewerkstelligt hatten, erhielten von der Wählerschaft eine deutliche Absage. Dieses Wahlergebnis wurde als eindeutiges Votum für einen schnellen Vollzug der Einheit und der Übernahme der westdeutschen Wirtschaftsstrukturen gewertet, wofür die konservativen Parteien während des Wahlkampfes eingetreten waren.

Erstaunlich waren sicher die regionalen Unterschiede, die deutliche Hochburgen für die CDU in Thüringen, Sachsen und Sachsen-Anhalt auswiesen, für die SPD und die PDS dagegen in Ost-Berlin.

Die Wahlen führten zur Bildung einer großen Koalition aus der „Allianz für Deutschland", den Liberalen und der SPD unter der Leitung von Lothar de Maizière als neuem DDR-Ministerpräsidenten. In seiner Regierungserklärung vom 19. April 1990 bezeichnete de Maizière ausdrücklich die Erreichung der deutschen Einheit als sein Ziel, das so schnell wie möglich, aber so gut wie nötig realisiert werden sollte (Weber 1991: 350).

An die Volkskammerwahlen schlossen sich am 6. Mai 1990 die ersten freien Kommunalwahlen an, aus denen die CDU mit 34,4% als stärkste Partei hervorging.

Die Tätigkeit dieser frei gewählten Volkskammer währte dann nur sechs Monate. In dieser Zeit wandelte sie sich von einer „Abstimmungsmaschine" zu einem demokratischen Parlament (Korte 1994: 127). Einen Meilenstein auf diesem Weg stellte sicher ihr Beschluss zur Streichung des Begriffes „Sozialismus" aus der Verfassung sowie zur Entfernung des alten Staatswappens von öffentlichen Gebäuden dar, aber auch eine ganze Anzahl von Urteilsaufhebungen gegen Regimegegner der DDR und damit ihre Rehabilitierung. Wesentliche Entscheidungen wurden aber auch mit den Abstimmungen über den Beitritt und die Verträge zur deutschen Einheit gefällt sowie mit dem Treuhandgesetz der Volkskammer (17. Juni 1990), das Arbeitsweise und Struktur der Treuhandanstalt folgenschwer festlegte. Das Wach-

sen eines pluralistischen Diskurses in der Volkskammer ließ sich nicht zuletzt auch erkennen, als die Liberalen die Koalition auf Grund von Streitigkeiten über den Wahlmodus für die erste gesamtdeutsche Wahl verließen (24. Juli 1990).
Für die Vereinigung boten sich prinzipiell zwei Möglichkeiten:

- In seinem Art. 146 GG a.F. hatten die Eltern des Grundgesetzes – von seiner Vorläufigkeit ausgehend – die Möglichkeit geschaffen, eine neue Verfassung zu verabschieden:
  „Dieses Grundgesetz verliert seine Gültigkeit an dem Tag, an dem eine Verfassung in Kraft tritt, die vom deutschen Volk in freier Entscheidung beschlossen worden ist". Im Rahmen einer vornehmlich in der Bundesrepublik geführten „Artikeldebatte" wurde für den Vollzug der Einheit nach Art. 146 GG a.F. v.a. das Argument in die Diskussion gebracht, das Grundgesetz sei nur für eine Übergangszeit gedacht gewesen und der Zeitpunkt der Erreichung des Staatsziels Wiedervereinigung sei nun geeignet, eine neue Verfassung vom ganzen deutschen Volk verabschieden zu lassen. Diese Forderung basierte insbesondere auf der Tatsache, dass dem Grundgesetz als Verfassung Deutschlands eine direkte Legitimation durch Volksabstimmung fehlte.
- Die zweite Möglichkeit der Vereinigung bot sich mit Art. 23 GG a.F., der den nachträglichen Beitritt der Teile Deutschlands zum Geltungsbereich des Grundgesetzes vorsah, die an seiner Formulierung in den Jahren 1948 und 1949 nicht mitwirken konnten, denn es hieß zugleich in der alten Präambel: „Es (das deutsche Volk, Anm. I. G.) hat auch für jene Deutsche gehandelt, denen mitzuwirken versagt war." Der Art. 23 GG a.F. hatte 1957 schon dem Saarland ermöglicht, nachträglich der Bundesrepublik beizutreten.

Die zweite Möglichkeit wurde von der westdeutschen Regierung und großen Teilen der DDR-Bevölkerung favorisiert, da er versprach, die Einheit Deutschlands mit dem geringsten Risiko, der größten Sicherheit, aber v.a. dem schnellsten Tempo zu verwirklichen (Isensee 1990: 319/1991: 270). Auch aus der Sicht der EG war der Weg über Art. 23 GG a.F. zu bevorzugen, da er allein den neuen, großen Partner Deutschland kalkulierbar machte. Wichtig ist, dass dieser Weg einseitig von der DDR beschritten werden konnte, d.h. nicht wie in der sich im Vollzug der Einheit entspinnenden Debatte oft behauptet, die DDR der Bundesrepublik einverleibt werden konnte, sondern die DDR oder gegebenenfalls auch einzelne Länder dem Geltungsbereich des Grundgesetzes beitraten. Als Nachweis für die Wahrnehmung des Selbstbestimmungsrechtes durch die DDR-Bürger wurden die Ergebnisse der Volkskammerwahl vom 18. März 1990 herangezogen, durch die diese ihre Vertreter legitimiert hatten, die Einigungsbedingungen auszuhandeln (Maunz/Düring 1993:9).

Nicht nur unter Verfassungsrechtlern und Politikwissenschaftlern[45] entspann sich eine Diskussion über den Weg, auf dem die Einheit zu erreichen sei, sondern auch unter Politikern: Mit dem für den deutschen Einigungsprozess mittlerweile zu einer Schlüsseleinsicht gewordenen Satz: „Es muß zusammenwachsen, was zusammengehört", den Willy Brandt am Tag nach der Maueröffnung sagte, machte dieser die großen Schwierigkeiten deutlich, die die Vereinigung zweier vollkommen unterschiedlicher Gesellschafts- und Wirtschaftssysteme mit sich bringen würde. V.a. unter west- wie ostdeutschen Intellektuellen wurden polemische Debatten über den „Anschluss" der DDR geführt, die in ihrem Kern alle für einen dritten Weg – also weder allein nach Art. 23 GG noch 146 GG – votierten.[46],[47] In ihrem Wahlprogramm zu den Volkskammerwahlen am 18. März 1990 lehnte die SPD-Ost den „Anschluss" der DDR an die Bundesrepublik Deutschland vehement ab und votierte für einen paritätisch besetzten Rat beider deutscher Staaten, der vom Grundgesetz ausgehend eine neue Verfassung formulieren sollte, über die in einer Volksabstimmung entschieden werden sollte. Erst danach waren gesamtdeutsche Wahlen geplant.

Ebenso alle Bürgerbewegungen wie auch die PDS setzten sich im Wahlkampf für langfristig angelegte Reformprozesse und grundsätzlich für eine neue Verfassung, die durch Volksabstimmung legitimiert sein sollte, ein. Lediglich CDU-Ost, Liberale-Ost, DA sowie die bundesdeutsche Regierungskoalition drückten im Wahlkampf ihre klare Bevorzugung eines raschen Beitritts aus. Im weiteren Verlauf des Jahres 1990 verstärkten sich diese Positionen. In der Bundesrepublik Deutschland verlief der Bruch in den Fraktionen der Diskussion zwischen CDU/CSU und F.D.P. einerseits und SPD und GRÜNEN andererseits.[48]

---

[45] Dazu etwa: Erklärung von 100 Staatsrechtsprofessoren, die am 28. März 1990 in der „Welt" veröffentlicht wurde und die den Weg nach Art. 23 GG a.F. ausdrücklich als den richtigen einstufte; oder: „Nohfeldener Erklärung", die auf einer Tagung der evangelischen Akademie Nohfelden unter Federführung des ehemaligen Richters des Bundesverfassungsgerichts Helmut Simon zu Stande kam und die dem Beitritt nach Art. 23 die Fähigkeit absprach, das Grundgesetz zu einer gesamtdeutschen Verfassung zu machen (FAZ v. 25. Mai 1990: 1).
[46] So z.B. Günther Grass, wenn er vom „Schnäppchen namens DDR" sprach, Habermas, wenn er den „DM-Nationalismus" identifizierte oder die „Humanistische Aktion", die am 12. März 1990 in der taz ein Wahlplakat mit der Überschrift „Kein Anschluß unter dieser Nummer" veröffentlichte (n. Korte 1994: 108ff.). Mehr zu der intellektuellen Debatte um die deutsche Nation im Zusammenhang der Vereinigung: Zitelmann 1990; Noack 1991; Rheinbay 1993.
[47] Weitere Literatur zur Verfassungsdiskussion des Jahres 1990: Guggenberger, Bernd/Stein, Tine (Hrsg.) 1991: Die Verfassungsdiskussion im Jahr der deutschen Einheit. München, Wien./Guggerberger, Bernd/Meier, Andreas (Hrsg.) 1994: Der Souverän auf der Nebenbühne. Essays und Zwischenrufe zur deutschen Verfassungsdiskussion. Opladen./Kreuder, Thomas (Hrsg.) 1992: Der orientierungslose Leviathan. Verfassungsdebatte, Funktion und Leistungsfähigkeit von Recht und Verfassung. Marburg./Arnim, Hans-Herbert v. 1990: Plädoyer für eine verfassungsgebende Versammlung. In: Kritische Justiz 2/1990. S. 265ff./Häberle, Peter 1992: Die Kontroverse um die Reform des deutschen Grundgesetzes. In: ZfP. 3/92. S. 239f.
[48] Zusammenfassend lässt sich davon ausgehen, dass zwar der Beitritt der DDR zum Geltungsbereich des Grundgesetzes aus der Logik der Verfassung der Bundesrepublik Deutschland – und insbesondere

Während die Vorarbeiten zum vertraglichen Ablauf der deutschen Vereinigung seit dem Jahresbeginn 1990 vonstatten gingen, wurde auch eine Reihe von Verfassungsentwürfen erarbeitet, die allerdings angesichts der Entscheidung zum Beitritt nach Art. 23 GG a.F., die die Volkskammer am 23. August 1990 mit Wirkung zum 3. Oktober 1990 beschloss, Makulatur blieben.
Hier sind v.a. zu nennen:

- der Entwurf des „Runden Tisches", den dieser am 4. April 1990 der Volkskammer zuleitete,
- sowie der Verfassungsentwurf des Kuratoriums für einen demokratisch verfassten Bund deutscher Länder vom 29. Juni 1991, in dem sich Vertreter ost- sowie westdeutscher Bürgerinitiativen zur Zukunft Deutschlands äußerten (eine Namensliste der Redaktionsgruppe sowie des federführenden Arbeitsausschusses findet sich in: Guggenberger/Preuß/Ullmann 1991: 101).

Der Verfassungsentwurf des „Runden Tisches" (Arbeitsgruppe Neue Verfassung der DDR des Runden Tisches 1990) versteht sich als Verfassung, die von Bürgern und Bürgerinnen erarbeitet worden war und auch von diesen zu verabschieden sei. Er enthält neben den klassischen Grundrechten auch soziale und verpflichtet Staat und Gesellschaft auf den Schutz der natürlichen Umwelt (was 1990 so noch nicht im Grundgesetz verankert war). Er kennt weder Wehrpflicht noch den Verteidigungsfall und sieht im Zusammenhang der Rekonstruktion des Föderalismus in der DDR eine sehr starke Kommunalautonomie vor, die die Selbstverwaltungsgarantie des Grundgesetzes (Art. 28 II GG) überschritten hätte. Interessant ist sicher die Rolle, die den Bürgerbewegungen im Entwurf zugedacht ist, die ausdrücklich erwähnt und als Träger gesellschaftlicher Gestaltung, Kritik und Kontrolle eingestuft werden und damit eine Konkurrenz zur verfassungsmäßigen Festlegung der bevorzugten Rolle der Parteien im Grundgesetz dargestellt hätten (vgl. Kap. 8). Volksentscheide und Volksbegehren, die das Grundgesetz nur im Zusammenhang von Art. 29 kennt, sollten im Zusammenhang der Legislative stärker angewandt werden.

Der Verfassungsentwurf des Kuratoriums für einen demokratisch verfassten Bund deutscher Länder (Guggenberger u.a. 1991: 99ff.) wurde auf der Basis des Grundgesetzes unter Berücksichtigung des Entwurfes des „runden Tisches" erarbeitet. Seine Verfasser brachten die Bedeutung, die sie dem Entwurf beimaßen, der unter großer Bürgerbeteiligung zu Stande gekommen war, auch dadurch zum Aus-

---

der auf Vorläufigkeit seiner Geltung bzw. territorialen Zusammensetzung angelegten speziellen Artikel (23 und 146 GG sowie Präambel) – unproblematisch war. Aus Sicht der DDR und derjenigen, die von einer bis 1990 existierenden Zweistaatlichkeit Deutschlands ausgingen, stellt er sich zumindest als Novum im historischen und internationalen Vergleich dar. Schließlich ist hier durch Beschluss der DDR-Volkskammer ein Staat auf der Basis der Verfassung des anderen dem Geltungsbereich eben dieser (anderen) Verfassung beigetreten (vgl. dazu auch: Konkret 11/1994: 35 - 42: Juristische Weltanschauung und deutsche Lebenslüge. Zweiter Teil des Konkret-Gesprächs mit Helmut Ridder).

druck, dass sie ihn am 16. Juni 1991 in der Frankfurter Paulskirche vorstellten. Er versteht sich als Beitrag zu einem demokratischen Diskurs über eine neue Verfassung, die nicht nur durch sehr starke plebiszitäre Elemente in ihrer Entstehung gekennzeichnet ist,[49] sondern auch solche für die Politik in viel stärkerem Maße vorsieht als das Grundgesetz (u.a. Volksbegehren, Volksentscheid, Volksinitiative in Art. 82a). Auch in diesem Entwurf kommt den sozialen Grundrechten eine große Bedeutung zu, die im Rang von Staatszielen verankert werden sollten (Art. 12a: Recht auf Arbeit; Art. 12b: Recht auf soziale Sicherung; Art. 13a Recht auf Wohnung). Die Gleichheitsrechte nach Art. 3 des GG sollten v.a. im Hinblick auf die Gleichheit der Geschlechter modifiziert werden, wie dies schließlich auch durch Art. 3 II Satz 2 1994 geschehen ist. Der Kuratoriumsentwurf sieht darüber hinaus das Diskriminierungsverbot wegen sexueller Orientierung vor sowie in 3a die Regelung des Schwangerschaftsabbruches im Verfassungsrang. Der Schutz der ökologischen Grundlagen und die Verpflichtung des Staates auf ökologisches Wirtschaften sollten nach dem Kuratoriumsentwurf im Range eines Verfassungsprinzips verankert werden (Guggenberger u.a. 1991: 62). Weiterhin verpflichtet er den Staat auf den Frieden und über die Staatszielbestimmung des Grundgesetzes hinaus auf eine vorausschauende Abwendung von kriegerischen Auseinandersetzungen, wozu nicht zuletzt auch ein Staatsziel Abrüstung beitragen sollte (Art. 87a).

Einige der Anregungen des Kuratoriumsentwurfs sind mittlerweile in ein geändertes Grundgesetz aufgenommen worden. Der Entwurf ist sicher darum als sehr interessant einzustufen, weil er auf der Basis des Grundgesetzes eine zeitnahe Neugestaltung des verfassungsmäßigen Rahmens der Bundesrepublik versuchte.

Aber im Jahr 1990 wurde v.a. aus pragmatischen Gründen ein anderer Weg beschritten: der Beitritt der DDR zum Geltungsbereich des Grundgesetzes nach Art. 23 GG a. F..

Dazu waren neben der diesbezüglichen Entscheidung der Volkskammer, die diese am 23. August 1990 fällte, sowie dem am 22. Juli 1990 beschlossenen Ländereinführungs- und Länderwahlgesetz (Landtagswahlen am 14. Oktober 1990) eine Reihe von Verträgen notwendig:

- der Staatsvertrag über die Wirtschafts-, Währungs- und Sozialunion (* [18]), verbunden mit einer Erklärung über die Endgültigkeit der polnischen West-

---

[49] So heißt es in der Denkschrift zum Verfassungsentwurf: „Den Anfang eines demokratischen Weges zur gesamtdeutschen Verfassungsdiskussion bildet die uneingeschränkte öffentliche Diskussion. Am Ende dieses Weges muß eine Abstimmung über den oder die zur Entscheidung vorgelegten Verfassungsentwürfe stehen. Damit mit dem plebiszitären Weg zur gesamtdeutschen Verfassung ernst gemacht werden und die Volksabstimmung nicht bloß eine akklamationsartige Ja/Nein-Abstimmung zu einem längst fertigen, nicht mehr veränderbaren Entwurf sein kann, schlägt die in Art. 146ff. unseres Entwurfes aufgenommene Regelung für das Verfahren der Verfassungsgebung vor, daß auch solche Entwürfe oder Vorschläge für einzelne Verfassungsbestimmungen zum Volksentscheid zugelassen sind, die von mindestens einer Million wahlberechtigter Bürger durch ein Volksbegehren eingebracht wurden" (Guggenberger u.a. 1991: 97).

grenze durch Bundestag und Volkskammer am 21. Juni 1990 (am 18. Mai 1990 unterzeichnet, ab 1. Juli 1990 in Kraft);
- der Wahlvertrag (von der Volkskammer am 22. und vom Bundestag am 23. August 1990 verabschiedet);
- der Zwei-Plus-Vier-Vertrag (* [20]) (unterzeichnet am 12. September 1990);
- der Einigungsvertrag (* [19]) (am 31. August 1990 unterzeichnet, ab 3. Oktober 1990 in Kraft).

Darüber hinaus wurden in den Jahren 1991 bis 1993 eine Reihe von Verträgen zwischen der Bundesrepublik Deutschland und anderen europäischen Staaten zur Regelung bzw. Normalisierung ihrer Beziehungen unterzeichnet, die direkte Folge der deutschen Einigung waren:

- Vertrag zwischen der Bundesrepublik Deutschland und der Republik Polen über gute Nachbarschaft und freundschaftliche Zusammenarbeit (unterzeichnet am 17. Juni 1991) (* [21])
- sowie entsprechende Verträge mit Bulgarien (9. Oktober 1991), Ungarn (6. Februar 1992), der Tschechoslowakei (27. Februar 1992) und Rumänien (21. April 1992).

Die wichtigsten der erwähnten Verträge werden im Folgenden kurz vorgestellt und beurteilt.

3.3 Die Verträge und der Vollzug der deutschen Einheit

Den ersten Schritt zur Vereinigung sollte eine Wirtschafts-, Währungs- und Sozialunion darstellen, die aus den beiden Teilen Deutschlands ein einheitliches Währungs- und Wirtschaftsgebiet machte und grundlegende Regelungen zur Vereinheitlichung der Sozialversicherungssysteme sowie des Arbeitsrechtes vorsah. Dieser Schritt war notwendig geworden, weil die DDR nach der Grenzöffnung am 9. November 1989 auf Grund der Schwäche ihrer Währung genauso wie auf Grund der nicht abreißenden Ausreiseströme in Richtung Westen auszubluten drohte. Entsprechende Vorschläge für eine Währungs- und Wirtschaftsunion wurden von Wolfgang Schäuble schon Mitte Dezember 1989 gemacht (Schäuble 1991). Der wissenschaftliche Beirat des Bundeswirtschaftsministeriums unterstützte diese Idee und ging davon aus, dass der Kredit, den die DM international genoss, „zusammen mit der Solidaritätspflicht in einem gemeinsamen Staatswesen", zu einem Zustrom privaten sowie internationalen Kapitals führen würde, der wiederum den wirtschaftlichen Umbau ermöglichen würde (Bundesministerium für Wirtschaft (Hrsg.) 1990: 1490f.).

Anders sahen der Sachverständigenrat zur Begutachtung der wirtschaftlichen Lage und v.a. die Bundesbank die Situation. Der Sachverständigenrat forderte zunächst radikale Reformen der wirtschaftlichen Rahmenbedingungen, wie z.B. die Aufhebung der Preisbindung, den Abbau des Geldüberhangs und die Schaffung eines zweistufigen Banksystems sowie die Konvertibilität der DDR-Währung, Privatisierung von Unternehmen und Gewerbefreiheit (BT-Drucksache 11/6301). Der Bundesbankpräsident Hans Otto Pöhl und das Direktoriumsmitglied Hans Tietmeyer votierten mit Nachdruck dafür, dass die DDR zunächst für die Konvertibilität ihrer Währung sorgen müsste sowie für Umstrukturierungen innerhalb ihrer Wirtschaft, die diese auf den freien Markt vorbereiteten (Deutsche Bundesbank (Hrsg.): 1990).

Am 13. Februar 1990 machte Helmut Kohl Hans Modrow das Angebot zur Schaffung eines gemeinsamen Währungs- und Wirtschaftsgebietes durch die Einführung der DM zu einem Stichtag und die Herstellung der notwendigen rechtlichen Voraussetzungen zur Einführung der sozialen Marktwirtschaft in der DDR (Korte 1994: 161). Die Ernsthaftigkeit seines Vorhabens bekräftigte Kohl als er am 6. Februar 1990 mitteilte, dass er nun unverzüglich in Verhandlungen über eine Währungs- und Wirtschaftsunion eintrete und damit sowohl seine Fraktion als auch den Bundesbankpräsidenten überraschte (ebenda: 163). Nach intensiven Verhandlungen wurde der Staatsvertrag über die Währungs-, Wirtschafts- und Sozialunion (* [18]) (Presse- u. Informationsamt der Bundesregierung 63/1990: 517ff.) dann am 18. Mai 1990 von Bundesfinanzminister Theo Waigel und DDR-Finanzminister Walter Romberg unterzeichnet. Seine wesentlichen Inhalte sind die folgenden:

Abbildung 8: Inhalt des Vertrages über die Währungs-, Wirtschafts- und Sozialunion (Staatsvertrag)

Währungsunion	Wirtschaftsunion	Sozialunion
• Einführung der DM als alleiniges Zahlungsmittel; Umtausch je nach Alter 2.000, 4.000 oder 6.000 M im Verhältnis 1:1; Rest sowie bestehende Schulden im Verhältnis 2:1; jedoch Anpassung der Zinsen auf Marktniveau • Bundesbank wird alleinige Trägerin der Geldpolitik • Umwandlung der Löhne, Renten, Mieten usw. im Verhältnis 1:1 • Umgestaltung des öffentlichen Finanzwesens der DDR/Finanzzuweisungen aus der Bundesrepublik, finanziert aus dem „Fonds Deutsche Einheit"	• Einführung der sozialen Marktwirtschaft durch Übernahme von deren wichtigsten Grundlagen: privatwirtschaftliche Organisation und Wettbewerb, Vertragsfreiheit, Gewerbefreiheit, freie Preisbildung, Privateigentum an Grund und Boden sowie Produktionsmitteln, freie Vereinbarung von Löhnen und Arbeitsbedingungen zwischen Gewerkschaften und Arbeitgebern, freier Fluss von Waren, Kapital, Arbeit • Eingliederung der Landwirtschaft in das EG-Agrarsystem • Beauftragung der Treuhandanstalt mit der Überführung des Volkseigentums in Privateigentum (vorber. durch das Treuhandgesetz der Volkskammer vom 17. Juni 1990) • Schaffung der Voraussetzungen für die Übernahme des westdeutschen Umweltrechtes durch die DDR, Anstreben einer Umweltunion	• Einführung des gegliederten Systems der Sozialversicherung und der Selbstverwaltungskörperschaften mit anteiliger Beitragsfinanzierung, Lohn- und Beitragsbezogenheit der Leistungen • Anschubfinanzierung für die Renten- und Arbeitslosenversicherung der DDR durch die Bundesrepublik • Anpassung an das westdeutsche Arbeitsrecht mit Tarifautonomie, Arbeitskampfrecht, betrieblicher Mitbestimmung, Koalitionsfreiheit, Kündigungsschutz

Die Finanzierung der deutschen Einheit sollte im Rahmen des zwischen der Bundesregierung und den Ministerpräsidenten der Länder vereinbarten „Fonds Deutsche Einheit" geschehen. Bis 1994 sollten durch ihn 115 Mrd. DM zur Verfügung gestellt werden und zwar 20 Mrd. DM durch Einsparungen des Bundes und je 47,5 Mrd. DM durch Kreditaufnahmen des Bundes und der Länder. Dieser Fonds sollte im Wesentlichen dazu dienen, die Defizite des ehemaligen DDR-Staatshaushaltes zu decken. Um den wirtschaftlichen Aufschwung in den neuen Bundesländern in Gang zu setzen, wurde im März 1991 das „Gemeinschaftswerk Aufschwung Ost" verabschiedet, dass für 1991 und 1992 ein Finanzvolumen von 24 Mrd. DM bereitstellte (ebenda: 315). Bis 1996 summieren sich die Ausgaben für die Vereinigung wie folgt:[50]

Abbildung 9: Leistungen für Ostdeutschland 1991 bis 1996

	1991	1992	1993	1994	1995	1996
Geförderte Wohnungen im SWB (in 1.000)	3,8	21,2	38,9	55,6	--	--
neue Telefonanschlüsse (in Mio.)	0,5	0,7	1,0	1,2	1,7	--
Straßen: Aus- u. Neubau (in km/Bundesstr.)	48,4	6,7	37,7	56,7	72,6	--
Autobahnen: Aus- und Neubau (in km)	17,8	33,6	49,8	93,0	64,5	--
Investitionsquote (in % v. BIP)	44,5	48,3	48,1	52,5	--	--
Produktivität (DM pro Erwerbst.)	28.100	34.800	38.900	42.100	43.800	--
Unternehmensgründungen (in 1.000)	140	96	79	74	76	--
Unternehmensauflösungen (in 1.000)	11	24	41	44	49	--
Erwerbstätige (in Mio.)	7,3	6,4	6,2	6,3	6,4	--
ABM-Kräfte (in 1.000)	183	388	262	280	312	284
Arbeitslose (in Mio.)	0,9	1,17	1,15	1,14	1,05	--
Brutto-Einkommen je Beschäftigten/						
Leistungen aus dem Bundeshaushalt						
Insg. (in Mrd. DM)	75	88	114	114	135	133
davon für (in Mrd. DM)						
Investitionsförderung	5,3	0,0	1,5	0,0	6,6	6,6
steuerliche Förderung	3	7	9	10	13	16
KfW/ERP-Programme	--	--	0,4	1,0	1,5	2,1
kommunaler Straßenbau/ÖPNV	1,8	3,1	1,8	1,7	1,5	1,5
Eisenbahn	7,7	9,5	10,1	15,0	13,5	10,9
Straßenbau	2,1	4,0	3,2	3,7	3,8	4,4
sozialer Wohnungsbau	0,7	1,4	0,5	0,5	0,6	0,8
Zuschuss an BAfA	5,9	8,9	24,4	10,2	6,9	4,3
Sozialversicherung	9,5	10,2	11,0	13,4	15,5	16,1

---

[50] Auf die Entwicklung und die Kosten der Treuhandanstalt und des Altlastentilgungsfonds ab 1995 kann hier leider nicht eingegangen werden. Weiterführende Literatur hierzu: Marisall, Matthias J. 1993: Der politische Handlungsrahmen der Treuhandanstalt. Frankf./M./Treuhandanstalt (Hrsg.) 1994: Dokumentation 1990-1994. Berlin. 15 Bde./Fischer, Wolfram/Hax, Herbert/Schneider, Hans Karl (Hrsg.) 1993: Treuhandanstalt. Das Unmögliche wagen. Berlin./Czada, Roland 1994: Die Treuhandanstalt im politischen System der Bundesrepublik. In: Aus Politik und Zeitgeschichte. Beilage der Wochenzeitung Das Parlament. B 43-44/94. 28. Oktober 1994. S. 31-42./Seibel, Wolfgang 1994: Das zentralistische Erbe. Die institutionelle Entwicklung der Treuhandanstalt und die Nachhaltigkeit ihrer Auswirkungen auf die bundesstaatlichen Verfassungsstrukturen. In: Aus Politik und Zeitgeschichte. Beilage der Wochenzeitung Das Parlament. B 43-44/94. 28. Oktober 1994. S. 3-13.

	1991	1992	1993	1994	1995	1996
Leistungen der Treuhandanstalt bzw. Nachfolgeges. (in Mrd. DM)	19,9	29,6	38,1	34,4	1,1	2,8
Andere Leistungen (insg.) darunter (in Mrd. DM)	58	69	54	54	50	51
Fonds deutsche Einheit	31	24	15	5	--	--
BAfA*	18	30	15	17	16	16
Rentenversicherung	--	5	9	12	17	18
EU	4	5	5	6	7	7
Länder/Gemeinden West	5	5	10	14	10	10
Steuermindereinnahmen (in Mrd. DM)**	3	7	9	10	13	16
Summe aller Leistungen (in Mrd. DM)	156	194	215	212	198	200
Abzgl. Rückflüsse***	34	40	43	47	50	56
Gesamtsumme (in Mrd. DM)	122	154	172	165	148	144

*ohne Bundeszuschuss, **durch steuerliche Fördermaßnahmen, ***Steuer- und Verwaltungsmaßnahmen/Abkürzungen: Sozialer Wohnungsbau (SWB), Brutto-Inlandsprodukt (BIP), Öffentlicher Personen-Nahverkehr (ÖPNV). Quellen: Bundesministerien für Wirtschaft, Verkehr, Arbeit und Soziales, Statistisches Bundesamt. Die Investitionen der Deutschen Telekom AG summierten sich bis Ende 1995 auf rund 41,5 Mrd. DM. Damit standen zu diesem Zeitpunkt in den neuen Bundesländern mehr als sechs Millionen Telefonanschlüsse zur Verfügung.
Quelle: FAZ vom 2. Oktober 1996: 18; leicht geändert.

Die Wirtschafts- Währungs- und Sozialunion als erster, gleichwohl wesentlicher Schritt zur deutschen Einheit ist stark kritisiert worden.[51] Die durch zentrale Planwirtschaft und Protektionismus gekennzeichnete Volkswirtschaft der DDR wurde durch ihn von einem auf den anderen Tag dem internationalen Markt ausgeliefert, auf dem sie auf Grund der maroden Verhältnisse, die 40 Jahre SED-Herrschaft zurückgelassen hatten, nicht konkurrenzfähig war. Gleichzeitig fielen die ehemaligen Handelspartner im Osten fort, da mit der Einführung der DM die Produkte für diese Staaten nicht mehr zu bezahlen waren. Dies verstärkte sich noch mit der Auflösung des RGW Anfang 1991. Die Industrieproduktion in Ostdeutschland sank im 2. Halbjahr 1990 um die Hälfte des Vorjahresniveaus. Dieser Trend setzte sich in den Folgejahren fort, so dass das Produktionsniveau in Ostdeutschland bis zum Jahresbeginn 1993 auf ein Drittel dessen von 1989 absank (Korte 1994: 183). Etwa ab 1993 lässt sich allerdings eine Tendenz zur Wende dieses Produktionsabbaus ausmachen. Im Rückblick aus dem Jahr 1995 ist bei einem Vergleich der Wirtschaftskraft Ost-West anhand des realen Bruttoinlandsproduktes ein deutlicher Aufholprozess der neuen Bundesländer festzustellen. Gleichwohl bleibt das Niveau durch einen Abstand zur Wirtschaft in den alten Bundesländern charakterisiert. „So

---

[51] Zur Kritik bzw. Bewertung z.B.: Albrecht, Ulrich: Die Abwicklung der DDR. Opladen 1992./Diewald, Martin/Mayer, Karl Ulrich (Hrsg.): Zwischenbilanz der Wiedervereinigung. Opladen 1996./Dümcke, Wolfgang/Vilmar, Fritz (Hrsg.): Kolonialisierung der DDR. Münster 1995./Luft, Christa: Treuhandreport: Werden, Wachsen und Vergehen einer Behörde. Berlin/Weimar 1992.

betrug das reale BIP je Erwerbstätigen 1991 erst 28.100 DM, im vergangenen Jahr [1994] lag es bereits bei 41.000 DM. Das entspricht einem Zuwachs von 46 Prozent. In den alten Bundesländern betrug die Zunahme im gleichen Zeitraum nur 4 Prozent, doch lag das reale BIP je Erwerbstätigen mit 94.500 DM noch deutlich über dem Wert in Ostdeutschland" (Sozialpolitische Umschau 38/1995: 33). Im Jahr 2005 beträgt das reale BIP je Erwerbstätigen in den fünf neuen Bundesländern 46.207 Euro (Bundesministerium für Wirtschaft und Technologie 2006: 3)

Dasselbe Bild ergab sich auch für die Landwirtschaft im Osten Deutschlands. Durch die enormen Absatzeinbußen nach dem Inkrafttreten der Währungs-, Wirtschafts- und Sozialunion mussten massenhaft landwirtschaftliche Flächen stillgelegt werden. In einem Zeitraum von zwölf Monaten wurden dort so viele Flächen stillgelegt wie in der EG innerhalb von fünf Jahren (ebenda: 183).

Die Zahl der Arbeitslosen stieg von 142.000 im Juni 1990 auf 757.000 im Januar 1991. Im Juli 1996 waren in den neuen Bundesländern 1.146.925 Menschen arbeitslos. Dies entspricht einer Quote von etwa 15% (Westen: etwa 9%). (Sozialpolitische Umschau 35/1996: 7ff.). Im Juli 2006 waren in den neuen Bundesländern und in Berlin 1.425.826 Menschen ohne Arbeit. Dies entspricht einer Arbeitslosenquote von 16,7%. Im Jahr 2005 haben in den ostdeutschen Ländern 37.000 Personen eine berufliche Weiterbildung gemacht, 35.000 Personen befanden sich in AB-Maßnahmen und rund 40.000 wurden durch Lohnkostenzuschüsse gefördert (Bundesministerium für Wirtschaft und Technologie (Hrsg.) 2006: 13f.).

Im Zeitraum von 1991 bis 2003 gab es von Seiten des Bundes, der westdeutschen Länder sowie der Sozialversicherungen Bruttotransferzahlungen von rund 1,25 Bill. Euro, d. h. etwa 104 Mrd. Euro pro Jahr (Institut für Wirtschaftsforschung Halle (IWH) (Hrsg.) 2004: 2). Werden die Steuer- und Beitragszahlungen aus Ostdeutschland gegen gerechnet, so ergibt sich ein Nettotransfer in Höhe von 950 Mrd. Euro (ebenda: 2). Allein im Jahr 2003 betrug der Nettotransfer West-Ost insgesamt ca. 70 Mrd. Euro (ebenda 2005: 8f.) und führte damit zu einer Sozialleistungsquote von 49,4% in den neuen Bundesländern (Sozialpolitik Aktuell 2006). Die aufgeführten Zahlen verstehen sich als Schätzungen, da die letzte offizielle Auflistung von Transferzahlungen getrennt nach Ost und West 1998 erfolgte (Deutscher Bundestag 2006: 6). Die folgende Tabelle zeigt die Bruttotransferleistungen nach Finanzquellen.[52]

---

[52] Bezüglich der Schätzungen seit 1999 gilt, dass in den Angaben über die Nettotransfers zum größten Teil Leistungen aus gesamtdeutschen Programmen enthalten sind (die auch in Westdeutschland anfallen). Ein wesentlich geringer Anteil (ca. 15 Mrd. Euro) besteht aus speziellen Programmen nur für die neuen Länder. Näheres hierzu nachzulesen bei: IWH (Hrsg.) 2003 und 2004.

Abbildung 10: Bruttotransfers für Ostdeutschland (einschließlich Sozialversicherungen) – in Mrd. DM

	1991	1992	1993	1994	1995	1996	1997	1998
Bundeshaushalt	75	88	114	114	135	138	131	139
Fonds „Deutsche Einheit"	31	24	15	5	-	-	-	-
EU	4	5	5	6	7	7	7	7
Rentenversicherung	-	5	9	12	17	19	18	18
Bundesanstalt für Arbeit	25	38	38	28	23	26	26	28
Länder/Gemeinden West	5	5	10	14	10	11	11	11
Gesamt	139	151	167	169	185	187	183	189

Quelle: Deutscher Bundestag 2006: 7

Mit der Einführung der DM und den rechtlichen und institutionellen Voraussetzungen für die Umwandlung der DDR-Planwirtschaft in eine Marktwirtschaft war der wesentliche Schritt des deutschen Einigungsprozesses getan worden. Die folgenden galten dem Vollzug der Einigung und dessen Verfahren sowie der Abstimmung mit den Alliierten und der EU.

Nach intensiven Diskussionen über den Zeitpunkt des Beitritts – vor oder nach einer gesamtdeutschen Wahl oder nach getrennten Wahlen – sowie über den Wahlmodus (in getrennten Wahlgebieten, in einem Wahlgebiet, mit oder ohne einheitliche 5%-Sperrklausel), über die schließlich die Regierungskoalition der DDR zerbrach, schlossen die Regierungen der DDR und der Bundesrepublik Deutschland am 2. August 1990 einen Wahlvertrag,[53] auf dessen Basis die DDR-Volkskammer dann am 23. August 1990 ihren Beitritt zum Geltungsbereich des Grundgesetzes mit Wirkung zum 3. Oktober 1990 erklärte. Der Vertrag legte gemeinsame Wahlen für den 2. Dezember 1990 fest. Nach Klagen der GRÜNEN, der Republikaner, der Linken Liste/PDS sowie zweier Bürger vor dem Bundesverfassungsgericht musste der Vertrag noch einmal modifiziert werden, was am 5. Oktober 1990 durch Beschluss des Bundestages geschah. Das Bundesverfassungsgericht hatte den Klagen im Hinblick auf die fehlende Chancengleichheit der Parteien, die durch eine im gesamten Wahlgebiet geltende 5%-Klausel sowie durch Einschränkungen bei der Bildung von Listenverbindungen gegeben waren, stattgegeben (BVerfGE 82, 322). So wurden die Einrichtung zweier Wahlgebiete mit jeweils getrennt geltender 5%-

---

[53] Vertrag zur Vorbereitung und Durchführung der ersten gesamtdeutschen Wahl des Deutschen Bundestages zwischen der Bundesrepublik Deutschland und der Deutschen Demokratischen Republik (Presse- und Informationsamt der Bundesregierung. Bulletin Nr. 97/S. 829).

Klausel sowie der uneingeschränkten Möglichkeit zur Bildung von Listenverbindungen auf dem Gebiet der DDR beschlossen.

Der Einigungsvertrag (* [19]), der am 31. August von Wolfgang Schäuble und Günther Krause unterschrieben wurde, schuf die Rechtsgrundlagen für die staatliche Vereinigung Deutschlands. Er wäre nicht unbedingt nötig gewesen, da – wie im Fall des Saarlandes zuvor – auch ein vom Bundestag verabschiedetes Überleitungsgesetz nach dem Beitritt der fünf Bundesländer die formale Anpassung der Rechts- und Lebensverhältnisse in den ostdeutschen Ländern hätte regeln können. Mit dem Weg des Staatsvertrages wurden zwei prinzipiell gleichberechtigte Partner am Aushandelungsprozess beteiligt, und die DDR glaubte auf diesem Weg die Ausgestaltung der Einheit besser beeinflussen zu können, insbesondere Errungenschaften aus der DDR in ein gemeinsames Deutschland einbringen zu können (Korte 1994: 192). Wolfgang Schäuble machte allerdings im Rahmen seiner Verhandlungsführung bald deutlich, dass es nicht um eine generelle Überprüfung des Grundgesetzes gehen können, sondern dass dieses Grundgesetz allenfalls im Hinblick auf die die Einheit direkt betreffenden Punkte geändert werden würde (Schäuble 1991: 131).

Abbildung 11: Inhalt des Vertrages zwischen der Bundesrepublik Deutschland und der Deutschen Demokratischen Republik über die Herstellung der Einheit Deutschlands – Einigungsvertrag – unterzeichnet am 31. August 1990, in Kraft getreten am 3. Okt. 1990

Präambel
Kap. I: Wirkung des Beitritts
Art. 1 Länder
Art. 2 Hauptstadt, Tag der Deutschen Einheit
Kap. II: Grundgesetz
Art. 3 Inkrafttreten des Grundgesetzes
Art. 4 Beitrittsbedingte Änderungen des Grundgesetzes
Art. 5 Künftige Verfassungsänderungen
Art. 6 Ausnahmebestimmungen
Art. 7 Finanzverfassung
Kapitel III: Rechtsangleichung
Art. 8 Überleitung von Bundesrecht
Art. 9 Fortgeltendes Recht der Deutschen Demokratischen Republik
Art. 10 Recht der Europäischen Gemeinschaften
Kapitel IV: Völkerrechtliche Verträge und Vereinbarungen
Art. 11 Verträge der Bundesrepublik Deutschland
Art. 12 Verträge der Deutschen Demokratischen Republik
Kapitel V: Öffentliche Verwaltung und Rechtspflege
Art. 13 Übergang von Einrichtungen
Art. 14. Gemeinsame Einrichtungen der Länder
Art. 15 Übergangsregelungen für die Landesverfassungen
Art. 16 Übergangsvorschrift bis zur Bildung einer gesamt-berlinerischen Landesregierung
Art. 17 Rehabilitierung

Art. 18 Fortgeltung gerichtlicher Entscheidungen
Art. 19 Fortgeltung von Entscheidungen der öffentlichen Verwaltung
Art. 20 Rechtsverhältnisse im öffentlichen Dienst
Kapitel VI: Öffentliches Vermögen und Schulden
Art. 21 Verwaltungsvermögen
Art. 22 Finanzvermögen
Art. 23 Schuldenregelung
Art. 24 Abwicklung der Forderungen und Verbindlichkeiten gegenüber dem Ausland und der Bundesrepublik Deutschland
Art. 25 Treuhandvermögen
Art. 26 Sondervermögen Deutsche Reichsbahn
Art. 27 Sondervermögen Deutsche Post
Art. 28 Wirtschaftsförderung
Art. 29 Außenwirtschaftsbeziehungen
Kapitel VII: Arbeit, Soziales, Familie, Frauen, Gesundheitswesen und Umweltschutz
Art. 30 Arbeit und Soziales
Art. 31 Familie und Frauen
Art. 32 Freie gesellschaftliche Kräfte
Art. 33 Gesundheitswesen
Art. 34 Umweltschutz
Kapitel VIII: Kultur, Bildung und Wissenschaft, Sport
Art. 35 Kultur
Art. 36 Rundfunk
Art. 37 Bildung
Art. 38 Wissenschaft und Forschung
Art. 39 Sport
Kapitel IX: Übergangs- und Schlussbestimmungen
Art. 40 Regelung von Vermögensfragen
Art. 42 Entsendung von Abgeordneten
Art. 43 Übergangsvorschrift für den Bundesrat bis zur Bildung von Landesregierungen
Art. 44 Rechtswahrung
Art. 45 Inkrafttreten des Vertrages

Der Vertrag besteht aus 45 Artikeln und umfangreichen Anhängen, in denen die Regelung sehr wichtiger Politik- oder Rechtsteilbereiche geschieht. In der Präambel wird zum Ziel des Vertrages erklärt, dem Wunsch „der Menschen in beiden Teilen Deutschlands" zu folgen, „gemeinsam in Frieden und Freiheit in einem rechtsstaatlich geordneten, demokratischen und sozialen Bundesstaat zu leben" (Presse- und Informationsamt der Bundesregierung 1990a: 877). Die Vertragspartner bringen ihren Dank denjenigen gegenüber zum Ausdruck, „die auf friedliche Weise der Freiheit zum Durchbruch verholfen haben" und die Einigung ermöglicht haben. Gleichzeitig betonen sie die sich aus der deutschen Vergangenheit ergebende besondere Verantwortung Deutschlands und den Willen mit der deutschen Einheit einen Beitrag zur europäischen Einigung und zum Aufbau einer europäischen Friedensordnung zu leisten (ebenda). Nach der formalen Regelung des Beitritts, der Erklärung Berlins zur Hauptstadt sowie dem 3. Oktober zum Tag der Deutschen

Einheit in Kap. I des Vertrages sind in Kap. II sechs beitrittsbedingte Änderungen des Grundgesetzes aufgeführt:

- Präambel;
- Aufhebung von Art. 23 a.F. GG;
- Änderung der Stimmenanzahl im Bundesrat für Bundesländer mit mehr als sieben Mio. Einwohnern;
- mit einer Ergänzung von Art. 135a II GG wird die Regelung von Verbindlichkeiten der DDR durch die Bundesrepublik erklärt;
- der neue Art. 143 GG regelt Bedingungen und Geltungsdauer von in einer Übergangsfrist weitergeltendem DDR-Recht;
- und Art. 146 GG erklärt in der neuen Fassung, dass auch nach der Vereinigung der beiden Teile Deutschlands die Möglichkeit besteht, das Grundgesetz durch eine Verfassung abzulösen, die vom deutschen Volk in freier Entscheidung beschlossen wurde, was insbesondere vor dem Hintergrund der „Artikeldebatte" von Bedeutung ist.

Mit Art. 5 des Einigungsvertrages wird den gesetzgebenden Körperschaften des neuen Deutschlands empfohlen, die Möglichkeit weiterer Grundgesetzesänderungen zu prüfen. Dieser Artikel, der zu den Arbeiten der Gemeinsamen Verfassungskommission des Bundestages und des Bundesrates geführt hat, wird uns in Abschnitt 4.5 noch einmal beschäftigen. Ohne auf die weiteren Regelungsgebiete des Einigungsvertrages hier eingehen zu können, lassen sich eine Reihe von inhaltlichen Problembereichen in den vorbereitenden Gesprächen zum Einigungsvertrag kennzeichnen:

Hier ist zunächst die Anpassung des ostdeutschen an das westdeutsche Finanzsystem zu nennen. Die ostdeutschen Verhandlungsvertreter verlangten die sofortige Einbeziehung des Beitrittsgebietes in den Länderfinanzausgleich und die Zuweisung des gesamten Steueraufkommens aus den neuen Bundesländern an sie zurück. Darüber hinaus forderten sie eine Finanzausstattung, die die ostdeutschen Länder und Kommunen vor Überschuldung schützen würde sowie den Verbleib der Erlöse aus der Privatisierung volkseigener Betriebe im Osten (Korte 1994: 198/Brauburger 1991: 262f.). Letzteres wurde im Art. 25 des Einigungsvertrages festgelegt, was nicht zuletzt die viel zu positive Bewertung des Zustandes und der Privatisierungsmöglichkeit der DDR-Betriebe zu diesem Zeitpunkt zeigt. In der Realität kostete die Privatisierung, bis zur Liquidation der Treuhandanstalt am 31. Dezember 1994, bezogen auf die Nettoausgaben (Bruttoausgaben + Kapitalzuwächse − Privatisierungseinnahmen) 270 Mrd. DM (Seibel 1994: 19).

Bezüglich des Länderfinanzausgleiches einigte man sich nach wochenlangen Verhandlungen, bei denen die Fronten zwischen der Bundesrepublik Deutschland und den ostdeutschen Christdemokraten auf der einen und den ostdeutschen Ländern und den ost- sowie westdeutschen Sozialdemokraten auf der anderen Seite verliefen, darauf, dass die Finanzverfassung grundsätzlich übernommen werde, die ostdeutschen Länder jedoch bis zum Jahresende 1994 vom Länderfinanzausgleich ausgeschlossen bleiben und von 1991 bis 1995 in Stufen von 55% bis 100% des durchschnittlichen Umsatzsteueranteils pro Einwohner erhalten sollten. Diese Regelungen haben die westdeutschen Bundesländer (zunächst) davor bewahrt, im Zusammenhang des Länderfinanzausgleiches jährlich rund 20 Mrd. DM an die neuen Länder zu zahlen und auf 4 bis 5 Mrd. DM Einnahmen aus der Umsatzsteuer zu verzichten (Korte 1994: 199).

Ebenfalls ein erbittert diskutierter Problembereich war die Behandlung von Eigentum, das in der DDR erworben und/oder in der Zeit zwischen 1945 und 1949 enteignet worden war. Die Vertreter der DDR wollten diese „Regelung offener Vermögensfragen" nicht einem gemeinsamen deutschen Parlament überlassen. Man einigte sich darauf, die „Gemeinsame Erklärung der Regierungen der Bundesrepublik Deutschland und der Deutschen Demokratischen Republik zur Regelung offener Vermögensfragen" vom 15. Juni 1990 im Einigungsvertrag festzuschreiben. Dies ist mit Art. 41 auch geschehen, die Erklärung selbst ist als Anlage III dem Einigungsvertrag beigegeben. Damit wurde das Prinzip Rückgabe vor Entschädigung festgeschrieben, aber durch die Formulierung von Ausnahmeregelungen für diese Natural-Restitutionen wurden gleichzeitig Bedingungen geschaffen, die für einen möglichst zügigen Aufbau der Wirtschaft im Osten unabdingbar erschienen.[54]

Ein weiterer strittiger Punkt waren unterschiedliche Regelungen im Strafrecht und im Privatrecht der DDR und der Bundesrepublik Deutschland, von denen die Frage des Schwangerschaftsabbruchs mit größter Erbitterung ausgefochten wurde. Im Vertrag löste man die entsprechenden Probleme dadurch, dass für eine Übergangszeit in den ost- und westdeutschen Ländern unterschiedliches Recht galt („Wohnortprinzip" in Sachen Schwangerschaftsabbruch).[55]

---

[54] Im März 1991 wurde der Grundsatz „Rückgabe vor Entschädigung" durch das „Hemmnisbeseitigungsgesetz" relativiert. Der Prozess der Relativierung wurde dann mit der Verabschiedung des „Gesetzes über den Vorrang für Investitionen bei Rückübertragungsansprüchen nach dem Vermögensgesetz-Investitionsvorranggesetz (InVorG) im Juli 1991 weiter fortgesetzt, um der wirtschaftlichen Entwicklung in den ostdeutschen Ländern neue Impulse zu verleihen (dazu FAZ vom 15. Juli 1991: B1). Im Oktober 1995 war die „Regelung offener Vermögensfragen" wie folgt abschließend bearbeitet: Mecklenburg-Vorpommern: 68% von 206.000 Fällen; Berlin: 45% von 262.000; Sachsen: 65% von 463.000; Sachsen-Anhalt: 56% von 472.000; Thüringen: 44% von 579.000; Brandenburg: 42% von 644.000 (Münsterische Zeitung vom 14. Oktober 1995).

[55] Diese Situation zweier unterschiedlicher Rechtsgebiete in Sachen Schwangerschaftsabbruch bestand, anders als im Einigungsvertrag beschlossen, über den 31.12.1992 hinaus. Zwar hatte der Bundestag bis zum Jahresende 1992 eine Änderung des § 218 StGB beschlossen, wonach in der Zukunft im gesamten Bundesgebiet die Fristenlösung gelten sollte. Diese Regelung wurde aber vom Bundesverfassungsgericht außer Kraft gesetzt, das in einem Urteil vom 28. Mai 1993 die Qualifizierung des Abbruchs innerhalb einer gesetzten Frist als unrechtmäßig beanstandete, die Absicherung des Lebensschutzes des Ungeborenen durch Beratung als nicht ausreichend einstufte und schließlich die Finanzierung von Schwangerschaftsabbrüchen durch die Krankenkassen als unrechtmäßig erklärte. Erst im Juli 1995 verabschiedeten

Trotz dieser und vieler weiterer Streitpunkte in den Verhandlungen zum Einigungsvertrag ist es gelungen, das Gros der Fragen einer (formalen) Einigung zuzuführen. Das oft vorgebrachte kritische Argument, dass der Vertrag sehr lückenhaft sei, scheint angesichts des schwierigen Vollzugs der deutschen Einheit auf den ersten Blick plausibel. Andererseits muss aber auch gefragt werden, was in einem Zeitraum von acht Verhandlungswochen und im Rahmen eines Netzes aus Verhandlungspartnern zwischen Regierungsvertretern der DDR und der Bundesrepublik einerseits und Oppositionsparteien in Ost und West andererseits machbar war. „Abschließend kann man folgende Punkte festhalten: Die Verhandlungen zum Einigungsvertrag wurden von der DDR-Regierung ausdrücklich gewünscht. Die ostdeutschen Verhandlungspartner konnten sich mit zentralen Forderungen (Hauptstadtfrage, Schwangerschaftsabbruch, Stasi-Akten, Eigentumsfrage etc.), wenn auch mühevoll, durchsetzen. In den Einigungsvertrag flossen somit eine Vielzahl von ostdeutschen Interessen ein. Allerdings sahen sich de Maizière und Krause zunehmend mit den kraftvollen föderalen und regionalen Egoismen der westdeutschen Ländervertreter konfrontiert, dem sie nichts vergleichbares entgegenzusetzen hatten. (...) Deutlich wurde während der Verhandlungsphasen der Wille aller Beteiligten, das Gesamtwerk nicht an Einzelfragen scheitern zu lassen, die Vertragsverhandlungen zum Abschluss zu bringen und die deutsche Einheit zu vollenden. In diesem Gesamtziel bestand Einigkeit" (Korte 1994: 205/206).

Ihrer Rechtsform nach sind sowohl der Vertrag über die Schaffung einer Währungs-, Wirtschafts- und Sozialunion als auch der Einigungsvertrag völkerrechtliche Verträge, d.h. sie mussten nach Art. 59 GG ratifiziert werden. Dies bedeutet, dass die Kompetenz in die Zuständigkeit des Bundes fiel und nach Art. 59 II GG nur eine Zustimmung des Bundestages notwendig war, der Vertrag also nur angenommen oder abgelehnt werden konnte, jedoch nicht – wie im Gesetzgebungsverfahren ansonsten üblich – in drei Lesungen inhaltlich gestaltet werden konnte. Dies ist insbesondere darum problematisch, weil der Einigungsvertrag Grundgesetzesänderungen enthält, die eigentlich die gesonderte Abstimmung in Bundestag und Bundesrat mit Zwei-Drittel-Mehrheit erfordert hätten (Art. 79 GG). Aus diesem Grund klagten acht CDU/CSU-Abgeordnete gegen die Abstimmung des Einigungsvertrages im Bundestag und dessen Behandlung als völkerrechtlicher Vertrag. Das Bundesverfassungsgericht wies die Klage jedoch zurück und zwar mit einer nicht durchgängig einleuchtenden Begründung: „Mit der Vereinbarung des Einigungsvertrages nimmt daher die Bundesregierung nicht Kompetenzen der auswärtigen Gewalt wahr, auch wenn für diesen Vertrag die Regeln des Völkerrechts gelten und das Parlament in der Form des Zustimmungsgesetzes nach Art. 59 Abs. 2 GG mitzuwirken hat" (BVerfGE 83, 162). Weiter heißt es zur Begründung der Legalität des Handelns der Bundesregierung mit Verweis auf das Staatsziel „Deutsche Einheit":

Bundestag und Bundesrat eine Neufassung der rechtlichen Regelungen von Schwangerschaftsabbrüchen, die im Kern eine Fristenlösung darstellt.

„Durfte mithin die Bundesregierung in Erfüllung ihrer Verfassungsrechtlichen Pflicht zur Herstellung der deutschen Einheit im demokratischen Rechtsstaat der Bundesrepublik beitrittsbezogene Verfassungsänderungen zum Gegenstand des Einigungsvertrages machen, so folgt daraus, daß über solche Verfassungsänderungen als Teil des Gesamtvertrages vom Bundestag in Form des Zustimmungsgesetzes zu entscheiden ist und demgemäß Änderungsanträge nach Paragraph 82 Abs. 2 GOBT nicht gestellt werden können" (BVerfGE 83, 162).

Ebenfalls bezüglich der Nicht-Rückgabe-Vereinbarung der Enteignungen aus der Zeit zwischen 1945 und 1949 hat das Bundesverfassungsgericht mittlerweile in mehreren Verfahren die Klage abgewiesen (vgl. hierzu bspw. BVerfGE 84, 90 und am 18.4.1996). Abschließend wurde die Frage durch den Europäischen Gerichtshof für Menschenrechte mit einem Urteil vom März 2005 geregelt (vgl. hierzu AZ 46720/99, 72203/01, 72552/01 sowie die Fußn. 11 in Kap. 1).

Am 20. September 1990 wurde der Einigungsvertrag in der Volkskammer und im Bundestag verabschiedet (Neinstimmen in der Volkskammer: 80 von 299/Neinstimmen im Bundestag: 47 von 490).

Parallel zu den Verhandlungen zum Vertrag über die Währungs-, Wirtschafts- und Sozialunion und zum Einigungsvertrag hatte eine Vielzahl von Gesprächen auf internationaler Ebene, insbesondere mit den Alliierten und der EG stattgefunden, die in ihrem Ergebnis dann zum Abschluss des Zwei-Plus-Vier-Vertrages (* [20]) am 12. September 1990 führten. Deutschlands Situation nach dem Zweiten Weltkrieg war die eines nach wie vor nur teilsouveränen Staates (vgl. Kap. 1), in dem die Siegermächte Vorbehaltsrechte hatten. Zudem stand der Abschluss eines Friedensvertrages noch aus. Die erste offizielle Verlautbarung bezüglich der Regelungen eines vereinten Deutschlands durch die Alliierten stammt vom 14. Februar 1990, wo die Außenminister der USA, der UdSSR, Großbritanniens, Frankreichs und der beiden deutschen Staaten in Ottawa übereinkamen, sich in dieser Zusammensetzung regelmäßig zu treffen um die äußeren Aspekte der deutschen Einigung und das Verhältnis eines vereinten Deutschlands zu seinen Nachbarn festzulegen (Brauburger 1991a: 124). Hier wurde schon festgelegt, dass die Deutschen ihre inneren Angelegenheiten wie Fragen der Staatsform, der Wirtschafts- und Währungsunion sowie des Sozialsystems selbst regeln sollten. In den folgenden Zwei-Plus-Vier-Verhandlungen galt es, den anderen Verhandlungspartnern die Angst vor einem vereinten, starken Deutschland zu nehmen und die aufkommenden Bilder vom kriegstreibenden Deutschen, der bis dahin ja durch die alliierten Vorbehaltsrechte unter Kontrolle gehalten worden war, zu zerstreuen. Im „Vertrag zwischen der Bundesrepublik Deutschland, der Deutschen Demokratischen Republik, Frankreich, Großbritannien, der Sowjetunion und den Vereinigten Staaten über die abschließende Regelung in bezug auf Deutschland", der am 12. September 1990 in Moskau unterzeichnet wurde, wurde nicht nur der Vereinigung der beiden Teile Deutschlands zugestimmt und dem neuen Deutschland die volle Souveränität zurückgegeben, sondern es wurde auch auf seine Friedensstaatlichkeit und seine Einbettung in das internationale System zur Sicherung von Frieden und Abrüstung verpflichtet. Die einzelnen Positionen der internationalen Akteure und deren Entwicklung von Februar bis September 1990 werden im folgenden Abschnitt beschrieben.

3.4 Die deutsche Einheit aus internationaler Perspektive

In einem Interview, das Anatoly Karpichev mit Helmut Kohl führte und das am 3. Oktober 1990 in der PRAWDA erschien, sagte Kohl:

> „Für uns Deutsche verwirklicht sich ein Traum, wenn wir jetzt – am 3. Oktober 1990 – nach 45 Jahren der Trennung im Einvernehmen mit unseren Nachbarn – in West und Ost – unsere Einheit wieder gewinnen. Dies ist zugleich eine einmalige historische Chance, durch eine verantwortliche Politik dazu beizutragen, dauerhaften Frieden auf unserem Kontinent zu begründen, alte Wunden zu heilen und der nachwachsenden Generation die konkrete Perspektive zu bieten, daß sie ein Leben in Frieden und Freiheit und mit dem Recht auf persönliches Glück führen kann" (Presse- und Informationsamt der Bundesregierung 1992: 663). Und auf die Frage, welches die wichtigsten Faktoren im Einigungsprozeß waren, heißt es weiter: „Die wichtigsten Etappen auf unserem Wege zur Einheit waren – in Deutschland selbst – der Fall der Berliner Mauer am 9. November des letzten Jahres, die ersten freien Wahlen in der ehemaligen DDR am 18. März dieses Jahres, die Verträge über die Wirtschafts-, Währungs- und Sozialunion und als Höhepunkt mein Treffen mit Präsident Gorbatschow im Juli dieses Jahres in Moskau und Archys, wo wir – wie Michail S. Gorbatschow selbst formulierte – harte Nüsse geknackt und den Weg für eine deutsch-sowjetische Zukunft in guter Nachbarschaft, der Partnerschaft und der engen Zusammenarbeit geöffnet haben" (ebenda: 663/664).

Dieses von Kohl hier angesprochene „in Hemdsärmeln" geführte Gespräch im Kaukasus muss heute tatsächlich als Wendepunkt alliierter Politik in der Einigungsfrage angesehen werden. Die Betrachtung ihres Entwicklungsprozesses in der Zeit vom 9. November 1989 bis zur Unterzeichnung des Zwei-Plus-Vier-Vertrages am 12. September 1990 zeigt, dass es v.a. Helmut Kohl und Hans-Dietrich Genscher gelungen ist, extrem unterschiedliche Positionen zur deutschen Einheit zu einem „Zopf zusammenzuflechten". Anfang Dezember 1989 äußerte Gorbatschow Genscher gegenüber, als „Resultat des Zweiten Weltkrieges seien zwei deutsche Staaten entstanden, und dabei solle es bleiben" (Wolffssohn 1992: 146). Kohl war von Gorbatschow im November zugesagt worden, dass eine Einmischung durch die Sowjetunion in die inneren Verhältnisse der DDR ausgeschlossen werden könne. Gleichwohl hatte Gorbatschow anlässlich einer Rede vor Studenten am 15. November 1989 gesagt, dass er eine deutsche Wiedervereinigung nicht grundsätzlich ausschließe, dass diese aber keine Frage aktueller Politik sei (n. ebenda: 146). Ein ähnlich ambivalentes Bild hatte auch Außenminister Schewardnadse schon am 17. November 1989 gezeichnet, als er einseitige Änderungen des Status quo durch Deutschland ausschloss, „nicht jedoch gemeinsam und gesamteuropäisch vereinbarte friedliche Veränderungen" (n. ebenda: 147). Zentrale Fragen entsprechender Vereinbarungen waren für die Sowjetunion und auch für Polen die nach der verbindlichen Akzeptanz der gegenwärtigen deutschen Grenzen (polnische Westgrenze) und die nach der Einbindung Deutschlands in internationale Bündnisse, insbesondere die NATO und EG (Teltschick 1991: 59).

Wenn auch für die USA die Frage der internationalen Einbindung Deutschlands – allerdings unter anderem Vorzeichen – die zentrale war, so reagierten George Bush und Jim Baker auf die Vorstellung des „Zehn-Punkte-Programms" durch Helmut Kohl und die Vision einer deutschen Vereinigung fast überschwänglich (Wolffsohn 1992: 145). In seinen Erinnerungen schreibt Genscher über ein Gespräch zwischen ihm und Baker, das am 2. Februar 1990 in Washington stattfand und in dem er von den Amerikanern den „Schlüssel zur baldigen Verwirklichung des vereinten Deutschland" bekam:

„Als Baker mich darum bat, ihm meine Vorstellungen zu erläutern, fiel ich sozusagen mit der Tür ins Haus: Grundlage der bevorstehenden Verhandlungen mit der Sowjetunion müsse, wie ich ihm und seinen Vorgängern stets zugesagt hätte, bleiben, daß Deutschland sich auf einen Handel über seine Zugehörigkeit zu den westlichen Gemeinschaften – zur NATO und zur Europäischen Gemeinschaft – nicht einlassen werde. (...) Anschließend erörterte ich mit Jim Baker die zu erwartenden Reaktionen aus Moskau. Es sei notwendig, so meinte ich, der Sowjetunion etwas zu bieten. Man müsse an ein verändertes Verhältnis der Bündnisse zueinander denken, an eine Bekräftigung und Verstärkung des KSZE-Prozesses, außerdem an eine KSZE-Gipfelkonferenz, an die Entwicklung vertrauensbildender Maßnahmen und an eine kooperative Sicherheitspolitik. Kurzum, in Europa sei eine Lage zu schaffen, die auch für die Sowjetunion Vorteile bringe. Nur so könne die sowjetische Führung gewonnen werden" (Genscher 1995: 717).

In diesem Gespräch entwickelten Baker und Genscher auch die Strategie der Zwei-Plus-Vier-Verhandlungen.[56] Baker nahm dieses grundsätzliche Einverständnis zwischen der USA und Deutschland in der folgenden Woche mit nach Moskau und machte Gorbatschow und Schewardnadse mit der Vorstellung vertraut, über Rahmen, Inhalt und Beginn der Gespräche am Rande eines Treffens aller NATO- und Warschauer-Pakt-Staaten in Ottawa zu sprechen (ebenda: 718). So vorbereitet fand dann am 10. Februar 1990 ein Gespräch zwischen Gorbatschow, Kohl und Genscher statt, als dessen Resultat der sowjetische Staatschef den Deutschen prinzipiell grünes Licht für die Einigung gab (ebenda: 722).

---

[56] Interessant ist hier auch, dass Genscher auf der Bezeichnung „Zwei-Plus-Vier" statt „Vier-Plus-Zwei" unter Hinweis auf die erniedrigende Behandlung der Deutschen bei den Verhandlungen der großen Vier in Genf in den 50er Jahren oder auch bei den Beratungen über den Versailler Vertrag bestand. Im Interesse einer stabilen Demokratie, die unempfänglich für die Entstehung rechtsextremer „Schandparolen" bleibt, sollten die deutschen Parteien die Verhandlungen am gemeinsamen Tisch gestalten können (Genscher 1995: 716).

Die größten Widerstände zeigten sich bei den Franzosen bzw. ihrem Staatspräsidenten Mitterand. Während laut Umfragedaten 61% der Franzosen sich für eine Wiedervereinigung Deutschlands aussprachen, war Mitterand verärgert darüber, dass Kohl sein „Zehn-Punkte-Programm" nicht mit ihm abgestimmt hatte. Eine unangemessene diplomatische Aufwertung der DDR hatte er zum Ausdruck gebracht, als er diese im Dezember 1989 offiziell besuchte und anlässlich dieses Besuchs ausdrücklich vor einer Veränderung der Grenzen in Europa warnte und sich für Modrows Konzept der deutsch-deutschen Vertragsgemeinschaft stark machte (Korte 1994: 133). Mit großem Nachdruck bemühte er über Monate hinweg die alten Stereotypen vom Charakter der Deutschen, um zumindest eine Vereinigung mit kurz- oder mittelfristiger Zeitperspektive zu verhindern. In den Aufzeichnungen seines Sonderberaters Jacques Attali (Attali 1995) ist unter dem 2. Oktober 1989 zu lesen: „Diejenigen, die von deutscher Wiedervereinigung sprechen, begreifen nichts. Die Sowjetunion wird das nie hinnehmen. Das wäre der Tod des Warschauer Pakts. (...) Die DDR, das ist Preußen. Sie wird sich nicht unter das Joch Bayerns begeben wollen". Unter dem 28. November 1989 ist als Reaktion Mitterands auf Kohls „Zehn-Punkte-Programm" zu lesen: „Aber Kohl hat mir nichts gesagt! Nichts gesagt! Das werde ich ihm niemals vergessen! Gorbatschow wird wütend sein. Er wird das nicht hinnehmen, unmöglich! Ich brauche mich gar nicht zu widersetzen, das werden die Sowjets für mich tun. Sie werden niemals dieses große Deutschland auf der anderen Seite hinnehmen!"

In einem Gespräch zwischen Gorbatschow und Mitterand bat jener den französischen Staatschef angeblich, ihm bei der Vermeidung der deutschen Wiedervereinigung zu helfen. Kohl habe sich benommen wie ein Elefant im Porzellanladen und sein Zehn-Punkte-Plan gleiche einem Diktat, Gorbatschow müsse deswegen mit einem Putsch rechnen (6. Dezember 1989). Mitterand sah das Kräfteverhältnis in Europa zuungunsten seines Landes und zugunsten Deutschlands in Bewegung und suchte Koalitionspartner gegen die oder zumindest für eine Verzögerung der Einheit.

In Margret Thatcher fand er eine Partnerin, die zumindest anfänglich bereit war, dem wahrgenommenen deutschen Vormachtstreben etwas entgegenzusetzen. In Michail Gorbatschow glaubte er ebenso einen Partner im Bestreben der Verhinderung eines Gesamtdeutschlands zu haben. Der Einfluss der USA, die von Anfang an grünes Licht gegeben hatten, war jedoch zu stark.

Nach anfänglicher Begeisterung für die Öffnung des Brandenburger Tores (Teltschik 1991: 102) begann in Großbritannien schon bald das Nachdenken über den Charakter der Deutschen und über die Möglichkeit der Entstehung eines „Vierten Reiches" (entsprechend wurde in der Times vom 8. November 1989 spekuliert; zit. n. Wolffsohn 1992: 151). Im Dezember 1989 sagte Margret Thatcher auf dem NATO-Gipfel in Brüssel, 15 Jahre solle in Europa alles so bleiben wie es sei und machte eine Wiedervereinigung Deutschlands davon abhängig, dass zuvor alle osteuropäischen Staaten zur Demokratie gefunden hätten (Kremp, Herbert, in: Die Zeit vom 7. Dezember 1989; n. Wolffsohn 1992: 151). Im März 1990 veranstaltete die britische Premierministerin auf ihrem Landsitz Chequers ein Seminar mit britischen Deutschlandkennern über den deutschen Nationalcharakter, das in der Presse Erstaunen und Belustigung hervorgerufen hat, gleichwohl aber das hohe Maß an Irritation ausdrückt, das die Vision der deutschen Einheit in Großbritannien hervorrief. Bei der Lektüre ihrer Erinnerungen daran fühlt man sich unweigerlich an die Gedanken Churchills aus den Jahren zwischen 1941 und 1945 erinnert (vgl. Kap. 1):

> „Wir wünschten, daß Deutschland in eine Sicherheitsstruktur eingebunden werde, die die besten Chancen bietet, ein Wiederaufleben des deutschen Militarismus zu verhindern. Wir wünschen eine andauernde militärische Präsenz Amerikas in Europa als ein Gegengewicht zur deutschen Macht. Wir wünschen Obergrenzen für die Größe der deutschen Streitkräfte, vorzugsweise im Rahmen eines neuen KSZE-Abkommens (über) selbstauferlegte Obergrenzen. Wir wünschen einen erneuten deutschen Verzicht auf atomare und chemische Waffen. Wir wünschen die Sowjetunion institutionell einzubeziehen in Gespräche über künftige europäische Sicherheit durch die KSZE, ... nicht zuletzt deshalb, weil auf lange Sicht ... die Sowjetunion als einzige europäische Macht fähig war, ein Gegengewicht zu Deutschland zu bilden" (n. Albrecht 1992: 179).

Als die Briten erkannten, dass die deutsche Einheit durchaus zum Thema für die Tagespolitik wurde, galt ihr Bestreben der Einbindung Deutschlands in ein solides Sicherheitssystem aus NATO und WEU (Korte: 135).

Die Skepsis der Franzosen und Briten übertrug sich zunächst auch auf die die deutsche Einheit betreffenden Beratungen der EG. Trotzdem signalisierte der Europäische Rat im Dezember 1989 seinen Willen, dem deutschen Volk die Möglichkeit zu geben, in Selbstbestimmung die Einheit wiederzuerlangen (ebenda: 134). Nach schwierigen Verhandlungen einigten sich die Außenminister der EG in Dublin auf einen Drei-Stufen-Plan zur Eingliederung der DDR in die EG, der am 28. April 1990 von den Staats- und Regierungschefs der Mitgliedsstaaten gebilligt wurde. Gleichzeitig stimmten sie der deutschen Vereinigung zu (dazu weiter: Heisenberg (Hrsg.)1992).[57]

Aber auch nachdem im Frühjahr nun die prinzipiellen Einverständniserklärungen der USA, der Sowjetunion und der EG vorlagen, gab es noch eine Vielzahl ungeklärter Fragen. Die wichtigsten, die dann auf vier Außenministertreffen der Zwei-Plus-Vier-Verhandlungen geklärt wurden, waren die folgenden:

---

[57] Zur Einordnung der deutschen Einheit in Europa und in den Rahmen alliierter Politik: Fritsch-Bournazel, Renata 1991: Europa und die deutsche Einheit. 2. erw. Auflage. Stuttgart, München, Landsberg. /Hellmann, Gunther (Hrsg.) 1994: Alliierte Präsenz und deutsche Einheit. Die politischen Folgen militärischer Macht. Baden-Baden./Shingleton, A. Bradley/Gibbon, Marian J./Mack, Kathryn S. 1995: Dimensions of German Unification. Economic, Social, and Legal Analyses. Boulder, San Francisco, Oxford./ Thompson, Kenneth W. (ed.) 1994: Europe and Germany: Unity and Diversity. Lanham.

- *Wie sollte die Bündniszugehörigkeit des zukünftigen Deutschland aussehen?*
  Für die USA war die Mitgliedschaft Deutschlands in der NATO unabdingbar, für die Sowjetunion unvorstellbar. In der ersten Verhandlungsrunde am 5. Mai 1990 sagte Schewardnadse dazu: „Nach unseren Vorstellungen braucht die Regelung der inneren und äußeren Aspekte der deutschen Einheit nicht unbedingt zeitlich zusammenzufallen, sie muß auch nicht innerhalb ein- und derselben Übergangsperiode vollzogen werden" (n. Genscher 1995: 776). Dies hätte sich auch mit dem von Genscher zuvor in Tutzing vorgestellten Plan vertragen, nach einer Vereinigung wohl die Bundesrepublik, nicht aber die ehemalige DDR in der NATO zu belassen bzw. in diese aufzunehmen. Das hätte bedeutet, dass Fragen der Integration der DDR-Volksarmee in die NATO, aber v.a. die der Rückgabe der vollen Souveränität an Deutschland verschoben worden wären. Um die Verhandlungen nicht zu gefährden, wäre Genscher zu einer solchen Entkoppelung bereit gewesen, stieß aber auf vehemente Ablehnung bei Kohl. Schewardnadse bekundete in diesem Zusammenhang sein Interesse daran, eine neue europäische Sicherheitsordnung zu begründen. Im Zwei-Plus-Vier-Vertrag finden sich in der Präambel allerdings nur Hinweise auf die bestehenden Abkommen und Bündnisse und eine vage Umschreibung des Willens zur Abrüstung und Vertrauensbildung, jedoch keine entsprechende Institutionalisierung.[58]
  Am 16. Juli 1990 schließlich stimmte Gorbatschow anlässlich des Kohl-Besuches bei ihm im Kaukasus der Bündnisfreiheit Deutschlands, der völligen Souveränität und damit faktisch seiner NATO-Mitgliedschaft zu (vgl. Art. 6 Zwei-Plus-Vier-Vertrag).[59]
- *Wie war die Beanspruchung der in Potsdam verloren gegangenen und nun polnischen Gebiete durch das neue Deutschland zu verhindern und die Oder-Neiße-Grenze zu garantieren?*
  In dieser Frage wurde schon auf der ersten Sitzung der Zwei-Plus-Vier-Verhandlungen Einigkeit darüber erzielt, dass die Oder-Neiße-Grenze von Deutschland als endgültig anerkannt würde, wie es mit der entsprechenden Er-

---

[58] Im Rückblick wird dies auch als Manko der Verhandlungen eingestuft: „Mit dem Vollzug der Einigung und dem Ende der politischen Dynamik, die diesen Prozeß vorantrieb, wird es auch zu einem massiven Verlust an Dynamik im Prozeß kommen, in Europa eine neue Friedensordnung zu entwickeln. (...) Die neue Sicherheitsordnung, mit der Europa in das nächste Jahrtausend geht, lautet einfach: NATO minus Warschauer Pakt" (Albrecht 1992: 155). Wie richtig diese Sicht ist und wie sehr die nicht genutzte Chance zur Institutionalisierung einer neuen Sicherheitsordnung sich zu eine Gefahr für den Frieden entwickelt, zeigten die Diskussionen um die Osterweiterung der NATO und die russische Reaktion im Herbst 1996 darauf.
[59] Wie sehr der französische Staatschef sich anlässlich dieser Einigung persönlich gekränkt fühlte, zeigen die folgenden Äußerungen Mitterands, als er das Telegramm erhielt, mit dem er über das Einverständnis Gorbatschows zur deutschen NATO-Mitgliedschaft informiert wurde: „Da haben wirs! Wie hat uns Gorbatschow bekniet, Kohl nicht nachzugeben. Und jetzt überläßt er ihm alles, zweifellos für ein paar Mark. So wie die Dinge stehen, können wir uns der Wiedervereinigung nicht länger widersetzen" (Attali 1995: Eintrag 16. Juli 1990).

klärung der Volkskammer und des Bundestages parallel zur Verabschiedung des Staatsvertrages zur Währungs-, Wirtschafts- und Sozialunion am 21. Juni 1990 geschehen ist.
- *Was sollte mit den alliierten Truppen in Deutschland geschehen?*
Dies galt insbesondere für die sowjetischen Truppen, für die Gorbatschow im Rahmen seiner Einverständniserklärung am 16. Juli 1990 forderte, dass der Geltungsbereich der NATO nicht auf das DDR-Territorium ausgedehnt werden dürfe, solange diese dort stationiert seien (Teltschik 1991: 323f.). Für diese Übergangszeit sollten auch die Truppen der Westmächte in Berlin bleiben. Die deutschen Truppen sollten auf eine Stärke von 370.000 Mann reduziert werden (Korte 1994: 151).

Nach der Klärung dieser Fragen stand der Unterzeichnung des Zwei-Plus-Vier-Vertrages am 12. September 1990 nichts mehr im Wege; ein deutsch-sowjetischer Vertrag[60] regelte zusammen mit einem Folgevertrag das zukünftige Verhältnis zwischen den Staaten sowie den Ablauf des Abzugs der sowjetischen Truppen.[61]

Für die historische Betrachtung bleibt die Frage nach den Gründen des plötzlichen Gesinnungswandels der Sowjets. Sie sind im Zusammenhang der Reformen zu sehen, die Gorbatschow 1986 einleitete und die letztendlich nicht nur zur deutschen Einheit führten, sondern den politischen, wirtschaftlichen und gesellschaftlichen Umbau eines „Superstaates" anstrebten und doch zu dessen Zusammenbruch führten. Beobachter der Zwei-Plus-Vier-Verhandlungen waren Zeugen dieses Verfalls, als sie feststellten, dass die sowjetischen Verhandlungspartner noch in deren Schlussphase ohne Instruktionen aus Moskau waren (Albrecht 1992: 170). Was Gorbatschow intendierte, war eine sicherheitspolitische,[62] aber auch wirtschaftliche[63] Neuordnung für sein im Umbau befindliches Land. Als er sah, dass dies über Verhandlungen mit den Westalliierten unter dem Druck der Amerikaner nicht mög-

---

[60] Vertrag über gute Nachbarschaft, Partnerschaft und Zusammenarbeit zwischen der Union der Sozialistischen Sowjetrepubliken (UdSSR) und der Bundesrepublik Deutschland, unterzeichnet am 9. November 1990 in Bonn.
[61] Der Abzug der 380.000 Soldaten und ihrer 220.000 Angehörigen sollte bis Ende 1994 vollzogen sein. Zur Finanzierung steuerte die Bundesrepublik 15 Mrd. DM bei, die v.a. für den Bau von Wohnungen verwendet werden sollten (Korte 1994: 156).
[62] Vor allem der Aspekt des Aufbaus europäischer Sicherheitsstrukturen war der Grund für die von den Sowjets in den Verhandlungen fast bis zum Schluss geforderten Überwachungseinrichtungen zur Sicherstellung der Einhaltung der von den Deutschen im Zwei-Plus-Vier-Vertrag zugesagten Erklärungen.
[63] Ulrich Albrecht schreibt dazu in seinen Aufzeichnungen eines Insiders: „Bei der Umschau nach einem geeignetem Wirtschaftspartner in der schwierigsten Phase der Perestroika, des Umbaus hin zur Marktwirtschaft, mußte die Wahl (...) auf die Deutschen fallen. Ziel der sowjetischen Politik ist es gerade nicht, wie in Washington geargwöhnt wird, Deutschland aus der westlichen Integration herauszulösen, sondern im Gegenteil die Deutschen zu nutzen, um wirksamen Anschluß an den Westen zu erreichen. (...) Nicht nur in Moskau keimte der Verdacht, besonders die US-Regierung wollte das Sowjetsystem erst ein ganzes Stück seine Talfahrt weiter fortsetzen lassen, ehe sie eingreifen würde – um so den ungeliebten Rivalen in der Supermachtrolle umso deutlicher auf die Plätze zu verweisen" (Albrecht 1992: 171 u. 172).

lich sein würde, wollte er eine bilateral fundierte Zukunftsperspektive aufbauen, wozu der deutsch-sowjetische Nachbarschaftsvertrag ein erster Schritt war. Die größte Tragik des deutschen Einigungsprozesses ist sicher, dass sowohl Michail Gorbatschow als dessen Auslöser und Eduard A. Schewardnadse als zwar zunächst widerstrebender, aber dann mitgestaltender Erbauer der souveränen Bundesrepublik zu Opfern wurden. Die Tatsache, dass sich die konservativen Kräfte in der Sowjetunion des Jahres 1990 noch nicht hinreichend organisiert hatten, dürfte Erhebliches zur Realisierung der deutschen Einheit beigetragen haben, und es bleibt die Frage, ob sie später noch möglich gewesen wäre.

Am 3. Oktober 1990 wurden die beiden Teile Deutschlands wieder eins, die Ratifizierung des Zwei-Plus-Vier-Vertrages am 5. Oktober 1990 war eine der ersten Handlungen des Bundestages im geeinten Deutschland.

3.5 Die gemeinsame Verfassungskommission als Ausgleich für den Weg der schnellen Einheit nach Art. 23 GG a. F.

Die Herstellung der Einheit war im Jahr 1990 zwar durch Mehrheitsentscheidung nach Art. 23 GG a.F. verlaufen, aber keinesfalls konsensual. Die DDR war dem Geltungsbereich des Grundgesetzes beigetreten. Zu unterstellen, dass damit das Grundgesetz automatisch die Verfassung von Gesamtdeutschland wurde, war zwar rechtlich korrekt, aber der Legitimation des politischen Handelns nicht ohne Einschränkung förderlich. Denn welche Rolle spielt eine Verfassung in einem demokratischen Staat? „Als oberste Rechtsnorm des Gemeinwesens kann und soll die Verfassung nicht alle Einzelfragen beantworten. Diese sind von der Politik zu bewältigen. (...) Keine Verfassung kann eine sachgerechte Politik ersetzen. Verspricht die Verfassung mehr, als Parlament und Regierung leisten können, so wird sie unglaubwürdig. Sie verliert ihre Fähigkeit, den Grundkonsens des Gemeinwesens zu festigen, von dem das zwischen Regierenden und Regierten notwendige Vertrauensverhältnis abhängt" (Benda 1995: 221). Unter dieser normativ-legitimatorischen Perspektive entstand Art. 5 des Einigungsvertrages einerseits, andererseits aber auch als Mittel zur Mehrheitsbeschaffung im Zusammenhang der sehr kontroversen konkreten Verhandlungen zwischen DDR und Bundesrepublik, aber auch der jeweiligen Regierungs- und Oppositionsparteien um den Weg der Einigung. Er ist v.a. als prozessbeschleunigender Kompromiss einzustufen (Busse 1991: 352).

Der Einigungsvertrag beschäftigt sich auf zweierlei Weise mit Grundgesetzesänderungen. Zum einen führt er die Grundgesetzesänderungen auf, die in unmittelbarem Zusammenhang mit der Einigung stehen (beitrittsbedingte Änderungen, Art. 4 Nr. 1 und 2 EV). Andererseits erwähnt er aber auch die Möglichkeit zukünftiger Verfassungsänderungen (Art. 5 EV). Der Kompromiss einer Verfassungsrevision darüber hinaus in der Folge der deutschen Einigung verlief dabei zweistufig (n. Batt 1996: 24):

- In einer ersten Stufe wurden alle zwar von einzelnen Gruppen geforderten, aber nicht konsensfähigen Verfassungsänderungen wie z.B. die Einführung sozialer Grundrechte aus dem Einigungsvertrag ausgeklammert.
- In einer zweiten Stufe wurde mit dem Auftrag an den gemeinsamen deutschen Gesetzgeber, sich binnen einer Frist von zwei Jahren mit diversen Fragen möglicher Verfassungsänderungen auseinander zu setzen, die Möglichkeit geschaffen, die entsprechenden Fragen abgekoppelt von den sich unter hohem Zeitdruck vollziehenden konkreten Einigungsverhandlungen zu diskutieren.

„Dieser zweistufige Kompromiß ermöglichte es einerseits den unterschiedlichen Akteursgruppen, ihr Gesicht zu wahren, auch wenn es ihnen nicht gelungen war, ihre Änderungswünsche, wie z.B. die Durchführung einer Volksabstimmung über das Grundgesetz – im Falle der SPD – durchzusetzen, andererseits sicherte er sowohl die Zustimmung der SPD-Opposition und der SPD-geführten Länder, die davon ausgingen, ihre Vorstellung im weiteren Verlauf der Diskussion über die Verfassungsänderungen noch verwirklichen zu können, als auch der CDU/CSU in Bundestag und Bundesrat und der DDR-Volkskammer" (ebenda: 25; Hervorh. i. O.). Nicht zuletzt diese „Konsensstrategie" führte bei der Abfassung des Einigungsvertrages dazu, dass er in der Volkskammer und im Bundestag mit überwältigenden Mehrheiten verabschiedet werden konnte.

Nach dem Abschluss der Beratungen der Gemeinsamen Verfassungskommission des Bundestages und des Bundesrates im Jahr 1993 blieb allerdings bei einem Großteil der Beobachter ein bitterer Beigeschmack zurück, verbunden mit der Einsicht in die Tatsache, dass eine wirkliche Revision des Grundgesetzes nicht geschehen war. Warum dies so war und wie die Arbeiten zu bewerten sind, soll uns im Folgenden beschäftigen.

3.5.1 Arbeitsauftrag und Zusammensetzung

Ausgangspunkt für die Arbeit der Gemeinsamen Verfassungskommission wurde Art. 5 des Einigungsvertrages (künftige Verfassungsänderungen):

Abbildung 12: Art. 5 EV

Die Regierungen der beiden Vertragsparteien empfehlen den gesetzgebenden Körperschaften des vereinten Deutschlands, sich innerhalb von zwei Jahren mit den im Zusammenhang der deutschen Einigung aufgeworfenen Fragen zur Änderung oder Ergänzung des Grundgesetzes zu befassen, insbesondere:
- in Bezug auf das Verhältnis zwischen Bund und Ländern entsprechend dem Gemeinsamen Beschluss der Ministerpräsidenten vom 5. Juli 1990,[64]

---

[64] „Eckpunkte der Länder für die bundesstaatliche Ordnung im vereinten Deutschland" vom 5. Juli 1990; veröffentlicht in: Zeitschrift für Parlamentsfragen 1990. H. 3. S. 461ff.

- in Bezug auf die Möglichkeit einer Neugliederung für den Raum Berlin/Brandenburg abweichend von den Vorschriften des Artikels 29 des Grundgesetzes durch Vereinbarung der beteiligten Länder,[65]
- mit den Überlegungen zur Aufnahme von Staatszielbestimmungen in das Grundgesetz sowie
- mit der Frage der Anwendung des Artikels 146 des Grundgesetzes und in deren Rahmen einer Volksabstimmung.

Mit diesem Art. 5 EV wurde der gesamtdeutsche Gesetzgeber zwar prozessual, aber nicht inhaltlich im Hinblick auf eine Befassung mit möglichen Grundgesetzesänderungen gebunden (Batt 1996: 25). Über die ausdrücklich erwähnten Arbeitsgebiete hinaus konnte sich die Kommission selbst weitere suchen, was sie auch tat. Wenn die Arbeit der Kommission auch im Zusammenhang der deutschen Einigung begründet wurde, so leiteten sich ihre Diskussionsinhalte dennoch aus drei Quellen ab, von denen die Einheit eben nur eine war:

1. führte sie Diskussionen weiter, die die deutsche Innenpolitik schon seit dem Ende der 70er Jahre z.B. in der Form einer Enquete-Kommission „Staatszielbestimmungen/Gesetzgebungsaufträge" beschäftigten und die sich mit der Frage der Aufnahme neue Staatsziele in das Grundgesetz auseinander setzte (vgl. dazu Kap. 1/BT-Drucks. 7/5924: Bericht der Enquete-Kommission);
2. beriet sie über Grundgesetzesänderungen, die durch die Unterzeichnung des Vertrages von Maastricht notwendig geworden waren, wie z.B. die Einführung des kommunalen Wahlrechtes für Bürger aus EU-Mitgliedsländern und diverse Probleme im Zusammenhang der Länderbeteiligung am europäischen Gesetzgebungsprozess;
3. schließlich knüpfte sie an Fragen an, die im Zusammenhang des deutschen Einigungsprozesses standen.

Die Rolle, die der Arbeit der Kommission beigemessen wurde, wurde sehr kontrovers diskutiert. Die Bürgergruppen in den neuen Bundesländern, die Vertreter des Kuratoriums für einen demokratisch verfassten Bund deutschen Länder, die SPD[66] und die GRÜNEN[67] erwarteten die Verabschiedung einer neuen Verfassung unter

---

[65] Durch Volksentscheid in Brandenburg und Berlin 1996 in der alten Form bestätigt.
[66] Die SPD hatte für die Einsetzung eines 120-köpfigen Verfassungsrates votiert, der von der Bundesversammlung je zur Hälfte mit Männern und Frauen, mit Persönlichkeiten des öffentlichen Lebens außerhalb von Bundesrat und Bundestag besetzt werden sollte (vgl. Antrag vom 24. April 1991: „Weiterentwicklung des Grundgesetzes zur Verfassung für das geeinte Deutschland -Einsetzung eines Verfassungsrates". BT-Drucks. 12/415).
[67] Wie die SPD, so sprachen sich auch die GRÜNEN für die Einsetzung eines 160-köpfigen Verfassungsrates aus, der – nach einem dem SDP-Verfahren vergleichbaren – zusammengesetzt werden sollte (Antrag vom 13. Mai 1991: „Vom Grundgesetz zur gesamtdeutschen Verfassung – Einrichtung und Aufgaben eines Verfassungsrates". BT-Drucks. 12/563).

breiter gesellschaftlicher Beteiligung und mit einer abschließenden Volksabstimmung, zu der prinzipiell Art. 146 GG auch in seiner geänderten Fassung nach wie vor die Gelegenheit bietet. Nach dieser Sicht hätte eine vom Volk legitimierte neue Verfassung den „Höhepunkt eines bewegenden Stückes deutscher Geschichte"[68] dargestellt. Daher musste für diese Gruppen das Arbeitsergebnis der Kommission enttäuschend ausfallen.[69] Die Regierungsparteien standen auf dem Standpunkt, das Grundgesetz sei allenfalls anzupassen bzw. zu modernisieren, legitimiert sei es als Verfassung für Gesamtdeutschland schon durch die Volkskammerwahl vom 18. März 1990 (Heckel 1995: 507).

Schon mit der Wahl des Gremiums, das sich mit den Fragen der Reformierung des Grundgesetzes auseinander setzen sollte, wurden auch wesentliche Vorentscheidungen über die inhaltliche Arbeit gefällt: Am 28. November 1991 beschloss der Bundestag die Einsetzung einer Gemeinsamen Verfassungskommission des Bundestages und des Bundesrates, die am 16. Januar 1992 durch die Bundestagspräsidentin Rita Süßmuth konstituiert wurde. Die Kommission bestand aus 64 Mitgliedern und 64 Stellvertretern, die nach den entsprechenden Mehrheitsverhältnissen der Parteien[70] je zur Hälfte aus Mitgliedern des Bundestages und des Bundesrates bestanden (Bericht: 15[71]). Auf der konstituierenden Sitzung wurden Rupert Scholz (CDU/CSU) als Vertreter des Bundes und Henning Voscherau (SPD) als Vertreter der Länder zu gleichberechtigten Vorsitzenden gewählt. Die Kommission führte in der Zeit zwischen dem 16. Januar 1992 und dem 28. Oktober 1993, an dem sie den Beschluss über die Verabschiedung des Abschlußberichtes fasste, 26 Sitzungen und neun Anhörungen durch (Bericht: 24).[72]

3.5.2 Arbeitsweise und –ergebnisse

Die Entscheidung für eine Zusammensetzung aus Mandatsträgern hatte einerseits zur Folge, dass wesentliche Einschnitte in das Verfassungsgefüge der Bundesrepublik nicht zu erwarten waren, andererseits führte sie aber durch die ständige Rück-

---

[68] Nach Inescu, Lotte 1993: Verspielte Chance. Die Arbeit der Gemeinsamen Verfassungskommission. In: Kritische Justiz. 4. S. 476ff.
[69] Nach der Auffassung der PDS/LL war „mit der Einsetzung der Gemeinsamen Verfassungskommission das politisch-historische und verfassungsmäßige Recht des deutschen Volkes zur Verfassungsgebung und Verfassungsneuschöpfung für den Fall der staatlichen Vereinigung Deutschlands negiert worden" (Bericht: 16/17).
[70] Das Kommissions-Mitglied Ullmann von Bündnis 90/DIE GRÜNEN stellte seine Mitarbeit am 6. Mai 1993 ein, da es seine verfassungspolitischen Vorstellungen in den Beratungen der Kommission nicht verwirklicht sah. Sein Stellvertreter folgte diesem Vorbild, so dass nach dem zuvorigen Tod eines anderen stellvertretenden Mitgliedes und dem Verzicht der GRÜNEN auf Nachbenennung, diese ihre Mitarbeit in der Kommission einstellten.
[71] Deutscher Bundestag (Hrsg.) 1993: Bericht der Gemeinsamen Verfassungskommission gemäß Beschluss des Deutschen Bundestages-Drucksachen 12/1590, 12/1670- und Beschluss des Bundesrates-Drucksache 741/91 (Beschluss) Bonn. Im Weiteren zitiert als Bericht.
[72] Zum Verfahren und Beratungsablauf s. Bericht S. 23ff.

koppelung zwischen Kommissionsmitgliedern und Parteien bzw. Fraktionen bezüglich der späteren parlamentarischen Durchsetzbarkeit von Empfehlungen dazu, dass Paketlösungen und Tauschgeschäfte deutliche Konturen einer Verfassungsrevision verwischten (Benz 1993).

Das durchaus in der Bevölkerung vorhandene Bedürfnis nach einem öffentlichen Diskurs über die Verfassung des geeinten Deutschlands, dem die Kommission erst in ihrer 4. Sitzung mit dem Beschluss entsprach, die Beratungen öffentlich zugänglich zu machen, zeigte sich an der Tatsache, dass es 800.000 Bürgereingaben zu Reforminhalten gab (Bericht: 246ff.; hier findet sich eine nach Themengruppen zusammenfassende Statistik).[73]

Die Kommission entschied sich angesichts der Tatsache, dass sie nur Empfehlungen aussprechen konnte und Grundgesetzesänderungen eine Zweidrittelmehrheit in Bundestag und Bundesrat erfordern würden, mit 43 Ja-Stimmen, diese Empfehlungen mit einer ebensolchen Zweidrittelmehrheit zu verabschieden (Bericht: 21). Dies führte einerseits dazu, dass Inhalte, die die z.T. sehr kontroverse Diskussion, in der immerhin nicht weniger als die Hälfte der Grundgesetzesartikel überprüft wurden, in der Kommission bestimmt haben, in den Empfehlungen nicht auftauchen. Andererseits aber auch dazu, dass das Gros der Empfehlungen sehr rasch in Bundestag und Bundesrat umgesetzt wurde (s. Grundgesetzesänderungen (* [12])).

Am 28. Oktober 1993 billigten die Mitglieder der Kommission den Bericht über ihre Arbeit, der auch einen Katalog von Empfehlungen für Grundgesetzesänderungen enthielt, die das notwendige Zweidrittel-Quorum erhalten hatten, ohne Gegenstimmen und Enthaltungen:

---

[73] Eine systematische Einbeziehung der Eingaben in die Arbeit der Kommission erfolgte nicht. Allerdings wurden zumindest teilweise Beschlüsse der folgenden Gremien einbezogen: „Kommission Verfassungsreform des Bundesrates", die sich schwerpunktmäßig mit den verfassungspolitischen Fragen der Konsequenzen der deutschen sowie der europäischen Einigung für den bundesdeutschen Föderalismus beschäftigte (Bericht vom 14. Mai 1992: Stärkung des Föderalismus in Deutschland und Europa sowie weitere Vorschläge zur Änderung des Grundgesetzes. BR-Drucksachen 360/92), Verfassungsentwurf des Kuratoriums für einen demokratisch verfassten Bund deutscher Länder (29. Juli 1991) sowie Schlussbericht der Enquete-Kommission Verfassungsreform des Bundestages vom 2. Dezember 1976 (BT-Drucksachen 7/5924) (n. Bericht: 15).

Abbildung 13: Empfehlungen der Gemeinsamen Verfassungskommission von Bundestag und Bundesrat zur Änderung des Grundgesetzes (n. wib 20/93-XXIII/167/168/die Änderungen sind gegenüber dem alten Text jeweils kursiv abgesetzt)

geänderte GG-Artikel	geändert oder eingeführt
Art. 3 (2) Männer und Frauen sind gleichberechtigt. Der Staat fördert die tatsächliche Durchsetzung der Gleichberechtigung von Frauen und Männern und wirkt auf die Beseitigung bestehender Nachteile hin.	1994
Art. 20a Der Staat schützt auch in Verantwortung für die künftigen Generationen die natürlichen Lebensgrundlagen im Rahmen der verfassungsmäßigen Ordnung durch die Gesetzgebung und nach Maßgabe von Gesetz und Recht durch die vollziehende Gewalt und die Rechtsprechung.	1994
Art. 20b Der Staat achtet die Identität der ethnischen, kulturellen und sprachlichen Minderheiten.	nicht eingeführt
Art. 23 (1) Zur Verwirklichung eines vereinten Europas wirkt die Bundesrepublik Deutschland bei der Entwicklung der Europäischen Union mit, die demokratischen, rechtsstaatlichen, sozialen und föderativen Grundsätzen und dem Grundsatz der Subsidiarität verpflichtet ist und einen diesem Grundsatz im wesentlichen vergleichbaren Grundrechtsschutz gewährleistet. Der Bund kann hierzu durch Gesetz mit Zustimmung des Bundesrates Hoheitsrechte übertragen. Für die Begründung der Europäischen Union und für Änderungen ihrer vertraglichen Grundlagen, durch die dieses Grundgesetz seinem Inhalt nach geändert oder ergänzt wird oder solche Änderungen oder Ergänzungen ermöglicht werden, gilt Art. 79 Absätze 2 und 3. (2) In Angelegenheiten der Europäischen Union wirken der Bundestag und durch den Bundesrat die Länder mit. Die Bundesregierung hat den Bundestag und den Bundesrat umfassend und zum frühest möglichen Zeitpunkt zu unterrichten. (3) Die Bundesregierung gibt dem Bundestag Gelegenheit zur Stellungnahme vor ihrer Mitwirkung an Rechtsetzungsakten der Europäischen Union. Die Bundesregierung berücksichtigt die Stellungnahmen des Bundestages bei den Verhandlungen. Das Nähere regelt ein Gesetz. (4) Der Bundesrat ist an der Willensbildung des Bundes zu beteiligen, soweit er an einer entsprechenden innerstaatlichen Maßnahme mitzuwirken hätte oder soweit die Länder innerstaatlich zuständig wären. (5) Soweit in einem Bereich ausschließlicher Zuständigkeiten des Bundes Interessen der Länder berührt sind oder soweit im übrigen der Bund das Recht zur Gesetzgebung hat, berücksichtigt die Bundesregierung die Stellungnahme des Bundesrates. Wenn im Schwerpunkt Gesetzgebungsbefugnisse der Länder, die Einrichtung ihrer Behörden oder ihre Verwaltungsverfahren betroffen sind, ist bei der Willensbildung des Bundes insoweit die Auffassung des Bundesrates maßgeblich zu berücksichtigen; dabei ist die gesamtstaatliche Verantwortung des Bundes zu wahren. In Angelegenheiten, die zu Ausgabenerhöhungen oder Einnahmeminderungen für den Bund führen können, ist die Zustimmung der Regierung erforderlich.	1992

geänderte GG-Artikel	geändert oder eingeführt
(6) Wenn im Schwerpunkt ausschließliche Gesetzgebungsbefugnisse der Länder betroffen sind, soll die Wahrnehmung der Rechte, die der Bundesrepublik Deutschland als Mitgliedsstaat der Europäischen Union zustehen, vom Bund auf einen vom Bundesrat benannten Vertreter der Länder übertragen werden. Die Wahrnehmung der Rechte erfolgt unter Beteiligung und in Abstimmung mit der Bundesregierung; dabei ist die gesamtstaatliche Verantwortung des Bundes zu wahren. (7) Das Nähere zu den Absätzen 4 bis 6 regelt ein Gesetz, das der Zustimmung des Bundesrates bedarf.	
Art. 24 (1a) Soweit die Länder für die Ausübung der staatlichen Befugnisse und die Erfüllung der staatlichen Aufgaben zuständig sind, können sie mit Zustimmung der Bundesregierung Hoheitsrechte auf grenznachbarschaftliche Einrichtungen übertragen.	1992
Art. 28 (1) Die verfassungsmäßige Ordnung in den Ländern muß den Grundsätzen des republikanischen, demokratischen und sozialen Rechtsstaates im Sinne dieses Grundgesetzes entsprechen. In den Ländern, Kreisen und Gemeinden muß das Volk eine Vertretung haben, die aus allgemeinen, unmittelbaren, freien, gleichen und geheimen Wahlen hervorgegangen ist. In Gemeinden kann an die Stelle einer gewählten Körperschaft die Gemeindeversammlung treten. Bei Wahlen in Kreisen und Gemeinden sind auch Personen, die die Staatsangehörigkeit eines Mitgliedsstaates der Europäischen Gemeinschaft besitzen, nach Maßgabe von Recht der Europäischen Gemeinschaft wahlberechtigt und wählbar. (2) Den Gemeinden muß das Recht gewährleistet sein, alle Angelegenheiten der örtlichen Gemeinschaft im Rahmen der Gesetze in eigener Verantwortung zu regeln. Auch die Gemeindeverbände haben im Rahmen ihres gesetzlichen Aufgabenbereichs nach Maßgabe der Gesetze das Recht der Selbstverwaltung. Die Gewährleistung der Selbstverwaltung umfaßt auch die Grundlagen der finanziellen Eigenverantwortung.	Abs. 1: 1992 (leicht geändert) Abs. 2: 1994
Art. 29 (7) Sonstige Änderungen des Gebietsstandes der Länder können durch Staatsverträge der beteiligten Länder oder durch Bundesgesetz mit Zustimmung des Bundesrates erfolgen, wenn das Gebiet, dessen Landeszugehörigkeit geändert werden soll, nicht mehr als 50.000 Einwohner hat. Das nähere regelt ein Bundesgesetz, das der Zustimmung des Bundesrates und der Mehrheit der Mitglieder des Bundestages bedarf. Es muß die Anhörung der betroffenen Gemeinden und Kreise vorsehen. (8) Die Länder können eine Neugliederung für das jeweils von ihnen umfaßte Gebiet oder für Teilgebiete, abweichend von den Vorschriften der Absätze 2 bis 7, durch Staatsvertrag regeln. Die betroffenen Gemeinden und Kreise sind zu hören. Der Staatsvertrag bedarf der Bestätigung durch Volksentscheid in jedem beteiligten Land. Betrifft der Staatsvertrag Teile der beteiligten Länder, kann die Bestätigung auf Volksentscheide in diesen Teilgebieten beschränkt werden; Satz 5 2. Halbsatz findet keine Anwendung. Bei einem Volksentscheid entscheidet die Mehrheit der abgegebenen Stimmen, wenn sie mindestens ein Viertel der zum Bundestag Wahlberechtigten umfaßt; das Nähere regelt ein Bundesgesetz. Der Staatsvertrag bedarf der Zustimmung des Bundestages.	1994

geänderte GG-Artikel	geändert oder eingeführt
Art. 45 Der Bundestag bestellt einen Ausschuß für die Angelegenheiten der Europäischen Union. Er kann ihn ermächtigen, die Rechte des Bundestages gemäß Artikel 23 gegenüber der Bundesregierung wahrzunehmen.	1992
Art. 50 Durch den Bundesrat wirken die Länder bei der Gesetzgebung und Verwaltung des Bundes und in Angelegenheiten der Europäischen Union mit.	1992
Art. 52 (3a) Für Angelegenheiten der Europäischen Union kann der Bundesrat eine Europakammer bilden, deren Beschlüsse als Beschlüsse des Bundesrates gelten; Art. 51 Abs. 2 und 3 Satz 2 gelten entsprechend.	1992
Art. 72 (1) Im Bereich der konkurrierenden Gesetzgebung haben die Länder die Befugnis zur Gesetzgebung, solange und soweit der Bund von seiner Gesetzgebungszuständigkeit nicht durch Gesetz Gebrauch gemacht hat. (2) Der Bund hat in diesem Bereich das Gesetzgebungsrecht, wenn und soweit die Herstellung gleichwertiger Lebensverhältnisse im Bundesgebiet oder die Wahrung der Rechtseinheit im gesamtstaatlichen Interesse eine bundesgesetzliche Regelung erforderlich macht. (3) Durch Bundesgesetz kann bestimmt werden, daß eine bundesgesetzliche Regelung, für die eine Erforderlichkeit im Sinne von Absatz 2 nicht mehr besteht, durch Landesrecht ersetzt werden kann.	1994 (leicht geändert)
Art. 74 (1) Die konkurrierende Gesetzgebung erstreckt sich auf folgende Gebiete: 5. -; [Überführung der Materie in die Rahmengesetzgebungskompetenz des Bundes als Art. 75 Abs. 1 Nr. 6 (neu)] 8. -; 18. den Grundstücksverkehr, das Bodenrecht (ohne das Recht der Erschließungsbeiträge) und das landwirtschaftliche Pachtwesen, das Wohnungswesen, das Siedlungs- und Heimstättenwesen; (25) die Staatshaftung; 26. die künstliche Befruchtung beim Menschen sowie die Untersuchung und die künstliche Veränderung von Erbinformationen sowie Regelungen zur Transplantation von Organen und Geweben; (2) Gesetze nach Abs. Nr. 25 bedürfen der Zustimmung des Bundesrates.	1994
Art. 75 (1) Der Bund hat das Recht, unter den Voraussetzungen des Artikels 72 Rahmenvorschriften für die Gesetzgebung der Länder zu erlassen über: 1a. die allgemeinen Grundsätze des Hochschulwesens, soweit sie die Zulassung zum Studium, die Studiengänge, die Prüfungen, die Hochschulgrade, das wissenschaftliche und künstlerische Personal betreffen; 2. die allgemeinen Rechtsverhältnisse der Presse; 6. den Schutz deutschen Kulturgutes gegen Abwanderung in das Ausland. (2) Rahmenvorschriften dürfen nur in Ausnahmefällen in Einzelheiten gehende oder unmittelbar geltende Regelungen enthalten.	1994 (leicht geändert)

geänderte GG-Artikel	geändert oder eingeführt
(3) Erläßt der Bund Rahmenvorschriften, so sind die Länder verpflichtet, innerhalb einer durch das Gesetz bestimmten angemessenen Frist die erforderlichen Landesgesetze zu erlassen.	
Art. 76	1994
(2) Vorlagen der Bundesregierung sind zunächst dem Bundesrate zuzuleiten. Der Bundesrat ist berechtigt, innerhalb von sechs Wochen zu diesen Vorlagen Stellung zu nehmen. Verlangt er aus wichtigem Grunde, insbesondere mit Rücksicht auf den Umfang einer Vorlage, eine Fristverlängerung, so beträgt die Frist neun Wochen. Die Bundesregierung kann eine Vorlage, die sie bei der Zuleitung an den Bundesrat ausnahmsweise als besonders eilbedürftig bezeichnet hat, nach drei Wochen oder, wenn der Bundesrat ein Verlangen nach Satz 3 geäußert hat, nach sechs Wochen dem Bundestag zuleiten, auch wenn die Stellungnahme des Bundesrates noch nicht bei ihr eingegangen ist; sie hat die Stellungnahme des Bundesrates unverzüglich nach Eingang dem Bundestage nachzureichen. Bei Vorlagen zur Änderung dieses Grundgesetzes und zur Übertragung von Hoheitsrechten nach Art. 23 oder 24 beträgt die Frist zur Stellungnahme neun Wochen; Satz 4 findet keine Anwendung. (3) Vorlagen des Bundesrates sind dem Bundestage durch die Bundesregierung innerhalb von sechs Wochen zuzuleiten. Sie soll hierbei ihre Auffassung darlegen. Verlangt sie aus wichtigem Grunde, insbesondere mit Rücksicht auf den Umfang einer Vorlage, eine Fristverlängerung, so beträgt die Frist neun Wochen. Wenn der Bundesrat eine Vorlage ausnahmsweise als besonders eilbedürftig bezeichnet hat, beträgt die Frist drei Wochen oder, wenn die Bundesregierung ein Verlangen nach Satz 3 geäußert hat, sechs Wochen. Bei Vorlagen zur Änderung dieses Grundgesetzes und zur Übertragung von Hoheitsrechten nach Art. 23 oder 24 beträgt die Frist neun Wochen; Satz 4 findet keine Anwendung. Der Bundestag hat über die Vorlagen in angemessener Frist zu beraten und Beschluß zu fassen.	
Art. 77	1994
(2a) Soweit zu einem Gesetze die Zustimmung des Bundesrates erforderlich ist, hat der Bundesrat, wenn ein Verlangen nach Abs. 2 Satz 1 nicht gestellt oder das Vermittlungsverfahren ohne einen Vorschlag zur Änderung des Gesetzesbeschlusses beendet ist, in angemessener Frist über die Zustimmung Beschluß zu fassen.	
Art. 80	1994
(3) Der Bundesrat kann der Bundesregierung Vorlagen für den Erlaß von Rechtsverordnungen zuleiten, die seiner Zustimmung bedürfen. ((4) Soweit durch Bundesgesetz oder auf Grund von Bundesgesetzen Landesregierungen ermächtigt werden, Rechtsverordnungen zu erlassen, sind die Länder zu einer Regelung auch durch Gesetz befugt.	
Art. 87	1994
(2) Als bundesunmittelbare Körperschaft des öffentlichen Rechts werden diejenigen sozialen Versicherungsträger geführt, deren Zuständigkeitsbereich sich über das Gebiet eines Landes hinaus erstreckt. Soziale Versicherungsträger, deren Zuständigkeitsbereich sich über das Gebiet eines Landes, aber nicht über mehr als drei Länder hinaus erstreckt, werden abweichend von Satz 1 als landesunmittelbare Körperschaften des öffentlichen Rechts geführt, wenn das aufsichtsführende Land durch die beteiligten Länder bestimmt ist.	

geänderte GG-Artikel	geändert oder eingeführt
Art. 87d (1) Die Luftverkehrsverwaltung wird in bundeseigener Verwaltung geführt. Über die öffentlich-rechtliche oder privat-rechtliche Organisationsform wird durch Bundesgesetz entschieden.	1992
Art. 88 Der Bund errichtet eine Währungs- und Notenbank als Bundesbank. Ihre Aufgaben und Befugnisse können einer Europäischen Zentralbank übertragen werden.	1992
Art. 93 (2a) Bei Meinungsverschiedenheiten, ob ein Gesetz den Voraussetzungen des Artikels 72 Abs. 2 entspricht, auf Antrag des Bundesrates, einer Landesregierung oder der Volksvertretung eines Landes;	nicht eingeführt
Art. 115e (2) Durch ein Gesetz des Gemeinsamen Ausschusses darf das Grundgesetz weder geändert noch ganz oder teilweise außer Kraft oder außer Anwendung gesetzt werden. Zum Erlaß nach Gesetzen nach Art. 23 Abs. 1 Satz 2, Art. 24 Abs. 1 oder Artikel 29 ist der Gemeinsame Ausschuß nicht befugt.	1992
Art. 118a Die Neugliederung in dem die Länder Berlin und Brandenburg umfassenden Gebiet kann abweichend von den Vorschriften des Artikels 29 unter Beteiligung ihrer Wahlberechtigten durch Vereinbarungen beider Länder erfolgen.	1994
Art. 125a Recht, das als Bundesrecht erlassen worden ist, aber wegen nachträglicher Änderungen dieses Grundgesetzes nicht mehr als Bundesrecht erlassen werden könnte, gilt als Bundesrecht fort. Es kann durch Landesrecht aufgehoben und ergänzt werden.	1994 (konkreter)

Schon ein flüchtiger Blick auf die Empfehlungen zeigt, dass das Gros im Zusammenhang der europäischen und weniger der deutschen Einigung erforderlich wurde und teilweise schon vor Abschluss der Kommissionsberatungen in das Grundgesetz aufgenommen worden war. An sehr vielen Stellen des Grundgesetzes sind Details zum Verhältnis zwischen Bund und Ländern geändert worden, die in der Konsequenz den Ländern stärkere Mitwirkungsrechte im Gesetzgebungsprozess verleihen. Dies ist nicht zuletzt auf die Beachtung der zuvor formulierten Eckpunkte der Länder und den Bericht der Bundesratskommission zur Verfassungsreform zurückzuführen. „Auf der Strecke" blieb die Kommissions-Empfehlung zu Artikel 20b, zusätzlich zu den empfohlenen Änderungen wurde Artikel 3 Abs. 3 GG um ein Diskriminierungsverbot von Behinderten ergänzt. Die Aufnahme sozialer Staatsziele, die v.a. vor dem Hintergrund der verfassungsrechtlichen Regelungen der DDR-Verfassung diskutiert worden war, genauso wie die Forderung nach einem Staatsziel Mitmenschlichkeit und Gemeinsinn sowie die Aufnahme von plebiszitären Elementen außer denjenigen in Art. 29 GG in die Verfassung waren schon am Zweidrittel-Quorum in der Kommission gescheitert.

3.5.3 Resümee

Die Vereinigung zweier Teile eines Staates, die sich wesentlich in ihren Gesellschafts- und Wirtschaftssystemen unterscheiden, ist im Jahr 1990 ohne historisches Vorbild geschehen und hat sowohl die Deutschen wie auch die europäischen Nachbarn und die Alliierten unvorbereitet getroffen.

Vor dem Hintergrund der wirtschaftlichen Entwicklung in der DDR in den Jahren 1989 und 1990 ebenso wie angesichts der Wanderungsbewegungen nach Westdeutschland erscheinen die im Jahr 1990 diskutierten unterschiedlichen Wege zur Einheit heute im Rückblick nicht als wirkliche Alternativen. Dies gilt insbesondere auch im Zusammenhang der Änderung der internationalen Großwetterlage nach dem Zusammenbruch der UdSSR. Die Einigungspolitik ist entscheidend geprägt worden von einer kleinen Anzahl von Personen: Gorbatschow und Schewardnadse auf der sowjetischen Seite, Baker und Bush auf der amerikanischen. In Deutschland fand die Gestaltung der Einheit maßgeblich durch Kohl, Genscher, Schäuble und Seiters statt, wobei sich die Politiker der DDR, insbesondere Lothar de Maizière keineswegs auf die Rolle des Konkursabwicklers oder Liquidators beschränkten.[74]

Die Abwicklung des Prozesses war im Detail, trotz ihres angesichts der knappen Zeit erstaunlich geordneten Ablaufs, sicher kritikwürdig. Dies gilt nicht zuletzt auch für die Staatsverträge. Dabei würde dem Vollzug der staatlichen Einheit der der politischen Kultur noch folgen müssen, was aber angesichts der Unterschiedlichkeit der Gesellschaftssysteme von Bundesrepublik Deutschland und DDR nicht verwundert. Fällt so die nachträgliche Bewertung des Einigungsprozesses unter dem Primat eines schnellen Vollzuges angesichts der drängenden Rahmenbedingungen vielleicht positiv aus, so stellt sich angesichts der Verfassungsrevision durch die Arbeit der Gemeinsamen Verfassungskommission des Bundestages und des Bundesrates durchaus die Frage nach der Glaubwürdigkeit des gemeinsamen deutschen Gesetzgebers und des Handelns des von ihm eingesetzten Gremiums. Hätte man nicht von Seiten der „Einheitsverfechter" nach Art. 23 a.F. GG entweder die Kontroverse mit den Kontrahenten bis zu einer wirklichen Einigung austragen müssen oder aber den Weg des „zweistufigen Kompromisses" nach Art. 5 EV konsequent beschreiten müssen, in dem ein anderer institutioneller Rahmen, aber keinesfalls eine Kommission aus Mandatsträgern in Bundestag und Länderregierungen für die

---

[74] So schätzte de Maizière selbst seine Rolle ein. Angesichts der Tatsache, dass die DDR im Einigungsvertrag, der ja verfahrenstechnisch so nicht notwendig war, wesentliche Ziele verankern konnte – und dies zu einem Zeitpunkt, da sie nur noch ein Drittel ihres Haushaltes aus eigenen Mitteln decken konnte und zwei Drittel aus Bundeszuweisungen und Bundesbankkrediten finanziert werden mussten, erscheint dies als gewaltige Untertreibung (Korte 1994: 216).

Diskussion der Verfassung gewählt worden wäre?[75] Dies gilt nicht unbedingt im Hinblick auf die Notwendigkeit umfangreicher Änderungen des Grundgesetzes, sondern eher bezüglich des gewählten Verfahrens einer Revision, die keine war und vielleicht auch gar keine sein musste. „Die wichtigste Voraussetzung für einen Prozeß, der nach einem vorhandenen Konsens fragt, der wahrscheinlich breiter ist, als bisher deutlich wurde, ist die Bereitschaft einander zuzuhören und miteinander zu sprechen. Die Beratungen über ein verändertes Grundgesetz haben diesen Erwartungen nur teilweise entsprochen. Zwar sind von der Verfassungskommission nicht weniger als die Hälfte der in dem bisher geltenden Grundgesetz enthaltenen Artikel überprüft worden. (...) Aber die breite und geduldige Aussprache vor allem mit den aus einigen der neuen Bundesländer geäußerten Hoffnungen und Erwartungen hat nicht in genügendem Maße stattgefunden" (Benda 1995: 223). Dies gilt nicht zuletzt auch im Hinblick auf die Tatsache, dass die Arbeiten der Verfassungskommission fast ohne Wahrnehmung in der Bevölkerung vonstatten gingen.

Wären die Bürger gefragt worden, so hätte die Verfassungsdiskussion zu einem anderen Ergebnis geführt: Im Dezember 1991 wünschten in den alten Bundesländern 59% der Bevölkerung die Beibehaltung des Grundgesetzes und 26% waren für einschneidende Änderungen. In den neuen Bundesländern dagegen wollten 58% eine neue Verfassung und nur 18% waren für die Beibehaltung des Grundgesetzes (Köcher in FAZ vom 4. Dezember 1991:5). Nur sehr wenige Bürger äußerten spontan Vorschläge für Verfassungsänderungen, was noch einmal zeigt, dass die Verfassung kein Thema der Öffentlichkeit war. Wäre es aber zu einer Volksabstimmung über Änderungsvorschläge gekommen, so hätte das Grundgesetz heute ein deutlich anderes Gesicht:

---

[75] Henning Voscherau als einer der beiden Kommissionsvorsitzenden führt z.B. die Tatsache, dass eine durchaus erwägenswerte Revision von Art. 21 GG nicht stattfand, auf die Art der Zusammensetzung der Kommission zurück (Voscherau 1993: 6).

Abbildung 14: Änderungsnotwendigkeiten im Grundgesetz nach Ansicht der Bevölkerung (n. ebenda)

Frage: „Es werden eine Reihe von Änderungen und Ergänzungen des Grundgesetzes diskutiert. Welcher der folgenden Vorschläge scheint Ihnen sinnvoll?" (Zustimmung in Prozent)

	Bevölkerung insgesamt	Alte Bundesländer	Neue Bundesländer
Umweltschutz als Staatsziel	85	83	91
Verschärfung des Asylrechts	72	74	67
Recht auf Wohnung	71	66	90
Recht auf Kindergartenplatz	70	66	83
Volksentscheid	69	66	79
Recht auf Arbeit	56	49	85
Mehr Länderrechte	54	48	74
Kommunales Wahlrecht für Ausländer	35	34	38
Teilnahme der Bundeswehr an UN-Aktionen	35	38	22
Selbstauflösungsrecht des Bundestages	29	26	39

Quelle: Allensbacher Archiv

Von den tatsächlich verabschiedeten Änderungen im Grundgesetz stand nur eine im Zusammenhang mit der deutschen Einigung: Art. 118a, der die mögliche Vereinigung von Berlin und Brandenburg abweichend vom sonstigen Verfahren regeln sollte. Eine Chance, die sich mit der deutschen Einheit und der anschließenden Verfassungsdiskussion bot, nämlich deutliche Zeichen der Bereitschaft für die Aufarbeitung der deutschen Geschichte durch entsprechende Verfassungsinhalte zu zeigen, wurde eindeutig nicht genutzt. „Nach geschichtlichen Brüchen wie 1945 und 1989 kann eine kursumsteuernde verfassungsrechtliche Reaktion die politische Aufarbeitung der Vergangenheit nicht ersetzen. Immerhin kann die Verfassung einen solchen politischen Prozeß aber ermöglichen, anreizen, ihm Richtung geben und aus ihm Lehren ziehen" (Kloepfer 1994).

Auch über 15 Jahre nach dem Vollzug der Einheit zeigen sich immer noch starke Unterschiede zwischen den beiden ehemaligen Teilen Deutschlands. Dies bezieht sich zum einen auf die Rahmendaten der wirtschaftlichen Lage. So zeigt ein Vergleich im Jahr 2002, dass das Bruttoinlandsprodukt in Ostdeutschland nur 61% des westdeutschen ausmacht (in Preisen pro Einwohner), der private Konsum liegt bei 82%, der Anteil der Erwerbstätigen je 1.000 erwerbsfähige Personen beträgt 81%. Besonders auffällig ist die vergleichsweise geringe Zahl von Unternehmen. Je 10.000 Einwohner gab es 2001 465 Unternehmen in Westdeutschland, jedoch nur 366 in Ostdeutschland (Pohl, R. 2002: 33). Dabei war in der ersten Hälfte der 90er Jahre (bis 1996) ein durchschnittliches jährliches Wachstum von 7,7% in den neuen

Bundesländern zu verzeichnen (im selben Zeitraum lag das Wachstum im Westen bei 0,5%). Seither ist es auf 1,1% zurückgefallen (Westen 2,0%) (ebenda: 35).

Ein Vergleich der politischen Kultur West und Ost zeigt einerseits eine deutliche Tendenz der Polarisierung in Richtung auf extreme Positionen am linken wie rechten Rand in den ostdeutschen Ländern, die in ihrem Ausmaß nicht nur als Reaktion auf die seit 2005 regierende Große Koalition gedeutet werden kann (Backes 2006). Bedenklich scheint aber auch, dass sich die ost- und die westdeutsche Bevölkerung in ihren Wertorientierungen in einigen Bereichen nicht aufeinander zu bewegt, sondern von einander entfernt. Dies gilt z. B. für die zentralen Eckwerte des deutschen Sozialstaatskonzepts: Gleichheit und Leistung. Während kurz nach dem Vollzug der Einheit die Anteile der Menschen, die einerseits Einkommen nach dem Bedarf und andererseits nach der Leistung bemessen wollten, in Ost- und Westdeutschland fast gleich waren, bewegen sie sich seit Mitte der 90er Jahre zunehmend auseinander. Die Menschen in Ostdeutschland befürworten immer stärker das Prinzip der Ergebnisgleichheit und lehnen das ursprünglich mehrheitlich befürwortete Leistungsprinzip immer stärker ab (Meulemann 2002: 16).

4 Das Zusammenspiel von Bund und Ländern im deutschen Föderalismus und in Europa

Am Beginn des gesellschaftlichen und organisatorischen Aufbaus Deutschlands standen die Länder. Schon im Juli 1945 wurden in der sowjetischen Besatzungszone die Länder Sachsen, Sachsen-Anhalt, Thüringen, Brandenburg und Mecklenburg gegründet, denen jedoch elf deutsche Zentralverwaltungen als Verbindungsglieder zur SMAD und Keimzellen für die geplante Zentralisation vorgeschaltet waren. Im September 1945 proklamierte Dwight D. Eisenhower in der amerikanischen Zone die Länder Bayern, Hessen, Württemberg-Baden und im Januar 1947 Bremen. In der britischen Zone folgte Mitte 1946 die Gründung der Länder Nordrhein-Westfalen, Schleswig-Holstein, Niedersachsen und Hamburg, in der französischen Zone wurden Baden, Württemberg-Hohenzollern und Rheinland-Pfalz gebildet. Das Saarland behielt zunächst einen Sonderstatus, es wurde im Dezember 1946 dem französischen Wirtschafts- und Währungsgebiet angeschlossen. 1954 vereinbarten die Regierungen Frankreichs und Deutschlands das „Saarstatut", das eine Europäisierung des Saargebietes vorsah, die aber auf Grund der Ablehnung der Bevölkerung im Rahmen einer Volksabstimmung nicht zustande kam. Auf der Basis von Art. 23 a.F. GG ist das Saarland mit Wirkung zum 1.1.1957 dem Geltungsbereich des Grundgesetzes beigetreten und wurde damit zum 11. Land der Bundesrepublik.

Die Länder verfügten schon 1946 über gewählte Parlamente. Ihre Ministerpräsidenten waren es, die auf dem Treffen im Koblenzer Hotel „Rittersturz" im Juli 1948 versuchten, Vorsichtsmaßnahmen für die Sicherung der Vorläufigkeit der Teilung Deutschlands zu treffen, die nach der Überreichung der „Frankfurter Dokumente" unabwendbar zu sein schien. Die gewählten Länderparlamente gaben dem Parlamentarischen Rat zumindest eine abgeleitete Legitimation und in den Länderparlamenten wurde schließlich das Grundgesetz ratifiziert (vgl. dazu Kap. 1).

Mit der Überreichung der „Frankfurter Dokumente" am 1. Juli 1948 wurden die Ministerpräsidenten der Länder aufgefordert, „eine demokratische Verfassung (..) (auszuarbeiten), die für die beteiligten Länder eine Regierungsform des föderalistischen Typs schafft" (n. Rupp 1982: 45). In Punkt II wurde angeregt, die Ländergrenzen der bestehenden Länder im Hinblick auf die „überlieferten Formen" hin zu überprüfen und die Bildung von zu großen oder zu kleinen Ländern im Vergleich zu den anderen zu vermeiden.[76] Mit dem Auftrag zur Schaffung eines föderalen Staates wurde dem Parlamentarischen Rat eine Aufgabe übertragen, die Carlo

---

[76] Aus dieser Maßgabe entwickelte sich schließlich Art. 29 GG.

Schmid als das brisanteste Thema in den Auseinandersetzungen mit den Alliierten, aber auch im innerdeutschen Verhältnis bezeichnete (Schmid, Carlo 1979: 376).

Wenngleich die beiden wesentlichen Verfassungsprinzipien von Demokratie und Föderalismus durch die Alliierten vorgegeben wurden, so knüpfte ihre Realisierung doch an geschichtlichen Traditionen in Deutschland an.

Als das „Heilige Römische Reich Deutscher Nation" 1806 aufgelöst wurde, waren von den ehemals über 300 Mitgliedern noch 35 Fürstenstaaten sowie vier freie Städte übrig geblieben (Müller 1993: 147), die sich im Deutschen Bund (1815-1866) in locker geführter Form zu einem Staatenbund zusammenfanden, ohne Souveränitätsrechte aufzugeben. Mit der Paulskirchenverfassung von 1849 wurde „die kühne Konstruktion eines rechtsstaatlichen, demokratischen Bundesstaates in Deutschland" (Laufer 1992: 29) geschaffen, die im Wesentlichen erst 100 Jahre später verwirklicht werden sollte.

1867 schlossen sich 22 deutsche Staaten nördlich der Mainlinie sowie die Hanse-Städte Bremen, Hamburg und Lübeck zum Norddeutschen Bund zusammen, in dem Preußen aber eine eindeutige Vormachtstellung innehatte, da nicht nur der König von Preußen erblicher Präsident des Bundes wurde, sondern auch den dem Bundesrat als eigentlichem Regierungsorgan vorsitzenden Kanzler ernannte. Von den 43 Mitgliedern des Bundesrates stammten 17 aus Preußen. Neben dieser ersten Stufe einer politischen Einigung gab es den wirtschaftlichen Zusammenschluss Deutschlands im Deutschen Zollverein. Mit der Gründung des Deutschen Reichs im Jahr 1871 und dem Beitritt der süddeutschen Staaten zu der Staatengemeinschaft des Norddeutschen Bundes wurde dessen Verfassung ebenso wie die Vormachtstellung Preußens, dessen König nun deutscher Kaiser war, im Wesentlichen erhalten. Dem Bundesrat als Vertretungsorgan der Landesfürsten wurde nun aber ein aus allgemeinen und gleichen Wahlen resultierender Reichstag gegenübergestellt (Ausnahme: Drei-Klassen-Wahlrecht in Preußen bis 1918), der jedoch nur sehr eingeschränkte Rechte besaß.

Die Vorstufen des deutschen Föderalismus im 19. Jahrhundert stehen in engem Zusammenhang mit der Herausbildung des deutschen Nationalstaates, man kann sogar sagen, dass diese ihr Ziel war. Auch in der föderativen Ordnung der Weimarer Republik, die eher im Spannungsfeld der Pole Zentralismus und Föderalismus als der von Bundesstaat und Staatenbund entworfen wurde, war der Nationalstaatsgedanke tragend. In ihr wurden aus den Staaten nun Länder, deren Mitgestaltungsmöglichkeiten im Reichsrat als Ländervertretung auf ein aufschiebendes Veto und die Beratung beschränkt blieben. Die faktische Dominanz Preußens endete 1932 mit der Absetzung der preußischen Regierung durch Reichskanzler von Papen, der die Geschäfte in Preußen als Reichskommissar fortführte.

Mit dem Nationalsozialismus starb der föderalistische Gedanke. An die Stelle der sowieso nur noch rudimentär erhalten gebliebenen Rechte der Länder trat der Zentralstaat. Mit dem „Ersten und Zweiten Gesetz zur Gleichschaltung der Länder" aus dem Jahr 1933 und schließlich der offiziellen Auflösung des Reichsrates im Jahr

1934 hatte die föderalistische Tradition in Deutschland zunächst ein Ende gefunden.

4.1 Staatsorganisation zwischen Unitarismus und Föderalismus

Bei der Ausformulierung des deutschen Föderalismus bot sich eine Reihe von Alternativen an. Grundsätzlich sind als Spielarten der staatlichen Organisation zu unterscheiden: Bundesstaat, Einheitsstaat und Staatenbund:

Ein Bundesstaat ist die staatsrechtliche Verbindung zwischen mehreren Staaten zu einem Gesamtstaat. Sein wesentliches Kennzeichen ist die Tatsache, dass die staatlichen Aufgaben zwischen Gliedstaaten (Länder) und Gesamtstaat aufgeteilt sind, was zugleich zu einer Kontrolle bzw. Beschränkung der staatlichen Macht führt als auch zur Steigerung der Effektivität staatlichen Handelns i.S. des Subsidiaritätsprinzips führen sollte. Die Länder besitzen im Bundesstaat eigenstaatlichen Charakter, d.h. sie „sind als Glieder des Bundes nicht bloße hochpotentierte Selbstverwaltungskörperschaften, sondern echte Staaten mit eigener – wenn auch gegenständlich beschränkter – nicht vom Bund abgeleiteter, sondern von ihm anerkannter staatlicher Hoheitsmacht (BVerfGE 1, 34)" (Hesselberger 2003: 181).[77] Aus diesem Grunde besitzen die Länder ihr eigenes Staatsvolk und Staatsgebiet und verfügen über eigene Organe der Legislative, Exekutive und Judikative zur Organisation der Staatsgewalt. Das Prinzip des Bundesstaates führt zu einer Ausübung der Staatsgewalt auf zwei Ebenen (duplex Regime), von denen sich nur die eine auf das Gesamtterritorium des Staates bezieht und die andere sich aus den regional beschränkten Gliedstaaten zusammensetzt (res publica composita) (Herzog 1987a: Anm. 2). Für die Gliedstaaten im Bundesstaat gibt es kein Austrittsrecht!

Im Gegensatz zum Bundesstaat steht der Unitarismus oder Einheitsstaat, in dem die Ausübung der staatlichen Gewalt auf den Zentralstaat beschränkt ist. Eventuell trotzdem vorhandene territoriale Untergliederungen sind bloße Vollzugs- und Verwaltungseinheiten.

Neben dem Bundesstaat gibt es das Modell des Staatenbundes (Konföderation), in dem sich mehrere Staaten durch Vertrag zusammenschließen, jedoch ihre völkerrechtlicher Souveränität erhalten. Der Staatenbund stellt selbst keinen neuen Staat dar, verfügt allerdings über Organe zur Erledigung gemeinsamer Aufgaben. Im Gegensatz zum Bundesstaat besteht beim Staatenbund ein Austrittsrecht für die Mitgliedsstaaten. Von der Konföderation ist der Staatenstaat zu unterscheiden, worunter wir „ein völkerrechtliches Unterwerfungsverhältnis von einem oder meh-

---

[77] Inwieweit wir heute tatsächlich eine Teilung der Staatsgewalt zwischen Gesamt- und Gliedstaaten vorfinden, wird uns weiter unten noch beschäftigen. Häufig wird in der kritischen Diskussion davon ausgegangen, dass der Bundesstaat faktisch zu einem Zusammenschluss nicht souveräner Gliedstaaten geworden ist (vgl. dazu z.B.: Kaufmann 1992: 11). Insbesondere die in der 15. und 16. Legislaturperiode zunehmend lauter geführte Diskussion um die Reform des deutschen Föderalismus hat diesbezüglich eine Reihe von Fragen aufgeworfen.

reren Staaten – den sog. Unterstaaten – unter einen herrschenden Staat – den sog. Oberstaat" verstehen (Laufer 1992: 264). Dabei ist der Oberstaat souverän und tritt nach außen als Gesamtstaat und Repräsentant auf. Die Unterstaaten besitzen nach innen eine eingeschränkte Selbständigkeit. Ein Beispiel für einen solchen Staatenstaat stellte die Sowjetunion während der Epoche der „Breschnew-Doktrin" dar.

Neben Staatenbund, Bundesstaat und Einheitsstaat kennen wir in der Bundesrepublik die Form des Freistaates, auf die in Deutschland bei den Ländern Bayern, Thüringen und Sachsen in deren Namen hingewiesen wird (bis zur Bildung des Landes Baden-Württemberg im Jahr 1952 waren auch Württemberg-Baden und Württemberg-Hohenzollern Freistaaten). Mit dieser Bezeichnung wird an die historische Bedeutung der republikanischen Bewegungen angeknüpft. So wie heute Art. 28 GG jedes Bundesland zu einer Verfassung verpflichtet, die u.a. republikanisch ist, tat dies Art. 17 der Weimarer Reichsverfassung bezüglich der Freistaatlichkeit der Landesverfassungen. In der Präambel des Grundgesetzes werden jedoch auch Bayern und Sachsen als Länder bezeichnet. Ein Kuriosum ist, dass Bayern in seiner Landesverfassung zwar eine eigene Staatsangehörigkeit vorsieht (Art. 6 BV), dass aber auf Grund des Fehlens eines bayerischen Staatsangehörigkeitsgesetzes (Gesetzesverweis Art. 6 III BV) und der Geltung der deutschen Staatsangehörigkeit für bayerische Bürger diese nicht verwirklicht wird.

Bei der Betrachtung der Entwicklung der spezifisch deutschen Form des Föderalismus ist folgendes zu beachten:
Entstand die Entwicklung des Föderalismus im 19. Jahrhundert mit der Zielsetzung der Herausbildung eines starken deutschen Nationalstaates, war also, wenn man so will, eher außenorientiert und war der Föderalismus in seinem wörtlichen Sinne ein Bund gegen die europäischen Nachbarn, so wurde er für die Bundesrepublik Deutschland ein dominantes Prinzip der staatlichen Binnenorganisation. Für die Entscheidung zum Bundesstaat in Deutschland sprachen neben der Bindung durch die Inhalte der „Frankfurter Dokumente" im Wesentlichen drei Rechtfertigungsgründe:

- der Kontrollaspekt
- der Integrationsaspekt und
- der Funktionalitätsaspekt.

Unter Kontrollaspekt können wir die Kontrolle der Staatsgewalt verstehen, die sich neben der Gewaltenteilung in Legislative, Exekutive und Judikative durch die vertikale Gewaltenteilung zwischen Bund und Gliedstaaten ergibt. Sowohl die Alliierten als auch die deutschen Parteienvertreter hatten ein vitales Interesse daran, die Wiederentstehung eines deutschen Zentralstaates zu verhindern. Unter den Alliierten bestanden jedoch genauso wie unter den deutschen Politikern Meinungsverschiedenheiten hinsichtlich der Ausgestaltung des zu schaffenden Föderalismus. So votierten v.a. die USA für eine Lösung mit relativ schwacher Zentralgewalt und möglichst großer Unabhängigkeit der Länder nach amerikanischem Vorbild. Diesem Modell stimmten die süddeutschen Staaten, allen voran Bayern sowie CDU und CSU zu. SPD und in extremer Weise KPD wollten zentralistische Traditionen wiederbeleben. Die im Grundgesetz gewählte Form der Aufgabenaufteilung zwischen Bund und Ländern stellt sich primär als machtverteilendes Modell dar, in dem durch Kontrolle Demokratie und Frieden stabilisiert werden sollen.

Die Bundesrepublik wurde aus zehn, nach dem Beitritt des Saarlandes aus elf Ländern gebildet, die sich wiederum zum größten Teil aus Landesteilen mit eigener Tradition und von beachtlicher kultureller Unterschiedlichkeit zusammensetzten. Prinzipiell bietet das Modell des Föderalismus die Möglichkeit der Integration unterschiedlicher kultureller, religiöser, ethnischer oder auch politischer Traditionen im Zusammenspiel von Eigensouveränität der Länder und zentralstaatlicher Souveränität, wenn es um die Durchsetzung übergeordneter Interessen geht. Für die Gründung der Bundesrepublik konnte aber auf diesen Integrationsgedanken nur in eingeschränktem Maße verwiesen werden, denn nur Bayern und die Stadtstaaten Hamburg und Bremen konnten historisch gewachsene Staatstraditionen vorweisen. Die anderen Länder wurden quasi „auf dem Reißbrett" und im Zusammenhang der jeweiligen Besatzungszonen zugeschnitten. Die Alliierten hatten nur eine bindende Voraussetzung formuliert: Preußen, das durch sein Vormachtstreben bisher eine Verwirklichung föderaler Politik faktisch verhindert hatte und zudem als Gefahr für einen dauerhaften Frieden anzusehen war, sollte es nicht mehr geben.

In Punkt II der „Frankfurter Dokumente" wurde zwar die Überprüfung der Ländergrenzen unter dem Gesichtspunkt traditioneller Zugehörigkeiten sowie im Hinblick auf eine anzustrebende Homogenität der Länder bezüglich ihrer Größe und wirtschaftlichen Leistungskraft angeregt, eine Änderung ergab sich aber nur im Falle des deutschen „Südweststaates", der aus Baden, Württemberg-Baden und Württemberg-Hohenzollern zusammengefügt wurde. Sie ging auf eine Sondervorschrift in Art. 118 GG zurück, die die Bildung von Baden-Württemberg 1951 außerhalb einer Gesamtneugliederung des Bundesgebietes nach Art. 29 GG in verfahrenstechnisch vereinfachter Form ermöglichte. Bis zu seinen Änderungen in den Jahren 1969 und 1976 enthielt Art. 29 GG nämlich einen Verfassungsauftrag zur Neugliederung des Bundesgebietes, der anschließend in eine „Kannvorschrift" für den Gesetzgeber umgewandelt wurde. Zwischen der Verabschiedung des Grundgesetzes und den Änderungen von Art. 29 GG lag eine Zeit z.T. zähen Ringens um die Neugestaltung des Bundesgebietes, das zwischen den Polen der Forderung eines Lebensrechtes auch für die finanzschwachen Länder, für das sich z.B. der schleswig-holsteinische Regierungschef Lüdemann vehement einsetzte (Feuchte 1996) und eigenstaatlichem Beharrungsstreben einzelner Länder oder Regionen ausgefochten wurde. Letzteres wurde durch die direktdemokratischen Vorschriften von Art. 29 GG unterstützt, der übrigens die einzige Möglichkeit für Volksentscheide in der Bundespolitik bietet und vorsieht, dass die Neugliederung der Länder zwar durch Bundesgesetz angeregt wird, dass aber dieses Bundesgesetz der Bestätigung durch einen Volksentscheid im betroffenen Gebiet bedarf. Art. 29 GG ermöglicht zwar die Neugliederung des Bundesgebietes, nicht jedoch die Abschaffung des Föderalismus. Das Grundgesetz hat einen „labilen Föderalismus" gestaltet, d.h. einen Bundesstaat „auf beweglichem, gliedstaatlichem Territorium" (Isensee 1992: 145), der zwar die föderative Ordnung auf Dauer schützt, aber kein Lebensrecht eines bestimmten Landes.[78]

Nach dem Fortfall der alliierten Vorbehalte ab 1956 zeigten Volksbegehren in Baden, Rheinland-Pfalz, Oldenburg und Schaumburg-Lippe Neugliederungswünsche der Bevölkerung an, die zu einer Zerstückelung von Rheinland-Pfalz und einer Aufteilung seiner Teile auf Nordrhein-Westfalen, Hessen, Baden-Württemberg und Bayern geführt hätten. Die Verwirklichung wurde durch das Bundesverfassungsgericht verhindert, nachdem der Bundesgesetzgeber zuvor für den Fall von Oldenburg und Schaumburg-Lippe das Sezessionsbegehren schon unter Hinweis auf die Zielvorgaben von Art. 29 GG zurückgewiesen hatte (Isensee: 1992. 145).

Zur Prüfung von Neugliederungsmöglichkeiten im Zusammenhang einer Gesamtkonzeption wurde unter der Regierung Brandt/Scheel eine Sachverständigenkommission unter Vorsitz des Münsteraner Professors Werner Ernst eingerichtet. Sie kam in ihrem Abschlußbericht 1972 zu der Empfehlung, das Bundesgebiet in fünf, höchstens sechs Bundesländer zu gliedern, was die Aufhebung krasser Unterschiede in der Leistungskraft der Länder bewirkt und entwicklungshemmende Zerschneidungen zusammengehöriger Räume verhindert hätte (Feuchte 1996). Die Vorschläge, die durchaus ausgewogen erschienen, waren jedoch weder im Zusammenhang der Länderinteressen noch dem der Parteiinteressen vor dem Hintergrund der Unwägbarkeiten, die sich durch die Neufestlegung von Wahlkreisen oder eventuell geänderter Stimmenverhältnisse im Bundesrat ergeben hätten, durchsetzbar (Kaufmann 1992: 44).

Ein letzter Neuordnungsversuch wurde mit Art. 5 EV für Berlin und Brandenburg angeregt, der aber an der abschlägigen Entscheidung der Bevölkerung im betroffenen Gebiet 1996 scheiterte.[79] Im Zusammenhang der Versuche von Seiten der Länder Haushaltsnotlagen durch das Bundesverfassungsgericht feststellen zu lassen – dies geschah 1992 mit Erfolg für Bremen und das Saarland (BVerfGE 86, 148) und scheiterte 2006 für Berlin (19. Oktober 2006, 2 BvF 3/03) – kamen allerdings in der öffentlichen Diskussion immer wieder auch Forderungen nach einer Neuordnung der Länder auf.

---

[78] In der Literatur wird oft die These vertreten, dass die Ländergliederung der Bundesrepublik im Extremfall bis auf eine Zahl von zwei Bundesländern reduziert werden könnte. Isensee hält diese These für von Grund auf falsch, da damit kein Föderalismus im wirklichen Sinne mehr realisiert wäre (Isensee 1992: Fußn. 12 sowie zum Begriff „labiler Bundesstaat" Fußn. 19).

[79] In diesem Zusammenhang sei erwähnt, dass es nach der Wiedervereinigung auch Bestrebungen gab, Preußen wiederherzustellen, wie an der Existenz der „Vereinigung Freistaat Brandenburg-Preußen" abzulesen ist (Kaufmann 1992: 169).

Bei der Form des bundesdeutschen Föderalismus handelt es sich um ein Modell, das durch einen Aufgabenverbund mit unterschiedlichen Schwerpunkten der staatlichen Gewalten bei Bund und Ländern gekennzeichnet ist (Andersen 1995: 81). Diesen Funktionalitätsaspekt der Kompetenzverteilung zwischen Bund und Ländern wollen wir näher untersuchen.

4.2 Aufgabenverteilung zwischen Bund und Ländern

In einem Bundesstaat wie der Bundesrepublik Deutschland ist die Staatsgewalt zwischen Gliedstaaten und Gesamtstaat so aufgeteilt, dass weder die einen noch der andere sie alleine ausüben bzw. ausübt. Idealerweise sollte dabei ein Gleichgewicht zwischen den Kompetenzen von Bund und Ländern bestehen (Hesselberger 2003: 181). Der Aspekt der Verteilung der Staatsgewalt auf Bund und Länder war den Eltern des Grundgesetzes (und den Alliierten) so wichtig, dass sie ihn in der Form einer Ewigkeitsgarantie in Art. 79 III GG verankerten.

Das Grundgesetz regelt das Verhältnis zwischen Zentralstaat und Gliedstaaten sowohl unter dem Gesichtspunkt der Kompetenztrennung als auch dem der Kompetenzverflechtung.

Die Kompetenztrennung kann dabei einerseits funktional geschehen, d.h. nach Kompetenzarten, wonach den Ländern primär die Ausführung, dem Bund die politische Entscheidung zukommt. Andererseits kann nach inhaltlichen Kriterien unterschieden werden, d.h. nach dem Aspekt der getrennten Zuständigkeit für bestimmte Politikfelder (Klatt 1991: 43). Bezüglich der Politikfelder stehen den Ländern eigene Kompetenzen nur im Bildungs- und Kulturbereich sowie im Polizei- und Kommunalrecht und im Gesundheitswesen zu.

Idealerweise gilt das vom Bundesverfassungsgericht entwickelte Prinzip der Bundestreue, d.h. das Verhältnis zwischen Bund und Ländern sollte durch ein kooperatives Miteinander gekennzeichnet sein, in dessen Zusammenhang die Länder sich bundesfreundlich und der Bund sich länderfreundlich zu verhalten haben.

Zunächst einmal formuliert Art. 30 GG vor dem Hintergrund der hohen Bedeutung, die dem föderalistischen Prinzip bei der Verabschiedung des Grundgesetzes beigemessen wurde, eine Zuständigkeitsvermutung zugunsten der Länder. D.h. der Bund kann danach Aufgaben nur wahrnehmen, wenn dies ausdrücklich im Grundgesetz geregelt ist, ansonsten sind die Länder zuständig (Hesselberger 2003: 222). Dieser allgemeine Grundsatz von Art. 30 GG wird für die Bereiche der Gesetzgebung, der Verwaltung sowie der Rechtsprechung gesondert noch einmal konkretisiert (Art. 70 GG ff., Art. 83 GG sowie Art. 95 GG).

Grundsätzlich genießt Bundesrecht Vorrang gegenüber Landesrecht. Art. 31 GG formuliert entsprechend: „Bundesrecht bricht Landesrecht" (vergleichbar bricht auch das Recht der EU Bundesrecht). Diese Regelung hat allerdings nur für diejenigen Rechtsbereiche Bedeutung, in denen sowohl Bund als auch Länder Gesetzgebungskompetenz haben (Verfassungsrecht, Recht von Bund und Ländern,

Grundrechte zu formulieren) (Hesselberger 2003: 223). Bundesrechte sind in diesem Zusammenhang das Grundgesetz und alle Gesetze und Verordnungen des Bundes, sofern dieser für deren Regelung die Kompetenz hat (Art. 70ff. GG). In diesen Fällen bricht eine Bundesverordnung auch die Bestimmungen der Landesverfassungen (ebenda). Bei Meinungsverschiedenheiten kann auf Antrag der Bundesregierung, einer Landesregierung oder eines Drittels der Mitglieder des Bundestages das Bundesverfassungsgericht angerufen werden.

Das Verhältnis der Aufgabenwahrnehmung zwischen Bund und Ländern kann im Extremfall durch den in Art. 37 GG verankerten Bundeszwang geregelt werden. Mit dem Mittel des Bundeszwanges kann der Bund die Erfüllung von Pflichten, die einem Land nach dem Grundgesetz oder einem anderen Bundesgesetz obliegen, erzwingen. Dazu bedarf er allerdings der Zustimmung des Bundesrates. Ein Einsatz der Bundeswehr scheidet als Mittel hier ausdrücklich aus, durchaus möglich sind aber der Einsatz der Polizei nach Art. 91 II GG oder die Amtsenthebung der Landesregierung. Mögliche Pflichtverletzungen können die Weigerung eines Landes sein, für den Bund Steuern einzuziehen oder weiterzuleiten oder auch die Verweigerung der Mitarbeit im Bundesrat. Die Entscheidung im Konfliktfall obliegt dem Bundesverfassungsgericht.

Im Rahmen der Gesetzgebung unterscheidet das Grundgesetz nach ausschließlicher Gesetzgebungskompetenz des Bundes und der Länder sowie nach konkurrierender Gesetzgebungskompetenz (Art. 70-74 GG) (vgl. zu den entsprechenden Sachgebieten auch Abb. 6, Kap. 2).

Während die ausschließliche Gesetzgebungskompetenz der Länder nur auf die oben erwähnten, sehr eingeschränkten Sachgebiete bezogen ist, umfasst diejenige des Bundes neben der in Art. 73 GG festgelegten Zuständigkeit u.a. für auswärtige Angelegenheiten, Verteidigung, Währung, Warenverkehr, Luft- und Eisenbahnverkehr eine Vielzahl anderer Bereiche, die darüber hinaus der Zuständigkeit des Bundes zugewiesen wurden (Hesselberger 2003: 278, Rz. 4). Im Rahmen der konkurrierenden Gesetzgebungskompetenz (Art. 72 GG) wird den Ländern die Befugnis zur Gesetzgebung zugestanden, so weit der Bund von seiner Gesetzgebungszuständigkeit keinen Gebrauch macht.

Unter drei Bedingungen sind dem Bundesgesetzgeber hier Möglichkeiten gegeben, aktiv zu werden:

1. wenn wirksame Regelungen durch die Länder fehlen,
2. wenn die Interessen anderer Länder oder der Gesamtheit betroffen sind und
3. zur Wahrung der Rechts- und Wirtschaftseinheit und der Einheitlichkeit der Lebensverhältnisse (n. Andersen 1995: 81).

Insbesondere Art. 72 GG bot dem Bund die Möglichkeit, seine Kompetenzen weitgehend auszuweiten und damit in der bundesrepublikanischen Politik die Gestaltungsmöglichkeiten der Länder zurückzuschneiden. Dies gilt auch, weil das Bundesverfassungsgericht die Prüfung der Bedürfnisfrage bei der konkurrierenden Gesetzgebung in das Ermessen des Bundesgesetzgebers gestellt und damit der Justiziabilität entzogen hat (Kaufmann 1992: 45). Zudem gab es schon bis 1976 siebzehn Änderungen des Grundgesetzes (* [12]), deren Inhalt jeweils deutliche Stärkungen der Position des Bundes im Gesetzgebungsprozess waren (ebenda: 45).

Mit einer Grundgesetzesänderung im Jahr 1994 ist versucht worden, die Vormachtbestrebungen des Bundes einzugrenzen.[80]

Im Fall der Rahmengesetzgebung hatte der Bund bis zum Inkrafttreten der Föderalismusreform zum 1. September 2006 zwar eine selbständige Kompetenz, konnte aber nur den Rahmen schaffen, der durch Landesgesetze ausgefüllt werden musste (Art. 75 GG a. F.). Durch eine Verfassungsänderung aus dem Jahr 1994 ist die rahmensetzende Kompetenz des Bundes für die Organisation und Verwaltung der Hochschulen eingeschränkt worden.[81] Die Föderalismusreform des Jahres 2006 fügte eine weitere Einschränkung im Hinblick auf das Beamtenrecht hinzu. Besoldung, Versorgung und Dienstrecht der Landesbeamten sind seit dem 1. September 2006 Sache der Länder. Der Bund behielt lediglich die Kompetenz für die Bundesbeamten (Gesetz zur Änderung des Grundgesetzes vom 28. August 2006 sowie Föderalismusreform-Begleitgesetz BGBl. I 2098 v. 5. September 2006).

Im Bereich der Verwaltung konstituiert das Grundgesetz einen eindeutigen Vorrang der Länder, wenn es in Art. 83 heißt: „Die Länder führen die Bundesgesetze als eigene Angelegenheit aus, soweit dieses Grundgesetz nichts anderes bestimmt oder zuläßt".

Zwar verfügt der Bund auch über eigene Bundesverwaltungen (z.B. Auswärtiger Dienst, Bundesumweltamt, Bundesnachrichtendienst, Bundeskriminalamt), die Länder übernehmen aber den Hauptteil der Ausführung von Gesetzen.

Zu Kompetenzverflechtungen i.S. eines Vormachtstrebens des Bundes kam es aber auch im Bereich der Verwaltung. Schon wenige Jahre nach der Entstehung der Bundesrepublik kamen auf den Bund Aufgaben zu, die mit einer Erweiterung seiner Gesetzgebungs- und Verwaltungsbefugnisse i.S. der Sicherung einheitlicher Verhältnisse im Bundesgebiet verbunden waren: Dies betraf z.B. die Erfordernisse, die mit der Verabschiedung einer Wehrverfassung und der Aufstellung der Bundeswehr verbunden waren (1954/55), die Notstandsverfassung von 1968 und ihre organisatorischen Folgen sowie die Politikgebiete Luftverkehr und Kernenergie (Klatt 1991: 47).

In der Praxis wirkten aber auch die im Grundgesetz angelegten zentralisierenden Momente die Position des Bundes stärkend. Dies gilt z.B. für die dem Bund in Art. 84 II und 85 II GG gebotene Möglichkeit, mit Zustimmung des Bundesrates

---

[80] Während es zuvor in Art. 72 Abs. 1 GG hieß: „(...) solange und soweit der Bund von seinem Gesetzgebungsrecht keinen Gebrauch macht", heißt nun: „(...) solange und soweit der Bund von seiner Gesetzgebungszuständigkeit nicht durch Gesetz Gebrauch gemacht hat". Damit ist für Bundesgesetze eine verschärfte Erforderlichkeitskontrolle eingeführt worden.
[81] Zum Gesetzgebungsverfahren und den entsprechenden Rechten von Bund und Ländern vgl. die Ausführungen im Kap. 6 zu Bundestag und Bundesrat.

allgemeine Verwaltungsvorschriften in Bereichen zu erlassen, in denen die Länder Bundesgesetze ausführen (Kaufmann 1992: 47). Unitarisierend wirkte auch die einheitliche Geltung der Grundrechte im gesamten Bundesgebiet und die Bindung von Gesetzgebung, vollziehender Gewalt und Rechtsprechung an diese in Form unmittelbar geltenden Rechtes (Art. 1 III GG) (Isensee 1992: 150).

Die nachdrücklichste Tendenz zur Unitarisierung des staatlichen Handelns ging aber vom Sozialstaatsprinzip aus. „Der Sozialstaat, der Einheitlichkeit der Lebensverhältnisse sicherstellen will, verhindert, daß föderale Vielfalt zu Unterschieden im sozialen Niveau führt, im Lebensstandard als Mindest- und Normalstandard" (ebenda).

In diesem Sinne führten Reformen der Finanzverfassung zu einer ständig wachsenden Gestaltungsfunktion des Bundes. Schon 1955/56 wurde ein Steuerverbund mit Einkommens- und Körperschaftssteuer geschaffen und wurde neben dem vertikalen ein horizontaler Finanzausgleich gebildet (Klatt 1991: 47). Die Finanzreform 1967/69 brachte einen zweiten großen Schub für die Verlagerung der Kompetenzen von den Ländern auf den Bund. Nicht nur wurde die Umsatzsteuer in den Steuerverbund aufgenommen, sondern im Rahmen der Einführung einer „antizyklischen Konjunkturpolitik" (vgl. dazu Kap. 2) und einer Koppelung von Wirtschafts- und Finanzpolitik verloren die Länder weiter an Kompetenzen. In ursprünglich ihnen zugewiesenen Bereichen wie dem Aus- und Neubau von Hochschulen, der Verbesserung der regionalen Wirtschafts- und Agrarstruktur (Art. 91 a GG) und der Investitionstätigkeit des Staates ohne Gesetz in den Ländern (Art. 104 a IV GG) wurde der Bund aktiv (Kaufmann 1992: 46).

In diesem Zusammenhang änderten sich aber auch die Handlungsformen der Politik dahingehend, dass die Ebenen Bund und Länder durch zwei weitere Formen der Zusammenarbeit ergänzt wurden: Gemeint ist die Selbstkoordination der Länder als dritte Ebene staatlichen Handelns wie z.B. in der Form der Ressortministerkonferenzen der Länder (z.B. Kultusminister-Konferenzen) und die vierte Ebene der Zusammenarbeit von Bund und Ländern in unterschiedlichen Sachgebieten (z.B. in der Form von Verwaltungsabkommen, Bund-Länder-Konferenzen, Finanzplanungsrat, Konjunkturrat). Diese Formen der Zusammenarbeit haben sich, wenn man so will, außerhalb der vom Grundgesetz vorgesehenen Kooperationsarten entwickelt.

Durch die Verfassungsreform von 1969 wurde das Institut der Gemeinschaftsaufgabe durch Art. 91 a GG eingeführt, der die Bedingungen für die Mitwirkung des Bundes bei der Aufgabenwahrnehmung von Länderaufgaben festlegt. Hier kommt es in originären Zuständigkeitsbereichen der Länder zu einer Zusammenarbeit von Bund und Ländern durch gemeinsame Planung, Kostenteilung und gegenseitige Verpflichtung zur Unterrichtung. Das ursprünglich vom Grundgesetz vorgesehene Prinzip getrennter Verantwortungen von Bund und Ländern wurde damit durchbrochen. Nicht zuletzt das Instrument der Gemeinschaftsaufgaben führte zu einer Intensivierung der „Politikverflechtung" zwischen Bund und Ländern (Scharpf 1976) und gehört damit zu den schon seit Beginn der 80er Jahre und gegenwärtig verstärkt diskutierten Reformerfordernissen mit dem Ziel einer Revitalisierung des Subsidiaritätsprinzips.[82]

Die geschilderten Entwicklungen haben bekanntlich zur Form des kooperativen Föderalismus geführt, die uns im folgenden Abschnitt noch einmal gesondert beschäftigen wird.

Für die Kompetenzzuweisung in der Judikative gilt, dass untere und mittlere Instanzen bei den Ländern angesiedelt sind, die obersten Gerichte allerdings beim Bund. Sie fungieren als Revisionsinstanzen und sollen eine einheitliche Rechtsauslegung garantieren. In den letzten Jahrzehnten hat sich allerdings eine Tendenz zur Verlagerung von Fällen an das Bundesverfassungsgericht herausgebildet, die grundsätzlich auch an nachgeordneten Gerichten verhandelt werden könnten, was wesentlich zu der Überbelastung des Bundesverfassungsgerichtes beigetragen hat. Dies wird uns in einem späteren Kapitel noch einmal beschäftigen.

Diesen Abschnitt abschließend, werden die wichtigsten Regelungen zur Bund-Länder-Zusammenarbeit bzw. zu deren jeweiligen Kompetenzen im Grundgesetz noch einmal zusammengestellt.

Abbildung 15: Regelungen der Bund- und Länder-Zuständigkeiten im GG

Art. im GG	regelt/erwähnt
20, 28	Föderalismus als Verfassungsprinzip
29	Neugliederung des Bundesgebietes und Verfahren
30	Zuständigkeitsvermutung zugunsten der Länder sowie Ländervorrang in der Exekutive
31	Vorrang des Bundesrechtes
37	Bundeszwang
70	Verteilung der legislativen Kompetenz zwischen Bund und Ländern
72 bis 75	Kompetenzen von Bund und Ländern in der ausschließlichen, konkurrierenden und rahmensetzenden Gesetzgebung
76 bis 78	Gesetzgebungsverfahren
79 III	„Ewigkeitsgarantie" des Föderalismusprinzips
83	Länderexekutive
84	Bundesaufsicht
91 a	Gemeinschaftsaufgaben
92ff.	Rechtssprechungskompetenzen von Bund und Ländern
104 a bis 106	Finanzverfassung
107	Länderfinanzausgleich
109	Haushalt des Bundes und der Länder

---

[82] Entsprechend hat auch der im September 1995 vom Bundesinnenminister eingesetzte Sachverständigenrat „Schlanker Staat" die völlige Abschaffung der Mischfinanzierung vorgeschlagen.

4.3 Der kooperative Föderalismus und die Politikverflechtungsfalle

Die Entwicklung des vom Grundgesetz ursprünglich vorgesehenen Prinzips der Trennung von Verantwortlichkeiten zwischen Bund und Ländern sowie unter den Ländern mit dem Ziel der Politikkontrolle hin zu vielfältigen Kooperationsformen der dritten (Länderselbstkoordination) und vierten Ebene (Bund-Länder-Koordination) wird gemeinhin mit den Erfordernissen von Art. 72 II GG sowie in dessen Realisierung Art. 107 II GG begründet, also mit der Verpflichtung des Staates zur Herstellung einheitlicher Lebensverhältnisse. In diesem Sinne stellt die Verfassungsreform von 1969, die den „Großen Steuerverbund" festlegte (Zusammenfassung des Einkommens-, Körperschafts- und Umsatzsteueraufkommens zu den Gemeinschaftssteuern und Verteilung über horizontalen und vertikalen Finanzausgleich) sowie die Gemeinschaftsaufgaben einführte, sicher ein Schlüsselereignis im Zusammenhang der Entwicklung des kooperativen Föderalismus dar. Dessen Ursprünge lassen sich aber durchaus bis zur Entstehung der Bundesrepublik Deutschland und dem Unvermögen der Verantwortlichen zurückverfolgen, den Forderungen von Abschnitt II der „Frankfurter Dokumente" nachzukommen und die Ländergrenzen im Hinblick auf eine anzustrebende Homogenität der Länder bezüglich ihrer Größe und wirtschaftlichen Leistungskraft zu überprüfen. „Aus der Sicht der problembeladenen, wirtschaftsschwachen oder kleinen Länder sprach alles dafür, die ausgabenintensiven Staatsaufgaben dem Zentralstaat zu überlassen – und der Bund war von Anfang an auch bereit, diesen Wünschen entgegenzukommen. Eben dies aber konnte keineswegs im Interesse der großen und finanzkräftigen Länder liegen, denen schon die ursprüngliche Kompetenzausstattung des Bundes zu weit gegangen war" (Scharpf 1994: 48).
Politik funktionierte vor dieser Situation folgendermaßen:

> „Von den kleinen und armen Ländern hing es ab, welche Aufgaben von der Landespolitik in eigener Verantwortung erfüllt werden konnten, und welche der Bund (oder allenfalls die Ländergemeinschaft) ganz oder teilweise übernehmen mußte. (...) Die großen und leistungsfähigen Länder stimmten keiner Ausweitung der Bundeskompetenzen zu, die ihnen nicht wenigstens das Mitspracherecht bei der Kompetenz-Ausübung garantierte" (ebenda: 51).

Das wiederum führte dazu, dass fast zwei Drittel der Bundesgesetze die Zustimmung des Bundesrates erforderten, was ausdrücklich nicht in der Intention der Verfassungseltern gelegen hatte, als sie eben kein Zweikammersystem einführten.
Das gegenseitige Aushandeln von Vorteilen für die jeweils eigene Position führte dazu, dass in der Praxis nach einvernehmlichen Entscheidungsfindungen gesucht wurde. Dies begründete einen zum Kompromiss bereiten Interaktionsstil des „Bargaining" (ebenda: 68). Zum Korrektiv dieses auf Kompromiss und möglichst Einstimmigkeit der Entscheidung gerichteten Stils wurde die parteipolitische Stim-

menverteilung in Bund und Ländern. Aber auch in Zeiten, in denen neben den Bundesmehrheiten verschiedene Ländermehrheiten existierten, was prinzipiell zu einer Blockade-Politik der Opposition hätte führen können, wurde häufig der Kompromiss zwischen den Regierungen von Bund und Ländern ausgehandelt und wurden die Möglichkeiten oppositioneller Mitgestaltung hauptsächlich in der faktischen Mitregierung gesehen (dazu Schmidt, Manfred G. 1980: 132).

Für die politische Praxis hat diese Verfahrensweise u.a. zur Folge, dass es zu Demokratiedefiziten und zu einer faktischen Entmachtung der Parlamente gekommen ist, die häufig auf die Funktion von „staatsnotariellen Ratifikationsämtern" zurückgedrängt wurden (Lenz 1977). In der Konsequenz bedeutete dies einen unverhältnismäßigen Machtzuwachs für die Exekutiven in Bund und Ländern.

Die Verhandlungsformen des kooperativen Föderalismus bergen für die Inhalte von Politik unweigerlich die Gefahr von Konservatismus in sich.[83] „Wo der rechtliche oder faktische Imperativ des Interessenausgleichs dominiert, erscheinen Policy-Innovationen, noch dazu solche, die gegen das Gebot der „Fairness", sprich der adäquaten Berücksichtigung der Interessen aller am Entscheidungsprozeß Beteiligten, verstoßen, unwahrscheinlich" (Goetz 1995: 147).

Darüber hinaus können die Hauptmängel des kooperativen Föderalismus folgendermaßen zusammengefasst werden (n. Klatt 1991: 51/52):

- Die Zusammenarbeit führt oft nicht zu einer Steigerung, sondern zu einer Minderung der Effektivität. Nicht zuletzt das den kooperativen Föderalismus mitinitiierende Ziel der Herstellung gleicher Lebensverhältnisse führte so in der Praxis nicht zum Abbau regionaler Disparitäten.
- Der Versuch der Verwirklichung eines wirtschaftlichen Strukturwandels durch bürokratische Steuerung war mit einer Bürokratisierung des Willensbildungsprozesses verbunden und dies wiederum mit einer Dominanz der vertikalen und horizontalen Fachbürokratien. Kritikpotentiale ergaben sich so unter finanziellen, zeitlichen und legitimatorischen Gesichtspunkten.
- Sowohl den (einzelnen) Ländern als auch dem Bund wurde die Möglichkeit genommen, eindeutige Prioritäten zu setzen und in ihrer jeweiligen Politik umzusetzen. Praxis wurde der Weg des „kleinsten gemeinsamen Nenners".
- Der faktische „Exekutivföderalismus" mit seiner „ebenen- und kompetenzübergreifenden Politikgestaltung" (ebenda: 52) führte zu einer weitgehenden Entmachtung der Parlamente und damit – vor dem Hintergrund der Legitimation staatlichen Handelns betrachtet – zu höchst fragwürdigen Entwicklungen.

---

[83] Hierbei ist nicht eine Hinwendung zu ideologisch-konservativen Positionen gemeint, sondern das Unvermögen bzw. die fehlende Bereitschaft der Verantwortlichen, rechtzeitig gegen nachteilige Entwicklungen einzuschreiten oder gar Besitzstände in Frage zu stellen. D.h. Erhaltung des Bestehenden wird hier i. S. von Staatsversagen verstanden (vgl. dazu Jänicke 1993: 64/Gerlach/Konegen/Sandhövel 1996: 37).

- Die mangelnde Transparenz der Entscheidungsfindung sowie die gemeinsame, nicht wie vorgesehen getrennte politische Verantwortung bedingt bedenkliche Kontrolldefizite.

V.a. die von Fritz W. Scharpf und seinen Mitarbeitern seit den 70er Jahren durchgeführten Analysen zu den Verflechtungsstrukturen des bundesdeutschen Föderalismus haben die diesen innewohnende Tendenz zur Selbstblockierung sowie die Konsequenzen „verhandelnder"[84] Politik deutlich gemacht: ihre Neigung zur Konfliktvermeidung oder wenigstens Konfliktverschiebung, ihre Konsequenz der Immobilität vor dem Hintergrund von Besitzstandswahrungsmotiven und entsprechenden Eingriffsverzichten und das im Rahmen der Strukturpolitik nicht oder sogar kontraproduktiv wirkende Primat der Gleichbehandlung.

Erste Ansätze eines Rückzugs des Bundes zeigten sich Anfang der 80er Jahre, als dieser versuchte, bei der Mitfinanzierung von Länderaufgaben mehr Zurückhaltung zu zeigen. Mit dem Ziel der Entflechtung und Dezentralisierung trat dann die christlich-liberale Regierung an, wobei sich aber in der Praxis bald zeigte, dass auf Grund der beschränkten Leistungskraft der Länder einem Rückzug des Bundes Grenzen gesetzt waren, und es kam zu Tendenzen der „Wieder-Verflechtung" und der „Re-Zentralisierung" (Klatt 1991: 53/54).

Vor besondere Schwierigkeiten ist das föderale System der Bundesrepublik Deutschland im Zusammenhang mit der Verwirklichung der Europäischen Union gestellt, was weiter unten noch Thema sein wird. Trotzdem sind Dezentralisierung, Subsidiarität (auch innerhalb des Aufbaus der Bundesrepublik) und systematische Wiedertrennung von Verantwortlichkeiten hochrangige Ziele angestrebter Politik- und Verwaltungsreformen, wie nicht zuletzt die vom Sachverständigenrat „Schlanker Staat" schon Ende 1996 vorgelegten Vorschläge zeigen.[85] So votierte der Rat dafür, sowohl bei Gesetzesentwürfen als auch in Bund-Länder-Gremien das Subsidiaritätsprinzip mit dem Ziel der Deregulierung und Verwaltungsvereinfachung zu beachten. Er bezog sich dabei auf die mit der Änderung von Art. 72 II und III GG

---

[84] Die Verhandlungsrealität des „kooperativen Föderalismus" wird durch zwei weitere Ebenen von Verhandlungen ergänzt, auf die hier leider nicht eingegangen werden kann, die aber gleichwohl sehr folgenschwer für die nationalstaatliche Souveränität sind: die Kooperationen zwischen EU und Nationalstaaten einerseits sowie die Kooperationen innerhalb gesellschaftlicher Verhandlungssysteme andererseits (beispielhaft dazu: Scharpf 1988 sowie Voigt 1995).

[85] Im Herbst 1995 wurde vom Bundesinnenminister dieser Sachverständigenrat mit dem Ziel eingesetzt, Reformvorschläge für Formen und Inhalte des Staatshandelns zu erarbeiten. Kernpunkte der Vorschlagsliste sind die Einführung einer konsequenten Erforderlichkeitskontrolle für die Gesetzgebung im bundesstaatlichen wie europäischen Zusammenhang und eine Beschleunigung von Planungs- und Genehmigungsverfahren, durchgreifende Verwaltungsmodernisierungen im Hinblick auf eine betriebswirtschaftliche Kosten-Nutzen-Rechnung, Maßstäbe von Dienstleistungsunternehmen für die Handlungsrealität von Verwaltungen sowie eine möglichst große Eigenverantwortlichkeit der Einzelbehörden (z.B. u.a. Globalhaushalt) sowie eine Reduzierung der Aufgaben, die vom Staat wahrgenommen werden (Bundesinnenministerium (Hrsg.) 1996).

geschaffenen Möglichkeiten und empfahl deren weitgehende Ausschöpfung. Darüber hinaus forderte der Sachverständigenrat eine konsequente Rückbesinnung auf das Prinzip getrennter Verantwortlichkeiten im föderalen Staatsaufbau. „Ein Beispiel hierfür ist die Mischfinanzierung zwischen Bund und Ländern bzw. zwischen Kreisen und Gemeinden. Sie ist eine Quelle erheblicher Bürokratie und erschwert die Zuordnung eindeutiger Verantwortlichkeiten. Dem föderalen Aufbau und damit dem Subsidiaritätsprinzip würde es vielmehr entsprechen, wenn man die Mischfinanzierung soweit wie möglich zurückführt. Damit bekämen Aufgaben wie Wohnungsbau, Hochschulbau oder Wirtschaftsförderung wieder einen echten politischen Gehalt bei den Ländern, die ihnen neue Gestaltungsmöglichkeiten eröffnen" (Bundesinnenministerium (Hrsg.) 1996: 2 unter: Gemeinsame Ziele für Bund und Länder zur Verwaltungsmodernisierung. Hervorh. i. O.).[86]

Die Hauptrisiken des kooperativen Föderalismus liegen in seinen einschränkenden Wirkungen politischer Legitimität durch das Versagen der vorgesehenen Kontrollmechanismen sowie in seiner z. T. damit verbundenen besonderen Rolle im Hinblick auf durchgreifende politische Reformen. Ein Beispiel der jüngeren Geschichte belegt die Gefahr des Kontrollverlustes mit erschreckender Deutlichkeit: der „Bundesrats-Coup" des damaligen Bundeskanzlers Gerhard Schröder im Jahr 2000. Am 6. Juli 2000 verabschiedete der deutsche Bundestag eine Steuerreform, die in Stufen bis 2005 eine Senkung des Eingangs- sowie Höchststeuersatzes und eine Anhebung des Grundfreibetrages vorsah. Weder SPD noch CDU/CSU hatten zu dieser Zeit die notwendige Mehrheit von 35 der 69 Stimmen im Bundesrat. Allerdings gab es eine Gruppe von Bundesländern, die sich in den Koalitionsverträgen ihrer Regierungen zur Stimmenthaltung verpflichtet hatte („neutraler Block": Rheinland-Pfalz (SPD/F.D.P), Berlin (CDU/SPD), Brandenburg (SPD/ CDU) je 4 Stimmen, Bremen (SPD/CDU) 3 Stimmen). Gerhard Schröder trat mit den Regierungen dieser Länder in bilaterale Verhandlungen ein, in denen er die erhofften Ja-Stimmen mit Versprechungen „erkaufte": Rheinland-Pfalz versprach er zusätzliche Mittelstandsförderung, Brandenburg Millionenzuschüsse für Infrastruktur sowie auch Mecklenburg-Vorpommern, Berlin 20 Millionen DM für die Renovierung des Olympiastadions, Bremen sagte er in einem Brief zu, dass es im neu geregelten

---

[86] In ähnlicher Weise hat auch der Deutsche Industrie- und Handelstag Reformen des Bund-Länderverhältnisses und insbesondere eine Neuordnung der Ausgaben- und Einnahmenkompetenzen gefordert: „Durch Aufgaben- und Kompetenzüberschneidungen vor allem zwischen Bund und Ländern werden politische Abstimmungsprozesse erschwert und notwendige Reformen blockiert. Ein Symptom dieser Überschneidungen sind z.B. Verschiebungen von Aufgaben, Kosten und Einnahmen zwischen Bund und Ländern mit dem Ziel, auf Kosten der jeweils anderen Ebene das eigene Budget zu entlasten. Um eine Äquivalenz von Aufgaben und Einnahmen zu schaffen, ist konsequenterweise eine Reform des Finanzausgleichs zwischen Bund, Ländern und Gemeinden nötig und die Steuerhoheit und jeweilige Aufteilung bestimmter Steuerarten neu zu ordnen. (...) Nur die Zusammenfassung von Ausgaben- und Einnahmenkompetenz kann gewährleisten, daß – z.B. im Bereich der Verkehrsinfrastruktur – ökonomisch sinnvolle und den Präferenzen der Bürger entsprechende Entscheidungen getroffen werden" (DIHT 1996: 11).

Länder-Finanzausgleich und im Rahmen der Steuerreform nicht schlechter als bisher gestellt würde. Die Zustimmung der Länder zur Steuerreform im Bundesrat erfolgte anschließend am 14. Juli 2000 mit 41 von 69 Stimmen. Das Gros der Versprechen des Kanzlers blieb allerdings anschließend unerfüllt.

Politische Reformen wurden in diesem Fall also durch Extremformen des kooperativen Föderalismus möglich. Je nach parteipolitischer Mehrheitsgestaltung im Verhältnis zwischen Bundesregierung und Bundesrat kann aber die Doppelfunktion der Bundesratsmitglieder – sie sind zugleich Länder- und Parteienvertreter – auch die Blockade von Entscheidungen hervorrufen (Lehmbruch 2000). Generell ist davon auszugehen, dass die Wahrscheinlichkeit von Reformen mit der ansteigenden Zahl von Vetospielern – und dazu gehören im Bundesstaat auch die Länder – abnimmt (Schmidt, Manfred G. 2005: 55).

4.4 Vertikaler und horizontaler Finanzausgleich

Bei den Beratungen des Grundgesetzes im Jahr 1948 und 1949 war insbesondere die Frage nach der Finanzverfassung des zukünftigen deutschen Weststaates eine mit Vehemenz zwischen den deutschen Parteien, Ländern und den Alliierten diskutierte (vgl. dazu Kap. 1). Im Grundgesetz wurde die Finanzhoheit zwischen Bund, Ländern und Gemeinden in den Artikeln 104a bis 109 GG geregelt. Art. 110 bis 115 GG formulieren darüber hinaus allgemeine Grundsätze der Haushaltswirtschaft des Bundes.

Im Rahmen eines Finanzausgleichssystems wird der Tatsache Rechnung getragen, dass die Einnahme- und Ausgabenstruktur im föderalen Staatsaufbau nicht auf allen Ebenen und auch nicht in den unterschiedlichen Mitgliedsländern gleich ist. Zur Wahrnehmung der Staatsaufgaben auf allen Ebenen der staatlichen Organisation einerseits und zum Ausgleich unterschiedlicher Finanzkraft und damit der Sicherung der Einheitlichkeit der Lebensverhältnisse andererseits (Art. 72 II sowie Art.106 II GG) werden die Geldströme zwischen den staatlichen Ebenen und unter den Ländern daher korrigiert. Der Tatsache, dass der bundesdeutsche Föderalismus sowohl nach dem Prinzip der Kompetenztrennung als auch nach dem der Kompetenzverflechtung (vgl. Abschn. 4.2) organisiert ist, entspricht das Verfahren bei der Verteilung des Steueraufkommens. So gibt es einerseits das Trennsystem (Art. 106 I und II GG) und andererseits das Verbundsystem (Art. 106 III GG), das v.a. mit dem „großen Steuerverbund" aus dem Jahr 1969 begründet wurde, und darüber hinaus für die Wahrnehmung bestimmter Aufgaben ein Mischsystem (Laufer 1992: 150). Diese Prinzipien der Verteilung wirken sich v.a. in den folgenden drei fiskalischen Instrumenten aus:

1. im vertikalen Finanzausgleich, d.h. durch das System der Verteilung von Steuereinnahmen zwischen Bund und Ländern,

2. im horizontalen Finanzausgleich, d.h. durch die Verteilung und Umverteilung des Steueraufkommens unter den Ländern,
3. in Formen der Mischfinanzierung durch Bund und Länder im Rahmen der Gemeinschaftsaufgaben (Art. 91a, 91b sowie 104a GG).

Nach Art. 106 GG stehen dem Bund im Rahmen des vertikalen Finanzausgleichs reine Bundessteuern (vgl. Abb. 16), Anteile an den Gemeinschaftssteuern (Lohn-, Einkommens-, Körperschafts- und Umsatzsteuer) sowie ein Anteil an der Gewerbesteuerumlage zu.

Den Ländern stehen danach die reinen Ländersteuern (vgl. Abb. 16), ein Anteil an den Gemeinschaftssteuern sowie ein Anteil an der Gewerbesteuerumlage zu. Insbesondere bei der Verteilung des Umsatzsteueraufkommens zwischen Bund und Ländern hat es in den letzten Jahren immer wieder Änderungen gegeben, die unter anderem im Zusammenhang mit der Aufteilung der Folgekosten der deutschen Einheit stehen. So bekam der Bund 1995 durch die Einbeziehung der neuen Länder in den Finanzausgleich nur noch einen Anteil von 56 und die Länder von 46 Prozent von der Umsatzsteuer. Nach einer weiteren Senkung des Bundesanteils an der Umsatzsteuer ab 1996 erhielt der Bund ab 1998 3,64% und ab 1999 5,63% des Umsatzsteueraufkommens vorab für zusätzliche Zuschüsse zur Rentenfinanzierung.[87] Nach mehrmaligen Änderungen beläuft sich der Länderanteil am Aufkommen der Umsatzsteuer seit 1996 auf Grund der schwachen Finanzkraft der neuen Länder und einer Veränderung der Kindergeldzahlungen auf 49,5% (Renzsch 2004: 385).[88]

Den Gemeinden schließlich stehen die reinen Gemeindesteuern also insbesondere die Realsteuern (Grund- und Gewerbesteuern) (vgl. Abb. 16), ein Anteil an der Einkommens- und Lohnsteuer sowie durch Landesgesetzgebung zu bestimmende Steuerzuweisungen zu.

---

[87] Weitere Vorabzahlungen erhalten seit 1998 auch die Gemeinden in Höhe von 2,2 Prozent als Kompensation für Steuerausfälle aus der Unternehmenssteuerreform.
[88] Auf Grund der Übernahme der Annuitäten des Fonds Deutsche Einheit durch den Bund ab dem 1.1.2005 erhält der Bund jährlich zusätzlich zu den 50,5% Umsatzsteueraufkommen einen Festbetrag von in Höhe von 2.322 Mio. Euro und ab dem Jahr 2010 in Höhe von 1.323 Mio. Euro (Gesetz über den Finanzausgleich zwischen Bund und Ländern, Stand vom 5. Januar 2005, §1).

Abbildung 16: Die Aufteilung der Steuereinnahmen

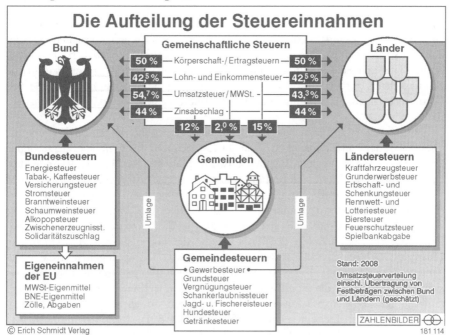

Der Tatsache, dass die Bundesländer an Fläche, Bevölkerungszahl, Wirtschaftsstruktur sowie Wirtschaftskraft sehr unterschiedlich sind, wird im horizontalen Finanzausgleich Rechnung getragen, der in Art. 107 II GG geregelt ist. „In ihm verwirklicht sich das bündische Prinzip des Einstehens füreinander, das sowohl im Verhältnis von Bund und Ländern als auch im Verhältnis der Länder untereinander gilt" (Laufer 1992: 156).

Entsprechend ist der Bund verpflichtet einen angemessenen Ausgleich zwischen leistungsstarken und leistungsschwachen Ländern herzustellen (Art. 107 II), dies geschieht mit dem Länderausgleichsgesetz, das zwar Bundesgesetz, jedoch zustimmungspflichtig ist (vgl. dazu Gesetzgebung in Kap. 6).

Grundlage bei der Festlegung der Leistungskraft eines Landes, die dann anschließend im Vergleich zur Durchschnittsfinanzkraft der Länder die Basis für die Umverteilung bildet, sind die Einnahmen in Relation zur Einwohnerzahl. „Einbezogen in diesen Finanzkraftvergleich werden die im Ausgleichsjahr zugeflossenen Einnahmen der Länder aus ihrem Anteil an der Einkommens- und Körperschaftssteuer, aus ihrem Anteil an der Gewerbesteuerumlage, aus den Landessteuern, der Spielbankabgabe und der bergrechtlichen Förderabgabe (z.B. für Ölförderung in der Nordsee) sowie die für das Ausgleichsjahr festgestellten Anteile an der Umsatzsteuer. Einbezogen werden außerdem die Steuereinnahmen der Gemeinden" (Laufer 1992: 156).

Insbesondere im Verlauf der 80er Jahre gab es eine Reihe von Klagen vor dem Bundesverfassungsgericht zu den in den Finanzausgleich einzubeziehenden Einnahmen sowie zum Modus der Umverteilungsberechnung. So geht z.B. der Einbezug der Förderabgabe in seiner heutigen Form auf eine solche Klage gegen das Land Niedersachsen zurück, das sich weigerte, seine Einnahmen aus der Vergabe von Förderrechten als Steuereinnahmen zu akzeptieren (mehr dazu Exler 1991 sowie Renzsch 1991).[89]

Der horizontale Finanzausgleich kann nicht die vollkommene Nivellierung der Finanzkraft der Länder anstreben. „Sein Ziel ist vielmehr, die richtige Mitte zu finden zwischen der Selbständigkeit, Eigenverantwortlichkeit und Bewahrung der Individualität der Länder auf der einen und der soliden gemeinschaftlichen Mitverantwortung für die Existenz und Eigenständigkeit der Bundesgenossen auf der anderen Seite (BVerfGE 72, 398)" (n. Laufer 1992: 156). Kritiker des Finanzausgleichssystems bemängeln hingegen, dass sich die Finanzkraft trotz der Umverteilung nur in wenigen Ländern verbessert hat. Mit der Einbeziehung der neuen Länder ab 1995 in den Finanzausgleich änderte sich zudem das Verhältnis von Empfänger- und Geberländer von 5 zu 3 auf nun 16 zu 5 (vgl. auch Abb. 17). Dieses Ungleichgewicht wirkt sich verstärkt aus, da die zu erbringenden Leistungen sich nicht nach der Leistungsfähigkeit der ausgleichspflichtigen Länder richtet, sondern allein nach den Fehlbeträgen der ausgleichsberechtigten Länder (Renzsch 2004: 391).

In den 90er Jahren forderten vor allem Landespolitiker von Baden-Württemberg und Bayern, aber auch Hessen sowie Vertreter unterschiedlicher Parteien (dazu Margedant 2003) eine Neustrukturierung des Systems, da die „zahlenden" Länder übermäßig beansprucht würden und zudem Leistungsanreize erst durch einen Wettbewerbsföderalismus gesetzt werden können. Weiterhin wurde argumentiert, dass der Länderfinanzausgleich zu einer „Übernivellierung" im Finanzaufkommen der Länder und zu einer nicht zu rechtfertigenden Änderung in der Finanzkraftreihenfolge führe.

---

[89] Eine ganz wesentliche Rolle im Zusammenhang der Festlegung von Bund- und Länderzuständigkeiten in der Verteilung des Finanzaufkommens hat auch die sogen. „Albrecht-Initiative" gespielt. Mit dem Ziel der stärkeren Verteilung strukturell verursachter Kosten brachte der niedersächsische Ministerpräsident Albrecht 1988 für Niedersachsen zusammen mit den Ländern Berlin, Bremen, Hamburg, Nordrhein-Westfalen, dem Saarland und Schleswig-Holstein einen Gesetzesantrag „Zur Änderung des Bundessozialhilfegesetzes und des Gesetzes über den Finanzausgleich zwischen Bund und Ländern" ein. Danach sollte der Bund in Zukunft die Hälfte der Sozialhilfeaufwendungen der Länder und Gemeinden finanzieren, dafür sollten die Länder dem Bund 4% ihres Umsatzsteueranteils abtreten. Die Initiative passierte zwar gegen die Stimmen der süddeutschen Länder den Bundesrat, stieß aber im Bundestag auf Widerstand bei den Regierungsparteien. Im Herbst 1988 einigte man sich auf einen Kompromiss: Ein Strukturfonds (2,4 Mrd. DM jährlich, für 10 Jahre) wurde für die Länder eingerichtet, die von ihren Etatproblemen her nicht in der Lage sind, Strukturschwächen und Arbeitslosigkeit zu überwinden (George/Holtmann 1988: 205 sowie Exeler 1991: 83/84).

Abbildung 17: Die Ergebnisse des Finanzausgleichs (Länderfinanzausgleich im engeren Sinn) in Mrd. € (Bayerisches Staatsministerium der Finanzen 2005: 26)

Land	1990	1994	1995	2001	2002	2003	2004
Hessen	-0,7	-0,9	-1,1	-2,6	-1,9	-1,9	-1,5
Baden-Württemberg	-1,3	-0,2	-1,4	-2,1	-1,6	-2,2	-2,1
Bayern	0	-0,4	-1,3	-2,3	-2,0	-1,9	-2,3
Hamburg	0	0,1	-0,1	-0,3	-0,2	-0,7	-0,6
Nordrhein-Westfalen	-0,1	0,1	-1,7	-0,3	-1,6	-0,1	-0,2
Schleswig-Holstein	0,3	0,1	-0,1	0,1	0,1	0	0,1
Saarland	0,2	0,2	0,1	0,1	0,1	0,1	0,1
Rheinland-Pfalz	0,3	0,4	0,1	0,2	0,4	0,3	0,2
Bremen	0,3	0,3	0,3	0,4	0,4	0,3	0,3
Mecklenburg-Vorpommern	-	0	0,4	0,4	0,4	0,4	0,4
Niedersachsen	1,0	0,5	0,3	1,0	0,5	0,4	0,4
Brandenburg	-	0	0,5	0,5	0,5	0,5	0,5
Thüringen	-	0,1	0,5	0,6	0,6	0,5	0,5
Sachen-Anhalt	-	0,1	0,6	0,6	0,6	0,5	0,5
Sachsen	-	-0,1	0,9	1,0	1,0	0,9	0,9
Berlin	-	-	2,1	2,7	2,7	2,6	2,7
Ausgleichsvolumen zusammen	2,0	1,5	5,7	7,6	7,4	6,6	6,7

Das Bundesverfassungsgericht hat nach 1986 und 1992 im November 1999 zum dritten Mal über den Länderfinanzausgleich entschieden. Doch während es zuvor eher Kritik im Detail übte, setzte es dem Gesetzgeber nun eine Frist für eine systematische Neugestaltung des Finanzausgleichsgesetzes in zwei Stufen bis Ende 2002 bzw. 2004 (2 BvF 2/98 v. 11.11.1999). Danach war in einer ersten Stufe ein Gesetz zu verabschieden, das Maßstäbe für die Verteilung im vertikalen und horizontalen Steuerausgleich benennt (Maßstäbegesetz vom 9. September 2001, BGBl I 2302).

Nach dem „Gesetz über den Finanzausgleich zwischen Bund und Ländern" (Stand vom 5. Januar 2005), welches zum 1.1.2005 in Kraft getreten ist, ist ein Ausgleich der Steuerkraft in zwei Stufen – zunächst durch Umsatzsteuervorwegabzug und durch Ausgleichszahlungen unter den Ländern anzustreben. Die Höhe der Zuwendungen bzw. Abgaben richtet sich dabei nach dem Unter- bzw. Überschreiten des Landesdurchschnitts, wobei diese mit Annäherung an den Durchschnitt kontinuierlich abnehmen.[90] Neu eingefügt wurde eine Anreizprämie für die Zahlerländer, nach der 12% der überproportionalen Steuereinnahmen je Einwohner gegenüber dem Vorjahr bei der Berechnung des Ausgleichstarifs unberücksichtigt bleiben. Darüber hinaus wurde die durchschnittliche Abschöpfung der Geberländer auf 72,5% der Überschüsse begrenzt (BT-Drucks. 14/6577).

Zusätzlich zur Umverteilung des Steueraufkommens und zu den Ausgleichszahlungen unter den Ländern formuliert Art. 107 II in Satz 3 GG die Möglichkeit für den Bund, finanzschwachen Ländern aus dem Aufkommen des Bundes weitere Mittel zuzuweisen, deren Zahlung jedoch fakultativ ist. Die Zahlung von Ergänzungszuweisungen dienen zum einen zum Ausgleich verbleibender Fehlbeträge nach Länderfinanzausgleich zu 77,5% der Fehlbeträge zum Landesdurchschnitt sowie zum anderen in Form als Sonderbedarfs-Bundesergänzungszuweisungen (SoBEZ) zum Ausgleich von Sonderlasten. Hier fallen seit der Deutschen Wiedervereinigung insbesondere die teilungsbedingten Sonderlasten der neuen Länder und Berlins ins Gewicht. Der Ende 2004 ausgelaufene Solidarpakt I wurde durch die Neuregelungen des Länderfinanzausgleichs zum 1.1.2005 durch eine Neuauflage in Form des Solidarpakts II ersetzt, der bis 2020 gilt. Innerhalb dessen erhalten die neuen Länder und Berlin in den nächsten 15 Jahren linear abnehmend Finanzmittel in Höhe von insgesamt ca. 105 Mrd. Euro. Darüber hinaus erhalten die fünf ostdeutschen Länder bis 2009 jährlich insgesamt eine Mrd. Euro zum Ausgleich für Sonderlasten, die sich aus der strukturellen Arbeitslosigkeit und der Zusammenlegung von Arbeitslosenhilfe und Sozialhilfe für Erwerbstätige ergeben (Finanzausgleichsgesetz, Stand 5.1.2005, §11 Abs. 3a). Daneben wurde eine Reihe weiterer Sonderbedarfs-Bundesergänzungszuweisungen festgelegt.[91]

Neben dem vertikalen und dem horizontalen Finanzausgleich kennt die bundesrepublikanische Verfassung die Mischfinanzierung im Rahmen der Gemeinschaftsaufgaben. Diese wurden mit der Finanzreform von 1969 eingeführt und haben in der Praxis des kooperativen Föderalismus eine Reihe von Problemen geschaffen wie im letzten Abschnitt beschrieben wurde. Durch viele empirische Untersuchungen gilt es heute als belegt, dass die Gemeinschaftsaufgaben (Art. 104b GG (alt 104a IV GG) als die am weitesten fortgeschrittene Form der Politikverflechtung gelten können, jedoch wenig effektiv wirken, ja sogar zu „Überflechtungen" geführt haben (Scharpf 1994: 70 mit Verweisen auf entsprechende Untersuchungen). Sie werden als Momente der Entscheidungszentralisierung, Machtverlage-

---

[90] Siehe für die einzelnen Modalitäten zur Höhe der Abgaben bzw. Zuwendungen im Länderfinanzausgleich: BT-Drucksache 14/6577 und Finanzausgleichsgesetz (FAG), Stand vom 5. Januar 2005.
[91] Hier sind zu nennen: SoBEZ zum Ausgleich der Kosten politischer Führung und zentraler Verwaltung in Höhe von ca. 517 Mio. Euro jährlich und zur Finanzierung von Seehäfen in Hamburg, Bremen, Niedersachsen und Mecklenburg-Vorpommern in Höhe von insgesamt 38,35 Mio. Euro jährlich (BT-Drucksache: 14/6577). Von 1999 bis Ende 2004 gewährte der Bund darüber hinaus Bremen und dem Saarland SoBEZ von mehr als 6,49 Mrd. Euro zur Behebung ihrer Haushaltsnotlage (FAG, Stand vom 1.1.2004).

rung zum Bund und Aushöhlung der Budgethoheit der Parlamente stark kritisiert (Mäding 1995: 403). Zu nennenswerten Reduzierungen ist es bisher nur im Bereich der Krankenhausfinanzierung gekommen (ebenda: 403), insbesondere die Disparitäten im vereinten Deutschland stehen einem zügigen weiteren Abbau im Wege.

Die Gesetzgebungskompetenz für die Steuerverteilung, den Finanzausgleich und die Finanzverwaltung ist zwischen Bund und Ländern in Art. 105 GG geregelt. Der Bund hat die ausschließliche Gesetzgebungskompetenz über das Finanzmonopol[92] und die Zölle. Im Rahmen der konkurrierenden Gesetzgebung wird er aktiv, wenn ihr Aufkommen dem Bund ganz oder teilweise zusteht und wenn nach Art. 72 II GG ein Bedarf nach bundesgesetzlicher Regelung besteht. So nimmt der Bund die Gesetzgebungskompetenz in den folgenden Bereichen wahr:

- bei der Verteilung der Umsatzsteuer zwischen Bund und Ländern (Art. 106 III GG),
- bei der Festlegung des Gemeindeanteils an der Einkommensteuer sowie der Einführung eines Hebesatzrechtes der Gemeinden für diesen Anteil (Art. 106 V GG),
- bei der Festlegung der Beteiligung von Bund und Ländern am Gewerbesteueraufkommen durch Umlage (Art. 106 VI GG),
- bei der Abgrenzung und Zerlegung des örtlichen Steueraufkommens sowie beim Finanzausgleich (Art. 107 GG),
- bei Gesetzen bezüglich des Aufbaus der Landesfinanzbehörden und der Ausbildung der Steuerbeamten (Art. 108 II GG),
- bei der Festlegung der Zusammenarbeit von Bund und Ländern in der Finanzverwaltung (Art. 108 IV) sowie des von den Landesverwaltungen anzuwendenden Verfahrens (Art. 108 V GG) sowie
- bei der Finanzgerichtsbarkeit (Art. 108 VI GG).

Den Ländern steht die Gesetzgebungskompetenz zu, sofern die Voraussetzungen für die konkurrierende Gesetzgebung des Bundes nicht zutreffen oder dieser von seinem Recht keinen Gebrauch macht und schließlich für die örtlichen Verbrauchs- und Aufwandsteuern, sofern sie nicht schon durch Bundesrecht betreffend gleichartige Steuern geregelt sind. Darüber hinaus steht den Ländern in der Tradition des Art. 137 GG (Weimarer Verfassung) die Gesetzgebungskompetenz für die Kirchensteuer zu (Art. 140 GG). Die Gemeinden haben das Hebesatzrecht bei den Realsteuern (Gewerbe- und Grundsteuer).

---

[92] Dazu gehört auch das Branntweinmonopol, das von der Bundesmonopolverwaltung für Branntwein verwaltet wird. Seine Arbeit konzentriert sich heute auf die Sammlung und Verwertung von Agraralkohol. Es wurde 1919 als umfassendes Finanzmonopol eingeführt.

Abbildung 18: Gesetzgebungskompetenz von Bund und Ländern in der Steuergesetzgebung

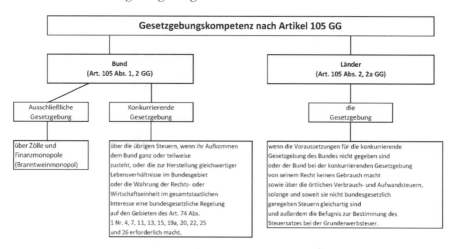

Die Steuereinnahmen von Bund, Ländern, Gemeinden und EU stellten sich insgesamt im Jahr 2004 folgendermaßen dar:

Abbildung 19: Aufteilung des Steueraufkommens 2004 in Mrd. € (Bayerisches Staatsministerium der Finanzen 2005: 10)

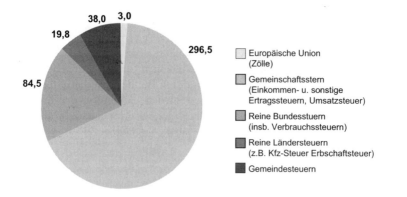

4.5 Die Länder im Prozess der deutschen Einheit

Die im Jahr 1945 gegründeten Länder Sachsen, Sachsen-Anhalt, Thüringen, Brandenburg und Mecklenburg wurden im Juli 1952 mit dem „Gesetz über die weitere Demokratisierung des Aufbaus und der Arbeitsweise der staatlichen Organe in den Ländern der DDR" abgeschafft und durch 14 Bezirke mit durchschnittlich 15 Kreisen ersetzt. Mit dem „Ländereinführungs-Gesetz" beschloss die Volkskammer der DDR am 22. Juli 1990 die Wiedereinführung der Länder Sachsen, Sachsen-Anhalt, Brandenburg, Thüringen und Mecklenburg-Vorpommern mit Wirkung zum 14. Oktober 1990 (vgl. dazu auch Kap. 3).

Mit dem Beitritt der DDR zum Geltungsbereich des Grundgesetzes wurden die Länder am 3. Oktober 1990 Teile der Bundesrepublik Deutschland, Landtagswahlen fanden am 14. Oktober 1990 statt. In der Zeit zwischen dem 3. Oktober und der Regierungsbildung in den Ländern nahmen entsprechend Art. 15 Abs. 1 EV Landessprecher und Regierungsbevollmächtigte für die Bundesregierung und deren Weisungen unterstehend die entsprechenden Aufgaben wahr, wodurch für eine Übergangsfrist die bundesstaatliche Ordnung suspendiert wurde (Schneider 1992: 249).

Mit der Erweiterung der ehemals elf auf sechzehn Länder wurde der Föderalismus neben den Herausforderungen, die der europäische Einigungsprozess mit sich brachte, auf die ernsteste Probe seit seinem Bestehen gestellt (Benz 1993a/ Hesse 1993/Schultze 1993). Insbesondere aber hat das Faktum der Vereinigung und haben die auf Dauer nur langsam auszugleichenden Disparitäten zwischen den ost- und den westdeutschen Ländern die Möglichkeiten der Entflechtung von Bund- und Länderzuständigkeiten und insbesondere einer Rückführung der Bundesdominanz erheblich in die Zukunft verschoben.

Zum Zeitpunkt des Beitritts waren die Grundstrukturen der neuen Landesverwaltungen bereits weitgehend festgelegt sowie wesentliche Sach- und Personalentscheidungen getroffen (Schneider 1992: 248). Auf die Gestaltung des Einigungsprozesses und die Ausformulierung des Einigungsvertrages konnten die ostdeutschen Länder bzw. die Gebiete der zum 14. Oktober 1990 zu gründenden Länder nahezu gar keinen und die westdeutschen Länder nur sehr geringen Einfluss nehmen.[93] Gleichwohl wurde aber mit dem Einigungsvertrag eine Reihe von Bestimmungen beschlossen, die die Länder ganz wesentlich betrafen. Der Grund dafür, dass die Länder mit einiger Rechtfertigung davon ausgehen konnten, dass sie eine gewisse Verhandlungsmacht im Rahmen der Einigungsverhandlungen besaßen, war die Tatsache, dass der Vertrag Grundgesetzesänderungen beinhalten würde, für die die Zustimmung der Länder mit Zwei-Drittel-Mehrheit im Bundesrat notwendig werden würde. Entsprechend verfassten die Länder die „Eckpunkte der Länder für

---

[93] Nach massivem Protest waren die westdeutschen Länder mit vier Vertretern an den Beratungen des Einigungsvertrages beteiligt worden, die ostdeutschen gar nicht (Schneider 1992: 248).

die bundesstaatliche Ordnung im vereinten Deutschland", in denen sie die „ihrer Stellung in der Verfassung gemäße gleichgewichtige Verantwortung" für den Einigungsprozess betonten (n. Albert 1992: 22). Die von den Ländern angeregten Änderungen wurden jedoch nur z.T. und – was den Länderfinanzausgleich anging – nicht in der von ihnen erhofften Weise in den Einigungsvertrag aufgenommen. Vielmehr wurde auch hier der Weg der „Zweiteilung der Verfassungsdiskussion" (vgl. Kap. 3) verfolgt und die Behandlung der Fragen, die dann schließlich von der „Gemeinsamen Verfassungskommission des Bundestages und des Bundesrates" in den Jahren 1993 und 1994 beraten wurden, wurde vertagt.

Die länderbezogenen Regelungen des Einigungsvertrages lassen sich folgendermaßen zusammenfassen:

1. Mit Art. 1 EV wurde der Geltungsbereich des Grundgesetzes nach dem Beitritt der DDR auch auf die neuen Länder übertragen.
2. Mit dem „Staatsvertrag zur Währungs-, Wirtschafts- und Sozialunion" (vgl. Kap. 3) sowie dem Einigungsvertrag wurden die neuen Bundesländer in die bundesstaatliche Finanzordnung einbezogen. Dies geschah aber mit einer Reihe von Ausnahmebestimmungen, die in Art. 7 EV ausgeführt wurden. Schon mit der Währungs-, Wirtschafts- und Sozialunion war eine Fortschreibung des Verhältnisses von 65% zu 35% bei der Verteilung der Umsatzsteuer zwischen Bund und Ländern bis Ende 1992 festgesetzt worden. Mit Art. 7 II EV wurden Ausnahmen bei der Verteilung des Umsatz- und Einkommenssteueraufkommens zwischen Bund und Ländern festgelegt. Bei der Verteilung des Umsatzsteueraufkommens unter den Ländern wurde von den westdeutschen Ländern durchgesetzt, dass die ostdeutschen Länder erst in Stufen von 1991 bis 1994 in den vorgesehenen Verteilungsmodus aufgenommen werden. Dies führte dazu, dass die ostdeutschen Länder 1991 nur 55% des ihnen eigentlich zustehenden Aufkommens bekamen und 1994 nur 70%. Die westdeutschen Länder sahen darin einen berechtigten Ausgleich für die von ihnen zu erbringenden Leistungen im Rahmen des Fonds „Deutsche Einheit" (vgl. dazu Kap. 3). Erst ab 1995 sollte eine vollständige Einbeziehung der ostdeutschen Länder in den bundesrepublikanischen Finanzausgleich erfolgen. (Ab 1991 wurde Ostdeutschland jedoch schon in die Verteilung des Länderanteils bei der Umsatzsteuer eingeschlossen).
3. Die ostdeutschen Länder wurden in die im Grundgesetz vorgesehenen Maßnahmen zur Wirtschaftsförderung unter Berücksichtigung der Zuständigkeiten der Europäischen Gemeinschaften einbezogen (Art. 28 EV). Das hieß, dass seitdem das Institut der Gemeinschaftsaufgabe (Art. 91a und b GG) sowie die Mischfinanzierung (104a GG) auch für die neuen Bundesländer galten.
4. V.a. auf Druck der großen westlichen Bundesländer wurde mit dem Einigungsvertrag (Art. 3 III EV) die Stimmenverteilung der Länder im Bundesrat geändert (Art. 51 II GG). Die kleinen Länder haben seitdem mindestens drei

Stimmen, die anderen Länder je nach Einwohnerzahl vier, fünf oder sechs Stimmen. Damit erhielten die vier großen Bundesländer Nordrhein-Westfalen, Bayern, Baden-Württemberg und Niedersachsen mit 24 von insgesamt 68 Stimmen eine Sperrminorität.[94]

Das Bund-Länder-Verhältnis hat – so wie schon im Art. 5 EV unter Bezug auf den Eckwertebeschluss der Ministerpräsidentenkonferenz vom 5. Juli 1990 formuliert – für die Beratungen und v.a. das Ergebnis der Verhandlungen der Gemeinsamen Verfassungskommission eine erhebliche Rolle gespielt. In der Tendenz wurden aber hier eher die Erfahrungen und Erwartungen der Länder im Hinblick auf die Gestaltung der Politik im europäischen Einigungsprozess als in Bezug auf den deutschen Einigungsprozess verarbeitet. Teilweise wurden Grundgesetzesänderungen, die durch die Unterzeichnung des Vertrages von Maastricht notwendig geworden waren, schon während der Kommissionsberatungen im Bundestag und Bundesrat verabschiedet.

Im Zusammenhang der Frage nach den Konsequenzen und Voraussetzungen des europäischen Einigungsprozesses wurde in der Kommission insbesondere der Frage nachgegangen, welche Auswirkungen der Integrationsprozess auf die bundesstaatliche Ordnung der Bundesrepublik Deutschland haben würde und welche Rolle den Ländern darin zukommt (BT-Drucks. 12/6000: 19). V.a. mit dem von der Kommission so empfohlenen und später in das Grundgesetz eingefügten neuen Art. 23 GG erhielten die Länder umfangreiche Kompetenzen im Rahmen der europäischen Gesetzgebung, die zuvor als Außenpolitik gehandhabt worden war und somit in die alleinige Bundeszuständigkeit gefallen war. Mit ihm wurden aber auch die föderativen Grundsätze und das Subsidiaritätsprinzip als Handlungsnormen der europäischen Politik festgelegt. Mit Art. 24 GG n.F. haben die Länder nun das Recht zur Übertragung von Hoheitsrechten auf grenznachbarschaftliche Einrichtungen, sofern Belange betroffen sind, für die innerhalb des Föderalismus der Bundesrepublik die Zuständigkeit bei den Ländern liegt. Mit Art. 29 II und 118a GG wurden in der neuen Fassung die Kompetenzen der Länder im Zusammenhang der Länderneugliederung erweitert. Mit Art. 50 und 51 GG wurden dem Bundesrat Mitwirkungsmöglichkeiten in der europäischen Politik zugestanden.

Eine wesentliche Änderung des Bund-Länder-Verhältnisses i.S. der Eindämmung der Bundesaktivitäten hat sich mit einer verschärften Erforderlichkeitskontrolle für die Bundesgesetzgebung im Art. 72 GG ergeben. Zudem ist den Länderparlamenten in Art. 93 I GG das Klagerecht vor dem Bundesverfassungsgericht für den Fall eingeräumt worden, dass ein Gesetz ihrer Meinung nach nicht der verschärften Erforderlichkeitskontrolle entspricht. Damit wurde eine direkte Konse-

---

[94] Aus der Perspektive der neuen Bundesländer ist dies v.a. kritisiert worden, weil es somit wohl den großen „alten", aber nicht den fünf „neuen" Bundesländern möglich ist, sich gegen Verfassungsänderungen zur Wehr zu setzen (Schneider 1992: 249).

quenz aus der Tendenz zur schleichenden Entmachtung der Länderparlamente im kooperativen Föderalismus gezogen. Bezüglich des Gesetzgebungsverfahrens sind dem Bundesrat nun Rechte zur Fristverlängerung bei der Prüfung von Vorlagen eingeräumt worden (Art. 76 GG), und im Bereich des Erlasses von Rechtsverordnungen (Art. 80 GG) sind die Möglichkeiten der Länder erweitert worden (Näheres dazu BT-Drucks. 12/6000: 30ff.).

Zusammenfassend lässt sich sagen, dass die wesentlichsten Änderungen des Grundgesetzes in der Folge der Beratungen der Gemeinsamen Verfassungskommission solche zum Bestand des deutschen Föderalismus im Rahmen der Europäischen Union sowie zur Stärkung der Länderrechte im Gesetzgebungsprozess waren. Die Länder haben hier also durchaus beachtliche Erfolge erzielt. Die Einigung Deutschlands hat dafür zwar den Anlass geboten, sie war aber nicht ursächlich.

Anders stellt sich die Situation bezüglich der bundesdeutschen Finanzverfassung und deren Entwicklung in den Jahren nach der Vereinigung dar. Hier waren die Folgewirkungen der Vereinigung sowohl Anlass als auch Ursache für die Forderungen, die die Länder mit großer Vehemenz und Einheitlichkeit gegenüber dem Bund vertraten.

Ursprünglich waren die Mittel des Fonds „Deutsche Einheit" durch Art. 7 IV EV zu 85% den ostdeutschen Bundesländern direkt zugedacht worden und 15% sollten zur Erfüllung zentraler öffentlicher Aufgaben im Beitrittsgebiet verwendet werden. Am 28. Februar 1991 verzichtete der Bund zugunsten der ostdeutschen Länder im Rahmen einer Bund-Länder-Vereinbarung auf seinen 15%igen Anteil. Mit dem im März 1991 verabschiedeten „Gemeinschaftswerk Aufschwung Ost" wurden durch den Bund zusätzlich 24 Mrd. DM für 1991 und 1992 zur Verfügung gestellt.

Laut Einigungsvertrag war vorgesehen, dass die Finanzverfassung bis Ende 1994 den neuen Gegebenheiten angepasst und reformiert werden sollte. Entsprechend wurden 1993 die Beratungen über den „Solidarpakt" („Föderales Konsolidierungsprogramm") aufgenommen, der ein Maßnahmenpaket zur Finanzierung der Folgekosten der Einheit schnürte, in dessen Mittelpunkt eine Reform des Länderfinanzausgleiches stand. Zumindest im Bereich der Umsatzsteuerverteilung im horizontalen Finanzausgleich erzielten die Länder einen beachtlichen Erfolg, als ihr Anteil ab 1995 von 37% auf 44% angehoben wurde.

Im Zusammenhang des Konzepts des „kooperativen Föderalismus" stellen die Verhandlungen des „Föderalen Konsolidierungsprogramms" und der Neugestaltung des Finanzausgleiches im Jahr 1993 ein Lehrstück der Kooperation auf der dritten Ebene, der Länderzusammenarbeit, dar. Denn nicht das vom Bund vorgelegte Konzept zur vollständigen Integration der ostdeutschen Länder wurde Gesetz, sondern das von den Ländern erarbeitete. Durch das geschlossene Auftreten der Länder gegenüber dem Bund konnten diese relativ weitgehende Forderungen durchsetzen, was in vorangegangenen Finanzreformen nicht möglich gewesen war. In den Reformen von 1955 und 1969 gelang es z.B. dem Bund, die Gruppe der

Länder zu spalten und damit in stärkerem Maße Bundesinteressen durchzusetzen (Renzsch 1995: 182).

In der Summe können wir heute davon ausgehen, dass der deutsche Einigungsprozess für den Föderalismus die härteste „Nagelprobe" darstellt, die dieser jemals zu bewältigen hatte. Viele Probleme sind von einer Lösung weit entfernt, aber in der Tendenz haben der Einigungsprozess und die europäische Integration im (zufälligen) zeitlichen Zusammenhang damit zu einer Trendwende i.S. der Stärkung der Länderinteressen geführt.

4.6 Die „Mutter aller Reformen": Föderalismusreform von 2006

Das Verhältnis zwischen Bund und Ländern hat sich während des Bestehens der Bundesrepublik Deutschland dahingehend geändert, dass einerseits die Kompetenzen des Bundes ständig zugenommen haben, auf der anderen Seite aber die Länder über den Bundesrat immer stärker an der Gesetzgebung beteiligt waren. In ihrer Konsequenz führte diese Entwicklung dazu, dass der Gesetzgebungsprozess sich als zunehmend schwerfällig erwies, u. U. vorhandene Potenziale spezifischer Ländergesetzgebung aber kaum nutzbar waren. Im Bereich der Finanzen fehlt es fast vollständig an autonomen Gestaltungsmöglichkeiten der Länder, andererseits haben die Gemeinschaft der Länder und der Bund keine Möglichkeit einzugreifen, wenn ein Land sich über seine Verhältnisse verschuldet.

Im Jahr 2003 wurde daher eine gemeinsame „Kommission von Bundestag und Bundesrat zur Modernisierung der bundesstaatlichen Ordnung" eingesetzt und mit einem Auftrag zur umfassenden Neuordnung des deutschen Föderalismus versehen. In ihrem Einsetzungsbeschluss heißt es:

> „Die Kommission erarbeitet Vorschläge zur Modernisierung der bundesstaatlichen Ordnung in der Bundesrepublik Deutschland mit dem Ziel, die Handlungs- und Entscheidungsfähigkeit von Bund und Ländern zu verbessern, die politischen Verantwortlichkeiten deutlicher zuzuordnen sowie die Zweckmäßigkeit und Effizienz der Aufgabenerfüllung zu steigern, und legt diese den gesetzgebenden Körperschaften des Bundes vor.
> Die Kommission soll insbesondere
> die Zuordnung von Gesetzgebungszuständigkeiten auf Bund und Länder,
> die Zuständigkeiten und Mitwirkungsrechte der Länder in der Bundesgesetzgebung und
> die Finanzbeziehungen (insbesondere Gemeinschaftsaufgaben und Mischfinanzierungen) zwischen Bund und Ländern überprüfen. Sie soll die Fragen zur Modernisierung der bundesstaatlichen Ordnung auch vor dem Hintergrund der Weiterentwicklung der Europäischen Union und der Situation der Kommunen beleuchten" (Deutscher Bundesrat 2003: 1).

Die Kommission bestand aus je 16 Mitgliedern des Bundestages (von den Fraktionen vorgeschlagen und vom Bundestag bestimmt) und des Bundesrates (Mitglieder

der Landesregierungen). Darüber hinaus gehörten ihr beratende Mitglieder aus der Bundesregierung, aus den Landtagen, von den kommunalen Spitzenverbänden und Sachverständige an. Den Vorsitz übernahmen für den Bundestag Franz Müntefering und für den Bundesrat der bayerische Ministerpräsident Edmund Stoiber. Die konstituierende Sitzung fand am 7. November 2003 statt, die abschließende Sitzung am 17. Dezember 2004, in der die Kommission ihre Arbeit für beendet erklärte, da es ihr nicht gelungen war eine mehrheitsfähige Beschlussvorlage zu erstellen. Die unüberbrückbar erscheinenden Gegensätze konzentrierten sich auf den Bereich Bildung/ Hochschule. Hier votierte Stoiber für die ersatzlose Streichung der Bildungsplanung und der Rahmengesetzgebungskompetenz des Bundes sowie für eine Beschränkung des Bundesanteils bei der Finanzierung von Hochschulbau und Forschungsförderung auf 15 - 20%. Müntefering als Bundesvertreter dagegen strebte eine Modifizierung, keine Streichung der Bildungsplanung sowie einen Erhalt von mindestens 50% für den Bund bei der Finanzierung von Hochschulbau und Forschungsförderung an (Deutscher Bundesrat 2004: 279). Franz Müntefering kommentierte das abschließende Ergebnis der Kommissionsarbeit in der letzten Sitzung folgendermaßen: „Wir haben – wie ich finde – gut gespielt, aber leider 0: 0. Daraus muss mehr werden. Das kann es auch. Vieles von dem, was diskutiert worden ist, ist fast fertig: Von den 18 Projekten, die wir in dem gesamten Paket hatten, sind elf fertig; bei drei bis vier Projekten ist eine Verwirklichung möglich und lediglich ein oder zwei sind wohl jetzt nicht umsetzbar. In einer solchen Situation darf man nicht aufgeben. Deshalb werden Bundestag und Bundesrat und die politische Öffentlichkeit in Deutschland an diesem Thema weiter zu arbeiten haben" (Bundesrat 2004: 280).

Die „Rettung" des Einigungsstandes der Kommissionsarbeit wurde dadurch gesichert, dass es zum Koalitionsvertrag von 2005 eine Anlage 2 gab, in der die föderalismusbezogenen Arbeitsergebnisse der Koalitionsarbeitsgruppe zur Föderalismusreform, die auf den Arbeiten der Kommission aufbaute, dokumentiert wurden.

Im Jahr 2006 traten die Kabinettsentwürfe der Großen Koalition zu einem „Gesetz zur Änderung des Grundgesetzes" und zu einem „Föderalismusreform-Begleitgesetz" in die Phase der parlamentarischen Beratung. Am 30. Juni 2006 verabschiedete der Bundestag die beiden Gesetze, am 7. Juli erfolgte die Zustimmung des Bundesrates. Die Reform trat am 1. September 2006 in Kraft. Wichtige Kerninhalte sind (nach Gesetz zur Änderung des Grundgesetzes vom 28. August 2006):

- die Reduzierung der Zahl von zustimmungspflichtigen Gesetzen durch Neuregelung der Art. 84 und 104 GG;
- das Verbot für den Bund, den Gemeinden und Gemeindeverbänden durch Bundesgesetz Aufgaben aufzuerlegen (Art. 84 Abs. 1 Satz 6 und Art. 85 GG);

- der künftige Fortfall der Rahmengesetzgebung (Art. 75 GG) und die Aufteilung der Regelungsmaterie auf die ausschließliche Gesetzgebungskompetenz von Bund und Ländern oder die konkurrierende Gesetzgebung;
- die neue Zuständigkeit des Bundes in seiner ausschließlichen Kompetenz für sechs Bereiche (Melde- und Ausweiswesen, Schutz deutschen Kulturgutes gegen Abwanderung ins Ausland, Terrorismusabwehr, Waffen- und Sprengstoffrecht, Versorgung der Kriegsbeschädigten, Erzeugung und Nutzung der Kernenergie);
- die neue Zuständigkeit der Länder in ihrer ausschließlichen Gesetzgebungskompetenz in 14 Bereichen (Strafvollzug, Versammlungsrecht, Heimrecht, Ladenschlussrecht, Gaststättenrecht, Recht über Messen, Ausstellungen und Märkte, landwirtschaftlicher Grundstücksverkehr, Pachtrecht, Teile des Wohnungswesen, Siedlungs- und Heimstättenwesen, Flurbereinigung, Sport- und Freizeitlärm sowie sozialer Lärm;
- die zukünftige alleinige Zuständigkeit der Länder im Beamtenrecht (mit Ausnahme der Bundesbeamten);
- die Einschränkung der Erforderlichkeitsklausel von Art. 72 Abs. 2 GG: hier wurde die Prüfung in wichtigen Politikbereichen gestrichen, so dass der Bund hier zukünftig zweifelsfrei die Gesetzgebungskompetenz hat;
- die Ergänzung der konkurrierenden Gesetzgebung um sieben Bereiche, im Tausch dagegen bekommt der Bund die Gesetzgebung für Naturschutz und Wasserrecht;
- die Einführung eines Abweichungsrechts in der konkurrierenden Gesetzgebung, wonach die Länder in ihrer Gesetzgebung (inhaltlich beschränkt) von der Bundesgesetzgebung abweichen dürfen (Art. 72 Abs. 3 GG);
- die Zuweisung der Bildungspolitik mit Ausnahme der Regelung des Hochschulzugangs, von Hochschulabschlüssen des betrieblichen Teils der dualen Ausbildung und Abschaffung der Bildungsplanung;
- die Abschaffung der Gemeinschaftsaufgabe Hochschulbau, die bisher hier aufgewendeten finanziellen Mittel gehen zu 70% an die Länder, mit den verbleibenden 30% kann der Bund Vorhaben von besonderer überregionaler Bedeutung mitfinanzieren;
- die Schaffung der Möglichkeit gemeinsamer Förderung von Vorhaben der Wissenschaft und Forschung an Hochschulen durch Bund und Länder;

Die Neuordnung der bundesstaatlichen Finanzverfassung wurde in dieser ersten Stufe der Föderalismusreform zunächst weitgehend ausgeklammert, sie ist Ziel der Föderalismusreform II. Im ersten Schritt wurde jedoch die Haftungsverteilung zwischen Bund und Ländern in Fällen eines Fehlverhaltens im supranationalen oder völkerrechtlichen Zusammenhang festgelegt (Art. 104a Abs. 6 GG). Hier wurden die Kostenanteile von Bund und Ländern, z. B. bei Verstößen gegen den EU-Stabilitätspakt, der Umsetzung von EU-Richtlinien oder bei Verurteilung durch den Europäischen Gerichtshof für Menschenrechte ausformuliert. Besondere Bedeutung kommt dabei einer Berücksichtigung des Verursacherprinzips bezüglich der Kosten zu.

Abbildung 20: Anteil der zustimmungspflichtigen Bundesgesetze nach der Föderalismusreform

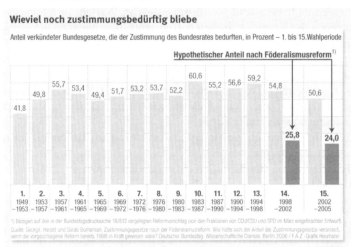

Quelle: FAZ vom 30. Juni 2006.

Erste Abschätzungen der Folgen der Föderalismusreform betonen, dass die Zuständigkeiten zwischen Bund und Ländern zwar entflochten wurden, dass aber die Schaffung des Abweichungsrechts (Art. 72 Abs. 3 GG) wieder zu neuer Verwirrung führen kann. Die fast ausschließliche Länderzuständigkeit in der Bildungspolitik stellt nicht nur vor dem Hintergrund internationaler Leistungsvergleiche in der Bildung ein Problem dar, sondern behindert u. U. auch die Mobilität von Familien in der Bundesrepublik Deutschland. Vor dem Hintergrund der familien- und bevölkerungspolitischen Herausforderungen, mit denen sich die deutsche Gesellschaft konfrontiert sieht, stellt insbesondere die aus der Policy-Perspektive dieser Politikgebiete notwendige Verbindung von Betreuung, Erziehung und Bildung durch geeignete Angebote eine unlösbar erscheinende Aufgabe dar.

Eine Kalkulation der Wirkung der Föderalismusreform auf die zukünftige Zustimmungspflicht (und damit erhoffte Vereinfachung des Gesetzgebungsprozesses) nach Politikbereichen zeigt die folgende Grafik.

Abbildung 21: Änderung der Zustimmungspflicht (in Prozent) durch die Föderalismusreform im Vergleich zu den beiden vorangegangenen Legislaturperioden (Burkhardt/Manow 2006: 8)

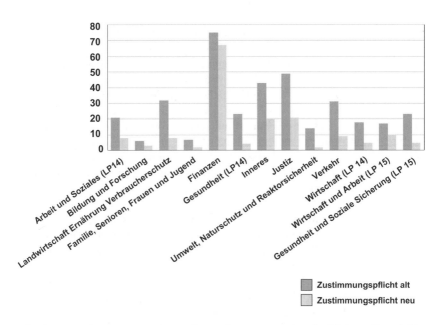

Der Sachverständigenrat zur Beurteilung der gesamtwirtschaftlichen Entwicklung begrüßt in seinem Jahresgutachten 2006 – 2007 ausdrücklich alle Maßnahmen zur Entflechtung der Kompetenzen von Bund und Ländern sowie die Abschaffung der Rahmengesetzgebung (Sachverständigenrat zur Beurteilung der gesamtwirtschaftlichen Entwicklung 2006: 340). Im Hinblick auf die Zuweisung der Bildungspolitik in die ausschließliche Länderkompetenz sieht er allerdings die Notwendigkeit der Schaffung bundeseinheitlicher Bildungsstandards (ebenda: 341). Der Erfolg der Reform „falle und stehe" jedoch mit der noch ausstehenden umfassenden Reform der föderalen Finanzverfassung, die den Ländern eine höhere Finanzverantwortlichkeit und Gestaltungsfähigkeit bringen müsse, so wird abschließend argumentiert (ebenda: 342ff.).

Mit Bundestagsbeschluss vom 15. Dezember 2006 wurde die Einsetzung der Kommission für die Föderalismusreform II beschlossen. Sie wird von dem SPD-Fraktionsvorsitzenden Struck und dem baden-württembergischen Ministerpräsidenten Oettinger geleitet. Ihr gehören seitens der Länder die sechzehn Ministerpräsidenten und seitens des Bundes vier Minister sowie zwölf weitere Bundestagsabgeordnete an. Dazu kommen vier nicht stimmberechtigte Mitglieder aus Landtagen.

Anders als bei der Föderalismuskommission I ist –zumindest laut Einsetzungsbeschluss des Bundestages– die Mitarbeit kommunaler Vertreter ohne Stimmrecht nicht vorgesehen, was zur verständlichen Kritik seitens des Deutschen Städtetages führte (FAZ vom 14. Dezember 2006: 2).

4.7 Die deutschen Länder im europäischen Integrationsprozess

Neben dem Prozess der deutschen Einigung und seinen Folgewirkungen stellte die Integration der Bundesrepublik Deutschland in die Europäische Union die zweite gewaltige Herausforderung für den Föderalismus in den 90er Jahren dar.

Mit dem Inkrafttreten des Vertrages von Maastricht zum 1. November 1993 und der damit verbundenen Geburtsstunde der Europäischen Union ist die europäische Integrationspolitik in eine grundsätzlich neue Phase eingetreten. So wurde die Europäische Union mit dem Vertrag von Maastricht auf drei Säulen gestellt. Dieses 3-Säulen Modell wurde auch in den Vertragsänderungen von Amsterdam und Nizza im Wesentlichen beibehalten und gestaltet sich wie folgt:

- Die erste Säule umfasst die Europäischen Gemeinschaften (EG, Euratom und EGKS). Wichtige Politikbereiche der Gemeinschaft sind bspw.: Zollunion, Wirtschafts- und Währungspolitik, Sozialpolitik, Jugendpolitik, Kultur, Gesundheitswesen, Verbraucherschutz, Transeuropäische Netze, Industriepolitik, wirtschaftlicher und sozialer Zusammenhalt = Kohäsion, Forschung und technologische Entwicklung, Umweltschutz und Entwicklungszusammenarbeit.
- Die zweite bezieht sich auf das Ziel der Verwirklichung einer gemeinsamen Außen- und Sicherheitspolitik (GASP) (Art. 11 – 28 EUV) und
- die dritte auf die polizeiliche und justizielle Zusammenarbeit in Strafsachen (Art. 29 – 42 EUV).[95]

Diese umfangreichen Aufgaben der EU setzen entsprechende Kompetenzen auf europäischer Ebene voraus und sind unweigerlich mit einem Kompetenzverlust auf nationalstaatlicher Ebene verbunden. Zwar wurde in Art. 5 EG-Vertrag das Prinzip der Subsidiarität[96] als konkretes Handlungsprinzip der EU formuliert,[97] gleichwohl

---

[95] Mit dem Vertrag von Amsterdam wurde die justizielle Zusammenarbeit in Zivilsachen von der intergouvernementalen 3. Säule in die supranationale 1. Säule verlagert.
[96] Das v.a. auf Drängen der deutschen Verhandlungspartner ausdrücklich aufgenommene Subsidiaritätsprinzip lässt sich nach Meinung einer Reihe von Autoren bis zum Beginn der EG aus ihren Strukturen sowie verschiedenen Vertragsbestimmungen zurückverfolgen. Diese Meinung wird auch vom Europäischen Parlament sowie von der Kommission vertreten (Calliess 1996: 31 mit vielen weiteren Belegen).
[97] Art. 5 EGV (Einzelermächtigung; Subsidiarität): „Die Gemeinschaft wird innerhalb der Grenzen der ihr in diesem Vertrag zugewiesenen Befugnisse und gesetzlichen Ziele tätig. In den Bereichen, die nicht in ihre ausschließliche Zuständigkeit fallen, wird die Gemeinschaft nach dem Subsidiaritätsprinzip nur tätig, sofern und soweit die Ziele der in Betracht gezogenen Maßnahmen auf Ebene der Mitgliedsstaaten nicht ausreichend erreicht werden können und daher wegen ihres Umfanges oder ihrer Wirkungen

bieten vertragliche und realpolitische Situation des europäischen Einigungsprozesses Anlass, von einer zunehmenden Aushöhlung nationalstaatlicher Kompetenzen auszugehen. „Im Widerspruch zum Subsidiaritätsprinzip in seiner geläufigen Interpretation als Kompetenzbegrenzungsprinzip ‚nach oben' weitet denn auch der EG-Vertrag in seinem Artikel 3 und in den 53 [47] Artikeln 117 [136] bis 130y [181a] (...) die Kompetenzen der Europäischen Union auf Bereiche aus, die nach föderalistischem Verständnis im Zuständigkeitsbereich der Einzelstaaten beziehungsweise der Kommunal- und Länderebene dieser Einzelstaaten verbleiben müssten – wie z.b. das Erziehungswesen, das ‚Kulturleben in den Mitgliedsstaaten', die Berufsausbildung, das Gesundheitswesen, der Verbraucherschutz, die Entwicklung der Regionen (..). Zudem gibt es noch als Generalklausel den Artikel 235 [308] des EG-Vertrages, der es den Organen der europäischen Zentralebene (Rat, Kommission und Europäisches Parlament) erlaubt, sich nach eigenem Gutdünken auch solche Befugnisse anzueignen, die ‚in diesem Vertrag (...) nicht vorgesehen' sind" (Bohley 1993: 37).[98]

In den vorbereitenden Beratungen des EG-Vertrages legten v.a. die deutschen Länder, die im „Europa der 12" in seiner Struktur von 1992 mit ihren weitgehenden Rechten im deutschen Föderalismus am meisten zu verlieren hatten, Wert auf die genaue Formulierung des Subsidiaritätsprinzips. Eine möglichst genaue Umschreibung des Subsidiaritätsprinzips für das Handeln der EU stellte für die Deutschen einerseits eine Garantie der Realisierung derjenigen Form von Föderalismus in Europa dar, die auch in Deutschland existiert, zum anderen bedeutete es aber für die Länder v.a. eine Absicherung ihrer Souveränitätsrechte im nationalen Zusammenhang. Faktisch führte nämlich das Entscheidungsverfahren in der EG/EU, d.h. die Rechtsetzungskompetenz des Rates dazu, dass die Entscheidungs- und Gestaltungskompetenz der Bundesregierung auch auf Bereiche ausgedehnt wurde, in denen im Binnenverhältnis des deutschen Föderalismus die Länder die Zuständigkeit besaßen. Ebenso lag die Gestaltungskompetenz für die fortschreitende europäische Integration allein beim Bund, der Hoheitsrechte durch einfaches Bundesrecht auf die EG bzw. EU übertragen konnte. Dies galt – rechtlich gesehen – auch für Regelungsbereiche, in denen nach der deutschen bundesstaatlichen Ordnung allein die Länder zuständig waren.[99]

---

besser auf Gemeinschaftsebene erreicht werden können. Die Maßnahmen der Gemeinschaft gehen nicht über das für die Erreichung der Ziele dieses Vertrages erforderliche Maß hinaus".
[98] Die Zahlen in den eckigen Klammern geben die aktuellen Artikel des EGV nach dem Vertrag von Nizza wieder. Der Wortlaut von Art. 308 EGV (Generalermächtigung) ist: „Erscheint ein Tätigwerden der Gemeinschaft erforderlich, um im Rahmen des gemeinsamen Marktes eines ihrer Ziele zu verwirklichen, und sind in diesem Vertrag die hierfür erforderlichen Befugnisse nicht vorgesehen, so erläßt der Rat einstimmig auf Vorschlag der Kommission und nach Anhörung des Europäischen Parlaments die geeigneten Vorschriften".
[99] In der politischen Praxis sind die Gesetze zu den Gründungsverträgen der EG und die Folgeverträge allerdings immer mit Zustimmung des Bundesrates erfolgt.

Schon im Rahmen der Beratungen zur Ratifikation des Gründungsvertrages der EGKS im Jahr 1951 äußerten deutsche Ministerpräsidenten ihre Befürchtung, die deutschen Länder könnten ihre politische Funktion verlieren und zu reinen Verwaltungseinheiten mutieren. Nordrhein-Westfalen brachte daher einen Gesetzesentwurf ein, der zukünftig die Ländermitwirkung auf europäische Ebene durch die Bestellung eines Länderausschusses absichern sollte, den die Bundesregierung zu hören habe. Der Versuch scheiterte. Und auch als die Länder 1957 mit der Ratifikation der Römischen Verträge das Recht auf einen Informationsanspruch (Zuleitungsverfahren) errangen, war dies ein Scheinerfolg: Art. 53 GG sah schon zuvor ein Informationsrecht für Bundesrat und Länder durch die Bundesregierung vor.

Mit dem Zustimmungsgesetz zur Einheitlichen Europäischen Akte (EEA) haben die Länder 1986 erfolgreich versucht, ihren sich abzeichnenden weiteren Kompetenzverlust durch die Forderung nach Institutionalisierung von Mitwirkungs- und Partizipationsrechten des Bundesrates auszugleichen (Schweitzer 1992). Dies geschah durch die Verankerung einer Informationspflicht der Bundesregierung im Ratifikationsgesetz gegenüber dem Bundesrat und die Ermöglichung der Teilnahme von Ländervertretern an den Verhandlungen der Kommission bzw. im Rat im Ratifikationsgesetz zur EEA bzw. im Anschluss daran. Insbesondere, wenn es um Inhalte geht, die im innerstaatlichen Verhältnis in die ausschließliche Landeskompetenz fallen, sollte der Bund zukünftig die Stellungnahme der Länder einholen und bei den Verhandlungen berücksichtigen (Bundesratsverfahren). Zur Umsetzung dieser Beteiligungsmöglichkeiten wurde durch eine Änderung der Geschäftsordnung des Bundesrates 1988 dessen EG-Kammer geschaffen. Der Bund kam im Zusammenhang der Ratifikation der EEA den Ländern auch insoweit ein Stück entgegen, als er das Ratifikationsgesetz als Zustimmungsgesetz einordnete.

Im Verlauf der zweiten Hälfte der 80er Jahre verstärkten die Länder durch den Aufbau von Länderbüros in Brüssel ihre Präsenz in der EG.[100]

Seit 1985 gab es die „Versammlung der Regionen Europas" (bis 1987 als Rat der Regionen Europas bezeichnet), die wiederum auf den schon 1951 gegründeten Rat der Gemeinden Europas zurückgeht (Hrbek/Weyand 1994: 103). In der „Versammlung der Regionen Europas" waren die deutschen Bundesländer jedoch nicht systematisch vertreten. So war 1987 z.B. nur Baden-Württemberg direktes Mitglied, während Niedersachsen, Schleswig-Holstein und Bayern indirekt über Verbände als Gründerorganisationen vertreten waren (ebenda: 18).

Im Vertrag von Maastricht wurde durch Art. 198a – c EGV die Einrichtung eines beratenden Ausschusses der Regionen (AdR) eingeführt, der im März 1994 zum ersten Mal tagte. Zusammensetzung, Organisation und Aufbau sind nach dem

---

[100] Schon zuvor gab es den auf eine Absprache zwischen dem Bundesaußenministerium und den Regierungen von Bayern und Baden-Württemberg im Jahre 1956 zurückgehenden „Länderbeobachter", der von der Ministerpräsidentenkonferenz bestellt wurde und als passives Mitglied an den Beratungen der deutschen Ratsdelegation teilnehmen durfte (Hrbek/Weyand 1994: 91).

Vertrag von Nizza in den Artikeln 263-265 EGV festgelegt. Aktuell ist der AdR mit 317 Vertretern lokaler und regionaler Gebietskörperschaften besetzt. Nachdem zum 1. Januar 2007 Bulgarien und Rumänien der EU beitreten sind, hat sich die Anzahl der Mitglieder des AdR auf 344 erhöht. Er ist in sechs Fachkommissionen[101] untergliedert und soll gewährleisten, „daß die dem Bürger am nächsten stehenden öffentlichen Körperschaften – vertreten z.b. durch Bürgermeister, Stadt- und Landräte sowie Ministerpräsidenten – zu Vorschlägen der Europäischen Union (EU) gehört werden, die für sie von unmittelbarem Interesse sind, insbesondere dann, wenn sie für die Umsetzung der beschlossenen Maßnahmen zuständig sind" (Ausschuss der Regionen 1996 (Hrsg.): 2). In der Realität kommt dem Ausschuss allerdings auf Grund der faktischen Beschränkung auf eine nur beratende Funktion eine recht bescheidene Bedeutung zu.

Für die europäischen Nationalstaaten bedeutete die weitgehende Kompetenzübertragung an die Europäische Union, dass sie in ihren nationalstaatlichen Verfassungen Anpassungen entsprechend der Inhalte des Vertrages vornehmen mussten. In der Bundesrepublik Deutschland kam es so mit dem „Gesetz zur Änderung des Grundgesetzes v. 21. Dezember 1992" (BGBl. 1992 I S. 2086) zu umfangreichen Grundgesetzesänderungen (vgl. dazu auch Kap. 3). In den Verhandlungen, die der Ratifizierung des EG-Vertrages (Bundestag: 2. Dezember 1992 und Bundesrat: 18. Dezember 1992) vorausgingen, hatten die Bundesländer versucht, ihre Position im Rahmen der europäischen Politik zu stärken. Ausdruck dafür ist die Tatsache, dass das Vertragsgesetz zum EG-Vertrag (28. Dezember 1992) u.a. mit zwei Begleitgesetzen zur Ausgestaltung der EU-Politik im Rahmen des deutschen Föderalismus verbunden war.[102] Wesentliche Grundgesetzesänderungen mit Bezug zur Ländermitwirkung im europäischen Gesetzgebungsprozess waren zuvor schon erfolgt (Art. 23 GG, Art. 24 GG, Art. 45 GG, Art. 50 GG, Art. 52 III). Die wichtigste Änderung war diejenige von Art. 23 GG. Der Artikel, der in seiner alten Fassung 1990 den Beitritt der fünf ostdeutschen Länder zum Geltungsbereich des Grundgesetzes ermöglicht hatte, wurde nun zum zentralen Artikel der Gestaltung von Bund-Länder-Kooperation im europäischen Raum. Er nimmt Bezug auf das Staatsziel der Verwirklichung eines Vereinten Europas und sichert die Erhaltung der bestehenden normativen und organisatorischen Struktur zu: „Zur Verwirklichung eines vereinten

---

[101] 1. Kohäsionspolitik (COTER)/2. Wirtschafts- und Sozialpolitik (ECOS)/3. Nachhaltige Entwicklung (DEVE)/4. Kultur, Bildung und Forschung (EDUC)/5. Konstitutionelle Fragen und Regieren in Europa (CONST)/6. Außenbeziehungen (RELEX)
(http://www.cor.europa.eu/de/presentation/fact_sheet.htm; letzter Zugriff am 8.8.2006)

[102] „3. Gesetz über die Zusammenarbeit von Bundesregierung und Deutschem Bundestag in Angelegenheiten der Europäischen Union" vom 12. März 1993/„4. Gesetz über die Zusammenarbeit von Bund und Ländern in Angelegenheiten der Europäischen Union" vom 12. März 1993/und später: „5. Vereinbarung zwischen der Bundesregierung und den Regierungen der Länder über die Zusammenarbeit in Angelegenheiten der europäischen Union in Ausführung von § 9 des Gesetzes über die Zusammenarbeit von Bund und Ländern in Angelegenheiten der Europäischen Union" vom 29. Oktober 1993 (alles abgedruckt in Laufer (Hrsg.) 1995: 278-294).

Europas wirkt die Bundesrepublik Deutschland bei der Entwicklung der Europäischen Union mit, die demokratischen, rechtsstaatlichen, sozialen und föderativen Grundsätzen und dem Grundsatz der Subsidiarität verpflichtet ist und einen diesem Grundgesetz im wesentlichen vergleichbaren Grundrechtsschutz gewährleistet." (Art. 23 Abs. 1 GG). Er regelt darüber hinaus die Hoheitsrechtsübertragung und in einem gestuften Verfahren die Mitwirkung der Länder an der europäischen Gesetzgebung. Im Fall der innerstaatlichen ausschließlichen Länderkompetenz sieht er die Übertragung zur Wahrnehmung der Mitgliedschaftsrechte an einen Bundesratsvertreter vor (Art. 23 Abs. 6 GG). Die Föderalismusreform I beschränkte die Mitwirkungsrechte allerdings 2006 dadurch, dass sie die Inhalte, in denen diese möglich war ausdrücklich benannte: schulische Bildung, Kultur und Rundfunk (Art. 23 Abs. 6 GG i.d.F. vom 1. September 2006).

Zuvor hatten die Länder versucht, auf die Gestaltung des Europas nach Maastricht einzuwirken. In diesem Zusammenhang sind ihre Forderungen nach der Einführung des Subsidiaritätsprinzips, des Ausschusses der Regionen, der Ländermitwirkung im Ministerrat sowie einem eigenständigen Klagerecht vor dem EuGH zu nennen. Erfolg war ihnen dabei nur mit der Verankerung des Subsidiaritätsprinzips und der Schaffung des Ausschusses der Regionen beschieden. Die Verankerung des Subsidiaritätsprinzips in Art. 3b (jetzt Art. 5) EG-Vertrag war von deutscher Seite zusammen mit den österreichischen Bundesländern betrieben worden. Im „Memorandum der Regierung der Bundesrepublik Deutschland zum Subsidiaritätsprinzip" vom September 1992 forderte die Bundesregierung, „daß Entscheidungen in der Europäischen Union möglichst bürgernah getroffen werden und die nationale Identität der Mitgliedsstaaten und ihrer Regierungssysteme gewahrt bleibt" (Callies 1996: 53). Die Länder formulierten in einer Reihe von Entschließungen in den Jahren 1990 bis 1991 Vorschläge zur Konkretisierung des Subsidiaritätsprinzips.[103] Sie hofften sogar auf die Durchsetzung eines eigenständigen Klagerechtes für sich in Angelegenheiten, in denen sie nach der innerstaatlichen Rechtsordnung berührt wären.

Mit dem Vertrag von Maastricht wurde eine 3-stufige Handlungsstruktur in Europa geschaffen: die Ebene der Union, die Ebene der Nationalstaaten und schließlich eine dritte Ebene, für die es sich eingebürgert hat, vom Europa der Regionen zu sprechen. Insbesondere für letztere sind Formulierung und praktische Ausgestaltung des Subsidiaritätsprinzips von Bedeutung. Die konkrete Politik im „Europa der Regionen" wird jedoch entscheidend von der Tatsache bestimmt, dass die regionalen Gliederungen in Europa sehr unterschiedlich sind. Die deutschen

---

[103] So hat der Bundesrat die Bundesregierung im Hinblick auf das gemeinsame Ziel einer föderalen Struktur der politischen Union in seiner Entschließung vom 24. August 1990 darum gebeten, sich mit Nachdruck für eine Verankerung des Subsidiaritätsprinzips in den Gemeinschaftsverträgen einzusetzen. Als den Ländern nach Vorlage des Vertragsentwurfes vom 15. April 1991 die entsprechenden Formulierungen nicht weit reichend genug erschienen, versuchten sie den Bund unter Druck zu setzen (Callies 1996: 54/56).

Das Zusammenspiel von Bund und Ländern im deutschen Föderalismus und in Europa 157

Bundesländer haben im Vergleich mit Abstand die meisten innerstaatlichen Rechte, auf der Ebene der Union fehlt es aber an Entsprechungen ihrer Kompetenzen. Das heißt also, dass es nur zwei föderal strukturierte Staaten im eigentlichen Sinne gibt, Deutschland und Österreich. Daneben gibt es „regionalisierte" Staaten mit ausgeprägten föderalen Elementen und eigenen gesetzgeberischen Kompetenzen sowie entsprechendem Verfassungsschutz der subnationalen Gliederungen: Das sind Belgien, Italien und Spanien. Hinzu kommen dezentralisierte Staaten, in denen die subnationalen Gliederungen wenig Verfassungsschutz im Hinblick auf Gebietsstand und Kompetenz genießen, aber selbständig verwalten können (so etwa Frankreich, Niederlande und Portugal) und schließlich „unitarische" Staaten, die bloße, der zentralstaatlichen Kontrolle unterstehende Verwaltungsuntereinheiten besitzen: Großbritannien, Dänemark, Irland, Griechenland, und Luxemburg (Zuordnung n. Callies 1996: 145; dort finden sich auch umfangreiche weitere Quellenangaben zur Begründung).

Abbildung 22: Territoriale Gliederungen der Mitgliedsstaaten in der EU/Stand: 27.4.2007 (nach einem Faltblatt des Ausschusses der Regionen, online abrufbar unter http://cor.ip.lu/COR_cms/ui/View Document.aspx?siteid=default&contentID=c090714e-fec1-4513-b034-4dacefddd797)

Mitgliedstaaten	Gliederungen
Belgien	3 Regionen (darunter Brüssel mit Sonderstatus), 3 Sprachgemeinschaften, 10 Provinzen, 589 Gemeinden
Bulgarien	28 Regionen/Kreise, 264 Gemeinden, 3850 Gemeinden und Bezirke
Dänemark	5 Regionen, 96 Gemeinden
Deutschland	16 Bundesländer, ca 12900 lokale Gebietskörperschaften (323 Landkreise, kreisfreie Städte, Städte, Gemeinden)
Estland	15 Kreise, 241 Gemeinden (39 Stadt- und 202 Landgemeinden)
Finnland	19 Regionalverbände, 1 selbstverwaltete Provinz (Åhland) mit 16 Gemeinden, 444 Gemeinden
Frankreich	26 Regionen (22 Kernlandregionen und 4 Übetrseeterritorien), 100 Departements (96 und 4 überseeische Departements), 36763 Gemeinden
Griechenland	13 Regionen, 51 Präfekturen, 900 Gemeinden, 133 Landgemeinden
Irland	2 Regionalversammlungen, 8 Regionalgebietskörperschaften, 29 Grafschaftsräte, 5 Großstadträte, 80 Gemeinden
Italien	20 Regionen (davon 5 mit Sonderstatus), 2 selbstverwaltete Provinzen (Bozen und Trient), 106 Provinzen, 14 Großstadtkreise, 8103 lokale Gebietskörperschaften (comuni)
Lettland	26 Distrikte, 7 Großstädte mit Sonderstatus, 53 Städte, 441 Landgemeinden, 39 Verbandsgemeinden
Litauen	10 Kreise, 60 Gemeinden
Luxemburg	3 Distrikte, 12 Kantone, 118 Gemeinden
Malta	3 Verwaltungsbezirke (Gozo, Malta Majjistral und Malta Xlokk), 68 Kommunalräte
Niederlande	12 Provinzen, 483 Gemeinden

Mitgliedstaaten	Gliederungen
Österreich	9 Bundesländer, 99 Bezirke (darunter 15 Statusstädte), 2.359 Gemeinden
Polen	16 Regionen, 315 Landkreise oder Distrike, ca. 2500 Landgemeinden, 64 kreisfreie Städte mit dem Sonderstatus eines Distrikts, Stadt Warschau mit Sonderstellung
Portugal	2 autonome Regionen (Azoren und Madeira), 18 Distrikte, 308 Städte, 4254 Pfarrgemeinden, 2 Großstadtregionen (Lissabon und Porto)
Rumänien	8 Entwicklungsregionen, 42 Kreise mit Bukarest als Hauptstadt, 103 Munizipien, 217 Städte, 2853 Gemeinden
Schweden	2 Regionen (Skåne und Västra Götaland), 19 Provinzialverbände (einschließlich der Gemeinde Gotland mit den Zuständigkeiten eines Regierungsbezirks), 21 Regierungsbezirke, 290 Gemeinden
Slowakische Republik	8 selbstverwaltete Regionen, 8 Regionalbehörden, 50 Bezirksverwaltungen, 2879 Gemeinden
Slowenien	58 dezentrale Verwaltungsbezirke, 193 Gemeinden (einschließlich 11 Stadtgemeinden)
Spanien	17 autonome Regionen, 2 autonome Städte (Ceuta und Melilla) 50 Provinzen, 8.109 Gemeinden
Tschechische Republik	14 Regionen, 6249 Gemeinden
Ungarn	7 Regionen (statistische und verwaltungstechnische Planungsregionen), 19 Kreise, 3168 Gemeinden (3122 Stadt- und Dorfgemeinden, 22 kreisfreie Städte und die Hauptstadt Budapest mit 23 Stadtbezirken)
Vereinigtes Königreich	England: 8 Regionen mit Koordinierungsbefugnissen, Verwaltung des Großraums London (regional), 34 Grafschaften, 47 Verbandsgemeinden, 33 Londoner Stadtbezirke (darunter die City of London), 36 Großstadtbezirke, 237 Bezirke, ca. 7900 Landgemeinden und Stadträte Wales: Walistische Nationalversammlung, 22 Verbandsgemeinden, 732 Stadt- und Landgemeinden Schottland: Schottisches Parlament, 32 Verbandsgemeinden Nordirland: Nordirische Versammlung (halbautonom), 26 Verbandsgemeinden
Zypern	6 Distrikte, 33 Stadtgemeinden, 486 Landgemeinden

Der Begriff der Region, so wie ihn die EU festlegt, ist in der Folge der Vielfalt subnationaler Untergliederungen nicht zweifelsfrei zu übertragen. So gelten z.B. die deutschen Bundesländer aus der Sicht der EU als Regionen. Im föderalen Aufbau der Bundesrepublik selbst aber sind Regionen Einheiten, die sich oberhalb der lokalen und unterhalb der Ländergliederung befinden (weiterführend: Hrbek/ Weyand 1994). Dies führte u.a. dazu, dass bei der Besetzung der Deutschland zustehenden Plätze im Ausschuss der Regionen, die Länder zunächst davon ausgingen, dass sie alleine dieses Recht wahrnehmen könnten und dass erst nach längeren Auseinandersetzungen den kommunalen Spitzenverbänden drei Sitze zugesprochen wurden. Trotz – oder vielleicht gerade wegen – der unterschiedlichen nationalstaatlichen Deutung des Regionenbegriffes entwickeln sich gerade diese zu sehr wichtigen Akteuren zwischen Nationalstaat und EU. So gibt es vielfältige Organisationen der Regionen neben dem Ausschuss der Regionen,[104] und die Notwendigkeit der Interessenorganisation auf regionaler Ebene bleibt nicht ohne Rückwirkungen auf die Nationalstaaten (dazu z.B.: Brunn (Hrsg.) 1996).

Ein wesentlicher Konfliktbereich zwischen EU- und nationalstaatlicher Politik ist im Zusammenhang der Strukturpolitik zu sehen. Hier hat die EU mit dem Instrument der Strukturfonds einerseits die Möglichkeit zum Ausgleich regionaler Disparitäten.[105] Mit Art. 87 bis 89 EGV[106] hat sie sich auf der anderen Seite umfangreiche Eingriffs- und Kontrollmöglichkeiten geschaffen, um die Wirtschafts- und Strukturpolitik in den Mitgliedsstaaten zu steuern (Beihilfekontrolle). Im Verfassungsaufbau der Bundesrepublik ist mit den Gemeinschaftsaufgaben nach Art. 91a GG ein nationalstaatliches Instrument zur Strukturpolitik geschaffen worden, das vorsieht, dass die regionale Wirtschaftsförderung Aufgabe der Länder ist, die der Bund zwar mitfinanziert, deren Durchführung aber bei den Ländern liegt. Aus bundesdeutscher Perspektive stellt der Bereich der Strukturpolitik so ein Feld kon-

---

[104] Zu nennen sind hier z.B.: die AGEG (Arbeitsgemeinschaft der europäischen Grenzregionen), die EUREGIO (Kommunalkooperation im Raum Rhein, Ems und Ijssel sowie Katalonien, Midi-Pyrénées und Languedoc-Roussilon), der Eurodistrikt (Verbindung zwischen den Städten Saarbrücken und Metz), der Saar-Lor-Lux (Verbund zwischen Saarland, Lothringen und Luxemburg in der Stahlpolitik und bei Forschung und Industrieentwicklung), die Regio Basiliensis (Kooperation im deutsch-französisch-schweizerischen Raum um Basel), die CIMAB (Interessenorganisation Moyenne Alsace-Breisgau), die Bodenseekonferenz, die „vier Tiger" (Verbund in Forschung und Industrieentwicklung der vier wirtschaftlich stärksten Regionen Europas: Baden-Württemberg, Rhône-Alpes, Lombardei und Katalonien), die Arbeitsgemeinschaft des Jura, der Genfer-See-Rat, die Arbeitsgemeinschaft der Donauländer, die Ruta de alta tecnología (Regionenkette der Hochtechnologie von Valencia bis zur Lombardei) und die Arbeitsgemeinschaft der Pyrenäen (Boden 1995: 39/40).

[105] Im Zeitraum zwischen 1991 und 1993 erhielten z.b. die ostdeutschen Länder aus dem Europäischen Fonds für Regionale Entwicklung (EFRE), dem Europäischen Sozialfonds (ESF) und dem Europäischen Ausrichtungs- und Garantiefonds (EAGFL) rund 3 Mrd. Euro. Zur möglichst zügigen Anpassung der ostdeutschen an die westdeutsche Wirtschaftsstruktur wurden die EFRE-Mittel an die Gemeinschaftsaufgabe „Regionale Wirtschaftsförderung" und die Mittel aus dem Agrarfonds an die Gemeinschaftsaufgabe „Verbesserung der Agrarstruktur und des Küstenschutzes" gekoppelt (Toepel 1995: 34). Für den Zeitraum von 1994 bis 1999 erhielten die ostdeutschen Länder die höchste Förderpriorität der EU mit einem Mittelvolumen von insgesamt ca. 13,8 Mrd. Euro. Nach einer Reform der Strukturfonds 1999 wurden die neuen Bundesländer (Ostberlin nur noch Übergangsweise) vor allem in dem sog. Ziel 1 Gebiet für Regionen mit Entwicklungsrückstand zusammengefasst und bekamen von 2000 bis 2006 Mittel von insgesamt 19,96 Mrd. Euro (weitere Informationen unter: http://ec.europa.eu/regional_policy/country/overmap/d/all_de.htm, 12.9.2006). So ist die Bundesrepublik nach Spanien und Italien auch in dem Zeitraum von 2000-2006 einer der größten Strukturhilfe-Empfänger in der EU. Dies wird sich durch die EU-Osterweiterung in der neuen Förderperiode von 2007-2013 zugunsten der neuen Beitrittsländer ändern.

[106] Hier insbesondere Art. 87 EGV (Mit dem Gemeinsamen Markt vereinbare und unvereinbare Beihilfen): „(1) Soweit in diesem Vertrag nicht etwas anderes bestimmt ist, sind staatliche oder aus staatlichen Mitteln gewährte Beihilfen gleich welcher Art, die durch die Begünstigung bestimmter Unternehmen oder Produktionszweige den Wettbewerb verfälschen oder zu verfälschen drohen, mit dem Gemeinsamen Markt unvereinbar, soweit sie den Handel zwischen Mitgliedstaaten beeinträchtigen. (...)".

flikthafter Auseinandersetzungen zwischen EU und Länderpolitik dar, das trotz des vorhandenen Subsidiaritätsprinzips immer wieder zu Problemen zwischen EU, Nationalstaat und Bundesländern führt.[107]

Im Zusammenhang der Vorbereitung auf die Regierungskonferenz 1996/97 zur Reform der Europäischen Union (Amsterdamer Vertrag) haben die deutschen und österreichischen Bundesländer sowie die belgischen Regionen eigene Positionspapiere vorgelegt.

Der Ausschuss der Regionen hat am 8. März 1996 in Catania eine 15 Punkte umfassende „Erklärung für die Regierungskonferenz" verfasst.[108] Hier heißt es unter 5.:

> „Der Ausschuß bekräftigt erneut seine Forderung nach einer Präzisierung des Subsidiaritätsbegriffs und seinen Wunsch nach Anerkennung der Rolle und des Status der regionalen und lokalen Gebietskörperschaften im Rahmen des Subsidiaritätsprinzips durch eine entsprechende Änderung von Artikel 3b des EG-Vertrages. Er verweist in diesem Zusammenhang auf seine Forderung, im Interesse von Transparenz und Bürgernähe die Zuständigkeit der Europäischen Union zu präzisieren."

Im Hinblick auf eine Stärkung der legitimatorischen Basis der Ausschussarbeit heißt es unter Punkt 9:

> „Außerdem sollte in Artikel 198a des EG-Vertrages als Voraussetzung für die Ernennung der Ausschußmitglieder gefordert werden, daß sie ein demokratisches Mandat in einer Region oder lokalen Gebietskörperschaft besitzen oder einer aus allgemeinen und direkten Wahlen hervorgegangenen Versammlung politische Rechenschaft ablegen müssen. Eine dieser beiden Voraussetzungen muß auch erfüllt sein, um Mitglied des

---

[107] Ein Beispiel für derartige Konflikte zwischen einem deutschen Bundesland und der EU sind die vom Land Sachsen in von der EU in der entsprechenden Höhe nicht genehmigten Zahlungen an die VW-Werke in Chemnitz und Mosel bei Zwickau im Jahr 1996. Im Prinzip ist mit Art. 87 Abs. 2c EGV eine Ausnahmemöglichkeit bezüglich der Beihilfekontrolle für den Ausgleich der durch die Teilung Deutschlands verursachten Nachteile gegeben. Diese Beihilfen bedürfen nicht der Genehmigung der EU-Kommission. (Mit dem gemeinsamen Markt vereinbar sind: „Beihilfen für die Wirtschaft bestimmter durch die Teilung Deutschlands betroffener Gebiete der Bundesrepublik Deutschland, soweit sie zum Ausgleich der durch die Teilung verursachten wirtschaftlichen Nachteile erforderlich sind.") Sachsen hat gegen die Entscheidung der Kommission, die Mittel zurückzuverlangen, geklagt. Dadurch hat sich die folgende Situation ergeben: Nach Art. 230 EGV können die Mitgliedsstaaten, genauso wie die juristischen und natürlichen Personen, die von der Entscheidung betroffen sind, gegen Entscheidungen der Kommission klagen. Die Klage eines deutschen Bundeslandes muss der EuGH jedoch aufgrund der „Landesblindheit" der EU nicht zur Kenntnis nehmen. Ebenso ergibt sich ein Problem bezüglich der Durchsetzung der geforderten Rückzahlung: Ansprechpartner für die Forderung ist aus der Sicht der EU allein die Bundesregierung, welche diese das Rückforderungsverlangen innerstaatlich durchsetzt, hat nicht zu interessieren. Im Extremfall bliebe hier das Mittel des Bundeszwangs (Art. 37 GG), zu dessen Realisierung aber wiederum die Zustimmung des Bundesrates erforderlich wäre.

[108] Zu beziehen bei: Ausschuss der Regionen. Rue Belliard 101, B- 1040 Bruxelles.

Ausschusses zu bleiben. Fällt die Voraussetzung hierfür weg, so muß die Mitgliedschaft im Ausschuß spätestens nach sechs Monaten enden."
Die strukturelle Sicherung der Rechte deutscher Bundesländer im Rahmen der EU kann heute keinesfalls als gewährleistet angesehen werden. Dazu bedarf es weiterer Anstrengungen in den zukünftigen Reformverhandlungen. Der Europäische Verfassungsvertrag, der 2005 durch ein Nein des französischen und niederländischen Volkes bei der Ratifikation scheiterte und die Basis für den sich momentan in Ratifizierungsverfahren befindlichen Vertrag von Lissabon bildet, betont das Subsidiaritätsprinzip jedenfalls noch einmal ausführlich. In seinem Kaptitel „Die Zuständigkeit der Union" formuliert er in Artikel 1-11 unter „Grundsätze":

(1) Für die Abgrenzung der Zuständigkeiten der Union gilt der Grundsatz der begrenzten Einzelermächtigung. Für die Ausübung der Zuständigkeiten der Union gelten die Grundsätze der Subsidiarität und der Verhältnismäßigkeit.
(2) Nach dem Grundsatz der begrenzten Einzelermächtigung wird die Union innerhalb der Grenzen der Zuständigkeiten tätig, die die Mitgliedstaaten ihr in der Verfassung zur Verwirklichung der darin niedergelegten Ziele übertragen haben. Alle der Union nicht in der Verfassung übertragenen Zuständigkeiten verbleiben bei den Mitgliedstaaten.

(3) Nach dem Subsidiaritätsprinzip wird die Union in den Bereichen, die nicht in ihre ausschließliche Zuständigkeit fallen, nur tätig, sofern und soweit die Ziele der in Betracht gezogenen Maßnahmen von den Mitgliedstaaten weder auf zentraler noch auf regionaler oder lokaler Ebene ausreichend verwirklicht werden können, sondern vielmehr wegen ihres Umfangs oder ihrer Wirkungen auf Unionsebene besser zu verwirklichen sind.
Die Organe der Union wenden das Subsidiaritätsprinzip nach dem Protokoll über die Anwendung der Grundsätze der Subsidiarität und der Verhältnismäßigkeit an. Die nationalen Parlamente achten auf die Einhaltung des Subsidiaritätsprinzips nach dem in jenem Protokoll vorgesehenen Verfahren.

(4) Nach dem Grundsatz der Verhältnismäßigkeit gehen die Maßnahmen der Union inhaltlich wie formal nicht über das zur Erreichung der Ziele der Verfassung erforderliche Maß hinaus.
Die Organe der Union wenden den Grundsatz der Verhältnismäßigkeit nach dem Protokoll über die Anwendung der Grundsätze der Subsidiarität und der Verhältnismäßigkeit an.

Das Problem subnationaler Gliederungen ist hier allerdings nicht angesprochen. Für die deutschen Bundesländer bleibt es also bei der Notwendigkeit, die föderale Kompetenz- und Verantwortungsordnung immer wieder neu in das europäische Mehrebenensystem zu transportieren.

5 Die Rolle der Kommunen

Das Jahr 1808 gilt im Allgemeinen als das Geburtsjahr der Gemeinden im heutigen Sinne. Nach der Niederlage gegen das napoleonische Frankreich sollte Preußen neu organisiert werden. Insbesondere die enge Bindung der Bürger an den Staat war Ziel der Reformen, die untrennbar mit dem Namen des Freiherrn von und zum Stein (1757-1831) verbunden sind. Sie hatten die Kosten und Lasten des Krieges zu tragen, so sollten sie auch – zumindest auf kommunaler Ebene – in der Form eigener Gestaltungsmöglichkeiten dem preußischen Obrigkeitsstaat etwas entgegenzusetzen haben. Es wurde das begründet, was wir heute als kommunale Selbstverwaltungsgarantie kennen. Unter Verweis auf die höhere Effizienz und Gerechtigkeit einer Aufgabengestaltung und -erledigung vor Ort, die wir heute unter dem Begriff der Subsidiarität zusammenfassen, argumentierte von Stein folgendermaßen:

> „Das zudringliche Eingreifen der Staatsbehörden in Privat- und Gemeindeangelegenheiten muß aufhören und dessen Stelle nimmt die Tätigkeit des Bürgers ein, der nicht in Formen und Papier lebt, sondern kräftig handelt, weil ihn seine Verhältnisse (...) zur Teilnahme am Gewirre menschlicher Angelegenheiten nötigen. Man muß bemüht sein, die ganze Masse der in der Nation vorhandenen Kräfte auf die Besorgung ihrer Angelegenheiten zu lenken, denn sie ist mit ihrer Lage und mit ihren Bedürfnissen am besten bekannt" (Botzenhardt/Ipsen (Hrsg.) 1955: 174).

Die Stein'sche Städteordnung aus dem Jahr 1808, die von dem Königsberger Polizeidirektor Frey ausgearbeitet worden war, symbolisiert aber auch eine spezifisch deutsche Art des Umgangs mit dem Gedankengut der französischen Revolution beim Übergang von der Feudalgesellschaft zur Entwicklung der Industriegesellschaft. Waren zuvor die Beteiligungsrechte auf kommunaler Ebene korporative Rechte gewesen, die z.B. von den Zünften wahrgenommen worden waren, so traten an deren Stelle nun Individualrechte. Zu den Bürgerrechten gehörten das Recht „städtische Gewerbe zu treiben und Grundstücke im städtischen Polizeibezirk der Stadt zu besitzen." (§ 15) sowie das aktive und passive Wahlrecht bei den Wahlen der Stadtverordneten. Die Gewährung dieser Bürgerrechte geschah unabhängig von Stand, Geburt und Rasse (§ 19) – sogar für unverheiratete Personen weiblichen Geschlechts (§18, § 19)[109] –, und die zuvorige Aufteilung der Bürger in Klein- oder Großbürger wurde zugunsten eines einheitlichen Bürgerrechtes abgeschafft (§ 16).

---

[109] Das Recht zur Wahl der Stadtverordneten war allerdings an Besitz und Selbständigkeit gebunden und stand Frauen nicht zu. So legte § 74 der Ordnung folgendes fest: „Das Stimmrecht zur Wahl der Stadtverordneten (...) steht zwar in der Regel jedem Bürger zu, jedoch sind als Ausnahmen folgende davon ausgeschlossen: d) Unangemessene Bürger in großen Städten, deren reines Einkommen noch nicht 200

Die Stein'sche Städteordnung regelte aber nicht nur die bürgerlichen Rechte, sondern auch die bürgerlichen Pflichten, wenn es hieß: „Einem jedem Bürger liegt die Verpflichtung ob, zu den städtischen Bedürfnissen aus seinem Vermögen mit seinen Kräften die nötigen Beiträge zu leisten und überhaupt alle städtischen Lasten verhältnismäßig zu tragen" (§26) oder: „Er ist schuldig, öffentliche Stadtämter, sobald er dazu berufen wird, zu übernehmen und sich den Aufträgen zu unterziehen, die ihm zum Besten des Gemeinwesens der Stadt gemacht werden" (§ 27) (jeweils nach der preußischen Städteordnung vom 19. November 1808).

Das Selbstverwaltungsrecht der Gemeinden blieb bis 1935 im Wesentlichen in der 1808 festgelegten Form erhalten. Die Weimarer Reichsverfassung verankerte es in ihrem Art. 127. Mit der „Deutschen Gemeindeordnung" von 1935 wurde die gemeindliche Selbstverwaltung durch das nationalsozialistische „Führerprinzip" ersetzt.

Den Beschlüssen der Konferenz von Potsdam entsprechend sollte der Wiederaufbau Deutschlands dezentral erfolgen, wobei den Städten eine Schlüsselrolle zukam. Als „Verwaltungsträger in Deutschland (existierten) nur noch Städte, Kreise und Gemeinden", die nun unter der Aufsicht der Alliierten den Wiederaufbau sichern sollten (Petzhold/von der Heide 1991: XIV).

Im Rahmen dieses Wiederaufbaus „von unten" wurden die Gemeinden nach dem Krieg nicht nur zu Kernen, sondern auch zu „Schulen der Demokratie".

5.1 Entwicklung der Gemeinden

Die Gemeinden benötigen zur Erledigung ihrer Aufgaben einen umfangreichen Institutionen- und Personalbestand. Finanzierbar ist dieser die Allzuständigkeit der Gemeinden garantierende Bestand allerdings nur, wenn eine entsprechende Gemeindegröße vorliegt. In der Bundesrepublik gab es bezüglich der Gemeindestruktur in den 60er und 70er Jahren große Einschnitte durch eine umfassende Gemeindegebietsreform. In diesem Zusammenhang wurde die Zahl der Gemeinden durch Zusammenlegung von fast 25.000 auf etwa 8500 reduziert, die Zahl der Kreise wurde auf 237 halbiert (Andersen 1995: 181). In Nordrhein-Westfalen sind in besonders radikaler Weise 5/6 der Gemeinden beseitigt worden und kaum Gemeinden mit weniger als 5.000 Einwohnern zugelassen worden. In Rheinland-Pfalz und Schleswig-Holstein dagegen fiel die Reform weniger radikal aus und fast die Hälfte der Gemeinden blieb mit einem Einwohnerbestand von unter 500 Einwohnern erhalten (ebenda: 181). Unter Kostengesichtspunkten hat man hier allerdings Verwaltungsgemeinschaften gegründet. Ein ähnlicher Weg wird teilweise auch in den ostdeutschen Bundesländern beschritten. So sehen die Kommunalverfassungen in

---

Reichstaler, und in mittleren Städten, deren reines Einkommen noch nicht 150 Reichstaler beträgt." Diese und weitere Einschränkungen führten dazu, dass nur zwischen 6% und 20% der städtischen Einwohner im Vollbesitz der Bürgerrechte waren.

Thüringen und Sachsen-Anhalt z.B. die Schaffung von Verwaltungsgemeinschaften vor. Gemeindegebiets- sowie Kreisreformen wurden nach der Wiedervereinigung auch in den neuen Bundesländern durchgeführt, die in einzelnen Ländern aber noch nicht vollständig abgeschlossen sind, so dass sich die Zahl der Gemeinden und Landkreise in den nächsten Jahren noch weiter reduzieren wird.[110] Am 1.1.2003 gab es in Westdeutschland 8.409 Gemeinden, in Ostdeutschland 4.104. In den alten Bundesländern haben 17,5% der Gemeinden weniger als 500 Einwohner, in den neuen Ländern dagegen 31% (Deutscher Städtetag (Hrsg.) 2004: 110f.).

5.2 Kommunale Rechte und Aufgaben

Die Kommunen bilden im föderalistischen Staatsaufbau Deutschlands faktisch zwar eine dritte Ebene, staatsrechtlich gehören sie aber zu den Ländern. Anders als die Länder besitzen sie keine Staatsqualität. Am deutlichsten wird dies an der Tatsache, dass Bund und Länder Gesetze verabschieden können, die zwar mit weit reichenden Konsequenzen für die Kommunen verbunden sein können, eine institutionelle Mitarbeit der Gemeinden im Gesetzgebungsprozess aber nicht vorgesehen ist. Ebenfalls Indiz für das „mittelbare" Lebensrecht der Gemeinden sind ihre Finanzierung aus den Länderhaushalten, die Staatsaufsicht sowie die Genehmigungsvorbehalte des Staates gegenüber Gemeindebeschlüssen (insbesondere Haushalte und Kreditaufnahmen betreffend).[111]

Die Stellung der Gemeinden sowie ihre Rechte sind in Art. 28 GG festgelegt. Dieser wiederholt in Abs. 1 zunächst die Bindung der verfassungsmäßigen Ordnung in den Ländern an die Grundsätze des republikanischen, demokratischen und sozialen Rechtsstaates, ähnlich wie es Art. 20 I GG für die Bundesrepublik tut. Ebenso ist in Art. 28 I GG das Prinzip der repräsentativen Demokratie dadurch festgelegt, dass gefordert wird, dass das Volk in den Ländern, Kreisen und Gemeinden eine gewählte Vertretung haben muss, deren Zusammensetzung nach den Grundsätzen der allgemeinen, freien, gleichen und geheimen Wahl erfolgt. Dabei kann in den Gemeinden an die Stelle der gewählten Körperschaft auch die Gemeindeversammlung treten, was als Ausdruck der direkten Bindung des Volkes an seine Probleme und Aufgaben vor Ort gewertet werden kann.

Seit 1992 verbürgt Art. 28 I Satz 4 GG auch das kommunale Wahlrecht für Staatsbürger aus den Mitgliedsstaaten der EU, sofern diese in der betreffenden Gemeinde wohnen. Diese Grundgesetzesänderung war notwendig geworden, da

---

[110] So reduzieren sich bspw. die Anzahl der Landkreise in Sachsen-Anhalt zum 1.7.2007 von 21 auf 11 und in Mecklenburg-Vorpommern zum 1.10.2009 von 12 auf 5 Landkreise.
[111] Hier ist es seit Mitte der 90er Jahre im Zusammenhang der Erprobung neuer Steuerungsmodelle in den Gemeinden zu Ausnahmebestimmungen gekommen, so etwa zur „Experimentierklausel" der Hessischen Kommunalverfassung, die uns am Ende dieses Kapitels noch einmal beschäftigen wird.

Art. 19 (1) des EGV (früher Art. 8b) seit der Ratifizierung des Maastrichter Vertrages das kommunale Wahlrecht für Unionsbürger vorschreibt.[112]

Die Umsetzung des kommunalen Wahlrechtes geschieht durch entsprechende Änderungen der Kommunalwahlgesetze in den Länderparlamenten. Die Landtage entscheiden mit den Kommunalwahlgesetzen auch über Wahlalter,[113] Anzahl der abzugebenden Stimmen, die Zulassung von Listen und Einzelbewerbern, Möglichkeiten des Panaschierens oder Kumulierens und vieles mehr (vgl. dazu auch Kap. 7).

Das Grundgesetz formuliert – quasi als Basis für die Selbstverwaltungsgarantie der Gemeinden – drei weitere Garantien (n. Gisevius 1994: 25):

- *die Existenzgarantie nach Art. 28 GG (institutionelle Garantie)*
  Hiermit wird gewährleistet, dass es immer Gemeinden geben muss, aber keineswegs, dass eine bestimmte Gemeinde in ihrem Bestand für alle Zeit geschützt ist (d.h. keine individuelle Garantie). Gebietsänderungen sind auch gegen den Willen der Betroffenen möglich, sofern ein Gesetz vorliegt, eine Anhörung stattgefunden hat und diese im öffentlichen Wohl liegt. Die Existenzgarantie schützt die Gemeinden aber auch durch die ihnen zustehenden Hoheitsrechte (s. weiter unten) vor unverhältnismäßigen Eingriffen von Bund und Ländern.

- *die finanzverfassungsrechtliche Garantie*
  Durch seine Artikel 106 und 107 garantiert das Grundgesetz den Gemeinden einen Anteil des Steueraufkommens von Bund und Ländern. Die finanzverfassungsrechtliche Garantie umfasst auch die Tatsache, dass den Gemeinden die Realsteuern (Gewerbe- und Grundsteuer) sowie ein Anteil der Einkommens-

---

[112] Im Februar 1997 wies das Bundesverfassungsgericht zwei Klagen gegen das kommunale Wahlrecht für Unionsbürger als unzulässig zurück und nahm diese damit gar nicht erst zur Entscheidung an. Ein Bürger aus Baden-Württemberg, welches das kommunale Wahlrecht für Unionsbürger 1995 in sein Kommunalwahlrecht aufgenommen hatte, fühlte sich durch die Teilnahmerechte der Bürger aus anderen EU-Staaten an Abstimmungen in den Gemeinden und insbesondere durch deren Möglichkeit für das Amt des Bürgermeisters zu kandidieren, in seinen Rechten verletzt. Ein Beschwerdeführer aus Hessen wandte sich gegen das Recht von Unionsbürgern zugleich bei den Kommunalwahlen und den Wahlen der Ausländerbeiräte wahlberechtigt zu sein (AZ: 2 BvR 2862/95 sowie 2 BvR 2621/95). Neben dem kommunalen Wahlrecht bietet auch die Möglichkeit der Bürger aus EU-Staaten an kommunalen Bürgerentscheiden teilzunehmen und damit den demokratischen Willensbildungsprozess in der Gemeinde in erweitertem Maße mitzugestalten, Anlass zur Diskussion. Nach heutiger Rechtslage kann dabei argumentiert werden, dass eine solche Teilnahme, anders als die an Kommunalwahlen, ohne erneute Änderung des Grundgesetzes nicht mit dem Grundgesetz im Einklang steht. Dies kann mit dem Hinweis darauf begründet werden, dass die unmittelbare Teilnahme am Willensbildungsprozess in den Gemeinden eine Ausübung von Staatsgewalt darstellt, die nach Art. 20 II GG in Verbindung mit Art. 28 I Satz 1 GG Deutschen vorbehalten ist (dazu: Burkholz 1995: 816ff.).

[113] Niedersachsen hat 1995 das Kommunalwahlrecht für 16-jährige eingeführt (erste Anwendung 1996), Schleswig-Holstein und Sachsen-Anhalt 1997 (erste Anwendung 1998) sowie Nordrhein-Westfalen 1998 und Mecklenburg-Vorpommern 1999, erstmalig 1999 angewandt.

teuer zustehen. Laut Art. 107 II GG ist der finanzielle Bedarf der Gemeinden bzw. Gemeindeverbände im Länderfinanzausgleich zu berücksichtigen. Durch eine Grundgesetzesänderung aus dem Jahr 1994 ist Art. 28 II ein dritter Satz hinzugefügt worden: „Die Gewährleistung der Selbstverwaltung umfasst auch die Grundlage der finanziellen Eigenverantwortung". Diese klärende Ergänzung ging auf den Druck der kommunalen Spitzenverbände zurück, entsprach aber in der gewählten Formulierung nicht der von diesen geforderten und sehr viel weitergehenden.

- *die Rechtstellungsgarantie*
  Art. 93 I Nr. 4b GG räumt den Gemeinden das Recht ein, gegen Bund oder Länder beim Bundesverfassungsgericht zu klagen, sofern sie sich in ihrem Recht auf Selbstverwaltung verletzt sehen und so weit nicht Beschwerde bei den Landesverfassungsgerichten erhoben werden kann.

Die eigentliche Garantie der Selbstverwaltung geschieht mit Art. 28 II GG, der den Gemeinden das Recht sichert, alle Angelegenheiten der örtlichen Gemeinschaft im Rahmen der Gesetze in eigener Verantwortung zu regeln. Diese Garantie knüpft an der Vorstellung von der Gemeinde als originär politischer Gemeinschaft i. S. der res publica an.[114] Sie steht auch Gemeindeverbänden zu.

„Kommunale Selbstverwaltung – wie sie heute verstanden wird – bedeutet ihrem Wesen und ihrer Intention nach Aktivierung der Beteiligten für ihre eigenen Angelegenheiten, die die in der örtlichen Gemeinschaft lebendigen Kräfte des Volkes zur eigenverantwortlichen Erfüllung öffentlicher Aufgaben der engeren Heimat zusammenschließt mit dem Ziel, das Wohl der Einwohner zu fördern und die geschichtliche und heimatliche Eigenart zu wahren" (BVerfGE 11, 266/274ff.).

Dabei stellt die kommunale Selbstverwaltung keineswegs ein Prinzip dar, das sich im Gegensatz zur staatlichen Verwaltung befindet. Vielmehr verteilt Art. 28 II GG „die Verantwortung für die unterschiedliche Erledigung von öffentlichen Angelegenheiten auf mehrere korporative Träger" (Unruh 1989: 9). Inhaltlich und funktional gilt für die Aufgaben der Gemeinde der Grundsatz der „Allzuständigkeit", der v.a. dreierlei besagt:

- „Die Gemeinden sind auf keine speziellen Aufgaben begrenzt, sondern können grundsätzlich auf jedem lokalem Gebiet tätig werden.
- Die Gemeinden können nicht nur Aufgaben wahrnehmen, die ihnen ausdrücklich zugewiesen werden, sondern können von sich aus neue Aufgaben aufgreifen.
- Im übrigen allerdings sind die Gemeinden nur subsidiär zuständig, d.h. nur insoweit, als nicht schon andere Verwaltungsträger oder private Dritte die Auf-

---

[114] Im 10. Jahrhundert übersetzte der Mönch Notker Labeo zu St. Gallen das lateinische „res publica" mit „selbwaltige", woraus später Selbstverwaltung abgeleitet wurde (Unruh 1989: 3).

gaben übernommen haben. Dies bedeutet, daß die gemeindlichen Aufgaben nicht für alle Zeiten festgelegt sind, sondern sich mit den gesellschaftlichen Entwicklungen verändern können" (Gisevius 1994: 26).

Der Selbstverwaltungsgarantie und damit der eigenverantwortlichen Bestimmung und Erledigung von Aufgaben in den Kommunen sind allerdings Grenzen gesetzt, zum einen durch die Finanzierung kommunaler Aufgaben, was uns weiter unten noch beschäftigen wird, und zum anderen dadurch, dass es in Art. 28 II GG heißt „im Rahmen der Gesetze", d.h. es erfolgt eine Bindung des gemeindlichen Handelns an Recht und Gesetz, was allerdings nicht bedeutet, dass die Selbstverwaltungsgarantie etwa durch die Landesgesetzgebung eingeschränkt werden kann.

In einem Urteil aus dem Jahr 1995 hat das Bundesverfassungsgericht den Begriff der kommunalen Selbstverwaltung zum wiederholten Male konkretisiert (BVerfGE 91, 228). Es argumentierte, dass der Gesetzgeber „der verfassungsrechtlichen Verbürgerung einer mit wirklicher Verantwortlichkeit ausgestatteten Selbstverwaltung" entsprechen müsse. Den Bürgern solle eine wirksame Teilnahme an den Angelegenheiten des örtlichen Gemeinwesens ermöglicht werden und der Wesensgehalt der kommunalen Selbstverwaltung dürfe nicht ausgehöhlt werden. In demselben Urteil betonte das Bundesverfassungsgericht, dass eine gesetzliche Regelungsdichte unzulässig sei, die den Gemeinden beim Erlass ihrer Hauptsatzung jeden Entscheidungsspielraum nehme, dass aber das Prinzip der Allzuständigkeit der Gemeinden nur für die Bestimmung und begrenzt für die Organisation der gemeindlichen Aufgaben gelte, da es eine „weitergehende Befugnis" des staatlichen Gesetzgebers gebe, seine Vorstellungen von Organisationsstrukturen durchzusetzen (BVerfGE 91, 228 (239ff.)).

Das Prinzip der kommunalen Selbstverwaltungsgarantie konkretisiert sich in der Form vom Staat nicht anzutastender Bereiche, den so genannten gemeindlichen Hoheitsrechten. Dabei sind zu unterscheiden (Gisevius 1994: 24):

- die Personalhoheit
- die Organisationshoheit
- die Planungshoheit
- die Rechtsetzungshoheit
- die Finanzhoheit
- die Steuerhoheit

Die Personalhoheit gewährt den Gemeinden das Recht, ihr Personal auszuwählen, anzustellen, zu befördern oder zu entlassen.[115]

---

[115] Die Personalhoheit der Gemeinde geht damit allerdings nicht so weit, sich gegen die Berufung von Gleichstellungsbeauftragten zu wehren, wenn dies durch Landesverfassungen vorgeschrieben wird. Das Bundesverfassungsgericht hat 1995 die Beschwerden zweier Kommunen aus Schleswig-Holstein behan-

Die Organisationshoheit umfasst das prinzipielle Recht der Gemeinden zur Gestaltung ihrer Verwaltungsorganisation.

Die Planungshoheit sieht das gemeindliche Recht zur Aufstellung von Bauleitplänen wie Flächennutzungs- und Bebauungsplänen in eigener Verantwortung mit dem Ziel der Gestaltung des Gemeindegebietes vor.[116]

Die Rechtsetzungshoheit garantiert das Recht der Gemeinden kommunale Satzungen zu erlassen.

Die Finanzhoheit sichert den Gemeinden das Recht zur eigenverantwortlichen Einnahmen- und Ausgabenwirtschaft zu.[117]

Die Steuerhoheit schließlich bedeutet, dass die Gemeinden das Recht zur Erhebung von Steuern haben. Dies gilt allerdings nur insoweit, als dieses Recht nicht durch übergeordnete Gesetze im Rahmen des Finanzausgleichs eingeschränkt wird. Faktisch beschränkt sich ihre Steuerhoheit auf das „Hebesatzrecht", d.h. ihr Recht, die Hebesätze für die Grund- und Gewerbesteuer im Rahmen einer gewissen Bandbreite festzulegen sowie ein sehr eingeschränktes Steuerfindungsrecht für örtliche Steuern.

Diese Hoheitsrechte im Rahmen der kommunalen Selbstverwaltungsgarantie sind durch eine Reihe von Entwicklungen der bundesstaatlichen Politik in den letzten Jahrzehnten eingeschränkt worden. Kernpunkte bzw. Hauptprobleme der dadurch entstandenen Krise der Selbstverwaltung sind die folgenden (n. Hennecke 1994a: 706):

- eine fehlende aufgabengerechte Finanzausstattung,
- die nicht ausreichenden kommunalen Steuerertragszuständigkeiten,

---

delt, die gegen eben diese Vorschrift der schleswig-holsteinischen Verfassung geklagt hatten. In der Ablehnung der Klage hat es ausgeführt, dass es keineswegs gegen die Selbstverwaltungsgarantie in der Form der Personalhoheit verstoße, wenn die Landesverfassungen den Gemeinden die Berufung einer Gleichstellungsbeauftragten vorschreibe, da dies dem Ziel der Verwirklichung des Grundrechtes der Gleichberechtigung von Mann und Frau diene und die Vorschrift sich nicht von anderen, den Gemeinden vom Gesetzgeber vorgegebenen Organisationsvorschriften, unterscheide. Sogar die Tatsache, dass das Amt nur von einer Frau, nicht von einem Mann besetzt werden könne, entspräche dem Faktum, dass die Personalhoheit der Gemeinde der „Formung" durch den Gesetzgeber unterliege (BVerfGE 91, 228).

[116] Wie die anderen Hoheitsrechte so erfährt auch die Planungshoheit in der Realität des föderalen Staatsaufbaus Einschränkungen. Dabei ist eine Einschränkung der Selbstverwaltungsgarantie nur möglich, „wenn und soweit sich bei der vorzunehmenden Güterabwägung ergibt, daß schutzwürdige überörtliche Interessen diese Einschränkung erfordern (BVerfGE 56, 313f.)" (Hesselberger 2003: 217). Dies kann z.B. im Rahmen von Gemeinschaftsaufgaben (Art. 91a GG) der Fall sein. Die betroffenen Gemeinden haben das Recht, in den Fällen, in denen ihre Planungshoheit durch den Bundes- oder Landesgesetzgeber eingeschränkt werden soll, zuvor ihre Planungsinteressen darzulegen. Allerdings können sie dies nur vermittelt über die Länder, da eine direkte Verhandlung zwischen Kommunen und Bund durch das Bundesstaatsprinzip ausgeschlossen sind (ebenda).

[117] Gleichwohl bedürfen Fehlbeträge im Verwaltungshaushalt und insbesondere die Aufnahme von Krediten der Genehmigung durch die Aufsichtsbehörde.

- die Hochzonung kommunaler Aufgaben im Zusammenhang der Funktionalreform,
- die Bindungen des Planungsrechtes,
- die Reformbedürftigkeit der Kommunalverfassungen, insbesondere im Hinblick auf die kommunale Organisation,
- Möglichkeiten der Bürgerbeteiligung als flankierende Maßnahme zur Funktionalreform,
- die wachsende Bedeutung gesetzlicher Aufgabenzuweisung ohne entsprechende Finanzmittelzuweisung (z.b. Garantie des Rechtsanspruches auf einen Kindergartenplatz für alle dreijährigen Kinder),
- die Reduzierung der Steuereinnahmen im Bereich der Gewerbesteuern durch die Unternehmenssteuerreform
- die Regionalisierung von Aufgaben,
- die Privatisierung kommunaler Aufgaben und damit in Zusammenhang stehend, die Einführung neuer Steuerungsmodelle sowie eine stärkere Berücksichtigung von Elementen unmittelbarer Demokratie.

Insbesondere die Fragen zur Finanzierung der kommunalen Aufgaben und diejenigen der Reformen gemeindlicher Organisation werden wir weiter unten noch einmal aufnehmen.

Die Aufgaben und Funktionen, die die Gemeinden in unserem Staatsaufbau wahrnehmen, sind vielfältig. Weit über 80% der Angelegenheiten, die die Bürger mit Behörden in Kontakt bringen, werden auf kommunaler Ebene erledigt (Gisevius 1994: 26). Dabei ist zu beachten, dass die Aufgabenbeschreibung nicht statisch erfolgen kann, sondern sich den zeitlichen, räumlichen oder problembezogenen Bedingungen anzupassen hat. Das Bundesverfassungsgericht hat die Aufgaben der Gemeinden im Zusammenhang der Selbstverwaltungsgarantie skizziert:

> „Zunächst setzt der Kernbereich der Selbstverwaltungsgarantie dem Gesetzgeber eine Grenze; hiernach darf der Wesensgehalt der gemeindlichen Selbstverwaltung nicht ausgehöhlt werden (...). Bei der Bestimmung des Kernbereiches ist in besonderer Weise der geschichtlichen Entwicklung und den verschiedenen Erscheinungsformen der Selbstverwaltung Rechnung zu tragen (...). Hiernach gehört zum Wesensgehalt der Selbstverwaltung kein gegenständlich bestimmter oder nach feststehenden Merkmalen bestimmbarer Aufgabenkatalog, wohl aber die Befugnis, sich aller Angelegenheiten der örtlichen Gemeinschaft, die nicht durch Gesetz bereits anderen Trägern öffentlicher Verwaltung übertragen sind, ohne besonderen Kompetenztitel anzunehmen („Universalität" des gemeindlichen Wirkungskreises)" (BVerfGE 79, 127 (146)).

Dabei befindet sich die Aufgabenverteilung zwischen Staat und Gemeinden genauso wie die zwischen Gemeinden und Kreisen in einem „Spannungsverhältnis zwischen Verwaltungseffizienz und Bürgernähe" (BVerfGE 79, 127 (148)). „Das Ziel optimaler Verwaltungseffizienz trägt die Tendenz zur immer großräumigeren Organisation und stetigen ‚Hochzonung' von Aufgaben in sich, während das Ziel möglichster Bürgernähe und Bürgerbeteiligung dem widerstreitet und dezentrale Aufgabenansiedlung anempfiehlt" (ebenda).

Insbesondere die Aufgaben des Sozial- bzw. Wohlfahrtsstaates, der ökonomischen Steuerung sowie des ökologischen Schutzes bergen die Gefahr eines „Entörtlichungsprozesses" in sich (BVerfGE 67, 321 (323)).

Grundsätzlich lassen sich die Aufgaben der Gemeinden nach zwei Kriteriengruppen unterscheiden: nach ihrer inhaltlichen Funktion sowie nach dem Freiheits- bzw. Gestaltungsgrad, der mit der entsprechenden Aufgabe für die Gemeinde verbunden ist.

Inhaltlich kann man unterscheiden (n. Gisevius 1994: 27):

- Grundversorgung mit: z.b. Straßen, Wohnungen, Gewerbeflächen, Grünflächen, Krankenhäusern, Friedhöfen, Kanalisation, Wasser, Abwasser- und Abfallbeseitigung, Strom, Gas;
- Dienstleistungen: z.b. öffentlicher Personennahverkehr, Kultur, Bäder, Sport, Freizeit, Jugendarbeit;
- Sozialer Ausgleich: z.b. Arbeitslosengeld II (Hartz-IV)[118], soziale Schutzfunktionen wie soziale Fürsorge, Altersheime, Obdachlosenheime, Integration von Minderheiten, Ermöglichung der Teilnahme am öffentlichen Leben sowie Förderung des sozialen Friedens;
- Gestaltungsfunktionen und Zukunftsplanung: z.B. Stadt- bzw. Stadtentwicklungsplanung, Wirtschaftsförderung, Wirtschaftsansiedlungspolitik, Stadtökologie, Förderung von Kultur und Kommunikation;
- Ordnungsfunktion: z.b. Polizei, Feuerwehr, Meldewesen, Schutz der Umwelt, Standesamtswesen, Lebensmittelüberwachung;
- Systemstabilisierung: z.b. soziale Pufferfunktion zwischen Staat und Bürger, Förderung des gesellschaftlichen und politischen Engagements der Bürger sowie Ordnungsfunktionen.

Neben dieser Unterscheidung der kommunalen Aufgaben nach Inhalten bietet sich jedoch auch diejenige nach der Rechtsqualität an. Danach trennen wir zunächst zwischen:

- Selbstverwaltungsaufgaben oder Aufgaben des eigenen Wirkungskreises und
- staatlichen Aufgaben, die der Gemeinde lediglich zur Ausführung übertragen wurden sind, sog. Aufgaben des übertragenen Wirkungskreises.

---

[118] Nach der Arbeitsmarktreform Hartz-IV tragen die Kommunen nach § 22 Abs. 1 SGB die Ausgaben für Unterkunft und Heizung für Empfänger von Arbeitslosengeld II, wobei sich der Bund an den Kosten anteilmäßig beteiligt. 2005 und 2006 beträgt die Beteiligungsquote des Bundes 29,1% (Bayrisches Staatsministeriums für Arbeit und Sozialordnung, Familie und Frauen 2006).

Diese beiden Aufgabengruppen unterscheiden sich danach, ob die Gemeinde bei der Bestimmung und Erledigung der Aufgaben frei ist oder andere staatliche Behörden ein Weisungsrecht besitzen sowie danach, ob die Gemeinden dabei lediglich der Rechtsaufsicht, d.h. der Überprüfung ihres Handelns auf seine Rechtmäßigkeit im Nachhinein unterliegen, oder der Fachaufsicht, d.h. der Prüfung der Zweckmäßigkeit der Aufgabenerledigung auch schon parallel zu deren Realisierung.

Bezüglich der Weisungsgebundenheit der Aufgaben können wir unterscheiden nach:

- freiwilligen Aufgaben: Hier sind Aufgabenbestimmung und Aufgabenerledigung den Gemeinden im Rahmen des eigenen Wirkungskreises freigestellt, und es gibt – bis auf die Rechtsaufsicht – keine Möglichkeit des Eingriffs durch das Land. Hierzu gehören etwa der Bau von Schwimmbädern, Sportstätten, Museen oder Theatern oder die Organisation von Seniorentreffs.
- Pflichtaufgaben ohne Weisung: Diese Aufgaben müssen zwar von den Kommunen wahrgenommen werden, die Art der Wahrnehmung ist ihnen jedoch im Zusammenhang des eigenen Wirkungskreises selbst überlassen. Hierzu gehören die Schulträgerschaft (Schulen müssen zwar zur Verfügung gestellt werden, wie sie allerdings architektonisch gestaltet sind, bleibt den Gemeinden überlassen), die Bauleitplanung, die Organisation des Angebotes eines Jugendamtes, die Abfallbeseitigung und die Energieversorgung. Auch hier nehmen die vorgesetzten Behörden lediglich die Rechtsaufsicht wahr.
- Pflichtaufgaben nach Weisung: Sie gehören zum übertragenen Wirkungskreis und werden den Gemeinden zur Erledigung vorgeschrieben. Ebenso wird die Art der Erledigung vorgegeben. Die vorgesetzten Behörden haben sowohl die Rechts- als auch die Fachaufsicht. Hierzu gehören die Durchführung von Gemeindewahlen, die anteilige Zahlung von Leistungen im Rahmen des Arbeitslosengeldes II (Hartz-IV), die Organisation von Feuerwehr und Rettungsdienst sowie des Katastrophenschutzes.
- staatlichen Auftragsangelegenheiten: Hier fungieren die Gemeinden als unterste Stufe im staatlichen Behördensystem z.B. bei der Durchführung von Bundestagswahlen, bei der Wehrerfassung oder beim Zivilschutz.

Abbildung 23: Rechtsqualität der kommunalen Aufgaben

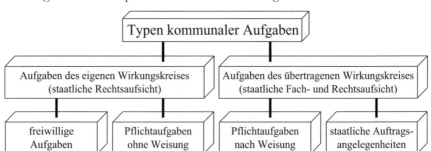

In der Praxis des kooperativen Föderalismus einerseits (vgl. dazu Kap. 4) und im Rahmen der ständigen Ausdehnung des staatlichen Aufgabenbestandes in den letzten Jahren andererseits, in dessen Zusammenhang die Gemeinden eine Schlüsselrolle in der Aufgabenausführung übernommen haben, ist diese theoretische Klassifikation von kommunalen Aufgaben stark verwischt worden, ja sogar obsolet geworden (Henneke 1994a: 710). „Zunehmend verpflichten die Gesetzgeber in Bund und Ländern die Kommunen zur Wahrnehmung und Finanzierung von bis ins einzelne durchnormierten nur noch sog. ‚Selbstverwaltungsangelegenheiten'(...). Die Normierungsdichte und -tiefe, nicht selten mit Individualansprüchen Dritter verknüpft, führt dazu, daß bei sog. pflichtigen Selbstverwaltungsangelegenheiten, bei denen die Art und Weise der Aufgabenerledigung in die kommunale Selbstgestaltung fallen muss, den Kommunen sowohl hinsichtlich der Art und Weise der Wahrnehmung wie des Kostenumfangs der nicht gestaltbare, bloße Vollzug fremddeterminierter Gesetze verbleibt" (ebenda: 710).

Gesetzliche Regelungsdichte und -tiefe, homogene Personal- und Ausstattungsstandards sowie eine ständige Reduzierung und Zweckbindung der Finanzmittel bei wachsendem Aufgabenbestand höhlen so faktisch die kommunale Selbstverwaltungsgarantie aus. Dies hat nicht nur die kommunalen Gestaltungsspielräume in erheblichem Maße eingeschränkt, sondern auch Effizienz und Wirtschaftlichkeit bei der Aufgabenerfüllung in Frage gestellt, wenn die konkreten Umstände der Einzelfälle vor Ort nicht berücksichtigt werden können (ebenda: 710) (dazu auch Maurer 1994: 139ff./Schoch 1994: 235ff.).

Seit Beginn der 90er Jahre werden umfangreiche Möglichkeiten entwickelt und erprobt, die eine Wiederbelebung der kommunalen Gestaltungschancen i. S. der Selbstverwaltungsgarantie intendieren. Möglichkeiten der (Wieder)stärkung kommunaler Selbstverwaltung bieten sich prinzipiell in der folgenden Weise:

- Rückführung der gesetzlichen Regelungsdichte und -tiefe im Bereich der Bundes- und Landesgesetzgebung: Hier bietet der Art. 68 I der niedersächsischen Verfassung vom 19. Mai 1993 einen vorbildlichen Versuch. Er schreibt nämlich bei der Zuweisung von Aufgaben und Setzung von Standards durch die Landesgesetzgebung bereits bei Vorlage des Entwurfes vor, dass neben den entstehenden Kosten der Erledigung bei Kommunen und Kreisen auch die erhöhten Verwaltungskosten und Folgekosten der geänderten Gesetzessituation ermittelt werden (n. Henneke 1994a: 714). In gleicher Weise hat auch der Sachverständigenrat „Schlanker Staat" für die Gesetzgebung eine systematische und verbindliche Erforderlichkeitskontrolle sowie eine regelmäßige Gesetzesfolgenabschätzung schon im Rahmen der Gesetzesvorlage gefordert. Darüber hinaus hat er für eine konsequente Durchsetzung des Subsidiaritätsprinzips nicht nur zwischen Bund und Ländern votiert, sondern auch gefordert, dass die Länder Aufgaben, die sie im Laufe der Zeit an sich gezogen haben, wieder in die kommunale Selbstverwaltung zurückführen (Bundesinnenministerium (Hrsg.) 1996).

- Im Zusammenhang des Spannungsfeldes, das sich aus der Tatsache ergibt, dass die Kommunen einerseits ein „Grundkorsett" öffentlicher Aufgabenerfüllung erhalten und sicherstellen müssen, sich andererseits aber im Rahmen der Um- und Neuorganisation der Aufgabenerfüllung und hier insbesondere der Privatisierung erhebliche Leistungssteigerungen und Kosteneinsparungen ergeben können, sind neue Organisations- und Steuerungsmodelle zu erproben. Hierzu müssen Änderungen im Haushaltsrecht, im Dienstrecht, im Personalvertretungsrecht, im Kommunalverfassungsrecht sowie bezüglich des Beauftragtenwesens vorgenommen werden (n. Henneke 1994a: 715).
- Ausgesprochen problematisch aus Sicht der Kommunen wirkt die Tatsache, dass sie im bundesdeutschen Föderalismus keine den Ländern vergleichbare eigenstaatliche Qualität besitzen und im Zusammenhang des Gesetzgebungsprozesses allenfalls vermittelt über die Länder ihre Interessen durchsetzen können. So werden von Vertretern der Kommunen immer wieder eigene Vertretungskörperschaften oder entsprechende direkte Beteiligungsmöglichkeiten für sie im Landes- und Bundesgesetzgebungsprozess gefordert, z.B. in der Form der in Rheinland-Pfalz eingeführten Kommunalen Räte.
- Schließlich erfordern die Erfüllung kommunaler Aufgaben und insbesondere eine eigenverantwortliche Gestaltung der Aufgaben im Bereich des eigenen Wirkungskreises eine angemessene Finanzausstattung, so dass sich die Frage nach Reformnotwendigkeiten und Reformmöglichkeiten der kommunalen Einnahmesituation stellt.

Dieser letzten Frage wollen wir uns nun etwas genauer zuwenden.

5.3 Die Finanzen der Kommunen

Die Gemeinden finanzieren sich im Wesentlichen aus den folgenden Quellen:

- aus eigenen Steuereinnahmen
- aus Finanzzuweisungen von Bund und Land
- aus Entgelten, die sie in der Form von Gebühren und Beiträgen erheben, und
- aus Kreditaufnahmen.

Die Steuereinnahmen der Gemeinden setzen sich aus den Realsteuern, d.h. der Grundsteuer und der Gewerbesteuer – den Steuern, denen ein reales Objekt zur Bewertung zu Grunde liegt –, den örtlichen Verbrauch- und Aufwandsteuern sowie einem Anteil der Einkommens- und Lohnsteuer zusammen.

Dabei steht das Aufkommen der Realsteuern den Gemeinden vollständig zu. Sie müssen allerdings im Rahmen einer Gewerbesteuerumlage einen Teil an das Land abführen. Als Ausgleich erhalten sie einen Anteil an der Einkommens-, Körperschafts- und Lohnsteuer (15%), der ihnen durch eine Änderung des Grundgesetzes seit 1956 durch Art. 106 VII GG zusteht. Er wird durch die Gesetzgebung von Bund und Ländern festgelegt und soll die Abhängigkeit der Gemeinden von der steuerlichen Leistungsfähigkeit der örtlichen Unternehmen mildern. Den Modus der Verteilung regeln zumeist jährlich verabschiedete Landesgesetze. Dasselbe gilt für die Möglichkeit der Länder weitere Steuern (z.B. Kraftfahrzeugsteuer oder Grunderwerbsteuer in die Finanzausgleichsmasse einzubeziehen (Gemeindefinanzierungs- oder Finanzausgleichsgesetze).[119] Als äußerst problematisch für die Situation der Gemeinden stellt sich die Tatsache dar, dass sie keine Möglichkeit haben, die Höhe ihrer Finanzausgleichsmittel mitzubestimmen, sondern allein auf die Länder vertrauen müssen.[120]

Darüber hinaus erhalten die Gemeinden einen Anteil an der Umsatzsteuer (z.Z. 2,2%) als Ausgleich für den Wegfall der Gewerbekapitalsteuer von Unternehmen und einen Anteil an der Grundsteuer von ca. 17% (Wehling 2006).

Gesetzgebungs-, Ertrags- und Verwaltungskompetenz für die unterschiedlichen Steuerarten insgesamt sind wie folgt zwischen Bund, Ländern und Gemeinden aufgeteilt:

---

[119] Laut Finanzausgleichsgesetz 2006 (Gesetz zur Regelung der Zuweisungen des Landes Nordrhein-Westfalen an die Gemeinden und Gemeindeverbände im Haushaltsjahr 2006 (Gemeindefinanzierungsgesetz – GFG 2006) wurde den Kommunen in NRW nach § 4 ein Anteil von insg. 23% an der Verbundgrundlage zugestanden. Im Haushaltsentwurf 2007 entfällt die Einbeziehung von 4/7 am Aufkommen der Grunderwerbssteuer (ca. 162 Mio. €) bei der Berechnung des Verbundbetrages. Der Verbundbetrag wird damit im Haushalt 2007 schätzungsweise 6,4 Mrd. Euro ausmachen (NRW Plenarprotokolle 14/35 vom 30.08.2006).

[120] Darüber hinaus zahlen die Gemeinden eine Kreisumlage, über deren Mittelverwendung die Kreistage entscheiden.

Abbildung 24: Die Aufteilung der Steuerkompetenzen zwischen Bund, Ländern und Gemeinden (n. Bundesministerium der Finanzen 2005: 22/23)

Steuerart	Gesetzgebungs-kompetenz	Ertragskompetenz**	Verwaltungs-kompetenz
Abzugsteuern bei beschränkt Steuerpflichtigen	Bund	Bund/Länder	Länder*
Agrarabschöpfung	EU/Bund	EU	Bund (Zoll)
Ausfuhrabgaben	EU/Bund	EU	Bund (Zoll)
Biersteuer	Bund	Länder	Bund (Zoll)
Branntweinsteuer	Bund	Bund	Bund (Zoll)
Einfuhrumsatzsteuer	Bund	Bund/Länder	Bund (Zoll)
Einkommensteuer	Bund	Bund/Länder (mit Gemeindeanteil)	Länder*
Erbschafts- u. Schenkungssteuer	Bund	Länder	Länder
Feuerschutzsteuer	Bund	Länder	Länder
Getränkesteuer	Länder	Gemeinden	Gemeinden
Gewerbesteuer	Bund	Gemeinden (mit Umlage für Bund und Länder)	Länder/Gemeinden
Grundsteuer	Bund	Gemeinden	Länder/Gemeinden
Grunderwerbsteuer	Bund	Länder	Länder
Hundesteuer	Länder	Gemeinden	Gemeinden
Jagd- und Fischereisteuer	Länder	Kreis/Gemeinden	Kreis/Gemeinden
Kaffeesteuer	Bund	Bund	Bund (Zoll)
Kapitalertragsteuer	Bund	Bund/Länder	Länder*
Kirchensteuer	Länder	Kirchen	Länder/Kirchen
Körperschaftssteuer	Bund	Bund/Länder	Länder*
Kraftfahrzeugsteuer	Bund	Länder	Länder*
Lohnsteuer	Bund	Bund/Länder (mit Gemeindeanteil)	Länder*
Milchgarantiemengenabgabe	EU/Bund	EU	Bund/(Zoll)
Mineralölsteuer	Bund	Bund	Bund
Rennwett- und Lotteriesteuer	Bund	Länder	Länder
Schankerlaubnissteuer	Länder	Kreis/Gemeinden	Kreis/Gemeinden
Schaumweinsteuer	Bund	Bund	Bund (Zoll)
Solidaritätszuschlag	Bund	Bund	Länder*
Spielbankabgabe	Bund/Länder	Länder	Länder
Stromsteuer	Bund	Bund	Bund (Zoll)
Tabaksteuer	Bund	Bund	Bund (Zoll)
Umsatzsteuer	Bund	Bund/Länder	Länder*
Vergnügungssteuer	Länder	Gemeinden	Gemeinden
Versicherungsteuer	Bund	Bund	Länder*
Zölle	EU/Bund	EU	Bund (Zoll)
Zucker-Produktionsabgabe	EU/Bund	EU	Bund (Zoll)
Zweitwohnungsteuer	Länder	Gemeinden	Gemeinden
Zwischenerzeugnissteuer	Bund	Bund	Bund

* Im Auftrag des Bundes
** Die Gemeinden und Gemeindeverbände können durch Landesgesetz am Aufkommen der Landessteuern beteiligt werden (Art. 106 Abs. 7 S.2 GG).

Die Zuweisungen werden im Rahmen des kommunalen Finanzausgleiches verteilt, der einerseits zu einer Verbesserung der Finanzsituation in den Gemeinden beitragen soll (fiskalische Funktion), andererseits aber die Unterschiede ausgleichen soll, die in der Steuerkraft der Gemeinden bestehen (redistributive Funktion). Im Rahmen des kommunalen Finanzausgleiches werden aber auch bestimmte Sonderleistungen bzw. Sonderlasten honoriert, so, wenn Gemeinden als Oberzentren für das Umland fungieren und Leistungen anbieten, von denen umliegende Gemeinden ebenfalls profitieren (allokative und raumordnungspolitische Funktion) (n. Kunz 1989: 76).

Die Zuweisungen an die Kommunen, die unterteilt werden nach allgemeinen Zuweisungen und Bedarfszuweisungen, geschehen auf drei unterschiedliche Arten:

- als Schlüsselzuweisungen mit dem Ziel des Finanzkraftausgleiches zwischen den Gemeinden
- als Zweckzuweisungen, d.h. an bestimmte Objekte und eine entsprechende Antragstellung gebunden und
- als Sonderlastenausgleich z.B. für Krankenhäuser, Schulen oder den öffentlichen Nahverkehr.

Den größten Gestaltungsspielraum für die Gemeinden bieten dabei die Schlüsselzuweisungen, da sie im Rahmen der örtlichen Aufgabenwahrnehmung prinzipiell frei verausgabt werden können. Sie berechnen sich folgendermaßen:

Verhältnis von Einwohnerzahl und Steuerkraft = Steuerkraftmesszahl. Diese wird einer fiktiven Bedarfsmesszahl pro Einwohner gegenübergestellt. Wenn der ermittelte fiktive Bedarf größer ausfällt als die Steuerkraftmesszahl, dann besteht für die Gemeinden ein Anrecht auf Ausgleich. Dabei ist festgelegt, dass die Schlüsselzuweisungen nicht linear mit der Zahl der Einwohner anwachsen, sondern progressiv, um die höhere Belastung in städtisch verdichteten Gemeinden auszugleichen (Kunz 1989: 79f.).

Die Zweckzuweisungen umfassen einerseits Investitionszuweisungen, andererseits Erstattungen für staatliche Aufgaben. Diese Zweckzuweisungen erfolgen nur auf Antrag, und ihre Notwendigkeit muss von den Gemeinden nachgewiesen werden. Sie erfordern zudem fast immer die Mitfinanzierung durch die Gemeinde, da Bund oder Länder hier nur teilfinanzieren. Diese Tatsache hat das Bild vom „goldenen Zügel" geschaffen, an dem die Gemeinden unter Einschränkung ihres Gestaltungsspielraumes von Bund und Ländern geführt werden.[121]

---

[121] Beispielhaft sei hier die Aufteilung der Zuweisungen (wichtigste Posten) wiedergegeben, die das Gemeindefinanzierungsgesetz NRW vorschrieb (n. Schwabedissen 1996: 176ff.):
1. Schlüsselzuweisungen
2. Bedarfszuweisungen (n. § 16 GFG 1996: Zuweisungen zum Ausgleich besonderen Bedarfs), insbesondere:
Zuweisungen zu überdurchschnittlichen Schülerfahrtkosten

Abbildung 25: Aufteilung des Steueraufkommens auf die Gebietskörperschaften im Jahr 2005 (Daten n. Statistischen Bundesamt 2006a: 576f.)

Steuerart /Einnahmenbezieher		Aufkommen (in Mio. EUR)
1. Bundessteuern		83.508
2. Bundesanteil an		
a)	Lohnsteuer/Einkommensteuer (veranl.) (42,5%)	54.691
b)	nicht veranl. Steuern vom Ertrag und Körperschaftssteuer (50%)	13.142 3.076
c)	Zinsabschlag (44%)	74.177
d)	Steuern vom Umsatz (49,5%)	190.176
Steuereinnahmen Bund		
3. Ländersteuern		20.600
4. Länderanteil an		
a)	Lohnsteuer/Einkommensteuer (veranl.) (42,5%)	54.691
b)	nicht veranl. Steuern vom Ertrag/Körperschaftssteuer (50%)	13.142
c)	Zinsabschlag (44%)	3.076
d)	Steuern vom Umsatz (44,83%)	62.666
e)	Gewerbesteuerumlage (25/44)	2.037
f)	erhöhte Gewerbesteuerumlage	2.631
Steuereinnahmen der Länder		180.478
5. Gemeindesteuern		43.170
6. Gemeindeanteil an		
a)	Einkommensteuer	20.126
b)	Umsatzsteuer	2.900
7. Gewerbesteuerumlage (Ausgabe)		- 6.161
Steuereinnahmen der Gemeinden und Gemeindeverbände		60.036

Zu den Steuereinnahmen der Gemeinden gehören auch die örtlichen Steuern. Hierzu sind diejenigen Steuern zu zählen, „deren besonderes Merkmal darin liegt, daß sie an einem örtlichen Tatbestand oder Vorgang anknüpfen und in ihrer unmittelbaren

---

Kurorthilfe
Bonnhilfe
Zuweisungen im Zusammenhang mit Aktivitäten im Sportbereich
Zuweisungen zum Ausgleich besonderer Härten bei der Erhebung von Abwassergebühren
3. Bedarfszuweisungen aus besonderem Anlass (z.B. für Gemeinden mit besonderen Funktionen in den Bereichen Freiraum und Erholung, zum Ausgleich von regionalen Standortnachteilen oder von strukturellen Belastungssituationen)
4. Zweckzuweisungen z.B. für: Investitionen in Krankenhäusern in kommunaler Trägerschaft, Einrichtungen der Weiterbildung in der Trägerschaft von Gemeinden, für den Erwerb und die Nutzbarmachung von Brachflächen, die Gefährdungsabschätzung und Sanierung von Altablagerungen und Altstandorten, Schulbaumaßnahmen, die ökologische Gestaltung des Emscher-Lippe-Raumes sowie eine allgemeine Investitionspauschale.

Wirkung örtlich begrenzt sind" (Bundesministerium der Finanzen (Hrsg.) 1996: 122). Zu ihnen gehören insbesondere die Getränkesteuer, die Vergnügungssteuer, die Hundesteuer, die Schankerlaubnissteuer, die Jagd- und Fischereisteuer, sowie die Zweitwohnungsteuer.

Manche dieser Steuern werden nur in einigen Bundesländern oder Gemeinden erhoben. So ist in Bayern die Erhebung von Getränke-, Jagd-, Speiseeis- oder Vergnügungssteuern ausdrücklich untersagt (Jungfer 2005: 185f.).

Mit Ausnahme der Schankerlaubnissteuer sind die örtlichen Steuern Aufwand- oder Verbrauchssteuern, ihr Aufkommen steht nach Art. 106 VI Satz 1 GG den Gemeinden bzw. Gemeindeverbänden zu. Die auch als „Bagatellesteuern" oder „kleine Gemeindesteuern" bezeichneten örtlichen Steuern sind allerdings fiskalisch nahezu unbedeutend, da sie nur ca. 1% der gemeindlichen Steuern insgesamt ausmachen. Zur Bestimmung der Höhe des Aufkommens aus den örtlichen Steuern haben die Gemeinden im Rahmen ihres Satzungsrechtes und der landesrechtlichen Kommunalabgabengesetze bzw. Einzelsteuergesetze einen gewissen Gestaltungsspielraum. Sie können über Erhebung oder Nichterhebung entscheiden sowie über die Ausgestaltung der Steuer. Allerdings können die Länder die Gemeinden auch zur Erhebung bestimmter Steuern zwingen. In sehr eingeschränktem Maße – dann nämlich, wenn es sich um Steuern handelt, die nicht bundesgesetzlich geregelten gleich sind (Art. 105 Abs.2a GG) und in die Regelungskompetenz der Länder fallen – haben die Gemeinden ein Steuerfindungsrecht.

Die Erhebung von Gebühren, Entgelten und Beiträgen stellt eine weitere Einnahmequelle für die Gemeinden dar. Sie werden in den gemeindlichen Satzungen festgelegt, die den Kommunalabgabengesetzen der Länder entsprechen müssen. Die Gebühren werden für Leistungen erhoben, die die Gemeinden den Bürgern gegenüber erbringen, etwa für bestimmte Amtshandlungen oder die Nutzung von Institutionen oder Diensten (z.B. Bibliotheken, Müllabfuhr, Straßenreinigung). Die Höhe der Gebühren soll sich am Kostendeckungsprinzip orientieren, was aber aus unterschiedlichen Gründen nicht immer der Fall ist. Die Gemeinden dürfen mit den Gebühren keine Überschüsse zur Haushaltssanierung erwirtschaften.

Beiträge werden von den Gemeinden für die Herstellung oder Erweiterung öffentlicher Einrichtungen oder Anlagen einmalig erhoben, so z.B. Anliegergebühren. Sie sind unabhängig von der tatsächlichen Nutzung der Zahlungspflichtigen (Gisevius 1996: 126).

Die letzte „Einnahmequelle" für die Gemeinden schließlich stellen Kreditaufnahmen dar. Dabei dürfen grundsätzlich nur Kredite für die Finanzierung des Vermögenshaushaltes, nicht jedoch des Verwaltungshaushaltes aufgenommen werden.[122] Die Höhe der Kredite, die entsprechend dem kommunalen Haushaltsrecht

---

[122] Der kommunale Haushalt wird unterschieden nach 1. Verwaltungshaushalt: Einnahmen: Steuern, Gebühren, Entgelte, Zuweisungen von Bund und Ländern, sonstige Einnahmen; Ausgaben: Personal, Sachaufwand, Zinsen, Sozialleistungen, sonstige Ausgaben/2. Vermögenshaushalt: Einnahmen: Kredit-

Die Rolle der Kommunen 179

jährlich zu genehmigen sind, richtet sich nach der Leistungskraft der Gemeinde: Vorausgesetzt wird, dass der gesamte Schuldendienst aus Zinsen und Tilgung aus dem Verwaltungshaushalt geleistet werden kann.

5.4 Die kommunale Finanzsituation und kommunale Reformversuche

Das Gesamtfinanzierungssaldo der westdeutschen Städte ist von -4,44 Mrd. Euro im Jahr 2002 auf -7,69 Mrd. Euro 2003 in nur einem Jahr um mehr als 70% gestiegen (siehe auch Abb. 26). Zwar ist es eine seit vielen Jahren von Bund und Ländern gern geübte Praxis, Lasten auf die Kommunen zu verschieben und so ihre eigenen Haushalte zumindest teilweise zu konsolidieren.[123] Seit Mitte der 90er Jahre aber hat sich die Situation der Kommunen derart verschlechtert, dass diese kaum noch zur Selbsthilfe fähig sind (Schneider 1996: 99).

Die Situation der kommunalen Einnahmen und Ausgaben insgesamt stellt sich folgendermaßen dar:

---

aufnahme, zweckgebundene Zuweisungen, Veräußerungserlöse, Rücklagen, Entnahmen, Zuführung aus dem Verwaltungshaushalt, sonstige Einnahmen; Ausgaben: Investitionen, Zuführung an Rücklagen, sonstige Ausgaben (n. Gisevius 1994: 121). Die kommunalen Haushalte müssen jährlich ausgeglichen werden.

[123] Schon Mitte der 80er Jahre wurde entsprechend der kommunale Finanzausgleich als „Reservekasse der Länder" bezeichnet (n. Henneke 1994: 1).

Abbildung 26: Kommunale Einnahmen und Ausgaben 2002 bis 2004 in den alten und neuen Ländern (n. versch. Finanzprognosen des Deutschen Städte- und Gemeindebundes (Hrsg.) für die Jahre 2002-2004).

Einnahmen/ Ausgaben	Alte Bundesländer					Neue Bundesländer					
	2002	2003	2004	2003	2004	2002	2003	2004	2003	2004	2004
	Mrd. EUR			Differenz in % (gerundet)[1]		Mrd. EUR			Differenz in % (gerundet)[1]		in % d. Westniveaus[2*]
Einnahmen	119,57	116,76	120,45	-2,4	3,2	24,97	24,59	24,89	-1,5	1,2	98,2
darunter:											
Steuern	43,45	42,66	46,61	-1,8	9,3	4,05	4,10	4,57	1,2	11,5	42,8
darunter:											
Gewerbesteuereinnahmen	14,43	13,73	18,70	-4,9	36,2	1,36	1,40	1,87	2,9	33,6	43,3
Einkommensteueranteil	19,11	18,73	17,50	-2,0	-6,6	1,12	1,09	1,08	-2,7	-0,9	25,6
Umsatzsteueranteil	2,20	2,20	2,20	0,0	0,0	0,39	0,39	0,39	0,0	0,0	80,1
Gebühren	14,09	14,16	14,07	0,5	-0,6	2,00	2,05	2,03	2,5	-1,0	64,5
Laufende Zuweisungen von Land/Bund	28,65	26,95	28,09	-5,9	-4,2	11,11	11,01	10,67	-0,9	-3,1	185,7
Investitionszuweisungen von Land/Bund	4,84	4,77	4,73	-1,4	-0,8	3,41	3,22	3,27	-5,6	1,6	358,2
Sonstige Einnahmen	28,54	28,21	26,95	-1,2	-4,5	4,39	4,20	4,35	-4,3	3,6	350,6
Ausgaben	124,01	124,45	124,18	0,4	-0.2	25,19	25,37	24,97	0,7	-1,6	94,8
darunter:											
Personal	32,75	33,14	33,30	1,9	0,4	7,32	7,33	7,16	0,1	-2,3	100,9
Sachaufwand	24,50	24,36	24,47	-0,6	0,5	4,82	4,65	4,66	-3,5	0,2	89,1
Soziale Leistungen	24,32	26,19	27,34	7,7	4,7	3,84	4,65	4,59	21,1	1,3	73,2
Zinsen	4,28	4,29	4,01	0,2	-6,5	0,85	0,80	0,78	-5,9	-2,5	84,9
Sachinvestitionen	18,69	16,61	15,25	-11,1	-8,2	4,92	4,55	4,46	-7,5	-2,0	150,8
davon:											
Baumaßnahmen	13,53	12,62	11,46	-6,7	-9,2	4,20	4,01	3,94	4,5	-1,7	179,8
Erwerb von Sachvermögen	5,16	3,99	3,79	-22,7	-5,0	0,72	0,54	0,52	-25,0	-3,7	65,0
Sonstige Ausgaben	19,47	19,86	19,82	2,0	-0,2	3,44	3,35	3,32	-2,6	-0,9	359,7
Finanzierungssaldo	-4,44	-7,69	-3,74			-0,22	-0,50	-0,08			
nachrichtlich:											
Einnahmen des Verwaltungshaushalt	105,00	102,36	102,90*	-2,5	0,9	20,15	22,10	19,85*	9,8	-0,5	87,8
Ausgaben des Verwaltungshaushalt	101,55	103,91	105,40*	2,3	1,2	19,36	21,65	19,85*	11,8	1,3	85,7

[1]) Eigene Berechnung
[2]) Berechnet für jeweilige Einnahmen und Ausgaben in € je Einwohner.
*) Schätzungen

Die Gründe für die desolate Haushaltssituation in den Gemeinden liegen unter anderem in einer ständigen Belastung mit neuen Aufgaben, die Bund und Länder auf diese abschieben. Der seit 1996 in § 24 des Kinder- und Jugendhilfegesetzes festgeschriebene Rechtsanspruch auf einen Kindergartenplatz ist hier genauso zu nennen wie diverse Änderungen des Arbeitsförderungsgesetzes, die durch das vierte Gesetz für moderne Dienstleistungen am Arbeitsmarkt („Hartz-IV") zuletzt zur Zusammenlegung von Arbeitslosen- und Sozialhilfe von Erwerbstätigen zum Arbeitslosengeld II geführt haben und die Kommunen verpflichten die Ausgaben für Unterkunft und Heizung von Hartz-IV Empfängern zu tragen.[124]

Den steigenden Soziallasten sowie den Beiträgen, die die Gemeinden für die Landesanteile des West-Ost-Transfers zu erbringen haben,[125] stehen sinkende Steuereinnahmen gegenüber. Dies gilt insbesondere für die Gewerbesteuer in den 90er Jahren und die Investitionszuweisungen von Bund und Ländern. Durch Konjunkturschwäche verloren die Städte und Gemeinden allein von 1993 bis 1995 1 Mrd. DM an Gewerbesteuereinnahmen (Städte- und Gemeindebund Nordrhein-Westfalen 15.1.1997: 3).

Dies hat dazu geführt, dass eine immer größere Anzahl an Gemeinden Haushaltssicherungskonzepte aufstellen muss, da sie nicht wie vorgeschrieben zum jährlichen Ausgleich ihres Haushaltes in der Lage sind.[126] Bundesweit betrug der Anteil von Gemeinden mit solchen Haushaltssicherungskonzepten Mitte der 90er Jahre 40% (Schneider 1996: 99). In Nordrhein-Westfalen mussten im Jahr 2004 45% der Städte und Gemeinden ein Haushaltssicherungskonzept aufstellen, 2005 waren es 44%, 2006 dagegen wieder über 45% und 2007 werden es schätzungsweise 40% sein (dieser Rückgang ist allerdings darauf zurückzuführen, dass diese Kommunen Rücklagen oder Vermögen für den Ausgleich einsetzen) (Städte- und Gemeindebund Nordrhein-Westfalen 14.3.2007). Erschreckend ist dabei – auf die Entwicklung in NRW bezogen –, dass sich der Anstieg der Fehlbeträge der kommunalen Verwaltungshaushalte rapide entwickelt: 2004 betrugen die Fehlbeträge insgesamt 4.344

---

[124] Zu den Belastungen durch diejenigen Hartz-IV-Empfänger, die durch Arbeitslosigkeit in die Abhängigkeit von Arbeitslosengeld II gekommen sind, kommen diejenigen durch Asylsuchende und Bürgerkriegsflüchtlinge hinzu. Bezüglich der Behandlung von Bürgerkriegsflüchtlingen hatte der Landesverfassungsgerichtshof NRW in Münster 1996 zu entscheiden (AZ: VerfGH 11/95). Bis zu dem Urteil hatte das Land den Kommunen für jeden Asylbewerber monatlich 675 DM überwiesen, für Kriegsflüchtlinge jedoch nur 320 DM. Der Verfassungsgerichtshof stufte dies als Willkür ein und verlangte die Gleichbehandlung, gemessen am Leistungsumfang für Asylsuchende.
[125] Der kommunale Anteil an den einigungsbedingten Lasten im Land NRW betrug z.B. bis 1995 44% und wurde ab 1996 auf 43% festgesetzt (Schwabedissen 1996: 174).
[126] Beispielhaft für die entsprechenden Bestimmungen in den Kommunalverfassungen sei hier §75 der nordrhein-westfälischen Gemeindeordnung angeführt:
(3) Der Haushalt muß in jedem Jahr ausgeglichen sein.
(4) Kann der Haushaltsausgleich nicht erreicht werden, ist ein Haushaltssicherungskonzept für den Verwaltungs- und Vermögenshaushalt aufzustellen und darin der Zeitpunkt zu beschreiben, innerhalb dessen der Haushaltsausgleich wieder erreicht wird. Außerdem sind die Maßnahmen darzustellen, durch die der im Verwaltungshaushalt ausgewiesene Fehlbetrag abgebaut und das Entstehen eines neuen Fehlbedarfs im Verwaltungshaushalt künftiger Jahre vermieden wird. Das Haushaltssicherungskonzept dient dem Ziel, im Rahmen einer geordneten Haushaltswirtschaft die künftige, dauernde Leistungsfähigkeit der Gemeinde zu erreichen. Es bedarf der Genehmigung der Aufsichtsbehörde. Die Genehmigung kann unter Bedingungen und mit Auflagen erteilt werden.

Mio. €, im Jahr 2005 waren es 5.625 Mio. € und 2006 bereits 6.054 Mio. €. Bei diesen Zahlen muss allerdings berücksichtigt werden, dass der größte Teil davon auf die Deckung von Fehlbeträgen aus den Vorjahren entfällt. Dieser betrug im Haushaltsjahr 2006 5.428 Mio. €, während sich der jahresbezogene Fehlbetrag auf nur 626 Mio. € belief (Innenministerium Nordrhein-Westfalen 2007: 47). Darüber hinaus konnten viele Gemeinden in den letzten Jahren formal ihren Haushalt nur ausgleichen, weil sie ihr „Tafelsilber" verkauft haben, d.h. Gemeindebesitz veräußert haben oder aber von Rücklageentnahmen lebten (Schneider 1996: 99). Die Zahl der Gemeinden mit strukturell unausgeglichenem Haushalt in NRW betrug 2006 43,9% und wird 2007 schätzungsweise 52% betragen. Damit hatten nur 14,4% bzw. 11,9% der nordrhein-westfälischen Gemeinden einen strukturell ausgeglichenen Haushalt (Städte- und Gemeindebund Nordrhein-Westfalen 14.3.2007). Dabei ist zu beachten, dass der Gemeindebesitz nur einmal verkauft, Rücklageentnahmen nur einmal geschehen können, was unweigerlich dazu führen wird, dass die Verschlechterung der finanziellen Notlage der Gemeinden in den nächsten Jahren noch einmal beschleunigt verlaufen wird.

Einnahmeerhöhungsspielräume bestehen dagegen für die Städte kaum noch. Die Gewerbesteuerhebesätze sind in ihrem Erhöhungspotential weitgehend ausgereizt, die Grundsteuerhebesätze wurden bereits erhöht (Schneider 1996: 99ff.). Allein die Einnahmeausfälle im Bereich des 15%-igen Einkommensteueranteils der Gemeinden, die durch die Freistellung des Existenzminimums im Jahressteuergesetz 1996 zu Stande kamen, betrugen 1996 1,943 Mrd. DM und sind bis 1999 auf 2,989 Mrd. DM angestiegen (Schneider 1996: 103). Die Umstellung im Familienleistungsausgleich (Verrechnung mit der Einkommensteuer und Leistungsaufstockung) hat 1996 zu Einnahmeausfällen von 4,233 Mrd. DM für die Gemeinden geführt. Die Gemeinden haben dafür eine Erhöhung ihres Einkommensteueranteils von 15% auf 16% verlangt, die Länder dagegen haben sich mit dem Bund auf eine Anhebung des Länderanteils an der Umsatzsteuer um 5,5% zur Bestreitung der Kosten für den geänderten Familienleistungsausgleich geeinigt. Aus diesen Mehreinnahmen erhalten die Gemeinden nun einen Ausgleich, einen Rechtsanspruch haben sie allerdings nicht, sondern sind auch hier vom „Goodwill" der Länder abhängig (ebenda: 103).

Die Einnahmesituation in den Gemeinden Ostdeutschlands ist vor allem durch die Tatsache zu beschreiben, dass ihr Gewerbesteueraufkommen nur gut 40% dessen der westdeutschen Gemeinden ausmacht. Zudem waren sie bis zur Einigung im „Altschuldenkompromiss" vom Damoklesschwert der 8,7 Mrd. DM Altschulden aus Zeiten der DDR bedroht (ebenda: 108).

Die Kernfragen des kommunalen Finanzausgleiches können wir folgendermaßen zusammenfassen:

- Die Kommunen müssen nachhaltig vor einer Absenkung der Verbundquote im kommunalen Finanzausgleich geschützt werden.

- Bei Überbürdung neuer Aufgaben ist für eine Kostenerstattung zu sorgen, dabei muss die Kostenerstattung verbindlich geregelt werden und darf nicht vom „Goodwill" der Länder abhängen.[127]
- Es muss in Zukunft zu einer größeren interkommunalen Gerechtigkeit kommen (Henneke 1994: 2).[128]

Die Finanzlage der Gemeinden in der Bundesrepublik hat sich also in einem Ausmaß verschlechtert, das die Selbstverwaltungsgarantie von Art. 28 II GG in der Realität stark in Frage stellt. Neben diesen finanziell verursachten Reformüberlegungen gibt es seit einigen Jahren Bestrebungen, Verwaltungseffizienz und Dienstleistungsqualität der Verwaltung in Bund und v.a. in den Ländern und Gemeinden zu verbessern.

Beide Motivgruppen, die der Versuche zur finanzpolitischen Konsolidierung genauso wie die der Effizienzsteigerung von Verwaltungshandeln, haben dazu geführt, dass in beachtlicher Zahl Organisationsreformen in den Gemeinden durchgeführt werden, dass neue kommunale Steuerungsmodelle und Instrumente ausprobiert werden und schließlich, dass mit der Lockerung haushaltsrechtlicher Bestimmungen für die Kommunen Reformpotentiale erprobt werden (weiterführend dazu: Kommunale Gemeinschaftsstelle für Verwaltungsvereinfachung (Hrsg.) 1995/ Bertelsmann Stiftung (Hrsg.)1995/Dill/Hoffmann 1996/Kleinfeld/Heidemann/ Treutler 1996/Reichard/Wollmann (Hrsg.) 1996).

Für letzteres ist die so genannte „Experimentierklausel" der Hessischen Kommunalverfassung ein Beispiel. Diese trat mit § 133 „Erprobung neuer Steuerungsmodelle (Experimentierklausel)" der Hessischen Gemeindeordnung zum 1. Januar 1995 in Kraft. Anfang 2005 wurde der Paragraph 133 in „Zulassung von Ausnahmen" mit ähnlichem Textinhalt umbenannt.[129] Auch nach der Reformierung gelten

---

[127] Gegen die ausufernde Übertragung von Aufgaben an die Kommunen durch Bund und Länder, ohne dass für deren Finanzierung ausreichend Versorge getroffen wird, gab es Mitte der 90er Jahre eine breite Klagewelle der Kommunen gegen die Länder, da erstere sich am Ende ihrer Leistungskraft sehen (FAZ vom 23. April 1996).

[128] Diese ist z.b. durch die Strukturveränderungen im nordrhein-westfälischen Finanzausgleich ab 1996 in Frage gestellt. Durch eine Änderung der Berechnungsgrundlage kommt es hier zu einer erheblichen Umverteilung von Mitteln aus kreisangehörigen Städten zu kreisfreien Städten. „Während der Einwohner in Köln technisch mit rd. 1.800.-- DM gewichtet wird, zählt der Einwohner in einer Eifelgemeinde rd. 1.200.-- DM. (...) Nach einer Entscheidung des Bundesverfassungsgerichts aus dem Jahr 1992 ist eine derartige Einwohnerveredelung zugunsten der Großstädte nicht haltbar, weil sich ein überproportionaler Finanzbedarf bei höherer Siedlungsdichte nicht nachweisen läßt" (Städte- und Gemeindebund Nordrhein-Westfalen 15.1.1997a: 1/Hervorh. i. O.) (zum Problem der „Einwohnerveredelung" s. auch das Urteil des Bundesverfassungsgerichtes zum Länderfinanzausgleich aus dem Jahr 1999: BverfG, 2BvF 2/98).

[129] § 133 HGO: Zulassung von Ausnahmen
Das für das Kommunalrecht zuständige Ministerium kann im Interesse der Weiterentwicklung des kommunalen Haushalts- und Rechnungswesens im Einzelfall von den Regelungen über die Haushaltssatzung, den Haushaltsplan, den Stellenplan, die Jahresrechnung, den Jahresabschluss, die örtliche Rech-

die Bestimmungen des § 133 nach § 52 der Hessischen Landkreisordnung auch weiterhin für die Landkreise. Eine vergleichbare „Experimentierklausel" gibt es seit 1994 in Nordrhein-Westfalen.[130] Die Möglichkeit der befristeten Ausnahme von Gemeindehaushaltsverordnungen gibt es in Bayern (Art. 117a BayGO), in Baden-Württemberg (§ 49 GemHVO Bad.-Württ.), im Saarland (§ 47 SaarlGem HVO) sowie in Schleswig-Holstein (§ 45 GemHVO SH) und in Brandenburg (§ 42 Gem HV).

Die „Experimentierklausel" ist stark kritisiert worden, da sie bei Ausschöpfung ihres Deregulierungspotentials dazu führen kann, dass die Kommunalverwaltung weitgehend vom Kommunalrecht freigestellt wird und dieses zu einem Gegenstand des freien Aushandelns zwischen der einzelnen Kommunalverwaltung und der Ministerialverwaltung machen kann (Siedentopf 1995: 193). Hierbei muss allerdings bedacht werden, dass die Ausnahmen, die nach der „Experimentierklausel" zugelassen werden können, normativ begrenzt sind, es sich so also nicht um eine beliebige administerielle Freistellung von geltenden Normen handelt (Lange 1995: 770). Sie zielen auf Bereiche des Haushaltsrechtes, auf zeitlich limitierte Einzelfälle und dienen der Erprobung neuer Modelle der Gemeindeverwaltung (ebenda: 771). Ein Aspekt, der vor dem Hintergrund der fehlenden Einbeziehung der Gemeinden in die Gesetzgebung von Bund und Ländern hierbei sicher interessante Perspektiven bietet, ist die Tatsache, dass die Gemeinden – wenn schon nicht an der Gesetzgebung – so doch an der Erprobung neuer administrativer Modelle beteiligt werden können (ebenda: 771).

Deregulierungsmaßnahmen im Haushaltsrecht werden aber auch mit der Zielsetzung realisiert, Verwaltungshandeln neu zu bestimmen – etwa durch das Angebot zielgruppenorientierter Dienstleistungen – und entsprechend neue Einnahmequellen zu schaffen. Die „unternehmerische Flexibilität" der Kommunen wird dabei z.B. durch die Schaffung einer erweiterten Deckungsfähigkeit der Einzelposten im Haushalt und die Budgetierung unterstützt. Diese sind Bestandteile eines Konzeptwechsels der Verwaltung von der „inputorientierten zentralen Steuerung" zur „dezentralisierten, produkt- und zugleich fachbereichsorientierten Steuerung" (Lange 1995: 772/dazu auch: Banner 1991 sowie ders. 1994).

Hierzu werden seit Anfang der 90er Jahre in zahlreichen Kommunen das Neue Steuerungsmodell der Kommunalen Gemeinschaftsstelle für Verwaltungsvereinfachung (KGSt) unter Einsatz ebenso neuer Entscheidungsstrukturen entwickelt und

---

nungsprüfung, zum Gesamtdeckungsprinzip, zur Deckungsfähigkeit und zur Buchführung sowie zu anderen Regelungen, die hiermit im Zusammenhang stehen, Ausnahmen zulassen. Dies gilt auch für die nach § 154 erlassenen Regelungen. Die Ausnahmegenehmigung kann unter Bedingungen und Auflagen erteilt werden. (§ 154 HGO sieht Möglichkeiten des Erlasses von Rechtsverordnungen durch den hessischen Innenminister für die Regelung der Finanzen der Gemeinden vor).

[130] Die „Experimentierklausel" fand sich zunächst in § 126 GO NRW und wurde nach mehrmaligen Änderungen ab 2004 zu § 129 GO NRW.

erprobt.[131] Maßgeblich für die Verwaltungsreform-Diskussion in Deutschland war das Modell „New Public Management", welches in vielen westlichen Industriestaaten zur Reform der öffentlichen Verwaltung eingeführt und angewendet wurde, sowie das sog. Tilburger Modell.[132] Auf Grundlage dieser beiden Modelle entwickelte die KGSt ab 1991 ein eigenes Modell, das Neue Steuerungsmodell. Mit dessen Hilfe aus Kommunalverwaltungen (Ämter/Bürokratie) moderne, kundenorientierte Dienstleistungsunternehmen werden sollten (Klose 2004: 77). Hierzu sollen kommunale Einrichtungen ähnlich wie Unternehmen in der freien Wirtschaft mehr mit betriebswirtschaftlichen Elementen agieren. Wesentliche Elemente des Neuen Steuerungsmodells sind (n. Klose 2004: 78f.):

- Strategische Steuerung über Zielvereinbarungen statt über die zur Verfügung stehenden Ressourcen (Kontraktmanagement und Output-Steuerung),
- Zusammenführung und Dezentralisierung von Fach- und Ressourcenverantwortung (Budgetierung/Produktbildung),
- Controlling und Berichtswesen sowie Kosten-/Leistungsrechnung,
- Personalmanagement
- Kunden- bzw. Bürger- sowie Wettbewerbs-Orientierung,
- Informations- und Kommunikationstechnik.

---

[131] Als Beispiel sei hier die westfälische Gemeinde Greven genannt, in der 1996 von 73 Beschäftigten der Stadt in acht Projektgruppen ein neues Steuerungsmodell erarbeitet wurde, das es so mittlerweile aber auch in einer Vielzahl anderer Gemeinden gibt. Dessen Kernpunkte sind: Die Mitglieder des dem Rat unterstehenden Vorstands (Bürgermeister, Erster und Technischer Beigeordneter) werden keinen festen Zuständigkeitsbereichen zugeordnet, sondern sollen als strategische Ebene Leitlinien festlegen. Der Vorstand soll Bindeglied zwischen Rat und Verwaltung sein und zwischen Fachbereichen, Gesellschaften und Eigenbetrieben koordinieren. Dabei wird er von einem „zentralen Steuerungsdienst" unterstützt. Die Fachbereichsgliederung wurde zugunsten höherer Bürgerfreundlichkeit neu organisiert, sie soll durch einen „Servicedienst" aufgabenüberspannend koordiniert werden. Der klassische Haushaltsplan soll durch eine flächendeckende Budgetierung abgelöst werden, d.h. den Fachbereichen stehen Budgets zur Verfügung, die sie dezentral und eigenverantwortlich bewirtschaften können. Die Mittel werden nicht mehr nach Haushaltsstellen gegliedert, sondern einzelnen Projekten ergebnisorientiert zugeordnet. Dabei werden auch gegenseitige Dienstleistungen der Fachbereiche in Rechnung gestellt. Schließlich sollen durch die Einführung eines Controlling-Systems frühzeitig Fehler erkannt und behoben werden (n. Grevener Zeitung vom 25. September 1996).
[132] Siehe hierzu weiterführend: Kickert, W. 1997; Pollitt, C./Bouckaert, G. 2005; Ritz, A. 2003; Schedler, K./Proeller, I. 2006; Mix, U./Herweijer, M. (Hrsg.) 1996.

Abbildung 27: Das Gebäude des Neuen Steuerungsmodells (n. Reichardt: 1994: 38)

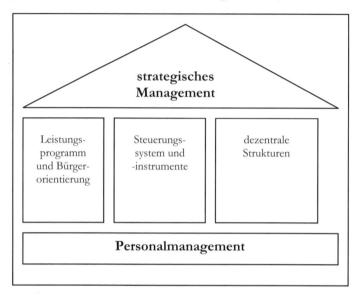

„Die meisten Reformwerkzeuge, mit denen nun in der Verwaltung hantiert wird, stammen aus dem Instrumentenkasten der Betriebswirtschaft. Sie heißen: Dezentralisierung, Aufbau flacher Hierarchien, Personalmanagement, Kosten- und Leistungsrechnung" (Leithäuser 1996). Entsprechend trug auch das Projekt zur Verwaltungsreform Berlins in den 90er Jahren den viel sagenden Namen „Unternehmen Verwaltung" (ebenda).[133] Ein aus praktischer Sicht gut dokumentiertes weiteres Beispiel für den Umbau der Kommunalverwaltung auf Kreisebene ist das des Kreises Soest/der Hellweg-Region (dazu Janning 1995).

Eine Lösung der Bindung an den klassischen Haushaltsplan durch gegenseitige Deckungsfähigkeit, Budgetierung und Experimentierklauseln ist dann mit äußerster Vorsicht zu betreiben, wenn sie die durch die Verabschiedung des Haushaltsplans im Gemeinderat garantierte demokratische Legitimation in Frage stellt. „Einbußen

---

[133] Der Berliner Senat hat mit Beschlüssen vom August 1993 und Mai 1994 die Verwaltungsreform „Unternehmen Verwaltung" beschlossen. Im Rahmen der Verwaltungsreform wurden bspw. das Abgeordnetenhaus und die max. Zahl der Senatsmitglieder verkleinert sowie die Anzahl der Bezirke in Berlin reduziert. Weiterhin wurde ein Neues Führungs- und Steuerungssystem in der Berliner Verwaltung eingeführt. Die anhaltende extreme Haushaltsnotlage in Berlin führte ab 2000 zu einer Neuausrichtung der Reform hin zu einer Staats- und Verwaltungsmodernisierung. Diese wurde von 2003 bis 2006 unter dem Namen „Neuordnungsagenda 2006" mit dem Primärziel der Haushaltskonsolidierung fortgeführt. Seit dem Juni 2007 führt der Berliner Senat die Modernisierung der Verwaltung Berlins unter dem Namen „ServiceStadt Berlin" fort. Wesentliche Ziele hierbei sind der leichtere Zugang zu Dienstleistungen und die Vereinfachung von Verwaltungsprozessen (Senatsverwaltung für Inneres und Sport).

an demokratischer Legitimation darf es nicht geben. Es kommt vielmehr darauf an, Steuerungsformen zu finden, die neben anderen Vorzügen nach Möglichkeit auch eine Verbesserung der demokratischen Legitimation bewirken. Hierfür kommt eine weniger am Detail orientierte, aber im Hinblick auf die Sachziele und deren Realisierung wirksamere Steuerung in Betracht. Sie wird mit neuen Formen der Information der Vertretungskörperschaften einschließlich neuer Berichtspflichten zu verbinden sein" (Lange 1995: 773). Die grundsätzlichen Unterschiede der kommunalen Vertretungskörperschaften, so wie sie in den Kommunalenverfassungen festgelegt sind, werden Thema des folgenden Abschnitts sein.

5.5 Politik und Verwaltung vor Ort: Die unterschiedlichen Kommunalverfassungen

Mit Bezug auf Art. 28 I GG ist allen Kommunalverfassungen gemein, dass das Volk auch in den Kreisen und Gemeinden eine Vertretung haben muss, die aus allgemeinen, unmittelbaren, freien, gleichen und geheimen Wahlen hervorgegangen ist.

Die Kommunalverfassungen in den einzelnen Bundesländern unterscheiden sich danach,

- ob die Leitung von Gemeindeverwaltung und Gemeindevertretung in einer Hand liegt (monistische Verfassungstypen) oder ein Nebeneinander von ehrenamtlichem Ratsvorsitz und hauptamtlicher Verwaltungsleitung existiert (dualistische Verfassungstypen),
- ob die Verwaltungsspitze monokratisch organisiert ist, d.h. durch eine Person gebildet wird, oder kollegial, also durch eine Personengruppe,
- wie die Vertretung der Gemeinde nach außen geregelt ist,
- ob die Gemeindeleitung direkt vom Volk oder durch den Gemeinderat gewählt wird[134] und
- wie die Zuständigkeiten zwischen Rat, Gemeindeleitung und Verwaltung voneinander abgegrenzt sind.

Die Kommunalverfassungen bestimmen u.a. die Leitung der Gemeindeverwaltung und der politischen Vertretung, Entscheidungsbefugnisse von Gremien und Amts- bzw. Mandatsinhabern, Verfahrensregelungen, Regeln zur Haushaltsführung und Rechte und Pflichten der Bürger. Sie werden als Gemeindeordnungen in den Landtagen verabschiedet.

Diese Länderzuständigkeit für die Verabschiedung der Kommunalverfassungen einerseits und die unterschiedlichen historischen Voraussetzungen sowie die Einflüsse der Alliierten in den späteren Bundesländern andererseits sorgten für eine beachtliche

---

[134] Dieses Unterscheidungsmerkmal ist mittlerweile hinfällig geworden, da in allen Ländern der Verwaltungschef (Bürgermeister) direkt vom Volk gewählt wird (siehe auch Abb. 27).

Anzahl von z.T. sehr differierenden Verfassungen für die Gemeinden in Deutschland. Die Nachwirkungen historischer Herrschaftsstrukturen und Freiheitsordnungen spiegeln sich in den unterschiedlichen Verfassungen (Knemeyer 1998: 106). Andererseits gibt es auch direkte Einflüsse der Alliierten: So geht z.b. die Norddeutsche Ratsverfassung mit ihrer Trennung von administrativer und politischer Leitung u.a. auf den Einfluss der britischen Besatzer zurück. Wie in fast allen anderen Bereichen, in denen es um Möglichkeiten der Vereinheitlichung der Verhältnisse in den Gliederungen des bundesdeutschen Föderalismus ging, wurden auch bezüglich der Gemeindeordnungen schon 1948 (Weinheimer Entwurf) und dann immer wieder Versuche unternommen, die Vielfalt der Kommunalverfassungen zu reduzieren, allerdings bis Mitte der 80er Jahre mit wenig Erfolg (ebd.: 108).

Die 90er Jahre hingegen brachten etliche Veränderungen und Reformen mit sich. Diese umfassen unter anderem die Steigerung von Effizienz und demokratischer Legitimation kommunalen bzw. kommunalpolitischen Handelns und zeichnen sich in erweiterten direktdemokratischen Mitwirkungsmöglichkeiten für den Bürger aus. Darüber hinaus haben mit Ausnahme von Bayern, Baden-Württemberg sowie den drei Stadtstaaten alle alten Bundesländer ihre kommunalen Verfassungssysteme grundlegend reformiert bzw. geändert.[135] Die fünf neuen Bundesländer haben nach der Wiedervereinigung ebenfalls neue Kommunalverfassungen eingeführt, die sich vor allem an der Süddeutschen Ratsverfassung orientieren (ebd.).

Damit hat sich in nahezu allen Flächenländern das Modell der Süddeutschen Ratsverfassung mehr oder weniger stark durchgesetzt, denn nach wie vor gilt, dass trotz der Annäherung keine Kommunalverfassung wie die andere ist (Knemeyer 1994: 82). Dieser Umstand macht eine Klassifikation recht schwer und führt dazu, dass einzelne Länder zuweilen mal dem einen oder dem anderen Modell von Kommunalverfassungstypen zugeordnet werden.[136]

Bislang wurden die Kommunalverfassungen in vier Idealtypen eingeteilt: die Norddeutsche Ratsverfassung, die Magistratsverfassung, die Bürgermeisterverfassung sowie die Süddeutsche Ratsverfassung. Ihr Hauptunterscheidungsmerkmal war die unterschiedliche Ausgestaltung der Kompetenzen und Macht zwischen Rat und Verwaltungschef (Bürgermeister).

- Die Norddeutsche Ratsverfassung galt in Niedersachsen und in Nordrhein-Westfalen. Sie gehört zu den dualistischen Verfassungstypen, d.h. sie kennt einen ehrenamtlichen und vom Rat gewählten (Ober-)Bürgermeister, der die Gemeinde repräsentiert und dem Rat vorsitzt, und daneben einen Verwaltungsdirektor

---

[135] So haben Niedersachsen, Nordrhein-Westfalen und Schleswig-Holstein jeweils neue Kommunalverfassungstypen eingeführt und Hessen, Rheinland-Pfalz sowie das Saarland haben durch die neu eingeführte Direktwahl des Bürgermeisters zu grundlegenden Änderungen ihrer Kommunalverfassung beigetragen.

[136] Dieser Umstand ist natürlich auch darauf zurückzuführen, dass die Gemeindeordnungen weiterhin Reformen und Änderungen unterliegen, die eine neue Klassifizierung begründen.

(Gemeinde- oder (Ober-)Stadtdirektor), der ebenfalls vom Rat gewählt wird, mit qualifizierter Mehrheit auch von diesem abgewählt werden kann und die Gemeinde rechtlich vertritt. Genauso gehen auch die Vorsitzenden der Ausschüsse durch Wahl aus dem Gemeinderat hervor. Charakteristisch für die Norddeutsche Ratsverfassung ist die starke Stellung des Rates, weswegen hier auch von seiner Allzuständigkeit gesprochen wird (Andersen 1995a: 184). Selbst bei genauer Kompetenzabgrenzung zwischen Verwaltungsspitze und Ratsvorsitz sind bei der Norddeutschen Ratsverfassung Konflikte und Reibungsverluste vorprogrammiert. Zudem ist die nur vermittelt vorhandene Legitimation der Verwaltungsspitze problematisch. So ist 1994 für Nordrhein-Westfalen eine Kommunalverfassungsreform beschlossen worden, die die kommunale Doppelspitze abschaffte und seit September 1999 eine Direktwahl des dann hauptamtlichen Bürgermeisters vorsieht. Die neue Verfassung gleicht damit im Wesentlichen (mit Differenzen im Wahlsystem) der Süddeutschen Ratsverfassung.

- Die Magistratsverfassung gilt weiterhin in Hessen und galt früher in den Städten Schleswig-Holsteins. Sie ist zweiköpfig gestaltet und kennt einerseits die Stadtverordnetenversammlung als Volksvertretung und den Magistrat als Stadtregierung, die vom Oberbürgermeister (Stadtverordnetenvorsteher) geleitet wird. Die Magistratsverfassung folgt damit vor allem dem Modell der Gewaltenteilung. Mittlerweile haben einige Reformen der hessischen Gemeindeordnung zu einigen Abweichungen vom Idealtypus der Magistratsverfassung geführt: so wird seit 1993 neben der Stadtverordnetenversammlung nun auch der Bürgermeister direkt von den Bürgern gewählt.
- Die Bürgermeisterverfassung galt bislang in Rheinland-Pfalz, im Saarland und in den Landgemeinden Schleswig-Holsteins. Ähnlich wie in der Süddeutschen Ratsverfassung sind der Vorsitz des Gemeindeparlamentes und der Stadtverwaltung in der Funktion des Bürgermeisters vereint. Das Hauptunterscheidungsmerkmal, die Wahl des Bürgermeisters durch den Rat, ist durch die Direktwahl des Verwaltungschefs, z.B. seit 1993 in Rheinland-Pfalz, weggefallen.
- In der Süddeutschen Ratsverfassung (historisch vor allem in Baden-Württemberg und Bayern; seit den Reformen in den 90er Jahren nahezu in allen Bundesländern eingeführt) vereinigt der ebenso wie der Gemeinderat direkt gewählte, hauptamtliche Bürgermeister alle gemeindlichen Leitungsfunktionen in seiner Person. Er ist sowohl Repräsentant als auch Rechtsvertreter der Gemeinde und steht der Verwaltung und dem Rat vor.

Bei den Kommunalverfassungen in Ostdeutschland hat sich die schon im Westen herausgebildete Tendenz zu einer starken Position des direkt gewählten Bürgermeisters weiter durchgesetzt. In Mecklenburg-Vorpommern wurde noch bis 1999 der Bürgermeister vom Gemeinderat gewählt, anschließend jedoch auch direkt von den Bürgern. Mittlerweile lassen sich auch alle Kommunalverfassungen der neuen Bundesländer dem Typus Süddeutsche Ratsverfassung zuordnen.

Abb. 28: Kommunalverfassungstypen

Land	Gemeinde-Verfassungstyp	Verwaltungsleitung	Leitung des Rates	Wahl d. Verwaltungschefs	Wahlsystem	Bürgerentscheid
Baden-Württemberg	Süddeutsche Ratsverfassung	monokratisch	durch Bürgermeister	durch die Bürger	Kumulieren/ Panaschieren	ja
Bayern	Süddeutsche Ratsverfassung	monokratisch	durch Bürgermeister	durch die Bürger	Kumulieren/ Panaschieren	ja
Brandenburg	Süddeutsche Ratsverfassung*	monokratisch	Vorsitzender der Gemeindevertretung	durch die Bürger	Kumulieren/ Panaschieren	ja
Hessen	Magistratsverfassung	kollegial	Vorsitzender der Gemeindevertretung	durch die Bürger	Kumulieren/ Panaschieren (2001)	ja
Mecklenburg-Vorpommern	Süddeutsche Ratsverfassung	monokratisch	durch Bürgermeister	durch die Bürger (ab 1999)	Kumulieren/ Panaschieren	ja
Niedersachsen	Süddeutsche Ratsverfassung*	monokratisch	durch Ratsvorsitzenden**	durch die Bürger	Kumulieren/ Panaschieren	ja
Nordrhein-Westfalen	Süddeutsche Ratsverfassung	monokratisch	durch Bürgermeister***	durch die Bürger (ab 1999)	Starre Liste	ja
Rheinland-Pfalz	Süddeutsche Ratsverfassung	monokratisch	durch Bürgermeister	durch die Bürger	Kumulieren/ Panaschieren	ja
Saarland	Süddeutsche Ratsverfassung	monokratisch	durch Bürgermeister****	durch die Bürger	Starre Liste	ja
Sachsen	Süddeutsche Ratsverfassung	monokratisch	durch Bürgermeister	durch die Bürger	Kumulieren/ Panaschieren	ja
Sachsen-Anhalt	Süddeutsche Ratsverfassung	monokratisch	durch Ratsvorsitzenden	durch die Bürger	Kumulieren/ Panaschieren	ja

Die Rolle der Kommunen

Land	Gemeinde-Verfassungstyp	Verwaltungsleitung	Leitung des Rates	Wahl d. Verwaltungschefs	Wahlsystem	Bürgerentscheid
Schleswig-Holstein (Stadt)	Süddeutsche Ratsverfassung	monokratisch	durch Ratsvorsitzenden**	durch die Bürger*****	Panaschieren	ja
Schleswig-Holstein (Landgemeinde)	Süddeutsche Ratsverfassung	monokratisch	durch Ratsvorsitzenden**	durch die Bürger*****	Panaschieren	ja
Thüringen	Süddeutsche Ratsverfassung	monokratisch	durch Bürgermeister******	durch die Bürger	Kumulieren/ Panaschieren	ja

* Die brandenburgische und niedersächsische Kommunalverfassung weist eine Besonderheit auf, da sie drei „Willensbildungs- und Entscheidungsträger" benennt: den Rat, den Bürgermeister und den Hauptausschuss/Verwaltungsausschuss

** In Niedersachsen und Schleswig Holstein wird der Ratsvorsitzende aus den Reihen der Ratsmitglieder gewählt. Da der Bürgermeister dem Rat angehört, kann dieser also auch Ratsvorsitzender sein.

*** In NRW ist der Bürgermeister zwar der Vorsitzende im Rat und hat dort ein Stimmrecht, er ist aber kein Mitglied des Rates. Des Weiteren besitzt der Rat das alleinige Entscheidungsrecht über den Haushalt und den Stellenplan und hat bei Verwaltungsangelegenheiten ein so genanntes Rückholrecht. Damit hat der Rat in NRW eine vergleichsweise starke Stellung.

**** Der Bürgermeister hat zwar den Vorsitz im Rat aber kein Stimmrecht.

***** In Schleswig Holstein wird nur der hauptamtliche Bürgermeister durch die Bürger gewählt, der ehrenamtliche Bürgermeister wird vom Rat gewählt.

****** „Die Hauptsatzung kann zu Beginn der Amtszeit des Gemeinderats bestimmen, dass den Vorsitz ein vom Gemeinderat gewähltes Gemeinderatsmitglied (...) führt" (§ 23 ThürKO).

Zusätzlich zu Brandenburg: ehrenamtliche Bürgermeister führen den Vorsitz im Rat. In amtsfreien Gemeinden und in geschäftsführenden Gemeinden nach § 2 Abs. 2 der Amtsordnung wählt die Gemeindevertretung aus ihrer Mitte den Vorsitzenden und seine Vertreter.

Teilweise vollkommen andere Organisationen der Stadtvertretung und -verwaltung weisen die Stadt- bzw. Städtestaaten Berlin, Hamburg und Bremen auf, da hier jeweils die Ebenen des Landes und der Gemeinde zusammenfallen.

Eine zusammenfassende Wertung der Unterschiede zwischen den Kommunalverfassungen ist kaum möglich, die Zahl der eindeutigen Bewertungskriterien gering (dazu Banner 1988). Neben der Abschaffung bzw. Schwächung dualistischer Leitungsstrukturen in den Kommunen, hat v.a. die Hinwendung zur Direktwahl des Bürgermeisters die Reformen der Kommunalverfassungen in den letzten Jahren bestimmt. Diese führte nicht nur zu einer Stärkung seiner Position, die zuweilen die Ausmaße eines „plebiszitären Wahlkönigtums" (Knemeyer 1994: 86) annehmen kann, sondern auch zu einer Schwächung der Parteienmacht in den Kommunen, da mit der Einführung der Direktwahl die Wahl zu einer Persönlichkeitswahl geworden ist. Im Geltungsbereich der Süddeutschen Ratsverfassung kam der Wahl parteiloser Kandidaten schon immer eine große Bedeutung zu, die durch die Möglichkeiten des Wahlrechtes (Panaschieren und Kumulieren) noch verstärkt wurde. Nach der Einführung der Direktwahl in Hessen wurden nicht nur in Einzelfällen Kandidate von Minderheitsparteien oder der Oppositionspartei des Rates zum Bürgermeister gewählt. „Der urgewählte Bürgermeister ist am ehesten imstande, parteipolitische Blockaden aufzubrechen und somit verwaltungsentsprechend die Einheit zu garantieren" (ebenda: 89).

Die Beseitigung bzw. Schwächung dualistischer Strukturen in den Verfassungen ist unter zweierlei Gesichtspunkten zu beurteilen: Auf der einen Seite bedeutet die Zweiköpfigkeit der Gemeindeleitung nicht zuletzt auch immer praktizierte Gewaltenteilung, schließlich war dies der Hauptgrund für ihre Einführung. Auf der anderen Seite aber können die Reibungsverluste zwischen Verwaltungs- und Politikspitze zu Verzögerungen und Verwässerungen politischer Entscheidungen führen. Dies ist insbesondere in einer Zeit der Fall, in der sich die Gemeinden auf der Suche nach neuen effizienzsteigernden Verwaltungsformen und Strukturen befinden.[137] Die Betrachtung der Entwicklung in den letzten Jahren (hier auch derjenigen in den neuen Bundesländern) beweist das Primat der „Normativität des Faktischen" bzw. die Akzeptanz geringerer Reibungsverluste und größerer Entscheidungskompetenz in monistischen Verfassungen zulasten der Gewaltenteilung.

Eine andere Zielsetzung, von der die Kommunalreformen der letzten Jahre geleitet waren, war die Schaffung stärkerer Beteiligungsmöglichkeiten für die Bürger. Diesem Aspekt sollen nun die Überlegungen des letzten Abschnittes gelten.

---

[137] Gerhard Banner hat hier als Kritiker der Norddeutschen Ratsverfassung schon 1984 das effizienzsteigernde Potential der monistischen Verfassungen gekennzeichnet, als er davon ausging, dass Kommunalpolitik (mit Wirkung für den Haushalt) geprägt sei von 1. der Durchschlagskraft der Fachpolitik, 2. der parteipolitischen Aufladung der Entscheidungen und 3. dem Eigengewicht des zentralen Politikers. Dabei müsse Ziel des Handelns die Herstellung eines Gleichgewichts zwischen Fachpolitik und Steuerungspolitik sein, was am besten gelänge, wenn beides durch ein entsprechendes Eigengewicht des zentralen Politikers moderiert würde (n. Kleinfeld 1996: 132).

5.6 Beteiligungsmöglichkeiten für den Bürger

Grundsätzlich kann davon ausgegangen werden, dass die Möglichkeiten zur politischen Partizipation der Bürger in den Kommunen, insbesondere wenn es sich nicht um sehr große Gemeinden handelt, realistischer sind, als auf allen anderen Ebenen unseres politischen Systems. Zudem sind ja gerade Städte und Gemeinden die Orte, an denen „eine Vielzahl von Entwicklungen zusammenlaufen bzw. teilweise auch konflikthaft zusammenstoßen: verändernde sozioökonomische und soziokulturelle Rahmenbedingungen, räumliche Differenzierungsprozesse und ihre Folgen für die Ressourcenverteilung, normativ-kulturelle Wandlungsprozesse sowie neue Partizipationserwartungen" (Blanke/Benzler 1991: 22).

Politische Partizipation setzt Information voraus. Daher sehen die Gemeindeordnungen eine generelle Informationspflicht des Gemeinderates gegenüber dem Bürger vor,[138] die verbunden ist mit einer Bekanntmachungspflicht, derzufolge der Erlass oder die Änderung von Satzungen, Zeit, Ort und Tagesordnung der Ratssitzungen oder Haushaltssatzungen und Haushaltspläne den Bürgern bekannt gemacht werden müssen. Die Bürger verfügen zudem über eine Reihe von Anhörungsrechten. Dazu gehören die Bürgerversammlung (z.B. § 23 II GO NRW), Fragestunden sowie im Rahmen der Verdeutlichung von Zielen und Zwecken der Bauleitplanung entsprechende Auslagefristen der Pläne. Man kann diese Rechte als „kommunikativ-informative" Formen der Bürgerbeteiligung zusammenfassen (Erbguth 1995: 794).

Informations- und Bekanntmachungspflichten des Rates sind noch keine Bürgerbeteiligungen im eigentlichen Sinne, aber sie gehören u.U. zu den Voraussetzungen für die Beteiligung.

Unter den Beteiligungsmöglichkeiten sind natürlich zunächst die Kommunalwahlen und das aktive wie passive Wahlrecht in den Kommunen zu nennen. Man kann zwei Haupttypen unterscheiden, nach denen die Kommunalwahlen (des Rates) im Wesentlichen stattfinden.[139] In Schleswig-Holstein und Nordrhein-Westfalen wird über Wahlkreise und Parteilisten nach dem personalisierten Verhältniswahlrecht gewählt, in den übrigen Flächenländern wird nach Verhältniswahl mit freien Listen gewählt. Weitere Unterschiede gibt es hinsichtlich der Anzahl der Stimmen: So haben die Wähler in Baden-Württemberg, Bayern, Hessen und Rheinland-Pfalz sowie Schleswig-Holstein so viele Stimmen wie Mitglieder des Gemeinderates ge-

---

[138] In der nordrhein-westfälischen Gemeindeordnung heißt es z.B. in § 23 (Fassung vom 14. Juli 1994): Unterrichtung der Einwohner: (1) Der Rat unterrichtet die Einwohner über die allgemein bedeutsamen Angelegenheiten der Gemeinde. Bei wichtigen Planungen und Vorhaben der Gemeinde, die unmittelbar raum- oder entwicklungsbedeutsam sind oder das wirtschaftliche, soziale und kulturelle Wohl ihrer Einwohner nachhaltig berühren, sollen die Einwohner möglichst frühzeitig über die Grundlagen, Ziele, Zwecke und Auswirkungen unterrichtet werden.
[139] Siehe zu den unterschiedlichen Wahlsystemen bei den Kommunalwahlen auch: http://www.wahlrecht.de/kommunal/index.htm sowie: http://www.mehr-demokratie-hamburg.de/files//bilder//Kommunalwahlrechte_im_Vergleich.pdf.

wählt werden sollen. In Nordrhein-Westfalen und im Saarland haben die Wähler nur eine Stimme, die an eine starre Parteiliste geht. In allen übrigen Ländern gibt es die Möglichkeit des Kumulierens und des Panaschierens (in Schleswig-Holstein nur des Panaschierens) (nähere Ausführungen dazu in Kap. 7.2).

Im Bewusstsein der Bevölkerung nimmt die Bedeutung der Kommunalwahl allerdings keinen großen Rang ein: Nur knapp 30% der Bundesbürger hält sie für sehr wichtig (Starzacher u.a. (Hrsg.) 1992: 182). Entsprechend liegt auch bei den Kommunalwahlen die geringste Wahlbeteiligung vor.

Art. 28 I GG nennt im letzten Satz auch die Möglichkeit, anstelle einer gewählten Körperschaft eine Gemeindeversammlung einzuberufen, eine „Vollversammlung" der Gemeinde, was allerdings nur in sehr kleinen Kommunen realisierbar ist.

Daneben gibt es eine Reihe weiterer, in den Gemeindeordnungen vorgesehener Aktionsformen. Dazu gehört zunächst einmal auf einer unteren Stufe der Verbindlichkeit die Möglichkeit, sich schriftlich mit Beschwerden oder Anregungen an den Rat zu wenden (z.B. § 24 GO NRW). Zwar kann der Rat die Erledigung an einen Ausschuss übertragen, grundsätzlich hat der Bürger aber das Recht auf die Übermittlung einer Stellungnahme. Gegen den Entwurf der Haushaltssatzung können die Bürger binnen einer festgelegten Frist Einspruch erheben, über den der Rat in öffentlicher Sitzung zu entscheiden hat.

In einer nächst höheren Stufe der Verbindlichkeit gibt es die Möglichkeit des Bürgerantrages oder des Petitionsrechtes. Danach kann jeder Bürger den Gemeinderat zwingen, sich mit bestimmten Themen auseinander zu setzen.[140]

Schließlich kennen fast alle Gemeindeordnungen auch die Institution des „sachkundigen Einwohners" (z.B.: § 33 GO-BW; § 72 VIII HGO; § 44 I SächsGemO) bzw. „sachkundigen Bürgers" (z.B. § 58 IV GO NRW; § 27 V ThürKO), die den Bürgern bzw. Einwohnern mit entsprechender Sachkompetenz die beratende Mitarbeit in den Ausschüssen der Gemeinde ermöglicht.

Vor allem die gesellschaftspolitischen Entwicklungen der 70er Jahre, die im Rahmen „neuer sozialer Bewegungen" auch zu einer Bedeutungssteigerung von Bürgerinitiativen für die kommunale Politik geführt haben, begründeten einerseits die Institutionalisierung „alternativer Politik" in den Kommunen, in deren Zusammenhang der Durchsetzung der Bürgerinteressen eine hohe Priorität eingeräumt worden ist. So hatte v.a. das „grüne Politikverständnis der Gründerjahre, charakterisiert durch die Prinzipien der Basisdemokratie und Dezentralität, (...) eine genuine Affinität zur niedrigsten parlamentarischen Ebene, eben der Kommunalpolitik"

---

[140] Beispielhaft sei hier wieder die nordrhein-westfälische Gemeindeordnung (14. Juli 1994) genannt. Diese formuliert das Bürgerrecht des Einwohnerantrages, der sehr viel weitergehend als der Bürgerantrag der alten Gemeindeordnung ist. Hier heißt es in § 25 GO NRW, Einwohnerantrag: „(1) Einwohner, die seit mindestens drei Monaten in der Gemeinde wohnen und das 14. Lebensjahr vollendet haben, können beantragen, dass der Rat über eine bestimmte Angelegenheit, für die er gesetzlich zuständig ist, berät und entscheidet." In den Absätzen 2 bis 9 werden dann die genauen Bedingungen für die Formulierung eines Einwohnerantrages festgelegt.

(Schiller-Dickhut 1994: 315). Es hat seine Spuren v.a. im Aufbau der kommunalen Umweltverwaltung und in der Blockade nicht gewünschter infrastruktureller Einrichtungen hinterlassen (ebenda: 325).

Andererseits haben die vielfältigen Aktionen im Zusammenhang der Bürgerinitiativbewegungen auch immer wieder die Nachfrage nach stärkeren direktdemokratischen Mitwirkungsmöglichkeiten in den Kommunen deutlich gemacht. Dem wurde mit den Reformen der Gemeindeverfassungen z.b. 1993 in Rheinland-Pfalz und 1994 in Nordrhein-Westfalen entsprochen.

Drei Quellen lassen sich aufführen, aus denen das direktdemokratische Reformbegehren gespeist wurde, das Eingang in die neuen Verfassungen fand:

- das Gedankengut der Bürgerinitiativen und neuen sozialen Bewegungen in den „alten" Ländern der Bundesrepublik
- die Bürgerbewegungen in den „neuen" Bundesländern, die die Wende in der DDR auslösten und
- eine wachsende Parteienverdrossenheit und eine Neigung zu Neopopulismus (Kleinfeld 1996: 136).

Unter den neu eingeführten Mitwirkungsmöglichkeiten sind v.a. Einwohner- oder Bürgerantrag, Bürgerbegehren und Bürgerentscheid zu nennen, die anders als bei den bisher aufgeführten Möglichkeiten, bei denen der Rat seine Funktion als Entscheidungsgremium im Wesentlichen behält, als Mit- und Letztentscheidungsbefugnisse einzuordnen sind (Erbguth 1995: 795).

Baden-Württemberg kennt die Möglichkeit des Bürgerentscheides schon seit 1956, die mit § 21 GO-BW als Experiment eingeführt wurde. In dieser ursprünglichen Fassung mussten 50% der Stimmberechtigten abgestimmt haben, damit der Entscheid galt. U.a. dieses Quorum wurde mit einer Novelle 1975 reduziert (Knemeyer 1995: 104). Nachdem Baden-Württemberg fast drei Jahrzehnte lang die Normierung von Bürgerbegehren und -entscheid als einziges Bundesland kannte, kam es in den 90er Jahren zu zahlreichen entsprechenden Reformen.

In Bayern wurde der Bürgerentscheid 1995 nach langwierigen Bemühungen von Bürgerinitiativen durch einen Volksentscheid gegen die bayerische Parlamentsmehrheit eingeführt (mehr dazu: Knemeyer 1995: 111f.). Nach einem halben Jahr des Bestehens waren in Bayern 47 Bürgerentscheide beantragt und 100 weitere befanden sich in der Planung. Von Herbst 1995 bis August 1997 fanden in Bayern insgesamt etwa 200 Bürgerentscheide statt. Inhaltlich handelte es sich dabei schwerpunktmäßig um große Verkehrs- und Bauprojekte mit weit reichender Wirkung. Eine Ausnahme bildete sicher das in Coburg durchgeführte Bürgerbegehren gegen den Leinenzwang für Hunde 1996. Der Bürgerbescheid in Bayern war jedoch in seinen Voraussetzungen deutlich anders bestimmt als in anderen Bundesländern. Die bayrische Verfassung sah in den Art. 7 und 12 nach der Reform die Möglichkeit von Bürgerbescheiden ohne Quorum und ohne Finanzierungsplan vor, was Kommunalpolitik nachhaltig beeinflussen kann. Insbesondere kritisiert wurde die eingeführte Sperrklausel (Suspensiveffekt), derzufolge schon bei einem Bürgerbegehren mit einem Drittel der Unterschriften der Rat später bis zum Bürgerbescheid nichts beschließen darf, was dem Begehren zuwiderliefe. Der (ohne Quorum) herbeiführbare Bescheid wiederum bindet den Rat für drei Jahre. Dies hat dann auch zu Klagen vor dem Bayerischen Verfassungsgerichtshof geführt, denen dieser 1997 entsprochen hat (FAZ vom 30. August 1997: 1/2). Als verfassungswidrig wurden insbesondere der Sperrwirkung und das Fehlen eines Quorums eingeordnet. Andererseits wurde auch darauf hingewiesen, dass es insbesondere die Kombination dieser Elemente sei, die die fehlende Verfassungsmäßigkeit bewirke, nicht die Elemente als solche.[141]

In Nordrhein-Westfalen sind Bürgerbegehren und -entscheid mit der Gemeindereform von 1994 eingeführt worden. Schon davor kannten 9 der 13 Flächenländer der Bürgerbegehren und Bürgerentscheid (Kleinfeld 1996: 136). Als letztes Land führte das Saarland durch Beschluss seines Landtages am 23. April 1997 die Möglichkeit des Bürgerentscheides ein.

Bei dieser Form der bürgerlichen Mitwirkung mit Letztentscheidung beantragen die Bürger (Bürgerbegehren), dass sie an der Stelle des Rates über eine Angelegenheit der Gemeinde entscheiden (Bürgerentscheid). Sie stellt sicherlich die am weitesten gehende Mitwirkungsmöglichkeit der Bürger dar, bei der sich sowohl die Frage nach der Einschränkung des Repräsentationsprinzips, das unsere Demokratie ja charakterisiert (vgl. dazu Kap. 2) als auch die der „kommunalen Steuerbarkeit" stellt. Dabei ist bezüglich des Repräsentationsprinzips davon auszugehen, dass dessen Einschränkung durch letztentscheidende Bürgerrechte mit dem Grundgesetz vereinbar ist, sofern ein entsprechendes Gewicht der kommunalen Entscheidungsfindung bei dem Repräsentativorgan verbleibt (Erbguth 1995: 796/797).

Die Realisierung von Bürgerbegehren und Bürgerentscheid ist an eine Reihe von Bedingungen geknüpft. So muss z.B. nach der nordrhein-westfälischen Gemeindeordnung (§ 26) das Begehren von mindestens 10% der Bürger unterschrieben sein (Ausnahmen werden für Gemeinden nach Größenklassen in § 26 IV GO NRW formuliert), mindestens 20% der Bürger müssen sich dann am Entscheid beteiligen, der die Wirkung eines Ratsbeschlusses hat, wenn die Mehrheit dieser 20% i.S. des Begehrens entscheidet. Eine Reihe von Angelegenheiten wird ausdrücklich von der Entscheidungsfindung durch Bürgerentscheid ausgeschlossen (§ 26 V GO NRW), so z.B. die Gemeinde betreffende Organisationsfragen, aber auch Finanz-, Haushalts- und Personalangelegenheiten.

Als Bürgerentscheid und Bürgerbegehren 1994 in Nordrhein-Westfalen eingeführt wurden, befürchteten die kommunalen Amts- und Mandatsträger eine baldige

---

[141] 2000 wies der bayerische Verfassungsgerichtshof eine Klage zurück, in der es erneut um die Frage der Zustimmungsquoren ging, und bekräftigte die bisherigen Regelungen, wonach 10% der Bevölkerung für ein Volksbegehren und 25% für eine Verfassungsänderung stimmen müssen.

Unregierbarkeit der Städte. Aber schon die Erfahrungen in Baden-Württemberg hatten gerade „keine unzulässige Verschiebung der Kompetenzbereiche zu Lasten einer effizienten Verwaltung und der steuernden Vertretungskörperschaft" gezeigt (Erbguth 1995: 802). So gab es in Baden-Württemberg zwischen 1975 und 1991 ganze 127 Bürgerbegehren, von denen allein 63 unzulässig waren und nur 31 erfolgreich (Knemeyer 1995: 109).

Nach den ersten Jahren der Geltung der neuen nordrhein-westfälischen Gemeindeordnung haben die Städte auch dort ein Fazit gezogen: Sie bleiben auch mit erweiterter, direkter bürgerlicher Beteiligung regierbar.

Grundsätzlich ist dabei die Frage nach den Bereichen kommunalen Handelns zu stellen, die dem Bürgerentscheid verschlossen bleiben. Ausschließlich der Bereich der kommunalen Selbstverwaltung steht dem Bürgerentscheid offen, nicht dagegen der Bereich der Auftrags- und Weisungsangelegenheiten (Erbguth 1995: 795/796 sowie Kleinfeld 1996: 140). So galt z.B. der erste (erfolgreiche) Bürgerentscheid in Nordrhein-Westfalen im Oktober 1994 in Telgte dem Ziel, eine zunächst nur versuchsweise eingerichtete Fußgängerzone im Stadtzentrum auf Dauer zu erhalten und damit den anders lautenden Ratsbeschluss zu Fall zu bringen (MZ vom 3. Juli 1994).

Der sicher bisher interessanteste Bürgerentscheid in Nordrhein-Westfalen war derjenige gegen die Errichtung einer Gesamtschule in Münster im Jahr 1996, da sich hier nicht nur die Frage nach der „Regierbarkeit" Münsters durch den Rat stellte, sondern auch die der Durchsetzungsfähigkeit der Landespolitik. Im Falle Münsters hatte der nordrhein-westfälische Innenminister Kniola den Regierungspräsidenten angewiesen, die Durchführung von Begehren und Entscheid zu unterbinden (FAZ vom 9. November 1996: 4). Dies hat aber das Oberverwaltungsgericht als „offensichtlich rechtswidrig" eingestuft (Az.: 15 B 2861/96) und damit den Weg für den dann erfolgreichen Bürgerentscheid am 17. November 1996 freigemacht (FAZ vom 16. November 1996). Im Hinblick auf seine Tragweite stellt dieses Münsteraner Begehren sicher eine Ausnahme dar (vgl. zu den Möglichkeiten direkter Demokratie auch Kap. 7.4).

Abb. 29 zeigt die unterschiedlichen Formen der Bürgermitwirkung und Bürgerentscheidung in den Kommunalverfassungen der Bundesländer in der Form einer Synopse. Die angegebenen Zahlen beziehen sich jeweils auf die § der Kommunalverfassungen (leicht abgew. n. Knemeyer 1997: 168/169).

Abb. 29: Bürgermitwirkungs- und Entscheidungsmöglichkeiten in den Kommunalverfassungen (n. Knemeyer 1997: 168/169 sowie http://www.wahlrecht.de/gesetze#he-kw abgerufen am 18.01.2007)

	Baden-Württemberg	Bayern	Brandenburg	Hessen	Mecklenburg.-Vorp.	Niedersachsen	NRW	Rheinl.-Pfalz	Saarland	Sachsen	Sachsen-Anhalt	Schlesw.-Holstein	Thüringen
Wahl des kollegialen Vertretungsorgans	Kum./Pan. 12, 14, 26	Kum./Pan. 1, 3, 22 GlKrWG	Kum./Pan. 5, 43 BbgKWahlG	Kum./Pan. 18 (KWG) 29 ff. (seit 2001)	Kum./Pan. 3, 31 KWahlG	Kum./Pan. 4, 30 NKWG	starre liste 42	Kum./Pan. 32, 33 (KWG), 29	starre liste 31	Kum./Pan. 30, 31 f	Kum./Pan. 21	Pan. 3 (GKWG), 31	Kum./Pan. 13, 19, 20 (ThürKWG) 23 II
Bürgermeister-Urwahl/-abwahl	45	40 GlKrWG	62	39, 76	32, 37	61, 61a	65, 66	53, 55	56, 58	48, 51 VII	58 l, 61	52, 57, 57d	28 III, 28 VI
Bürgerbegehren/ Bürgerbescheid	21	18a	20	8b	20	22b	26	17a	21a	24	25, 26	16g	17
Bürger-/ Einwohnerbefragung	8 II		9, 18		11 I, 17	22d	19 II	16a	20b	8 I		16c	9 II
Bürgermitwirkung im Rat	33, 40		18, 26	72, 84ff.	17 I, 36 V	51 VII, 43a	27, 58 III/IV	35 II, 44	20a, 49, 50	44, 47	27, 24a	16c	27, 26 IV
Bürger-/ Einwohnerversammlung	20a	18	17	8a	16		23 II	16	20	22	27	16b	15 I
Bürger-/ Einwohnerantrag	20b	18b	19		18	22a	25	17	21	23	24	16f	16
Öffentlichkeitsarbeit	20	nicht ausdrückl. normiert	16	7	16	nicht ausdrückl. normiert	23	15	20	11	nicht ausdrückl. normiert	16a	15

Neben den bisher genannten Beteiligungsmöglichkeiten für den Bürger soll hier am Rande noch die Bürgerstiftung erwähnt werden. In Deutschland wurde die erste Bürgerstiftung 1996 nach dem Vorbild der angloamerikanischen Community Foundations in Gütersloh als Stadt Stiftung Gütersloh gegründet, die vorwiegend Projekte in der Jugendarbeit fördert.[142] Zehn Jahre später gibt es in Deutschland schon 147 Bürgerstiftungen (Stand Dezember 2006). Nach dem Arbeitskreis Bürgerstiftung (2000) ist „eine Bürgerstiftung [...] eine unabhängige, autonom handelnde, gemeinnützige Stiftung von Bürgern für Bürger mit möglichst breitem Stiftungszweck. Sie engagiert sich nachhaltig und dauerhaft für das Gemeinwesen in einem geografisch begrenzten Raum und ist in der Regel fördernd und operativ für alle Bürger ihres definierten Einzugsgebiets tätig. Sie unterstützt mit ihrer Arbeit bürgerschaftliches Engagement". Um eine Bürgerstiftung gründen zu können, werden mindestens 50.000 Euro Startkapital benötigt. Im Gegensatz zu Privatstiftungen hat eine Bürgerstiftung in der Regel mehrere Stifter und mehrere Stiftungszwecke, die vom Stiftungsrat und dem -vorstand festgelegt werden und sich flexibel an gesellschaftspolitische Veränderungen anpassen können. Bürgerstiftungen sind dauerhaft angelegt und ihr Stiftungskapital wird kontinuierlich durch das Zustiften von Bürgern der Stadt oder Region erweitert. Darüber hinaus können auch Projektspenden gesammelt werden und Unterstiftungen und Fonds eingerichtet werden (ebenda). Bürgerstiftungen können auf verschiedenen Feldern tätig werden. Sie können beispielsweise Projekte durchführen und umsetzen, Fundraising und Öffentlichkeitsarbeit betreiben und Ehrenamtliche an ihren Projekten beteiligen. Obwohl sie von kommunalen Instanzen unabhängig sind, sollten Bürgerstiftungen mit den Kommunen zusammenarbeiten und ihre Projekte abstimmen um bestmöglich zum Gemeinwohl beizutragen.

---

[142] Siehe hierzu genauer: Fauser/Wierth 2001: 36f.

6 Die Verfassungsorgane

Das 6. Kapitel dieser Einführung in das politische System der Bundesrepublik Deutschland soll der Darstellung der in der Verfassung verankerten Organe der Legislative, Exekutive und Judikative gelten, durch die die in Art. 20 GG festgelegte Souveränität des Volkes im Wesentlichen ausgeübt wird. Dies sind: Bundestag und Gemeinsamer Ausschuss, Bundesregierung, Bundespräsident, Bundesrat und schließlich das Bundesverfassungsgericht.

Abbildung 30: Verfassungsorgane der Bundesrepublik Deutschland

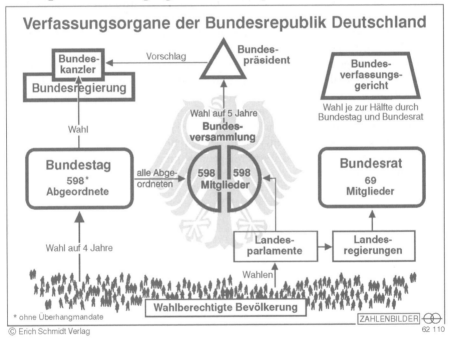

6.1 Der Bundestag

Die Geschichte der Demokratie ist untrennbar mit derjenigen des Parlamentarismus verbunden. Gemeinhin gilt das Jahr 1295 als Geburtsjahr des Parlamentes, als König Edward I von England das so genannte „Modellparlament" einberief. Zwar war die Repräsentativfunktion dieses Parlamentes noch rudimentär, es stellte aber dennoch eine echte Repräsentativkörperschaft dar, da den Ladungsanweisungen des Königs entsprechend die Delegierten mit dem ausgestattet sein sollten, was wir heute als das freie Mandat bezeichnen. Sie sollten in ihrer parlamentarischen Entscheidungsfindung also unabhängig von Weisungen und Rückfragen sein (Löwenstein 1964: 24).

Einen Markstein für die Entwicklung des deutschen Parlamentarismus bedeutete das Paulskirchenparlament. Zwar ist die dort beschlossene Verfassung nicht wirksam geworden, in ihm versammelten sich aber zum ersten Mal gewählte Abgeordnete aus allen deutschen Ländern. Interessant ist sicher auch die Wirkung, die das Paulskirchenparlament auf die Organisation politischer Interessen hatte. Parteien im modernen Sinne hatte es zum Zeitpunkt seines Zustandekommens nämlich noch nicht gegeben, und erst im Parlament setzten Differenzierungsprozesse ein, die zur Bildung von Fraktionen mit der entsprechenden Rückwirkung auf die Interessenorganisation in der politischen Kultur führten (Bergsträsser 1980: 141).

Der Reichstag ab 1919 erfüllte seine demokratische Repräsentativfunktion v.a. dadurch, dass mit dem Reichswahlgesetz von 1918 das allgemeine und gleiche Wahlrecht eingeführt worden war. Gegenüber dem Reichstag der Kaiserzeit, der sich durch seine außerordentlich geringe Machtfülle auszeichnete, erlebte das Parlament der Weimarer Republik einen Machtzuwachs. Von ihm wurde die Regierung bestellt und ihm war sie verantwortlich. Die Ergänzung des Gesetzgebungsverfahrens durch direktdemokratische Momente[143] einerseits, und die Direktwahl des Reichspräsidenten andererseits führten jedoch zu einer faktischen Spaltung des Legitimationsmonopols und – damit wiederum zusammenhängend – zu einer geschwächten Position des Reichstages, was durch seine Unfähigkeit zur Herstellung stabiler Mehrheiten noch unterstützt wurde.

Die Konzeption des Bundestages im Zentrum des politischen Systems der Bundesrepublik erwuchs direkt aus den Weimarer Erfahrungen:

- er erhielt (zusammen mit den Länderparlamenten) das Legitimationsmonopol, da allein die Zusammensetzung der Parlamente auf eine Volkswahl zurückgeht;
- aus ihm geht die Regierung hervor, ihr ist sie verantwortlich, er kontrolliert sie im Extremfall mit dem Instrument des Misstrauensvotums;
- er entscheidet über den Eintritt des Verteidigungsfalls ebenso wie er das Recht der Präsidentenanklage vor dem Bundesverfassungsgericht hat, und
- er kann die Bundesregierung (bzw. die Landesregierungen im Fall der Landtage) zu Erlassen und Rechtsverordnungen ermächtigen (Art. 80 GG);

---

[143] Die Weimarer Verfassung bot in ihrem Art. 73 z. B. die Möglichkeit, ein Gesetz auf Anregung des Reichspräsidenten hin vom Volk bestätigen zu lassen, sie kannte Volksentscheide und schließlich sogar die Möglichkeit, über Abgabengesetze, Besoldungsordnungen und den Haushaltsplan einen Volksentscheid herbeiführen zu lassen, sofern dies vom Reichspräsidenten veranlasst würde.

- er ist an der Wahl der obersten Bundesorgane bzw. an der Besetzung von Ämtern beteiligt (Bundespräsident, zwei Drittel der Mitglieder des gemeinsamen Ausschusses, Hälfte der Richter des Bundesverfassungsgerichtes) und schließlich
- ist der „Bundestag autonomes oberstes Staatsorgan, das keiner Aufsicht unterliegt, an keine Weisungen gebunden werden kann und seine eigenen Angelegenheiten selbst regelt" (Oberreuter 1995: 91).

Trotz seiner Zentralität im politischen System der Bundesrepublik Deutschland, die ihm eine Machtfülle verleiht, von der seine Vorgänger weit entfernt waren, lassen sich in der (verfassungstheoretischen) Festlegung der Rolle des Bundestages auch Momente festmachen, die sich aus der Parlamentskonstruktion der konstitutionellen Monarchie erhalten haben. Dies gilt insbesondere für die Auffassung, das Parlament habe die gesellschaftlichen Interessen gegen die Regierung zu vertreten und kontrolliere diese als Ganzes.

Die Wahrnehmung der Kontrollfunktion geschieht in der Realität allerdings durch die Opposition, nicht durch das gesamte Parlament. Dies wiederum führt zu einer faktischen Gewaltenverschränkung zwischen Exekutive und Legislative, die dem Dualismus von Parlament und Regierung verpflichteten Modell des bundesrepublikanischen Parlamentes zu widersprechen scheint (Sontheimer 1995: 243 sowie Oberreuter 1995: 101).

Das Parlament als das durch Volkswahlen legitimierte Entscheidungsgremium der repräsentativen Demokratie muss einerseits an der Frage gemessen werden, in welchem Ausmaß seine Mitglieder tatsächlich die Interessen des Volkes repräsentieren, andererseits daran, wie der Umgang mit unterschiedlichen Interessen in einer pluralistischen Gesellschaft gehandhabt wird. Die Ausgestaltung der Arbeitsweise des Parlamentes kann so leicht zu einer Schlüsselfrage der Legitimität politischen Handelns in der Demokratie werden, sie bedarf der ständigen Reformfähigkeit, um grundlegende politische Ziele zu verwirklichen.[144]

Für Carl Schmitt etwa war das Spannungsverhältnis zwischen der vom Volkswillen abgeleiteten Entstehung des Parlamentes und der dann von diesem zumindest teilweise abgekoppelten Entscheidungsfindung im Parlament eine Schlüsselfrage der Demokratie: Das „Parlament ist ein Ausschuß des Volkes, die Regierung ein Ausschuß des Parlamentes. Dadurch erscheint der Gedanke des Parlamentarismus als etwas wesentlich demokratisches. (...) Die ratio des Parlaments liegt (...) im ‚Dynamisch-Dialektischen', d.h. in einem Prozeß der Auseinandersetzung von Gegensätzen und Meinungen, aus dem sich der richtige staatliche Wille als Resultat ergibt" (Schmitt 1985: 42). Schmitt greift in seiner weiteren Argumentation eine Formulie-

---

[144] „Nun ist die republikanischen Verfassung die einzige, welche dem Recht der Menschen vollkommen angemessen, aber auch die schwerste zu stiften, vielmehr noch zu erhalten ist" (so Immanuel Kant 1795 in: Zum ewigen Frieden).

rung von Guizot auf, wonach das Parlament der Platz sei, „an dem die unter den Menschen verstreuten, ungleich verteilten Vernunftpartikeln sich sammeln und zur öffentlichen Herrschaft bringen" und definiert diese Rationalität als eine, „die nicht absolut und unmittelbar, sondern in einem spezifischen Sinne relativ ist". Unter Bezug auf Mohl fragt er dann: „Wo ist irgendeine Sicherheit, daß gerade im Parlament die Träger der Vernunftbruchstücke sind?" und erwidert: „Die Antwort liegt in den Gedanken der freien Konkurrenz und der prästabilierten Harmonie, die allerdings in der Institution des Parlaments, wie überhaupt in der Politik, oft in kaum erkennbaren Verkleidungen auftreten" (ebenda: 43).

Auf das problematische Verhältnis von Legislative und Exekutive hat schon Max Weber aufmerksam gemacht, als er (bezüglich des Übergangs von der konstitutionellen Monarchie zum Parlamentarismus) schrieb: „Das moderne Parlament ist in erster Linie Vertretung der durch die Mittel der Bürokratie Beherrschten. Ein gewisses Minimum von Zustimmung mindestens der sozial gewichtigen Schichten der Beherrschten ist ja Vorbedingung der Dauer einer jeden, auch der bestorganisierten, Herrschaft (Weber 1980: 339). Einige Seiten weiter schreibt er: „(...) nicht ein redendes, sondern nur ein arbeitendes Parlament kann der Boden sein, auf dem nicht bloß demagogische, sondern echt politische Führungsqualitäten wachsen und im Wege der Auslese aufsteigen. Ein arbeitendes Parlament ist aber ein solches, welches die Verwaltung fortlaufend mitarbeitend kontrolliert" (ebenda: 350/Hervorh. jeweils im Original).

Obschon sowohl Schmitt als auch Weber nicht die parlamentarische Demokratie der Bundesrepublik Deutschland vor Augen hatten, als sie auf die „kritischen Punkte" des Parlamentarismus aufmerksam machten, konfrontiert uns auch die Analyse gegenwärtigen parlamentarischen Handelns leicht mit ähnlichen Diagnosen.

Zwar ist der deutsche Parlamentarismus seit der Gründung der Bundesrepublik wegen der fehlenden Deckungsgleichheit theoretischer Konzepte von Repräsentation und parlamentarischer Kontrolle mit der Realität immer wieder kritisiert worden (Schuett-Wetschky 2005: 6), im Verlauf der 90er Jahre entfaltete sich jedoch eine intensivierte Diskussion. In ihrem Zentrum stand die schleichende Entparlamentarisierung von Politik, ihr Auswandern aus den verfassungsmäßig vorgegebenen Institutionen, ihr Abweichen von legitimierenden Entscheidungs- und Verfahrenswegen. Klassisches Regierungshandeln schien ersetzt worden zu sein durch Entscheidungen des Bundesverfassungsgerichtes, wanderte ab in „Subpolitiken" oder vernetzte sich zur Konsenserzielung mit außerparlamentarischen Bündnissen und Verhandlungsrunden. Letzteres galt insbesondere für gesellschaftliche Kardinalfragen wie am Beispiel des „Bündnisses für Arbeit", der „Hartz-Kommission" (Kommission „Moderne Dienstleistungen am Arbeitsmarkt"), des „Nationalen Ethikrates" und nicht zuletzt der „Reform-Kommission für die Gesetzlichen Sozialversicherungen", die in Analogie zur „Hartz-Kommission" bezeichnenderweise schon bald „Rürup-Kommission" hieß, zu erkennen ist. Zunehmend schien Politik ohne Mandat gestaltet zu werden, wurde dem Souverän die Möglichkeit der Zurechenbarkeit von Verantwortung und damit die Basis seines zentralen Kontrollrechtes genommen. Diese verfahrenstechnischen „Neuerungen" der 90er Jahre bedeuten für die Legitimitätserzeugung demokratischen Handelns eine Zäsur, da die konzeptionellen Voraussetzungen, die Legitimitätserzeugung v. a. des parlamentarischen Handelns begründen, nicht mehr mit den Abläufen realer Politik überein zu stimmen schienen.

Im Zentrum von Legitimitätskonstruktionen des demokratischen Staates steht die Rückführbarkeit aller politischen Entscheidungen auf die Souveränität des Volkes. Das Bundesverfassungsgericht hat zur Veranschaulichung dieses Zusammenhangs das Bild von der Legitimationskette gezeichnet, der zufolge eine ununterbrochene Verbindung zwischen Volk und den mit staatlichen Aufgaben betrauten Organen vorhanden sein muss. Diese muss nicht unmittelbar durch Volkswahl herbeigeführt werden, sondern kann sich auch mittelbar aus Wahlen ableiten (BVerfGE 38, 258 (271) sowie 47, 253 (275). Nach klassischem Verständnis bedarf Legitimation im demokratischen Verfassungsstaat daher einer Reihe von Voraussetzungen, deren Kreuzungspunkt die Verantwortlichkeit der Politik dem Souverän gegenüber ist. Auf der konstituierenden Ebene können wir uns hier auf die Wertegemeinschaft des Grundgesetzes beziehen, die in Deutschland nicht wirklich in Frage gestellt wird. Auf der Ebene der konstituierten Demokratie bedarf es der regelmäßigen Überprüfung der Frage, ob die Voraussetzungen zur Sicherung der Zustimmungsfähigkeit des und Verantwortlichkeit gegenüber dem Souverän wirklich noch erfüllt sind. Im Hinblick auf die Bedeutung der Fraktionsdisziplin, die eine faktische Einschränkung des freien Mandates nach Art. 38 GG darstellt, genauso wie die hinsichtlich der Entscheidung über inhaltliche Alternativen der Politik im außerparlamentarischen Raum hat sich insbesondere Eberhard Schuett-Wetschky immer wieder für einen „pragmatischen" Umgang mit den Konzepten parlamentarischen Handelns ausgesprochen (2001; 2005). So gebe es faktisch einen „realistischen" Parteibegriff, demzufolge die Geschlossenheit des Parteien- bzw. Fraktionenhandelns die Wirklichkeit bestimme und nicht das Konstrukt des freien Mandates. Entsprechend könne das (faktisch nicht umsetzbare) Einzelrepräsentationskonzept nicht als Maßstab für die parlamentarische Praxis herangezogen werden, sondern nur das Gruppenrepräsentationskonzept: Repräsentation des Volkes geschehe durch Parteien bzw. Fraktionen und die Gesamtheit der Abgeordneten (2005: 19/20). Und die Entscheidungen fielen nach wie vor im Parlament – auch wenn sie in anderen Zusammenhängen wie Kommissionen oder Beraterstäben vorbereitet worden seien (2005:18).

Diese pragmatische Sicht parlamentarischen Handelns (und die damit verbundene Ablehnung klassischer Positionen der Parlamentarismuskritik) ist nicht unwidersprochen geblieben (z.B. von Blumenthal 2002), sie vermag trotz aller Anerkenntnis faktischer Handlungszwänge in einem durch Parteien stark gekennzeichneten Bundestag nicht letztendlich zu überzeugen. Nicht die normative Kraft des Faktischen sollte hier bei genauerem Hinsehen beschworen werden, da sie die Suche nach Alternativen überflüssig erscheinen lässt. Konstruktive Parlamentarismuskritik vermag dagegen durchaus zu einem Aufeinanderzurücken von Verfassungskonstrukten und parlamentarischer Praxis beizutragen. Eine Beschränkung der Wiederwahl von Abgeordneten z. B. könnte zu einer Schwächung der Parteienmacht beitragen und so zur Wiederbelebung des freien Mandates. Öffentlichkeitswirksame und willkürlich zusammengestellte Kommissionen und Räte könnten mit der Rückbesinnung auf die parlamentarischen Mittel vermieden werden, die zur Wissensbeschaffung vorgesehen sind: z. B. Enquête-Kommissionen.

Die folgenden Ausführungen sollen nun zunächst der Darstellung der zentralen Aufgaben des Bundestages sowie seiner Zusammensetzung und seiner Organisation gelten.

6.1.1 Die Aufgaben des Bundestages

In Anlehnung an die von dem englischen Parlamentarismustheoretiker Walter Bagehot entwickelte Systematik hat es sich eingebürgert, die Aufgaben des Parlamentes vier Funktionen zuzuordnen:
- Regierungsbildung
- Kontrolle der Regierung
- Gesetzgebung und
- Repräsentation bzw. Kommunikation.[145]

Die Darstellung der Bundestagsfunktionen soll anhand dieser Vierteilung erfolgen:

6.1.1.1   Regierungsbildung sowie weitere Wahlfunktionen

Im Anschluss an die Konstituierung des im vierjährigen Rhythmus vom Volk gewählten Bundestages wählt dieser den Bundeskanzler. Gewählt ist dabei derjenige, welcher bzw. welche die Mehrheit der Mitglieder des Bundestages auf sich vereinigen kann. In der Regel entspricht das Wahlergebnis damit also dem Mehrheitsverhältnis unter den Parteien, das sich durch die Wahlentscheidung des Volkes ergeben hat. Dieser direkte Bezug zwischen der Wahl des Bundestages einerseits und der Wahl des Bundeskanzlers durch den Bundestag verleiht dem Amt des Bundeskanzlers eine relativ starke Stellung in der Ausübung der Regierungsgewalt. Allerdings

---

[145] Wolfgang Ismayr unterscheidet in seiner umfassenden Analyse von Theorie und Praxis des parlamentarischen Handelns im Bundestag:
„a) Kreations- und Rekrutierungsfunktion (Bestellung und Abberufung der Regierung, Zuständigkeiten bei der Wahl anderer Verfassungsorgane, Auslese politischen Führungspersonals)
b) Gesetzgebungsfunktion (einschließlich Haushaltsbestimmung)
c) Kontroll- und Initiativfunktion (Kontrolle von Regierung und Verwaltung, Folgenabschätzung und Wirkungskontrolle, Konzeptplanung, Initiative/Innovation)
d) Repräsentations- und Kommunikationsfunktion (Artikulation öffentlicher Meinungen und Interessen der Bevölkerung, Publizität staatlich-politischer Informationen, Programme und Willensbildungsprozesse, Mitwirkung am öffentlichen Diskurs)" (Ismayr 1992: 28).

bleibt der Kanzler während seiner gesamten Amtszeit dem Bundestag verantwortlich, was sich mit weitestreichender Konsequenz an der Möglichkeit zum konstruktiven Misstrauensvotum (Art. 67 GG) und in umgekehrter Perspektive an der Möglichkeit für den Bundeskanzler zeigt, seine Regierungsfähigkeit mit Hilfe der Vertrauensfrage (Art. 68 GG) zu überprüfen.

Die Kanzlerwahl als erster Schritt der Regierungsbildung ist in Art. 63 GG geregelt. Danach wird ein Kanzlerkandidat vom Bundespräsidenten vorgeschlagen, wobei vorausgesetzt wird, dass zuvor eine Verständigung zwischen diesem und den im Bundestag vertretenen Parteien stattgefunden hat, um sicherzustellen, dass ein Kandidat mit ausreichenden Erfolgsaussichten aufgestellt wird. In der Regel ist der vorgeschlagene Kandidat auch derjenige, welcher von der Mehrheitspartei im Wahlkampf präsentiert worden ist. Ausnahmen von diesem Prinzip gab es 1949, als die Koalitionsverhandlungen um den Kanzler erst nach der Wahl stattfanden, sowie 1961 und 1969 (Ismayr 1992: 234).

Die Wahl findet ohne Aussprache und geheim statt, um das Ansehen des Kandidaten in einer Auseinandersetzung um seine Eignung nicht zu schädigen. Im ersten Wahlgang muss der Kandidat die absolute Mehrheit der Bundestagsmitglieder hinter sich vereinigen (Art. 63 II GG), geschieht dies nicht, so kann in einem zweiten Wahlgang innerhalb von vierzehn Tagen ein Kandidat gewählt werden, der mehr als die Hälfte der Stimmen erhält (Art. 63 III GG). In einem dritten Wahlgang wird der Kandidat gewählt, der die meisten Stimmen erhält (Art. 63 IV GG). Die anschließende Ernennung findet durch den Bundespräsidenten statt, der den mit absoluter oder relativer Mehrheit gewählten Kandidaten ernennen muss. Bei Kandidaten, die im dritten Wahlgang nur die meisten Stimmen erhielten, hat der Bundespräsident statt der Ernennung auch die Möglichkeit zur Auflösung des Bundestages binnen einer Frist von sieben Tagen.

Im Anschluss an die Ernennung zum Bundeskanzler stellt dieser dann sein Kabinett zusammen. Die Minister werden auf Vorschlag des Bundeskanzlers vom Bundespräsidenten ernannt und entlassen (Art. 64 GG), d.h., sie sind vollständig von der Entscheidung des Bundeskanzlers abhängig, der – klare Mehrheiten, zuverlässige Koalitionsvereinbarungen sowie Kanzler- und Koalitionsaussagen im Wahlkampf vorausgesetzt[146] – auf eine mittelbare Legitimation durch Volkswahl verweisen kann (Zeh 1988: 82).

Diese Wahlfunktion des Bundestages bei der Kanzlerwahl wird durch die Möglichkeit des Kanzlers ergänzt, die Vertrauensfrage zu stellen (Art. 68 GG) und damit zu überprüfen, ob die Mehrheit des Parlamentes noch hinter ihm steht. Findet ein solcher Antrag des Bundeskanzlers, sich das Vertrauen des Bundestages ausspre-

---

[146] Die Notwendigkeit klarer Koalitionsaussagen und damit die Einschätzbarkeit der Wahlwahrscheinlichkeit bestimmter Kanzlerkandidaten für die Wählerschaft hat genauso zu Diskussionen über die Reichweite der Regierungskontrolle durch die Wählerschaft geführt wie die geheime und nicht namentliche Kanzlerwahl (vgl. z.B. Steffani 1989).

chen zu lassen, keine Mehrheit, kann der Bundespräsident binnen 21 Tagen den Bundestag auflösen, sofern nicht ein anderer Kandidat die Stimmen der Mehrheit des Bundestages auf sich vereinigen kann. Dieses Instrument hat in der bundesrepublikanischen Geschichte einerseits dazu gedient, „schwache" Kanzler zu ersetzen. Das war der Fall als sich 1972 nach einem gescheiterten Misstrauensvotum gegen Willy Brandt eine Patt-Situation im Bundestag ergab, die diesen weitgehend handlungsunfähig machte. Brandt sah sich dadurch veranlasst, die Vertrauensfrage zu stellen und machte – nachdem ihm das Vertrauen nicht ausgesprochen worden war – den Weg für Neuwahlen frei. Auf der anderen Seite bot das Instrument der Vertrauensfrage aber auch Möglichkeiten für wahltaktische Kalküle vor dem Hintergrund, dass das Grundgesetz kein Selbstauflösungsrecht des Bundestages vorsieht. Nachdem die Regierung Kohl/Genscher 1982 durch ein konstruktives Misstrauensvotum die Macht übernommen hatte, stellte Kohl im Dezember 1982 die Vertrauensfrage, ohne die erforderliche Mehrheit zu erhalten und initiierte somit vorgezogene Neuwahlen, die für die CDU/CSU/F.D.P.-Regierung nach den Ergebnissen der Demoskopen Erfolg versprechend erschienen. Das Bundesverfassungsgericht befasste sich mit diesem „taktischen Manöver" von konstruktivem Misstrauensvotum und Vertrauensfrage (BVerfGE 62, 1ff.), bestätigte aber die Verfassungskonformität des Vorgehens unter Hinweis auf ein augenscheinliches Fehlen einer hinreichend stabilen Koalitionsbindung einer Reihe F.D.P.-Abgeordneter.[147] Auch Bundeskanzler Schröder bediente sich zweimal der Vertrauensfrage: im November 2001 stellte er erfolgreich die Vertrauensfrage in Verbindung mit einer Abstimmung über die Beteiligung der Bundeswehr im Afghanistan Krieg, um die rot-grüne Koalition zu disziplinieren. Nach elf verlorenen Landtagswahlen und dem sich daraus ergebenden Patt zwischen Bundestag und Bundesrat sowie parteiinternen Konflikten um die Reformagenda 2010 stellte Schröder im Juli 2005 erneut die Vertrauensfrage, um vorgezogene Neuwahlen zu erreichen. Eine Klage zweier Bundestagsabgeordneten vor dem Bundesverfassungsgericht (BVerfG, 2 BvE 4/05) hatte wie auch schon 1983 keinen Erfolg.

---

[147] In demselben Urteil entschied das Bundesverfassungsgericht, dass es nicht zulässig sei, dass ein Bundeskanzler sich zu einem ihm geeigneten Zeitpunkt die Vertrauensfrage negativ beantworten lässt und so die Auflösung des Bundestages und Neuwahlen aus taktischen Gründen herbeiführt.

Abbildung 31: Karikatur zur Vertrauensfrage des Bundeskanzlers Gerhard Schröder

Quelle: Cicero, Karikaturensammlung: http://www.cicero.de/234.php?galerie_name= Karikaturen&total=983&n=746.

Der Bundestag wählt jedoch nicht nur den Bundeskanzler, sondern auch eine Reihe weiterer Verfassungsorgane und legitimiert so deren Handeln. Zu nennen ist hier zunächst die Bundesversammlung als Wahlorgan für das Bundespräsidentenamt (Art. 54 GG), deren eine Hälfte aus den Mitgliedern des Bundestages besteht und deren zweite Hälfte von den Länderparlamenten bestimmt wird. Der Bundestag wählt zur Hälfte die Richter des Bundesverfassungsgerichtes (Art. 94 GG), über einen Richterwahlausschuss wirkt er an der Besetzung der obersten Gerichte mit (Art. 95 GG), er wählt den Wehrbeauftragten (Art. 45 GG) und entsendet zwei Drittel der Mitglieder des Gemeinsamen Ausschusses (Art. 53a GG), des mit der „Notstandsverfassung" (vgl. Kap. 2) eingeführten „Notparlamentes" im Verteidigungsfall (Art. 115a GG).

Daneben wirkt er bei der Besetzung einer Fülle weiterer Gremien auf nationaler, internationaler und supranationaler Ebene in vielen Policy-Bereichen mit.

Die Verfassungsorgane 209

6.1.1.2 Kontrollfunktion

Der Gedanke der Kontrolle der Exekutive ist untrennbar mit der Entwicklung parlamentarischer Demokratien verbunden. Da nämlich, wo der Souverän seine Macht zeitlich begrenzt zur Ausführung delegiert und seine Sanktionsmöglichkeiten im Wesentlichen auf die Wahl begrenzt, wird eine Kontrolle der Exekutive erforderlich. Diese Kontrolle ist in Deutschland eingebunden in ein System aus vertikaler Kontrolle zwischen Bund und Ländern einerseits und horizontaler Kontrolle zwischen Legislative, Exekutive und Judikative andererseits. Kontrolle bedeutet hier parlamentarisches „Überprüfen der Regierung (Verwaltung) bei unmittelbarer oder mittelbarer Sanktionsfähigkeit" (Steffani 1989: 1328).

Die Kontrollmöglichkeiten des Bundestages lassen sich nach folgenden Kriterien unterscheiden:

- begleitendes oder nachträgliches Überprüfen der Handlungen von Regierung und Verwaltung ohne Sanktionsmöglichkeit,
- Überprüfung der Handlungen von Regierung und Verwaltung mit mittelbarem Sanktionspotential, d.h. unter Einfluss auf die Sanktionsmöglichkeiten Dritter (Öffentlichkeit, Wählerschaft), etwa durch sein Interpellationsrecht,
- und schließlich Kontrolle der Regierung durch das Parlament mit direkter Sanktionsmöglichkeit, etwa durch parlamentarische Mehrheitsbeschlüsse (ebenda: 1327ff.).

Abbildung 32: Mittel parlamentarischer Kontrolle

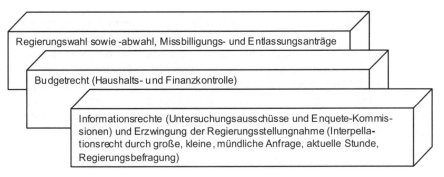

Genau genommen setzt die Kontrolltätigkeit des Bundestages schon mit der Kanzlerwahl ein. Deutlicher wird die Ausübung dieser Funktion mit dem Instrument des konstruktiven Misstrauensvotums, das für das Parlament die eindeutig weitgehendsten direkten Sanktionsmöglichkeiten zur Verfügung stellt.

Das konstruktive Misstrauensvotum nach Art. 67 GG ist, anders als das Misstrauensvotum der Weimarer Reichsverfassung, das dem Parlament jederzeit die Möglichkeit bot, der Regierung das Misstrauen auszusprechen, ohne einer neuen sein Vertrauen zu geben (Art. 54 WRV), schon im Verfassungsentwurf von Herrenchiemsee so gestaltet worden, dass das Ziel einer stabilen parlamentarischen Demokratie immer gewahrt bleibt. Erst wenn der Bundestag nicht nur dem amtierenden Kanzler das Misstrauen ausspricht, sondern auch einem anderen Kandidaten das Vertrauen, muss der Bundespräsident den ersten entlassen und den zweiten ernennen. Das konstruktive Misstrauensvotum wurde gegen Willy Brandt 1972 erfolglos durchgeführt, gegen Helmut Schmidt 1982 mit Erfolg.

Neben dem konstruktiven Misstrauensvotum, das sich gegen die Person des Kanzlers richtet, hat der Bundestag auch die Möglichkeit, seine Missbilligung gegenüber der gesamten Regierung oder gegen einzelne Minister auszudrücken und deren Entlassung zu fordern. Selbst bei vorliegender Bundestagsmehrheit für einen Missbilligungs- oder Entlassungsantrag ist allerdings der Bundeskanzler nicht gezwungen, dem Entlassungsersuchen auch nachzukommen. Die Geschichte des Bundestages weist eine ansehnliche Liste solcher Entlassungs- und Missbilligungsanträge auf, die durchwegs ohne Erfolg waren, aber im Rahmen der Repräsentationsfunktion des Bundestages öffentlichkeitswirksame Oppositionspolitik ermöglichten (Ismayr 1992: 367).

Das Budgetrecht galt im 19. Jahrhundert als das Herzstück der parlamentarischen Kontrolle und dürfte auch heute kaum anders einzuordnen sein (Busch 1988: 466). Zwar hat allein die Regierung das Recht zur Einbringung der Vorlage zum Haushaltsgesetz (Budgetinitiative), die Feststellung des Haushaltes erfolgt aber durch Gesetz (Art. 110 GG), d.h. durch eine Mehrheitsentscheidung des Parlamentes. Beim Haushaltsvollzug stehen dem Parlament in der Form von Zustimmungsvorbehalten und Sperrvermerken gewisse Mitwirkungsmöglichkeiten zur Verfügung, und im „Verfahren der Rechnungslegung, Haushaltskontrolle und Entlastung schließlich ist das Parlament der dominierende Part" (ebenda: 466).

Die rechtlichen Grundlagen des Bundeshaushaltes wurden mit der „Haushaltsreform" 1969 geschaffen und sind in den Art. 109 bis 115 GG verankert. Hier wird der Bund nicht nur auf eine jährliche Finanzplanung verpflichtet, sondern unter Bezug auf das „Stabilitätsgesetz" (s. Kap. 2) auf eine fünfjährige Finanzplanung. Mit der Neufassung von Art. 109 GG wurde der Gesetzgeber in seiner Haushaltspolitik auf die Berücksichtigung der Konjunkturentwicklung und die Eckwerte des „Magischen Vierecks" im „Stabilitätsgesetz" verpflichtet. Der Staatsverschuldung sind durch Art. 115 GG Grenzen gesetzt, der festlegt, dass die Einnahmen aus Krediten die Summe der im Haushaltsplan veranschlagten Ausgaben für Investitionen nicht überschreiten dürfen. Ausnahmen von dieser Regelung sind wiederum nur zur Abwehr einer Störung des gesamtwirtschaftlichen Gleichgewichts möglich. Trotzdem überschritten die Nettokreditaufnahmen die Investitionen des Bundes im letzten

Jahrzehnt nicht nur ausnahmsweise, sondern – bis auf die Jahre zwischen 1998 bis 2001 – regelmäßig.

Die seit den 1990er Jahren mit dem Ziel der Deregulierung und der Effizienzsteigerung vielfältig erprobten Formen „neuer Steuerung", insbesondere die Budgetierung und die Einführung dezentraler Ressourcenverantwortung konfrontiert mit der Frage nach Reformnotwendigkeiten der Haushaltsgesetzgebung, da hier faktisch Eingriffe in die parlamentarischen Kontrollrechte vorgenommen werden (vgl. dazu auch die entsprechenden Ausführungen in Kap. 5).

Kontrolle der Exekutive findet im Bundestag aber auch dadurch statt, dass die Regierung zur Information oder zur Stellungnahme verpflichtet ist.

Zunächst einmal gibt es für die Mehrheit des Bundestages, vertreten durch Fraktionen oder mindestens fünf Prozent der Mitglieder, nicht für die Opposition alleine, das Recht zur Zitierung, zur Herbeirufung der Regierung bzw. eines ihrer Mitglieder und der Verpflichtung während der Beratungen über den in Frage stehenden Gegenstand anwesend zu sein (Art. 43 I GG). Ist der zuständige Bundesminister oder sein Vertreter nicht anwesend, so kann der Fragesteller verlangen, dass seine Fragen zu Beginn der Fragestunde aufgerufen werden, in der der Bundesminister oder sein Vertreter anwesend ist; sein Fragerecht darf hierdurch nicht eingeschränkt werden (GOBT Anlage 4).

Das Fragerecht einzelner Abgeordneter beschränkt sich auf die Formulierungsmöglichkeit von zwei Fragen pro Fragestunde (mündlich) oder vier Fragen pro Monat (schriftlich) (ebenda). Für die Beantragung kleiner oder großer Anfragen sowie aktueller Stunden bedarf es der Stimmen von 5% der Abgeordneten. Die Vorlage von Akten der Bundesregierung kann nur durch eine qualifizierte parlamentarische Minderheit von Untersuchungsausschüssen oder durch Mehrheitsbeschluss des Petitionsausschusses erwirkt werden. Ein Akteneinsichtsrecht für jeden Abgeordneten oder gar für jeden Bürger wie dies in den USA oder Schweden existiert, gibt es auch nach Inkrafttreten des Informationsfreiheitsgesetzes (IFG) am 1. Januar 2006 nicht, da dessen § 3 weit reichende Ausnahmen bezüglich des grundsätzlich für jeden Bürger bestehenden Rechtes auf Information formuliert.

Befürworter eines weitgehenden Frage- und Informationsrechts der Abgeordneten führen die Notwendigkeit breiter Information der Abgeordneten an, um ihr Mandat i.S. von Art. 38 GG verantwortlich wahrnehmen zu können. Diese Argumentation wurde auch durch das Bundesverfassungsgericht gestützt, das ausführte: „Abgeordnete bedürfen grundsätzlich einer umfassenden (!) Information, um ihren Aufgaben genügen zu können; das gilt insbesondere für parlamentarische Minderheiten" (BVerfGE 70, 324 (355)). Im Rahmen der Informations- und Interpellationsrechte können – jeweils durch die Geschäftsordnung des Bundestages geregelt – unterschieden werden (zum genauen Verfahren GOBT Anlagen 4, 5 und 7):

- Große Anfragen: Diese sollen die Regierung veranlassen, zu größeren Themenkomplexen in grundsätzlicher Weise und detailliert Stellung zu nehmen.

Sie können von jeder Fraktion oder einer entsprechenden Anzahl von Abgeordneten gestellt werden. Ihre Beantwortung im Bundestag kann durch die Opposition binnen einer Frist von drei Wochen erzwungen werden (§ 101 GOBT). Aufgrund der großen Bedeutung, die die zur Diskussion stehenden Themen meist haben einerseits, und wegen der Öffentlichwirksamkeit der Debatten andererseits, beginnt im Vorfeld des Debattentermins oft ein ausgefeilter „Bargaining-Prozess" über Redetermine und -zeiten sowie Rednerliste, in dessen Zusammenhang auch eine Verlängerung der Antwortfrist erhandelt und durch den Bundestagspräsidenten bzw. die -präsidentin festgesetzt werden kann. Große Anfragen können durchaus auch aus den Reihen des Koalitionspartners gestellt werden, um der Regierungsmehrheit die Möglichkeit zu bieten, ihre Leistungen darzustellen. In diesem Fall sind sie meist unter den Koalitionspartnern detailliert abgesprochen.

- Kleine Anfragen: Diese werden nur schriftlich beantwortet. Sie beziehen sich auf „bestimmt bezeichnete Bereiche" (§ 104 GOBT) und werden von der Bundesregierung bzw. aus dem jeweils federführend verantwortlichen Ministerium beantwortet. Ihnen kommt oft Große Anfragen vorbereitender Charakter oder aber der Versuch der „Sensibilisierung" von Ministerialverwaltung und Bundesregierung für bestimmte Themenbereiche zu.

- Fragestunden und schriftliche Einzelfragen: Die Fragestunden und schriftlichen Einzelfragen bieten einzelnen Abgeordneten die Möglichkeit zur Information und auf bestimmte Themen aufmerksam zu machen. Seit 1973/74 finden in den Sitzungswochen des Parlaments jeweils zwei Fragestunden à 90 Minuten statt.

- Aktuelle Stunde: Die Aktuelle Stunde wurde 1965 eingeführt, um aktuelle Themen debattieren zu können. Anders als bei der Fragestunde können hier Abgeordnete nicht nur fragen, sondern ihre Positionen direkt begründen. Sie kommen auf Grund interfraktioneller Vereinbarungen im Ältestenrat oder auf Verlangen einer Fraktion bzw. einer entsprechender Anzahl von Abgeordneten zu Stande.

- Kabinettberichterstattung und Befragung der Bundesregierung: Die Forderung nach einer Berichterstattung über den Verlauf von Kabinettsitzungen an den Bundestag geht auf die Tatsache zurück, dass sich die Abgeordneten notgedrungen über Kabinettbeschlüsse oft aus den Medien informieren müssen. Zweimal, 1973/74 und 1985, wurde die Einführung einer regelmäßigen Berichterstattung erprobt, jedoch wieder abgeschafft. Seit 1990 gibt es eine wöchentliche Befragung der Bundesregierung jeweils im Anschluss an die Kabinettsitzung verbunden mit einer einführenden Darstellung durch ein Mitglied der Bundesregierung.

- Regierungserklärungen: Außer den zu Beginn einer Legislaturperiode abgegebenen Regierungserklärungen besteht auch die Möglichkeit der Erklärung zu bestimmten Einzelthemen im Verlauf der Legislaturperiode. Die Regierung kann jederzeit eine solche Erklärung abgeben (Art. 43 I GG), kündigt diese aber in der Regel nach der Abstimmung unter den Koalitionsfraktionen im Ältestenrat an, um den Oppositionsfraktionen die Möglichkeit zur Vorbereitung auf die Debatte zu geben.

Welch regen Gebrauch der Bundestag von seinem Informationsrecht macht, zeigen z. B. die Zahlen aus der 14. Legislaturperiode: Es gab 11.800 schriftliche Anfragen, 3.300 mündliche Einzelfragen, 1.800 Kleine und 100 Große Anfragen.

Daneben sieht Art. 44 GG die Einsetzung von Untersuchungsausschüssen vor. Sie bieten dem Bundestag das Recht, den Antrag eines Viertels der Mitglieder vorausgesetzt, sogar die Pflicht, Ausschüsse zur Überprüfung sämtlicher Vorgänge einzusetzen, die in die Verantwortung der Bundesregierung und des Bundestages fallen. Sie bilden, da sie sehr oft als Ausschüsse zur Untersuchung von Missständen initiiert werden, prinzipiell ein machtvolles Kontrollinstrument. Seit 1969 gibt es die sich ebenfalls auf Art. 44 GG stützende Möglichkeit der Einsetzung von Enquête-Kommissionen, die im Wesentlichen Sach- und Fachverstand und -wissen im Vorfeld von Gesetzesinitiativen zusammentragen sollen.

Neben den Untersuchungsausschüssen und Enquête-Kommissionen gibt es ständige Ausschüsse, die einen wesentlichen, mit einigem Recht kann man sogar sagen den wesentlichen Anteil an der Vorbereitung der Gesetzgebung tragen. In der 16. Legislaturperiode sind es 22. Ausschüsse und Ausschussvorsitz werden entsprechend der Parteienanteile im Bundestag besetzt. Seit 1969 haben die Ausschüsse ein Selbstbefassungsrecht, können sich also Themen ihrer Arbeit selbst aussuchen, was ihre Kontrollwirkung steigern kann.

Schließlich und endlich sind unter den Kontrollinstrumenten des Bundestages auch die Präsidentenanklage, der Wehrbeauftragte und der Gemeinsame Ausschuss zu erwähnen. Mit der Präsidentenanklage ist sowohl dem Bundestag als auch dem Bundesrat die Möglichkeit gegeben, den Bundespräsidenten bei Verletzung des Grundgesetzes oder eines anderen Bundesgesetzes anzuklagen und ggf. des Amtes zu entheben (Art. 61 GG).

Zum Schutz der Grundrechte und als Hilfsorgan des Bundestages bei der parlamentarischen Kontrolle ist diesem ausdrücklich das Amt des Wehrbeauftragten an die Seite gestellt worden (Art. 45b GG).

Der Gemeinsame Ausschuss schließlich als das mit der „Notstandsgesetzgebung" eingeführte Notparlament, dessen 48 Mitglieder sich zu zwei Dritteln aus Bundestagsabgeordneten, die ausdrücklich nicht der Regierung angehören dürfen, und zu einem Drittel aus vom Bundesrat benannten Mitgliedern, die hier allerdings anders als im Bundesrat ohne Weisungen abstimmen, besteht, kann im Verteidigungsfall die Rechte von Bundestag und Bundesrat übernehmen.

Dieses in den vorstehenden Ausführungen gezeichnete Bild der Kontrolle, insbesondere i.S. einer ex-post-Kontrolle der Exekutive durch den Bundestag ist idealtypisch und abstrahiert vom realen politischen Prozess. Dies gilt einerseits im Hinblick auf die Tatsache, dass in der Realität z.T. weit reichende Gewaltenverschränkungen und nicht strikte Gewaltenteilung den politischen Prozess kennzeichnen. Beispielsweise sei hier die im deutschen Recht fehlende Inkompatibilitätsforderung von Amt und Mandat genannt, die Tatsache also, dass die Regierungsmitglieder ihr Bundestagsmandat nicht aufgeben, also gleichzeitig der Legislative und der Exekutive angehören genauso wie Staatssekretäre mit Mandat. Auf der anderen Seite aber kommt der Ministerialverwaltung auf Grund ihrer personellen und fachlichen Ressourcen im Zusammenhang des Gesetzgebungsprozesses ein wesentlicher Gestaltungsanteil zu. Kontrolle wird faktisch auch dadurch eingeschränkt, dass sich v.a. im Bereich der zustimmungspflichtigen Gesetzgebung ein Netzwerk „parlamentarischen Mitregierung" der Opposition herausgebildet hat, in dem in Koalitionsgesprächen, „Elefantenrunden", unter den Partei- und Fraktionsspitzen, mit den Ressortbeamten und schließlich mit Interessenvertretern und Ausschussexperten Politik gestaltet und gesteuert wird, ohne dass die formalen Kontrollinstrumente greifen könnten (z. B. Korte/Hirscher 2000).

Der politische Prozess in diesem „Verhandlungssystem Bundestag" ist durch ein fehlendes Gleichgewicht formaler Sanktionskompetenzen und informaler Verhandlungsmacht gekennzeichnet, das in seiner Konsequenz v.a. zu einer faktischen „Unkontrollierbarkeit der parlamentarischen Kontrollfunktion" geführt hat (dazu auch Scharpf 1993/von Prittwitz 1994).

6.1.1.3 Gesetzgebung

Die Gesetzgebung als Form geronnener Politik bildet die Basis staatlicher Regelungs- und Steuerungstätigkeit. Zentraler Ort für die Gesetzgebung ist das Parlament, es verleiht jedem Gesetz seine notwendige Legitimität. Die Verabschiedung von Gesetzen durch den Bundestag stellt zugleich einen wesentlichen Anteil der parlamentarischen Kontrollfunktion dar. Die Verteilung der Gesetzgebungskompetenz im Föderalismus (vgl. dazu die Ausführungen zum Rechtsstaatsprinzip in Kap. 2), das Verfahren der Gesetzgebung sowie das Zustandekommen von Gesetzen sind in den Art. 70 GG ff. geregelt.

Neben der Verabschiedung von Gesetzen liegt für den Bund das Recht zum Erlass von Rechtsverordnungen allein beim Bundestag (Art. 80 GG).

Das Initiativrecht für die Gesetzgebung steht Bundesregierung, Bundestag – wobei die Initiative entsprechend dessen Geschäftsordnung von einer Fraktion oder mindestens fünf Prozent der Abgeordneten ausgehen muss (§ 76 Abs. 1 GOBT) – sowie Bundesrat, basierend auf einem dortigen Mehrheitsbeschluss, zu.

In der parlamentarischen Praxis überwiegen die Initiativen der Regierung sehr stark, wobei deren Anteil bzw. derjenige der Initiativen aus dem Bundestag von der Struktur der Opposition abzuhängen scheint: Während in der 7. und 8. Legislaturperiode ca. zwei Drittel der Initiativen von der Bundesregierung ausgingen, waren es in der 10. und 11., nachdem die Opposition mit den GRÜNEN um eine weitere Partei ergänzt worden war, nur noch 54% (Ismayr 1992: 273). Das Initiativverhalten bei der Gesetzgebung von der 1. bis zur 15. Legislaturperiode zeigt die folgende Übersicht:

Abbildung 33: Gesetzesinitiativen von der 1. bis zur 15. Legislaturperiode (nach: http://www.bundestag.de/interakt/infomat/grundlegende_inform ationen/downloads/weg_download.pdf)

Initiative von	Eingebracht	Verabschiedet
Bundesregierung	5.619	4.809
aus der Mitte des Bundestages	3.445	1.190
Bundesrat	852	233
insgesamt	9.916	6.421

Die Gesetzgebung als wesentlicher Teil der parlamentarischen Funktionen hat sowohl bezogen auf ihre zahlenmäßige Bedeutung als auch bezüglich ihrer inhaltlichen Qualität seit Bestehen der Bundesrepublik mit dem Wandel des Staatsaufgabenverständnisses beträchtliche Änderungen erfahren. Schon die Entwicklung vom liberalen Nachtwächterstaat über den Rechtsstaat zu einem umfassend regelnden und gewährenden Staat der Nachkriegszeit hat nicht nur die Art, sondern auch die Dichte der Gesetzgebung maßgeblich beeinflusst. Sozial- und rechtsstaatliche Grundsätze auf der einen Seite, ein interventionsstaatliches Handeln mit der Zielsetzung der bewussten Veränderung von Wirtschaft und Gesellschaft auf der anderen Seite haben ein Übriges zur Gesetzesflut beigetragen. Waren Gesetze im „klassischen Sinne" generelle Normen in Form abstrakter Grundsätze, so folgten ihnen später vielfach Einzelfall- oder Maßnahmengesetze. Eine erste Hochkonjunktur erlebte dieser Wandel legislativer Steuerung mit den Planungs- und Lenkungsgesetzen der wirtschaftlichen und gesellschaftlichen Globalplanung mit dem Ende der 60er Jahre.

Die Flut der Bundesgesetzgebung wird durch eine entsprechende der Länder, aber v.a. der EU ergänzt.[148] Eine Reduzierung und u.U. eine qualitative Änderung der legislativen Tätigkeit des Parlamentes i.S. so genannter kontextsteuernder Gesetzgebung oder auch eine Erhöhung des Anteils befristeter Gesetze erscheint wird immer wieder diskutiert und scheint unter mindestens zwei Gesichtspunkten überdenkenswert:

---

[148] In der Überzeugung, dass es einer systematischen Rechts- und Verwaltungsvereinfachung in der EU bedürfe, wurde 1994 von der Kommission eine Expertengruppe unter der Leitung von Bernhard Molitor eingesetzt, die in ihrem Bericht 1995 eine umfangreiche Liste zur Entflechtung der europäischen Gesetzgebung mit dem Ziel des Abbaus von Wettbewerbshemmnissen vorlegte. Auskünfte: Groupe Molitor/c/o Generalsekretariat der Europäischen Kommission/Brey 12/42/ rue de la Loi 200/B-1049 Bruxelles. In vergleichbarer Weise hat auch der vom Bundesinnenministerium eingesetzte Sachverständigenrat „Schlanker Staat" umfangreiche Empfehlungen zur Reduzierung der bestehenden und v.a. einer weiteren Gesetzesflut erarbeitet (Bundesinnenministerium 1996).

Zum einen beziehen sich viele der verabschiedeten Gesetze auf Regelungsinhalte, die hohes Spezial- bzw. Expertenwissen voraussetzen, wodurch große Teile der Gesetzgebungsfunktion in die Ministerialbürokratie und die Ausschüsse verlagert werden, was oft zu einer nur noch verbleibenden Residualfunktion staatsnotarieller Abstimmungs- (besser: Zustimmungsprozesse) für das Parlament führt. Auf der anderen Seite hat sich aber heute auch das Verständnis von Staatshandeln dahingehend geändert, dass nicht mehr der hierarchisch durchsetzende Staat Gesetze erlässt und durch seine Verwaltung ausführt, sondern vielfältige Kooperationsnetze zwischen Politik, Verwaltung und Interessenvertretung nicht nur Realität, sondern oft auch effektiver sind als „klassisches Staatshandeln".

Im Rahmen neuerer Deregulierungsdiskussionen werden diese Phänomene gemeinhin als „Rückzug" des Staates identifiziert. Dabei kann es um den Rückzug des „überforderten Staates" gehen oder um den Rückzug des Staates aus hierarchischer Steuerung und Hinwendung zu konsensualer Steuerung in der Akzeptanz faktisch vorhandener Kooperationsstrukturen und mit dem Ziel der Effizienzsteigerung und schließlich als Rückzug aus bestimmten Staatsaufgaben bis hin zu der Beschränkung auf wie auch immer zu bestimmende Kernaufgaben (Schuppert 1995; dazu auch: Ellwein/Hesse 1994/Scharpf 1993/Voigt 1995/Gerlach 1998).

Im Zusammenhang dieser „Entzauberungs-" und Rückzugsdiagnosen stellt sich die Frage nach der verbleibenden Bedeutung des Parlamentes und insbesondere seiner politischen Steuerungsfähigkeit im Gesetzgebungsprozess. Denn das Parlament ist derjenige Akteur, auf den das Volk gem. Art. 20 GG durch Wahlen seine Souveränität überträgt und das seine Dignität vor allem daraus ableitet, dass es trotz aller vorhandenen Kooperationsstrukturen dem Ziel der Gemeinwohlbestimmung verantwortlich ist und damit auch die Letztverantwortung[149] für sein Handeln tragen muss. Dieser Aspekt der zentralen Legitimitätsverortung beim Parlament darf bei aller vielleicht vorhandenen Reformnotwendigkeit im Verfahren nicht außer Acht gelassen werden.

Der Ablauf des Gesetzgebungsprozesses im Bundestag gestaltet sich wie folgt:

In Art. 77 I GG heißt es im ersten Satz: „Die Bundesgesetze werden vom Bundestag beschlossen". Gesetzesvorlagen, die von der Bundesregierung stammen, sind zunächst dem Bundesrat zuzuleiten, der in einer Frist von sechs Wochen, auf Verlangen des Bundesrates auch neun Wochen, dazu Stellung nimmt (Art. 76 II GG). Die Stellungnahme wird dem Bundestag zur Kenntnis gebracht. Umgekehrt werden die Vorlagen des Bundesrates durch die Bundesregierung binnen einer Frist von sechs, auf Verlangen der Bundesregierung neun Wochen, dem Bundestag zugeleitet, versehen mit der „Auffassung" der Bundesregierung zu der Vorlage (Art. 76 III GG).

---

[149] Bezüglich der Letztverantwortlichkeit parlamentarischen Entscheidungen gibt es im deutschen Regierungssystem als „Korrektiv" das Bundesverfassungsgericht, das v.a. in der parlamentarischen Praxis der letzten Jahrzehnte zum Ausgleich entsprechender Defizite im parlamentarischen Prozess herangezogen wurde, was uns später noch beschäftigen wird.

Sind Änderungen des Grundgesetzes beabsichtigt oder Hoheitsübertragungen i.S. von Art. 23 und 24 GG geplant, so verlängert sich die jeweilige Frist generell auf neun Wochen. Viel kürzer ist der Weg bei den Vorlagen, die aus der Mitte des Bundestages kommen, der dann sofort damit befasst ist. In den anderen beiden Fällen werden nach Ablauf der Frist Vorlagen mit Stellungnahme – und im Falle der Regierungsvorlage Erwiderung auf die Stellungnahme – dem Bundestag als Gesetzesentwurf zugeleitet (bei vorliegender Eilbedürftigkeit und beantragter Fristverlängerung werden die Stellungnahmen nachgereicht).

Diese gegenseitige Einbindung von Bundesrat und Bundestag soll insbesondere bei Bundesratsvorlagen den Ländern die Möglichkeit zu allgemeinen politischen Stellungnahmen in diesem „ersten Durchlauf" geben und damit Hinweise auf ihre Position im „zweiten Durchlauf" deutlich machen (Ismayr 1992: 298). Fast immer legt der Bundesrat in diesem ersten Durchgang umfangreiche Stellungnahmen mit zahlreichen Änderungsvorschlägen, Anregungen oder Einwänden vor (ebenda: 297). Bei politisch sehr brisanten oder öffentlichkeitswirksamen Vorlagen werden die Stellungnahmen z.T. schon vor der offiziellen Übergabe an den Bundesrat erarbeitet (ebenda: 298).

Formell ist die Gesetzesvorlage eingebracht, wenn sie durch den Bundestagspräsidenten bzw. die -präsidentin den Mitgliedern des Bundestages, des Bundesrates und den Bundesministerien zugänglich gemacht ist (§ 77 GOBT). Die Befassung mit den Entwürfen erfolgt dann im Bundestag in der Form von drei Beratungen, den so genannten Lesungen. Der Ältestenrat setzt fest, ob eine Plenardebatte zur ersten Beratung eines Gesetzentwurfes stattfindet und legt den Termin fest. Am Schluss der ersten Beratung wird der Entwurf an einen oder mehrere Ausschüsse, einer davon federführend, zur Beratung weitergeleitet. Im Rahmen der Ausschussberatung werden die Entwürfe formal vervollständigt, teilweise inhaltlich ergänzt, jedoch nicht in einer von den ursprünglichen Intentionen abweichenden Weise geändert. „Die Vorstellung, in den (meist) nichtöffentlichen Ausschüssen fände in einem diskursiven Verfahren über die Fraktionsgrenzen hinweg eine (vornehmlich ‚sachrationale') ‚Suche nach der besten Lösung statt', wird insbesondere der Praxis der Gesetzesberatungen – zumal in der politischen Situation der 80er Jahre – kaum gerecht. (...) Gewiß: In den meist kollegial geführten Diskussionen ist ein verständnisvolles, argumentatives Eingehen auf die Darstellung der anderen Seite – und auch kritische Distanz zu Aspekten der eigenen Vorlage – selbstverständlicher als in Plenardebatten. Am Abstimmungsverhalten ändert dies freilich kaum etwas" (ebenda: 314).

Der federführende Ausschuss erarbeitet eine Beschlussempfehlung, die dem Bundestag zugeleitet wird. Frühestens am zweiten Tag nach dieser Zuleitung können zweite und dritte „Lesungen" erfolgen, die oft unter einem Tagesordnungspunkt in einer Aussprache über den Gesetzesentwurf zusammengefasst werden. Diese Aussprache wird meist durch Berichterstatter eröffnet, die die Ausschussberichte ergänzen oder korrigieren. Nach der Annahme durch den Bundestag wird das

Gesetz durch den Bundestagspräsidenten bzw. die -präsidentin dem Bundesrat zugeleitet (Art. 77 I GG).

Das weitere Procedere hängt nun vom Status des Gesetzes ab. Dabei muss zwischen verfassungsändernden Gesetzen, Zustimmungsgesetzen und Einspruchsgesetzen unterschieden werden.

Zustimmungsgesetze können nur zu Stande kommen, wenn nach dem Bundestag auch der Bundesrat zustimmt (absolutes Vetorecht) (Art. 77 IV GG). Bei verfassungsändernden Gesetzen muss er dies sogar mit 2/3-Mehrheit tun (Art. 79 GG). Bei Einspruchsgesetzen kann der Bundesrat zwar gegen das vom Bundestag verabschiedete Gesetz Einspruch erheben (suspensives Vetorecht), dieser kann aber vom Bundestag in einer erneuten Abstimmung zurückgewiesen werden (Art. 77 III und IV GG).

Zustimmungsbedürftig sind Gesetze dann, wenn das Grundgesetz dies ausdrücklich vorschreibt,[150] bei Grundgesetzesänderungen, bei Gesetzesbeschlüssen, die das Finanzaufkommen der Länder betreffen oder in deren Verwaltungszuständigkeit eingreifen. Obwohl die Zustimmungspflichtigkeit so auf den ersten Blick recht beschränkt zu sein scheint, ist der Anteil zustimmungspflichtiger Gesetze in der Realität sehr hoch. Während er in der ersten Legislaturperiode noch bei 42% lag, stieg er schon bis zur 10. auf 60% an (Posser 1989: 204). Dieses hohe Niveau blieb auch in den folgenden Legislaturperioden erhalten, es fiel leicht auf 55% in der 14. und 51% in der 15. Legislaturperiode Bundesrat 2006: 64). Zudem gibt es eine beachtliche Anzahl von verkündeten Gesetzen, die nach Auffassung des Bundesrates zustimmungspflichtig sind, nicht jedoch nach Sicht der Bundesregierung (ca. 10%, n. ebenda). Im Konfliktfall kann das Bundesverfassungsgericht angerufen werden.

---

[150] So Art. 74a, 87b II, 87c, 87d II, 104a V, 107 I, 108 IV, 109 III GG (n. Hesselberger 2003: 287).

Abbildung 34: Gang der Gesetzgebung

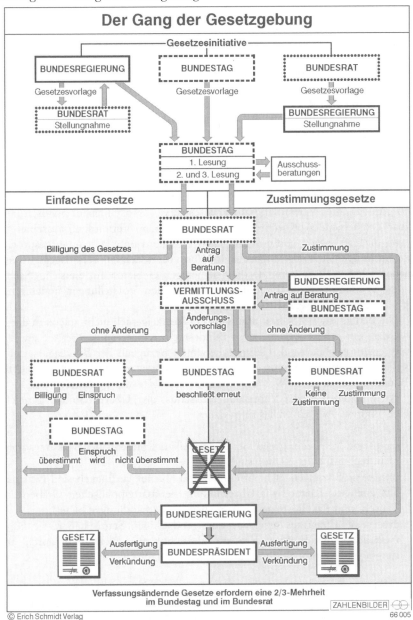

In beiden Fällen, dem des Einspruchs – wie dem des Zustimmungsgesetzes, steht dem Bundesrat – bei Vorlagen aus dem Bundesrat auch dem Bundestag und der Bundesregierung – die Möglichkeit der Einschaltung des Vermittlungsausschusses (* [16]) offen (Art. 77 II GG). Dies kann durch den Bundesrat bei Zustimmungsgesetzen binnen einer Drei-Wochen-Frist nach Eingang des Gesetzesbeschlusses verlangt werden (Art. 77 II GG), bei Einspruchsgesetzen binnen einer Zwei-Wochen-Frist (Art. 77 III GG). Die vom Vermittlungsausschuss erarbeiteten Empfehlungen müssen sowohl Bundestag als auch Bundesrat passieren. Bezüglich ein und desselben Gesetzes kann der Vermittlungsausschuss maximal dreimalig tätig werden.

Seit 1951 existiert eine gemeinsame Geschäftsordnung für den Vermittlungsausschuss, wonach eine paritätische Besetzung aus jeweils einem Mitglied der Landesvertretung im Bundesrat pro Land und vom Bundestag für eine Legislaturperiode gewählten Mitgliedern vorgesehen ist. Bis 1990 hatte der Vermittlungsausschuss 22 Mitglieder, mit dem Beitritt der neuen Bundesländer wurde die Zahl auf 32 erhöht. „Aufgabe des Vermittlungsausschusses ist es (..), nach einem politisch durchsetzbar erscheinenden Kompromiß zu suchen. Der Vermittlungsausschuß muß deshalb mit erfahrenen und einflußreichen Politikern besetzt sein; ausgesprochene Sachverständige wären als Mitglieder des Vermittlungsausschusses dagegen weniger geeignet, schon weil sie zumindest auf denjenigen Gebieten, für die sie als Sachverständige anerkannt werden, kaum dazu neigen, den Vorstellungen anderer nachzugeben" (Schäfer 1974: 281).

Die Bedeutung des Vermittlungsausschusses zeigt sich nicht zuletzt in der Tatsache, dass ein großer Teil der vom Bundesrat benannten Vertreter die jeweiligen Länderregierungschefs sind. Hervorzuheben ist bezüglich der Bundesratsvertreter, dass diese im Vermittlungsausschuss ein freies Mandat wahrnehmen und nicht wie im Bundesrat selbst durch Weisungen der Landesregierungen gebunden sind.

Nicht selten wird der Vermittlungsausschuss als „Überparlament" bezeichnet (Kilper/Lhotta 1996: 126). Dies rührt daher,

- dass seine Mitglieder gegenüber den jeweils delegierenden Verfassungsorganen nicht rechenschaftspflichtig sind,
- dass seine Sitzungen nicht öffentlich und absolut vertraulich sind (was natürlich auch die Chance zur Überwindung der parteipolitischen Gräben durch Tausch- und Paketlösungen entsprechender Verhandlungen bietet),
- dass seine Einigungsvorschläge quasi endgültigen Status haben, sie können zwar durch den Bundestag in toto abgelehnt, aber nicht mehr durch Änderungsanträge modifiziert werden (ebenda: 128).

Wenn das Gesetz schließlich durch Abstimmung im Bundestag, im Bundestag und Bundesrat oder durch Überstimmen des Bundesratseinspruches im Bundestag zu Stande gekommen ist, so wird seine Urschrift hergestellt (Schriftleitung des Bundesgesetzblattes beim Bundesjustizministerium), durch den Minister des federführenden Ministeriums sowie durch den Bundeskanzler gegengezeichnet und anschließend vom Bundespräsidenten auf seine Verfassungsmäßigkeit überprüft (ausgefertigt) und verkündet.

Wenngleich Deutschland in der Gesetzgebung kein Zweikammersystem kennt, da der Bundesrat nicht für alle Gesetzesinhalte dieselbe Mitwirkungskompetenz hat wie der Bundestag, kann durchaus von einer starken Stellung der Länder im Bereich der Bundeslegislative gesprochen werden. Dies gilt sicher weniger für die Wahrnehmung des Gesetzesinitiativrechtes durch den Bundesrat als für seine Beteiligung im „Ersten Durchgang" durch die Stellungnahme zu Vorlagen und über seine Beteiligung in Vermittlungsverfahren (Kilper/Lhotta 1996: 126). Der Vermittlungsausschuss wurde (wenn auch so nicht durch Art. 77 II GG ausdrücklich bezeichnet) eingeführt, um konsensuale Lösungen trotz Blockadesituationen im Bundestag bzw. zwischen Bundestag und Bundesrat zu ermöglichen. Unter der Perspektive der Ermöglichung stabiler politischer Arbeit ist seine Existenz sicher zu begrüßen. Auf der anderen Seite führen Nichtöffentlichkeit seiner Verhandlungen, fehlende Rechenschaftspflicht seiner Mitglieder und die Quasi-Endgültigkeit seiner Einigungsvorschläge dazu, dass die Prinzipien von direkter Legitimation des parlamentarischen Handelns und der Durchschaubarkeit des politischen Prozesses im Sinne der eindeutigen Zurechenbarkeit in Frage gestellt werden. Für die gegenüber der Wählerschaft angekündigten politischen Handlungsziele birgt die häufige Einbeziehung des Vermittlungsausschusses in den Gesetzgebungsprozess notwendigerweise die Gefahr von Verwässerungen in sich. Dabei war die Handlungsweise des Vermittlungsausschusses bzw. seine Instrumentalisierung durch Bundestag und Bundesrat zuweilen auch schon „an der Grenze des Zulässigen" angesiedelt (BVerfGE 72, 175 (187ff.)).

Über die Qualität und Quantität der Bedeutung des Vernittlungsausschusses im Gesetzgebungsprozesses gibt die folgende Tabelle Auskunft:

Abbildung 35: Gesetzesvorhaben 2000-2005 (nach: Online-Datenbank Deutscher Bundestag)

Gesetzesvorhaben 2002 bis 2005 beim Bundestag eingebracht	643
Regierungsvorlagen	320
Bundesrats-Initiativen	112
Bundestags-Initiativen	211
einbringende Parteien/Fraktionen:	
SPD, CDU/CSU, B 90/GR, F.D.P.	5
SPD, CDU/CSU, B 90/GR	3
SPD, B 90/GR, F.D.P.	1
SPD, B 90/GR	105
CDU/CSU, F.D.P.	2
CDU/CSU	46
F.D.P..	49
vom Bundestag verabschiedet	400
Regierungsvorlagen	281
Bundesrats-Initiativen	17
Bundestags-Initiativen	85
SPD, CDU/CSU, B 90/GR, F.D.P..	5
SPD, CDU/CSU, B 90/GR	3
SPD, B 90/GR, F.D.P..	1
SPD, B 90/GR	76
Vereinigungen und Abspaltung von Initiativen	16
Gesetze, bei denen der Vermittlungsausschuss angerufen wurde	100
Anrufung durch den Bundesrat	90
Anrufung durch die Bundesregierung	11
Anrufung durch den Bundestag	1
trotz Vermittlungsversuch gescheitert	14
Zustimmungsbedürftigkeit von Gesetzen:	
Verkündete Gesetze	385
als zustimmungsbedürftig verkündet	195
als nicht zustimmungsbedürftig verkündet	190

6.1.1.4 Repräsentations- und Artikulationsfunktion

Das Parlament ist im System der repräsentativen Demokratie derjenige Ort, in dem die Interessen des Volkes durch die von ihm gewählten Volksvertreter zum Ausdruck gebracht werden, es ist auch die Bühne, auf der diese Volksvertreter durch ihr Verhalten der Wählerschaft gegenüber Rechenschaft in der Hoffnung ablegen, dass sie wiedergewählt werden. Ein wesentlicher Anteil der Repräsentationsfunktion besteht so in der Sicherung der Legitimität staatlichen Handelns mit dem Instrument der Kommunikation (Oberreuter 1995: 97). Dabei lässt sich die Repräsentationsaufgabe nach zwei Dimensionen unterscheiden:

- „Die Aufgabe, durch Diskussion und Formulierung politischer Aussagen (mögen es unverbindliche Positionen oder Gesetze sein) der Öffentlichkeit Informationen zu vermitteln, Begründungen und Verantwortungen zu verdeutlichen und ihr dadurch Partizipation zu ermöglichen, kann als Willensbildungsfunktion bezeichnet werden."
- „Umgekehrt läßt sich die Aufgabe des Bundestages, den Willen der Bevölkerung auszudrücken bzw. kommunikative Eingaben aufzunehmen, zu prüfen und zu verarbeiten, als Artikulationsfunktion verstehen" (ebenda: 97).

Zur Beurteilung der Interessenvertretung des Volkes durch das Parlament lässt sich nach Steffani auf drei Kriterien zurückgreifen:

- Effizienz: Diese „bezeichnet den Wirkungsgrad im Sinne technisch-rationaler Wirtschaftlichkeit bzw. Leistungsfähigkeit gemessen an der Zeit-Kosten-Nutzen-Relation".
- Transparenz: Diese „bezeichnet den Grad an Nachvollziehbarkeit durch Offenlegung und Durchschaubarkeit; sie bildet eine entscheidende Voraussetzung für Kontrolle".
- Partizipation: Diese „bezeichnet den Grad an Mitwirkung im Rahmen der in Wechselbeziehung zueinander stehenden Wirkungsstufen der teilnehmenden Beobachtung, Mitberatung und Mitentscheidung" (Steffani 1989: 20).

Insbesondere das Kriterium der Effizienz ist hier eines, das bei der Beurteilung parlamentarischen Handelns sicher nicht unproblematisch ist, v.a., wenn wir den Gesetzgebungsprozess betrachten, in dessen Zusammenhang wohl eher rechtsstaatliche oder gerechtigkeitsorientierte Kriterien von Bedeutung sind. Die Willensbildungsfunktion wird nur noch sehr eingeschränkt im Plenum des Bundestages realisiert und ist somit für die Bürger kaum zu durchschauen. Ausschussarbeit und Verhandlungsstrukturen sind zu den tragenden Säulen der Willensbildungsfunktion geworden (zur Abwägung zwischen Effizienz und sonstigen Maßstäben des parlamentarischen Handelns siehe Schuett-Wetschky 2001 sowie 2005 und Blumenthal 2002). So gehören insbesondere Transparenz, aber auch Effizienz zu den Kernbereichen der Diskussion um eine Parlamentsreform, was uns später in diesem Kapitel noch einmal beschäftigen wird.

Problematisch ist aber auch der Begriff der Repräsentation, der zwar die Vertretung der Interessen in der Bevölkerung meint, aber keineswegs eine spiegelbildliche Repräsentation der Bevölkerung durch die Parlamentarier im Hinblick auf sozialstatistische Merkmale wie Bildung und Berufszugehörigkeit. So lässt sich einerseits eine zunehmende Akademisierung und teilweise damit in Zusammenhang stehend eine Professionalisierung von Politik beobachten. Der Anteil von Parlamentariern mit Hochschulbildung[151] stieg von der zweiten bis zur 16. Wahlperiode von 44% auf 83,4%. Dabei verfügt ein traditionell hoher Anteil an Abgeordneten über ein rechts- oder wirtschaftswissenschaftliches Studium, eine wachsende Zahl an Absolventen geistes-, sozial- oder pädagogischer Studiengänge kam in den letzten Legislaturperioden hinzu (Kürschners Volkshandbuch 2006: 294f). Ein ausgesprochenes Defizit bestand traditionellerweise im Bereich natur- bzw. ingenieurwissenschaftlicher Ausbildungen, was insbesondere für die stark anwachsende Bedeutung der Technikfolgenabschätzung im Gesetzgebungsprozess von Nachteil ist. Mit der deutschen Einheit kam es im Hinblick auf die Sozialstruktur des Bundestages zu z.T. erheblichen Veränderungen. Dies betrifft einerseits den höheren Anteil an Naturwissenschaftlern (während es 1969 insgesamt fünf Naturwissenschaftler gab, gibt es im 16. Bundestag 20, hinzukommen 45 Ingenieure und 12 Ärzte) (http://www.bundestag.de/mdb/statistik/berufe.html). Eine ähnlich erfreuliche Entwicklung hat sich in den letzten Jahren im Hinblick auf den Frauenanteil gezeigt: Während im 12. Bundestag nur 20% Parlamentarierinnen hatte, sind es im 16. nun 31,6% (Kürschners Volkshandbuch 2006: 13).

Der ausgeprägte Grad der Professionalisierung drückt sich in der Tatsache aus, dass ein hoher Anteil der Abgeordneten (etwa 71% in der 13. Legislaturperiode) neben der Abgeordnetentätigkeit nicht mehr in einem anderen Beruf tätig ist. Darüber hinaus haben ca. ein Viertel der Parlamentarier schon vor dem Bundestagsmandat einen „parteibezogenen Beruf" ausgeübt und gelten damit als „Berufspolitiker" (Ismayr 2001: 64f).

6.1.2 Zusammensetzung und Organisation des Bundestages

Im 16. Bundestag sind 614 Abgeordnete vertreten, 194 davon sind weiblich. Die Zahl der Abgeordneten kann mit der Anzahl von Überhangmandaten variieren.

Der Bundestag wird in allgemeiner, unmittelbarer, freier, gleicher und geheimer Wahl (Art. 38 I GG) nach dem personalisierten Verhältniswahlrecht gewählt. Das heißt, dass im Prinzip die Hälfte der Sitze nach dem Ergebnis der Erststimmen mit den direkt gewählten Kandidaten aus den Wahlkreisen besetzt wird, und die andere Hälfte nach den Landeslisten der Parteien entsprechend ihrem Zweitstimmenergebnis. Eine Ausnahme stellen hier die Überhangmandate dar, die sich ergeben, wenn eine Partei mehr direkt gewählte Kandidaten in den Bundestag bringen kann, als ihr nach dem Zweitstimmenergebnis zustehen würden. Da in diesem Fall kein Ausgleich der Sitzanzahl für alle Parteien stattfindet, wird mit den Überhangmandaten das Prinzip der Verhältniswahl durchbrochen. Gleiches gilt für die so genannte 5%-

---

[151] Hierin enthalten sind Hochschulabschlüsse an Universitäten, Pädagogischen Hochschulen und Fachhochschulen, sowie Universitätsstudium ohne Abschluss.

Klausel, die seit den Wahlen zum 2. Bundestag festlegt, dass nur eine Partei, die mindestens 5% der Zweitstimmen erhält, in den Bundestag einziehen darf.[152] Alternativ ist ein Einzug auch mit drei Direktmandaten möglich. Beides – die 5%-Klausel und die Direktmandatsklausel sowie die Überhangmandate – bietet Anlass über Reformen nachzudenken, da hier folgenschwere Durchbrechungen des Wahlsystems vorliegen, was uns im Kap. 7 noch beschäftigen wird.

Der Bundestag ist von keinem anderen Staatsorgan abhängig, was sich auch darin ausdrückt, dass er sich „selbst organisiert", d.h. er wählt seinen Präsidenten, gibt sich seine Geschäftsordnung (Art. 40 I GG) und organisiert seine Arbeit durch die Bildung von Ausschüssen. Der Präsident bzw. die Präsidentin übt das Hausrecht und die Polizeigewalt im Bundestagsgebäude aus, ein Zugriff von außen – etwa durch die Verhaftung von Abgeordneten – ist ohne deren Einwilligung nicht möglich.

Die Abgeordneten sind „Vertreter des ganzen Volkes, an Aufträge und Weisungen nicht gebunden und nur ihrem Gewissen unterworfen" (Art. 38 I GG). Dies impliziert, dass das imperative Mandat mit dem Grundgesetz unvereinbar ist. Gleichwohl gibt es faktische Einschränkungen des „freien Mandates" dadurch, dass die Abgeordneten fast ausnahmslos einer Partei angehören, der sie ihre Aufstellung und die dann erfolgte Wahl verdanken. Ihr Verhalten ist so notgedrungen „parteibezogen", nicht „parteigebunden" (ZParl 3/95: 386, Fußn. 7). Wir müssen hier also – wenn auch von keinem Widerspruch – so doch von einem Spannungsverhältnis zwischen Art. 38 I GG und Art. 21 GG ausgehen. Auf der anderen Seite ist der Abgeordnete in seinem Amt auch Vertreter des ganzen Volkes, so dass sich das „Gemeinwohl a posteriori über den herrschenden Interessenpluralismus durchsetzt" bzw. idealerweise durchsetzen sollte (ZParl 3/95: 386).

Um das „freie Mandat" praktisch zu garantieren (andererseits auch als Ausdruck der Parlamentsautonomie), steht den Abgeordneten eine Reihe von Sonderrechten zu:

- Indemnität: Der Abgeordnete darf wegen seiner bzw. ihrer Äußerungen im Parlament nicht gerichtlich oder dienstlich verfolgt werden (Art. 46 I GG); dies gilt nicht für Verleumdungen.
- Immunität: Der Abgeordnete darf wegen strafbarer Handlungen nur mit Genehmigung des Bundestages nach Aufhebung der Immunität (Empfehlung durch den Ausschuss für Wahlprüfung, Immunität und Geschäftsordnung) strafrechtlich verfolgt werden (Art. 46 II GG).

---

[152] Eine Ausnahme bildete hier die erste gesamtdeutsche Wahl 1990. Um den Parteien aus den neuen Bundesländern den Einzug in den Bundestag zu ermöglichen, wurden zwei Wahlgebiete (ehemalige Bundesrepublik und ehemalige DDR) festgelegt. Die 5%-Klausel musste nur bezogen auf das jeweilige Wahlgebiet erfüllt werden, was dazu führte, dass sowohl Bündnis 90/DIE GRÜNEN als auch die PDS mit weniger als 5% der Stimmen der gesamtdeutschen Wahlbevölkerung in den Bundestag kamen (vgl. dazu auch Kap. 3).

- Zeugnisverweigerungsrecht: Der Abgeordnete hat das Recht, die Aussage über Personen zu verweigern, die sich ihm in der Eigenschaft als Abgeordneter bzw. Abgeordnete anvertraut haben (Art. 47 GG).

Ebenfalls mit der Zielsetzung der Sicherung von Unabhängigkeit des bzw. der Abgeordneten werden die so genannten Diäten bezahlt, bezüglich derer es in Art. 48 III GG heißt: „Die Abgeordneten haben Anspruch auf eine angemessene, ihre Unabhängigkeit sichernde Entschädigung". Während dem Grundgesetz zu Beginn der parlamentarischen Tätigkeit 1949 noch die Auffassung zu Grunde lag, bei der Bezahlung der Abgeordneten handele es sich um eine Aufwandentschädigung für ein Ehrenamt (BVerfGE 40, 296 (311ff.)), wandelte sich dieses Verständnis spätestens nach dem „Diätenurteil" des Bundesverfassungsgerichtes vom 5. November 1975 (BVerfGE 40, 296). Danach wurde davon ausgegangen, dass die Tätigkeit der Abgeordneten als hauptberufliche Tätigkeit mit nur eingeschränkter sonstiger beruflicher Tätigkeit verbunden ausgeübt wird und ihnen daher eine regelmäßige Zahlung ähnlich der nach dem Alimentationsprinzip für Beamte zustehe. Seit 1977 erhalten die Abgeordneten daher eine zu versteuernde Diät und eine steuerfreie monatliche Kostenpauschale für die durch das Amt verursachten Aufwendungen. Am 1. Januar 2006 betrug die steuerfreie Kostenpauschale 3589 € und die Diäten (steuerpflichtig) wurden in Höhe von 7009 € gezahlt (Kürschners Volkshandbuch 2006: 28f).

Nun stellt sich bei genauer Betrachtung die Kontrolle des „freien Mandates" als außerordentlich schwierig dar. Im Gegensatz zum Amt des Bundespräsidenten (Art. 55 II GG), des Bundeskanzlers und der Bundesminister (Art. 66 GG) und der Parlamentarischen Staatssekretäre (§ 7 ParlStG i.V. m. 1 BMinG) besteht für die Abgeordneten kein allgemeines Berufsausübungsverbot (dazu auch BVerfGE 40, 296 (318), n. ZParl 3/95: 95). Zwar kann es die Möglichkeit parlamentarischer[153] oder wirtschaftlicher Inkompatibilitäten[154] geben, Abgeordnete können aber durchaus Zahlungen – etwa in der Form von Spenden für ihre politische Arbeit – entgegennehmen. Das Bundesverfassungsgericht hat die Grenzen zwischen zulässigen und unzulässigen Zuwendungen Dritter an die Abgeordneten im 5. Leitsatz seines „Diätenurteils" klar umschrieben: „Art. 48 Abs. 3 in Verbindung mit Art. 38 Abs. 1 GG verlangt gesetzliche Vorkehrungen dagegen, daß Abgeordnete Bezüge aus einem Angestelltenverhältnis, aus einem so genannten Beratervertrag oder ähnlichem, ohne die danach geschuldeten Dienste zu leisten, nur deshalb erhalten, weil von

---

[153] Bundespräsident, Bundesratsmitglieder und Richter am Bundesverfassungsgericht dürfen keine Bundestagsabgeordneten sein. Für Beamte, Soldaten etc. gelten Einschränkungen (Art. 137 GG i.V.m. §§ 5 ff AbgG, n. ebenda: 388).
[154] Darunter werden Erwerbstätigkeiten bzw. Mitgliedschaften oder vertragliche Beziehungen zu bestimmten Unternehmen, Verbänden oder Interessengruppen neben dem Mandat verstanden. Eindeutig unvereinbar mit dem Grundgesetz sind so genannte. „unechte Beraterverträge", d.h., Geschäftsverträge, durch die die Abgeordneten verpflichtet werden, im Interesse des Auftraggebers auf den parlamentarischen Entscheidungsprozess einzuwirken, parlamentsinterner Lobbyismus also (ZParl 3/95: 389).

ihnen im Hinblick auf ihr Mandat erwartet wird, sie würden im Parlament die Interessen des zahlenden Arbeitgebers, Unternehmens oder der zahlenden Großorganisation vertreten und nach Möglichkeit durchzusetzen versuchen. Einkünfte dieser Art sind mit dem unabhängigen Status der Abgeordneten und ihrem Anspruch auf gleichmäßige finanzielle Ausstattung in ihrem Mandat unvereinbar" (BVerfGE 40, 296 (297)).

Im Jahr 2005 hat der Bundestag einen neuen Verhaltenskodex verabschiedet, nach dem die Abgeordneten zukünftig ihre Nebeneinkünfte und Spenden offen legen müssen. Entsprechende Offenlegungsregelungen für Parlamentarier gibt es in vielen Demokratien. Die neue Regelung sieht vor, dass die Veröffentlichung der Abgeordnetennebeneinkünfte in der Form der Zuordnung zu Einkommensgruppen geschieht, dem Bundestagspräsidenten sind jedoch die genauen Einkünfte mitzuteilen (GOBT Anlage 1). Eine Reihe von Bundestagsabgeordneten hat gegen diesen Kodex im Februar 2006 Klage vor dem Bundesverfassungsgericht erhoben. Der Bundestagspräsident entschied anschließend, die Veröffentlichung der Daten bis zum Urteil des Bundesverfassungsgerichtes auszusetzen.

Weitere Kollisionen mit dem „Konstrukt" des freien Mandates sind im Hinblick auf den Versuch denkbar, Abgeordnete im Hinblick auf ihr Abstimmungsverhalten zu bestechen. Nachdem die Strafbarkeit der Abgeordnetenbestechung 1953 aufgehoben worden war, gab es über 40 Jahre keine Möglichkeit der strafrechtlichen Verfolgung entsprechender Fälle. Erst 1994 ist die aktive und passive Abgeordnetenbestechung wieder unter Strafe gestellt worden (§ 108e StGB). Allerdings ist die Strafbarkeit nur gegeben, wenn im Hinblick auf künftiges Abstimmungsverhalten konkrete Unrechtsvereinbarungen bezüglich des Missbrauchs der Stimme vorliegen. Damit gilt die Vorschrift eher als „symbolisches Strafrecht" denn als tatsächlich wirksames Korrektiv korrupten Abgeordnetenverhaltens (ZParl 3/95: 90, weitere Verweise dort Fußn. 32).

Seit 1972 gibt es als Anlage zur jeweiligen Geschäftsordnung des Bundestages „Verhaltensregeln für die Mitglieder des Bundestages" (i.V.m. § 44a AbgG),[155] die aber bei Verstoß nur ein förmliches Feststellungsverfahren und die Veröffentlichung als Drucksache vorsahen. Der 2005 verabschiedete Verhaltenskodex (GOBT Anlage 1) sieht bei Verstößen nicht unerhebliche Geldstrafen vor.

Im Gegensatz zu Formen verbotener Möglichkeiten der Abgeordnetenbeeinflussung gibt es das offizielle Lobbying von Interessenvertretern, die in der Lobbyistenliste des Bundestages verzeichnet sind (Bekanntmachung der öffentlichen Liste

---

[155] Danach dürfen „Abgeordnete für die Ausübung ihres Mandates keine anderen als die gesetzlich vorgesehenen Zuwendungen und anderen Vermögensvorteile annehmen" (§ 9 I Anlage GOBT). Auf der anderen Seite dürfen aber Spenden und unentgeltliche Zuwendungen angenommen werden. Es besteht lediglich eine Anzeigepflicht bei Zuwendungen von mehr als 10.000 € durch einen Spender pro Kalenderjahr. Zugleich allerdings sind Spenden, die in der Erwartung eines bestimmten wirtschaftlichen oder politischen Vorteils gewährt werden, unzulässig. Diese Intention nachzuweisen – zumal es zahlreiche Umgehungsmöglichkeiten der „direkten" Spende gibt – ist außerordentlich schwierig.

über die Registrierung von Verbänden und deren Vertretern, herausgegeben vom Bundesjustizministerium/laut Anlage 2 GOBT). Um sicher zu stellen, dass das Lobbying die legalen Grenzen nicht überschreitet, findet sich ebenfalls als Anlage der Geschäftsordnung des Bundestages die Aufforderung an die Abgeordneten (GOBT Anlage 2 § 6) als Ausschussmitglieder jede Art von Interessenverknüpfung bekannt zu machen, in der sie sich in bezahlter Tätigkeit zu dem in Frage stehenden Beratungsinhalt befinden.

Das „freie Mandat" findet seine Grenzen aber auch in der Zuordnung der Abgeordneten zu ihren Parteien und Fraktionen.

Mindestens 5% der Abgeordneten bilden eine Fraktion. Dies sind in der Regel Abgeordnete einer Partei, können aber auch nach Zustimmung durch den Bundestag Abgeordnete mehrerer Parteien sein. Diese Fraktionen fungieren als „operative" Einheiten des Bundestages, sie selektieren vor, sie bündeln, organisieren die Arbeitsteilung und kanalisieren bestimmte Vorhaben (Schüttemeyer 1992: 115). Auf der anderen Seite sind Fraktionen aber nicht nur „operative" Einheiten zur Arbeitsorganisation, sondern natürlich auch Instrumente zum gezielten und strategischen Machteinsatz.

Der Bundestag kann eindeutig als „Fraktionsparlament" bzw. Gruppenparlament eingeordnet werden. Dies ist an Folgendem zu erkennen:

- „Im allgemeinen verhalten sich Fraktionen (und Gruppen) als geschlossene Stimmblöcke im Bundestag. Für das Ergebnis von Abstimmungen ist es infolgedessen gleichgültig, ob nur wenige Abgeordnete anwesend sind oder viele, sofern sich nur die Relationen zwischen den Fraktionen nicht verschieben. Die häufig beklagte Leere im Plenum erklärt sich hieraus und kann sogar als Arbeitsrationalisierung interpretiert werden.
- Da die Fraktionen geschlossen abstimmen, erscheint die Zuteilung von Redezeiten nicht an die einzelnen Abgeordneten, sondern an Fraktionen und Gruppen konsequent. (...) Im Plenum findet also keine Debatte zwischen Individuen statt, sondern werden festgelegte Fraktionsmeinungen ausgetauscht. (...)
- Der Logik des Fraktionsparlaments entspricht es ferner, daß Anträge und Vorlagen nicht von einzelnen Abgeordneten, sondern nur von zumindest fünf Prozent der Mitglieder des Bundestages bzw. Fraktionen (und neuerdings Gruppen) eingebracht werden können. Andernfalls, so die dahinter stehende Befürchtung, bestünde die Gefahr, daß der Bundestag in einer Flut von aussichtslosen Vorlagen ersticken würde. (...)
- Es sind schließlich die Bundestagsfraktionen, welche entsprechend ihrer Stärke die 23 ständigen, überwiegend dem Zuständigkeitsbereich eines Ministeriums entsprechenden Bundestagsausschüsse, ferner Untersuchungs- und Sonderausschüsse sowie den ‚Ältestenrat'"" (welcher die Arbeit des Bundestages steuert) beschicken" (Rudzio 1991a: 70/71).

Die Verfassungsorgane

Mit dem Fraktionsstatus sind gewisse Rechte verbunden. Wird kein Umfang von mindestens 5% der Abgeordneten erreicht, spricht man von einer Gruppe, die erheblich weniger Rechte als die Fraktion hat.[156] Zunächst einmal stellt die stärkste Fraktion den Bundestagspräsidenten, die anderen Fraktionen stellen die Vizepräsidenten. Diese, die Parlamentarischen Geschäftsführer der Fraktionen sowie weitere von den Fraktionen zu benennende Abgeordnete gehören dem Ältestenrat an und entscheiden über Debatten, Tagesordnungen, Rednerliste und Redezeiten. Schließlich wählen die Fraktionen die Ausschussmitglieder aus und beschicken die Ausschüsse nach den Stärkeverhältnissen der Parteien im Bundestag. Die Fraktionen erhalten für die Bewältigung ihrer Arbeit auch Zuschüsse aus dem Bundeshaushalt.

Der Handlungsspielraum der Abgeordneten ist durch ihre Zugehörigkeit zur Fraktion eindeutig eingeschränkt. Zwar schließt das „freie Mandat" nach Art. 38 I GG den Fraktionszwang aus, trotzdem ist die Ausübung einer Fraktionsdisziplin faktisch Realität im parlamentarischen Handeln, und dies schließt auch die Verpflichtung auf ein bestimmtes Abstimmungsverhalten mit ein. Ausnahmen bilden hier lediglich wenige Abstimmungen, wie z.B. diejenigen zum § 218 StGB, bei denen die Fraktionsdisziplin ausdrücklich aufgehoben wurde und die Abgeordneten dann tatsächlich nur noch ihrem Gewissen verantwortlich waren. Wird der Fraktionsdisziplin nicht gefolgt oder aus anderen Gründen ein Partei schädigendes Verhalten festgestellt, so bleibt das Mittel des Fraktionsausschlusses. Die Abgeordneten behalten in diesem Fall zwar ihr Mandat, sie verlieren als fraktionslose Abgeordnete aber eine Reihe von Informations- und Rederechten. Die Existenz der Fraktionsdisziplin fußt einerseits darauf, dass die Abgeordneten durch ihre Mitgliedschaft in einer bestimmten Partei auch ihre Nähe zu entsprechenden politischen Zielsetzungen dokumentieren, dass also oft von einer Deckungsgleichheit von Abgeordneten- und Fraktionsmeinung ausgegangen werden kann. Andererseits bestehen aber handfeste Abhängigkeiten zwischen Abgeordneten und Parteien, dies insbesondere, wenn erstere ihre Tätigkeit „hauptberuflich" und ohne attraktive Alternativen ausüben und darum wieder aufgestellt werden möchten. So erklärt sich u.a. auch die regelmäßige Zahlung der mehr oder weniger freiwilligen Beiträge und Spenden (Fraktions- und Parteibeiträge) an die eigene Partei,[157] die trotz aller Bedenklichkeit quasi-

---

[156] Aus diesem Grund hat die PDS auch vor dem Bundesverfassungsgericht wiederholt auf Anerkennung des Fraktionsstatus oder hilfsweise auf Gewährung weiterer Gruppenrechte geklagt, z.B. Aktenzeichen: 2 BvE 4/95).

[157] Über die Abgeordnetenbezüge in Verbindung mit der Fraktions- bzw. Parteidisziplin sichern sich die Parteien eine zusätzliche Einnahmequelle. Nach Erkenntnissen des Bundestagspräsidiums gibt es keinen Abgeordneten, der nicht wenigstens 511 € im Monat an Parteigliederungen abführt. In der Regel werden zwischen 10.226 und 20.452 € pro Jahr abgeführt. Anderweitige Spenden kommen hinzu, so die Renovierung des Parteibüros im Wahlkreis oder Wahlkampfunterstützungen in fünfstelliger Höhe. Die „freiwilligen" Zuwendungen an die Parteien differieren je nach Partei. Am höchsten sind sie bei den GRÜNEN und der PDS. In den 80er Jahren hatten die GRÜNEN-Parlamentarier lediglich Anspruch auf 767 € und zusätzlich 256 € für jede unterhaltsberechtigte Person im Monat. Nach ihrem Wiedereinzug in den Bundestag 1994 zahlten sie monatlich 1278 € an den Ökofonds. Die Mitglieder der PDS führen monat-

offiziellen Charakter hat, da sie in den Satzungen der Parteien ausdrücklich erwähnt wird. Die Rechenschaftsberichte der Parteien mussten diese Zahlungen bis 1983 ausdrücklich aufführen, danach verschwanden sie bis 2003 unter der Rubrik „Mitgliedsbeiträge und ähnliche regelmäßige Beiträge". Im Zeitraum zwischen 1968 und 1983 machten sie immerhin zwischen 7% und 10% der Einnahmen bei den „etablierten" Parteien aus (Landfried 1994: 99), bei den GRÜNEN und der PDS liegen die Anteile deutlich höher. Problematisch sind diese Zahlungen v.a., – und dies wurde u.a. in der 1995 heftig geführten Diskussion um Diätenerhöhungen als Gegenargument angeführt –, weil sie eine so nicht intendierte und auch nicht verfassungsgemäße,[158] zusätzliche Finanzierung der Parteien darstellen. Mit der achten Novelle des Parteiengesetzes müssen diese Zahlungen seit dem 1.1.2003 wieder einzeln als „Mandatsträgerbeiträge" in den Rechenschaftsberichten aufgeführt werden.

Der oben schon erwähnte Ältestenrat ist zentrales Koordinations- und Lenkungsorgan des Arbeitsablaufs im Bundestag. Ihm gehören das Bundestagspräsidium (Präsident und Vizepräsidenten), die Parlamentarischen Geschäftsführer der Fraktionen sowie 23 weitere Abgeordnete nach dem Stärkeverhältnis ihrer Parteien an. Laut Geschäftsordnung des Bundestages unterstützt der Ältestenrat den Bundestagspräsidenten bei der Führung seiner Geschäfte und beschließt über die inneren Angelegenheiten des Bundestages. Dies geschieht in zumeist wöchentlich stattfindenden Sitzungen. Vor Sitzungswochen legt er die Tagesordnungen fest. Auf seine zwischen den Fraktionen idealerweise ausgleichende Funktion weist § 6 Abs. 2 Satz 2 GOBT hin, in dem er formuliert, dieser solle „eine Verständigung zwischen den Fraktionen (...) über den Arbeitsplan des Bundestages" herbeiführen. Die Anwesenheit der Parlamentarischen Geschäftsführer im Ältestenrat sorgt in der Regel für die Durchsetzung der Mehrheitsmeinungen in den Fraktionen. Allerdings gibt es Beispiele aus der Geschichte Deutschlands, in deren Zusammenhang die Parlamentarischen Geschäftsführer nicht die Meinung der Fraktionen bzw. der Fraktionsspitzen vertraten und von letzteren eine Revision der Ältestenratentscheidung gefordert und erreicht haben (so z.B. den „Berlin-Umzug" betreffend; FAZ vom 14. Dezember 1996). Trotzdem gilt: „Der Ältestenrat in seiner dreifachen Funktion als politisches Steuerungsorgan, interfraktionelles Verständigungsorgan und verwaltungsinternes Beschlußorgan übt einen großen Einfluß auf die Arbeit des Bundestages aus und begrenzt damit nicht unerheblich die Gestaltungsmöglichkeiten des Präsidenten" (Schick 1997: 86).

Das Amt des Bundestagspräsidenten ist ein sehr bedeutsames, nicht nur im Bundestag, sondern im Zusammenhang des Staatsganzen. In der politischen und

---

lich etwa 767 € an die Partei ab, „153 € in einen Spendenfonds für Projekte und Initiativen, 179 € in einen Fonds zum Aufbau der PDS in Westdeutschland und 256 € in einen Sozialfonds für Mitarbeiter" (Bannas 1995/DM Beiträge wurden in Euro umgerechnet (I.G.); differenzierte weitere Angaben über die Höhe der Zahlungen finden sich bei Becker 1996: 378ff.).

[158] Im „Diätenurteil" hat das Bundesverfassungsgericht ausdrücklich festgestellt, dass die Diäten nicht der Mitfinanzierung der Fraktionen oder Parteien dienen dürfen (BVerfGE 40, 296 (316)).

Die Verfassungsorgane 231

gesellschaftlichen Praxis hat sich eine protokollarische Rangordnung der Repräsentanten der fünf obersten Verfassungsorgane herausgebildet (die nicht gesetzlich festgeschrieben, aber staats- und verfassungsrechtlich unwidersprochen ist) (Schick 1997: 22). Danach folgt das Amt des Bundestagspräsidenten dem des Bundespräsidenten als Staatsoberhaupt an zweiter Stelle der Ämterhierarchie.[159] Diese Tatsache, insbesondere auch diejenige, dass der Bundesratspräsident zwar den Bundeskanzler vertritt, aber in der Rangordnung dem Bundestagspräsidenten folgt, geht auf die zentrale Stellung des Bundestages als vom Volk gewähltes Organ zurück. Laut Art. 40 I GG wählt der Bundestag in der Regel in der konstituierenden Sitzung und unter Vorsitz des Alterspräsidenten seinen Präsidenten, dessen Stellvertreter sowie die Schriftführer. Dies ist – neben der Kompetenz des Bundestages, sich seine Geschäftsordnung selbst zu geben – ein wesentlicher Teil der Parlamentsautonomie.

Bezüglich der Wahl ist festgelegt, dass sie geheim ist, Präsident und Vizepräsident in getrennten Wahlgängen zu wählen sind, dass sie mit einer qualifizierten Mehrheit stattfinden muss und die Kandidaten für die gesamte Legislaturperiode gewählt sind. Die gewählte Person ist während der Amtszeit nicht abwählbar. Nicht ausdrücklich festgelegt dagegen sind der Modus der Kandidatennominierung sowie die Anzahl der Stellvertreter. In der Praxis hat sich eingebürgert, dass die stärkste Fraktion (unabhängig davon, ob sie an der Regierung beteiligt ist oder nicht) das Präsidentenamt besetzt, wobei in der Regel im Vorfeld der Wahl Konsultationen bezüglich der allgemeinen Akzeptanz des Kandidaten unter den Fraktionen stattfinden (Schick 1997: 27-28). Über die Anzahl der Stellvertreter gab es bis 1980 interfraktionelle Vereinbarungen.[160] Mit dem Einzug der GRÜNEN 1983 in der 10. Wahlperiode wurden zum ersten Mal Forderungen nach einer Erhöhung der Zahl von Vizepräsidenten formuliert. Erst zu Beginn der 13. Wahlperiode wurde die Geschäftsordnung des Bundestages (§2 Abs. 1 Satz 2) dahingehend geändert, dass nunmehr jede Fraktion (keine Gruppe) einen Vizepräsidenten stellt (ebenda: 32).

Die Aufgaben des Bundestagspräsidenten lassen sich zu vier Funktionen bzw. Funktionsgruppen zusammenfassen:

- Repräsentation des Deutschen Bundestages nach innen und außen (Repräsentation Deutschlands im Falle der Verhinderung des Bundespräsidenten),
- Vorsitz über alle Parlamentarier als amtierender Präsident, mit der Sitzungsleitung der Plenarsitzungen und der Ausübung der Plenarsitzungsgewalt
- Ausübung der Ordnungsgewalt als Hausherr,
- Chef der Bundestagsverwaltung mit ca. 2.500 Mitarbeitern und Mitarbeiterinnen.

---

[159] Es schließen sich an: 3. Bundeskanzler, 4. Bundesratspräsident, 5. Präsident des Bundesverfassungsgerichtes (ebenda: 23).
[160] Danach stellte die stärkste Partei Präsident und einen Vizepräsidenten, die zweitstärkste zwei weitere Vizepräsidenten, die drittstärkste einen Vizepräsidenten.

Zur Unterstützung der Parlamentarier, der Fraktionen und der Parlamentsgremien steht im Bundestag ein umfangreicher Verwaltungsapparat zur Verfügung. Die Verwaltung gliedert sich in die Abteilungen Parlamentarische Dienste, Wissenschaftliche Dienste und Zentrale Dienste, das Präsidialbüro sowie das Pressezentrum. Hinzu kommen die persönlichen Mitarbeiter der Abgeordneten und die Fraktionsmitarbeiter (Ismayr 1992: 219/220).

Die vorangehenden Ausführungen zur Funktion und zur Arbeitsweise des Bundestages sollten deutlich gemacht haben, dass wohl dessen zentrale, nahezu monopolartige Stellung als Organ der Volksvertretung wie sie durch Art. 20 GG festgelegt ist, wenn auch nicht ewigen, so doch überdauernden Charakter hat, nicht aber seine Organisation, die Zahl der Parlamentarier und die Art und Weise der Funktionswahrnehmung. Reformdiskussionen und mehr oder weniger halbherzig vollzogene Reformen kennzeichnen so seinen Weg durch die bundesdeutsche Geschichte. Den Kernpunkten der Reformdiskussion wollen wir uns nun abschließend zuwenden.

6.1.3 Die wichtigsten Inhalte der Reformdiskussion

Der Bundestag ist der „Ort, an dem unsere politische Kultur entspringt, geprägt und hautnah erfahrbar wird, der Schauplatz, auf dem der Verfassungsauftrag zur Verfassungswirklichkeit wird (leider zunehmend auch die Diskrepanz zwischen beiden)", so argumentierte Hildegard Hamm-Brücher im Spannungsfeld normativer Ansprüche und empirischer Realitäten (1989: 13).

Die v.a. seit den 80er Jahren oft kritische Beziehung der Bürger zur Politik in der Bundesrepublik wird vor allem in der Kritik an den Parlamentariern manifest: „Im Verhältnis zwischen dem Volk und seinen Vertretern ist vieles nicht recht beisammen, was doch zusammengehört" (Patzelt 1994: 14). So wundert es auch nicht, dass ein Teil der Parlamentarismuskritik Parlamentarierkritik ist und Reformbestrebungen auf eine geänderte Funktionswahrnehmung der Abgeordneten bzw. eine geänderte Darstellung gerichtet sind.

Damit teilweise in Zusammenhang stehend wird seit Jahrzehnten versucht, die Institution des „freien Mandates" zwischen Gewissensfreiheit und Parteidisziplin neu zu gestalten. Die hier skizzierten Eckwerte sind die der Ausrichtung parlamentarischen Handelns zwischen dem „Gruppenparlament" unter starker Dominanz der Parteien bzw. Fraktionen und dem aus eigenverantwortlich handelnden Individuen zusammengesetzten Parlament.[161] Ein Teil der im Volk am Bundestag geübten Kritik ist direkte Folge der fehlenden Deckungsgleichheit seiner normativen Be-

---

[161] Das Bundesverfassungsgericht hat u.a. in seinem „Diätenurteil" die Abgeordneten eindeutig als unabhängige Individuen gesehen, als es argumentierte, der „Abgeordnete schulde rechtlich keine Dienste (wie z.B. Beamte; Anm. I. G.), sondern nehme in Unabhängigkeit sein Mandat wahr" (BVerfGE 40, 296 (316), auch Sondervotum Walter Seuffert).

stimmung sowie den daraus erwachsenden Ansprüchen und der faktischen und z.T. auch nur in der praktizierten Weise möglichen Handlungsweise. Dies gilt z.B. für die aus der konstitutionellen Monarchie stammende Auffassung des Dualismus zwischen Parlament und Regierung, der in der Realität einer zwischen Opposition und Regierung ist. Dies gilt ebenso für die Durchbrechung der Kontrolle durch parlamentarische Mitregierung der Opposition in den ständigen Ausschüssen, im Bundesrat und im Vermittlungsausschuss. Es gilt aber v.a. auch für die zahlreichen etablierten Formen informellen parlamentarischen Handelns, die nur schwer den klassischen Kategorien zuzuordnen sind (dazu z.b. Hanke 1994; v. Blumenthal 2003, Korte 2001, Kropp/ Schüttemeyer/ Sturm 2002)).

Grundsätzlich sind in der deutschen Parlamentarismuskritik zwei Typen zu unterscheiden, die systemimmanente, die sich v.a. auf Abläufe und Voraussetzungen parlamentarischen Handelns richtet und die außerhalb des Systems stehende, die die Rolle des Bundestages in grundsätzlicher Weise in Frage stellt.

Eine erste Phase von Reforminitiativen entwickelte sich, nachdem die Verkündung der „Außerparlamentarischen Opposition" durch die Studentenrevolten am Ende der 60er Jahre den Bundestag im Hinblick auf seine Kontrolltätigkeit umfassend disqualifiziert hatte. 1968 schlossen sich Abgeordnete aller Fraktionen zu einer interfraktionellen „Arbeitsgemeinschaft Parlamentsreform im Deutschen Bundestag" mit dem Ziel zusammen, die Rechte der Abgeordneten i.S. von Art. 38 I GG zu stärken, die Debatten offener und lebendiger zu gestalten und die praktische Kontrolltätigkeit des Parlaments gegenüber der Regierung auszubauen (Camilla 1990: 406). Diese Reformbestrebungen wurden v.a. unter Ablehnung der Revitalisierung eines klassisch-altliberalen Parlamentsmodells angesichts der faktischen Entwicklung zum Gruppenparlament verhindert (ebenda: 406). Allerdings wurde in der Zeit zwischen 1965 und 1972 die sog. „Kleine Parlamentsreform" realisiert, die im Rahmen der vorhandenen Machtverhältnisse v.a. auf eine Steigerung der Effizienz parlamentarischen Arbeitens gerichtet war.[162]

Ein erneuter Vorstoß wurde in der 10. Legislaturperiode gewagt, als sich der Bundestag zweimal – 1984 und 1986 – mit Reformbestrebungen befasste, die inhaltlich kaum von den Hauptzielen der 68er Debatte abwichen. Die von Hildegard Hamm-Brücher, die auch für die weiteren Reformvorstöße herausragende Bedeutung hatte, gegründete „Initiative Parlamentsreform" errang einen „kleinen Sieg", als der Bundestag 1986 seine Geschäftsordnung folgendermaßen ergänzte: „Jedes Mitglied des Bundestages folgt bei Reden, Handlungen, Abstimmungen und Wahlen

---

[162] Ihr sind der Bau des Abgeordnetenhochhauses, die Einführung einer Alterssicherung durch Pensionsanspruch für Abgeordnete, die Einführung parlamentarischer Fragestunden, der aktuellen Stunden und von Hearings, des Selbstbefassungsrechtes von Ausschüssen und schließlich der Möglichkeit der Herstellung von Öffentlichkeit in den Ausschüssen zuzurechnen. Ebenso wurde versucht, durch Redezeitverkürzungen und die Strukturierung der Debatten durch Rede und Gegenrede die Plenararbeit zu beleben. Eine Effizienzsteigerung sollte auch die Verbesserung der wissenschaftlichen Dienste sowie durch Einführung von Enquête-Kommissionen erreicht werden (Lohmar 1975: 205ff.).

seiner Überzeugung und seinem Gewissen." In die Geschäftsordnung wurde damit die ursprünglich vom Parlamentarischen Rat vorgesehene Formulierung von Art. 38 I Satz 2 GG aufgenommen (Schütt-Weschky 1987: 38).

Auch im 11. Bundestag gab es eine „Interfraktionelle Initiative Parlamentsreform" aus fast 200 Abgeordneten. Sie legte 1989 ein dreigeteiltes Paket mit 49 Änderungsvorschlägen vor:

Antragskorb I zur Stärkung der Parlamentsrechte gegenüber der Regierung:

- „Einführung einer regelmäßigen Kabinettsberichterstattung (Regierungsbefragung);
- Auskunftspflicht der Bundesregierung über die Ausführung der Beschlüsse des Bundestages;
- Möglichkeit, Berichte und Auskünfte der Regierung als unvollständig zu beanstanden und auf die Tagesordnung des Bundestages zu setzen;
- Vollständigkeit der verwendeten Materialien bei Gesetzesentwürfen der Bundesregierung, Möglichkeit des Abgeordneten, bei unbefriedigenden Antworten auf mündliche Anfragen, Beantwortung durch den zuständigen Bundesminister zu verlangen;
- grundsätzlich öffentliche Ausschußsitzungen;
- mögliche Anwesenheit je eines Mitarbeiters jeder Fraktion bei den Ausschußberatungen;
- Anwesenheit des zuständigen Ministers oder seines Vertreters bei Ausschußberatungen;
- Verbesserung des Anwesenheitsrechtes von Abgeordneten bei Ausschußberatungen.

Antragskorb II hatte die offenere und lebendigere Gestaltung der Debatten zum Ziel durch:

- Ermöglichung zusätzlicher Wortmeldungen bei Debatten, die länger sind als eine Kurzrunde;
- Ermöglichung von Grundsatzdebatten einmal im Halbjahr über grundsätzliche politische und/oder gesellschaftliche Probleme mit offenen Wortmeldungen" (Hocevar 1988: 437).

Der Antragskorb III galt der Neuinterpretation von Art. 38 I GG i.S. größerer Mitwirkungsmöglichkeiten einzelner Abgeordneter.

Die Mehrzahl der Vorschläge – insbesondere zum Ausbau der Informations- und Kontrollrechte sowie zur Stärkung der einzelnen Abgeordneten gegenüber der Allmacht der Fraktionen – wurde abgelehnt.

V.a. im Zusammenhang des deutschen Einigungsprozesses erhielt die Reformdiskussion wieder Anstöße von „außen" (allerdings nicht i.S. eines völligen Systemwechsels, sieht man von den geforderten plebiszitären Elementen ab), so durch die Verfassungsentwürfe des „Runden Tisches" und des „Kuratoriums für einen demokratisch verfassten Bund deutscher Länder". Beides bezog sich auf die Einführung direktdemokratischer Elemente in der Bundespolitik und hätte damit die Schwächung des Bundestages in seiner zentralen Rolle zur Folge gehabt. Ähnliche Entwürfe wurden auch in der gemeinsamen Verfassungskommission des Bundestages und des Bundesrates erarbeitet, konnten aber nicht den notwendigen Stimmenanteil von Zwei-Dritteln erzielen. Daneben befasste sich die Kommission auch mit Fragen des Bundestagsselbstauflösungsrechtes, von Oppositions- und Fraktionsrechten sowie der Stellung der Abgeordneten, der Verlängerung der Wahlperioden und vielem mehr. Nach nur drei Sitzungen wurden die Fragen wegen fehlender Mehrheitsfähigkeit ad acta gelegt (Meyer 1993: 44ff.). Allerdings wurde ein Teil dieser Reformvorschläge in der Folgediskussion wieder aufgegriffen.

Die nächste Vorstellung im „Dramenzyklus" der Parlamentsreformen wurde 1995 begonnen. Auch hier schnürte – diesmal die Rechtstellungskommission des Ältestenrates – ein Reformpaket, das aus drei Körben bestand:

- Erhöhung der Abgeordnetenentschädigung
- Verkleinerung des Parlamentes[163]
- Änderungen im parlamentarischen Verfahren (Marschall 1996: 365).

Insbesondere die Verknüpfung mit der Frage der Diätenerhöhung und die dann einsetzende öffentliche Kritik[164] führte dazu, dass diese „Paketreform" so nicht

---

[163] Die Reduzierung der Abgeordnetenzahl war u.a. auch als Ausgleich für die höheren Diäten in die Diskussion getragen worden. Die zuvorige Erhöhung steht natürlich in Zusammenhang mit der deutschen Einheit. Die Verkleinerung des Bundestages ist ambivalent zu bewerten. Selbstverständlich bietet eine Gruppe, je kleiner sie ist, eher die Gewehr für direkte Kommunikation und Effizienz ihrer Arbeit. Auf der anderen Seite aber verringern sich die Kontakte zum Bürger mit der Reduzierung der Abgeordnetenzahl durch die Wahlkreisvergrößerung, was angesichts der „Politikerverdrossenheit" sicher nicht zu wünschen ist. Das Verhältnis von Bürgern zu Abgeordneten ist schon heute im internationalen Vergleich in Deutschland nicht überwältigend: Der durchschnittliche Bundestagsabgeordnete repräsentiert heute 137.876 Einwohner, ein französischer Abgeordneter 105.123, ein italienischer 93.141 und ein britischer 92.995. In den USA jedoch stellt sich das Verhältnis sehr viel schlechter dar: Hier repräsentiert ein Kongressabgeordneter ca. 630.000 Einwohner (eigene Berechnung nach offiziellen Bevölkerungsangaben).

[164] Beabsichtigt war die Änderung des Abgeordnetengesetzes und von Art. 48 GG, wodurch einerseits eine Erhöhung und andererseits eine Koppelung der Bezüge an diejenigen der obersten Richter realisiert werden wäre. In Ableitung aus einem Urteil des Bundesverfassungsgerichtes aus dem Jahr 1987 (BVerfGE 76, 256 (341ff.)) wurde in der Diskussion aber teilweise davon ausgegangen, dass diese „Automatik" der Erhöhung auf der Basis einer Quasi-Gleichsetzung von Abgeordneten und Beamten nicht rechtens sei. Die notwendige Zwei-Drittel-Mehrheit für die Verfassungsänderung im Bundesrat kam so nicht zu Stande.

durchsetzbar war. Die Diäten wurden Ende 1995 für die laufende Legislaturperiode neu festgelegt, die Vorschläge zur inneren Reform wurden zur Beratung an Ausschüsse übergeben. Die dort erarbeitete Beschlussempfehlung (BT-Drucks. 13/2342) wurde dem Bundestag zur abschließenden Beratung vorgelegt und am 21. September 1995 in Form der Änderung seiner Geschäftsordnung umgesetzt (Marschall 1996: 366).

Die Reform realisierte im Bereich parlamentarischer Verfahrensformen folgende Neuerungen (ebenda: 366/367):

- Kernzeitdebatte: In einem Zeitraum von vier bis sechs Stunden pro Woche jeweils am Donnerstag sollen grundlegende Themen erörtert werden. Die Redezeit ist auf zehn Minuten beschränkt, um möglichst viele Abgeordnete zu Wort kommen zu lassen. In der Regel sollen parallel keine anderen Gremien tagen, um eine möglichst hohe Präsenz zu erzielen, die Präsenz kann durch namentliche Abstimmung überprüft werden.
- Fragestunde: Die mittwochs stattfindende Fragestunde kann verlängert werden, um eine Aufspaltung auf Mittwoch und Donnerstag zu vermeiden. Die Fragen werden auf der Besuchertribüne ausgelegt und über den Hauskanal bekannt gemacht. Die Antwort der Bundesregierung soll knapp und frei vorgetragen werden, wobei zukünftig eine häufigere Präsenz der zuständigen Minister erwartet wird.
- Verfahren bei Plenardebatten: Dem Sitzungspräsidenten wurden im Hinblick auf die Möglichkeit, die Aussprache im Parlament (in Absprache mit den Fraktionen) zu verlängern, erweiterte Rechte zugestanden. Kurzinterventionen sind von zwei auf drei Minuten ausgedehnt worden und schon vor Abschluss der „ersten Runde" möglich.
- Ausschussberatungen: An Mittwochnachmittagen sind Parlamentarier (mit Rede- und Antrags-, aber ohne Stimmrecht) neben den Ausschussmitgliedern zugelassen sowie Medienvertreter und Medienvertreterinnen und Besucher. Gesetzesentwürfe, die in öffentlichen Ausschuss-Sitzungen verhandelt wurden, werden im Plenum anschließend zur Sammelabstimmung ohne Aussprache freigegeben (auf Verlangen eines Viertels der Ausschussmitglieder kann statt der öffentlichen Ausschusssitzung eine Plenardebatte angesetzt werden).

Gemessen an den weiter oben zusammengestellten Qualitätskriterien für die parlamentarische Arbeit, Effizienz, Transparenz und Partizipation, liegt der Schwerpunkt der 1995 vollzogenen Reform eindeutig im Bereich der Transparenzsteigerung. Die Entscheidungsfindung im Parlament soll für die Wählerschaft durchschaubarer, die Debatten sollen durch Lebendigkeit und hohe Präsenz attraktiver gestaltet werden. Der Bundestag versucht mit der mediengerechten Aufbereitung seines Handelns (in Kern- bzw. Donnerstagsdebatten, mit Kurzinterventionen sowie mit einer eingeschränkten Öffnung der Ausschüsse) durch größere Transparenz seine Glaubwürdigkeit zu steigern. „Die Bedeutung der Medien für die politische Kommunikation hat Auswirkungen auf die Beziehung zwischen Bürgerschaft und Volksvertretung. Die kommunikative Koppelung zwischen Parlament und Gesellschaft ist für eine parlamentarische Demokratie essentiell. (...) Der Bundestag ist auf die Leistungen der Medien bei der Politikvermittlung angewiesen." Er „konkurriert jedoch auf den Medienkanälen mit vielen anderen Kommunikationsanbietern", die den Konsumenten und Konsumentinnen attraktiver erscheinen (Marschall 1996: 370). Wenn auch die Versuche der Attraktivitätssteigerung i.s. der Transparenzsteigerung parlamentarischen Handelns nachzuvollziehen sind, so deuten sich jedoch in zweifacher Weise Konfliktlinien an:

1. ergibt sich ein Spannungsverhältnis zwischen Transparenzsteigerung und Effizienz, wenn die Parlamentarier bei öffentlichkeitswirksamen Debatten präsent sein müssen, wird ihnen Zeit für andere Arbeit genommen, die u.U. in ihrem innovativen Ertrag Erfolg versprechender ist (ebenda: 372; Ismayr 1992: 531ff.). Auf der anderen Seite sind Möglichkeiten, die unsere Mediengesellschaft heute durchaus für die Demokratie auch bietet, wie z.B. die Einbeziehung der Bevölkerung in den Willensbildungsprozess über das Internet, bis jetzt nicht ernsthaft diskutiert worden.
2. verfolgt die Reform – wie ihre Vorgängerinnen – eher den Versuch, die Parlamentsrealität einem Idealbild anzupassen, nicht umgekehrt, die empirisch feststellbaren und teilweise durchaus auch funktionalen Entscheidungsfindungsmechanismen normativ zu untermauern. Dies gilt z.B. für das Oppositionsverständnis in vorangegangenen Reformdebatten. Der Versuch der Transparenz- und Attraktivitätssteigerung im Öffentlichkeitsbild des Parlamentes stellt sogar eine Verzerrung dar, da die Realität des parlamentarischen Handelns durch informelle Strukturen und „Tauschgeschäfte" im Rahmen der parlamentarischen Mitregierung der Opposition bestimmt ist und weniger durch die möglichst pluralistische Interessenartikulation im Parlament. Diese Aushandlungsprozesse sind – insbesondere unter Beteiligung von Experten- und Betroffenengruppen – nicht von vornherein abzulehnen, da sie effizienter sind als die öffentliche parlamentarische Auseinandersetzung. Hier tut sich allerdings eine andere Konfliktlinie auf, die zwischen Effizienz und Legitimität, in deren Spannungsbereich zahlreiche Möglichkeiten für zukünftige Reformen angesiedelt sind.

V.a. der zweite der oben angesprochenen Punkte steht in deutlichem Zusammenhang mit dem Verständnis von Staatshandeln, das die politische Theorie heute unterstellt. Während zum Ende der 60er Jahre die Demokratie- und Parlamentarismuskritiker mehrheitlich davon ausgingen, dass durch den Bundestag eine wirkliche Interessenvertretung des Volkes nicht gegeben sei, sondern dieser lediglich „Transmissionsriemen der Entscheidungen politischer Oligarchien" sei (Agnoli 1967: 68), die Verknüpfung zwischen herrschender Klasse im Kapitalismus und politischer Klasse also zum Dreh- und Angelpunkt der Kritik gemacht wurde, bildet eine aus systemtheoretischer oder verhandlungslogischer Sicht abgeleitete Diagnose heute den Kern der Analyse (vgl. dazu z.B. Mayntz 1993/Böhret, Konzendorf 1993/ Scharpf 1988/Voigt 1995/ Gerlach, Nitschke 2000, Schmidt 2005, Schütt-Wetschky 2005). Beiden Positionen ist gemeinsam, dass sie davon ausgehen, dass die Gemeinwohlbestimmung im (öffentlichen) Diskurs unter den Parlamentariern und Parlamentarierinnen eine Fiktion ist. Die Chance für die Artikulation und Durchsetzung von Interessen hängt jedoch nach heutiger Sicht weniger von der eigenen Positionierung im kapitalistischen Produktionsprozess ab, als von der Fähigkeit, sich in Netzwerken korporativer Akteure zu organisieren. Dies bedeutet u.U. durchaus auch einen Zuwachs von Chancen der Interessensdurchsetzung für Bevölkerungsgruppen, die zuvor mehr oder weniger abhängig von hierarchisch durchgesetzter Politik waren. „Der Hauptfaktor im Entstehen von Politiknetzwerken als Reaktion auf Chancen ist die gewachsene Bedeutung von formalen Organisationen in fast allen Sektoren der Gesellschaft. Eine wichtige Folge dieser Entwicklung ist die zunehmende Fragmentierung von Macht, die auf Handlungsfähigkeit formaler Organisationen nach innen wie nach außen und auf ihrer Verfügungsgewalt über Ressourcen beruht; (...). In vielen Bereichen der Politik gilt daher, daß es der Staat längst nicht mehr mit einer amorphen Öffentlichkeit oder mit Quasi-Gruppen wie sozialen Klassen zu tun hat, sondern mit korporativen Akteuren, die über eine eigene Machtbasis verfügen" (Mayntz 1993: 41).

Hinzu kommt ein weiteres Problem: Die Abhängigkeit exekutiver und parlamentarischer Arbeit vom Wahlzyklus, die Notwendigkeit, von der Wählerschaft honorierte „Outputs" zu produzieren, wirkt inhaltlich auf die Politikgestaltung zurück. Folge sind inkrementalistische Lösungsansätze und die Vertagung des „Schuldendienstes" für gewählte Lösungen auf die Zukunft. Reformen, die versuchen, dieses Gefangensein parlamentarischen Handelns in Rationalitätenfallen – etwa durch Auslagerung der Zuständigkeit für entsprechend sensible Politikfelder in vom Wahlrhythmus unabhängige Gremien – zu umgehen, sind in der Diskussion noch nicht einmal ansatzweise in Sicht (vgl. dazu Gerlach/Konegen/Sandhövel 1996).

Auch nach den 1995 durchgeführten Reformen bleibt der Bundestag aufgefordert, weitere Reformen anzustreben. Im Kern der Reformdiskussion nach dem Jahrtausendwechsel steht dabei einerseits der Vorwurf der Entparlamentarisierung und damit schleichenden Entmachtung des Parlamentes, andererseits sind mit der zunehmenden Medialisierung von Politik Hürden aufgestellt, die es zu nehmen gilt. Nach wie vor bleiben auch Überlegungen hinsichtlich einer Wahlrechtsreform, die sich auf die Grundmandate sowie auf die 5%-Klausel und schließlich die Überhangmandate bezieht.

Schon in den Reformdiskussionen zum Ende der 60er Jahre spielte die Frage einer Wahlrechtsreform eine Rolle (Hermens 1968). Sie erhielt einen erheblichen Bedeutungszuwachs mit dem Einzug der GRÜNEN und v.a. mit dem der PDS durch die entsprechende Anzahl von Direktmandaten und ohne Erfüllung der 5%-Klausel. Mit diesem Teil der Diskussion werden wir uns in Kap. 7: Wahlen auseinandersetzen.

Zunächst gilt der Fokus der Darstellung dem zweiten Verfassungsorgan, der Bundesregierung.

6.2 Bundesregierung

„Die Bundesregierung besteht aus dem Bundeskanzler und den Bundesministern", legt Art. 62 GG fest. Die Bundesregierung ist ein sehr wesentlicher Teil der Exekutive und der Koordination von Politik und Verwaltung. Sie hat einerseits die Aufgabe, den politischen Willen der parlamentarischen Mehrheit durch die Überführung in Gesetze zu operationalisieren. Durch organisatorische, personelle und sachliche Maßnahmen sollte sie bemüht sein, den Mehrheitswillen im Volk zu realisieren. Sie verleiht sozusagen – unterstützt bzw. kontrolliert durch das Parlament – dem Willen des Souveräns Gestalt, Konturen und Richtung.

Das Grundgesetz ordnet die Bundesregierung – trotz der sehr starken Stellung des Bundeskanzlers – als Kollegium ein (Hesselberger 2003: 268). In der Regel tagt das Kabinett einmal in der Woche. An diesen Kabinettsitzungen nehmen außer dem Bundeskanzler und den Ministern und Ministerinnen die parlamentarischen Staatssekretäre und Staatssekretärinnen teil, die es seit 1967 gibt und die zwar nicht Teil der Regierung, aber als gleichzeitige Mitglieder des Bundestages sozusagen organische „Integrationseinheiten" von Exekutive und Legislative sind. Hinzu kommen der Chef des Bundeskanzleramtes[165] und sein Parlamentarischer Staatssekretär, der Chef des Bundespräsidialamtes, der Bundespressechef sowie der persönliche Referent des Kanzlers, wobei der Kanzler die Teilnahme auch auf die Kabinettmitglieder beschränken kann (Hesselberger 2003: 268).

Absolut zentral in der Regierung ist die Stellung des Bundeskanzlers, und diese Zentralität verleiht dem Amt eine ungeheure Machtfülle. Diese wird allerdings eingeschränkt durch dessen Abhängigkeit vom Bundestag, der ihn wählt, dem er verantwortlich ist und der ihn schließlich auch über den Weg des konstruktiven Misstrauensvotums abwählen kann.

Ist er auf Vorschlag des Bundespräsidenten (bzw. der -präsidentin) gewählt (vgl. dazu Abschn. 6.1.1.1), so schlägt er die Namen der Minister (und Ministerinnen) vor, die seinem Kabinett angehören sollen. Dem Bundespräsidenten wiederum obliegt dann die Ernennung. Eine genauso zentrale Stellung hat der Kanzler bezüglich der Entlassung der Minister (und Ministerinnen) inne, er schlägt vor und der

---

[165] Das Bundeskanzleramt ist der zur Durchsetzung der Richtlinienkompetenz gedachte Verwaltungsapparat des Bundeskanzlers. Bis 1969 wurde es von einem Staatssekretär geleitet, danach vom Kanzleramtsminister (ab 1972 für eine Zwischenzeit wieder von einem Staatssekretär).

Bundespräsident entlässt (Art. 64 GG). Und schließlich endet die Amtszeit der Kabinettsmitglieder auch mit derjenigen des Kanzlers (Art. 69 Abs. II GG). Sowohl Bundeskanzler als auch Minister und Ministerinnen dürfen kein anderes besoldetes Amt inne haben oder einen Beruf ausüben, ebenso ist ihnen der Vorsitz über einen Aufsichtsrat eines auf Erwerb gerichteten Unternehmens verboten und eine entsprechende Mitgliedschaft nur mit Zustimmung des Bundestages möglich (Art. 66 GG).

In Ableitung von Art. 65 GG ist es üblich, die Organisations- und Handlungsstrukturen sowie -voraussetzungen der Regierung anhand von drei Prinzipien zu ordnen:

- Richtlinienprinzip
- Ressortprinzip
- Kabinettprinzip

Art. 65 GG weist dem Amt des Bundeskanzlers keinesfalls nur die Stellung eines primus inter pares zu, sondern echte Führungsfunktionen:

- Der Kanzler bestimmt „die Richtlinien der Politik und trägt dafür die Verantwortung" (Art. 65 I S. 1 GG),
- er allein ist gegenüber dem Parlament mit voller Sanktionsmöglichkeit verantwortlich,
- er hat die Organisationsgewalt der Regierung, d.h., er bestimmt über Anzahl und Struktur der Ministerien[166],
- und schließlich schlägt er nach Art. 64 I GG die Ernennung und Entlassung der Minister (und Ministerinnen) vor.

„Die verfassungsrechtliche Basis für die Machtstellung des Bundeskanzlers liegt eindeutig in seiner Richtlinienkompetenz. Sie ist das Instrument zur „Disziplinierung" seines Kabinetts (Sontheimer 1993: 269).

Durch eine ihm geeignet erscheinende „Personalpolitik" in seinem Kabinett kann er sich nicht nur eine arbeitsfähige Regierung zusammenstellen, sondern durch die Um- oder Neuorganisation kann er auch auf bestimmte Problemlagen oder Stimmungen in der Bevölkerung eingehen. Ein Blick auf die Organisationsstruktur

---

[166] In der 16. Legislaturperiode umfasst das Kabinett der Großen Koalition neben der Bundeskanzlerin (CDU) 15 Bundesminister bzw. -ministerinnen in den Ressorts: Auswärtiges/Vizekanzler (SPD); Arbeit und Soziales (SPD); Justiz (SPD); Inneres (CDU); Finanzen (SPD); Wirtschaft und Technologie (CSU); Ernährung, Landwirtschaft und Verbraucherschutz (CSU); Verteidigung (CDU); Wirtschaftliche Zusammenarbeit und Entwicklung (SPD); Bildung und Forschung (CDU); Umwelt, Naturschutz und Reaktorsicherheit (SPD); Verkehr, Bau- und Stadtentwicklung (SPD); Familie, Senioren, Frauen und Jugend (CDU); Gesundheit (SPD); Bundesminister für besondere Aufgaben/Chef des Bundeskanzleramtes (CDU).

der Regierungen seit 1949 (* [13]) zeigt die relative zeitgeschichtliche Abhängigkeit der Ressorts, abgesehen von den klassischen der Finanzen, der Verteidigung, der Justiz, der Innen- und schließlich der Außenpolitik. Beispielhaft seien hier das Vertriebenenministerium in den ersten Legislaturperioden nach dem Krieg genannt oder auch die Tatsache, dass 1986 das Bundesfamilienministerium den Zusatz „für Frauen" in seinem Namen erhielt, was anschließend auch mit der Zuweisung federführender Kompetenzen in der Frauenpolitik verbunden und eindeutig auf die weibliche Wählerschaft gerichtet war (Gerlach 1996: 200f.; Gerlach 2004: 171f.). Und schließlich war auch die Einführung des Bundesumweltministeriums eine direkte Reaktion Helmut Kohls auf die Verunsicherung der Bevölkerung durch die Reaktorkatastrophe von Tschernobyl.

Bei der Regierungsbildung unterliegen aber auch die weitgehenden Rechte des Bundeskanzlers faktischen Einschränkungen. Dies bezieht sich nicht nur auf den Zwang, die Wünsche des Koalitionspartners bei der Besetzung von Ministerien zu berücksichtigen, sondern auch darauf, dass gemäß der Auffassung, es sollten sich im Hinblick auf die gewünschte Wiederwahl möglichst alle Interessengruppen im Volk in der Zusammensetzung der Regierung einer repräsentativen Demokratie wiederfinden. Entsprechend hat sich die Rücksichtnahme auf eine Reihe von „Proporzüberlegungen" bei der Zusammensetzung der Kabinette eingebürgert. So sind neben den parteipolitischen Interessen der Koalitionspartner z.B. unterschiedliche konfessionelle Interessen durch eine entsprechende Personalauswahl zu berücksichtigen genauso wie die der ostdeutschen und der westdeutschen Bevölkerung und sonstiger regionaler Gruppen, die von wichtigen Interessenverbänden (z.B. bei der Besetzung des Landwirtschafts-, Wirtschafts- oder Sozialministeriums) oder auch die der Geschlechter. Dies erklärt, dass es im Zuge der Kabinettsbildung vorkommen kann, dass für ein bestimmtes Ressort nur eine Kandidatin aus Ostdeutschland mit katholischer Konfession in Frage kommt, die günstigerweise auch noch Mitglied der CDA ist. Der suchende Blick landet dann notgedrungen zuweilen auf Neulingen.

Viel stärker, als es in den ersten Jahrzehnten der Existenz der Bundesrepublik Deutschland der Fall war, wird das Kanzlerprinzip heute von den Handlungsprinzipien des Parteienstaates überdeckt, was wiederum zu einer faktischen Schwächung des Prinzips beiträgt. Schwer wiegt dabei die Tatsache, dass Entscheidungen von Koalitions- und nicht nur von Kanzlerrunden vorgeprägt werden, denn die Koalitionsrunde als empirisch identifizierbarer Kern der politischen Entscheidungsfindung ist weder dafür legitimiert noch kontrollierbar (dazu genauer Kropp/ Schüttemeyer/ Sturm 2002). Wilhelm Hennis hat – vielleicht in wehmütigem Rückblick auf die Kanzlerdemokratie unter Konrad Adenauer – das Scheitern der Steuerreform im Jahr 1997 durch die Strukturen des Parteienstaates zum Anlass genommen, auf die wesentliche Bedeutung dieser Koalitionsrunden aufmerksam zu machen: „Der wöchentliche Streusand wird dort abgeklärt. Das Produkt diese modus operandi heißt „Koalitionsrunde". Bei ihr liegt, von niemanden verantwortlich zu machen, die gegenwärtige „politische Gewalt" der Koalition – die feinen Regelungen des Art. 65 GG bis zur Unkenntlichkeit überlagernd" (Hennis 1997: 36).[167]

Die trotz dieser Einschränkungen immer noch bestehende Machtfülle des Kanzleramts in der Demokratie der Bundesrepublik hat zu deren Etikettierung als Kanzlerdemokratie geführt. In einer Schrift aus dem Jahr 1964 setzt sich ebenfalls Wilhelm Hennis ein Jahr nach dem Ende der Kanzlerschaft Adenauers mit dem Richtlinienprinzip (bezeichnet als „Kanzlerprinzip") auseinander und kommt zu einer sehr positiven Wertung. Bezüglich seiner verfassungsrechtlichen Festlegung schreibt er: „Der Sinn von Verfassungssätzen ist erst in zweiter oder dritter Linie der, für eventuelle Rechtsstreitigkeiten klare Entscheidungssätze zu liefern. Der primäre Sinn von verfassungsrechtlichen Regelungen ist vielmehr der, dem politischen Leben die institutionellen Voraussetzungen rechtlich zu sichern, die vorhanden sein müssen, damit dieses Leben einmal ein freiheitliches sei, zum anderen aber auch die Aufgaben eines modernen Staates angemessen erfüllt werden können. Es hat sich nun aber überall gezeigt, daß die darin inbegriffenen Führungsaufgaben nicht mehr von politischen Leitungsgremien erfüllt werden können, die nach dem Prinzip kollegialer Beratung organisiert sind, das für die älteren Kabinette das grundlegende war, in denen der Regierungschef in der Tat nur die Stellung eines primus inter pares hatte. (...) Wenn man es paradox formulieren darf: es ist das immer größere Bedürfnis nach ‚Richtlinien der Politik', das diese Entwicklung vorangetrieben hat" (Hennis 1964: 10).

Die Notwendigkeit der verfassungsrechtlichen Verankerung einer dominanten Stellung des Kanzlers wird von Hennis mit der wachsenden Komplexität politischer Aufgaben begründet, die dazu geführt habe, dass der in vorangegangenen Epochen u.U. schon ausreichende Bezug auf die Tradition einen großen Teil der „Richtlinien" für die Aufgaben des Gemeinwesens – verstanden als Sorge um dessen guten Zustand – eben nicht mehr genügt. Richtlinien- bzw. Kanzlerprinzip bedeutet dabei nicht, dass der Kanzler (bzw. die Kanzlerin) gegen die Kabinetts- bzw. Bundestagsmehrheit regieren kann. Er (bzw. sie) nimmt jedoch maßgeblich inhaltliche und personale Schwerpunktsetzungen vor und wirken dominant Prozess gestaltend. Sie sind „Regierungschef (-bzw. -chefin)" ohne Politik allein zu gestalten, da das Richtlinienprinzip nicht ohne des Ressortprinzip gesehen werden darf, auf das später noch eingegangen werden wird. Die Regierung trägt zugleich Züge eines hierarchisch wie kollegial handelnden Organs. Bezeichnend ist dabei allerdings, dass der Kanzler (bzw. Kanzlerin) allein dem Bundestag verantwortlich bleiben. Kritische

---

[167] In dem gleichen Artikel weist Hennis auf die Konsequenzen dieses Verfahrens für die Inhalte von Politik hin: „Die Verlagerung des „operativen Geschäfts" der Regierungspolitik in wöchentlich tagende Koalitionsrunden führt zwangsläufig dazu, daß nicht längerfristige, vorwärts weisende Zielstrebigkeit die Gespräche beherrscht, sondern immer neue Bedenken. Die Parteiführer sind sich doch wesentlich nur in einem Punkt einig: bei allem, was sie vorhaben: niemanden zu verprellen, nicht die Großen und Kleinen ihrer Partei, nicht ihre organisierte Klientel – soweit es sie noch gibt –, nicht den Wähler, und bei der Struktur dieser marginalen Koalition möglichst keinen einzelnen!" (Hennis 1997: 36).

Stimmen zur Praxis des Richtlinienprinzips (Schütt-Wetschky 2003; 2004) vermissen die faktische Möglichkeit des Kanzlers bzw. der Kanzlerin zu autonomer Entscheidung und weisen auf die vielfältigen Abhängigkeiten im Zusammenhang der Entscheidungsfindung der Regierung hin. Dies erstaunt, ist doch gerade die spannungsreiche Verankerung des Kanzlers bzw. der Kanzlerin zwischen der Moderation unterschiedlicher Interessen und der Gestaltung des politischen Weges das bezeichnende Charakteristikum in der deutschen Regierung.

Der Regierungsstil Konrad Adenauers prägte den deutschen Typ der „Kanzlerdemokratie", die nachfolgenden Kanzler und die erste Kanzlerin ab 2005 verliehen dem Kanzlerprinzip jeweils ein eigenes Gesicht. „Sobald die Grundregeln der Kanzlerdemokratie (jedoch) vernachlässigt wurden, waren Machtverlust, Rücktritt oder Sturz des Kanzlers die Folge. Lediglich die Regierungszeit der ‚Großen Koalition' von 1966 bis 1969 weicht von diesem Grundmuster ab" (Niclauß 1988: 8).[168] Vor allem die Kanzlerschaften von Helmut Kohl und Gerhard Schröder sind immer wieder untersucht worden (z.B. Pflüger 2000 oder Helms 2001), da sie beide durch einen jeweils stark prägenden Stil des Regierungsmanagements im Zusammenhang mit der Richtlinienkompetenz des Kanzlers charakterisiert waren. Exemplarisch für die Kanzler Deutschlands sollen diese Regierungs- bzw. Führungsstile kurz dargestellt werden.

Auf den ersten Blick weisen die Regierungspraktiken Helmut Kohls und Gerhard Schröders eine ganze Reihe von Gemeinsamkeiten auf.

- Beide haben erst nach einer Phase der „Desorganisation" zu ihrem Regierungsstil und dessen Organisation gefunden,
- beide waren Kanzler, die die Richtlinienkompetenz im Zusammenspiel mit Kabinetts- und Ressortprinzip stark nutzten,
- beide beherrschen die Klaviatur informaler Instrumente im Regierungshandeln vergleichsweise bravourös.

Dennoch lassen sich gravierende Unterschiede zwischen den Regierungsrealitäten feststellen, die im Folgenden für die Bereiche Machtsicherung, Koalitionsmanagement und nicht-parlamentarische Gremien (Kommissionen bzw. Konsensrunden) nachgezeichnet werden sollen.

---

[168] Ludwig Erhard, Kurt Kiesinger und Willy Brandt gelten im Rückblick als „schwache" Kanzler, die ihre Richtlinienkompetenz nicht ausschöpfen konnten oder wollten.

Abbildung 36: Kanzler und Kanzlerinnen der Bundesrepublik Deutschland (nach: http://www.bundestag.eu/aktuell/archiv/2005/kanzler/index.html)

Regierungszeiten und Koalitionen der bisherigen Bundeskanzler

	Kanzler	Regierungszeit	Koalition
	Konrad Adenauer (CDU)	20.09.1949 - 15.10.1963	1949-53: CDU/CSU, F.D.P., DP 1953-57: CDU/CSU, F.D.P., DP, GB-BHE 1957-61: CDU/CSU, DP 1961-63: CDU/CSU, F.D.P.
	Ludwig Erhard (CDU)	16.10.1963 - 30.11.1966	CDU/CSU, F.D.P.
	Kurt G. Kiesinger (CDU)	01.12.1966 - 20.10.1969	Große Koalition CDU/CSU, SPD
	Willy Brandt (SPD)	21.10.1969 - 06.05.1974	SPD, F.D.P.
	Helmut Schmidt (SPD)	16.05.1974 - 01.10.1982	SPD, F.D.P.

	Helmut Kohl (CDU)	01.10.1982 - 27.10.1998	CDU/CSU, F.D.P.
	Gerhard Schröder (SPD)	27.10.1998 - 22.11.2005	SPD, B90/GRÜNEN
	Angela Merkel (CDU)	22.11.2005 -	Große Koalition CDU/CSU, SPD Ab 2009: Koalition mit der FDP

Der Prozess der Machtsicherung gestaltete sich für Helmut Kohl, nachdem er durch das konstruktive Misstrauensvotum (Art. 67 GG) 1982 Helmut Schmidt in der Funktion des Kanzlers abgelöst hatte, insofern vergleichsweise problemlos, da er auf einen langen und systematisch abgesicherten Weg des parteiinternen Aufstiegs zurückblicken konnte. Nachdem er die Vertrauensfrage gestellt hatte und der Bundespräsident (Carl Carstens) sich gezwungen sah, den Bundestag aufzulösen, gewann er die Wahlen für die CDU/CSU aus der doppelt abgesicherten Position von Kanzler und Parteivorsitzendem.

Probleme zeigten sich allerdings im Hinblick auf das Verhältnis zur „Schwesterpartei" CSU, deren Vorsitzender Franz Josef Strauß eigene Pläne im Hinblick auf die Kanzlerschaft gehegt hatte. Diese Probleme wurden erst 1988 mit dem Tod von Strauß wirklich überwunden.

Zentrales Entscheidungs- und Lenkungsorgan war im „System Kohl" neben dem Parteipräsidium schwerpunktmäßig die „politische Familie", ein Netzwerk von Menschen, die ihm persönlich zu Dank verpflichtet waren. Daneben nutzte er zu Zeiten abnehmenden Rückhaltes zum Ende der 80er Jahre das Instrument der gezielten finanziellen Unterstützung einzelner Landesverbände aus einem System „verdeckter Konten".[169]

---

[169] So zahlte er 1988 beträchtliche Summen an die CDU-Landesverbände in Hamburg, Schleswig-Holstein und aus dem Saarland. Zudem ließ er die DICO-SOFT-GmbH gründen, die 1989 vor dem

Die Leitung des Kanzleramts wurde zunächst mit dem Rechtsprofessor Waldemar Schreckenberger besetzt, mit dem Kohl zusammen zur Schule gegangen war und der schon in Mainz Abteilungsleiter in seiner Staatskanzlei gewesen war. Dieser war aber in Bonn ohne Verankerung, was dazu führte, dass Kohl nicht immer rechtzeitig informiert war und es zu „Pannen" kam (z. B. im Rahmen der Kießling-Affäre). Erst als zunächst 1984 Wolfgang Schäuble aufgewertet als Kanzleramtsminister und 1989 Rudolf Seiters die Leitung des Kanzleramtes übernahmen, geschah die Absicherung der Kanzlermacht nicht nur durch das Parteipräsidium, sondern auch durch ein aufgewertetes, gestärktes und vollkommen auf den Kanzler zugeschnittenes Kanzleramt. Allerdings leistete sich Kohl sowohl einen Regierungssprecher (zugleich Leiter des Bundespresseamtes) und einen Sprecher des Kanzleramtes, was nicht nur in Einzelfällen Abstimmungsprobleme mit sich brachte (Helms 2001: 1504).

Der Prozess der Machtsicherung zu Beginn der Kanzlerschaft Schröders gestaltete sich dagegen ganz anders. Gerhard Schröder war 1998 sozusagen das „Pfund" mit dem die SPD wuchern konnte. Die Wahl war eindeutig eine Persönlichkeitswahl gewesen, die Demoskopen hatten den Kanzlerkandidaten, der keinen vorbehaltlosen Rückhalt in der Partei hatte, bestimmt. Hauptproblem im ersten Regierungsjahr war der Finanzminister und Parteivorsitzende Oskar Lafontaine. Der „Parteichef im Kabinett" erwies sich als real gewordenes „Gegenkanzlerprinzip". Kanzleramtsminister Hombach sollte das publizistisch-programmatische Gegengewicht des Medienkanzlers gegenüber Lafontaine entwickeln. Nach Lafontaines Rücktritt wurde Frank-Walter Steinmeier Chef des Kanzleramts (als beamteter Staatssekretär), der dieses dann zur Strategie- und Entscheidungszentrale der Regierung Schröder machte.

Mit einer „politischen Familie" umgab Schröder sich nicht, er bevorzugte ein Netz aus Mitarbeitern des Kanzleramts, von denen er viele aus seiner Hannoveraner Zeit mitgebracht hat und Fachleuten von „Außen" (der wichtige Redenschreiber Reinhard Hesse war z.B. Freiberufler). In der systematischen Verankerung seiner Macht in den Medien, durch sein Kanzleramt und durch externe Berater zeigte sich Schröders Strategie der Gegenmacht, die er auch während seine Zeit als Parteivorsitzender (1999-2004) nicht aufgab. Bezeichnend für seinen ein Stück weit von der Partei unabhängigen Stil der Machtsicherung war u. a. die Tatsache, dass seinem ersten Kabinett 1998 nicht weniger als fünf Minister ohne Bundestagsmandat angehörten. Als Oskar Lafontaine und Franz Müntefering das Kabinett 1999 verließen, folgten mit den ehemaligen Ministerpräsidenten Hans Eichel und Reinhardt Klimmt zwei weitere Minister ohne Bundestagsmandat (Helms 2001: 1501). Schröder nutze neben dieser Verankerung außerhalb des Bundestages aber auch weitere Potenziale sehr gezielt. Aus den Erfahrungen der Kanzlerschaft Kohls lernend, konzentrierte

---

Bremer Parteitag, auf dem er „um ein Haar" als Vorsitzender entmachtet worden ist, Landes- und Kreisgeschäftsstellen kostenlos mit Computern ausstattete.

er die Sprecherfunktionen im Amt des Regierungssprechers (Uwe-Karsten Heye). Dem Kanzleramt fügte er gleich zu Beginn seiner Amtszeit zwei neue Stäbe hinzu (ebenda 1503).

Im Hinblick auf das Koalitionsmanagement unter Kohl können zunächst zwei informelle Gremien als Entscheidungszentren erkannt werden: die unregelmäßig stattfindenden „Elefantenrunden" aus den Parteivorsitzenden von CDU, CSU und F.D.P. auf denen grundsätzliche Entscheidungen vorbereitet wurden (z.b. 1985 zum Ausländer- und Demonstrationsrecht, 1987 zum Gesundheitswesen). Sie verloren mit dem Tod von Franz Josef Strauß ihre Bedeutung. Das zweite Gremium war die Koalitionsrunde, die sich aus Kanzler, Vizekanzler, wechselnden Ministern, Fraktions- und Landesgruppenvorsitzenden samt ersten Parlamentarischen Geschäftsführern und außen stehenden Parteivorsitzenden zusammensetzte. Ihren Entscheidungen kam faktische Verbindlichkeit zu. Daneben gab es unregelmäßige Koalitionsgespräche, Kabinettsausschüsse und Arbeitsgruppen zu Sachfragen. Dabei gibt es Indizien dafür, dass zum Ende der Kanzlerschaft Kohls die Bedeutung der Koalitionsgremien sank und der Kanzler Einigungen in ungeordnet-informellen und wechselnden Zusammenhängen erwirkte (Rudzio 2002: 61). Parallel zeigt sich zum Ende seiner Amtszeit auch eine leichte Tendenz, Zusammenarbeit mit der Opposition zuzulassen. So gab es z. B. eine „schwarz-rote" Arbeitsgruppe zur Richtungsbestimmung in der Finanz-, Arbeitsmarkt- und Sozialpolitik beim Bundesrat, die die Ministerpräsidentenkonferenz angeregt hatte (Görlitz-Burth 1998: 10).

Unter Schröder hat – v. a. ausgehend vom kleineren Koalitionspartner, der – anders als die F.D.P. unter Kohl – ohne strategische Alternative in der Wahl des Koalitionspartners war – eine weitere Formalisierung des Koalitionsmanagements stattgefunden, indem der Koalitionsvertrag (1998) nicht nur Inhalte und Abstimmungsverhalten festschrieb, sondern auch das Überstimmen des Koalitionspartners im Kabinett bei Fragen grundsätzlicher Bedeutung ausschloss. Faktisch wurde diese Regelung aber z. B. im Bundessicherheitsrat unter Tolerierung durch Joschka Fischer 1999 bei der Entscheidung den Leopard 2 als Testpanzer an die Türkei zu liefern, ignoriert. Zur Lösung von entsprechenden Konfliktfällen wurde der Koalitionsausschuss geschaffen, der aus je acht Vertretern von SPD und B90/GRÜNEN bestand. Die Besetzung bei SPD und B90/GRÜNEN war allerdings unterschiedlich. Im zweiten Koalitionsvertrag der rot-grünen Regierung ist noch einmal eine weitere Formalisierung des Koalitionsmanagements durch die Festlegung regelmäßiger und nicht nur in Konfliktfällen stattfindender Treffen des Koalitionsausschusses festgelegt. Im weiteren Verlauf der Koalition gewannen kleine, informelle Gremien wie wöchentliche Treffen der Fraktionsvorsitzenden oder die „Koalitionslenkungsgruppe" zur Haushaltssanierung an Bedeutung.

Die Nutzung nicht-parlamentarischer Gremien ist v. a. ein Charakteristikum der Kanzlerschaft Schröders. Sie war allerdings nicht gänzlich neu wie z.B. an der „Konzertierten Aktion im Gesundheitswesen" (1969-1974) zu erkennen ist. Als er 1998 das Bündnis für Arbeit ins Leben rief, konnte er sich auf Kohls entsprechenden 1996 gescheiterten Versuch beziehen, tripartistische Bündnisstrukturen in die deutsche Politik einzuführen. Aber auch Gerhard Schröders Versuch scheiterte im Jahr 2003. Die Parallelität des Verlaufs ist hier allerdings nicht aus dem Stil der Kanzlerschaften zu erklären, sondern aus der Pfadabhängigkeit des deutschen Korporatismus, in dem es – anders als in den Niederlanden – keine Tradition außerparlamentarischer Bündnisse zwischen Tarifparteien und Staat gibt. Die in der Kanzlerschaft Schröders aber dann folgende Fülle von Kommissionen, die sowohl in den Medien als auch in der Politikanalyse oft als „Kanzlerschaft der Räterepublik" tituliert wurde, verweist auf eine spezifische Form der Informalisierung von Politik. Ein großer Teil dieser Kommissionen ist außerparlamentarischer Natur gewesen oder befand sich sogar wie im Falle des Nationalen Ethikrates in Konkurrenz zu parlamentarischen Kommissionen.[170] Im Rahmen der Kanzlerschaft Schröders stehen sie aber für eine konsequente Fortentwicklung seiner Strategie der Gegenmacht. Drei Funktionen übernahmen dabei die „Hartz"- wie „Rürup"-, „Süssmuth" sowie „von Weizsäckerkommission":

- sie beanspruchten Expertise in komplexen Themenbereichen zu beschaffen,
- sie objektivierten damit scheinbar parlamentarische oder parteiinterne Konfrontationslagen und
- sie schienen zur gesamtparlamentarischen „Befriedung" in den Fällen beizutragen, in denen Politiker der Oppositionspartei die Leitung übernahmen.

Als Fazit des kurzen Vergleiches der Kanzlerschaften von Helmut Kohl und Gerhard Schröder lässt sich hier festhalten, dass beide starken Gebrauch vom Richtlinienprinzip gemacht haben, was bei Helmut Kohl durch denn Aufbau und die Nutzung parteiinterner Netzwerke ermöglicht wurde, bei Schröder dagegen, dadurch, dass er sich strategische Allianzen außerhalb der parlamentarischen Parteigremien, ja sogar außerhalb der Parteipolitik suchte.

Nach diesem kurzen Exkurs zu zwei Beispielen der Praxis des Richtlinienprinzips gilt es die mit diesem quasi komplementär verbunden Ressort- und Kabinettsprinzipien darzustellen. Das Ressortprinzip ist ebenfalls in Art. 65 GG verankert. Es legt fest, dass die Minister und Ministerinnen innerhalb der Richtlinien des Kanzlers die

---

[170] Der Nationale Ethikrat illustriert gut, wie Gerhard Schröder solche außerparlamentarischen Gremien instrumentalisiert hat. 2001 sprach sich eine Koalitionsrunde für eine Ablehnung eines Moratoriums zum Import von embryonalen Stammzellen aus. Daraufhin schuf der Bundeskanzler den „Nationalen Ethikrat". Die besondere Brisanz bestand darin, dass es schon eine parlamentarische Enquete-Kommission zum Thema gab („Recht und Ethik der Modernen Medizin" unter Leitung von Margot von Renesse), die sich mehrheitlich gegen den Stammzellenimport aussprach, während der Ethikrat dafür votierte. Bezüglich der Präimplantationsdiagnostik gab es vom Ethikrat im Januar 2003 ein Ja, von der Enquête-Kommission war zuvor trotz äußerst schwieriger Meinungsbildung mit einem mehrheitlichen „Nein" entschieden worden.

Die Verfassungsorgane

Geschäftsbereiche ihrer Ministerien selbständig leiten. Bei Meinungsverschiedenheiten bezüglich der Reichweite der Richtlinien steht dem Kanzler allerdings immer das Sanktionsmittel der Entlassung zu. Den Ministerien unterstehen die obersten Bundesbehörden wie z.b. die Bundesagentur für Arbeit (Bundesministerium für Arbeit), das Statistische Bundesamt (Bundesinnenministerium), das Bundesumweltamt (Bundesministerium für Umwelt, Naturschutz und Reaktorsicherheit) sowie vor der Postreform die Bundespost u.v.m.

Kabinettprinzip bedeutet einerseits, dass das gesamte Kabinett bei Streitigkeiten unter den Ressorts – nicht zwischen Ressorts und Bundeskanzler – durch Abstimmung entscheidet. Andererseits schließt es aber auch einen konsensualen Stil der Entscheidungsfindung mit ein, da die Bundesregierung in bestimmten Funktionen nur als Kollegialorgan auftreten kann. Dies gilt z.B. im Hinblick auf die Nutzung ihres Initiativrechtes bei der Gesetzgebung und hinsichtlich ihres Klagerechtes vor dem Bundesverfassungsgericht.

Die deutsche Demokratie wird oft mit dem Typ der Westminster-Demokratie identifiziert. Diese Gleichsetzung trifft zu, wenn man die vollkommene Abhängigkeit des Kanzlers vom Parlament betrachtet, die der des britischen Premierministers entspricht.

Sie trifft ebenso auf die starke Stellung des Bundeskanzlers (Kanzler- oder Richtlinienprinzip) zu und andererseits auf die des Premiers (Prime Ministerial Government, n. Rudzio 1991: 71), aber schon nicht mehr auf die Möglichkeit der Parlamentsauflösung, die der britische Premier hat, der deutsche Kanzler jedoch nicht, was in der Bundesrepublik zu verfassungsrechtlich dubiosem, bewusst herbeigeführtem Scheitern von Vertrauensfragen der Kanzler geführt hat wie es zuletzt 2005 durch Gerhard Schröder geschah.

Sie trifft aber so uneingeschränkt auch nicht mehr auf die interne Struktur des Kabinetts und die Voraussetzungen der dortigen Entscheidungsfindung zu. Die Ursache dafür liegt im deutschen Wahlrecht, dem (personifizierten) Verhältniswahlrecht, das im Gegensatz zu dem in Großbritannien angewandten Mehrheitswahlrecht kaum je zur absoluten Mehrheit einer Partei führt. Koalitionsregierungen sind so die Regel. Dies führt dazu, dass die Besetzung der Ressorts faktisch nicht allein Sache des Kanzlers ist, ja noch nicht einmal der Mehrheitspartei, sondern vielmehr Kernpunkt der Koalitionsverhandlungen. Die Bedeutung des kleineren Koalitionspartners – in der deutschen Geschichte war dies bei den Bundesregierungen bis zum Aufstieg der GRÜNEN zur Regierungspartei in der 14. Legislaturperiode immer die F.D.P. – ist dabei ungleich größer als etwa dessen Wahlerfolg. Die F.D.P. beanspruchte entsprechend fast immer u.a. sowohl das Wirtschafts- als auch das Außenministerium für sich, beide nicht nur sehr wichtig, sondern auch in der „Hierarchie" der Ministerien ganz oben angesiedelt. So hat z.B. die F.D.P. nach dem Rücktritt Hans-Dietrich Genschers als Außenminister 1992 die Nachfolgefrage als ihre ureigenste Sache behandelt. In der Konsequenz führt also unser Wahlsystem dazu, dass die Richtlinienkompetenz des Kanzlers auf Grund seiner Einbindung in die Koalitionsstrukturen

Einschränkungen unterworfen ist und zu einer annähernden Verwirklichung des geschickten Taktierens und Paktierens bedarf. Nicht ohne Grund wurden so F.D.P.-Politiker bzw. Politiker von B90/GRÜNEN immer wieder – und auch zu Zeiten, in denen der F.D.P.-Anteil von Bundestagsabgeordneten die 5%-Marke nur knapp überschritt – zu „Kanzlermachern" (Schell 1986).

Der Parlamentarische Rat gestaltete die Demokratie der Bundesrepublik Deutschland v.a. auf der Basis der in der Weimarer Zeit gemachten Erfahrungen und mit der Zielsetzung, die in der Weimarer Verfassung angelegten Fehler nicht zu wiederholen. Dies bezog sich v.a. auf eine strikte Begrenzung plebiszitärer Elemente (im Grundgesetz ausschließlich im Art. 29 GG erhalten geblieben) und eine repräsentativ-demokratische Gestaltung von Volksvertretung und politischer Entscheidungsfindung. Die Position der Regierung, insbesondere die des Kanzlers, ist direkte Konsequenz dieser Zielsetzungen. Das Handeln des Kanzlers und insbesondere seine zentralen und letztentscheidenden Kompetenzen legitimieren sich mit seiner Abhängigkeit von und mit der Kontrolle durch die vom Volk gewählten Vertreter und Vertreterinnen. Der damit gewählte prinzipiell „starke" Kanzler entspricht sicher eher den Erfordernissen der Mediendemokratie, die geneigt ist, eher Personen als politische Programme mit der Politik zu identifizieren. Den Anforderungen einer pluralistischen Gesellschaft kann er aber nur durch Rücksichtnahme auf vielfältige Interessen in seinem und durch sein Kabinett gerecht werden, wobei ihm – wenn man so will – unser Wahlsystem Schützenhilfe leistet.

6.3 Bundespräsident

Das Amt des Bundespräsidenten als Staatsoberhaupt Deutschlands ist in seiner Ausgestaltung – wie das des Kanzlers – direkte Folge der Weimarer Erfahrungen. Was diesem allerdings an Kompetenzen genommen wurde – wie z.B. den Oberbefehl über das Militär, das Notverordnungsrecht, die Möglichkeit, den Kanzler und die gesamte Regierung zu entlassen und das Recht zur autonomen Auflösung des Reichstages – ist dem Bundestag – und nicht dem Bundeskanzler – überantwortet worden[171] bzw. wie im Falle des Auflösungsrechtes ganz abgeschafft worden. Während der Reichspräsident in der Weimarer Republik die Funktionen eines „Ersatzkaisers" innehatte und damit durchaus auch ein Vakuum füllte,[172] das die erzwungene Abschaffung der Monarchie nach dem Ersten Weltkrieg hinterlassen hatte, sind

---

[171] Die Befehls- und Kommandogewalt über die Streitkräfte liegt nur in Friedenszeiten in den Händen des Bundesverteidigungsministers (Art. 65a GG), im Verteidigungsfall geht sie auf den Bundeskanzler über (Art. 115b GG). Der Verteidigungsfall kann jedoch nur vom Bundestag mit Zustimmung des Bundesrates (Art. 115a I GG) bzw. vom Gemeinsamen Ausschuss (Art. 115a II GG sowie Art. 53a I GG) festgestellt werden.

[172] Max Weber hat auf diesen Zusammenhang immer wieder hingewiesen (z.B. n. Mommsen 1974: 63) und aus der Funktion des „Ersatzkaisers" auch die Direktwahlnotwendigkeit des Reichspräsidenten abgeleitet.

die Aufgaben des Bundespräsidenten in Deutschland auf sehr wenige Bereiche beschränkt und mit einer extrem geringen Gestaltungsfähigkeit ausgestattet.

Der Reichspräsident wurde vom Volk direkt gewählt, und das „Recht der unmittelbaren Führerwahl" war noch für Max Weber die „Magna Charta der Demokratie" (n. Schmidt, Manfred G. 1995: 119).

In der bundesdeutschen Demokratie ist der Bundespräsident zwar Staatsoberhaupt (bei Verhinderung vertreten durch den Präsidenten des Bundesrates), aber keineswegs politischer Führer. So darf er nach Art. 55 GG weder der Regierung noch einer gesetzgebenden Körperschaft in Bund oder Land angehören und – wie die Mitglieder der Regierung darf er weder ein besoldetes Amt innehaben, ein Gewerbe oder einen Beruf ausüben noch der Leitung oder dem Aufsichtsrat eines auf Erwerb gerichteten Unternehmens angehören. Im Dienste der „pouvoir neutre", der ausgleichenden Gewalt, die er innehat, ruht auch seine Parteimitgliedschaft während seiner Amtszeit.[173] Bisher ist auch keiner der Bundespräsidenten nach seiner Amtszeit in die aktive Politik zurückgekehrt.

Als der Parlamentarische Rat sich gegen eine Spaltung des Legitimationsmonopols zwischen Parlament, (direkt gewähltem) Bundespräsidenten und plebiszitären Elementen entschied, – ja sogar erwog, das Amt des Staatsoberhauptes ganz fortzulassen (Rensing 1996: 10) –, sprachen v.a. die Erfahrungen der Weimarer Republik für eine Verwirklichung originär repräsentativer Strukturen mit einer zentralen Stellung des Parlamentes. Der erste Bundespräsident Theodor Heuss bezeichnete plebiszitäre Elemente, wie sie die Weimarer Verfassung kannte ausdrücklich als „Prämie auf Demagogie" (Niclauß 1988: 270), was u.a. auch im Hinblick auf die in den 90er Jahren wieder laut gewordenen Forderungen nach Wiedereinführung der Direktwahl des Bundespräsidenten und die Reformdiskussion um plebiszitäre Elemente in der Gemeinsamen Verfassungskommission des Bundestags und des Bundesrates interessant ist.

Der Bundespräsident wird indirekt gewählt und zwar durch die Bundesversammlung. Dieses ausschließlich für die Wahl des Bundespräsidenten gebildete Wahlorgan setzt sich zur Hälfte aus den Mitgliedern des Bundestages und zur anderen Hälfte aus von den Länderparlamenten nach den Grundsätzen des Verhältniswahlrechts gewählten Mitgliedern zusammen (Art. 54 III GG). (Die 12. Bundesversammlung setzte sich aus insgesamt 1205 Mitgliedern zusammen). Sie tritt alle fünf Jahre zusammen und zwar spätestens 30 Tage vor dem Ende der Amtszeit des amtierenden Bundespräsidenten (Art. 54 IV GG). Vorschlagsrecht für Kandidaten und Kandidatinnen hat jedes Mitglied der Bundesversammlung. Wählbar ist jeder Deutsche, der das Wahlrecht zum Bundestag hat und mindestens 40 Jahre alt ist.

Die Wahl findet geheim und ohne vorherige Aussprache statt, um das Amt nicht durch Diskussionen über die Eignung der zur Wahl stehenden Personen zu

---

[173] 1997 wurde bekannt, dass Richard von Weizsäcker seine Mitgliedschaft auch nach dem Ende seiner Amtszeit nicht wieder aufgenommen hat (FAZ vom 10. September 1997).

beschädigen. Gewählt ist im 1. und 2. Wahlgang, wer die absolute Mehrheit der Stimmen der Bundesversammlung auf sich vereinigen kann, im 3. Wahlgang reicht die relative Mehrheit aus (Art. 54 VI GG).

Von den bis heute neun Bundespräsidenten wurden Theodor Heuss, Heinrich Lübke und Johannes Rau im zweiten und Gustav Heinemann sowie Roman Herzog im dritten Wahlgang gewählt. Die Wiederwahl ist einmal zulässig, was bei Heuss, Lübke und von Weizsäcker der Fall war.

Abbildung 37: Bundespräsidenten der Bundesrepublik Deutschland

Bundespräsidenten	Amtszeit
Theodor Heuss	1949-1959
Heinrich Lübke	1959-1969
Gustav Heinemann	1969-1974
Walter Scheel	1974-1979
Karl Carstens	1979-1984
Richard von Weizsäcker	1984-1994
Roman Herzog	1994-1999
Johannes Rau	1999-2005
Horst Köhler	seit 2005

Die formalen Kompetenzen des Bundespräsidentenamtes sind ausgesprochen beschränkt, was Konrad Adenauer 1959 davor zurückschrecken ließ, das Amt wie ursprünglich beabsichtigt zu übernehmen. Wir können die Aufgaben des Bundespräsidenten – abgesehen von seiner „Ehrenhoheit" – in folgende Gruppen unterteilen:

- völkerrechtliche Vertretung: Der Bundespräsident vertritt die Bundesrepublik völkerrechtlich, im Namen des Bundes schließt und beglaubigt er auswärtige Verträge und empfängt Gesandte (Art. 59 GG);
- staatsnotarielle Funktionen: Er ernennt und entlässt Bundesrichter, Bundesbeamte, Offiziere sowie Unteroffiziere (Art. 60 GG) und nimmt Ehrungen vor. Er schlägt den Kandidaten für das Bundeskanzleramt vor (allerdings nach zuvoriger Abstimmung mit den Fraktionen) und muss ihn nach erfolgter Wahl ernennen. Ebenso ernennt und entlässt er die Minister (und Ministerinnen). Schließlich kann er nach gescheiterter Vertrauensfrage (Art. 68 GG) oder nicht ausreichender Mehrheit bei der Kanzlerwahl (Art. 63 IV GG) den Bundestag auflösen. Er verkündet den Verteidigungsfall (Art. 115a III GG). Zu seinen staatsnotariellen Funktionen gehört aber auch die (formale) Prüfung und Unterzeichnung von Gesetzen, wobei Anordnungen und Verfügungen des Bundespräsidenten zu ihrer Gültigkeit immer der Gegenzeichnung durch den

Bundeskanzler oder durch den zuständigen Bundesminister (bzw. die Ministerin) bedürfen (Art. 58 GG);
- Begnadigungsrecht: Der Bundespräsident übt für den Bund das Begnadigungsrecht aus (Art. 60 II GG). Dabei kann er allerdings keine Gnadenentscheidung eines Bundeslandes prüfen oder gar ändern. Gnadenrecht des Bundes und der Länder bestehen nebeneinander. Die Gnadentätigkeit des Bundes beschränkt sich daher auf Strafsachen, Bußgeldsachen, Disziplinarsachen, Ordnungsmittelsachen sowie Ehrengerichtssachen, die aus der Verwaltungs- und Justizhoheit des Bundes stammen (Schätzler 1992: 20).[174]
- „präsidentielle Reserverechte": Unter dem Etikett der Reserverechte ist eine Gruppe von Funktionen und Handlungsmöglichkeiten des Präsidenten zusammengefasst, von denen er nur in Ausnahmesituationen Gebrauch machen wird. Dies gilt z.B. für das Vorliegen nicht ausreichender Mehrheiten im Parlament und sein Recht, den Bundeskanzlerkandidaten (–bzw. die –kandidatin) – auch ohne Einigung mit den Fraktionen – vorzuschlagen genauso wie das, den Bundestag aufzulösen, wenn er einen nur mit relativer Mehrheit regierenden Bundeskanzler nicht tolerieren möchte. Im Bereich der ihm zustehenden Prüfungsrechte hat er einen ganz geringen Gestaltungsspielraum. Bezüglich der personellen Prüfungsrechte kann er die Ernennung ablehnen, wenn die entsprechenden Personen auf Grund formaler Ursachen nicht in Frage kommen, dies gilt z.B. bei fehlender verfassungsgemäßer Wahl oder extremer politischer Orientierung. Im Rahmen seines Prüfungsrechtes bei der Gesetzgebung kann er die Unterzeichnung ebenfalls nur ablehnen, wenn das entsprechende Gesetz seiner Meinung nach nicht verfassungskonform ist oder der Gesetzgebungsprozess nicht korrekt war.[175] Im ersten Fall kann er die Ausfertigung bis zum Abschluss eines dann in Frage kommenden Organstreites durch ein Urteil des Bundesverfassungsgerichtes aussetzen (Art. 93 I Satz 1 GG). D.h., dass sein Prüfungsrecht in beiden Fällen auf formale Mängel und nicht auf Inhalte bezogen ist. Das Reserverecht des Bundespräsidentenamtes mit dem größten politi-

---

[174] Nun wäre es sicher interessant, die Gnadenpraxis der Länder sowie die des Bundes, vertreten durch die jeweiligen Bundespräsidenten, im Vergleich zu analysieren. Es gibt allerdings keine Gnadenstatistik, die der Kriminalitäts- oder Verurteiltenstatistik vergleichbar wäre. Das Bundespräsidialamt führt laut telefonischer Auskunft keine entsprechende Statistik, und die Länder führen über ihre Gnadenverfahren in sehr unterschiedlicher und nicht vergleichbarer Weise Buch (Zahlen dazu bei Schätzler 1992: 186/187).
[175] Richard von Weizsäcker hat z.B. 1991 dem Gesetz zur Privatisierung der Flugsicherung seine Unterschrift verweigert (Rudzio 1991: 73/). Die 6. Novelle des Parteiengesetzes hat ebenfalls von Weizsäcker 1994 zwar unterzeichnet, allerdings mit erheblichen Bedenken seine Verfassungskonformität betreffend. Dabei war er allerdings der Meinung, dass er die letztendliche Prüfung nicht übernehmen könnte, sondern dieses Sache des Bundesverfassungsgerichtes sei (Pressenotiz des Bundespräsidialamtes vom 28. Januar 1994). Eine entsprechende Verweigerung der Ausfertigung gab es aber auch bezüglich der Ratifizierung des „Vertrages von Maastricht" in der Form eines Zustimmungsgesetzes. Dessen Verfassungskonformität wurde 1993 von Bundesverfassungsgericht geprüft (BVerfGE 89, 155).

schen Gestaltungspotential bezieht sich auf die in Art. 81 GG verankerte Möglichkeit, den Gesetzgebungsnotstand zu verkünden. Dies kann er, wenn die Mehrheit des Bundestages nach der Vertrauensfrage nicht mehr hinter dem Kanzler steht und er dennoch den Bundestag nicht auflösen möchte. Erklärt dann die Bundesregierung eine Gesetzesvorlage für dringlich und lehnt der Bundestag diese ab, so kann mit Zustimmung des Bundesrates der Gesetzgebungsnotstand einmalig in der Amtszeit dieser Regierung für sechs Monate erklärt werden. Lehnt der Bundestag die Vorlage bei Wiederholung der Abstimmung noch einmal ab, dann kann sie (mit Zustimmung des Bundesrates) trotzdem als Gesetz zu Stande kommen. Verfassungsändernde oder das Grundgesetz ganz oder teilweise außer Kraft setzende Gesetze sind allerdings hier ausgeschlossen (Hesselberger 2003: 295).

Zur Unterstützung bei seiner Aufgabenerledigung steht dem Bundespräsidenten das Bundespräsidialamt inkl. eines Staatssekretärs zur Verfügung

Neben diesen ausdrücklich in der Verfassung verankerten Rechten und Aufgaben kommt dem Amt des Bundespräsidenten aber auch eine stark integrative Funktion zu, die sich – je nach Amtsinhaber auch entsprechend genutzt – als „moralische Richtlinienkompetenz" bezeichnen lässt. „Die Stellung seines Amtes außerhalb der Parteipolitik läßt den Bundespräsidenten zum Symbol staatlicher Einheit, zur Verkörperung demokratischer Beständigkeit und zum Hüter des freiheitlichen Grundkonsenses werden" (Pflüger 1987: 387). Schon Theodor Heuss hatte erkannt, dass es in diesem Amt darum gehen muss, die „Einigung der Seelen" zu befördern (Rensing 1996: 254).

Mächtigstes Instrument zur Erfüllung dieser Aufgabe ist für den Bundespräsidenten die Rede. So wundert es auch nicht, dass es eine ganze Reihe von Redensammlungen und Redenanalysen der Bundespräsidenten gibt (z.B. Rensing 1996; Franken 1989). Immer wieder haben die Bundespräsidenten das Mittel der Rede genutzt, um die heutige Situation des deutschen Volkes aus der Geschichte herzuleiten, zu begründen und Mahnungen aus der erlebten Geschichte abzuleiten. Dies gilt z.B. für die schon historisch gewordene Rede Richard von Weizsäckers zum 40. Jahrestag des Kriegsendes am 8. Mai 1985.[176]

Die Amtsauffassung der Präsidenten – insbesondere ihre Akzeptanz der Rolle der „pouvoir neutre" – wich teilweise stark voneinander ab. Insbesondere Heinrich Lübke kann hier als Beispiel eines Präsidenten gelten, dem es offensichtlich schwer fiel, sich parteipolitisch zurückzuhalten. Er favorisierte ganz offen die Bildung einer großen Koalition und versuchte – ohne Erfolg – die Ernennung ihm politisch missliebiger Minister zu verhindern (Jäger 1989: 37). Bei einer Reihe von Präsidenten deuten sich Zusammenhänge zwischen den parteipolitischen Konstellationen bei ihrer Wahl und der jeweiligen Amtsführung an (Oppelland 2001). Der stärkere

---

[176] Siehe hierzu auch: Richard von Weizsäcker 1999: S. 317ff.

Einfluss scheint aber von den jeweils spezifischen Persönlichkeitsmerkmalen der Amtsinhaber auszugehen. Die Wahrnehmung der ausgleichenden Funktion muss dabei Amt und Person des Bundespräsidenten nicht vollständig entpolitisieren. Er ist schließlich Hüter des Grundkonsenses vor dem Hintergrund der Verfassung und somit quasi verpflichtet, die normative Meßlatte anzulegen. Besonders geschickt kam von Weizsäcker dieser Aufgabe nach, wenn er mit den Parteien als Ursache für die Parteienverdrossenheit ins Gericht ging. Er war ein „eminent politischer Präsident" (Jäger 1989: 45), ohne sich in den Fängen der Parteipolitik zu verstricken. Auch Roman Herzog hat sich trotz aller Widrigkeiten bei seiner Kandidatur und Wahl[177] zu einem Präsidenten entwickelt, der bereit war, die „moralische Richtlinienkompetenz" des Amtes voll auszufüllen, wie die 1997 von ihm begonnene Tradition großer Grundsatzreden zur Situation des deutschen Volkes, seiner Gesellschaft und Politik zeigte. Dass das Amt des Bundespräsidenten auf der Grenze zwischen parteipolitischer Neutralität und der hochpolitischen Aufgabe, an der Realisierung eines verfassungskonformen Gesetzgebungsprozesses mitzuwirken, höchst brisant sein kann, verdeutlichte die Diskussion um die Amtsführung von Horst Köhler. Er hatte im Jahr 2006 sowohl dem Verbraucherinformationsgesetz als auch einem Gesetz zur Privatisierung der Flugsicherung wie schon 1991 Richard von Weizsäcker seine Zustimmung verweigert, weil er beide nicht für verfassungsmäßig hielt und löste damit Kritik sowohl in den Regierungsparteien als auch in der Opposition aus. Man warf ihm Überschreitung seiner Amtsgrenzen vor und mahnte ihn in Zweifelsfällen, dem Beispiel Johannes Raus zu folgen: Dieser hatte 2002 das Zuwanderungsgesetz ausgefertigt, obwohl massive Bedenken bezüglich seines verfassungsmäßigen Zustandekommens bestanden (der Bundesratspräsident Klaus Wowereit hatte bei der Abstimmung im Bundesrat falsch gezählt). Rau machte damit den Weg für eine Klage vor dem Bundesverfassungsgericht frei, dass das Gesetzgebungsverfahren dann auch für nicht verfassungskonform erklärte. Bei dieser Diskussion darf allerdings nicht vergessen werden, dass die Überprüfung von Inhalt und Gesetzgebungsverfahren neuer Gesetze zu den ausdrücklichen Aufgaben des Bundespräsidentenamtes gehört.

6.4 Bundesrat

Da wir uns mit der Rolle des Bundesrates bei der Gesetzgebung schon im Abschnitt „Gesetzgebung" im Rahmen der Darstellung von Bundestagsfunktionen sowie mit der der Länder im föderalistischen Staatsaufbau in Kap. 4 beschäftigt haben, soll in diesem Abschnitt nur noch eine Ergänzung des schon Beschriebenen erfolgen.

---

[177] Während 1994 nur 31% der Deutschen der Meinung waren, Herzog sei ein guter Kandidat für das Präsidentenamt, waren es 1997 64% (Allensbacher Berichte Nr. 12/1997).

Abbildung 38: Befugnisse des Bundesrates nach dem GG (abgew. n. Kilper/Lhotta 1996: 113)

Aufgaben/Befugnisse	GG-Artikel
abgestufte Mitwirkung bei der Gesetzgebung beratende Mitwirkung: prinzipiell bei Gesetzesinitiativen der Bundesregierung (sog. Erster bzw. pol. Durchgang)	Art. 76 I
beratende Mitwirkung:	
- bei EU-Gesetzgebung durch vom Bund zu berücksichtigende, maßgeblich zu berücksichtigende Stellungnahme, dies ggf. durch Europakammer des Bundesrates oder sogar beschlussfassend	Art. 23 II ff. Art. 52 III a Art. 23 IV
initiierende Mitwirkung: Recht zur Gesetzesinitiative	Art. 76 I
beschlussfassende Mitwirkung:	
- verfassungsändernde Gesetze (2/3 Mehrheit)	Art. 79 II
- Gesetze, die die Finanzen der Länder betr. (absolute Mehrheit)	Art. 104a III-V; Art. 106 III-VI; Art. 107 I; 108 II, IV, V; Art. 109 III, IV; Art. 134 IV; Art. 135 V
- Gesetze u. Vorschriften, die die Verwaltungshoheit der Länder berühren	Art. 84 I-V; Art. 85 I, II
- Gesetze, die Gemeinschaftsaufgaben betreffen	Art. 91a II
- Gebietsänderung des Bundesgebietes	Art. 29 VII
- Gesetze im Falle des Gesetzgebungsnotstandes	Art. 81
- Gesetze im Falle des Verteidigungsfalles	Art. Art. 115a, c, d, e, k, l
- einfache Gesetze, wenn das Bundesratsveto nicht zurückgewiesen wird	Art. 77 III, IV
Einberufung des Vermittlungsausschusses	Art. 77 II
Mitwirkung beim Erlass von Rechtsvorschriften des Bundes	Art. 80 II
Wahl der Richter des Bundesverfassungsgerichtes	Art. 94 I und § 9 BVerfGG
Anrufung des Bundesverfassungsgerichtes	Art. 93 I 1. und 2.
Teil des Gemeinsamen Ausschusses	Art. 53a
Kontrollrechte im Fall des inneren Notstandes	Art. 87a IV
Nominationsrechte z.B. bei der Ernennung des Generalbundesanwaltes sowie der Bundesanwälte und bei der Bestellung der Landeszentralbankpräsidenten	Vgl. die entspr. Gesetze

Der Bundesrat ist im politischen System der Bundesrepublik Deutschland dasjenige Organ, durch das die Länder an der Bundespolitik, an der Verwaltung sowie in Angelegenheiten der Europäischen Union mitwirken (Art. 50 GG). Seine Befugnisse sind als beratende, initiierende sowie beschlussfassende Beteiligung an der Bundesgesetzgebung und als mitwirkende beim Erlass von Rechtsvorschriften zu beschreiben. Daneben hat er wie der Bundestag umfangreiche Wahl- und Nominationsrechte sowie in einem gewissen Maß auch Kontrollrechte. Letztere verstehen sich aber keinesfalls als Kontrolle i.S. einer parlamentarischen Kontrolle, sondern stellen eher eine Kontrolle durch die Länderexekutive dar. Das Schwergewicht der Bundesratstätigkeit liegt so im Bereich seiner Beteiligung an der Bundesgesetzgebung. Daneben hat er aber auch eine bedeutsame Rolle in nicht-legislatorischen Bereichen, wie z.b. bezüglich der Mitwirkung an Rechtsverordnungen und Verwaltungsvorschriften, bei der Veräußerung von Bundesvermögen, beim Bundeszwang sowie bei der Feststellung des inneren Notstandes (Kilper/Lhotta 1996: 114).

Dabei ist zu beachten, dass der Bundesrat trotz seiner umfangreichen Rechte und seiner Zusammensetzung kein Länderorgan i.s. einer Länderkammer ist, in dem die Länder ihre Landespolitik entscheiden oder koordinieren. „Durch den Bundesrat werden die Länder als Gliedstaaten am Regierungsprozeß des Gesamtstaates beteiligt" (ebenda: 115).

6.4.1 Zusammensetzung und Organisation

Bei der Verabschiedung des Grundgesetzes standen bezüglich eines zu schaffenden Länderorgans für die Mitwirkung an der Bundespolitik grundsätzlich zwei Alternativen zur Verfügung, das schließlich gewählte Bundesratsmodell und das Senatsmodell. Beim Senatsmodell werden die Mitglieder direkt vom Volk gewählt. Dies führt auch zu einer direkten Legitimation und dies wiederum zu einer stärkeren Stellung des entsprechenden Organs im Gesetzgebungsprozess, an dem ein solcher Ländersenat gleichberechtigt in der Form eines zweiten Parlamentes oder einer eigenen Kammer mitwirken würde. Die Wahl des „abgeschwächten Bundesratsmodells" in Deutschland bedeutet, dass die Mitglieder von den Landesregierungen bestimmt werden. Art. 51 GG formuliert entsprechend: „Der Bundesrat besteht aus Mitgliedern der Regierungen der Länder, die sie bestellen und abberufen. Sie können durch andere Mitglieder ihrer Regierungen vertreten werden". In der Regel sind zunächst Ministerpräsidenten (bzw. -präsidentinnen) bzw. die Bürgermeister(innen) Hamburgs und Bremens sowie Regierende Bürgermeister(innen) Berlins Mitglieder. Die restlichen Mitglieder werden von den Regierungen bestimmt (in manchen Bundesländern ist auch das Landesparlament an der Entscheidung beteiligt; Laufer 1995: 58).

Dieses Procedere des Zustandekommens hat eine Reihe von Konsequenzen für den Status des Bundesrates und seiner Mitglieder. Zunächst einmal kann er kein zweites Parlament sein, da ihm die Legitimation durch Direktwahl fehlt. Seine Mitglieder vertreten in seinen Verhandlungen und Abstimmungen nicht ihre eigene Meinung, sondern die der jeweiligen Landesregierungen. Das bedeutet, wir haben es mit einem imperativen „Mandat" zu tun, die Bundesratsmitglieder sind den Landesregierungen nicht nur rechenschaftspflichtig, sondern sie sind auch weisungsgebunden. Dieser Status drückt sich u.a. auch darin aus, dass ein Bundesland seine Stimmen immer nur einheitlich abgeben kann (Art. 51 III GG). Dies geschieht in der

Regel durch einen Stimmführer, der die Stimmen eines Landes nach den von der Landesregierung zuvor gegebenen Weisungen abgibt (Herzog 1987b: 510). Imperatives Mandat, die ausschließliche Möglichkeit der einheitlichen Stimmenabgabe und schließlich die Tatsache, dass der Bundesrat nur mit der Mehrheit seiner Stimmen – mit absoluter Mehrheit also (wobei Enthaltungen als Nein-Stimmen gewertet werden) – entscheidet, zeichnet seinen besonderen Charakter im internationalen Vergleich aus (Sturm 2003). Alle drei Charakteristika zwingen ihn bzw. seine Mitglieder (von den Verfassungsgebern wohl ursprünglich so gewollt) zu einem konsensualen und kooperativen Handlungsstil. Dies bezieht sich einerseits auf die Abstimmungsprozesse in den Länderregierungen und andererseits auf diejenigen zwischen den Länderregierungen. Vor dem Hintergrund dieser Abstimmungserfordernisse ist – neben der Tatsache, dass der Bundesrat nicht in allen Formen der Gesetzgebung gleichberechtigt vertreten ist – deutlich zu erkennen, dass er keine zweite Kammer im eigentlichen Sinne darstellt und dass darüber hinaus das (Parteien-)Konkurrenzprinzip in seiner Handlungspraxis von minderer Bedeutung ist. Die Vertretung von Länderinteressen stand bei seiner Konstruktion im Vordergrund, auch wenn die politische Praxis der Parteipolitik mit dem Bundesrat dem auch in der Praxis nicht immer entsprach, sondern eher kontraproduktiv wirkte (Lehmbruch 2000, Sturm 1999).

Mit der Amtszeit der jeweiligen Regierung endet auch die Mitgliedschaft im Bundesrat. Das führt dazu, dass der Bundesrat ein so genanntes „ewiges" Organ ist, dass keine Amtszeiten kennt und dessen Existenz als Ganzes nicht von Wahlzyklen abhängt. Seine Mitglieder werden mit dem Ablauf der Amtszeiten in den Ländern und der entsprechenden Neubestellung oder schon vorher durch Abberufung ersetzt. Darum spricht die Geschäftsordnung des Bundesrates auch von seinem „Geschäftsjahr".

Seit dem 3. Oktober 1990 sieht das Grundgesetz je nach Bevölkerungsstärke eine Variationsbreite von drei bis sechs Stimmen pro Land für die Mitgliedschaft vor, zuvor gab es nur eine Differenz zwischen drei bis fünf Stimmen. Insgesamt hat der Bundesrat heute 69 Mitglieder (bis 1990 waren es 45, seit dem 18.1.1996 ist auf Grund der Bevölkerungszunahme in Hessen eine Stimme hinzugekommen, wodurch sich die Gesamtzahl von 68 auf 69 erhöhte. Die Stimmen verteilen sich wie folgt (n. Art. 51 II GG):

- Mindeststimmen: drei (Bremen, Hamburg, Mecklenburg-Vorpommern, Saarland);
- Vier Stimmen: Länder mit mehr als zwei Millionen Einwohnern (Berlin, Brandenburg, Rheinland-Pfalz, Sachsen, Sachsen-Anhalt, Schleswig-Holstein, Thüringen)
- Fünf Stimmen: Länder mit mehr als sechs Millionen Einwohnern (Hessen)
- Sechs Stimmen: Länder mit mehr als sieben Millionen Einwohnern (Baden-Württemberg, Bayern, Niedersachsen, Nordrhein-Westfalen) (ebenda: 116).

Damit ist ein Mittelweg zwischen der Vertretung durch jeweils nur eine Stimme wie sie das Senatsmodell realisiert hätte und der extrem starken Differenzierung im Bundesrat des Deutschen Reiches gegangen worden. Im Letzteren hatte allein Preußen 17 von 58 Stimmen und andererseits gab es 17 Mitglieder mit nur einer Stimme.

Die Diskussion um die Stimmenanteile der Länder im Bundesrat hat eine lange Tradition. Zu einer tatsächlichen Änderung kam es dann im Zusammenhang des deutschen Einigungsprozesses, in dem von den ostdeutschen Ländern z.T. argumentiert wurde, bei der Stimmenneuverteilung wäre es vorrangig darum gegangen, die Ermöglichung einer Sperrminorität für diese zu vermeiden (vgl. dazu Kap. 3). Andererseits sahen sich bevölkerungsreiche Länder wie Nordrhein-Westfalen mit sechs Stimmen gegenüber allen ostdeutschen Ländern mit etwa gleicher Bevölkerungszahl (ca. 17 und 16,4 Mio.) und 15 Stimmen schon nach der Einigung nicht angemessen vertreten. Im Jahr 2006 stehen den 18,1 Mio. Einwohnern nur noch 13,4 Mio. der ostdeutschen Länder gegenüber.

Der Bundesrat wird von einem Präsidenten geleitet. Nach Art. 52 I GG werden Präsident jeweils für ein Jahr vom Bundesrat aus dessen Mitte gewählt. Seit 1950 handelt es sich bei dieser „Wahl" eher um eine Bestätigung, denn zu diesem Zeitpunkt einigten sich die Ministerpräsidenten der Länder im „Königsteiner Abkommen" auf einen Turnus, nach dem zunächst der Ministerpräsident des bevölkerungsreichsten Landes den Vorsitz führt, danach der des Landes mit der zweithöchsten Bevölkerungszahl usw. bis zum kleinsten Land. Nach 16 Jahren beginnt der Turnus von vorn.

Die Gremien des Bundesrates lassen sich – darin durchaus dem Bundestag vergleichbar – drei Ebenen zuordnen: der Präsidiumsebene als Organisations- und Führungsebene, dem Plenum als Beschlussebene und den Ausschüssen als Arbeitsebene. Dem Bundesratspräsidenten stehen drei Vizepräsidenten zur Seite sowie – als Leiter der Verwaltung – der Direktor des Bundesrates.

Der Präsident beruft die Sitzungen ein, bereitet sie formell vor und leitet sie auch. Er vertritt den Bundesrat nach außen und den Bundespräsidenten bei dessen Verhinderung. Schließlich ist er auch Dienstherr der Beamten und Angestellten des Bundesrates.

Die Sitzungen des Bundesratsplenums finden öffentlich statt, seine Entscheidungen werden mit absoluter Mehrheit bzw. mit Zwei-Drittel-Mehrheit gefällt. Zur Vorbereitung der Sitzungen gibt es eine Reihe von Ausschüssen, in die jedes Land ein Mitglied entsendet. Diese Ausschüsse entsprechen inhaltlich im Wesentlichen den Bundesministerien. Seit 1988 gab es entsprechend einer Änderung der Geschäftsordnung des Bundesrates eine EG-Kammer, die seit 1993 als Europakammer bezeichnet wird und im Grundgesetz verankert ist (Art. 52 III a GG). Sie verfügt über eine Geschäftsstelle, eine Verbindungsstelle zum Europäischen Parlament sowie ein Büro der Delegation des Bundesrates zur Nordatlantischen Versammlung und schließlich einen Verwaltungsunterbau.

Die Arbeitsweise des Bundesrates wird oft als sehr effizient und eher geräuschlos eingeordnet und steht so – zumindest was das Bild der Plenararbeit angeht – sicher im Gegensatz zum Bundestag. Der Grund dafür liegt in der Tatsache, dass auf den alle drei oder vier Wochen stattfindenden Sitzungen ein umfangreiches Arbeitspensum zu absolvieren ist und dass die eigentlichen Entscheidungen schon zuvor in den Ausschüssen und v.a. von den Landesregierungen gefällt wurden. Diese eher sachliche Orientierung in der Arbeitsweise des Bundesrates findet dagegen nicht immer eine Entsprechung bezüglich seiner empirischen Rolle in der Politik, dies gilt insbesondere für Zeiten, in denen Bundestags- und Bundesratsmehrheiten nicht die gleichen sind. Der Bundesrat – als Gremium der Wahrung von Länderinteressen auf Bundesebene geschaffen – hat sich immer stärker zu einem Instrument der Durchsetzung von Parteiinteressen gegen die Mehrheitsparteien im Bundestag entwickelt, was ihm den Vorwurf eines „Blockade-Organs" eingetragen hat. Konrad Adenauer hatte auf dem Parteitag der CDU 1956 noch seine ursprüngliche Überzeugung bekräftigt, dass eine Durchsetzung von Länderinteressen unabhängig von Parteiinteressen möglich ist, obwohl ihm augenscheinlich schon Zweifel wuchsen, als er argumentierte: „Als wir im Parlamentarischen Rat das Grundgesetz schufen (...), haben wir nicht geglaubt, daß die Länder im Bundesrat Parteipolitik treiben. Damals waren wir noch in der Illusion gefangen, die Länderregierungen würden sich loslösen von dem Kampf der Parteien, und wir nahmen an, daß nicht dieselben Parteivorstände oder Fraktionsvorstände, die im Bundestag ihren Einfluß ausüben, dies nun auch im Bundesrat tun würden" (zit. n. Klein 1971: 353).

Faktisch kann aber im Zusammenhang der fortschreitenden Existenz der Bundesrepublik Deutschland eine Fortsetzung der parteienstaatlich organisierten Interessenvertretung auch im Bundesrat beobachtet werden, wobei sich sowohl die Frage nach der Rechtmäßigkeit der Durchbrechung des föderalen Strukturelementes durch ein parteipolitisches stellt als auch diejenige nach der Effizienz einer entsprechenden Interessenartikulation für die Länder. Die Reformdiskussion zum Bundesrat kennt drei mögliche Strategien (n. Sturm 2003):

- Die Kantonalisierung, d. h. die Neutralisierung des Parteienwettbewerbs im Bundesrat durch die Einführung von Allparteienkoalitionen in den Bundesländern,
- die Parlamentarisierung, d. h. die Umgestaltung zu einer echten Zweiten Kammer
- und schließlich Verfahrensreformen i. S. einer Binnenreform.

Die Föderalismusreform (vgl. Kap. 4) ist schließlich den Weg über die Verfahrensreformen gegangen, indem die Zuständigkeiten von Bund und Ländern im Gesetzgebungsprozess klarer getrennt wurden. Die Kantonalisierung würde zu Formen der Konkordanzdemokratie führen, die sich schwerlich in das deutsche System integrieren würden, die Umgestaltung des Bundesrates zu einer echten Zweiten Kammer würde unter Effektivitätsgesichtspunkten die Neuorientierung auf Kooperation, nicht Konfrontation im Verhältnis zwischen Bundestag und Bundesrat erfordern – eine reizvolle, aber keine realistische Vorstellung.

6.5 Bundesverfassungsgericht

Vor den Erfahrungen des nationalsozialistischen Unrechtssystems wurde mit der Verabschiedung des Grundgesetzes in seinen Art. 92ff. ein Verfassungsorgan geschaffen, das nicht nur in der deutschen Geschichte ohne vergleichbaren Vorgänger ist,[178] sondern – was seine weitgehenden Kompetenzen und seine Bedeutung für das politische Handeln angeht – auch im internationalen Vergleich seinesgleichen sucht. Als Vorläufer des Bundesverfassungsgerichtes kann der Supreme Court der USA gelten, dessen Einführung auf den Verfassungskonvent und die „Bill of Rights" 1787-1791 zurückgeht und der ab 1803 Gesetze auf Verfassungsmäßigkeit überprüft.

Wie in Deutschland, so wurden Verfassungsgerichte auch in Italien, später in Spanien und Portugal und schließlich auch in vielen postkommunistischen Staaten als Reaktion auf die Erfahrungen mit dem Totalitarismus geschaffen. Die Staaten, in denen alte Verfassungs- oder parlamentarische Traditionen den Schutz politischer Freiheiten sichern konnten, wie Großbritannien, Frankreich, die Schweiz, die skandinavischen sowie die Benelux-Staaten entwickelten dagegen gar keine oder nur schwache Verfassungsgerichtsbarkeiten (Mahrenholz 1995: 83/84).

> „Am Ende des Hitler-Reiches stand die Erkenntnis, daß ein Staat ohne die politische Freiheit des einzelnen oder von Gruppen oder Parteien kein menschlicher Staat bleibt. Kein Staat also, der nach dem Willen des ersten Artikels des Grundgesetzes der Würde des Menschen verpflichtet ist. Der Parlamentarische Rat, der das Grundgesetz schuf, hat als Reaktion darauf ein Höchstmaß an Sicherung der Freiheiten geschaffen, die im Grundgesetz verbürgt sind. Dieser Sicherung sollte das Bundesverfassungsgericht dienen" (ebenda: 83).

---

[178] Die Verfassung von 1871 hatte die Aufgabe der Prüfung von Verfassungsmäßigkeit der Gesetze dem Bundesrat, also eindeutig einem politischen Organ zugeordnet. Erst die Weimarer Reichsverfassung führte mit dem Staatsgerichtshof ein Organ ein, das in Verbindung mit dem Reichsgericht in Leipzig Streitigkeiten zwischen dem Reich und einzelnen Ländern, unter Ländern sowie Verfassungsstreitigkeiten innerhalb eines Landes behandeln konnte. Neben der Möglichkeit, Klagen gegen den Reichspräsidenten, der Kanzler oder die Minister zu behandeln, war er zuständig für die Überprüfung der Deckungsgleichheit zwischen Reichsrecht und Landesrecht i.S. einer abstrakten Normenkontrolle. Nicht jedoch konnten Streitigkeiten zwischen Reichsverfassungsorganen i.S. heutiger Organklagen, die Überprüfung der Verfassungsmäßigkeit von Reichsrecht oder von Grundrechtsverstößen auf Verlangen von Bürgern zum Inhalt seines Handelns werden (Säcker 2003: 18f.).

Auf Grund der spezifischen Erfahrungen Deutschlands mit dem Totalitarismus einerseits, aber auch wegen seines nicht eben gradlinigen Weges zur Demokratie kommt dem Bundesverfassungsgericht im Zusammenhang der politischen Kultur und als Form der Operationalisierung von Souveränität eine ganz besondere Rolle zu. So sind die Unterschiede in der Evolution von Souveränitätsbegriffen und der daraus folgenden „Souveränitätspraxis" in den politischen Systemen Großbritanniens, der Schweiz und Deutschlands beschrieben worden. Souveränität, praktisch verstanden als politisch wirksam werdende Letztentscheidungsgewalt, kann in der Schweiz auf Grund des großen Gewichtes plebiszitärer Elemente als tatsächlich durch das Volk realisiert gelten und in Großbritannien durch das Parlament, dessen Entscheidungen ohne Einschränkung bindend sind (Abromeit 1995).

In Deutschland realisiert sich Souveränität in der Form der Verfassungssouveränität und diese wird vom Bundesverfassungsgericht gehütet. Es urteilt – eine Klage vorausgesetzt – letztentscheidend über ein Gesetz (ebenda: 52). Zwar liegt laut Artikel 20 II GG die Souveränität beim Volk, dieses übt sie aber nur durch Wahlen und Abstimmungen aus. Der Souverän handelt daneben durch „Organe der Gesetzgebung, der vollziehenden Gewalt und der Rechtsprechung" (Art. 20 II GG), ist aber selber von Entscheidungen – insbesondere die Verfassung betreffend – mit einer einzigen Ausnahme (Art. 29 GG) ausgeschlossen. „Dem Bundesverfassungsgericht obliegt nicht nur die auch in anderen Verfassungsstaaten verbreitete konkrete Normenkontrolle sowie eine für Bundesstaaten typische Schiedsrichterfunktion, sondern darüber hinaus die abstrakte Normenkontrolle, die jedes Verfassungsorgan (mit Ausnahme des Volkes) und vor allem die im Gesetzgebungsprozeß jeweils unterlegene Minderheit (...) in Gang setzen kann" (ebenda: 60). Das Bundesverfassungsgericht ist – wenn man so will – letztinstanzliche Garantie für die Verwirklichung des materiellen Rechtsstaates (vgl. dazu Abschn. 2.5).

Damit ist das Bundesverfassungsgericht vor die sehr große Herausforderung gestellt, seine Entscheidungen zwischen den Polen des überzeitlichen Wertekerns der Verfassung und den jeweiligen aktuellen Interpretationserfordernissen anzusiedeln. In starkem Maße hat es so zur Auslegung und Weiterentwicklung des Grundgesetzes beigetragen. Es ist Teil der letztverbindlichen Kontrolle von Politik und Verwaltung im Rechtsstaat, von seiner verfassungsmäßigen Anlage und von seinem Auftrag her jedoch nicht politisch. Es darf im politischen Prozess verabschiedete Gesetze verbieten bzw. für ungültig erklären und sollte sich dabei dennoch nicht für den politischen Prozess instrumentalisieren lassen. Diesen Anforderungen gerecht zu werden gelingt (trotz der „politikfernen" Ansiedlung in Karlsruhe) nicht immer. Seine Schutzwirkung kann das Gericht aber nur entfalten, wenn die Letztverbindlichkeit seiner Urteile anerkannt wird. Schließlich fehlt ihm ein Sanktionspotential, das z.B. bei Nichtachtung seiner Aufträge an den Gesetzgeber greifen könnte. Problematisch in diesem Sinne ist auch die nachträgliche öffentliche Relativierung von Urteilen wie sie bekanntlich schon von Konrad Adenauer vorgenommen wurde, wenn er bei ihm unliebsamen Urteilen verlautbaren ließ, sie seien falsch (Mahrenholz 1995: 89) und wie sie z.B. beim „Kruzifixurteil" praktiziert wurde. Laut Grundgesetz ist in der nationalen Rechtssprechung über dem Bundesverfassungsgericht nur noch blauer Himmel (ebenda: 89), was den internen Sicherungselementen für eine integere Urteilsfindung und Besetzung besondere Bedeutung beimisst. Zunächst gilt es, den formalen Aufbau und die Aufgaben des Bundesverfassungsgerichtes zu beschreiben.

6.5.1 Aufbau und Arbeitsweise des Bundesverfassungsgerichtes

Aufgaben, Befugnisse und Aufbau des Bundesverfassungsgerichtes sind in den Art. 92, 93, 94, 99 und 100 GG festgelegt. Diese werden durch das Bundesverfassungsgerichtsgesetz ergänzt, das auf einen Gesetzesverweis in Art. 94 GG zurückgeht und in seiner ersten Form 1951 verabschiedet wurde.

Das Bundesverfassungsgericht ist oberstes Gericht und Verfassungsorgan zugleich.[179] Seine insgesamt 16 Richter (und Richterinnen) sind zwei selbständigen Senaten mit unterschiedlichen Zuständigkeiten zugeordnet, daher wird es als „Zwillingsgericht" bezeichnet. Der 1. Senat, der auch als „Grundrechtssenat" bezeichnet wird, entscheidet über Normenkontroll- und Verfassungsbeschwerdeverfahren, die sich schwerpunktmäßig auf die Auslegung der Art. 1 bis 17, 19, 101 sowie 103 I GG beziehen.[180]

Der 2. Senat – auch als „Staatsrechtssenat" bezeichnet – ist für Normenkontrollverfahren und Verfassungsbeschwerden aus den Bereichen Asylrecht, öffentlicher Dienst, Wehr- und Ersatzdienst, Strafrecht (ohne Bezug zu Art. 5 oder 8 GG), Straf- und Bußgeldverfahren, Untersuchungshaft und Freiheitsstrafe zuständig. Daneben befasst er sich mit Organstreitigkeiten zwischen Bund und Ländern, Parteiverboten und Wahlrechtsbeschwerden (Säcker 2003: 47). Ist die Zuordnung zu den Senaten nicht eindeutig, so entscheidet der „Sechserausschuss", bestehend aus dem Präsidenten (bzw. der Präsidentin,) dem Vizepräsidenten (bzw. der Vizepräsidentin) sowie je zwei Richtern (bzw. Richterinnen) aus den beiden Senaten. Präsident und Vizepräsident führen jeweils einen Senat.

Zur Entlastung des Gerichtes gibt es ab 1986 und verstärkt seit 1993 ein spezielles Annahmeverfahren bei Verfassungsbeschwerden. Jeder Senat bildet danach mehrere aus drei Richtern (bzw. Richterinnen) bestehende Kammern, die unter festgelegten Voraussetzungen die Beschwerde an Stelle des Senats annehmen bzw. ablehnen können. Dies muss allerdings einstimmig erfolgen. Ähnlich werden seit

---

[179] Die Rechtsprechung kann nach Art. 93 bis 96 GG in die folgenden Zweige unterteilt werden: 1. Verfassungsgerichtsbarkeit (Art. 93, 99, 100 GG); 2. ordentliche Gerichtsbarkeit (Art. 95 I GG); 3. Verwaltungsgerichtsbarkeit (Art. 95 I GG); 4. Finanzgerichtsbarkeit (Art. 95 I GG); 5. Arbeitsgerichtsbarkeit (Art. 95 I GG) und 6. Sozialgerichtsbarkeit (Art. 95 I GG) (Hesselberger 2003: 318).

[180] Davon ausgenommen sind Verfassungsbeschwerden aus dem Bereich der Zivilgerichtsbarkeit, die sich auf Art. 101 I GG und Art. 103 I GG beziehen und von Beschwerdeführern geführt werden, deren Namen mit den Buchstaben L-Z beginnen. Diese sind dem 2. Senat zugeordnet (Säcker 2003: 47).

1993 bei Richtervorlagen Kammern vorgeschaltet (Billing 1995: 106). (Bis 1986 gab es die Vorprüfungsausschüsse, die jedoch nur über die Annahme der Verfassungsbeschwerden entscheiden konnten).

Die Wahl erfolgt immer unmittelbar in einen der beiden Senate, die Richter (und Richterinnen) sind danach nur noch in Ausnahmefällen austauschbar.[181]

Die Wahl der Hälfte der Richter (und Richterinnen) erfolgt durch den Bundestag in indirekter (Wahlmänner- [bzw. –frauenausschuss] aus zwölf Mitgliedern, zusammengesetzt nach den Mehrheitsverhältnissen im Bundestag – allerdings lediglich auf die Repräsentanz von Fraktionen bezogen –), die andere durch den Bundesrat in direkter Weise. Die Kandidaten (und Kandidatinnen) müssen jeweils mit Zweidrittelmehrheit gewählt werden. Dies soll sicherstellen, dass die Richter – obwohl sie von den Parteien vorgeschlagen werden[182] – in ihrer Person so etwas wie einen überparteilichen Konsens darstellen. Die Wahl von Kandidaten (und Kandidatinnen), die eine zu enge Bindung an eine der Parteien haben und keine Gewähr für eine unabhängige Urteilsfindung bieten, ist so kaum wahrscheinlich (Mahrenholz 1995: 90).

Wählbar ist jeder (oder jede) Deutsche, der(die) die Befähigung zum Richteramt mitbringt[183] und das 40. Lebensjahr vollendet hat. Drei der Richter (bzw. Richterinnen) in jedem Senat müssen aus den obersten Bundesgerichten kommen, an denen sie wiederum zuvor mindestens drei Jahre tätig waren. Die Richter (und Richterinnen) dürfen weder dem Bundestag, dem Bundesrat, der Bundesregierung noch einem entsprechenden Organ auf Länderebene angehören. Sie werden für eine Amtszeit von 12 Jahren gewählt und sind nicht wieder wählbar. Auch dies versteht sich als Schutz vor der Entstehung parteipolitischer Abhängigkeiten.

Das Verfahren am Bundesverfassungsgericht folgt in der Regel dem folgenden Ablauf (n. Säcker 2003: 86f.):

Zu Beginn des Geschäftsjahres werden die Grundsätze festgelegt, nach denen die verfahrenseinleitenden Anträge auf die Richter (und Richterinnen) verteilt werden. Die Neueingänge werden ihnen dann vom Vorsitzenden (bzw. von der Vorsitzenden) nach den von ihnen betreuten Rechtsgebieten zugestellt. Für ein Verfahren werden jeweils Berichterstatter bestellt, die die Senatssitzung mit einem dort vorzulegenden schriftlichen Votum und den für das Verfahren notwendigen Unterlagen vorbereiten. Für seine Urteilsfindung führt das Gericht Anhörungen sachlich beteiligter Stellen und Personen durch, um sich über die Wirkung des in Frage stehenden Rechts zu informieren. Dies kann je nach Fall durchaus Monate dauern (dazu auch

---

[181] § 15 II und 19 IV BVerfGG regeln diese Ausnahmen. Wenn die Beschlussfähigkeit eines Senats mit mindestens sechs anwesenden Richtern (und Richterinnen) nicht hergestellt werden kann und wenn ein Richter (oder eine Richterin) als befangen abgelehnt wird, so werden jeweils Vertreter aus dem anderen Senat durch Los bestimmt.

[182] Vorschlagsberechtigt sind die Fraktionen des Bundestages, die Bundesregierung sowie die Landesregierungen.

[183] D.h., die Referendar- und Assessorprüfung muss abgelegt sein oder der bzw. die Kandidat(in) muss eine ordentliche rechtswissenschaftliche Professur an einer deutschen Hochschule innehaben.

Mahrenholz 1995: 89f.). Die Entscheidungsfindung findet dann – quasi-strafrechtliche Verfahren (Grundrechtsverwirkungen, Parteienverbote, Richteranklagen), bei denen eine Zweidrittelmehrheit vorliegen muss, ausgenommen – mit einfacher Mehrheit statt. Bei Stimmengleichheit kann ein Verstoß gegen das Grundgesetz nicht festgestellt werden. Die Richter (und Richterinnen), die sich in der Minderheit befinden, haben die Möglichkeit, ein abweichendes Votum abzugeben und zu begründen. Dieses wird mit dem Urteil und seiner Begründung veröffentlicht (zutreffend für gut 6% der Urteile).

Die große Bedeutung des Bundesverfassungsgerichtes ist auch von der Tatsache abzuleiten, dass seine Urteile nicht nur für den jeweiligen konkreten Fall gelten, sondern für alle gleich gelagerten Fälle, in denen das in Frage stehende Gesetz bzw. der Artikel des Grundgesetzes Anwendung findet. Die Entscheidungen haben Gesetzeskraft, und ein für nichtig erklärtes Gesetz darf nicht mehr angewandt werden. Es kann in dringenden Fällen auch schon vor dem Abschluss des Verfahrens durch eine einstweilige Anordnung vorläufig außer Kraft gesetzt werden. Die – wenn man so will – einzige Einschränkung der Kontrollmacht des Bundesverfassungsgerichtes neben der Tatsache, dass es mangels Initiativgewalt nicht von sich aus tätig werden kann, liegt darin begründet, dass es zwar in seinen Urteilen angeben kann, wer diese vollstrecken soll (z.B. Bundestag, Regierung, Landesregierungen/§ 35 BVerfGG), es hat aber keinerlei Sanktionsmöglichkeiten, diese Vollstreckung auch durchzusetzen.

Das Bundesverfassungsgericht ist kein Gesetzgebungsorgan, es kann also in seinen Urteilen auch keine Gesetze vorformulieren. Es macht allerdings Vorschläge i.S. bestimmter Eckwerte, die bei der Neuformulierung des Gesetzes zu beachten sind. Dies gilt z.B. für seine Urteile zum § 218 StGB oder auch für die zum Parteiengesetz, worauf wir in Kap. 8 noch einmal zurückkommen werden.

Ein ebenfalls interessantes Beispiel liegt mit den Entscheidungen zur Familienpolitik vor, die in ihrer Summe deren Realität sicher stärker beeinflusst haben als die Tätigkeit des Gesetzgebers (dazu Gerlach 2000, 2004). Dabei ist davon auszugehen, dass erst mit der Umsetzung der Urteile zur steuerlichen Absetzbarkeit des Erziehungs- und Betreuungsbedarfes aus dem Jahr 1998 (BvL 42/ 93) vorläufig ein Status der verfassungsgemäßen Besteuerung für Familien hergestellt wurde, nachdem eine lange Liste von Urteilen die wichtigsten Eckwerte des Familienlastenausgleichs nach und nach bestimmt hatte. Während das Gericht bis in die 80er Jahre hinein dem Gesetzgeber überließ, wie er die festgestellten Mängel im Familienlastenausgleich, in der Besteuerung und in der sozialstaatlichen Absicherung nachbesserte, wechselte sein Handlungsstil in den 90er Jahren. Bezeichnend war dabei die zunehmend verbindliche Formulierung von Fristen und Instrumenten zur Umsetzung seiner inhaltlichen Vorgaben in der Gesetzgebung. Zusammengefasst lässt sich sagen, dass die wesentlichen Entwicklungsstufen im Familienlastenausgleich vom Bundesverfassungsgericht und nicht vom Gesetzgeber in Gang gesetzt worden sind. Dies wiederum wirft Fragen nach der Legitimität von Politik in manchen Policies auf, wenn wesentliche politische Regelungsnotwendigkeiten nur über den Weg der Verfassungsbeschwerde Eingang in den Gesetzgebungsprozess finden. Da die Tätigkeit des Bundesverfassungsgerichtes im Interesse der Allgemeinheit liegt, werden keine Gerichtskosten erhoben. Auslagen der Beteiligten, wie z.B. die Rechtsanwaltskosten, müssen diese selbst tragen. In den Fällen allerdings, in denen einer Verfassungsbeschwerde stattgegeben wird, werden die Auslagen erstattet. Das Gericht kann eine Missbrauchsgebühr (bis 2600 €; § 34 Abs. 2 BVerfGG) für den Fall verlangen, dass eine Verfassungsbeschwerde nicht zur Entscheidung angenommen wird.

Das Bundesverfassungsgericht kann – je nach Art der Klage – angerufen werden von der Bundesregierung, einer Landesregierung, einem Drittel der Mitglieder des Bundestages, einer Gemeinde oder einem Gemeindeverband, einem Gericht sowie den Bürgern (Art. 93 II GG; Art. 100 I GG). Die im voranstehenden Text immer wieder erwähnten Zuständigkeiten des Bundesverfassungsgerichtes lassen sich folgendermaßen ordnen (n. Säcker 2003: 55ff. sowie Hesselberger 2003: 320ff.):

- Organstreitigkeiten (Art. 93 I Nr. 1 GG): In diesen Verfahren hat das Bundesverfassungsgericht über die Auslegung der Verfassung bezüglich der Rechte und Pflichten der obersten Bundesorgane anlässlich eines Streites zwischen diesen zu entscheiden. Betroffen sind dabei Bundespräsident, Bundesregierung, Bundesrat und Bundestag sowie Teile dieser Organe wie Fraktionen des Bundestages oder unter besonderen Umständen auch einzelne Abgeordnete. Mit einer solchen Organklage gegen den Bundespräsidenten hatte sich das Bundesverfassungsgericht z.B. 1983 sowie 2005 zu befassen, als es prüfen musste, ob die Auflösung des Bundestages nach dem (scheinbar bewusst herbeigeführten) Scheitern der Vertrauensfrage durch Helmut Kohl bzw. Gerhard Schröder verfassungswidrig war (BVerfGE 62, 1 sowie BVerfG, 2 BvE 4/05; vgl. dazu auch die Ausführungen im Abschn. 6.1.1). Ein anderer vorstellbarer Fall läge vor, wenn sich der Bundespräsident weigerte, ein Gesetz auszufertigen.
- Bund-Länder-Streitigkeiten sowie Streitigkeiten innerhalb von Ländern (Art. 93 I Nr. 3 GG und Art. 4 GG sowie Art. 99 GG): Hier hat das Bundesverfassungsgericht in Streitigkeiten über die Kompetenzen zwischen Bund und Ländern, unter einzelnen Ländern, und wenn kein anderer Rechtsweg gegeben ist, auch innerhalb einzelner Länder zu entscheiden. Wenn Ländergesetze es dazu ermächtigen, können ihm auch Landesverfassungsstreitigkeiten übertragen werden. In Frage kommen hier etwa unterschiedliche Auffassungen über die Ausführung von Bundesrecht oder die Bundesaufsicht, aber auch die Prüfungen der Zuständigkeit bei der konkurrierenden Gesetzgebung nach Art. 93 I Nr. 2a GG, bezogen auf Art. 72 II GG (vgl. dazu auch Kap. 2 und 4). Hier wird das Bundesverfassungsgericht zum letztinstanzlichen Garanten des kooperativen Föderalismus, in dessen Zusammenhang schließlich auch die mit Art. 93 I Nr. 4b GG geschaffenen Möglichkeit für Gemeinden und Gemein-

deverbände zu nennen ist, Klage einzureichen, wenn sie sich durch ein Gesetz in ihrer Selbstverwaltungsgarantie eingeschränkt sehen.

- Normenkontrolle (Art. 93 I Nr. 2 GG sowie Art. 100 GG): Bei Normenkontrollverfahren ist die Verfassungsmäßigkeit von Gesetzen zu prüfen. Die Prüfung kann sich auf den Inhalt oder das Verfahren des Zustandekommens beziehen. Dabei ist zwischen abstrakter Normenkontrolle und konkreter Normenkontrolle zu unterscheiden. Bei der abstrakten Normenkontrolle können die berechtigten Landes- oder Bundesorgane die Vereinbarkeit von Gesetzen mit der Verfassung oder von Landesgesetzen mit Bundesrecht überprüfen lassen. Bei Feststellung der Verfassungswidrigkeit ist das Gesetz nichtig. Bei der konkreten Normenkontrolle kann ein Gericht die Verfassungsmäßigkeit von Gesetzen überprüfen lassen, auf deren Gültigkeit es in einem Verfahren für die Entscheidung ankommt. Bei dieser auch Richtervorlage genannten Klageform wird das Gerichtsverfahren so lange ausgesetzt, bis die Entscheidung des Bundesverfassungsgerichtes vorliegt.

- Verfassungsbeschwerde (Art. 93 Abs.1 Nr. 4a GG): Zuvor nur im BVerfGG verankert, garantiert sie seit der Verabschiedung der „Notstandsverfassung" im Grundgesetz, jedem Bürger die Klagemöglichkeit vor dem Bundesverfassungsgericht, wenn er sich in seinen Grundrechten oder in einem der durch Art. 20 IV, 33, 38, 101, 103 oder 104 GG formulierten Rechte durch öffentliche Gewalt verletzt sieht. Dies kann sich auf einen Verwaltungsakt, eine Gerichtsentscheidung oder ein Gesetz beziehen, wobei der Kläger im letzten Fall selbst unmittelbar betroffen sein muss. Die Klage nach einer Gerichtsentscheidung kommt spätestens einen Monat nach Zustellung der letztinstanzlichen Entscheidung nur in Frage, wenn zuvor der Rechtsweg ausgeschöpft worden ist. Gegen Gesetze kann spätestens ein Jahr nach deren Inkrafttreten geklagt werden. Im Zusammenhang der Prüfung einer Gerichtsentscheidung kommt dem Bundesverfassungsgericht nicht die Funktion eines „Superrevisionsgerichts" zu, das prüft, ob die zuvor gefällte Entscheidung richtig oder falsch ist. Es wird lediglich geprüft, ob im Zusammenhang der bisherigen Gerichtsverfahren verfassungsmäßige Rechte des Klägers missachtet worden sind.

- Wahlprüfungsverfahren (Art. 41 I GG): Die Überprüfung der ordnungsgemäßen Zusammensetzung des Bundestages und die damit zusammenhängende Kontrolle des Wahlablaufs in formeller und sachlicher Hinsicht obliegt genauso wie die Entscheidung über Verlust der Bundestagsmitgliedschaft zunächst dem Bundestag. Gegen die Entscheidung kann dann vor dem Bundesverfassungsgericht geklagt werden (Art. 41 II GG).

- Verfahren zum Schutz der freiheitlich-demokratischen Grundordnung: Hierzu gehört eine Reihe von Klagemöglichkeiten sehr unterschiedlicher Inhalte und Zielrichtungen, die jedoch alle der Bewahrung und dem Schutz der demokratischen Ordnung dienen (vgl. dazu auch die Ausführungen in Kap. 2 zur FDGO).

- Grundrechtsverwirkungen: Wenn eine Person ihre Grundrechte auf Meinungs-, Presse-, Versammlungs- oder Vereinigungsfreiheit missbraucht und damit die freiheitlich-demokratische Grundordnung gefährdet, so können ihr durch das Bundesverfassungsgericht diese Rechte nach Art. 18 GG abgesprochen werden. Bisher gab es zwar vier entsprechende Anträge, aber keinem ist stattgegeben worden.
- Parteienverbote: Zum Instrumentarium der freiheitlich demokratischen Grundordnung gehört auch die Möglichkeit, Parteien, die diese Ordnung beeinträchtigen oder abschaffen wollen, zu verbieten (Art. 21 II GG). Von ihr wurde bisher zweimal Gebrauch gemacht: 1952 (SRP) und 1956 (KPD). Anfang 2001 wurde von der Bundesregierung ein Verbotsantrag gegen die NPD eingebracht. Das Verfahren wurde allerdings am 18. März 2003 aus Verfahrensgründen eingestellt.[184]
- Präsidenten- und Richteranklage: Der Bundespräsident kann vom Bundestag oder vom Bundesrat vor dem Bundesverfassungsgericht angeklagt werden, wenn er das Grundgesetz oder ein anderes Bundesgesetz vorsätzlich verletzt hat (Art. 61 I GG). Würde das Bundesverfassungsgericht in einem solchen Fall der Klage stattgeben, so hätte das die Amtsenthebung des Bundespräsidenten zur Folge (Art. 61 II GG). Eine entsprechende Klage hat es aber bisher noch nicht gegeben. Dasselbe gilt für die Möglichkeit der Amtsenthebung eines Richters, die durch das Bundesverfassungsgericht durchgeführt würde (Art. 98 GG).
- Amtsenthebung von Bundesverfassungsrichtern: Nach § 105 BVerfGG können Richter des Bundesverfassungsgerichtes bei Fehlverhalten nur durch ihre Kollegen des Amtes enthoben werden, auch dies eine Schutzmaßnahme zur Sicherung der Unabhängigkeit der Judikative. Im Falle einer Amtsenthebung müssten mindestens sechs der Richter (in bestimmten Fällen auch Präsident und Vizepräsident zusammen) den Antrag auf Eröffnung des Verfahrens stellen, der Beschluss auf Einleitung bedarf der Zustimmung von mindestens acht Richtern. Auch von dieser Möglichkeit wurde bisher noch kein Gebrauch gemacht.

---

[184] Hintergrund für die Verfahrenseinstellung war vor allem der so genannte V-Mann-Skandal. So wurden während des Verbotsverfahrens bspw. führende Mitglieder des nordrhein-westfälischen Landesverbandes der NPD als Mitarbeiter des Verfassungsschutzes enttarnt.

Die Verfassungsorgane

Abbildung 39: Eingänge nach Verfahrensarten 2001 - 2005 (nach: www.bundesverfassungsgericht.de/organisation/gb2005/A-I-4.html)

Verfahrensart	AZ	bis 2000	2001	2002	2003	2004	2005	gesamt
Verwirkung von Grundrechten (Art. 18 GG)	BvA	4	–	–	–	–	–	4
Verfassungswidrigkeit von Parteien (Art. 21 Abs. 2 GG)	BvB	5	3	–	–	–	–	8
Wahl- und Mandatsprüfung (Art. 41 Abs. 2 GG)	BvC	144	–	–	7	12	3	166
Präsidentenanklage (Art. 61 GG)	BvD	–	–	–	–	–	–	–
Organstreit (Art. 93 Abs. 1 Nr. 1 GG)	BvE	130	2	3	1	3	10	149
Abstrakte Normenkontrolle (Art. 93 Abs. 1 Nr. 2 GG)	BvF	141	4	3	4	1	8	161
Bund-Länder-Streit (Art. 93 Abs. Nr. 3 u. Art. 84 Abs. 4 Satz 2 GG)	BvG	35	2	2	–	2	3	44
Andere öffentlich-rechtliche Streitigkeiten (Art. 93 Abs. 1 Nr. 4 GG)	BvH	73	–	–	–	1	–	74
Richteranklage (Art. 98 Abs. 2 und 5 GG)	BvJ	–	–	–	–	–	–	–
Verfassungsstreitigkeiten innerhalb eines Landes (Art. 99 GG)	BvK	21	1	1	1	1	–	25
Konkrete Normenkontrolle (Art. 100 Abs. 1 GG)	BvL	3.147	27	36	15	25	26	3276
Nachprüfung von Völkerrecht (Art. 100 Abs. 2 GG)	BvM	15	–	–	9	–	–	24
Vorlagen von Landesverfassungsgerichten (Art. 100 Abs. 3 GG)	BvN	8	–	–	–	–	–	8
Fortgelten von Recht als Bundesrecht (Art. 126 GG)	BvO	151	–	–	–	–	–	151
Sonst. durch Bundesgesetz zugewiesene Fälle (Art. 93 Abs. 2 GG) – ab 1971	BvP	6	–	–	–	–	–	6
Einstw. Anordnung (§ 32 BVerfGG) und – bis 1970 – sonstige Verfahren	BvQ	1.157	98	123	108	110	88	1.684
Verfassungsbeschwerden (Art. 93 Abs. 1 Nr. 4a, 4b GG)	BvR	126.962	4.483	4.523	5.055	5.434	4.967	151.424
Plenarentscheidungen (§ 16 Abs. 1 BVerfGG)	PBvU	3	–	1	–	–	–	4
Summe aller Verfahren		132.002	4.620	4.692	5.200	5.589	5.105	157.233

Abbildung 40: Erledigungen nach Verfahrensarten (Plenar-/Senats- und Kammerentscheidungen) 2001-2005 (nach: www.bundes verfassungsgericht.de/organisation/gb2005/A-I-5.html)

Verfahrensart	AZ	Bis 2000	2001	2002	2003	2004	2005	gesamt
Verwirkung von Grundrechten (Art. 18 GG)	BvA	3	–	–	–	–	–	3
Verfassungswidrigkeit von Parteien (Art. 21 Abs. 2 GG)	BvB	4	–	–	1	–	–	5
Wahl- und Mandatsprüfung (Art. 41 Abs. 2 GG)	BvC	110	10	–	–	1	12	133
Präsidentenanklage (Art. 61 GG)	BvD	–	–	–	–	–	–	–
Organstreit (Art. 93 Abs. 1 Nr. 1 GG)	BvE	61	7	4	–	4	8	84
Abstrakte Normenkontrolle (Art. 93 Abs. 1 Nr. 2 GG)	BvF	81	2	6	2	2	3	96
Bund-Länder-Streit (Art. 93 Abs. Nr. 3 u. Art. 84 Abs. 4 Satz 2 GG)	BvG	20	1	3	1	–	–	25
Andere öffentlich-rechtliche Streitigkeiten (Art. 93 Abs. 1 Nr. 4 GG)	BvH	37	–	–	–	1	–	38
Richteranklage (Art. 98 Abs. 2 und 5 GG)	BvJ	–	–	–	–	–	–	–
Verfassungsstreitigkeiten innerhalb eines Landes (Art. 99 GG)	BvK	14	2	–	1	1	1	19
Konkrete Normenkontrolle (Art. 100 Abs. 1 GG) – Senate – Kammern (seit 11.8.1993)	BvL	976 112	4 8	8 11	6 10	6 8	6 8	1.006 157
Nachprüfung von Völkerrecht (Art. 100 Abs. 2 GG)	BvM	7	–	–	–	–	–	7
Vorlagen von Landesverfassungsgerichten (Art. 100 Abs. 3 GG)	BvN	5	–	–	–	–	–	5
Fortgelten von Recht als Bundesrecht (Art. 126 GG)	BvO	19	–	–	–	–	–	19
Sonst. durch Bundesgesetz zugewiesene Fälle (Art. 93 Abs. 2 GG) – ab 1971 –	BvP	5	–	–	–	–	–	5
Einstw. Anordnung (§ 32 BVerfGG) und – bis 1970 – sonstige Verfahren	BvQ	795	90	97	93	101	69	1.245
Verfassungsbeschwerden (Art. 93 Abs. 1 Nr. 4a, 4b GG) – Senate – Richterausschüsse bzw. Kammern	BvR	3.855 104.786	11 4.460	13 4.335	21 4.413	27 5.213	24 4.687	3.951 127.894
Plenarentscheidungen (§ 16 Abs. 1 BVerfGG)	PBvU	3	–	–	–	1	–	4
Summe aller Verfahren		110.893	4.595	4.477	4.549	5.364	4.818	134.708

Seit Gründung des Gerichts im Jahr 1951 waren bis zum Ende des Jahres 2005 157.233 Verfahren dort anhängig. 151.424 davon waren Verfassungsbeschwerden. Das macht einen Anteil von 96,3% aus. Davon hatten 2,5% Erfolg. Hinzu kamen 3.437 Normenkontrollverfahren (abstrakte und konkrete), acht Parteiverbotsverfahren und 2.339 andere Verfahren, z.b. Bund-Länder-Streitigkeiten, Organ- und andere Verfassungsstreitigkeiten in Bund und Ländern (www.bundesverfassungsgericht.de/organisation/gb2005/A-I-1.html).

6.5.2 Nationales Verfassungsrecht und EU: Ein besonderes Problem für Deutschland?

Nationales Verfassungsrecht bzw. nationale Verfassungsrechtsprechung ist institutionell zweimal mit europäischer Rechtsprechung konfrontiert: Seit 1959 gibt es den Europäischen Gerichtshof für Menschenrechte in Straßburg, der die Aufgabe übernommen hat, den Schutz der in der Europäischen Menschenrechtskonvention niedergelegten Rechte zu garantieren. Dies kann (nach Ausschöpfung des Rechtsweges im betreffenden Nationalstaat) durch Individualklage oder durch Staatsbeschwerde, d.h. in der Form der Beschwerde eines Staates gegen den anderen geschehen. Der Gerichtshof der Europäischen Gemeinschaft (EuGH) in Luxemburg ist dagegen für die Auslegung des Gemeinschaftsrechts und für den Schutz der Grundrechte gegenüber der Hoheitsgewalt der Gemeinschaft zuständig sowie das Bundesverfassungsgericht für diesen Grundrechtsschutz in Deutschland zuständig ist.

Das Verhältnis zwischen nationalem Verfassungsrecht und der EU, konkretisiert an dem des Bundesverfassungsgerichtes zum EuGH, ist für die Einordnung der Bedeutung des deutschen Verfassungsgerichtes unter drei Gesichtspunkten von besonderem Interesse:

- unter dem Gesichtspunkt, dass Souveränität – verstanden als politisch wirksam werdende Letztentscheidungsgewalt – in unserem politischen System v.a. als Verfassungssouveränität verstanden und gelebt wird und dass sich diese Verfassungssouveränität als Verfassungsgerichtssouveränität konkretisiert;
- bezüglich der Frage, welche Rückwirkungen europäisches Recht und europäische Rechtsprechung für das Verständnis des Verfassungsrechtes haben und
- die Kompetenzfrage bei Kollisionen betreffend.

Dass nicht nur das Souveränitätsverständnis, sondern auch die verantwortungsethischen und emotionalen Bindungen der Bürgerschaft in Deutschland als Verfassungssouveränität und Verfassungspatriotismus (Sternberger 1979/Habermas 1985) gelebt werden, hat, wie wir weiter oben schon sahen, historische Gründe und hat sich gerade auf Grund einer fehlenden demokratischen Tradition bewährt. Wenn nun im Rahmen des europäischen Integrationsprozesses die Nationalstaaten Souveränität und Kompetenz (v.a. auch i.S. der Kompetenz-Kompetenz abgeben[185]), so werden Fragen bezüglich der Legitimation des supranationalen politischen Handelns laut. So kann das britische Volk seine Souveränität, die es selbst als Parlamentssouveränität lebt, schwerlich auf ein EU-Parlament übertragen, das nur eingeschränkte Kompetenzen hat und dessen Zusammensetzung Folge unterschiedlicher nationaler Wahlsysteme ist. Wie aber stellt sich für Deutschland die Situation dar, wenn es einerseits keine europäische Verfassung gibt (der 2005 zunächst am Nein der französischen und niederländischen Bevölkerung gescheiterte Verfassungsvertrag könnte diese Funktion nicht vollständig übernehmen), ebenso wenig eine europäische Nation oder ein europäisches Volk, die EU aber durch ihre Organe nicht nur bindende Rechtsakte gegenüber den Mitgliedsstaaten erlassen kann, sondern Kommission bzw. Rat sich durch Entscheidungen, Verordnungen und Richtlinien „Durchgriffsbefugnis" in den Mitgliedstaaten geschaffen haben (Randelzhofer 1995: 127)?[186] Wie kommt in diesem Zusammenhang die „Letztentscheidungsbefugnis" des Bundesverfassungsgerichtes zu ihrem Recht?

Aus heute weitgehend anerkannter Sicht des EuGH kommt dem Gemeinschaftsrecht (sofern dies unmittelbare Wirkung entfaltet) Vorrang auch vor nationalem Verfassungsrecht zu (Hirsch 1996: 15). Bezüglich des Grundrechtsschutzes in Deutschland gibt es allerdings ein interessantes „Wechselspiel" der Beurteilung des Verhältnisses nationalen Verfassungsrechtes und europäischen Vertragsrechtes. 1974 hatte das Bundesverfassungsgericht in seinem „Solange-I-Urteil" die Auffassung vertreten, dass es auch weiterhin für den Grundrechtsschutz zuständig bliebe: „Solange der Intergrationsprozeß der Gemeinschaft nicht soweit fortgeschritten ist, dass das Gemeinschaftsrecht auch einen von einem Parlament beschlossenen und in Geltung stehenden formulierten Katalog von Grundrechten enthält, der dem Grundrechtskatalog des Grundgesetzes adäquat ist, ist (...) die Vorlage eines Gerichtes der Bundesrepublik Deutschland an das Bundesverfassungsgericht im Normenkontrollverfahren zulässig und geboten, wenn das Gericht die für es entscheidungserhebliche Vorschrift des Gemeinschaftsrechts in der vom Europäischen

---

[185] Mit der Frage der Kompetenz-Kompetenz der EU, d.h. des Rechtes, sich staatliche bzw. suprastaatliche Aufgaben zu suchen und die Ausübung an sich zu binden, hat sich das Bundesverfassungsgericht in seinem „Maastricht-Urteil" beschäftigt (BVerfGE 89, 155 (181)). Es ist darin zu dem Schluss gekommen, dass die Übertragung weiterer Befugnisse an die EU jeweils Vertragsänderungen voraussetze, die wiederum der Zustimmung durch die nationalen Parlamente bedürften. Nur so könne verhindert werden, dass die Kompetenzen des Bundestages i.S. von Art. 38 GG in einem Maße ausgehöhlt würden, das eindeutig zu dem in Art. 79 III GG verankerten Demokratieprinzip im Widerspruch stünde.

[186] Diese „Durchgriffsbefugnis" ist noch mit zusätzlichen Sanktionsmöglichkeiten bei Nichtbeachtung in den Mitgliedstaaten versehen. Entsprechend der Leitlinien für das Verfahren zur Festsetzung von Geldbußen, die gemäß Artikel 15 Absatz 2 der Verordnung Nr. 17 und gemäß Artikel 65 Absatz 5 EGKS-Vertrag festgesetzt werden, können z.B. gegen Unternehmen erhebliche Geldstrafe festgesetzt werden. Ebenso können Mitgliedstaaten zur hohen Geldstrafen verurteilt werden, wenn sie z. B. eine EU-Richtlinie nicht rechtzeitig oder sachlich entsprechend umsetzen (Artikel 226 EUV nach Amsterdam).

Gerichtshof gegebenen Auslegung für unanwendbar hält, weil und soweit sie mit einem der Grundrechte des Grundgesetzes kollidiert" (BVerfGE 37, 271). 1986 folgte die „Solange-II-Entscheidung" des Bundesverfassungsgerichtes. Hier vertrat es die Auffassung, dass es seine Kompetenzen solange an den EuGH abgebe bzw. sich aus der ihm von Verfassungswegen zugesprochenen Aufgabe zurückziehe, wie es den Schutz durch die europäische Rechtsprechung gewährleistet sah (BVerfGE 73, 339).

Im so genannten „Maastricht-Urteil" (BVerfGE 89, 155) hat das Bundesverfassungsgericht sich wieder eingehend mit dem Verhältnis nationalstaatlicher und europäischer Kompetenzen auseinandergesetzt und ist zu dem Schluss gekommen, dass es sich selbst in einem „Kooperationsverhältnis" zum EuGH sehe, wonach dieser „den Grundrechtsschutz in jedem Einzelfall für das gesamte Gebiet der Europäischen Gemeinschaften garantiert" (BVerfGE 89, 155 (175)). Gleichzeitig aber argumentierte es folgendermaßen: „Das Bundesverfassungsgericht gewährleistet durch seine Zuständigkeit (...), daß ein wirksamer Schutz der Grundrechte für die Einwohner Deutschlands auch gegenüber der Hoheitsgewalt der Gemeinschaften generell sichergestellt und dieser dem vom Grundgesetz als unabdingbar gebotenen Grundrechtsschutz im wesentlichen gleich zu achten ist, zumal den Wesensgehalt der Grundrechte generell verbürgt" (ebenda: 174/175). Dennoch hat es im Hinblick auf die Kompetenzverschiebung hin zur europäischen Ebene argumentiert, dass es den deutschen Staatsorganen aus verfassungsrechtlichen Gründen nicht möglich sei, kompetenzwidrige Akte der EG in Deutschland anzuwenden (BVerfGE 89, 155 (188). Eine neue Variante im Spannungsfeld zwischen europäischer Rechtsprechung und Bundesverfassungsgericht zeigte sich schon 2004, als das Bundesverfassungsgericht sich mit einer Entscheidung des Europäischen Gerichtshofs für Menscherechte vom 26. Februar 2004 auseinandersetzte und in seinen Leitsätzen formulierte, dass zwar die Gewährleistung der Konventionen zum Schutze der Menschenrechte und Grundfreiheiten mit zur staatlichen Bindung an Gesetz und Recht gehöre (Art. 20 Abs. 3 GG), dass aber sowohl „die fehlende Auseinandersetzung mit einer Entscheidung des Gerichtshofes als auch deren gegen vorrangiges Recht verstoßende schematische ‚Vollstreckung'" gegen Grundrechte in Verbindung mit dem Rechtsstaatsprinzip verstoßen können (2 BvR 1481/ 04 vom 14. Oktober 2004). Diese zarte „Abwehrhaltung" verstärkte das Bundesverfassungsgericht 2005: Zunächst befasste sich der EuGH mit der Frage, ob die Inhalte eines europäischen Rahmenbeschlusses, der nicht rechtzeitig in nationales Recht umgesetzt worden war, dennoch von den nationalen Gerichten berücksichtigt werden müssen.[187] Er kam zu dem Schluss, dass solche Rahmenbeschlüsse durchaus zwingenden Charakter haben (EuGH, Rs. C-105 Ziff. 34) und von den nationalen Gerichten zu berücksichtigen seien, so weit es die Grenzen des nationalen Rechts, insbesondere des Verfassungs-

---

[187] EuGH, Rs. C-105/03, Maria Pupino, abgedruckt in: Neue Juristische Wochenzeitschrift 2005, S. 2839 ff.

rechts zulassen (ebenda Ziff. 44). Am 18. Juli 2005 setzte das Bundesverfassungsgericht dann aber einen solchen Rahmenbeschluss, denjenigen zum „Europäischen Haftbefehl" außer Kraft, da dieser gegen eine Reihe von Grundrechten des GG verstoße und materiell verfassungswidrig sei (2 BvR 2236/04).

Hier lässt sich also durchaus von einem nicht eindeutigen Verhältnis verfassungsrichterlicher und europäischer Rechtsprechung ausgehen, das sich mit zunehmendem Integrationsprozess eher konfliktär als harmonisch zu gestalten scheint und die Frage danach aufwirft, „wer die Befugnis besitzt, letztinstanzlich zu entscheiden, ob Gemeinschaftsrecht grundrechts- und kompetenzkonform ist. Es geht also darum, wer insoweit das letzte Wort hat, das Bundesverfassungsgericht oder der Europäische Gerichtshof" (Hirsch 1996: 15). Diese Frage ist v.a. auch wegen der in der Folge des Vertrages von Maastricht notwendig gewordenen und vollzogenen Grundgesetzesänderungen (insbes. Art. 23 neu und Art. 24 GG) so bedeutsam, da sie die Grundlage für weitgehende Hoheitsübertragungen an die EU liefern. Diesen Hoheitsübertragungen sind im Wesentlichen durch Art. 23 I GG in der neuen Fassung Grenzen gesetzt, der eine Mitwirkung Deutschlands an der Verwirklichung eines vereinten Europas daran bindet, dass die Europäische Union demokratischen, rechtsstaatlichen, sozialen und föderativen Grundsätzen verpflichtet ist und einen dem Grundgesetz vergleichbaren Grundrechtsschutz bietet. Wer entscheidet aber letztinstanzlich hier im Konfliktfall? Schließlich ist aus Sicht des Bundesverfassungsgerichtes (BVerfGE 89, 155) die Handlungskompetenz der EU und ihrer Gremien sowie Institutionen an weitere Zustimmungsgesetze bei Erweiterung und ansonsten an die Gültigkeit von Art. 23, 24 und 38 GG gebunden und findet zugleich dadurch ihre Grenzen. Die Europäische Gemeinschaft – im Wesentlichen als Rechtsgemeinschaft konstituiert – ist in ihrem Handeln und im Prozess der weiteren Integration auf die Akzeptanz einer Letztentscheidungsgewalt beim EuGH angewiesen. „Dies bedeutet, daß der Europäische Gerichtshof, nicht das Bundesverfassungsgericht, auch die Letztverantwortung irreversiblen Irrens trägt" (Hirsch 1996: 15). Für das Bundesverfassungsgericht genauso wie für die in Deutschland gelebte Verfassungssouveränität werden hiermit eine Reihe – bisher noch nicht gelöster – Fragen zum Selbstverständnis aufgeworfen, die – genau betrachtet – nur mit der Verabschiedung einer Europäischen Verfassung (nicht des Verfassungs-Vertrages) beantwortet werden können.

Das Bundesverfassungsgericht nimmt in die Riege der Verfassungsinstitutionen und insbesondere im Zusammenhang des Konzepts von der „Verfassungssouveränität eine zentrale Stellung ein, es ist gleichwohl v. a. in den 90er Jahren einer starken sowohl intern als auch extern veranlassten Reformdiskussion ausgesetzt gewesen, die das Kapitel zu den Verfassungsinstitutionen abschließen soll.

6.5.3 Reformdiskussion und Reformerfordernisse

Im Verlaufe der 90er Jahre gab es eine regelrechte Konjunktur zur Rolle und Funktionen von Verfassungsgerichten (z.b. Volcansek 1992 und 2000; Shapiro/ Stone 1994; Vanberg 1998, Stone Sweet 2000 und 2002; Jackson/ Tate 1993; in Teilen Lijphart 1999 sowie Scharpf 2000). Die Ursachen dafür sind zweifach begründet. Zum einen drängten Fragen nach der Bedeutung und nach der spezifischen Rolle von Verfassungsgerichten im politischen Prozess immer stärker in den Vordergrund, zum anderen erwies sich die Diskussion um die Verfassungsgerichtsbarkeit in den post-kommunistischen Gesellschaften als Agendasetter in der politikwissenschaftlichen Analyse.

Im Zentrum der Diskussion um das Bundesverfassungsgericht stand dabei v. a. die Frage nach seinen spezifischen Funktionen im Verbund der Verfassungsinstitutionen. Ohne Zweifel war dabei zu konstatieren, dass es im Zusammenhang der Kontextfaktoren des politischen Systems Deutschlands ein strategisch handelnder Akteur ist. Mit der Einschränkung, dass Verfassungsgerichte erst dann ihre unterschiedlichen Rollen übernehmen können, wenn sie angerufen werden, hat schon Hans Kelsen (1929) darauf hingewiesen, dass bei Verfassungsgerichten grundsätzlich zwei Typen des Agierens zwischen Rechtssprechung und Gesetzgebung auszumachen seien, die sich nach dem Typ der Grundrechte unterscheiden, die behandelt würden: Sie griffen aktiv in den Gesetzgebungsprozess ein, wenn es ihm um den Schutz von „negativen" Grundrechten (Abwehrrechte) ginge, überließen dagegen dem Gesetzgeber weitgehend das Feld der Gestaltung, wenn es um positive Grundrechte (mit wirtschaftlichem oder sozialen Bezug) ginge, so argumentierte er. Eine solche Einteilung der Aktionstypen ist – auch wenn sie jüngst wieder aufgenommen worden ist (Sieberer 2006) ein systematischer Erklärungswert abzusprechen. Dies lässt sich gut an dem Beispiel der Urteilssprechung zum Familienlastenausgleich verdeutlichen: Hier ging es primär um das soziale Schutz- und Förderungsgebot gegenüber der Familie, und dennoch war die Rechtssprechung des Bundesverfassungsgerichtes hier weitgehend gesetzesgestaltend.

Die Position des Bundesverfassungsgerichtes lässt sich im Rahmen eines Spannungsfeldes markieren, das durch drei Spannungslinien zu kennzeichnen ist:

- zwischen Bundesverfassungsgericht und politischem Prozess,
- zwischen Bundesverfassungsgericht und Rechtsbewusstsein der Bürger
- und zwischen Bundesverfassungsgericht und Fachgerichtsbarkeit (Isensee 1996: 13).

Das Spannungsverhältnis zur Politik ist einerseits dadurch zu beschreiben, dass dem Bundesverfassungsgericht von der Politik nicht nur in Einzelfällen originär politische Aufgaben, wie die Interessendurchsetzung im politischen Prozess, übertragen werden. Beispiele für diese Politikunfähigkeit von Parlament und Regierung sind die

Debatten über § 218 StGB, UNO-Einsätze der Bundeswehr, das Arbeitskampfrecht, wenn es um Streik und Aussperrung geht, der weiter oben skizzierte Familienlastenausgleich oder das LER-Verfahren (dazu Lhotta 2002). Ein weiteres Beispiel zeigt sich in der Klageflut zu den „Hartz-IV"-Gesetzen. Bis Anfang 2007 sind bereits 100.000 Klagen eingegangen, was dazu führte, dass das Kassler Bundessozialgericht zusätzliche Richter einstellen musste (http://www.n-tv.de/7593 69.html). Ein Teil dieser Klagen wird auf das Bundesverfassungsgericht zulaufen. In all den Fällen haben die gesetzgebenden Körperschaften weitgehend versagt, weil sie sich mit wesentlichen politischen Fragen nicht auseinandergesetzt haben oder handwerklich „unsauber" gearbeitet haben. Folgenschwer ist dies nicht nur, weil dem Bundesverfassungsgericht dadurch Aufgaben zugemutet werden, für die es nicht zuständig ist, sondern auch weil das Vertrauen in „die Gesetzgebung und ihre rechtsschöpfenden Kraft" genauso schwindet wie die Überzeugung, dass sich eine entsprechende Politik eine erwähnenswerte Steuerungsfähigkeit erhalten habe (Scholz 1995: 93). Inkrementalistische Politik ist daher oft die Praxis. Auch nach der Jahrtausendwende hat sich an der Positionierung der Fronten im Spannungsfeld zwischen Verfassungsgerichtsbarkeit und parlamentarischer Entscheidungsfindung nicht viel geändert. Pointiert kritisierten sowohl der ehemalige Bundesverfassungsrichter Kirchhof als auch der Präsident des Bundesverfassungsgerichtes Papier die schleichende Entparlamentarisierung der Politik (Kirchhof 2004; Papier 2003).

Andererseits gelangen durch die Strukturen des „Verhandlungsstaates" für die Verfassungswirklichkeit zentrale Fragen erst gar nicht zur Klärung, da dem Bundesverfassungsgericht die Initiativgewalt fehlt. Gefahr droht so „vom Unterlassen einer verfassungsrichterlichen Klärung in verfassungsheiklen Fragen, wenn alle politischen Akteure sich präterkonstitutionell arrangieren, etwa wenn der parlamentarische Antagonismus von Regierung und Opposition praktisch ausfällt" (Isensee 1996: 13).

Nicht zu übersehen ist, dass dieses Spannungsverhältnis zwischen Politik und Verfassungsjustiz auch durch das Verhalten des Bundesverfassungsgerichts selbst geprägt wird, das sich durchaus als zuweilen nicht seiner Funktion entsprechend kennzeichnen lässt. Dies gilt z.B., wenn es in seinen Urteilen detaillierte inhaltliche Vorgaben für die Gesetzgebung macht, so etwa geschehen im „Abtreibungsurteil" 1993 oder im „Parteienfinanzierungsurteil" von 1992 (darauf wird in Kap. 8 noch einmal ausführlicher eingegangen). Es gilt noch ausgeprägter, wenn es nicht nur Vorgaben für die Überarbeitung der Gesetze macht, sondern regelrechte Gesetzgebungsaufträge formuliert, wie z.B. im Rahmen seiner Rechtsprechung zum Familienlastenausgleich. Hier lässt sich das Bundesverfassungsgericht zum „Ersatzgesetzgeber" machen, versucht politische Steuerungsfunktionen zu übernehmen, wo der politische Prozess versagt. Der Supreme Court der USA kennt in diesem Zusammenhang das Instrument des „judical self-restraint", der richterlichen Selbstbeschränkung, die sich in der Zurückweisung von Klagen eindeutig politischer Natur äußert („political-question-doctrin") (Säcker 2003: 22). Die Übertragbarkeit auf

Deutschland muss allerdings auf Grund der vom Grundgesetz sehr umfassend geregelten Kompetenz des Bundesverfassungsgerichtes bezweifelt werden. Die politikwissenschaftliche Forschung zum Bundesverfassungsgericht als speziellem Akteur im Kontext der deutschen Politik hat im Wesentlichen drei Rollen identifiziert: Verhandlungstheoretisch gesehen stellen Verfassungsgerichte wie das Bundesverfassungsgericht wichtige Vetospieler dar, die – sofern sie angerufen werden – die Gestaltungsfähigkeit von Legislative und Exekutive maßgeblich einschränken können (Lijphart 1999: 223 ff.). Dagegen ist es aber auch möglich, dass Verfassungsgerichte Selbstblockaden des politischen Systems auflösen, indem sie einerseits entsprechende Änderungen der Interaktionsformen von politischen Akteuren bedingen (Scharpf 2000) oder aber im Zusammenhang der Verhandlung nach Lösungen suchen, die zum Ausgleich der unterschiedlichen Interessen führen, z. B. durch Vergleiche. Ein treffendes Beispiel für ein solches eher die Interessen „modulierendes" Verfahren ist das zum brandenburgischen LER-Unterricht (Lhotta 2002: 1080 ff.). Hier hat das Bundesverfassungsgericht nämlich die große Anzahl sehr unterschiedlicher Interessenvertreter durch einen Verfahrensvorschlag dazu gebracht, sich einvernehmlich zu einigen und somit die gerichtliche Entscheidung vermieden (BVerfGE 1 BvF 1/96 vom 11.12.2001). Eine dritte Rolle übernimmt das Bundesverfassungsgericht schließlich als Agendasetter. Das eindrücklichste Beispiel dafür sind die Verfahren zum Familienlastenausgleich aus den 90er Jahren. Waren hier teilweise Detailfragen zur Höhe des Kindergeldes oder zur Anerkennung der Kindererziehungszeiten in der Rentenversicherung, die die Verfahren auslösten, so hat das Gericht die Gelegenheit genutzt den gesamten familienpolitischen Diskurs neu auf das Ziel der Leistungsgerechtigkeit hin auszurichten, was durch exekutive oder legislative Prozesse allein so nie möglich gewesen wäre (Gerlach 2000 und 2004).

Gerade im Hinblick auf das Verhältnis zwischen Bundesverfassungsgericht und Politik ist also nicht von einem quasi mechanischen Verhältnis auszugehen, sondern von einem durch die Kontextfaktoren des jeweiligen Verfahrens stark beeinflussten und von Fall zu Fall variierendem.

Das Spannungsverhältnis zwischen Bundesverfassungsgericht und Bürgern ist u. a. durch das teilweise Auseinanderweichen der Interpretation des Wertekerns der Verfassung durch das Gericht einerseits und durch die Bürgerschaft andererseits bedingt. Der Verfassungsrechtler Rupert Scholz hat u. a. schon auf dem Juristentag 1996 darauf aufmerksam gemacht, dass es um eine Erhaltung oder sogar Wiederherstellung des Ansehens des Bundesverfassungsgerichtes gehe, das durch „etwas flott formulierte Entscheidungen" (FAZ vom 26. September 1996: 6) beschädigt worden sei. Zu diesen Urteilen gehören insbesondere das „Soldaten sind Mörder-Urteil" (BVerfGE 93, 266) sowie das „Kruzifixurteil" (BVerfGE 93, 1), die nicht nur die Fachgerichte verunsichert haben, sondern auch das Ansehen des Gerichtes in der Bürgerschaft beschädigt haben (Isensee 1996: 13; zum ersten Urteil s. auch: Massing

1997).[188] Hier stellt sich die Frage danach wie lange der im Grundsatz unsere Verfassung tragende Status der Letztentscheidung durch das Bundesverfassungsgericht bestehen bleiben kann, wenn Gerichtsentscheidungen und Fach- sowie Bevölkerungsauffassung weit auseinanderstreben. Die spezielle Funktion des Gerichtes, über den Wertekern unserer Verfassung zu wachen, verbietet selbstredend die Einordnung seiner Urteile als „falsch" oder „richtig". Was aber geschieht, wenn in der Urteilsschelte nicht nur Kritik am Verfassungsgericht geübt wird, sondern der Konsens zentraler Verfassungswerte aufgekündigt wird (Leutheusser-Schnarrenberger 1996: 12)? Urteile, die wie die zitierten demoskopischen Ergebnisse zeigen, von den Bürgern als regelrecht „unsittlich" empfunden werden,[189] können zu einer Unverbindlichkeit der Verfassungswerte führen, da jenen im Verständnis der Bevölkerung Beliebigkeit unterstellt wird (Isensee 1996: 13). Trotz dieser Einschränkungen genießt aber das Gericht bei den Bürgern in Deutschland hohes Ansehen und sie ordnen ihm zweifelsfrei die Funktion der Gesetzesüberprüfung und des Minderheitenschutzes zu (Patzelt 2005).

Das Verhältnis zwischen Bundesverfassungsgericht und Fachgerichtsbarkeit lässt sich dadurch als Spannungsverhältnis einordnen, dass ersteres immer stärker in Fragen des Fachrechtes, des bürgerlichen Privatrechtes, des Vertragsrechtes u.v.m. eingreift. „Die bisherigen Einzelergebnisse der Zivilrechtsjudikatur des Bundesverfassungsgerichtes sind vielleicht alle gerecht und billig. Doch die Entscheidungsebene ist verfehlt. Das Bundesverfassungsgericht greift von oben und außen in die fachgerichtliche Entwicklung ein, entscheidet ohne hinreichend sichere Maßstäbe zivilrechtliche Kontroversen und überhöht bestimmte Positionen auf Quasi-Verfassungsrang" (Isensee 1996: 13).

Neben den beschriebenen Spannungslinien, in deren Kreuzungspunkt sich das Bundesverfassungsgericht befindet, bedeutet v. a. seine hohe Belastung u. U. eine Gefährdung seiner wichtigen Rolle im politischen System Deutschlands.

„Das Bundesverfassungsgericht will als Atlas die ganze Rechtswelt auf seinen Schultern tragen und überhebt sich", so formulierte Josef Isensee in seinem Eröffnungsvortrag auf dem 61. Juristentag 1996. Das Bundesverfassungsgericht steckte in einer tiefen Legitimations- und Glaubwürdigkeitskrise, so war allenthalben zu vernehmen. U.a. aus diesem Grund hat der Bundesjustizminister 1996 eine Kommission berufen, die bis zum Jahresende 1997 Vorschläge für die Entlastung und die Beseitigung der teilweise mit der Belastung zusammenhängenden Ursachen des

---

[188] In der Zeit zwischen 1985 und 1994 sank der Anteil der Bürger, die das Bundesverfassungsgericht uneingeschränkt positiv beurteilen, von 52% auf 51%, in der Zeit nach diesen Urteilen jedoch auf 40%. Das „Soldaten sind Mörder-Urteil" wurde von 55% der Bürgerschaft im Westen und 51% derjenigen im Osten als Skandal empfunden, dasjenige zum „Kruzifix" wurde von 61% der Bürger im Westen und 30% derjenigen im Osten abgelehnt (Köcher 1995). Ganz offensichtlich haben die Richter hier nicht i.S. eines von der Bevölkerung getragenen Wertekerns geurteilt.
[189] Das Wort „Kruzifix" verpasste den Titel „Wort des Jahres" durch die Gesellschaft für deutsche Sprache 1995 nur knapp (Frankenberg 1996: 218).

Ansehensverfalls machen sollte. Diese in den 90er Jahren diagnostizierte „Glaubwürdigkeitskrise" kann aber im Hinblick auf die Belastung des Gerichts auch als Indiz dafür herangezogen werden, dass es sich bei den Bürgern und Bürgerinnen als außerordentlich beliebtes Verfassungsorgan erwiesen hat, dem 2006 ca. 6.000 Verfahren angetragen worden sind und das im selben Jahr ca. 10.000 Eingaben aller Art erreicht haben. Ihm wird darum zuweilen der Titel „Kummerkasten der Nation" verliehen (FAZ 28. Dezember 2006: 1/2).

Reformbestrebungen bezüglich des Bundesverfassungsgerichtes lassen sich mit den folgenden Zielrichtungen ausmachen:

Entlastung durch Reduzierung in der Zahl von Verfahren sowie Änderungen im Verfahrensweg tun ebenso Not wie ein Schutz des Verfassungsgerichts vor einer Flut zweckfremder Verfahren. Alarmierend ist neben der Urteilsschelte aus der Bevölkerung und der Fachgerichtsbarkeit v.a. auch diejenige aus den eigenen Reihen, die sich an der steigenden Zahl und der geänderten Qualität der Sondervoten ablesen lässt. Das Sondervotum ist zwar ein der Bedeutung und der Differenziertheit verfassungsrichterlicher Rechtssprechung angemessenes Instrument, es ist allerdings dazu da, von der Mehrheitsmeinung im Gericht abweichende Sachmeinungen darzustellen und zu begründen, nicht jedoch das Mehrheitsurteil zu kritisieren, wie es dadurch geschehen ist, dass argumentiert wurde, die Urteile verletzten das „Minimum der Logik", seien „inhaltsleer und ohne Überzeugungskraft", „stellten die Rechtsprechung auf den Kopf" und „unterliefen Verfassungsgrundsätze" (Isensee 1996: 13).

Das Ansehen des Bundesverfassungsgerichtes weist aber andererseits auch „Kratzspuren" auf, weil das Gericht mit wachsender Tendenz dazu neigt, die Aufgaben der Fachgerichte zu übernehmen und sich in deren Rechtsprechung einzumischen. Mit dem grundrechtlich gesicherten Anspruch auf rechtliches Gehör wird so vielfach der Weg zum Bundesverfassungsgericht unmittelbar aus den unteren Instanzen beschritten. Trotz der immer wieder geäußerten Bekundung des Bundesverfassungsgerichtes, es sei kein Superrevisionsgericht, übernimmt es faktisch entsprechende Aufgaben. Dies geschieht nicht zuletzt durch die Möglichkeit der „stattgebenden" Entscheidung der Kammern, die diese in Vertretung eines Senats haben, sofern die Auffassung besteht, dass die in Frage stehenden verfassungsrechtlichen Probleme hinreichend geklärt sind (FAZ vom 26. September 1996: 6).

Ein Teil – und zwar der kleinere – der dargestellten Probleme der Verfassungsgerichtsbarkeit in Deutschland kann durch Reformen im Verfahren gelöst werden. Der größere Teil harrt weiter seiner Lösung, deren Eckwerte sich jedoch nicht in Bezug auf Verfahrensänderungen definieren lassen, sondern im Spannungsfeld der politischen Kultur und v.a. des politischen Prozesses liegen. Eine Rückbesinnung der Politik auf ihre Aufgaben und nicht die weitere Flucht vor der Austragung (partei)politischer Kontroversen kann hier genauso helfen, wie der Verzicht des Bundesverfassungsgerichtes auf Eingriffe in die Gesetzgebungsfunktion und die Fachgerichtsbarkeit mit dem Argument des Grundrechtsschutzes.

7 Wahlen: Möglichkeiten und Grenzen der politischen Gestaltung

Wahlen stellen in der repräsentativen Demokratie die wesentlichste Form der Partizipation von Bürgern (und Bürgerinnen) am politischen Prozess dar. Sie bilden zugleich die Basis der Legitimation für das Handeln der Volksvertreter in den Parlamenten und anderen durch sie gebildeten Körperschaften sowie in den durch sie besetzten Ämtern. Nicht zuletzt bestimmen sie die Zyklizität des politischen Prozesses: Auf sie sind „Ertragsorientierung" und Außendarstellung der Politik gerichtet, die Teilnahme an ihnen bildet das wesentliche Ausschlusskriterium, durch das Parteien von anderen politischen Gruppierungen unterschieden werden (vgl. dazu Kap. 8).

Semantisch gesehen bedeutet wählen zu können, gleichzeitig auch eine Auswahl zwischen unterschiedlichen, zumindest zwischen zwei Möglichkeiten zu haben. In der Realität politischer Systeme gab und gibt es aber auch Wahlen, die keine Möglichkeit zu einer frei bestimmten Auswahl bieten. So sah z.B. auch Art. 54 der DDR-Verfassung das Recht auf freie, allgemeine, gleiche und geheime Wahlen vor, wobei nicht die freie Bestellung einer politischen Vertretungskörperschaft Ziel dieser Wahlen war, sondern die Erzeugung des Scheins von Legitimität politischen Handelns.

Unterschieden nach den tatsächlich, vorgeblich bzw. eingeschränkt oder nicht bestehenden Auswahlmöglichkeiten hat sich eine Klassifikation von Wahlen eingebürgert, in der nach kompetitiven, semi-kompetitiven und nicht-kompetitiven Wahlen unterschieden wird. Dieser Unterscheidung entspricht gleichzeitig eine Zuordnung zu bestimmten Grundstrukturen der politischen Systeme:

Abbildung 41: Bedeutung und Funktion von Wahlen

	kompetitive Wahlen	semi-kompetitive Wahlen	nicht-kompetitive Wahlen
Bedeutung im politischen Prozess	hoch	niedrig	gering
Auswahlmöglichkeit	hoch	begrenzt	keine
Wahlfreiheit	gesichert	eingeschränkt	aufgehoben
Wird die Machtfrage gestellt?	ja	nein	nein
Legitimierung des politischen Systems	Ja	wird versucht/kaum	kaum oder gar nicht
Typ des politischen Systems	demokratisch	autoritär	Totalitär

(Quelle: Nohlen 1990: 23)

Wir wollen unsere Betrachtungen im Folgenden auf die kompetitiven Wahlen in Demokratien beschränken und für die Darstellung der deutschen Verhältnisse schwerpunktmäßig auf die Wahlen zum Bundestag. Diejenigen zu den Länderparlamenten und zu den Kommunalvertretungskörperschaften werden dann von Interesse sein, wenn es um die Schilderung von Abweichungen gegenüber der Bundestagswahl geht.

Ohne hier schon im Einzelnen die Beschränkungen des kompetitiven Charakters mit einzubeziehen, die sich durchaus auch für Wahlen in demokratischen Systemen ergeben können, können diese grundsätzlich die folgenden Funktionen übernehmen (ebenda: 25f.):

- „Legitimierung des politischen Systems und der Regierung einer Partei oder Parteienkoalition;
- Übertragung von Vertrauen an Personen oder Parteien;
- Rekrutierung der politischen Elite;
- Repräsentation von Meinungen und Interessen der Wahlbevölkerung;
- Verbindung der politischen Institutionen mit den Präferenzen der Wählerschaft;
- Mobilisierung der Wählerschaft für gesellschaftliche Werte, politische Ziele und Programme, parteipolitische Interessen;
- Hebung des politischen Bewußtseins der Bevölkerung durch Verdeutlichung der politischen Probleme und Alternativen;
- Kanalisierung politischer Konflikte in Verfahren zu ihrer friedlichen Beilegung;
- Integration des gesellschaftlichen Pluralismus und Bildung eines politisch aktionsfähigen Gemeinwillens;
- Herbeiführung eines Konkurrenzkampfes um politische Macht auf der Grundlage alternativer Sachprogramme;
- Herbeiführung einer Entscheidung über die Regierungsführung in Form der Bildung parlamentarischer Mehrheiten;
- Einsetzung einer kontrollfähigen Opposition;
- Bereithaltung des Machtwechsels".

Anders als die oben aufgeführte Unterscheidung von Wahlen nach dem Ausmaß der realen Gestaltungsmöglichkeiten des Souveräns im Akt der (Aus)wahl, können wir Wahlen auch nach dem ihnen zu Grunde liegenden System bzw. dem Verfahren der Entscheidungsfindung differenzieren, wodurch auch die beiden Haupttypen unterschiedlicher Wahlsysteme beschrieben werden, denen wir uns nun zuwenden wollen.

7.1 Wahlsysteme und ihre Konsequenzen

Prinzipiell lassen sich zwei Grundtypen von Wahlsystemen unterscheiden: Mehrheitswahl und Verhältniswahl, wobei die erste nach dem System der Entscheidungsregel funktioniert, d.h. die Wahl mit dem Ziel erfolgt, über Gewinner und Verlierer zu entscheiden, die zweite nach dem Repräsentationsprinzip, d.h. mit dem Ziel, die unterschiedlichen in der Wählerschaft vorhandenen Orientierungen im Verhältnis ihrer jeweiligen Bedeutung abzubilden (Woyke 1994: 27). Hier stehen sich also Majorz- und Proporzorientierung als maßgebliche Bestimmungsgrößen der Wahlsysteme gegenüber.

Bei der Mehrheitswahl ist der Kandidat bzw. die Kandidatin gewählt, der bzw. die die Mehrheit der Stimmen erhält. Dies kann – je nach genauer Ausgestaltung des Wahlsystems – eine qualifizierte Mehrheit (Erreichung einer bestimmten Mehrheit, z.B. der Zwei-Drittel-Mehrheit), die absolute Mehrheit (mehr als die Hälfte der Stimmen) oder die relative Mehrheit (die meisten Stimmen) sein.

Nur der gewählte Kandidat bzw. die gewählte Kandidatin erhält dann tatsächlich einen Sitz in der zu wählenden Körperschaft. Konsequenz ist in der Regel die Ein-Parteien-Regierung und ein Zwei-Parteien-System.

Bei der Verhältniswahl dagegen ist das Ziel nicht die Entscheidung über Sieger und Verlierer, sondern die Verteilung der zu vergebenden Sitze nach dem Verhältnis der abgegebenen Stimmen für die jeweiligen Parteien. In der Regel entstehen so eher Koalitionsregierungen und ein pluralistisches Parteiensystem.

Differenzierungen danach, ob in Ein-, Zwei- oder Mehr"mann"-Wahlkreisen gewählt wird, wie die Wahlkreisgröße festgelegt wird, ob Sperrklauseln bestehen, die Mindeststimmenanteile voraussetzen, oder welche Stimmenverrechnungsverfahren benutzt werden zunächst einmal ignoriert, lassen sich die Grundtypen Mehrheits- und Verhältniswahl in ihren Wirkungen auf Regierungsbildung, Interessendurchsetzung und Politikgestaltung folgendermaßen voneinander unterscheiden:

Abbildung 42: Auswirkungen von Mehrheits- und Verhältniswahlsystem

Mehrheitswahlsystem	Verhältniswahlsystem
klare Entscheidungsfindungen, die in der Regel zu Ein-Parteien-Regierungen führt	Abbildung der Interessenpluralität, die in der Regel zu Koalitionsregierungen führt
unterschiedlicher Erfolgswert der Stimmen (je nach dem, ob diese dem Mehrheitskandidaten gegeben wurden, oder dem Minderheitskandidaten)	gleicher Erfolgswert der Stimmen (abgesehen von denjenigen, die Sperrklauseln zum Opfer fallen)
Herausbildung „starker" Regierungen in dem Sinne, dass ohne die Notwendigkeit der Rücksichtnahme auf Koalitionspartner die Konturen parteipolitischer Schwerpunktsetzung erhalten bleiben, eindeutige Zurechenbarkeit von Politik	Koalitionsregierungen, die unter dem Druck des Konsenszwangs Verwässerungen parteipolitischer Schwerpunktsetzungen in Kauf nehmen müssen; verwischte Zurechenbarkeit von Politik

Mehrheitswahlsystem	Verhältniswahlsystem
im Parteiensystem Dominanz großer Parteien (Tendenz zum Zwei-Parteien-System) mit der Gefahr einer Verödung der Parteienlandschaft und der Möglichkeit der Reduzierung von Wahlbeteiligung	differenzierteres Parteiensystem mit Chancen für neue Parteien
Organisation von Hochburgenbildung, um Mandate zu erhalten	
Regierungswechsel führen eher zu inhaltlichen Umschwüngen	extreme inhaltliche Umschwünge sind auf Grund des Zwangs zur Koalitionsbildung eher selten
durchsetzungsorientiert	gerechtigkeitsorientiert
Personalwahl (u.U. verbunden mit geringerem Einfluss der Parteien)	Listenwahl[190] (i. d. R. verbunden mit größerem Einfluss der Parteien)

Die letztendliche Bewertung der Vorzüge bzw. Nachteile des jeweiligen Wahlsystems kann nur unter demokratietheoretischen Aspekten erfolgen. Bei der Verhältniswahl ist oberstes Ziel die proportionale Abbildung der politischen Orientierungen in der Bevölkerung. Das führt dazu, dass auch Parteien mit sehr geringem Stimmenanteil Mandate erhalten und zwingt im politischen Prozess eher zu Formen der konsensorientierten „Verhandlungsdemokratie".

Bei der Mehrheitswahl ist vorrangiges Ziel die Schaffung eindeutiger Mehrheiten und stabiler Regierungen, die zwar durchsetzungsstark sind, aber unter dem Gesichtspunkt der Legitimation ihres Handelns als u.U. die Orientierungen der Bevölkerung nur unzureichend repräsentierend eingestuft werden können. So können beim Mehrheitswahlsystem Parteien, die nur etwa 37% der Stimmen erhalten haben, 60% der Mandate übernehmen (Nohlen 1990: 120).

Hier stehen sich also bei den Befürwortern der unterschiedlichen Wahlsysteme funktional orientierte und partizipatorisch orientierte demokratietheoretische Argumentationen gegenüber. In jedem Fall aber kann davon ausgegangen werden, dass Voraussetzungen für die Anwendung der Mehrheitswahl weitgehende Gleichheit der Lebensverhältnisse in der Bevölkerung, das Bestehen eines politischen Grundkonsensus und schließlich die realistische Möglichkeit zum Regierungswechsel sind (so schon Alexis de Tocqueville n. ebenda: 125).

Wahlsysteme können, müssen aber nicht in der Verfassung festgelegt sein. In Deutschland geschieht die Festlegung des Wahlsystems durch das Bundeswahlgesetz. Eine verfassungsmäßige Bindung des Wahlsystems hat den Vorteil, dass dieses nicht entsprechend der Opportunitätserwägungen der Regierungspartei(en) mit

---

[190] Im deutschen „personalisierten Verhältniswahlrecht" handelt es sich bei Bundestagswahlen im Falle der Zweitstimme um eine Listenwahl. Bei Landtags- und Kommunalwahlen kann die Wählerschaft je nach Bundesland durch spezielle Verfahren (Kumulieren, Panaschieren) Präferenzen für bestimmte Kandidaten oder Kandidatinnen ausdrücken.

einfacher Mehrheit geändert werden kann. Von Nachteil ist eine verfassungsmäßige Bindung sicher im Hinblick auf die erschwerte Anpassung des Wahlsystems an veränderte Bedingungen in der politischen Kultur einer Gesellschaft und insbesondere bezüglich geänderter Partizipationserwartungen der Bevölkerung.

Etwa die Hälfte der westeuropäischen Staaten legt ihr Wahlsystem in der Verfassung fest, in Portugal wird sogar die Einführung einer Sperrklausel im Verfassungsrang verboten. (Ismayr 1997: 36/Jesse 1992a: 175).

Der größte Teil der europäischen Staaten wählt nach Formen der Verhältniswahl. In Großbritannien gilt das strikte relative Mehrheitswahlsystem in Einer-Wahlkreisen, in Italien werden seit den 90er Jahren drei Viertel der Mandate nach dem relativen Mehrheitswahlsystem besetzt, der Rest nach Proporz. In Frankreich, das als einziger europäischer Staat einen mehrfachen Wechsel zwischen Mehrheits- und Verhältniswahlsystem nach dem Zweiten Weltkrieg vollzogen hat (1958, 1985, 1986) wird nach dem absoluten und bei Nichterreichen der notwendigen Mehrheit im zweiten Wahlgang nach dem relativen Mehrheitswahlsystem gewählt (Ismayr 1997: 37).

In vielen der Staaten, in denen nach dem Verhältniswahlrecht gewählt wird, gibt es auch Komponenten der Persönlichkeitswahl. Anders als bei deutschen Bundestagswahlen besteht häufig die Möglichkeit Präferenzen für bestimmte Kandidaten auszudrücken (z.B. durch Kumulieren oder Panaschieren).

Abbildung 43: Wahlsysteme in den westeuropäischen Staaten (bezogen auf die Wahlen des Staatsparlamentes (1. Kammer/zusammengestellt n. den Einzeldarstellungen in Ismayr 1997)

Staat	Wahlsystem
Dänemark	Verhältniswahlsystem mit Elementen von Mehrheitswahl (Grönland, Faroer-Inseln); 2%-Sperrklausel, die durch ein Kreismandat umgangen werden kann[191]
Schweden	Verhältniswahlsystem; 4%-Sperrklausel oder 12%-Stimmenanteil in einem Wahlkreis
Norwegen	Verhältniswahlsystem; 4%-Sperrklausel lediglich bei Ausgleichsmandaten
Island	Verhältniswahlsystem; 5%-Sperrklausel lediglich bei Ausgleichsmandaten
Finnland	Verhältniswahlsystem ohne Sperrklausel[192]
Groß-britannien	Relatives Mehrheitswahlsystem

---

[191] Zusätzlich besteht die Chance in den Folketing einzuziehen, wenn in zwei der drei Regionen Jütland, Inseln und Kopenhagen mindestens so viele Stimmen zusammenkommen wie im Durchschnitt in diesen Regionen nötig sind, um ein Kreismandat zu erhalten.
[192] Nur der Abgeordnete Åhlands wird nach Mehrheitswahlsystem bestimmt.

Staat	Wahlsystem
Irland	Verhältniswahlsystem mit übertragbarer Einzelstimme[193]
Frankreich	Absolutes Mehrheitswahlsystem (1. Wahlg.)
Niederlande	Verhältniswahlsystem ohne Sperrklausel
Belgien	Verhältniswahlsystem ohne Sperrklausel, aber mit Mindeststimmenvorgabe
Luxemburg	Verhältniswahlsystem mit Sperrklausel zwischen 5% und 10%
Deutschland	Personalisiertes Verhältniswahlsystem mit 5%-Sperrklausel bzw. 3 Direktmandaten
Schweiz	Verhältniswahlsystem ohne Sperrklausel (mit Sitzzuordnung für die Kantone nach deren Bevölkerungszahl)
Österreich	Verhältniswahlsystem mit 4%-Sperrklausel (ergänzt durch Momente der Personalisierung[194]
Italien	Mischung aus Mehrheitswahlsystem und Verhältniswahlsystem mit 4%-Sperrklausel[195]
Spanien	Verhältniswahlsystem mit 3%-Sperrklausel
Portugal	Verhältniswahlsystem
Griechenland	Verhältniswahlsystem mit starken Modifizierungen und mehreren Wahlstufen
Malta	Verhältniswahlsystem mit übertragbarer Einzelstimme

Wir wollen uns nun dem deutschen Wahlsystem zuwenden.

7.2 Das deutsche Wahlsystem: Die personalisierte Verhältniswahl

§ 1 des Bundeswahlgesetzes legt seit 1949 die Wahl des Deutschen Bundestages als die „nach den Grundsätzen einer mit der Personenwahl verbundenen Verhältniswahl" fest. Im Rahmen der Verhandlungen des Parlamentarischen Rates hat es eine Reihe von Grundsatzdiskussionen über das zu schaffende Wahlrecht gegeben, in

---

[193] Die Wähler markieren zunächst den Namen des Abgeordneten, den sie wählen möchten mit einer 1, dann denjenigen eines weiteren Kandidaten mit einer 2 für den Fall, dass der erste die Stimme nicht mehr braucht oder keine Chance hat, gewählt zu werden.
[194] Bei der Wahl können Präferenzen für eine bestimmte Person ausgedrückt werden, die jedoch der gewählten Partei angehören muss; Stimmensplitting ist nicht möglich.
[195] 75% der Abgeordneten werden nach dem relativen Mehrheitsprinzip gewählt, 25% werden auf regionaler Ebene proportional auf die Parteienlisten verteilt.

denen die CDU ein reines Mehrheitswahlrecht befürwortete und die SPD an der traditionell von ihr geäußerten Forderung nach einem Verhältniswahlrecht festhielt. Kern des dann gewählten deutschen Verfahrens ist eine Zweiteilung der Wahlstimme. Mit der „Erststimme" wird dabei der Kandidat oder die Kandidatin im Wahlkreis direkt gewählt. Im Regelfall ist dies heute der Kandidat bzw. die Kandidatin einer Partei. Prinzipiell gibt es allerdings auch die Möglichkeit als Einzelkandidat anzutreten. Für eine Einzelkandidatur muss ein Kandidat bzw. eine Kandidatin 200 Unterschriften wahlberechtigter Bürger aus dem jeweiligen Wahlkreis beibringen, um zur Wahl zum Bundestag zugelassen zu werden. Im ersten Bundestag 1949 waren drei solche Einzelkandidaten vertreten, danach ist keinem Einzelkandidaten mehr der Einzug in den Bundestag gelungen.

Die „Zweitstimme" entscheidet über den Stimmenanteil, den eine Partei insgesamt erzielt, hier erhalten die Kandidaten entsprechend dem Parteienanteil anhand der von ihnen eingereichten Landeslisten ihre Mandate. Im Fall der „Erststimme" handelt es sich zwar um eine relative Mehrheitswahl, da jedoch die dadurch zu Stande gekommenen Mandate vom Gesamtstimmenanteil der Partei („Zweitstimme") abgezogen werden, ist strukturbildend im deutschen Wahlsystem eindeutig das Proporzsystem. Berücksichtigt werden alle Parteien, die entweder 5% der Stimmen erzielt haben oder deren Kandidaten bzw. Kandidatinnen mindestens drei Direktmandate erhalten haben.

Das Verhältniswahlsystem wird an zwei Stellen durchbrochen: durch die Sperrklausel (5%-Klausel), von der lediglich nationale Minderheiten ausgeschlossen sind (z.B. Südschleswigscher Wählerverband) und durch Überhangmandate, d.h. in den Fällen, in denen die Parteien durch Direktmandate mehr Sitze im Bundestag erhalten als ihnen nach ihrem Zweitstimmenanteil zustünden. Die Sperrklausel kann auch nicht durch Listenverbindungen, d.h. durch Absprachen über eine Vereinigung von Landeslisten unterschiedlicher Parteien umgangen werden (einzige Ausnahme: die erste gesamtdeutsche Wahl 1990, hier waren Listenvereinigungen zugelassen, um auch kleineren ostdeutschen Parteien angesichts der sich erst entwickelnden demokratischen Parteienkultur Chancen zu geben). Sowohl die Sperrklausel als auch die Direktmandate sind Kernelemente gegenwärtiger Diskussionen um eine Wahlrechtsreform und werden uns daher weiter unten noch genauer beschäftigen.

Der Verlauf der Wahl gliedert sich laut Bundeswahlgesetz in die Phasen

- Wahlvorbereitung (Festlegung des Wahltages durch den Bundespräsidenten, Aufstellung von Wählerverzeichnissen, Aufstellung der Direktkandidaten, Einreichung der Landeslisten durch die Parteien),
- Wahlhandlung (Briefwahl oder Urnenwahl) und
- Feststellung des Wahlergebnisses (Auszählung der gültigen Stimmen im Wahlkreis durch den Wahlvorstand, Feststellung des auf die Landeslisten entfallen-

den Stimmenanteils durch den Landeswahlausschuss, Feststellung der Zahl der Sitze, die auf die einzelnen Landeslisten entfallen sowie der Direktmandate).

Abbildung 44: Auf die Zweitstimme kommt es an

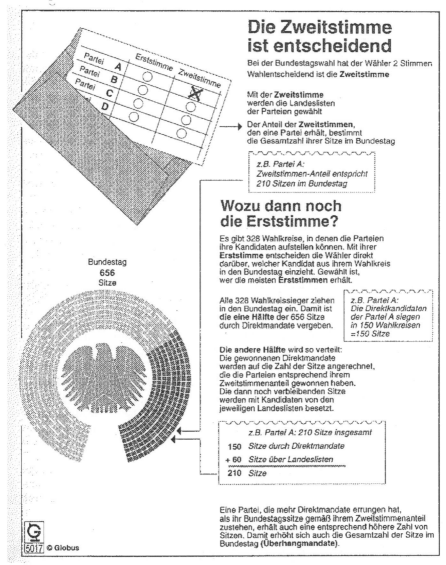

Zuständig für die Überprüfung des formal korrekten Ablaufes der Wahlen (Wahlprüfung) ist laut Art. 41 GG der Bundestag (Wahlprüfungsausschuss). Gegenstände seiner Kontrolle sind insbesondere die Überprüfung der Mandatsverteilung, aber auch alle anderen Schritte der Wahl. Gegen die Beschlüsse des Wahlprüfungsausschusses sind Klagen beim Bundesverfassungsgericht zulässig.

Gewählt wird seit der Bundestagswahl 2002 in 299 Einer-Wahlkreisen, in denen mit der „Erststimme" jeweils nur ein Kandidat (bzw. eine Kandidatin) bestimmt wird.[196]

Die Verteilung der zur Verfügung stehenden Mandate geschieht folgendermaßen:

In zwei Stufen werden die einer Partei nach dem Zweitstimmenanteil zustehenden Mandate im Bundestag errechnet und auf die Landeslisten entsprechend der in den Bundesländern erreichten Zweitstimmenanteile verteilt. Von der Gesamtzahl der einer Partei zustehenden Mandate werden zunächst die Direktmandate abgezogen und der Rest der Mandate wird dann auf der Basis der Landeslisten bis zur Erreichung des Gesamtmandatsanteils besetzt. Der nach dem Proporzsystem eigentlich denjenigen Parteien, die die Sperrklausel nicht überwunden haben, zustehende Mandatsanteil wird auf die anderen Parteien verteilt. Wenn die Anzahl der Direktmandate, die eine Partei gewinnen konnte, größer ist, als diejenige der Sitze, die ihr nach Zweitstimmenanteil zustünden, gehen diese nicht verloren. Für die jeweilige Legislaturperiode wird die Gesamtzahl der Sitze dann um diese „Überhangmandate" erhöht und zwar ohne dass ein proportionaler Ausgleich auch bei den anderen Parteien durchgeführt wird. In einer Reihe von Bundesländern findet bei Landtagswahlen ein solcher Ausgleich allerdings statt.

Die Berechnung der Mandatszahl erfolgte bis 1985 nach dem Divisorenverfahren nach Viktor d'Hondt (Höchstzahlenverfahren nach d'Hondt), seitdem wird sie nach dem Hare-Niemeyer-Verfahren (Wahlzahlverfahren bzw. Verhältnis der mathematischen Proportionen) durchgeführt (Woyke 1994: 33).[197]

Beim Höchstzahlenverfahren nach d'Hondt werden die von den einzelnen Parteien erzielten Stimmenanteilen nacheinander durch 1, 2, 3, 4 usw. so oft geteilt wie Mandate zu vergeben sind. Die sich dadurch ergebenden Höchstzahlen entscheiden dann nach Höhe über die Vergabe von Mandaten, d.h. die Partei mit der höchsten Zahl erhält das erste, diejenige mit der zweithöchsten das zweite, diejenige mit der dritthöchsten das dritte Mandat usw.

---

[196] Bis 1990 gab es 328 Wahlkreise, ab 1990 wurde die Zahl der Wahlkreise auf 248 reduziert. Durch die erneute Verminderung der Wahlkreise seit 2002 konnte die Zahl der Bundestagsabgeordneten von 669 Mitgliedern in der 14. Legislaturperiode auf nun 598 Abgeordnete (ohne Überhangmandate) verkleinert werden.

[197] Bei Kommunalwahlen kommt das Verfahren nach d'Hondt durchaus weiter oder erneut zum Einsatz. So führte der niedersächsische Landtag in einer Novelle des Landeswahlgesetzes 1995 sowohl das Wahlrecht für 16jährige als auch das für Bürger aus EU-Mitgliedsstaaten und die Sitzverteilung nach d'Hondt ein (FAZ vom 9. November 1995).

Beim Verfahren nach Hare-Niemeyer dagegen werden den Parteien so viele Sitze zugeteilt wie ihnen proportional nach ihrem Stimmenanteil im Verhältnis zur Gesamtzahl der abgegebenen Stimmen zustehen. Die Verteilung der restlichen Sitze erfolgt nach der Höhe des Dezimalstellenanteils nach dem Komma.

Abbildung 45: Von der Wählerstimme zum Mandat

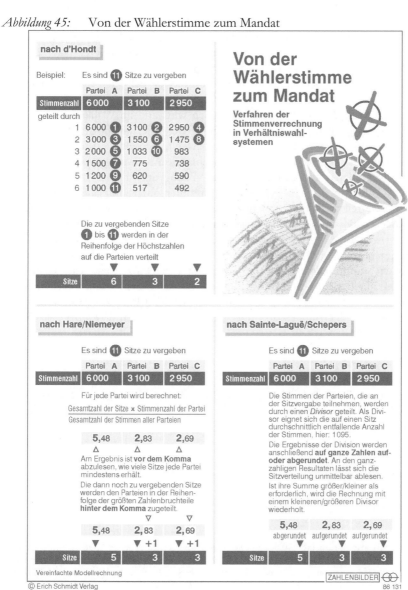

Gemeinhin wird davon ausgegangen, dass das Verfahren nach d'Hondt größere Parteien begünstigt, dasjenige nach Hare-Niemeyer tendenziell für eine gerechtere proportionale Verteilung der Sitze sorgt und damit auch kleineren Parteien zu ihrem Recht verhilft. Allerdings gibt es für beide Verfahren Zahlenkonstellationen, bei denen sich Verzerrungen zwischen Stimmen- und Mandatsanteil ergeben.[198]

In einer Reihe von Bundesländern gibt es bei den Landtags- und Kommunalwahlen Besonderheiten, die sich vom Wahlrecht zum Bundestag absetzen und in der Tendenz zu einem größeren Gestaltungsspielraum der Bürger und zu einer Einschränkung desjenigen der Parteien führen.

Während es sich bei den Wahlen zum Bundestag bei den Listen der Parteien um so genannte „starre Listen" handelt, d.h. die Reihenfolge der Kandidaten (und Kandidatinnen) durch die Parteien vorgegeben wird und im Wahlakt nicht zu ändern ist, gibt es in manchen Bundesländern „freie" oder „halboffene" Listen. Bei „freien" Listen wird mit mehreren Stimmen gewählt, die kumuliert oder panaschiert werden können. Dabei bedeutet das Kumulieren die Anhäufung mehrerer Stimmen auf einen Kandidaten oder (ein Kandidatin). Beim Panaschieren kann der Wähler bzw. die Wählerin mehrere zu vergebende Stimmen auf Kandidaten unterschiedlicher Listen verteilen. Solche „freien" Listen kommen mittlerweile bei allen Kommunalwahlen außer in Nordrhein-Westfalen und Bremen sowie Schleswig-Holstein (hier nur panaschieren) zur Anwendung. Bei den „halboffenen" Listen wird mit zwei Stimmen gewählt. Mit der ersten Stimme wird ein Direktkandidat gewählt, mit der zweiten Stimme kann gezielt ein bestimmter Kandidat (bzw. eine bestimmte Kandidatin) aus der Liste unterstützt werden. Dieses System kommt bei Landtagswahlen in Bayern, Hessen, Niedersachsen und Rheinland-Pfalz zur Anwendung. (Zu den Ergebnissen der Bundestags- und Landtagswahlen seit 1949 bzw. 1945 vgl. * [14] und * [15].)

7.2.1 Wahlgrundsätze

Die Wahlgrundsätze werden in den Art. 28 und 38 GG festgelegt. Einerseits geschieht hier die Verpflichtung auf die Durchführung von Wahlen nach den Grundsätzen der

- allgemeinen
- unmittelbaren
- freien
- gleichen und

---

[198] So hatte z.B. das nordrhein-westfälische Oberverwaltungsgericht Münster 1996 zu prüfen, ob die Verteilung der Listenplätze nach dem Verfahren d'Hondt bei den Kommunalwahlen 1994 in Bad Driburg zu einer nicht verfassungskonformen Mandatsverteilung geführt hatte. Dort hatte die CDU mit 47,9% der Stimmen 20 von 39 Sitzen im Stadtrat erhalten (Az.: 15 A 6106/95).

- geheimen Wahl (Art. 38 I S. 1 GG sowie Art. 28 I S. 2 GG).

Andererseits definiert Art. 38 GG aber auch das freie Mandat der Bundestagsabgeordneten (Art. 38 I S. 2 GG) (vgl. dazu Kap. 6.1.2) und legt das Mindestalter für die Wahrnehmung des aktiven und passiven Wahlrechtes fest (Art. 38 II GG). Dieses Wahlrecht gilt bei Bundestagswahlen für alle Deutschen i. S. von Art. 116 I GG, die am Wahltag mindestens 18 Jahre alt sind und seit mindestens drei Monaten ihre Wohnung im Wahlgebiet haben (aktives Wahlrecht). Wählbar sind wiederum alle Personen, die am Wahltag mindestens 18 Jahre alt sind und seit mindestens einem Jahr Deutsche i. S. von Art. 116 I GG sind (passives Wahlrecht).

Im europäischen Vergleich hat sich das allgemeine, gleiche, direkte und geheime Wahlrecht für Männer und Frauen erst im 20. Jahrhundert durchgesetzt. Das Alter für das aktive Wahlrecht zu den jeweiligen Abgeordnetenkammern beträgt mittlerweile durchwegs 18 Jahre, beim passiven Wahlrecht liegt es teilweise noch höher (z.b. in Großbritannien und Irland bei 21 Jahren und in Italien, den Niederlanden und Griechenland bei 25 Jahren). Das Alter für das passive Wahlrecht bei den Wahlen zu den zweiten Kammern, sofern sie vorhanden sind, ist oft höher, wobei insbesondere die Altersgrenze von 40 Jahren bei den Wahlen zum (gleichberechtigten) italienischen Senat auffällt (Ismayr 1997: 37).

Bezüglich der Altersgrenze für das Wahlrecht hat es in den letzten Jahren in einigen deutschen Bundesländern Reformdiskussionen gegeben. So durften in Niedersachsen 1996 bei den Kommunalwahlen zum ersten Mal Minderjährige mit 16 Jahren zur Wahlurne gehen,[199] in Schleswig-Holstein 1998 und in Nordrhein-Westfalen, Mecklenburg-Vorpommern sowie Sachsen-Anhalt 1999.[200]

In Hessen und in Brandenburg gab es vergleichbare Reformbestrebungen, die jedoch durch Volksabstimmungen abgelehnt wurden.[201] Aufbauend auf dem Maastrichter Vertrag hat der Rat der Europäischen Union im Dezember 1994 eine Richtlinie erlassen, die die Einführung des kommunalen Wahlrechtes für alle in der Kommune wohnenden Ausländer aus EU-Mitgliedsstaaten erforderlich machte. Dem ist durch entsprechende Anpassungen der Landeswahlgesetze Rechnung getragen worden.[202]

---

[199] Die ersten Wahlen unterhalb der Volljährigkeitsgrenze boten jedoch eine Überraschung: Anders als erhofft, war nicht die SPD Profiteur der Herabsetzung der Altersgrenze. In Hannover wählten z.B. nur 21,1% der 16- und 17-jährigen die SPD, 27,4% entschieden sich für die GRÜNEN, und 37,3% wählten die CDU. Die Beteiligung der Wahlneulinge lag bei nur etwa 50% (FAZ vom 21. März 1998).

[200] In Berlin sind 16-jährige für die Wahl der Bezirksverordnetenversammlung wahlberechtigt, für die Wahl des Abgeordnetenhauses müssen Berliner allerdings 18 Jahre alt sein.

[201] So wurde das 1998 in Hessen eingeführte Kommunalwahlrecht für 16-jährige bereits im Jahr 1999 (2001 in Kraft getreten) durch die Regierungskoalition wieder zurückgenommen.

[202] Allerdings muss ein Unionsbürger, der in Deutschland an Kommunalwahlen teilnehmen möchte, in vielen Bundesländern eine Erklärung abgeben, in der er bestätigt, dass ihm das passive Wahlrecht im Heimatland nicht aberkannt worden ist. An Wahlen zum Europäischen Parlament können Bürger aus Mitgliedsstaaten wahlweise in ihrem Heimatland teilnehmen bzw. sich als Kandidat bzw. Kandidatin

Allgemein ist die Wahl dann, wenn grundsätzlich jeder Staatsbürger bzw. jede Staatsbürgerin unabhängig von Geschlecht, Vermögen, Abstammung u.ä. das Recht zur aktiven und passiven Wahl hat. Ein Ausschluss vom Wahlrecht nach Mindestalter, wegen Entmündigung und „entehrender" Straftaten ist dabei genauso zulässig wie die Bindung des Wahlrechtes an eine mindestens dreimonatige Sesshaftigkeit im Wahlgebiet.[203] Das bekannteste Beispiel für ein beschränktes Wahlrecht war der Ausschluss der weiblichen Bevölkerung von der Wahl. In Deutschland wurde 1918 das Frauenwahlrecht eingeführt.

Damit gehörte Deutschland noch zu den „frühen" Staaten der Realisierung eines allgemeinen Wahlrechtes wie die folgende Tabelle zeigt:

Abbildung 46: Wahlrechtseinführung für Männer und Frauen in den Staaten der EU sowie in Norwegen (n. Hoecker 1997: 11)

Land	Allgemeines Wahlrecht für Männer	Allgemeines Wahlrecht für Frauen
Belgien	1919	1948
Dänemark	1915/18	1918
Deutschland	1869/71	1918
Finnland	1906	1906
Frankreich	1848	1946
Griechenland	1877	1952
Großbritannien	1918	1928
Irland	1918/22	1918/22
Italien	1912/18	1946
Luxemburg	1918/19	1919
Niederlande	1917	1919
Österreich	1907	1918
Portugal	1911	1974
Schweden	1921	1921
Spanien	1869/1907	1869/1931
Norwegen	1897	1913

Gleichheit der Wahlstimme bedeutet, dass jeder Wähler bzw. jede Wählerin mit gleichem Zähl- oder Erfolgswert seiner bzw. ihrer Stimme wählt. Ungleichheit der

---

aufstellen lassen oder in dem Land, in dem sie leben. Um Doppelwahlen zu vermeiden, ist dafür eine Erklärung im Wohnsitzland notwendig, in der versichert wird, dass nicht auch in einem anderen EU-Staat gewählt wird.

[203] Im Ausland wohnende Deutsche dürfen wählen, wenn sie sich als öffentlich Bedienstete auf Anordnung des Dienstherren im Ausland befinden oder wenn sie sich in einem EU-Mitgliedsstaat befinden und zuvor mindestens drei Monate ununterbrochen in Deutschland gewohnt haben (Hesselberger 2003: 241).

Stimme gab es z.B. in Preußen bis 1918 mit dem preußischen Drei-Klassen-Wahlrecht.[204]

Der Grundsatz der Freiheit der Wahl bedeutet, dass bei der Ausübung des Wahlrechtes kein Zwang auf die Wähler oder Wählerinnen ausgeübt werden darf. Das bedeutet allerdings nicht prinzipiell auch den Ausschluss der in Deutschland nicht existierenden Wahlpflicht, da diese lediglich auf die Ausübung des Wahlaktes, nicht jedoch auf eine Einflussnahme auf die Wahlentscheidung gerichtet ist.[205]

Mit dem Grundsatz der Unmittelbarkeit der Wahl wird für Bundestagswahlen die direkte Wahl durch die Bürger festgelegt und die Einschaltung weiterer Instanzen wie z.B. von Wahlmännergremien ausgeschlossen.

Und als geheim schließlich gilt die Wahl, wenn die Stimmabgabe verdeckt erfolgt und damit das Wahlgeheimnis gewahrt bleibt.

7.2.2 Die Kernelemente der Reformdiskussion: Wahlkreiseinteilung, Sperrklausel und Überhangmandate

Wenn wir von der (meist im Zusammenhang bevorstehender Wahlen und vermuteter Erfolgschancen bei der jungen Wählerschaft) immer wieder auflebenden Diskussion um Altersgrenzen für die Ausübung des Wahlrechtes sowie die Anwendung der unterschiedlichen Stimmenverrechnungsverfahren absehen, so lässt sich der Kern der Reformdiskussion um das deutsche Wahlrecht folgendermaßen darstellen (vgl. dazu auch Kap. 6):

- Wenn auch nicht dominierend so wird doch in der Diskussion um mögliche Wahlrechtsreformen immer wieder die Forderung nach einer Umstellung vom Verhältnis- auf das Mehrheitswahlsystem formuliert. Dies geschieht v.a. unter Hinweis auf die faktische Allparteienregierungspraxis, die die ausgeprägten konkordanzdemokratischen Strukturen parlamentarischen Handelns in Deutschland mit sich bringen (z.B. schon Jesse 1988: 69/ v. Arnim 1999: 397ff.). Das Mehrheitswahlsystem wird hier als Mittel der Herstellung klarer Verantwortlichkeiten im politischen Prozess eingeordnet. Entsprechende Vorschläge zur Einführung des Mehrheitswahlsystems verweisen aber auch auf die faktische Durchbrechung des Proporzgedankens durch den in der Regel vor-

---

[204] Ein anderes Beispiel für ein „ungleiches" Wahlrecht wäre die von Familienverbänden seit Jahrzehnten immer wieder einmal geforderte Einführung des Familienstimmrechtes. Danach stünden den Eltern in Vertretung ihrer minderjährigen Kinder so viele Wahlstimmen zur Verfügung wie die Familie „Köpfe" hat. Unter dem Gesichtspunkt der Vertretung von Familieninteressen – v.a. auch vor dem Hintergrund der Tendenz zu einer zunehmenden Überalterung und „Single- bzw. Juppysierung" der Bevölkerung – ist dies sicher ein reizvoller Gedanke, unter Einbezug des Gleichheitsgrundsatzes nach Art. 38 GG aber nicht mit dem Grundgesetz vereinbar (vgl. dazu auch den Artikel über den entsprechenden Vorschlag der Berliner Justizsenatorin Maria Peschel-Gutzeit in der Süddeutschen Zeitung vom 23. Oktober 1997).

[205] In Belgien, Griechenland und Italien besteht eine formelle Wahlpflicht, wobei aber Zuwiderhandlungen in der Regel nicht geahndet werden (Ismayr 1997: 37).

handenen Zwang zur Koalitionsbildung. So kann insbesondere die deutsche F.D.P. als Beispiel für eine Partei gelten, die über Jahrzehnte oft nur knapp die 5%-Hürde übersprungen hat, aber dennoch in Koalitionen politische Inhalte in unverhältnismäßigem Ausmaß mitbestimmt und Ämter besetzt hat.[206]

Die bei der Wahl zum Bundestag mit der Zweitstimme praktizierte Listenwahl bietet Anlass zur Kritik, da sie durchaus zu den parteiinternen Oligarchisierungstendenzen beiträgt und die Partizipationsmöglichkeiten der Wählerschaft unnötig zugunsten der Gestaltungsfähigkeit von Parteien einschränkt.[207] Die Einführung von Möglichkeiten des Panaschierens oder Kumulierens ergäbe hier sicher Sinn, auch wenn damit Tendenzen zur (u.U. populistischen) Persönlichkeitswahl gefestigt würden.

- U.a. unter Effizienzgesichtspunkten ist nach der zeitweisen Erhöhung der Zahl der Bundestagssitze in der Folge der deutschen Einigung eine Diskussion über eine Reform der Wahlkreiseinteilung und eine damit in Zusammenhang stehende Verkleinerung des Bundestages in Gang gekommen. Die Einteilung der Wahlkreise ist aber außerdem unter dem Gleichheitskriterium der Stimmen genauso wie unter wahlstrategischen Gesichtspunkten von Bedeutung. Grundsätzlich dürfen die Wahlkreise bezüglich ihrer Bevölkerung nur 33 ⅓ Prozent und sollten nicht über 25% von der Zahl der Durchschnittsbevölkerung in den Wahlkreisen nach oben oder unten abweichen. Wanderungsbewegungen und unterschiedliches demographisches Verhalten führen jedoch nicht nur zu der Notwendigkeit der regelmäßigen Anpassung der Wahlkreisstruktur, sondern auch zu der Überprüfung der Repräsentanz der Bundesländer. Aber nicht nur die Größe, sondern auch die Homogenität bzw. Heterogenität der Bevölkerung im Hinblick auf bestimmte sozialstatistische Merkmale sind für das Abschneiden der Parteien und insbesondere für die Frage der Bildung bzw. Verhinderung von Hochburgen von eminenter Bedeutung.[208] Darum beruft der Bundespräsident zu Beginn jeder Legislaturperiode eine Wahlkreiskommission (§ 3 II BWahlG), die die Wahlkreiseinteilung im Hinblick auf die oben geschilderten Gesichtspunkte überprüft und Empfehlungen für entsprechende Änderun-

---

[206] Als Maß zur Darstellung abweichender Stimmen- und Sitzanteile vom „Machtanteil" einer Gruppe in einem Abstimmungsgremium bzw. konkret einer Fraktion im Bundestag kann der von dem amerikanischen Mathematiker Lloyd Stowell Shapley entwickelte Machtindex nach Shapley dienen. Er kann eindrucksvoll nachweisen, dass der Machtanteil den Sitz- und Stimmenanteil leicht um 200% übertreffen kann (Bomsdorf 1987: 38ff.).
[207] Interessante Hinweise auf die Nutzung von Erst- und Zweitstimme für taktische Ziele finden sich in Klingemann/ Wessels 1999.
[208] So hat die Wahlkreiskommission in der 13. Legislaturperiode z.B. die Meinung vertreten, dass die 1994 zu Stande gekommenen 16 Überhangmandate teilweise direkt auf die Wahlkreisstruktur zurückzuführen sind (BT-Drucks. 13/3804: 4).

gen ausspricht.[209] Als Teil einer umfassenden Parlamentsreform hat der Bundestag zudem im Juni 1995 beschlossen, das Parlament zur 15. Wahlperiode um ca. 100 Abgeordnete zu verkleinern. Zur Vorbereitung ist eine Reformkommission eingesetzt worden, die ab Oktober 1995 Vorschläge zur Verkleinerung des Bundestages erarbeitet hat. Im November 1996 hat der Bundestagg schließlich die Verkleinerung auf 299 Wahlkreise beschlossen und Anfang 1998 entsprechende Änderungen der Wahlkreiseinteilung. Dies geschah allerdings unter Beibehaltung des bestehenden Wahlrechtes, was zumindest die Frage der Sperrklausel sowie der Grund- und Überhangmandate betreffend vor dem Hintergrund vorgebrachter Kritik diskussionswürdig ist.

- Eine seit der 2. Wahlperiode in das deutsche Wahlrecht aufgenommene 5%-Sperrklausel (bei der ersten Wahl 1949 bestand lediglich eine 5%-Sperrklausel, die sich auf das jeweilige Bundesland bezog) erscheint vor dem Vergleich mit den anderen europäischen Demokratien extrem hoch. Die auf Betreiben der Ministerpräsidenten 1953 verschärfte Sperrklausel wurde mit der Begründung eingeführt, eine Parteienzersplitterung vergleichbar derjenigen, die das Weimarer Parlament extrem destabilisiert hat, zu verhindern. Auf die Strukturen des Parteiensystems bezogen wird allgemein davon ausgegangen, dass Sperrklauseln in der Höhe der deutschen die Entstehung und die Etablierung neuer Parteien erschweren oder sogar verhindern. Die Entwicklung der GRÜNEN und neuerdings auch der Linkspartei sind hier allerdings extrem seltene Gegenbeispiele. Kritisierbar ist die Sperrklausel aus zweierlei Gründen: Einerseits wird mit ihrer Anwendung ein Verständnis von Demokratie ausgedrückt, das von einer nur minimalen oder gar nicht vorhandenen Kooperationsfähigkeit unterschiedlicher politischer Parteien ausgeht. Dies widerspricht einerseits dem Demokratieverständnis einer wertpluralen Gesellschaft, deren Demokratie immerhin 50 Jahre überlebt hat und in der andererseits konkordanzdemokratische Elemente dominant in der parlamentarischen Politikgestaltung sind. Andererseits aber kann der Gleichheitsgrundsatz der Stimmen bei Anwendung von Sperrklauseln in Frage gestellt werden, denn die Stimmen, die einer unter der 5%-Hürde verbleibenden Partei gegeben werden, bleiben bei der Vergabe von Mandaten unberücksichtigt. Letzteres könnte durch Einführung von Eventualstimmen bzw. übertragbaren Einzelstimmen, wie es sie in Irland oder Malta gibt, verhindert werden. Von der gegenwärtigen deutschen Lösung profitieren die großen Parteien in doppelter Hinsicht: erstens wird der Einzug kleiner Parteien in den Bundestag verhindert, und zweitens werden die dann nicht vergebenen Mandate, die dem Stimmenanteil dieser Parteien entsprächen, nach dem Stimmenanteil der anderen Parteien auf diese verteilt. Während das Bundesverfassungsgericht die Funktionalität des parlamentarischen Ablaufes (i.S. der Schaffung eines funktionsfähigen Staatsor-

---

[209] Allerdings hat der Gesetzgeber diese Änderungsempfehlungen weder vor den Bundestagswahlen 1983, 1987, 1990 noch 1994 aufgegriffen (BT-Drucks. 13/3804: 4).

gans) höher bewertet als den Gleichheitsgrundsatz jeder Stimme (BVerfGE 6, 84 (92)), hat der Berliner Verfassungsgerichtshof im März 1997 die Sperrklausel für die Wahlen zur Bezirksverordnetenversammlung für verfassungswidrig erklärt. Auch in Nordrhein-Westfalen hat die 5%-Klausel keinen Bestand mehr. Schon 1994 hatte der Verfassungsgerichtshof in Münster den Landtag aufgefordert, deren Beibehaltung unter allen Gesichtspunkten im Hinblick auf die Kommunalwahlen 1999 zu überprüfen. Am 6. Juli 1999 erklärte er dann die Beibehaltung der Hürde für die Kommunalwahlen desselben Jahres für verfassungswidrig.

- Direktmandate (Grundmandate) stellen für kleine Parteien, die durch ihre Direktkandidaten in Hochburgen Erfolge erzielen können, eine Möglichkeit der Umgehung einer Sperrklausel dar. In Deutschland sind seit 1956 drei Direktmandate (zuvor war es eines) notwendig, um auch mit weniger als 5% der Zweitstimmen im Bundesgebiet in den Bundestag einzuziehen. In diesem Fall wird die Zahl der Direktmandate dann umso viele Mandate aufgestockt wie der betreffenden Partei nach Zweitstimmenanteil zustehen. So gelang es der PDS bei den Wahlen zum 13. Bundestag in vier Wahlkreisen Direktmandate zu gewinnen, sie zog aber mit 26 weiteren Abgeordneten in den Bundestag ein (entsprechend ihrem Zweitstimmenanteil von 4,4% = Verhältnisausgleich). Das Mehrheitsverhältnis zwischen Opposition und Regierungsparteien verschob sich dadurch ganz beträchtlich. Kritisierbar sind diese Direktmandate v.a. unter dem Aspekt des „gleichen Erfolgswertes" aller Stimmen, zurückzuführen auf den Gleichheitsgrundsatz unseres Wahlsystems (Art. 38 GG). So waren für die PDS 1994 rund 180.000 Erststimmen für ihren Einzug in den Bundestag ausschlaggebend. Für die Sitze, die sie insgesamt erhielt, hätte eine Partei ohne Direktmandate 2,355 Mio. Stimmen erzielen müssen.[210] Der PDS gelang dies mit nur 2 Mio. Stimmen (FAZ vom 21. November 1996). Eine 1996 eingereichte Wahlprüfungsbeschwerde an das Bundesverfassungsgericht wurde jedoch zurückgewiesen (2 BvC 3/96BVerfGE 95, 408). In seinem Urteil aus dem Jahr 1997 argumentierte das Bundesverfassungsgericht zur Rechtmäßigkeit der Grundmandatsklausel folgendermaßen: Es führte zunächst aus, dass die mit dem bundesdeutschen Wahlsystem geschaffene Kombination aus Verhältniswahl und Persönlichkeitswahl den Funktionen der Wahl i. S. des GG gerecht werde, da einerseits die Funktionsfähigkeit des Parlaments (5%-Sperrklausel) und andererseits auch die Repräsentanz von Minderheiten bzw. Spezialinteressen (Grundmandat) realisiert seien (BVerfGE 95, 408 (7)). Die tatsächlich vorhandene unterschiedliche Erfolgskraft der Stimmen[211] (ohne und bei Vorliegen von Grundmandaten)

---

[210] Benutzt wurde die Internet-Version: http:\\www.uni-wuerzburg.de/glaw/bv095408.html.
[211] Allerdings weist die Begründung m.E. einige Ungenauigkeiten bzw. Widersprüchlichkeiten auf. Die Frage des unterschiedlichen Erfolgswertes beim Verhältnisausgleich wird z.B. nur gestreift. Dem Vorwurf, durch die Grundmandatsklausel werde die Zielsetzung des Schutzes der Funktionsfähigkeit des Parlamentes unterlaufen, wird einerseits entgegnet: Nach „bisherigen Erfahrungen bleibt das Erringen

sei unter dem Gesichtspunkt der Integration möglichst vieler Interessen des Volkes in den politischen Prozess vertretbar (ebenda: 8). Ein zusätzlicher Ausgleich nach Proporz bei der Sitzverteilung über die Grundmandate hinaus sei zulässig, da der Gesetzgeber davon ausgehen könne, dass sich mit der Zustimmung zu dem oder den gewählten Kandidaten zugleich ein besonderes Maß der Zustimmung zu der hinter dem Kandidaten stehenden Partei ausdrücke (ebenda: 9).

- Wie die Direktmandate so geben auch die Überhangmandate, sofern sie ohne Ausgleich nach dem Proporzsystem zugestanden werden, Anlass zur Kritik und zwar unter dem Aspekt des gleichen Erfolgswertes der Stimme einerseits und unter demjenigen der strukturbildenden Rolle des Verhältniswahlrechtes auf der anderen Seite. Nach § 6 Abs. 5 BWahlG verbleiben einer Partei die durch Erststimme erworbenen Sitze auch dann, wenn ihre Gesamtzahl diejenige der ihr nach dem Zweitstimmenergebnis zustehenden übersteigt. Ein Ausgleich für die anderen Parteien findet nicht statt (§ 6 Abs. 6 BWahlG). Nach dem jeweiligen Wahlrecht in den Bundesländern können Überhangmandate in allen Ländern außer Bremen, Hamburg und dem Saarland entstehen, wofür allerdings zumindest ein beschränkter Ausgleich für angefallene Überhangmandate vorgesehen ist.[212] Bei den Wahlen zum Bundestag hatte die CDU 1994 12 und die SPD 4 solche Überhangmandate erworben.[213] Hätte es einen Ausgleich für diese 16 Mandate gegeben, so hätte sich die Zahl der Mandate insgesamt von 672 auf 890 erhöht (FAZ vom 21. November 1996). Bundesweit hat so die CDU für die

---

von drei Wahlkreisen durch eine kleine Partei die seltene Ausnahme. Zwischen der Bundestagswahl 1957 und der hier in Rede stehenden Wahl ist der Gewinn von drei Wahlkreisen weder einer Partei mit einem Zweitstimmenanteil von weniger als 5 v.H. gelungen noch der F.D.P. oder den GRÜNEN (jetzt: BÜNDNIS 90/DIE GRÜNEN). Angesichts dieser politischen Wirklichkeit muß der Gesetzgeber auch für die Zukunft nicht in Rechnung stellen, daß die Grundmandatsklausel zu einer die Funktionsfähigkeit des Bundestages beeinträchtigenden Aufsplitterung der im Parlament vertretenen Kräfte führen kann" (BVerfGE 95, 408 (10) (Internet-Version)). Bezüglich des Verhältnisses zwischen Grundmandatsklausel und Wahl- und Chancengleichheitsgrundsatz heißt es dann weiter unten: „Die Grundmandatsklausel ist auch unter dem Gesichtspunkt der Wahl- und Chancengleichheit ein rechtlich geeignetes Anknüpfungskriterium. Es handelt sich dabei um ein „zahlenmäßiges Kriterium", das sich erst im Wahlvorgang konkretisiert; es kann von jeder Partei -entsprechenden Wählerzuspruch vorausgesetzt- erfüllt werden und verhält sich daher – anders als Gesichtspunkte, die an bestimmte Eigenschaften von Parteien anknüpfen – im Wahlwettbewerb neutral (vgl. BVerfGE 4, 31 (42f.))" (ebenda: 10).
[212] Zu den Regelungen in den Landesverfassungen im einzelnen: Bayern: Art. 38 Abs. 1, Art. 43 Abs. 2; Baden-Württemberg: §§ 2 Abs. 3, 2 Abs. 4; Berlin: §§ 15 Abs. 1, 19 Abs. 2; Brandenburg: §§ 1 Abs. 2, 3 Abs. 7; Hessen: §§ 8, 10 Abs. 5; Mecklenburg-Vorpommern: §§ 1 Abs. 2, 4 Abs. 6; Niedersachsen: §§ 1 Abs. 3, 33 Abs. 7; Nordrhein-Westfalen: §§ 27, 30 Abs. 2; Rheinland-Pfalz: §§ 27, 30 Abs. 2; Sachsen: §§ 4, 6 Abs. 6; Sachsen-Anhalt: §§ 1 Abs. 1, 27 Abs. 1, 35 Abs. 8; Schleswig-Holstein: § 1 (Bundesverfassungsgericht n. der Internet-Version des Urteils vom 10. April 1997/2 BvF 1/95: 4 (http:\\www.uni-wuerzburg.de/glaw).
[213] Diese erstmalig sehr hohe Zahl von Überhangmandaten war dann auch für die Wahl des Kanzlers im ersten Wahlgang von großer Bedeutung. Helmut Kohl wäre ohne diese 12 Überhangmandate nur durch eine Stimme mehr gewählt worden, da ihn drei Abgeordnete der Koalitionsfraktion nicht gewählt haben.

ihr zugeteilten Überhangmandate 830.000 und die SPD 277.000 Zweitstimmen weniger benötigt als bei einer proporzgerechten Verteilung notwendig gewesen wären.[214] Oder anders argumentiert: Für einen Sitz im Bundestag brauchte die CDU (durch die Überhangmandate) 65.941 Stimmen, BÜNDNIS 90/DIE GRÜNEN jedoch brauchten 69.859 Stimmen (BT-Drucks. 13/5575 vom 24.9.96: Gesetzentwurf der Abgeordneten Gerald Häfner, Kerstin Müller (Köln), Christa Nickels u.a.). Damit brauchte die CDU 3.918 Stimmen weniger je Bundestagssitz als die GRÜNEN. Auch bei der Bundestagswahl 2005 kam es auf Grund der Überhangmandate für SPD und CDU zu einer Verzerrung des Gebotes des gleichen Stimmenerfolgswertes gegenüber den kleineren Parteien. So brauchte die SPD 72.949 und die CDU 72.982 Stimmen je Mandat, während die F.D.P. 76.199 und die GRÜNEN 75.261 Stimmen für einen Sitz im Bundestag benötigten (eigene Berechnungen). Faktisch handelt es sich also hier um eine Durchbrechung des Prinzips des gleichen Stimmenerfolgswertes. Aber auch ein anderer Aspekt scheint bei der Bewertung von Überhangmandaten von Bedeutung zu sein: Da sie häufig in bestimmten Bundesländern auftreten, kommt es nicht nur zu einer Verschiebung des Proporzes unter den Parteien, sondern auch zu einer unter den Landeslisten und damit zu Einschränkungen des Proporzgedankens im föderalen Aufbau Deutschlands. Überhangmandate haben sich bei Bundestagswahlen seit 1949 wie folgt ergeben:

Abbildung 47: Überhangmandate bei Bundestagswahlen seit 1949

Wahljahr	Überhangmandate insg.	begünstigte Parteien	begünstigte Landesliste
1949	2	SPD (1), CDU (1)	SPD: Bremen (1), CDU: Baden-Württemberg (1)
1953	3	CDU (2), DP (1)	CDU: Schleswig-Holstein (2), DP: Hamburg (1)
1957	3	CDU (3)	CDU: Schleswig-Holstein (3)
1961	5	CDU (5)	CDU: Schleswig-Holstein (4), Saarland (1)
1980	1	CDU (1)	CDU: Schleswig-Holstein (1)
1983	2	SPD (2)	SPD: Bremen (1), Hamburg (1)
1987	1	CDU (1)	CDU: Baden-Württemberg (1)
1990	6	CDU (6)	CDU: Mecklenburg-Vorpommern (2), Sachsen-Anhalt (3), Thüringen (1)
1994	16	CDU (12), SPD (4)	CDU: Baden-Württemberg (2), Mecklenburg-Vorpommern (2), Sachsen-Anhalt (2), Sachsen (3), Thüringen (3) SPD: Bremen (1), Brandenburg (3)
1998	13	SPD	Brandenburg (3), Hamburg (1), Mecklenburg-Vorpommern (2), Sachsen-Anhalt (4), Thüringen (3)

---

[214] So argumentierte die Niedersächsische Landesregierung, die im Jahr 1995 einen Normenkontrollantrag zur Wirkung der Überhangmandate beim Bundesverfassungsgericht gestellt hat (BvF 1/95).

Wahl-jahr	Überhang-mandate insg.	begünstigte Parteien	begünstigte Landesliste
2002	5	SPD (4), CDU (1)	SPD: Hamburg (1), Sachsen-Anhalt (2), Thüringen (1) CDU: Sachsen (1)
2005	16	CDU (7), SPD (9)	CDU: Sachsen (4), Baden-Württemberg (3) SPD: Hamburg (1), Brandenburg (3), Sachsen-Anhalt (4), Saarland (1)

Für das Bundesverfassungsgericht ist nach seinem Urteil vom 10. April 1997 die gegenwärtig geübte Praxis der Erhöhung der Sitzzahl durch Überhangmandate ohne Ausgleich hinnehmbar, sofern ihre Zahl nicht eine Höhe erreicht, die „den Grundcharakter der Bundestagswahl als einer am Ergebnis der für die Parteien abgegeben Stimmen orientierten Verhältniswahl nicht aufhebt" (ebenda: 17). Allerdings hat es bezogen auf die Bundestagswahl 1990 und in noch stärkerem Maße auf diejenige von 1994 festgestellt, dass in der Folge der deutschen Vereinigung nachhaltig wirkende Veränderungen der politischen Verhältnisse eingetreten sind: Das Gros der Überhangmandate entstand in den neuen Bundesländern, in denen es zugleich eine deutlich niedrigere Wahlbeteiligung als im Westen gab, was die Entstehung von Überhangmandaten begünstigt (ebenda: 45/46). Dieser Trend ist auch 1998 bestätigt worden. Nunmehr sei zu erwarten, „daß Überhangmandate auch künftig – sogar mit steigender Tendenz – in einer Größenordnung anfallen werden, deren kompensationslose Zuteilung eine verfassungsrechtlich nicht mehr zu rechtfertigende Differenzierung des Gewichtes der Wählerstimmen bewirkt", argumentierte es daher (ebenda: 46). Eine vom Bundestag eingesetzte Kommission hat die entsprechende Änderung des Bundeswahlgesetzes allerdings mehrheitlich abgelehnt (BT-Drucks. 13/4560: 19), so dass eine Anpassung an die geänderten Bedingungen des Wahlverhaltens i. S. der Argumentation des Bundesverfassungsgerichtes durch den Gesetzgeber noch aussteht.[215]

7.3 Wählerverhalten und Erklärungsansätze

Wahlen stellen den zentralen Teil der Machtverteilung bzw. -delegation in repräsentativen Demokratien dar. Prognostizieren zu können, in welchem Ausmaß über-

---

[215] Zum Problem der Überhangmandate vgl. auch: Nicolaus, Helmut: Stimmgewicht und Erfolgschancengleichheit im Wahlverfassungsrecht. Prinzipielle Bemerkungen zur Zählwertgleichheit und zur Inflation der Überhangmandate. In: Zeitschrift für Parlamentsfragen. H. 2./1995. S. 353-370./Ders.: Die unzulässige Rechtfertigung der Überhangmandate: Aufklärungsversuche. In: Zeitschrift für Parlamentsfragen. H. 3/1996. S. 388-393./Naundorf, Christian: Der überflüssige Überhang: Reformvorschläge. In: Zeitschrift für Parlamentsfragen. H. 3/1996. S. 393-397./ Mann, Gerald H.: Die unumgängliche Umkehr bei der Berechnung von Überhangmandaten. In: Zeitschrift für Parlamentsfragen. H. /1996. S. 398-404.

haupt gewählt werden wird und welche Stimmenanteile auf die einzelnen Parteien entfallen werden, ist daher ebenso von großem Interesse wie Wahlverhalten und Wahlentscheidung erklären und auf der Basis der Erklärung ggf. zukünftig beeinflussen zu können. Daraus ergibt sich natürlich auch die Frage, in welchem Ausmaß Wahlkämpfe effektiv sein können.

In den USA entwickelte sich schon recht früh ein Zweig der empirischen Sozialforschung, der sich entsprechenden Fragen stellte: Wer wählt wann, wie und warum und unter welchen Umständen sind vorhandene Prädispositionen für eine Wahlentscheidung zu beeinflussen? V.a. zwei Klassen von Bedingungsfaktoren für Wählerverhalten lassen sich zur Erklärung heranziehen:

- Persönlichkeits- bzw. personengebundene Faktoren wie Einstellungen, Werthaltungen, Merkmale wie Alter und Geschlecht sowie Konfession,
- auf die soziale Umwelt gerichtete Charakteristika wie Gruppenmitgliedschaften, Wohnumgebung usw.

Quer gelagert zu diesen Einflussfaktoren sind solche der politischen Kultur (z.B. demokratische versus totalitäre Erfahrungen), Determinanten, die sich aus den Bedingungen des politischen Systems ableiten (z.B. Mehrheits- versus Verhältniswahlrecht, Listen- oder Personenwahl) und schließlich solche, die sich auf aktuelle innenpolitische oder internationale Problemkonstellationen beziehen.

Im Wesentlichen lassen sich vier Erklärungsmodelle bzw. Modellgruppen zum Wählerverhalten identifizieren (n. Falter/Schumann/Winkler 1990: 4ff.):

- das mikrosoziologische Modell der Columbia-School (Paul Lazarsfeld);
- das makrosoziologische Modell (Seymour Martin Lipset und Stein Rokkan);
- das Ann-Arbor-Modell (Angus Campbell u.a.) sowie
- Modelle eines rationalistischen Wählerverhaltens.

Im Zentrum des mikrosoziologischen Modells oder des Bezugsgruppenansatzes steht der von Lazarsfeld und seinen Mitarbeitern entwickelte „Index der politischen Prädisposition", der die Inhalte der Wahlentscheidung anhand des Vorhandenseins von Zugehörigkeit zu bestimmten sozialen Gruppierungen schätzt. D.h., es wird davon ausgegangen, dass soziale Merkmale die politischen Vorlieben der Wähler bestimmen (Lazarsfeld u.a. 1944). Die ausgedrückten Parteibindungen werden durch die politische Sozialisation erworben und durch Kommunikation in entsprechenden Gruppen, unterstützt durch soziale Kontrolle, bestätigt bzw. modifiziert. So gilt auch heute noch nach einer beachtlichen Abnahme der Bedeutung konfessioneller Determinanten, dass (zur Kirche gehende) Christen eher die C-Parteien wählen, mittelständige Unternehmer und Freiberufler die F.D.P. und Arbeiter die

SPD. Interessant sind aber vorhandene Erklärungspotentiale v.a. bei einer durchwegs vorhandenen Überlagerung von Merkmalen:

> „So wird deutlich, daß in der Bundesrepublik die Konfession vor allem über die Kirchenbindung wirkt: Bei häufig zur Kirche gehenden Wahlberechtigten weisen die beiden Unionsparteien einen Stimmenvorsprung von 27 Prozentpunkten gegenüber ihrem Durchschnittsergebnis bei allen Wahlberechtigten auf, bei selten oder nie zur Kirche gehenden Wählern dagegen nur von einem Prozentpunkt. Gehören die kirchentreuen Katholiken der Mittelschicht an, wächst die überdurchschnittliche Unionsneigung nochmals um drei auf 30 Prozentpunkte; sind diese Wähler jedoch gleichzeitig Mitglied einer Gewerkschaft, sinkt die Affinität zur CDU/CSU um sieben Prozentpunkte, sind sie es nicht, steigt sie bis auf 32 Prozentpunkte. Auf der anderen Seite wird die Wahl der SPD von folgender Faktorenkombination in besonderem Maße begünstigt: Nicht katholisch, selten oder nie zur Kirche, Arbeiter, Gewerkschaftsmitglied. Wo diese Merkmale zusammentreffen, erreicht die SPD ein um 27 Prozentpunkte über dem Bundesdurchschnitt liegendes Ergebnis" (Falter/ Schuhmann/ Winkler 1990: 7).

Problematisch ist für das mikrosoziologische Modell die Erklärung wechselnder Affinitäten bei im Prinzip gleich bleibender Verteilung der herangezogenen Merkmale, sie kann lediglich auf Cross-Pressure-Situationen zurückgeführt werden, also auf das Wirken unterschiedlicher bzw. gegensätzlicher Gruppeneinflüsse.

Anders als das an individualsoziologischen Bestimmungsmerkmalen anknüpfende mikrosoziologische Modell, baut das makrosoziologische Modell auf in einer Gesellschaft vorhandenen und historisch entwickelten Konfliktstrukturen auf. Die lange Zeit wichtigste entsprechender Konfliktlinien (Cleavages) ist die sozioökonomische zwischen Kapital und Arbeit (Lipset/Rokkan 1967), die sich mit der Entfaltung des Sozialstaates zu einer wohlfahrtsstaatlichen (mit den Endpunkten weitgehender staatlicher Beeinflussung der Besitz- und Produktionsbedingungen einerseits und liberal-deregulativ orientierter staatlicher Minimalpolitik andererseits) entwickelt hat. Die makrosoziologische Wählertheorie geht davon aus, dass die Struktur des Parteiensystems ebenso wie diejenige von deren Anhängerschaft durch die Struktur der zentralen gesellschaftlichen Konflikte und die Sozialstruktur vorgeben ist. So ergaben sich im Zusammenhang der Industrialisierungsprozesse des 19. Jahrhunderts und der Nationalstaatenbildung die Konfliktlinien Kapital versus Arbeit, (säkularer) Staat versus Kirche, Zentrum versus Peripherie (dominante versus unterworfene Kultur) sowie Stadt versus Land (Industrie- versus Agrarinteressen (Schultze 1995: 624). Mit der Verschiebung der zentralen politischen und gesellschaftlichen Konflikte haben sich auch Ergänzungen bzw. Umgewichtungen der Cleavages ergeben. So ist z.B. zusätzlich mit den 80er Jahren der Cleavage hinzugekommen, an dessen Enden sich ökologische Orientierung einerseits und Zielsetzungen ökonomisch-technologischen Wachstums andererseits gegenüberstehen. Zumindest phasenweise scheint sich in Deutschland noch ein Ost-West-Cleavage herausgebildet zu haben (vgl. dazu auch Kap. 8.4). Aber auch die Auflösung mehr oder weniger homogener sozialer Umwelten bzw. Lebenslagen hat zu einer weniger deutlichen Bestimmung des Wählerverhaltens durch Cleavages geführt. Das Konzept des Wertewandels (z.b. Inglehart 1989) weist nach, dass durch Bedeutungsumgewichtung in den Wertsystemen Affinitäten zu bestimmten Parteien auch anders zu Stande kommen als durch die klassischen Cleavages. So ist die Zugehörigkeit zu höher gebildeten und im Dienstleistungssektor tätigen Schichten heute häufig entscheidend für die Hinwendung zur SPD oder zu den GRÜNEN und nicht mehr die Zuordnung zum Endpunkt „Arbeit" auf dem wohlfahrtsstaatlichen Cleavage.

Ebenso wie das mikrosoziologische Modell, so findet auch das makrosoziologische seine Grenzen, wenn es darum geht, den Wandel von Wählerverhalten insbesondere bei dicht aufeinanderfolgenden Wahlen zu erklären, ohne sich zusätzlicher Konstruktionen zu bedienen.

Dem von Campbell u.a. (1954 und 1969) an der University of Michigan in Ann Arbor entwickelte Ann-Arbor-Modell geht es um die sozialpsychologischen Gründe für die Identifikation der Wählerschaft mit Parteien, Kandidaten und Streitfragen. Bezugspunkt des Wählerverhaltens sind hier nicht die soziale Gruppe oder das Milieu, sondern langfristig die Partei, mit der man sich identifiziert, und kurzfristig die Einstellungen zu Kandidaten und zu in der Diskussion transportierten Issues (Schultze 1995: 625). Die durch die Sozialisation erworbene Parteiidentifikation filtert dabei sowohl die Einstellung zu Kandidaten als auch diejenige zu Themen. Die zu Grunde liegenden sozialpsychologischen Orientierungsmuster sind die der selektiven Wahrnehmung einerseits (es werden schwerpunktmäßig gute Nachrichten über die eigene Partei wahrgenommen), und der kognitiven Dissonanz andererseits, d.h. Konsonanz von Einstellung zur Partei und Wahrnehmung von Kandidaten und Themen führt zu stabilem Wählerverhalten, Dissonanz dagegen führt zu einem Wechsel in der Wahlentscheidung. Diese aus den zwei Komponenten einer längerfristigen Parteientscheidung und kurzfristigen auf Kandidaten und Themen bezogenen Einflussfaktoren zusammengesetzte sozialpsychologische Erklärungsvariante kann heute als weithin akzeptiert und erklärungskräftig eingeordnet werden.

Rationalistische Wählermodelle konstruieren vor dem Hintergrund eines von der Wählerschaft vor jeder Wahl angestellten individuellen Nutzenkalküls die Wahlalternativen betreffend eine Wahlsituation, in der die Wahl bewusst instrumentalisiert wird (z.B. Popkin 1991). In der Retrospektive vergleicht der Wähler dem Ansatz zufolge parteipolitische Versprechen mit den erzielten Leistungen und wählt dementsprechend Regierungsparteien ab oder bestätigt sie. Bezogen auf die zukünftigen Erwartungen wählt er die Partei, deren Programm ihm den größtmöglichen Nutzen im Vergleich mit anderen verspricht. Rationalistisch bedeutet in diesem Zusammenhang weder logisch noch objektiv, gemeint ist die Ausrichtung der Wahlhandlung auf ein Nutzenkalkül. Dennoch bedarf ein solcher „rational" handelnde Wähler differenzierter Informationen über politische Erfolge, Programmalternativen und deren Erfolgsaussichten. In der Regel wird der Durchschnittswähler sich jedoch nicht den Kosten einer entsprechenden Informationsbeschaffung stellen. Daher sind Strukturen und Kerninhalte des (wahl)politischen Diskurses vorgegeben: Differenzierte und multikausal verursachte Problemlagen werden an Komplexität reduziert, Programmaussagen schlagwortartig grob vereinfacht und in Absetzung von Programmen der Gegner nach Möglichkeit antithetisch strukturiert, denn ein „rationales" Kalkül kann nur angestellt werden, wenn klar voneinander abgrenzbare Alternativen vorliegen. Nicht zuletzt diese in Zeiten der Volksparteienhochphasen nicht erfüllte Forderung dürfte zu einem starken Anstieg der Nichtwählerzahlen geführt haben, die uns weiter unten noch einmal beschäftigen werden.

In einer zusammenfassenden Wertung muss von weit reichender Komplementarität der Ansätze in ihre Summe und mehr oder weniger ausgeprägter Lückenhaftigkeit im Einzelfall ausgegangen werden. Zwar bestimmen ausgesuchte sozialstatistische Merkmale die Wahlentscheidung mit, allein sind sie aber v.a. für die Analyse von Wandlungsprozessen nicht erklärungsfähig genug. Cleavages strukturieren die Wählerschaft, aber sie werden durch Überlagerungsphänomene in ihrer Erklärungskraft eingeschränkt. Die geringsten Lücken in der Erklärungsfähigkeit bieten sicher das Zwei-Komponenten-Modell des sozialpsychologischen Ansatzes (Ann-Arbor) sowie das Modell des rationalen Wählers.

Diese beiden Modelle sind auch am ehesten geeignet, um das an Bedeutung ständig zunehmende Phänomen der Volatilität, der Wechselwahl zu erklären. Das bedeutet aber nicht, dass die Verteilung sozialstatistischer Merkmale oder auch eine Orientierung an der Cleavage-Hypothese, die durchaus die Dezimierung der Stammwählerschaft miterklären kann, ohne Erklärungswert bleiben. Aber durch die Auflösung traditioneller Milieus und eine fehlende Ablösung durch neu entstehende Milieus der kollektiven Orientierung sind individuumsbezogene Erklärungen von Wahlverhalten und -entscheidungen von größerer Plausibilität. Sie entsprechen zudem den ohne Zweifel für zunehmende Teile der Bevölkerung vorhandenen Individualisierungs- bzw. Deinstitutionalisierungstendenzen in der Strukturierung persönlicher Lebensverläufe.

Ein Rückblick in die Geschichte der Wahlen in Deutschland zeigt, dass Volatilität vor der Entstehung der Bundesrepublik durchaus von großer Bedeutung war (Bartolini/Mair 1990: 108f.). Nach anfänglicher Instabilität des Wählerverhaltens hat sich dieses dann als außerordentlich beständig erwiesen. Dies gilt allerdings nur für den Zeitraum bis 1983 und mit Einschränkungen auch für denjenigen danach. Mit der Ergänzung des Parteiensystems durch die GRÜNEN hat sich ein entscheidendes Ziel für Wechselwählerschaft ergeben (Zelle 1995: 121), wobei allerdings in der Literatur unterschiedliche Auffassungen darüber vorliegen, ob es sich hier um einen einmaligen Wechsel i. S. des „Verlassens" der „Altparteien" oder um eine erneut zur Disposition stehende Wechselentscheidung handelte. Der Anteil von 18% Wechselwählerschaft bei der Bundestagswahl von 1983 liegt entsprechend auch deutlich über denjenigen der anderen Wahlen zwischen 1972 und 1990: hier lagen die Anteile zwischen 13% und 16% (ebenda: 126). Bezogen auf die Richtungen des Wechsels fällt bei der Betrachtung des Datenmaterials für die Wahl 1983 die relativ hohe Zahl von Wechslern von der SPD zu den GRÜNEN auf sowie der hohe Verlust der F.D.P., der wie zuvor schon derjenige in den Jahren 1965 und 1969 aus Änderungen in der Koalitionspolitik der F.D.P. zu erklären ist (ebenda: 128). Wechsel zwischen den „Altparteien" dagegen sind eher selten.

Wenig spricht bei der Erklärung von Volatilität in Deutschland für das Wirken sozialer Variablen. Vielmehr scheint die dem rationalistischen Wählermodell zu Grunde liegende „Gelegenheitsstruktur" des Wählens mit entsprechenden Angeboten der Parteien in der Form von Wahlversprechen und Kandidatenauswahl Wechselbereitschaft und -vollzug zu erklären (ebenda: 222).

Wenngleich davon auszugehen ist, dass die sozialstatistischen Merkmale Alter und Geschlecht allein nicht ausreichen, um Wählerverhalten zu erklären, so kommt ihnen auch heute noch große Prägekraft für die Wahlentscheidung zu.

Das Alter bzw. Generations- oder Kohorteneffekte differenzieren die Wählerschaft recht deutlich: so wird die CDU/CSU überrepräsentativ oft von über 45-jährigen gewählt, die SPD konnte seit den 70er Jahren bis zur Gründung der GRÜNEN als Partei der Jung- und Erstwähler gelten, danach warben die GRÜNEN der SPD einen großen Teil dieser Jungwählerschaft ab.

Die stärkste Unterstützung erhielt die CDU/CSU z.B. bei der Bundestagswahl 2005 von den 45 bis 59-jährigen (34%) und von den über 60-jährigen (43%), die geringste von den 18 bis 29-jährigen (29%) (Ergebnis über alle Altersgruppen: 35,2%). Die SPD (insg. 34,3%) ist in allen Altersgruppen ungefähr gleich stark vertreten. Die höchste Unterstützung bekam sie bei den 18 bis 29-jährigen sowie den 45 bis 59-jährigen (jeweils 35%). Bei der F.D.P. (insg. 9,8%) lag vor allem die Gruppe der 18 bis 29-jährigen (11%) vorne. Die Wahlbereitschaft für Bündnis 90/DIE GRÜNEN (insg. 8,1%) ist bei den Jungwählern deutlich überrepräsentativ und nimmt dann mit steigendem Alter stetig ab: 18 bis 29 Jahre: 10%, 30 bis 44 Jahre: 11%, 45 bis 59 Jahre: 8%, und über 60 Jahre: 5%. Die Linkspartei (insg. 8,7%) wird vor allem von den 45 bis 59-jährigen (11%) und den 30 bis 44-jährigen (9%) favorisiert (Neu 2006: 27).

Dabei kann Alter unter unterschiedlichen Perspektiven zur Erklärung von Wahlentscheidungen herangezogen werden. Einerseits kann man von zyklisch bedingten Einflüssen des Lebensalters auf Formen und Inhalte politischer Partizipation ausgehen. Dafür spricht z.B. die Tatsache, dass mit zunehmendem Alter und steigendem Sozialstatus auch die Wahlbeteiligung zunimmt. Desinteresse oder Kritik an der kollektiven Gemeinschaft der Wählenden können jugendaltersbezogen sein wie analog auch entsprechend reduzierter Rundfunk- und Fernsehkonsum. Hinwendung zu konservativeren Einstellungen mit zunehmender ökonomischer und sozialer Integration erscheint aus der Perspektive der Wählerschaft funktional.

Auf der anderen Seite lässt sich aber auch auf Generations- bzw. Kohorten-Effekte schließen. D.h. kollektiv erlebte Erfahrungen, insbesondere ökonomische Mangel- oder Saturiertheitserfahrungen wie solche fehlender oder ausreichender

Sicherheit können Einstellungen u.U. lebenslang prägen.[216] Daraus wäre zu folgern, dass Stammwähler der GRÜNEN auch mit über 60 Jahren ihre Wahlentscheidung nicht ändern werden,[217] aus der altersbezogenen Erklärung allein, dass die CDU/CSU angesichts der demographischen Entwicklung im nächsten Jahrtausend einem sorgenfreien Zeitalter entgegen blickt. Auch hier müssen also beide Erklärungskonzepte in die Betrachtung miteinbezogen werden.

Wie das Alter, so kann auch das Geschlecht als Unterscheidungsmerkmal im Wahlverhalten dienen. Während in den 50er und 60er Jahren davon auszugehen war, dass Frauen seltener und zudem konservativer und Männer eher „links" wählten, hat sich das Wahlverhalten zwischen den Geschlechtern heute stark angeglichen. Bei den Bundestagswahlen 1961 wurde die CDU von 10% mehr Frauen gewählt als von Männern (Niclauß 1995: 200). Gegenwärtig stellt sich die Situation – in stark abgeschwächter Weise – eher umgekehrt dar: Die Frauen, insbesondere die jüngeren Frauen wählen weniger konservativ als die Männer. Über alle Altersgruppen hinweg wurde bei der Bundestagswahl 2005 von Frauen und Männern folgendermaßen gewählt:

- CDU: 27,5% Männer, 28,0% Frauen
- SPD: 32,8% Männer, 35,5% Frauen
- CSU: 7,3% Männer, 7,5% Frauen
- F.D.P.: 10,7% Männer, 9,0% Frauen
- Bündnis 90/DIE GRÜNEN: 7,4% Männer, 8,8% Frauen
- Die Linke: 9,9% Männer, 7,6% Frauen (Statistisches Bundesamt 2006: 8).

Unterscheiden wir neben dem Geschlecht zudem auch nach dem Alter, so zeigen sich teilweise erstaunliche Differenzen. So wählten bei der Bundestagwahl 2005 bspw. 36% der Frauen zwischen 18 und 29 Jahren aber nur 33% der Männer der gleichen Altersgruppe die SPD. Generell lagen bei der SPD die Wählerinnen in allen Altersgruppen mit 2-3 Prozentpunkten eindeutig vor den Männern. Bei der CDU/CSU ergeben sich vor allem in der Gruppe der 30 bis 44-jährigen Schwankungen: so wählten hier 32% der Männer die CDU/CSU aber nur 30% der Frauen. V.a. die GRÜNEN scheinen sich zu einer „Frauenpartei" herausgebildet zu haben.

---

[216] Diese Bedürfnisbefriedigungshypothese nach Maslow ist der Kern des Wertewandelkonzepts von Ronald Inglehart (z.B. 1989). Die Prägung durch materielle bzw. postmaterielle Werte hängt danach mit der Versorgungssituation mit materiellen und Sicherheitsgütern in der Jugend zusammen (mehr dazu Gerlach 1995).

[217] So kann die deutsche Wählerschaft vor dem Hintergrund kollektiv gemachter Kohortenerfahrungen z.b. folgendermaßen nach Geburtsjahrgängen eingeteilt werden: Generation des Ersten Weltkrieges (1890-1899), Weimarer Generation (1900-1914), Generation des Zweiten Weltkrieges (1915-1925), Flakhelfergeneration (1926-1930), Aufbaugeneration (1931-1941), Wohlstandsgeneration (1942-1948), Bildungsgeneration (1949-1958), Ökologiegeneration (1959-1966) und Jugendliche der „Gegenwart" (1967-1972) (Metje 1994: 529).

Unter deren Wählerschaft lag der Anteil der Wählerinnen bei der Bundestagswahl 2005 in der Altersgruppe der 30 bis 44-jährigen mit 12% um 3 Prozentpunkte und der 45 bis 59-jährigen um 4 Prozent höher als das der männlichen Wähler. Genau umgekehrt verhält es sich für die Linkspartei, die stärker durch die Männer unterstützt wird. Dort wählten in der Gruppe der 45 bis 59-jährigen 13% der Männer aber nur 9% der Frauen für die Linke (Neu 2006: 27). Hier scheint sich ein Trend zu etablieren, der sich schon in den 80er Jahren andeutete, aber erst in den 90er Jahren entfaltete und in europäischen Nachbarstaaten auch bei linkslibertären Parteien deutlich wird (dazu auch Molitor 1993: 152). Die größten Differenzen im Wahlverhalten ergeben sich jedoch bei rechtsextremen Parteien, wie z.B. den Republikanern. Hier setzt sich die Wählerschaft durchwegs zu zwei Dritteln aus Männern und einem Drittel aus Frauen zusammen (Roth 1990: 32/Ministerium für die Gleichstellung von Frauen und Männern NW 1994: 6ff.).

Bei den Erklärungsversuchen für dieses recht deutlich ausgeprägte unterschiedliche Verhalten von Männern und Frauen in Bezug auf die Wahl von grünen, linkslibertären und rechten Parteien wird einerseits auf die Partizipationsmöglichkeiten für Frauen in den Parteien und auf die inhaltlichen Identifikationspotentiale hingewiesen: Extrem geringer Amts- und Mandatsfrauenanteil bei rechten Parteien stoßen Frauen genauso ab wie patriarchalisches Gehabe und schwülstiger Stil (Roth 1990: 32), aber v.a. die oft offen zur Schau gestellte Gewaltbereitschaft (Ministerium für die Gleichstellung von Frauen und Männern NW 1994: 6ff.). Politikinhalte bei „grünen" Parteien scheinen genauso wie ein vielleicht wahrgenommener anderer politischer Stil für Frauen Identifikationspotentiale zu bieten (dazu Meyer, B. 1992: 11/12).

Oft finden wir auch die Behauptung eines „behavioural lags" bei Frauen, das dazu führe, dass sie neue politische Bewegungen später als Männer wahrnehmen und sich auch erst verspätet diesen Trends anpassen. Hier werden SPD- und GRÜNEN- Anteile als Belege herangezogen (Verweis bei Roth 1990: 32/Liste sonstiger „Defizitdiagnosen" bezüglich des weiblichen Politikverhaltens bei Meyer, B. 1992: 6).[218]

Auch bei der Wahlbeteilung unterschieden sich männliches und weibliches Verhalten lange beträchtlich. So lag in der Weimarer Republik die Differenz der Frauenwahlbeteiligung zu der der Männer bei Reichstagswahlen noch zwischen 6% und 12%, nach dem Zweiten Weltkrieg bis zum Beginn der 70er Jahre ergaben sich immer noch Differenzen von um die 3% an geringerer weiblicher Wahlbeteiligung

---

[218] Weiterführend zu der Frage einer spezifisch weiblichen Kultur der politischen Beteilung: Meyer, Birgit 1992: Die „unpolitische" Frau. Politische Partizipation von Frauen oder: Haben Frauen ein anderes Verständnis von Politik? In: APuZ B 25-26. S. 4-13./Schaefer-Hegel, Barbara 1993: Ist Politik noch Männersache? Ergebnisse einer Untersuchung über den Berliner Frauensenat von 1989 bis 1990. In: APuZ B 45. S. 3-13./Köcher, Renate 1994: Politische Partizipation und Wahlverhalten von Frauen und Männern. In: APuZ B 11. S. 24-31.

(Bundestagswahlen), danach sank die Differenz, stieg jedoch bei den Wahlen 1987 und 1990 wieder auf ca. 2% an (Eilfort 1993: 174/175).

Die „Partei der Nichtwähler" ist für die deutsche Demokratie zu einem Problem mit wachsender Bedeutung geworden, wenngleich ihr Anteil im Vergleich zu anderen Demokratien (z.B. USA) noch relativ gering ist. Nun lässt sich für Demokratien kein normativ gesetztes Maß für die „richtige" Wahlbeteilung finden. Identifizieren wir uns mit inputorientierten demokratietheoretischen Ansätzen, so ist eine möglichst hohe Beteiligung i.S. der Repräsentation aller Bürger und Bürgerinnen an der Wahl wünschenswert. „Die Stimmabgabe wird so zum Wert an sich, angestrebt wird ein Beteiligungsmaximum" (Eilfort 1994: 337). Betrachten wir dagegen die Wahl unter der Perspektive outputorientierter Demokratietheorie, dann stellt sie lediglich das Mittel zur Herstellung leistungsfähiger Gremien dar, wofür eine hohe Wahlbeteiligung nicht unbedingt erforderlich ist (mehr zu dieser demokratietheoretischen Bewertung der Wahlenthaltung: Eilfort 1994: 27ff.).

Die Wahlbeteilung lag über alle Wahlen gerechnet – von der Kommunal-, über die Landtagswahl zur Bundestagswahl ansteigend – im Durchschnitt zwischen 1949 bis 1990 bei 86% (Woyke 1994: 212). Sie erlebte in den 70er Jahren Werte von über 90%, sank dann aber seit Beginn der 80er Jahre kontinuierlich auf Werte von bis nur 77,8% ab.

Bei den Wahlenthaltungen muss unterschieden werden zwischen denjenigen, die aus faktischer Verhinderung resultieren (Krankheit, Tod, Urlaub, Umzug), solchen, die prinzipiell erfolgen (z.B. „Zeugen Jehovas") und solchen, die in der Form des „konjunkturellen Nichtwählens" zu Stande kommen (Eilfort 1994: 339). Nur die letzte Gruppe erzeugt zahlenmäßig bedeutsame Veränderungen im Vergleich unterschiedlicher Wahlen.

Bezogen auf soziologische sowie Verhaltensmerkmale, können wir – über die oben dargestellte Differenz zwischen Männern und Frauen hinaus – davon ausgehen, dass die folgenden Merkmale zur Erklärung des Nichtwählens herangezogen werden können (n. ebenda: 341ff.):

- Alter: Insbesondere Jungwähler und ältere Wähler (über 70 Jahre) zeigen eine hohe Neigung zu Wahlenthaltungen. Die Wahlbeteiligung in der Altersgruppe zwischen 50 und 70 Jahren dagegen ist die höchste. Hier kann auf einen Unterschied in der Wertorientierung zwischen Jungwählern und den Wählern zwischen 50 und 70 Jahren geschlossen werden (Pflichtbewusstsein, Akzeptanz bzw. Nicht-Akzeptanz von mehr oder weniger anonymen Großorganisationen wie Parteien), bei den über 70-jährigen müssen zunehmende Gebrechlichkeit und soziale Vereinsamung angenommen werden.
- Kirchenbindung: Je stärker die Kirchenbindung, desto ausgeprägter ist auch die Neigung zur Wahlteilnahme.
- sozialer Status: Beruf, Einkommen und formale Bildung scheinen Determinanten für die Wahlbeteiligung zu sein, die ausgeprägter wirken als Geschlecht, Al-

ter und Konfession. Je höher der Status ist, umso größer ist die Neigung zur Stimmabgabe, je geringer der soziale Status, umso größer die Wahrscheinlichkeit einer Wahlenthaltung. Die größte Wahlbereitschaft liegt bei Beamten, höheren Angestellten sowie Selbständigen vor, deutlich geringere bei einfachen Angestellten, Arbeitern und nicht Erwerbstätigen. Seit Beginn der 80er Jahre kam es zu einer Polarisierung des Wahlverhaltens derzufolge v.a. „einfache Leute" überdurchschnittlich weniger wählen, Leute mit hohen sozialen Status dagegen häufiger.

- soziale Integration: soziale Isolation fördert die Wahlenthaltung, soziale Gruppenbindung (z.b. in Familien, Freundeskreisen und kleinen Wohnorten) fördert die Bereitschaft zur Abgabe der Stimme. Derselbe Zusammenhang ergibt sich auch bezüglich der Mitgliedschaft in Vereinen und Verbänden. D.h. wesentliche Anteile der in den letzten Jahren vermehrt aufgetretenen Wahlenthaltungen gehen auf Individualisierungsprozesse zurück.
- politisches Interesse, Probleme, spezielle Parteibindungen: Oft wird Nichtwählen als determiniert durch politisches Interesse interpretiert: Hohes Interesse bedingt die Stimmabgabe, geringes verhindert sie. Dies gilt so uneingeschränkt heute nur für den Zusammenhang zwischen niedrigem Interesse und Wahlenthaltung. Hier kann nach wie vor davon ausgegangen werden, dass fehlendes politisches Interesse auch oft zur Wahlenthaltung führt. Daneben hat sich aber scheinbar in den letzten Jahren noch der Typ des politisch Interessierten herausgebildet, der wegen seines Engagements bewusst nicht wählt, z.B. mit dem Ziel der Sanktionierung von ihm für nicht gutgeheißenes Verhalten. Interessanterweise lassen sich solche potentiellen Nichtwähler eher als potentielle Wähler zum Urnengang mobilisieren, wenn es im Anschluss an Skandale darum geht, „saubere Alternativen" an die Macht zu bringen. Wahlenthaltung muss aber zunehmend auch als Zeichen von Politik(er)verdrossenheit politisch prinzipiell interessierter Bürger interpretiert werden. Unzufriedenheit mit der politischen bzw. ökonomischen Lage wird häufig mit Protestwahl oder Wahlenthaltung quittiert. Es gibt aber auch Zusammenhänge zwischen Parteipräferenz und Wahlbeteiligung. Allgemein gilt zunächst, dass bei vorhandener ausgeprägter Parteinähe auch eher gewählt wird und dass Wahlenthaltung hier als Mittel des Protestes eingesetzt wird anstatt der weitergehenderen Sanktion in der Form der Wahl einer anderen Partei. Bis 1969 profitierte fast immer die SPD von niedrigen Wahlbeteiligungen bei Landtags- und Kommunalwahlen, nach dem Machtwechsel profitierte die CDU davon, und nach dem erneuten Machtwechsel 1982 profitierte wieder die SPD. D.h. also, dass von einem Oppositionseffekt auszugehen ist, demzufolge die Oppositionsparteien bei den als Protestwahlen einzustufenden Landtags- und Kommunalwahlen profitieren. Bezüglich der Bundestagswahlen hieß es lange Zeit, die Wählerschaft der SPD sei engagierter und die Unionsparteien schnitten tendenziell umso besser ab je

höher die Wahlbeteiligung ausfiel. Seit 1972 lassen sich entsprechend eindeutige Trends nicht mehr nachweisen.

Bei aller Relativierung der Bedeutung von Nichtwähler-Anteilen im internationalen Vergleich stellen sich natürlich trotzdem Fragen nach der Grundlage der Legitimation politischen Handelns durch die gewählten Gremien und nach den Folgen für ein Gemeinwesen, wenn vielleicht nur noch 50% der Wählerschaft an den zentralen Akten des Souveräns teilnehmen. Diese Frage stellt sich allerdings noch viel ausgeprägter im Hinblick auf die Legitimation direktdemokratischer Entscheidungen, denen wir uns nun abschließend noch zuwenden wollen.

7.4 Partizipation zwischen repräsentativer und direkter Demokratie

Die Ausführungen in diesem Kapitel gelten der Funktion, der Systematik, den Voraussetzungen und Folgen der Wahlen in der repräsentativen Demokratie Deutschlands. Nicht nur im Vergleich zu europäischen Nachbarstaaten, sondern auch im Zusammenhang der durch die Entwicklung der Bürgerinitiativbewegung seit den 70er Jahren belebten Diskussion um die Erweiterung unserer politischen Ordnung[219] durch alternative und insbesondere direkte Formen der Demokratie werfen dabei allerdings die Frage nach Reformen der Möglichkeiten bürgerlicher Partizipation auf. Entsprechende Diskussionen sind nach der Entscheidung des Parlamentarischen Rates für die repräsentative Demokratie nahezu ohne plebiszitäre Elemente, die v.a. vor den Erfahrungen in der Weimarer Republik getroffen wurden, nie ganz abgeklungen. U.a. die Enquête-Kommissionen des Bundestages zu Fragen der Verfassungsreform 1973 und 1976 haben sich mit Möglichkeiten der Erweiterung bürgerlicher Mitwirkung durch direktdemokratische Elemente befasst, diese jedoch abgelehnt (vgl. dazu BT-Drucks. 7/5924: 9ff.). V.a. in den 90er Jahren lebte die Diskussion um plebiszitäre Elemente wieder auf. Gründe dafür boten nicht nur der Wertewandel der 80er Jahre, sondern auch die zunehmende Parteienverdrossenheit der Bevölkerung. Insbesondere die fehlende Glaubwürdigkeit eines korporativ eingebundenen, inkrementalistisch handelnden und von nachhaltiger Politik weit entfernten Staates verstärkten die Forderungen nach plebiszitärer Ergänzung. Aber auch zunehmende Internationalisierungs- bzw. Globalisierungsprozesse von Politik führten zu entsprechenden Forderungen. Nicht nur die Tatsache, dass die Verträge von Maastricht, Amsterdam und Nizza in vielen anderen europäischen Staaten durch Referenden bestätigt wurden, wodurch quasi das nationalstaatliche Steuerungsdefizit des europäischen Integrationsprozesses legitimiert wurde, setzten entsprechende Diskussionen in

---

[219] Überwiegend wird diese Entscheidung für die repräsentative Demokratie mit entsprechender Einflussnahme der Alliierten auf den Parlamentarischen Rat begründet. Otmar Jung hat dagegen eine durchaus plausible Begründung ergänzt: die zuvor vorhandene Grundposition aller Länder für plebiszitäre Elemente sei aus Befürchtungen bezüglich der Agitation von KPD und SED in der Besatzungszeit aufgegeben worden (Jung 1995: 658) (vgl. zur Volkskongressbewegung Kap. 1).

Gang, sondern auch die grundsätzlich neue Qualität von Politik. Durch die fehlende Kongruenz von politischen Entscheidern und von der Entscheidung Betroffener, durch das Auseinanderbrechen der klassischen Jellinek'schen Trias von Staatsvolk, Staatsgebiet und Herrschaftsordnung gilt es Legitimität von Politik neu zu begründen. Die „Legitimationskette" wie sie das Bundesverfassungsgericht definiert hat (BverfGE 38, 258 (271) sowie 47, 253 (275)) und die von einer ununterbrochenen Kette von Kontroll- und Korrekturmechanismen ausgeht, durch die das Volk die zeitlich befristete Herrschaft der Politik legitimiert, ist in entgrenzten politischen Handlungsräumen nicht mehr zu garantieren.

Mit dem Prozess und dem Vollzug der deutschen Einheit schien nicht nur vor dem Hintergrund der wohl einmaligen Chance zur Revision des Grundgesetzes nach Erreichen des Staatszieles Wiedervereinigung die Gelegenheit gekommen, über Reformen nachzudenken, sondern auch vor demjenigen des vierzigjährigen Bestehens der deutschen Demokratie. Mit der zunehmenden Herausbildung einer demokratischen Kultur in Deutschland schienen die Gefahren populistischer Verführung des Volkes durch plebiszitäre Elemente gebannt, so konnte man hoffen. Die Kommission Verfassungsreform des Bundesrates votierte entsprechend für die Einführung von Volksinitiative, Volksbegehren und Volksentscheid (BR-Drucks. 360/92: Rdnr. 177ff.). Die Gemeinsame Verfassungskommission von Bundestag und Bundesrat wurde mit einer Flut von Eingaben überschwemmt, die sich insbesondere mit Fragen der Erweiterung unserer Verfassung durch plebiszitäre Elemente befassten. SPD und die GRÜNEN stellten entsprechende Anträge zur Änderung des Grundgesetzes (Einführung eines gestuften Verfahrens aus Volksinitiative, Volksbegehren und Volksentscheid), die allerdings nur einfache Mehrheiten erzielen konnten. Die in der Verfassungskommission zur Norm für die Weitergabe als Empfehlung an den Gesetzgeber erhobene Zwei-Drittel-Mehrheit konnte sich nicht finden (vgl. dazu auch Schmack-Reschke 1997: 77ff.).

Die Verfassungsentwürfe des „Runden Tisches" und des Kuratoriums für einen demokratisch verfassten Bund deutscher Länder schließlich hatten beide schon zuvor eine Erweiterung direktdemokratischer Mitwirkungsmöglichkeiten gefordert (vgl. dazu Kap. 3).

Das Grundgesetz sieht lediglich in Art. 29 GG (Revision von Ländergrenzen) direktdemokratische Mitwirkungsmöglichkeiten für Bürger auf der Bundesebene vor.

Auf der Ebene der Länder gibt es – seit jüngster Zeit flächendeckend – plebiszitäre Elemente in den Verfassungen (vgl. Zusammenstellung dazu bei Luthardt/Waschkuhn 1997: 79ff.). Vor allem im Anschluss an die Herstellung der deutschen Einheit gab es einen regelrechten direktdemokratischen Reformschub. Seit 1990 traten acht neue Landesverfassungen in Kraft, in Schleswig-Holstein, Niedersachsen[220] sowie in den fünf neuen Bundesländern und Berlin. Alle beinhalten Mög-

---

[220] U.a. wurde in Niedersachsen 1994 durch Volksinitiative initiiert der Verfassung in Anlehnung an das Grundgesetz eine Präambel mit dem folgenden Text vorangestellt: „Im Bewußtsein seiner Verant-

lichkeiten der Volksgesetzgebung, und vier von ihnen – in Brandenburg, Mecklenburg-Vorpommern, Thüringen und Berlin – wurden sogar durch Referenden bestätigt (Jung/Knemeyer 2001: 30). Darüber hinaus wurden nahezu alle alten Verfassungen seit 1990 revidiert. Entsprechende Reformentscheidungen zur Erweiterung plebiszitärer Elemente gab es unter anderem in Hamburg, Bremen und Rheinland-Pfalz. In Berlin wurde 1995 – durch Volksentscheid gebilligt – die 1974 abgeschaffte Volksgesetzgebung wieder eingeführt.

Von den entsprechenden Möglichkeiten wird durchaus Gebrauch gemacht und nicht nur ausnahmsweise mit dem Resultat eines gegen die Entscheidungslage in dem jeweiligen Landesparlament gerichteten Abstimmungsergebnisses. So wurden in Hessen 1991 die Urwahl der Bürgermeister und Landräte durch Plebiszite eingeführt, genauso wie das Staatsziel Umweltschutz durch Volksabstimmung in der Landesverfassung verankert wurde. 1995 lehnten die Bürger und Bürgerinnen – ebenfalls in Hessen – die Herabsetzung des Alters für das passive Wahlrecht ab, zur Enttäuschung der Parteien, die die entsprechenden Empfehlungen ausgesprochen hatten (ebenda: 660). Und in Bayern wurde nicht nur 1989 bis 1991 das Abfallrecht durch Volksgesetzgebung reformiert, sondern auch 1995 der kommunale Bürgerentscheid gegen den Willen der Landtagsmehrheit eingeführt (vgl. dazu auch Kap. 5).

Es lassen sich aber auch eine Reihe von Beispielen finden, bei denen schon die Ankündigung von Volksbegehren zur Revision oder gar Rücknahme von Gesetzesänderungen geführt hat oder Gesetzesänderungen durch diese veranlasst wurden (dazu Jung 1995: 661).

Auf kommunaler Ebene schließlich gibt es seit 1997 – als das Saarland als letztes Bundesland seine Kommunalverfassung durch plebiszitäre Elemente ergänzte – überall die Möglichkeit von Bürgerbegehren und Bürgerentscheid (vgl. dazu auch Kap. 5).

Formen direkter Demokratie „können ebenenspezifisch-verbindlichen, semi-verbindlichen, initiierenden oder konsultativen Charakter haben, fakultativ oder obligatorisch eingesetzt werden" und in der Form von Sach-, Personal- oder Territorialentscheidungen stattfinden (Luthardt/Waschkuhn 1997: 62). Prinzipiell stehen als Instrumente plebiszitärer Partizipation die folgenden zur Verfügung:

- Volksinitiative: Durch eine Volksinitiative können die Bürger das Parlament zwingen, sich mit einem bestimmten Sachverhalt bzw. einem Gesetzentwurf zu beschäftigen. Wenn dies innerhalb einer festzusetzenden Frist nicht geschieht, so kann durch ein Volksbegehren ein Volksentscheid herbeigeführt werden. In diesem Fall hat das Volk also initiierende Funktionen.
- Volks- bzw. Bürgerbegehren dienen – ebenfalls in initiierender Funktion – der Vorbereitung von Referenden. Kommt eine festgesetzte Anzahl von Stimmen

---

wortung vor Gott und den Menschen hat sich das Volk von Niedersachsen durch seinen Landtag diese Verfassung gegeben". (mehr zu dieser Volksinitiative: Aschoff 1995).

durch ein Begehren zusammen (Quorum), so muss eine Volksabstimmung durchgeführt werden.

- Volks- bzw. Bürgerentscheid: In entscheidender Funktion nimmt das Volk die in Frage stehenden Gesetzesentwürfe an oder verwirft sie (Referendum im engeren Sinne).

Grenzen sind der Partizipation des Volkes durch das jeweils notwendige Quorum gesetzt, d.h. durch den Anteil an der Wahlbevölkerung, der das Begehren unterstützen muss, um die Volksabstimmung durchzuführen und durch die jeweils geltenden Mehrheitserfordernisse bei der Abstimmung. Volksinitiativen sind in allen Bundesländern möglich, ihnen muss regelmäßig ein ausgearbeiteter Gesetzentwurf zu Grunde liegen. Die Quoren für Volksbegehren liegen in den Bundesländern zwischen 4% und 20% oder sind an absolute Mindestzahlen gebunden.[221] Die entscheidenden Mehrheiten sind in der Regel die einfachen Mehrheiten der abstimmenden Bürger, fast immer ist hier aber die Teilnahme eines bestimmten Anteils von Wahlberechtigten am Volksentscheid vorausgesetzt. Von den Landtagen beschlossene Gesetze können zur Abstimmung durch das Volk gebracht werden. Wenn der Landtag zuvor das Gesetz beschlossen hat, kann er die Volksabstimmung teilweise mit Zwei-Drittel-Mehrheit verhindern (z.B. in Baden-Württemberg). Auch Verfassungsänderungen oder Auflösungen der Landtage sind durch Volksentscheide fast überall möglich, wobei jedoch andere Mehrheiten vorausgesetzt werden.

---

[221] Eine Neuregelung der Quorenfrage fand in NRW 2002 durch eine Verfassungsänderung statt. Hier wurde das Unterschriftenquorum von zuvor 20% auf 8% herabgesenkt. Darüber hinaus wurden Verfassungsänderungen per Volksentscheid mit Zwei-Drittel-Mehrheit ermöglicht sowie die Volksinitiative eingeführt.

Abb. 48: Direktdemokratische Elemente in den Länderverfassungen und ihre Voraussetzungen (zusammengestellt nach: www.mehr-demokratie.de)

Bundesland	Art. in der Landesverfassung	Volksbegehren			Volksentscheid		
		Unterschriftenquorum	Eintragungsfrist Amt (A), frei (F)	Zustimmungsquorum einfaches Gesetz	... verfassungsänderndes Gesetz	Auflösung des Parlamentes bzw. Erzwingung von Neuwahlen	
Baden-Württemberg	59, 60, 64 III	16,6%	2 Wochen (A)	33%	50%	16,6% Stimmberechtigte	
Bayern	71 ff.	10%	2 Wochen (A)	kein Quorum	25%	mind. 1 Mio. Stimmen der Wahlberechtigten	
Berlin	59, 61-63	7%	4 Monate (A)	25%	50% + 2/3 Mehrheit	Mehrheit der Wahlberechtigten + 50% Beteiligungsquorum	
Brandenburg	2, 22, 75, 76, 77, 78, 79, 115, 116	80.000 (ca. 4%)/ 200.000 Landtags-Auflösung	4 Monate (A)	25%	50% + 2/3 Mehrheit	2/3 Mehrheit, jedoch mindestens die Hälfte der Stimmberechtigten	
Bremen	69-74	10% /20% Verf.-änderung	3 Monate (F)	25%	50%	mehr als 50% der Stimmberechtigten	
Hamburg	48, 50	5%	21 Tage (A)	20%	50% + 2/3 Mehrheit	nicht möglich	
Hessen	71, 116, 117, 123, 124	20%	2 Wochen (A)	kein Quorum	nicht möglich	nicht möglich	
Mecklenburg-Vorpommern	59, 60	140.000 (ca. 10%)	keine Frist (F)/ 2 Monate (A)	33%	50% + 2/3 Mehrheit	nicht möglich	
Niedersachsen	41, 42, 47, 48, 49, 50	10%	12 Monate (F)	25%	50%	nicht möglich	
Nordrhein-Westfalen	2, 3, 67a, 68, 69	8%	8 Wochen (A)	15%	2/3 Mehrheit + 50% Beteiligungsquorum	Wird ein von der Landesregierung (R) eingebrachtes Gesetz, welches das Parlament (P) abgelehnt hat, durch einen Volksentscheid angenommen, kann die R das P auflösen, wird es abgelehnt muss die R zurücktreten.	
Rheinland-Pfalz	107, 108, 109	300.000 (ca. 10%)	2 Monate (A)	25% Beteiligungsquorum	50%	Mehrheit der abgegebenen Stimmen	
Saarland	63, 99 f.	20%	2 Wochen (A)	50%	nicht möglich	nicht möglich	

Bundesland	Art. in der Landesverfassung	Volksbegehren			Volksentscheid		
		Unterschriftenquorum	Eintragungsfrist Amt (A), frei (F)	Zustimmungsquorum einfaches Gesetz	... verfassungsändernd es Gesetz	Auflösung des Parlaments bzw. Erzwingung von Neuwahlen
Sachsen	70, 71, 72, 73, 74	450.000 (ca. 12%)	8 Monate (F)	kein Quorum	50%	nicht möglich
Sachsen-Anhalt	77, 80, 81	250.000 (ca. 11%)	6 Monate (F)	25%	50% + 2/3 Mehrheit	nicht möglich
Schleswig-Holstein	3, 37, 40, 41, 42	5%	6 Monate (A)	25%	50% + 2/3 Mehrheit	nicht möglich
Thüringen	81, 82, 83	10% (F) 8% (A)	4 Monate (F) 2 Monate (A)	25%	40%	nicht möglich

Thematisch sind Volksbegehren und Volksentscheide begrenzt durch die Tatsache, dass bestimmte Inhalte in allen Kommunalverfassungen von der entscheidenden Beschlussfassung durch das Volk ausgeschlossen sind: Landeshaushalt, Personalentscheidungen und Dienstrechtsangelegenheiten. Allerdings sind diese inhaltlichen Beschränkungen in den Bundesländern sehr unterschiedlich ausgestaltet. NRW hat z.b. einen umfangreichen Negativkatalog formuliert, während die Verfassungen von Bayern, Hessen und Sachsen-Anhalt weitergehende Möglichkeiten für die Bürger vorsehen.[222] Wichtig sind auch die Bestimmungen über die Dauer der Abstimmungsfristen. Eine entsprechende Frist soll – wie auch die Untergrenzen für die Beteiligung – vor möglichen Missbräuchen i.S. von Sonderinteressen genauso schützen wie vor der Instrumentalisierung durch Landesregierungen oder Parteien.

Die beschriebenen Formen plebiszitärer Demokratie in den Landesverfassungen verstehen sich (bis auf wenige Ausnahmen) – wie auch die Zielinhalte der Forderungen nach mehr direkter Demokratie im allgemeinen – nicht als Ersatz, sondern als Ergänzung der repräsentativen Demokratie (dazu genauer Luthardt 2000). Ein interessanter und unter der Perspektive der Politik(er)verdrossenheit wohl auch wünschenswerter Effekt ist ihre Responsivität, d.h. die Tatsache, dass die gewählten Volksvertreter vor dem Hintergrund möglicher plebiszitärer Aktionen gezwungen sein könnten eine größere Sensibilität für die Bedürfnisse, Interessen und Wünsche des Volkes zu entwickeln.

Trotzdem wird einer Ergänzung der Verfassungen parlamentarischer Demokratien durch plebiszitäre Elemente nicht nur von Seiten institutionalisierter Politik Skepsis entgegen gebracht, wie nicht zuletzt die Ergebnisse der Verhandlungen in der Gemeinsamen Verfassungskommission zeigen, sondern auch Teile der politikwissenschaftlichen Diskussion deutlich machen.

Die Argumente gegen die Einführung von Elementen der Volksgesetzgebung lassen sich folgendermaßen zusammenfassen:

- Ein sehr häufig zu findendes Argument gegen plebiszitäre Elemente ist die Behauptung fehlender Sachkompetenz von Wählern und Wählerinnen, die die Entscheidung über hochkomplexe Probleme in der heutigen Politik voraussetze. In zweifacher Hinsicht wird hier eine Scheinplausibilität aufgebaut, die bei genauerer Analyse in sich zusammenfällt. Erstens wird ein nicht zutreffender Kompetenzbegriff unterstellt, wenn von Sachkompetenz i.S. des Experten bei entsprechenden Entscheidungen ausgegangen wird (Jung 1995: 674). Denn genauso wie bei der Wahl geht es im Fall eines Referendums weniger um die Demonstration von Sachkompetenz als um diejenige von staatsbürgerlicher

---

[222] In einem Urteil aus dem Jahr 2000 (Aktenzeichen 2 BvK 3/98 v. 3. Juli 2000) hat das Bundesverfassungsgericht der Anwendbarkeit von Volksinitiativen allerdings weitere Grenzen gesetzt, indem es nämlich entschied, dass Initiativen, die gewichtige staatliche Einnahmen und Ausgaben zur Folge haben und damit in wesentlichem Maße haushaltswirksam werden, unzulässig sind.

Kompetenz. „Wer diese staatsbürgerliche Kompetenz in Abrede stellt, kann konsequenterweise auch nicht das demokratische Prinzip der allgemeinen Wahl rechtfertigen" (ebenda). Zweitens aber wird implizit vorausgesetzt, dass die entsprechende Sachkompetenz bei der Abstimmung im Parlament vorliegt. Dies ist sicher nicht durchgängig der Fall. Wenn wir Sachkompetenz im politischen Prozess unterstellen, so bezüglich der Vorbereitung und Bearbeitung der Gesetzesentwürfe in Ausschüssen und Kommissionen. Volksgesetzgebung – beziehen wir uns z.b. auf die Regelungen in den deutschen Bundesländern – setzt jedoch immer ausgearbeitete und begründete Gesetzesentwürfe voraus, d.h. die Sachkompetenz erfordernde Gestaltungsphase ist hier genauso wie bei der parlamentarischen Abstimmung vorgelagert.

- Oft wird der Volksgesetzgebung Rationalität abgesprochen, sie sei von Stimmungen und Zufällen oder auch von der Output-Orientierung der Wählerschaft abhängig (Jung 1995: 675). Erfahrungen aus Staaten mit bedeutsamen plebiszitären Verfassungselementen genauso wie der Blick auf die Erfahrungen mit Plebisziten auf kommunaler Ebene (etwa bezüglich unterstellter Kostenexplosionen) bestätigen diese Negativbehauptungen aber keinesfalls.[223] Zum einen mag für die wider Erwarten vorhandene Rationalität in Plebisziten die Tatsache verantwortlich sein, dass sich insbesondere interessierte und entsprechend sachkundige Bürger und Bürgerinnen an ihnen beteiligen. Zum anderen aber entfällt bei Plebisziten ein strukturbildendes Element, das bei parlamentarischen Entscheidungen oft ausschlaggebend ist: Gemeint ist die Orientierung an parteipolitischen Zielsetzungen bzw. koalitionspolitischen Vereinbarungen und schließlich interfraktionellen Bargainingprozessen. Diese führen in Verbindung mit der Wählerorientierung in der Konsequenz oft zu dem als Rationalitätenfalle bezeichneten Phänomen einer inkonsistenten und der Lösung von Sachproblemen eher abträglichen Politik (dazu Gerlach u.a. 1996). Auf der anderen Seite zeigen sich hier aber auch die Gründe für die relative Skepsis der institutionalisierten Politik gegenüber plebiszitären Reformen,[224] sie bedeuteten einen massiven Macht- und Gestaltungsverlust für die politischen Parteien.
- Eine weitere Gruppe von kritischen Stellungnahmen gegenüber der Volksgesetzgebung richtet sich auf die Tatsache, dass die damit verbundene Zergliederung von Politik in Einzelentscheidungen zur deren Inkohärenz führe. Auf den ersten Blick mag sich hier spontane Zustimmung aufdrängen. Bei genauer Betrachtung jedoch ist auch diese Kritik – v.a. im Vergleich mit der Realität parlamentarischer Politik – kaum haltbar. Denn erstens ist gerade der durch den oft vorhandenen Zwang zur interfraktionellen Kooperation verursachte Inkrementalismus ein treffendes Charakteristikum des Ertrages parlamentarischer

---

[223] Weiterführende vergleichende Literatur zum Thema Volksgesetzgebung: Luthardt 1994; Heußner 1994; Stelzenmüller 1994; Suksi 1993; Möckli 1994.
[224] Beispiele dafür bei Jung 1995: 671f.

Politik (dazu Gerlach u.a. 1996). Und zweitens führt die dichotome Logik der Wahl in der Form der pauschalen Zustimmung zu einem Parteiprogramm und/oder einem Kandidaten nicht automatisch zu einer in sich konsistenten Politik. Gerade vor dem Hintergrund, dass in der Wählerschaft zwar keine allumfassende Kompetenz vorliegt, durchaus aber sachliche Teilkompetenz vorhanden sein kann, macht eine Auflösung des Zustimmungsaktes in sachorientierte Teilabstimmungen (zusätzlich zu der Wahl von Repräsentanten) durchaus Sinn.[225]

- Vor dem Hintergrund der Legitimation politischen Handels ist sicher die Frage der entscheidenden Mehrheiten eine Schlüsselfrage bezüglich der Bewertung von Akten der Volksgesetzgebung und nicht zuletzt auch der Ansatzpunkt zur Verhinderung von Missbräuchen. So argumentiert Goivanni Sartori in seiner Demokratietheorie gegen die direkte und für elitäre Demokratie, weil nur so ein Diktat der Mehrheit zu verhindern und ein Minderheitenschutz gewährleistet werden könne (1992: 126ff.) und besinnt sich so quasi auf die Rousseau'sche Konfrontation zwischen volonté général und volonté de tous. Dabei darf aber nicht vergessen werden, dass nicht nur in der Demokratietheorie Rousseaus die Verwandlung vom volonté de tous zum volonté général nebulös bleibt, sondern auch die Durchsetzung von Minderheiteninteressen in der parlamentarischen Demokratie, zumal, wenn sie sich durch Sperrklauseln vor randständigen politischen Interessen zu schützen sucht. Befürchtet Sartori ein Diktat der Mehrheit durch Plebiszite, so hat Claus Offe schon Mitte der 80er Jahre auf eine andere ebenso mit der Frage der Mehrheit zusammenhängende Gefahr der Volksgesetzgebung aufmerksam gemacht (Offe 1984): Können wir von legitimierter Politik ausgehen, wenn Entscheidungen von engagierten Minderheiten vorbereitet und gefällt werden? Oder: Wie groß müssen entscheidende Mehrheiten sein, um das Diktat der Minderheit auszuschließen? Eben diese Frage hat 1997 dazu geführt, dass die Regelungen zum kommunalen Bürgerbegehren und Entscheid in Bayern zunächst wieder außer Kraft gesetzt wurden, da ihnen Angaben über zu erfüllende Quoren fehlten (vgl. dazu Kap. 5.6). So berechtigt hier die Mahnung vor Gefahren ist, durch entsprechende, festzulegende Quoren und Mehrheiten kann durchaus Abhilfe geschaffen werden.

Zusammenfassend können wir also festhalten: Es kann bei der Diskussion um Plebiszite nicht darum gehen, die parlamentarischen Vertretungsstrukturen in unserem politischen System durch Möglichkeiten der Volksgesetzgebung zu ersetzen. Wohl

---

[225] Von einiger Überzeugungskraft in dieser Hinsicht sind die Vorschläge von Burkhard Wehner (1992). Er geht von einem faktischen Prinzip der „Allzuständigkeit" der Politik in parlamentarischen Demokratien aus, das in Verbindung mit den vorhandenen Wahlmodi den Wähler zum „politischen Analphabeten" degradiert, auch wenn er durchaus hohe Sachkompetenz in Einzelbereichen besitzt. Er votiert daher u.a. für entsprechende Änderungen im Wahlrecht und die Schaffung sachorientierter Einzelabstimmungen.

aber böte eine Ergänzung der Wahlen durch plebiszitäre Elemente – insbesondere, wenn es um Verfassungsänderungen geht – durchaus Perspektiven für die Belebung unserer politischen Kultur. Dies gilt nicht zuletzt für die Tatsache, dass durch zunehmende Inter- und Transnationalisierung bzw. Globalisierung von Politik der klassischen nationalstaatlichen Konstruktion der Vertragsgemeinschaft aus souveränem Volk und regierendem Politiker durch abnehmende Kontollier- und Zurechenbarkeit die Basis entzogen wird. Legitimationsdefizite territorial entgrenzter Politik könnten also durchaus einen sinnvollen Ausgleich im Nationalstaat – etwa durch Stärkung subnationaler Akteure und eben des Volkes – finden. Das Schreckgespenst des völligen Verlustes von Sachrationalität der politischen Entscheidung in diesem Falle wird zwar von der (institutionalisierten) Politik redlich genährt, bei genauer Betrachtung drängt sich aber der Verdacht auf, dass die Ablehnung eher im Interesse der Parteienmacht geschieht als in dem des Gemeinwohls.

8 Parteien: Zentrum der politischen Interessenvertretung?

Als die 61 Verfassungsväter und die vier Verfassungsmütter des Parlamentarischen Rates in den Jahren 1948 und 1949 den Artikel 21 des späteren Grundgesetzes vorbereiteten und verabschiedeten, hatten sie den politischen Parteien eine ganz besondere Rolle im System der jungen Demokratie zugedacht. Zum ersten Mal in der deutschen Geschichte und nach Italien (1947) zum zweiten Mal in der Welt wurde den Parteien durch die ausdrückliche Würdigung ihrer Bedeutung im Organisationsteil einer Verfassung eine herausragende Funktion und eine Rolle für das Staatsganze übertragen (Mühleisen 1986: 7).

Dieser Schritt erscheint nicht nur vor der unheiligen Entwicklung des politischen Systems unter der nationalsozialistischen Herrschaft als ein wesentlicher, sondern auch, wenn wir den Weg zurückverfolgen, den die Parteien und deren Bedeutung in den letzten beiden Jahrhunderte in Deutschland genommen haben.

Noch im deutschen Vormärz konnte zwar die Bezeichnung Partei immer dann unbedenklich verwandt werden, wenn es sich um eine Gesinnungsgemeinschaft handelte, wenn aber eine organisierte Gruppenbildung angesprochen war, die auf bestimmte Handlungsziele ausgerichtet war, dann wurde Partei als etwas ganz und gar „Schmutziges" und vor allem einem gebildeten Bürger nicht Zumutbares eingeordnet (v. Beyme 1978: 699).[226] Im Verständnis der Bevölkerung des deutschen Obrigkeitsstaates im ausgehenden 19. Jahrhundert standen sich noch die scheinbar überparteiliche Regierung als Garantin des Gemeinwohls und die Parteien als „lästige Störenfriede" und bloße Verfechter von Sonderinteressen gegenüber, wie es der deutsche Staatsrechtler Radbruch formulierte. Bis dahin hatten sich allerdings schon die fünf ideologischen Hauptrichtungen herausgebildet, die dem Parteiensystem bis zum Ende der Weimarer Republik seine Struktur verleihen sollten: Konservatismus, demokratischer Linksliberalismus, Nationalliberalismus, politischer Katholizismus und Sozialdemokratie (Starke 1993: 20).

Noch die Weimarer Verfassung erwähnte die Parteien in Art. 130 Abs. 1 ausschließlich in abwehrender Formulierung, indem sie festlegte, dass die Beamten Diener der Gesamtheit, nicht einer Partei seien. Und auch die Inschrift einer Gedenkmünze aus dem Jahr 1925 anlässlich der Wahl Hindenburgs zum Reichspräsidenten offenbart uns die Aufrechterhaltung einer extremen Parteienskepsis in der

---

[226] So der Jenaer Professor Onken auf dem Wartburgfest: „Euer Name sei, was Ihr allein und ausschließlich seid, Studentenschaft oder Burschenschaft. Hütet Euch aber, ein Abzeichen zu tragen und zur Partei herabzusinken; das bewiese, daß Ihr nicht wißt, daß der Stand der Gebildeten in sich den ganzen Staat wiederholt und also sein Wesen zerstört durch Zersplitterung in Parteien" (n. v. Beyme 1978: 699).

ersten deutschen Demokratie: „Für das Vaterland beide Hände, aber nichts für die Parteien" (ebenda 1993: 21).

Nicht zuletzt die Tatsache, dass die Weimarer Verfassung die Parteien als politik- und gesellschaftsgestaltende Institutionen nicht vorsah, im Verbund mit der fast notorischen Antipathie gegenüber „Parteiengezänk" und deren Pfründeorientierung in der politischen Kultur des deutschen Kaiserreiches und der nachfolgenden Demokratie, dürften ein Erhebliches zum Scheitern dieser ersten deutschen Demokratie beigetragen haben. Das Ende der Weimarer Republik wird vielfach mit einer extremen Krise der Parteien gleichgesetzt, und ein Großteil der rechts-reaktionären und völkischen Staatskritik setzte an der Rolle und dem Verhalten der Parteien an (ebenda: 22/Jesse 1990: 57ff./ Bracher 1962).

Nach dem Zweiten Weltkrieg wurden in der SBZ schon mit dem Befehl Nr. 2 vom 10. Juni 1945 Parteien wieder zugelassen. Die Westzonen folgten, nachdem auf der Konferenz von Potsdam im Juli und August 1945 die Zulassung demokratischer Parteien beschlossen worden war (vgl. dazu genauer Kap. 1). In der SBZ erfolgte – beginnend mit der Zwangsvereinigung von SPD und KPD zur SED im April 1946 – ein gnadenloser „Gleichschaltungsprozess" der Parteien[227] mit der Zielsetzung einer antifaschistischen Blockbildung. Im Westen entstand zunächst auf die einzelnen Zonen begrenzt und später überzonal unter den Bedingungen des Lizenzzwanges ein Parteiensystem, das z.T. an die früheren Parteitraditionen anknüpfte, aber andererseits auch für einen Neubeginn stand. Sozialdemokraten und Kommunisten organisierten sich als SPD und KPD, die Liberalen schlossen sich als DVP, LDP, F.D.P. sowie weiteren Parteien des liberalen Spektrums 1948 zur F.D.P. zusammen. Als Neuentwicklung der Nachkriegszeit kann die Gründung von CDU und CSU gelten, die als christlich-überkonfessionelle Parteien die Beschränkung des Zentrums auf die katholische Wähler- bzw. Anhängerschaft überwinden sollten. Daneben gab es eine Reihe von Interessenparteien, die jedoch bis zur Mitte der 60er Jahre ganz wesentlich an Bedeutung verloren.

8.1 Parteien: Begriff nach dem GG und dem Parteiengesetz

Die Vorstellung von der im Grundsatz homogen gestalteten und in der Verantwortung des Staates liegenden Gemeinwohlbestimmung, die sich abwehrend gegenüber der Artikulation von Partikularinteressen verhält, ist charakteristisch für den Umgang der deutschen politischen Kultur mit Parteien.

Von der doppelten Determiniertheit der Parteien als Instrumente der Partikularinteressendurchsetzung einerseits, und als Trägerinnen des Gemeinwohles andererseits war allerdings der britische Liberale Edmund Burke schon 1770 ausgegan-

---

[227] Der Bezeichnung nach gab es durchaus ein scheinbar differenziertes Parteiensystem, das mit SPD, KPD bzw. SED, CDU, LDPD, DBD und NDPD die Strukturen des Parteienspektrums aus der Weimarer Zeit widerspiegelte.

gen, als er definierte: „Party is a body of men united for promoting by their joint endeavours the national interest upon some particular principle in which they all agreed" (1803: 335). Die funktionale Ambivalenz zwischen gesellschaftlicher Interessenorganisation (i. S. einer zumindest partiellen Gemeinwohlorientierung) und Eigeninteressen von Parteifunktionären machte auch Max Weber deutlich. Parteien seien auf „freier Werbung beruhende Vergesellschaftungen mit dem Zweck, ihren Leitern dadurch (ideelle oder materielle) Chancen" zu bieten, die sich einerseits auf die Durchsetzung sachlicher Zielsetzungen bezögen, und andererseits auf die Erlangung persönlicher Vorteile (Weber 1985: 167). Ein wesentliches Definitionsmerkmal für Parteien und v. a. für deren Klassifizierung entwickelte sich, als im Nachgang der Auflösung feudaler Gesellschaftsstrukturen und der Organisation von neu zu definierenden Gruppeninteressen zunehmend Parteien mit fester Struktur und großer Mitgliederzahl entstanden, was für Deutschland genau genommen erst für den Beginn unseres Jahrhunderts gilt. Entsprechend definierte Ludwig Bergsträsser 1921 in seiner Geschichte der politischen Parteien diese als Gruppen,

- die „durch ihren Zusammenschluß bestimmte politische Ziele erreichen wollen",
- eine „politische Gesamtauffassung" vertreten und
- von einer „organisatorischen Festigkeit" sind (n. Niclauß 1995: 9).

In der politikwissenschaftlichen Analyse verdichtete sich der definitorische Kern des Parteienbegriffs immer stärker hin auf die Durchsetzung von Eigeninteressen und fort von einer solchen des Gemeinwohls. Bezeichnend dafür sind v. a. die Arbeiten der neueren politischen Ökonomie, insbesondere diejenigen von Josef Schumpeter und Anthony Downs (Downs 1968). Für Schumpeter schrumpfte die Parteiendefinition auf eine Gruppe, „deren Mitglieder willens sind, im Konkurrenzkampf um die politische Macht in Übereinstimmung miteinander zu handeln" (1987: 449f.). Damit konstatierte er, „dass Macht und Ämter in Wahrheit nicht Mittel zum Zweck, sondern ihre Erlangung Selbstzweck sei" (v. Arnim u. a. 2006: 12).

Die verfassungsrechtliche Verankerung der Parteienrechte und -pflichten nahm mit der Verfassung des Landes Baden im Mai 1947 ihren Anfang, in der die Bildung von Parteien garantiert und deren Alleinzuständigkeit für die Kandidatenvorschläge bei Landtagswahlen festgelegt wurde (Niclauß 1995: 15).

Der Verfassungskonvent von Herrenchiemsee schlug in Art. 47 seines Entwurfes die Verankerung des Prinzips der freien Parteienbildung, ein Monopol der Parteien für Wahlvorschläge, die Möglichkeit des Parteiverbots sowie eine 5%-Klausel vor (ebenda: 15).

Im dann formulierten Art. 21 des Grundgesetzes wird den Parteien eine herausragende Stellung verliehen. Mit der Erwähnung im Organisationsteil der Verfassung werden die Parteien in den „Rang verfassungsrechtlicher Institutionen"

(BVerfGE 2, 1 (73)) erhoben und ihnen wird eine Schlüsselstellung – wenn auch keine Monopolstellung – im Rahmen der Willensbildung des Volkes zugeordnet.

Abbildung 49: Die Rolle der Parteien nach dem GG

Art. 21 GG
(1) Die Parteien wirken bei der politischen Willensbildung des Volkes mit. Ihre Gründung ist frei. Ihre innere Ordnung muß demokratischen Grundsätzen entsprechen.
(2) Sie müssen über die Herkunft und die Verwendung ihrer Mittel sowie über ihr Vermögen öffentlich Rechenschaft geben.
Parteien, die nach ihren Zielen oder nach dem Verhalten ihrer Anhänger darauf ausgehen, die freiheitliche demokratische Grundordnung zu beeinträchtigen oder zu beseitigen oder den Bestand der Bundesrepublik Deutschland zu gefährden, sind verfassungswidrig.
Über die Frage der Verfassungswidrigkeit entscheidet das Bundesverfassungsgericht.
(3) Das Nähere regeln Bundesgesetze.

Wir können die Regelungsinhalte von Art. 21 GG folgendermaßen zusammenfassen:

- Den Parteien wird durch die ausdrückliche Nennung eine herausragende Stellung bei der politischen Willensbildung des Volkes zuerkannt. Diese Stellung ist eindeutig nicht die von Staatsorganen und bedeutet keine Monopolposition wie das Bundesverfassungsgericht in seinen Urteilen immer wieder und am deutlichsten 1992[228] betont hat. Dennoch sind die Parteien im Vergleich zu Verbänden, Bürgerinitiativen und sozialen Bewegungen durch die verfassungsmäßige Verankerung eindeutig im Vorteil.
- Nicht nur aus dem „Führerprinzip" der NSDAP hatte man bei der Verabschiedung des Grundgesetzes gelernt, als die Freiheit der Parteigründung und die Bindung ihrer inneren Ordnung an demokratische Grundsätze beschlossen wurden. Die Umsetzung des Demokratieerfordernisses bezüglich der inneren Ordnung geschieht durch die Bezugnahme von Kandidatenauswahl und Programmatik auf zentrale Parteigremien wie insbesondere die Parteitage, die nach dem Mehrheitswillen entscheiden.
- Ebenfalls als Lehre aus der deutschen Geschichte wurde mit dem Grundgesetz 1949 die Rechenschaftspflicht bezüglich der Herkunft der Mittel einer Partei eingeführt. Seit 1984 ist dieser Anspruch sogar auf eine generelle Bilanzie-

---

[228] (BVerfGE 73, 40 (95ff.)). Auf die Entwicklung des Parteienbegriffes, die sich aus der Rechtsprechung des Bundesverfassungsgerichtes zur Finanzierung der politischen Parteien ergibt, wird weiter unten noch genauer eingegangen.

rungspflicht der politischen Parteien erweitert worden, derzufolge auch über die Ausgaben Auskunft gegeben werden muss.
- Art. 21 II GG ist einerseits Ausdruck des Prinzips der wehrhaften Demokratie (vgl. Kap. 2), wenn er das Verbot nicht demokratischer oder gegen den Bestand der Bundesrepublik Deutschland gerichteter Parteien vorsieht. Damit verhält sich das politische System Deutschlands eindeutig anders als die Demokratie der Weimarer Republik.[229] Andererseits bedeutet die ausschließliche Zuweisung der Zuständigkeit an das Bundesverfassungsgericht eine Absage an die Ausgrenzung politischer Konkurrenz durch die Exekutive. Ein Zusammenhang mit politischen Zielsetzungen bleibt jedoch im Ansatz dadurch erhalten, dass nur Bundesregierung, Bundestag und Bundesrat antragsberechtigt sind (zur Praxis der Parteienverbote: Kap. 2).
- Der Gesetzesverweis in Art. 21 III GG schließlich führte erst 1967 zum „Gesetz über die politischen Parteien" bzw. zum Parteiengesetz. Die Entwicklung zur Verabschiedung des Parteiengesetzes war stark geprägt durch die Erfordernisse einer Regelung der Parteienfinanzierung, und eben der Zusammenhang zur Parteienfinanzierung hat auch zu einer ganzen Reihe von Novellen geführt. Seine vorerst letzte Fassung datiert aus 2004. Andererseits hat das Parteiengesetz wesentlich zur Begriffsbestimmung der Parteien sowie zur Festlegung von deren genauer Aufbau- und Organisationsstruktur beigetragen.

Die quasi „amtliche" Definition von Parteien ist in § 2 des Parteiengesetzes niedergelegt:

Abbildung 50: Parteienbegriff nach dem Parteiengesetz

§ 2 Begriff der Partei
(1) Parteien sind Vereinigungen von Bürgern, die dauernd oder für längere Zeit für den Bereich des Bundes oder eines Landes auf die politische Willensbildung Einfluß nehmen und an der Vertretung des Volkes im Deutschen Bundestag oder einem Landtag mitwirken wollen, wenn sie nach dem Gesamtbild der tatsächlichen Verhältnisse, insbesondere nach Umfang und Festigkeit ihrer Organisation, nach der Zahl ihrer Mitglieder und nach ihrem Hervortreten in der Öffentlich-

---

[229] In den meisten europäischen Demokratien besteht über das Vereinsrecht eine theoretische Verbotsmöglichkeit für Parteien, die aber sehr vorsichtig genutzt wird. In Frankreich hat der Staatspräsident nach Beratung mit dem Ministerrat das Recht zum Verbot, „falls Vereinigungen den Gebietsstand des Staates in Frage stellen, die republikanische Staatsform angreifen oder zu Haß und Gewalt gegen Minderheiten aufrufen", wovon in mehreren Fällen in den 60er und 80er Jahren Gebrauch gemacht wurde (Niclauß 1995: 20). In Großbritannien ist mit dem „Prevention of Terrorism Act" eine Möglichkeit geschaffen worden, die bisher ausschließlich gegen die IRA zum Einsatz kam (ebenda).

> keit eine ausreichende Gewähr für die Ernsthaftigkeit dieser Zielsetzung bieten. Mitglieder einer Partei können nur natürliche Personen sein.
> (2) Eine Vereinigung verliert ihre Rechtsstellung als Partei, wenn sie sechs Jahre lang weder an einer Bundestagswahl noch an einer Landtagswahl mit eigenen Wahlvorschlägen teilgenommen hat.
> (3) Politische Vereinigungen sind nicht Parteien, wenn
> 1. ihre Mitglieder oder die Mitglieder ihres Vorstandes in der Mehrheit Ausländer sind oder
> 2. ihr Sitz oder ihre Geschäftsleitung sich außerhalb des Geltungsbereichs dieses Gesetzes befindet.

Damit schloss das Parteiengesetz in seiner Definition des Parteienbegriffes an Inhalte an, die schon im Reichswahlgesetz der Weimarer Republik und in den Urteilen des Staatsgerichtshofes festgelegt worden waren (Niclauß 1995: 10). Die genaue juristische Fassung des Parteienbegriffes in Abgrenzung etwa von politischen Vereinigungen ist in zweierlei Hinsicht von Bedeutung: im Hinblick auf die privilegierte Stellung, die das Grundgesetz den Parteien zugesteht und auf der die staatliche Parteienfinanzierung aufbaut einerseits, und bezüglich der Möglichkeiten des Verbotes andererseits.

Als Kernelemente der Parteiendefinition lassen sich aus dem Parteiengesetz also

- auf Dauerhaftigkeit angelegter Wille, die politische Willensbildung des Volkes mit zu gestalten,
- tatsächliche Teilnahme an Bundes- oder Landtagswahlen in einem Zeitraum von sechs Jahren
- sowie ausreichende Ernsthaftigkeit beides umzusetzen, gemessen an der Mitgliederzahl, an der Festigkeit der Organisation und an der Form des Hervortretens in der Öffentlichkeit, ausmachen.

Auf diese Kernelemente griff das Bundesverfassungsgericht z.B. im Februar 1995 zurück, als es sich auf Antrag der Bundesregierung und des Bundesrates mit der Frage eines Parteiverbotes der FAP[230] (Freiheitliche Deutsche Arbeiterpartei) und der „Nationalen Liste"[231] (Hamburg) beschäftigte. Mit der Begründung, es handele sich nicht um Parteien, sondern um Vereinigungen, hat es den Antrag zurückgewiesen und damit die Zuständigkeit für die Verbote an den Innenminister des Bundes bzw. an den Innensenator Hamburgs verwiesen.[232] Zur Begründung führte es aus:

---

[230] BVerfGE 91, 276 ff.
[231] BVerfGE 91, 262 ff.
[232] Die FAP wurde entsprechend am 24. Februar 1995 durch den Bundesinnenminister verboten, die „Nationale Liste" am gleichen Tag durch den Hamburger Innensenator.

„Die Parteieigenschaft ist daher auch nach äußeren Merkmalen zu beurteilen: die politische Vereinigung muß – wie es § 2 Abs. 1 Satz 1 PartG umschreibt – nach dem Gesamtbild ihrer tatsächlichen Verhältnisse, insbesondere nach Umfang und Festigkeit ihrer Organisation, nach der Zahl ihrer Mitglieder und nach ihrem Hervortreten in der Öffentlichkeit, eine ausreichende Gewähr für die Ernsthaftigkeit ihrer Zielsetzung bieten (vgl. auch BVerfGE 47, 198 [222]; 89, 291 [306])" (BVerfGE, 91, 276 (288). An der entsprechenden Ernsthaftigkeit aber fehle es sowohl der FAP als auch der „Nationalen Liste.[233]

Damit wählte das Bundesverfassungsgericht einen deutlich anderen Weg des Umgangs mit politischen Gruppierungen, die dem Konzept der wehrhaften Demokratie entsprechend für die Demokratie eine Bedrohung darstellen, als es dies 1952 und 1956 getan hatte. Hier hatte es in zwei Fällen – vor den Verbotsanträgen gegen die NPD im Jahr 2001, die allerdings wegen Verfahrensmängeln 2003 in eine Einstellung des Verfahrens mündeten, – zum Mittel des Parteienverbotes nach Art. 21 II GG gegriffen und die rechtsextreme SRP (Sozialistische Reichspartei) sowie die KPD (Kommunistische Partei Deutschlands) verboten.

Das Mittel des Parteienverbotes ist auch im Zusammenhang der freiheitlich-demokratischen Grundordnung mit Ambivalenz zu bewerten. Einerseits bietet es eine Möglichkeit der Gegenwehr gegen Gruppierungen, die eine Bedrohung für die Demokratie darstellen können. Andererseits aber bedeutet die Ausgrenzung politisch Andersdenkender durch Verbot anstelle der offenen Auseinandersetzung in einer pluralistischen Demokratie auch für diese selbst Gefahren.

Daneben stellen sich eine Reihe praktischer Fragen, die mit der Einbringung von Verbotsanträgen verbunden sein können. Wie ist der richtige Zeitpunkt für einen Verbotsantrag zu bestimmen? Wie sind Märtyrertum oder Abwanderung entsprechender Agitation in den Untergrund zu verhindern und schließlich wie geht die Demokratie mit den im Grundsatz zwar verbotenen, aber praktisch nicht immer eindeutig zu identifizierenden Nachfolgeorganisationen um?

U.a. diese Erwägungen haben mit zunehmendem Bestand der Demokratie in Deutschland dazu geführt, dass von dem Mittel des Parteienverbotes bis 2001 kein Gebrauch mehr gemacht wurde. Das bedeutet allerdings nicht, dass extreme politische Parteien und Gruppierungen nicht auch mit der Perspektive möglicher Verbote beobachtet werden. Der Verfassungsschutzbericht für das Jahr 2005 wies ein Potential von rund 30.600 Personen mit 129 Organisationen im linksextremen Spektrum

---

[233] Nach Angaben des Verfassungsschutzberichtes 1993 hatte die FAP in diesem Jahr 430 Mitglieder. „Die Agitation der FAP richtete sich vornehmlich gegen Asylbewerber, Ausländer und politische Gegner, die als ‚Chaoten' bezeichnet werden. Führende Funktionäre der FAP redeten von einer bevorstehenden ‚Machtübernahme'. Andersdenkende wurden als Feinde bezeichnet, die nach der ‚Machtübernahme' zu erschießen seien" (FAZ vom 25. Februar 1995). Die „Nationale Liste" bestand 1995 seit sechs Jahren und hatte 30 Mitglieder. „Sie habe das Ziel verfolgt, das Grundgesetz zu beseitigen und eine staatliche Ordnung einzuführen, die sich in ihrer Struktur am nationalsozialistischen Deutschland orientierte", begründete der Hamburger Innensenator das Verbot (ebenda).

und von ca. 39.000 mit 183 Organisationen- und Personenzusammenschlüssen im rechtsextremen Spektrum sowie 32.100 Personen mit 28 Organisationen im islamistisch/islamistisch-terroristischen Spektrum auf. Bezüglich der „Linkspartei. PDS"[234] wurde festgestellt, dass sie „weiterhin tatsächliche Anhaltspunkte für linksextremistische Bestrebungen im Sinne des Bundesverfassungsschutzgesetzes" biete. Mit ihrer Namensänderung im Juli 2005 werde keine politische Neuorientierung eingeleitet, da extremistische Kräfte innerhalb der Partei weiter wirken und die Linkspartei.PDS nach wie vor mit in- und ausländischen Linksextremisten zusammen arbeitet (Bundesministerium des Inneren: Verfassungsschutzbericht 2005 Vorabfassung: 159ff.). Dies dürfte sich auch mit der Gründung der „Linken" im Juni 2007 aus Linkspartei.PDS und WASG nicht grundsätzlich geändert haben.

Eine Balance zwischen der Akzeptanz von Pluralität der Akteure und unterschiedlicher Einflüsse im Gestaltungsprozess der politischen Willensbildung unserer Demokratie einerseits, und der Nutzung von Kontrollmechanismen zum Schutz eben dieser Demokratie ist also alles andere als trivial. Dies ist v.a. vor dem Hintergrund der Tatsache von Bedeutung, dass die Parteien im politischen Willensbildungsprozess eine staatlich geschützte, zentrale Stellung besitzen und dennoch in der Artikulation und Durchsetzung von Interessen in Konkurrenz zu anderen Formen sozialer Organisation stehen. Die Aufgaben der Parteien i. S. der Mitwirkung an der politischen Willensbildung des Volkes sind nach dem Parteiengesetz (§ 1 (2)) sehr weit reichend formuliert. Dort heißt es, dass sie

- auf die Gestaltung der öffentlichen Meinung Einfluss nehmen,
- die politische Bildung anregen und vertiefen,
- die aktive Teilnahme der Bürger am politischen Leben fördern,
- die Rolle der Rekrutierung politischen Führungspersonals übernehmen,
- sich durch Aufstellung von Kandidaten an Bundes- und Landtagswahlen beteiligen,
- am parlamentarischen und am Regierungsprozess teilnehmen,
- die von ihnen erarbeiteten Ziele in den Prozess der staatlichen Willensbildung einbringen und schließlich
- „für eine ständige lebendige Verbindung zwischen dem Volk und den Staatsorganen sorgen".

Mit dieser Aufgabenbeschreibung für die Parteien entspricht das Parteiengesetz den Rahmenbedingungen der pluralistischen Massendemokratie, in der die politische Willensbildung nicht in direkter Kommunikation erfolgen kann, sondern bestimmter Kommunikationskanäle sowie Filter- und Bündelungsagenturen bedarf. Diese

---

[234] Im Juli 2005 nannte sich die PDS in die „Linkspartei.PDS" um, ab Juni 2007 schlossen sich die Linkspartei.PDS und die WASG zur Partei „Die Linke" zusammen. In diesem Kapitel wird bezugnehmend auf den jeweiligen Zeitbezug die historisch korrekte Bezeichnung der Partei verwendet.

Aufgabe sollen die Parteien erfüllen. Mit dieser Transmissionsaufgabe und der Notwendigkeit, die gefilterten und gebündelten Interessen als Wahlalternativen zu präsentieren, verbunden ist die Notwendigkeit der Zielfindungsfunktion der Parteien,[235] die sich in der Formulierung von Parteiprogrammen realisiert (Oberreuter 1990: 30/31). Daneben stellen die Parteien mit ihrer Teilnahme an Wahlen sowie am parlamentarischen und am Regierungsprozess und der Rückkoppelung zu Mitgliedern und Wählerschaft den Informationsfluss zwischen Staatsorganen und Volk sicher. Für das Bundesverfassungsgericht sind die Einwirkung auf die politische Willensbildung sowie die Mitwirkung an der Vertretung des Volkes in den Parlamenten unverzichtbare Aufgaben der Parteien, die Mitwirkung an der politischen Bildung sowie die Förderung politischer Partizipation hingegen können Zweckmäßigkeitserwägungen unterstellt werden (BVerfGE 73, 1 (34); n. ebenda: 39).

Von den Parteien begrifflich zu unterscheiden sind einerseits Verbände, andererseits soziale Bewegungen.

Soziale Bewegungen sind der Gründung fast aller Parteien vorausgegangen, sie wirken v.a. seit ihrer massiven Bedeutungssteigerung in den 70er und 80er Jahren thematische Schwerpunktsetzungen und Fragen des „politischen Stils" betreffend auch in die etablierten Parteien hinein. Von den Parteien unterscheidet sie die fehlende organisatorische Festigkeit, das Nichtvorhandensein eines verbindlichen Programms und v.a. die fehlende Wahlteilnahme. Oft sind sie auf zeitlich begrenztes und thematisch konkretes Engagement ausgerichtet. Parteien hingegen haben mit dem Blick auf die Wählbarkeit eher eine Bündelung heterogener Interessen zum Ziel (Rucht 1997: 395). In der politischen Kultur aller westeuropäischen Gesellschaften haben sich die sozialen Bewegungen zu einem Korrektiv für das Handeln der etablierten Parteien entwickelt, das – zeitlich und thematisch begrenzt – in der Lage ist, ein Vielfaches der Anzahl von Parteimitgliedern zu mobilisieren.[236]

Auch bezüglich der Organisation von Interessen in Verbänden lässt sich ein hoher Verflechtungsgrad zur Entstehung und zur Tätigkeit von Parteien feststellen. Von den sozialen Bewegungen unterscheiden sich diese durch ihre größere organisatorische Festigkeit und die ebenso größere Stetigkeit der Inhalte ihrer Arbeit. Zwischen Parteien und Verbänden gibt es vielfältige thematische und personelle Überschneidungen ebenso wie zwischen Gewerkschaften und SPD oder CDA genauso wie zwischen kirchlichen Verbänden und CDU/CSU. Verbände als Teil des Dritten Sektors sind rechtlich Vereine, von den Parteien unterscheiden sie sich durch die fehlende Wahlteilnahme.[237]

---

[235] Hier soll der Ordnung halber angemerkt werden, dass sich in der empirischen Wahlforschung eine Vielfalt von Gegenbeispielen und paradoxen Phänomenen finden lässt, auf die hier nicht näher eingegangen werden kann; weiterführend dazu z.B. Schmidt 1995: 180ff.
[236] Weiterführende Literatur zu dem Thema: Raschke 1985; Buechler 2000; Della /Kriesi/Rucht 1999; Tilly 2004.
[237] Weiterführende Literatur: Alemann 1989; Streek 1994; Abromeit 1993.

Mit der Normierung der Parteienfunktionen im Verfassungsrecht sowie im Parteiengesetz ist in Verbindung mit dem in Deutschland geltenden personifizierten Verhältniswahlrecht versucht worden, eine konkurrenzdemokratisch strukturierte politische Kultur zu schaffen, die zwar nicht unbedingt zur Umsetzung des Volkswillens, jedoch zu der des Mehrheitswillens führt. Diese rechtliche Normierung der Eckwerte allein macht noch nicht Wesen und Bedeutung der Parteien aus, die sich auch als Resultate des politischen Prozesses und entsprechender Entwicklungen in der politischen Kultur ergeben.

Wir wollen uns nun daher einer kurzen Darstellung der Entwicklung des Parteiensystems und der Eckwerte des Parteienhandelns in Deutschland zuwenden.

8.2 Organisation und Demokratie

Der politische Organisationsgrad der deutschen wahlberechtigten Bevölkerung ist mit insgesamt etwa 1,6 Mio. (entspricht etwa 2,6%) Bürgern, die Mitglieder einer Partei sind, recht gering (Statistisches Bundesamt 2004: 177). Ob diese 2,6% Bürger und Bürgerinnen dann tatsächlich in der Politik aktiv werden, hängt neben ihrem eigenen Engagement einerseits von der Gesamtmitgliederzahl der Partei oder ihrer regionalen Gliederung ab (je geringer die Mitgliederzahl, umso höher die Zahl der Amts- und Mandatsträger im Verhältnis dazu), andererseits auch von der Realisierung bestimmter organisatorischer Vorgaben.

Alle bundesweit vertretenen Parteien haben sich vierstufig organisiert: Orts- bzw. Gemeindeverband, Kreisverband, Landesverband und schließlich Bundesverband. Davon weicht die Organisation der SPD teilweise ab, da bei ihr aus Gründen der historischen Entstehung vor der endgültigen Festlegung der Ländergrenzen die Bezirksebene nicht überall mit den Ländergrenzen identisch ist. Die F.D.P. verfügt nicht in allen Gemeinden über Ortsverbände, und die PDS hatte sich ihre Organisation betreffend auch Merkmale der Interessenvertretung nach Betriebsgliederungen erhalten. Bei ihr konnte die unterste Ebene der Ortsverband sein oder eine Basisorganisation anhand eines „Themenfeldes" (Niclauß 1995: 126). Die neu gegründete Partei Die Linke gliedert sich zunächst in 16 Landesverbände. Unterhalb der Landesebene gibt es v. a. in Ostdeutschland Gebietsverbände, die wiederum Kreis-, Regional- oder Bezirksverbände einschließen können. Die unterste Gliederung stellen Basisorganisationen dar, die je nach örtlichen Gegebenheiten Wohngebiete, eine Stadt oder ganze Landkreise umfassen können.

Dem Prinzip der innerparteilichen Demokratie folgend soll die Willensbildung diesem pyramidenförmigen Aufbau folgen, d.h. von den Orts- über die Kreis- und Landesebene zur Bundesebene. Mitglieder- und Delegiertenversammlungen auf jeder Ebene sowie Parteiausschuss und Schiedskommission sollen für eine demokratische Absicherung von Personalauswahl und Gestaltung der inhaltlichen parteipolitischen Arbeit sorgen. Das Parteiengesetz setzt entsprechend fest, dass die höchsten Beschlussorgane der Parteien die Parteitage sind, deren Delegierte zu mindestens 80% von Mitgliedern gewählt sein müssen. Zudem müssen Vorstände mindestens alle zwei Jahre neu gewählt werden. Trotzdem sorgen bürokratische, oligarchische und föderale Einflussfaktoren dafür, dass das Prinzip der innerparteilichen Demokratie faktisch Einschränkungen erfährt.

8.3 Parteiensystem und Parteitypen

Das Parteiensystem als Gesamtzusammenhang aller Parteien in einer politischen Kultur entwickelt sich einerseits unter den Bedingungen der rechtlichen Rahmensetzung wie uns der vorletzte Abschnitt gezeigt haben sollte, andererseits aber auch in Abhängigkeit vom jeweiligen Regierungssystem, dem Wahlrecht und schließlich aufbauend auf den Konfliktinhalten und den -austragungsmechanismen, die zum Zeitpunkt der Entwicklung des modernen Staates und der nachfeudalen Gesellschaft geherrscht haben. So können ein präsidentielles bzw. parlamentarisches Regierungssystem genauso wie das Mehrheits- bzw. Verhältniswahlrecht wesentliche Einflüsse auf die Herausbildung bestimmter struktureller Merkmale des Parteiensystems haben. Etwa darauf, ob sich Ein- bzw. Zweiparteiensysteme oder Mehr- bzw. Vielparteiensysteme herausbilden. Die Frage, mit welcher Deutlichkeit die Pole von Konfliktlinien sich gegenüberstehen – etwa Kapital und Arbeit, Konfessionen, Ökologie und Ökonomie – entscheiden auch die inhaltlichen Gegensätze im Parteiensystem, diejenigen nach der prinzipiellen Lösbarkeit der Konflikte und der Tradition des Umgangs mit unterschiedlichen Positionen ebenso wie die nach der Herausbildung konkurrenz- oder konkordanzdemokratischer Organisation der politischen Willensbildung (dazu Schmidt, Manfred G. 1995: 228ff.).

Max Weber unterschied vor den Erfahrungen der Herausbildung des Parteiensystems im 19. Jahrhundert im Hinblick auf die vertretenen Ziele

- Patronage-
- Klassen-
- Weltanschauungs-
- und Interessenparteien.

Bezüglich der Zusammensetzung von Mitglied- und Wählerschaft differenzierte er nach

- (aristokratischen) Gefolgschafts-,
- (bürgerlichen) Honoratioren-
- und (sozialistischen) Massenparteien.

Der Wechsel von der Elitepartei des 19. und frühen 20. Jahrhunderts zur Massenpartei der Weimarer Republik vollzog sich nicht zuletzt aufgrund der Durchsetzung des allgemeinen und gleichen Wahlrechtes. Die Beschreibung der Parteitypik nach dem Zweiten Weltkrieg ist durch einen Begriff stärker zu kennzeichnen, als durch alle anderen, den der Volkspartei. Der Begriff stammt zwar schon aus der Zeit des Kaiserreiches. Er meinte allerdings hier noch etwas vollkommen anderes als heute und diente den „bürgerlichen" Parteien als Unterscheidungsmerkmal zur politischen Linken, zur Abgrenzung von den „Klassenparteien" (Niclauß 1995: 24).

Eine erste Verwendung in der dem Volksparteienbegriff heute anhaftenden Bedeutung lässt sich auf den Sozialisten Eduard Bernstein zurückführen, der 1905 schrieb, die SPD sei auf dem Wege eine Volkspartei zu werden bzw. sei dies im Grunde genommen schon (n. ebenda: 24). Der Soziologe Robert Michels äußerte sich 1911 in seiner Grundlagenstudie zur Herausbildung von Oligarchiesierungsphänomenen in Parteien (Michels 1989) sehr skeptisch zur Entwicklung von Volksparteien. Er sah in der Aufhebung von „relativer Sozialeinheitlichkeit" und dem Bestreben einer jeden Partei, sich bezüglich ihrer Anhängerschaft weitestgehend auszudehnen, um wählbar zu sein, ein „Gesetz der Transgression".

Für die Entwicklung der Parteienlandschaft in der Bundesrepublik Deutschland hat der Begriff der Volks- oder Großpartei lange als treffendes Charakteristikum gedient. Als Voraussetzung für die Entstehung solcher Volksparteien hat der britische Politikwissenschaftler Gordon Smith (1982) drei Kriterien herausgearbeitet: einen starken Grundkonsensus der Bevölkerung, die Zentralität der Parteien im politischen System der Bundesrepublik und die traumatischen Erfahrungen mit dem Nationalsozialismus. Der Verlauf der Entwicklung des deutschen Parteiensystems folgte einer zunächst zögerlichen, dann beschleunigten Aufschwungphase der Großparteien, ab Mitte der 80er Jahre einem – wenn auch nicht bodenlosen, so doch einem beachtlichen – Abschwung, der Fragen nach der Vorläufigkeit bzw. dem Übergangscharakter der Großparteien aufwarf (Wiesendahl 1998: 23ff.).

So waren im ersten Bundestag 1949 noch 13 Parteien sowie drei parteilose Abgeordnete vertreten, die großen Parteien CDU und SPD hatten 54,4% der Stimmen erhalten. Diese Parteienvielfalt im ersten Bundestag war nur vorübergehender Natur und durch die Repräsentanz von Sonderinteressen (z.B. BHE: Block der Heimatvertriebenen und Entrechteten) sowie die Situation einer Neuorientierung nach dem Krieg zu erklären. Schon bei der Wahl im Jahr 1953 gelang es der CDU/CSU 45,2% der Stimmen zu gewinnen, 1957 erzielte sie sogar zum ersten und einzigen Mal mit 50,2% die absolute Mehrheit. Die SPD wurde mit ihrem „Godesberger Programm", in dem sie sich für die soziale Marktwirtschaft aussprach und damit dezidiert sozialistische Positionen aufgab, für größere Bevölkerungsteile wählbar. Zudem machte eine Organisationsreform im Jahr 1958 den Weg für eine Ablösung der Parteiführung und eine entsprechende personelle Erneuerung frei (Niclauß 1995: 58).

Ab dem 4. Bundestag 1961 gab es dann nur noch vier Parteien, die im Parlament vertreten waren (CDU, CSU, SPD, F.D.P.), CDU/CSU und SPD verfügten 1961 über 81,5% der Zweitstimmen, 1965 über 86,9%, 1969 über 88,8%, 1972 über 90,7% und schließlich 1976 über 91,2%. Der Begriff der Volkspartei, die in der Lage war, ein Massenwählerpotential über Konfessionen, Partikularinteressen und z.T. auch Klassenzugehörigkeiten hinaus zu binden, war damit empirisch offensichtlich geworden.

Die Diskussion darüber wurde v.a. durch den in die USA emigrierten deutschen Politikwissenschaftler Otto Kirchheimer 1965 belebt, als dieser feststellte, dass der Typ der individuellen Repräsentationspartei unter Aufgabe des Zieles, ihre Anhängerschaft geistig und moralisch zu integrieren, verschwunden sei und durch einen Parteitypus abgelöst worden ist, dem es primär um weitgehenden Wahlerfolg und Regierungsbeteiligung ging. Er nannte diese Parteien „catch-all-parties".

Mit der Mobilisierung nicht zu vernachlässigender Teile der Bevölkerung in Bürgerinitiativen und Gruppierungen sozialer Bewegungen in den 80er Jahren wurde der Konzentrationsprozess auf die Volksparteien gestoppt und danach differenzierte sich die Parteienlandschaft wieder. Der Grundkonsens, der bis zum Beginn der 70er Jahre mehr oder weniger bestanden hatte und der durch wirtschaftlichen Aufschwung und Entfaltung des Sozialstaates stabilisiert worden war, schien aufgebrochen.

Mit der Gründung der GRÜNEN im Jahr 1980 entstand eine Partei, die Teile des ehemaligen SPD-Wählerpotentials band, aber auch die sich in den 70er Jahren formierenden Kräfte gesellschaftlichen Protestes. Anfänglich als Außenseiter eingeordnet, die sich nicht nur thematisch extrem zu beschränken schienen, sondern auch im Hinblick auf Organisationsprinzipien der politischen Willensbildung und -artikulation Reformen anstrebten (z.B. Rotationsprinzip u.a. basisdemokratische Orientierungen), haben die GRÜNEN sich zum Ende der 90er Jahre zu einer Partei entwickelt, die stabil in der Wählerschaft und im Parteiensystem verankert ist und zudem auch für koalitionsfähig gehalten wird, wie eine Reihe von Regierungsbeteiligungen auf kommunaler und auf Länderebene und schließlich die Beteiligung in einer Bundesregierung ab 1998 und dann noch mal 2002 zeigen.

Andererseits erlebten aber auch rechtskonservative bis rechtsextreme Orientierungen in den 80er Jahren eine Renaissance, wenngleich nicht davon auszugehen ist, dass sie zwischenzeitlich vollkommen unbedeutend geworden waren. So konnte die DKP-DRP (Deutsche Konservative Partei-Deutsche Rechtspartei) 1949 mit 8,1% der Stimmen in den ersten Bundestag einziehen. Die 1956 verbotene SRP (Sozialistische Reichspartei) errang bei den Landtagswahlen 1951 in Niedersachsen 11% der Stimmen, und die NPD (Nationaldemokratische Partei Deutschlands) erzielte in den 60er Jahren bei Landtagswahlen z.T. beträchtliche Erfolge von bis zu fast 10%. Nachdem rechtsradikale Parteien in den 70er Jahren an Bedeutung verloren hatten, konnten DVU (Deutsche Volksunion) und Republikaner in den 80er Jahren wieder teilweise beachtliche Wahlerfolge verzeichnen. Dieser Trend des Wählerzulaufs zu rechtsradikalen Parteien schien in der Mitte der 90er Jahre zunächst einmal gebrochen zu sein. Das galt aber weniger unter Hinweis auf abnehmende Sympathisantenpotentiale, sondern vielmehr auf Grund des ungeschickten taktischen Vorgehens konkurrierender Parteien (Wiesendahl 1998: 20). Bei den Landtagswahlen in Sachsen konnte die NPD im Jahr 2004 immerhin wieder 9,2% der Stimmen erringen. So scheinen die Parteigründung der Linken und zuvor schon der Linkspartei.PDS die SPD zu bedrängen, die wieder erstarkte NPD dagegen CDU/CSU im konservativen Spektrum. V. a. zu Zeiten einer Großen Koalition geraten damit die „Volksparteien" in eine nicht zu unterschätzende Profilierungsnot im Hinblick auf ihre Programmatik.

Mit Ausnahme der GRÜNEN leiden alle im Bundestag vertretenen Parteien in den letzten Jahren unter z.T. sehr starkem Mitgliederschwund wie die folgende Tabelle zeigt:[238]

Abbildung 51: Mitgliederzahlen der Bundestagsparteien

Partei	1990	1995	2000	2001	2002	2003	2004	2005
CDU	658.411	657.643	616.722	604.135	594.391	587.244	579.526	573.979*
CSU	186.198	179.647	178.347	177.036	177.667	176.950	172.855	170.084
SPD	943.402	817.650	734.667	717.513	693.894	650.798	605.807	590.485
F.D.P.	178.625	80.431	62.721	64.063	66.560	65.192	64.146	65.022
GRÜNE	41.316	46.410	46.631	44.053	43.795	44.052	44.322	45.105
PDS/Linkspartei.PDS	280.882	114.940	83.478	77.845	70.805	65.753	61.385	61.489

* Letzter verfügbarer Stand Nov. 2005

Dieser sich schon in den 90er Jahren abzeichnende Trend zum Mitgliederschwund hielt auch in der Folgezeit an. So hatte die CDU im April 2006 noch ca. 567.000 Mitglieder und die SPD sowie die F.D.P. im Juni 2006 noch 570.000 bzw. 65.000, die Mitgliederzahl von Bündnis 90/DIE GRÜNEN dagegen stieg auf rund 45.000 an.

Das Parteienverzeichnis des Bundestages weist aktuell 98 Parteien auf (Stand 12.08.2005).[239] Neben den klassischen parteipolitischen Orientierungen christlicher, sozialdemokratischer sowie sozialistischer und schließlich liberaler Parteien finden wir hier v.a. solche des nationalen Spektrums, ökologisch ausgerichtete Parteien sowie solche regionaler Minderheiten. Impulse für das deutsche Parteiensystem sind sicher auch vom deutschen Einigungsprozess ausgegangen, wobei jedoch ein großer Teil der Neugründungen im klassischen Parteienspektrum aufgegangen ist. Spezi-

---

[238] Die Daten entstammen versch. Statistiken der einzelnen Parteien über ihre Mitgliederentwicklung.
[239] Abrufbar unter: http://www.bundeswahlleiter.de/wahlen/bundestagswahl2005/informationen/ anschriften_parteien.html.

fisch ostdeutsche Parteien bzw. solche, die sich Fragen des gesamtdeutschen Integrationsprozesses widmen, sind – sehen wir von der Linkspartei ab – was ihren Wahlerfolg angeht, eher bedeutungslos.

Während um die Mitte der 90er Jahre von vielen Parteiforschern ein Ende der Parteienverdrossenheit und damit des Bedeutungsverlustes der Großparteien konstatiert wurde (Lösche 1995/Oberreuter 1996), mehren sich bei genauer Analyse der Wahlergebnisse aus den 90er Jahren die Anzeichen dafür, dass der Bedeutungsrückgang der beiden Großparteien einem Trend folgt, der in den 80er Jahren beginnend sich auch in den 90er Jahren des 20. Jahrhunderts fortgesetzt hat. Bei den Bundestagswahlen zwischen 1980 und 1994 ist der Stimmenanteil von CDU/CSU und SPD von 87,4% auf 78% gefallen, gleiches lässt sich für die Landtagswahlen sagen: Hier fiel der Anteil von 88,5% (1981-1984) auf 72,1% (1994-1997) (Wiesendahl 1998: 15).

Vielfältig sind die Versuche den Bedeutungswandel der Parteien – ob nun als Zeichen einer vorübergehenden Krise oder des „Endes der Volksparteien" – zu erklären. Sehen wir von der Diagnose der Parteienverdrossenheit auf Grund zahlreicher Skandale in den Parteien und durch die politische Klasse einmal ab, so finden wir ein gewisses Erklärungspotential in den strukturellen Veränderungen kollektiver Orientierungen: Lebenswelten und Werteorientierungen zeichnen sich seit Ende der 70er Jahre durch eine zunehmende Individualisierung und Pluralisierung aus, was nicht nur die Integrationsfähigkeit großer Parteien, sondern auch diejenige anderer gesellschaftlicher Großorganisationen wie der Gewerkschaften und der Kirchen eingeschränkt hat (Alemann/Heinze/Schmid 1998: 30).

Unter konkurrenzdemokratischer Perspektive kann entsprechend eine Pluralisierung der Parteienlandschaft nur wünschenswert sein, erscheint die jahrzehntelange Beschränkung auf im Wesentlichen drei Parteien, von denen eine nur als (die Fronten wechselnde) Mehrheitsgarantin bei der Koalitionsbildung auftrat, tatsächlich als „partielle Anomalie" (Smith 1982).

Als „zentrifugale Kräfte gesellschaftlich-kultureller Pluralisierung" (Veen 1995: 117) eingeordnete Entwicklungen wurden von den Großparteien und der etablierten politischen Klasse als Bedrohung empfunden, sind aber eigentlich Ausdruck einer für die Demokratie unverzichtbaren differenzierten Interessenartikulation. Der (relative) Bedeutungsrückgang der Volksparteien kann so als hoffnungsvoller Neubeginn einer lebendigen demokratischen Streitkultur (Sarcinelli 1990) eingeordnet werden, dem allerdings durch Ausgrenzungsmechanismen des Wahlsystems (5%-Klausel) die Flügel gestutzt sind.[240]

---

[240] Da hier aus Platzgründen leider keine Möglichkeit zu einer genauen Beschreibung der wichtigsten Parteien gegeben ist, sei auf eine Auswahl einschlägiger Darstellungen verwiesen: CDU: Schmid, Josef 1990: Die CDU. Organisationsstrukturen, Politiken und Funktionsweisen einer Partei im Föderalismus. Opladen./Perger, Werner A. 1992: Die CDU. In: APuZ. B 5/ 92. 24. Januar 1992./Gabriel, Oscar W./Vetter, Angelika 1996: Die Chancen der CDU/CSU in den neunziger Jahren. In: APuZ. B 6/96. 2. Februar 1996./Buchstab, Günther 2005: 60 Jahre CDU. Sankt-Augustin./ CSU: Leersch, Hans-Jürgen

Ebenso wie das Jahrzehnte andauernde faktische Monopol der Volksparteien, stellt die in den 90er Jahren heftig diskutierte Diagnose der Dominanz von Kartellparteien im deutschen Parteiensystem eine Gefahr für die wählerbestimmte Vergabe von Stimmen und folgenden Mandaten dar. Die Kartellparteienthese behauptet, dass der noch von Schumpeter unterstellte Sieg im Kampf um die Wählerkunst nur vorderhand den Zugang zu Ämtern und Ressourcen sichere und dass vielmehr Ämterpatronage, Teilhabe an der Parteienfinanzierung und die zunehmende Bedeutung der Professionalisierung von Politik zur Bildung regelrechter Parteien-Kartelle geführt habe. Im Zusammenhang dieser Kartelle profitierten nicht nur die Regierungsparteien im Blick auf Ämter und Ressourcen, sondern ebenso wichtige Oppositionsparteien (Katz/ Mair 1995). Diese Diagnose geht einher mit derjenigen einer „politischen Klasse" (z. B. von Arnim 1997) bzw. der „professionalisierten Wählerpartei" (von Beyme 1993), für die die Teilnahme am politischen Wettbewerb in der Regel mit einer lebenslangen Perspektive verbunden ist und die in ihrem Beharrungswillen im politischen System auch mit anderen Parteien als der eigenen kooperiert. Angesichts ständig abnehmender Mitgliederzahlen ebenso wie stetig wachsender Wahlkampfkosten erscheint Kooperation in manchen Feldern der Parteipolitik

---

1992: Die CSU: eine neue Form der Bayernpartei? In: APuZ. B 5/ 92. 24. Januar 1992./ Jesse, Eckhardt 1996: Die CSU im vereinigten Deutschland. In: APuZ. B 6/96. 2. Februar 1996.// SPD: Lösche, Peter/Franz, Walter 1992: Die SPD. Klassenpartei – Volkspartei – Quotenpartei. Zur Entwicklung der Sozialdemokratie von Weimar bis zur deutschen Vereinigung. Darmstadt./Miller, Susanne/Potthoff, Heinrich 1991: Kleine Geschichte der SPD. Darstellung und Dokumentation 1848-1990./Bouvier, Beatrix W. 1990: Zwischen Godesberg und Großer Koalition. Der Weg der SPD in die Regierungsverantwortung. Außen-, sicherheits- und deutschlandpolitische Umorientierung und gesellschaftliche Öffnung der SPD 1960-1966. Bonn./Fuhr, Eckhard 1992: Die SPD: Last der Vergangenheit und neuer Realismus. In: APuZ. B 5/92. 24. Januar 1992./Lösche, Peter 1996: Die SPD nach Mannheim: Strukturprobleme und aktuelle Entwicklungen. In: Aus Politik und Zeitgeschichte. B 6/96. 2. Februar 1996./ Kießling, Andrea 2004: Die neue SPD. Bonn//DIE GRÜNEN: Raschke, Joachim 1993: Die Grünen. Wie sie wurden was sie sind. Mit Beiträgen von G. Heinrich, Chr. Hohlfeld u.a. Köln./Vollmer, Antje/Templin, Wolfgang/ Schulz, Werner 1992: Grüne und Bündnis 90. In: APuZ. B 5/92. 24. Januar 1992./ F.D.P.: Dittberner, Jürgen 1987: F.D.P. – Partei der zweiten Wahl. Ein Beitrag zur Geschichte der liberalen Partei und ihrer Funktion im Parteiensystem der Bundesrepublik. Opladen./Vorländer, Hans 1992: Die F.D.P. nach der deutschen Vereinigung. In APuZ:. B 5/92. 24. Januar 1992./Falter, Jürgen, W./Winkler, Jürgen R. 1996: Die F.D.P. vor dem Aus? In: APuZ. B 6/96. 2. Februar 1996./Lenscher, Udo 2005: Die Geschichte der F.D.P. Münster/Dittberger, Jürgen 2005: Die F.D.P- Eine Einführung. Wiesbaden //Republikaner: Stöss, Richard 1990: „Die Republikaner" – Woher sie kommen- Was sie wollen. Köln./Lepzy, Norbert/Veen, Hans-Joachim 1993: „Republikaner" und DVU in kommunalen und Landesparlamenten sowie im Europaparlament. Interne Studien und Berichte der Konrad-Adenauer-Stiftung. Bd. 63/1993. Sankt Augustin.// Die PDS: Welzel, Christian 1992: Von der SED zur PDS. Eine doktringebundene Staatspartei auf dem Wege zu einer politischen Partei im Konkurrenzsystem. Frankfurt./Moreau, Patrick 1992: Die PDS: eine postkommunistische Partei. In: APuZ. B 5/92. 24. Januar 1992./ Moreau, Patrick/Lang, Jürgen P. 1996: Aufbruch zu neuen Ufern? Zustand und Perspektiven der PDS. In: APuZ. B 6/96. 2. Februar 1996./Hirscher, Gerhard 2000: Die PDS: Zustand und Entwicklungsperspektiven. München/Neu, Viola 2004: Das Janusgesicht der PDS. Baden-Baden.// Die Linkspartei: Baron, Udo/Wilke, Manfred 2006: Operation Vereinigung. Über die Fusion von PDS und WASG zur Linkspartei. In: KAS: Die Politische Meinung Nr. 439, Juni 2006.

ökonomisch folgerichtig. Im Hinblick auf die Konzeption des politischen Wettbewerbs als Kampf um den Wählerwillen ist sie höchst problematisch. Sie führt einerseits zu abnehmender Konturierung von Parteien, andererseits potenziert sie das Legitimationsdefizit, das mit dem Verhältniswahlrecht und der daraus entstehenden „Not" zur Bildung von Koalitionsregierungen gegeben ist: Wer ist für welche Politik vor der Wählerschaft letztendlich verantwortlich: die eine oder die andere Regierungspartei, die Regierung oder die Entscheidungen mit aushandelnde Opposition?

An die Identifizierung von Kartellparteien und die Wiederentdeckung der „politischen Klasse" (zu den ursprünglichen Verwendungen s. v. Armin u. a. 2006: 34) schloss sich im Verlauf der späten 90er Jahre der Befund der Personalisierung der Politik an. Ausschlaggebend dafür waren die Wahlkämpfe 1998 und 2002, in denen v. a. die SPD stark auf ihren Spitzenkandidaten Gerhard Schröder zugeschnittene Strategien umsetzte und in denen für Deutschland erstmalig „Kandidatenduelle" im Fernsehen wie in den USA üblich durchgeführt wurden (z. B. Korte/Hirscher 2000). Ein Stück weit reagierte die Politik damit auf die geänderte Nutzung von Medien durch die Bürger (und Bürgerinnen), in deren Zusammenhang Politik zunehmend nur noch in Unterhaltungsformaten zu transportieren war. Parteiintern verfügte Gerhard Schröder mit der Nominierung zum Kanzlerkandidaten bis 2005, als er vom Amt des Parteivorsitzenden zurück treten musste, über eine starke Position, die sich extern begründete, z. B. in seiner Medienkompetenz, nicht jedoch in seiner Akzeptanz in der eigenen Partei (vgl. auch Kap. 6.2).

Allen vorgestellten Diagnosen zum jeweils historisch herausragenden Parteitypus – von der Elite- zur Massen- und dann zur Volkspartei, über die Kartellparteien zur Dominanz der politischen Klasse und zur Personalisierung von Politik ist eines gemein: Sie heben meist höchst deskriptiv ein Charakteristikum der Parteienlandschaft hervor, ohne die „Gesamtlandschaft" systematisch in die Analyse mit einzubeziehen. Konzeptionell leiten sich die Defizitbefunde weitgehend von einer Spiegelung des empirischen Befundes mit den Leitbildern des GG ab. So stellte die Volkspartei die Oppositionsfunktion in einem Maße in Frage, das zur Gründung der „Außerparlamentarischen Opposition" Ende der 60er Jahre führte. Parteienkartelle dagegen verhindern parteiinterne Demokratie ebenso wie die „politische Klasse". Beide scheinen auch vorderhand nicht geeignet, Politik auf das Gemeinwohl auszurichten. Und Personalisierung sowie Medialisierung sind Darstellungsmodi, die dem komplexen Entscheidungsfindungsprozess in den Parteien so wie ihn GG und Parteiengesetz vorsehen, vehement zu widersprechen scheinen.

Dabei sollte nicht vergessen werden, dass sich der Begriff Partei schließlich vom lateinischen pars und französischem partie (Teil, Anteil) ableitet. Seinem Wesen entfremdet würde er also v. a., wenn sich das ganze (Parteiensystem) nicht mehr aus vielen Teilen zusammensetzte.

Zu den inhaltlichen Profilen der wichtigsten Parteien siehe deren Parteiprogramme: CDU (* [23]), CSU (* [24]), SPD (* [25]), F.D.P. (* [26]), BÜNDNIS 90/

Die GRÜNEN (* [27]), Republikaner (* [28]), DVU (* [29]), Die Linke (* [30]), WASG (* [31]).

8.4 Parteien Ost und West

Bei genauer Betrachtung finden wir in West- und Ostdeutschland auch fast zwei Jahrzehnte nach der Einheit nicht ein, sondern zwei Parteiensysteme. Auch hier zeigt sich, dass mit dem Beitritt der DDR zum Geltungsbereich des Grundgesetzes nicht ein „Überstülpen" westlicher Verhältnisse verbunden war, wie fälschlicherweise oft behauptet wird, sondern der Beginn eines politisch-gesellschaftlichen Gestaltungsprozesses mit einem vergrößerten und anders sozialisierten Demos. Die Unterschiede beziehen sich sowohl auf die Parteiorganisation West und Ost (im Osten gibt es eine geringere Mitgliederdichte, verbunden mit einem höheren Funktionsträgeranteil, vergleichsweise schwach organisierte Basiseinheiten sowie eine Dominanz von Mandatsträgern und Spitzenpolitikern (Grabow 2000: 293 ff).

Die sich in den Jahren 1989 und 1990 herausbildende Parteienlandschaft trug zwar – nicht zuletzt auch vor dem Hintergrund einer gemeinsamen Geschichte vor 1945 – durchaus Züge des klassischen Parteienspektrums zwischen christlich-konservativer, liberaler und sozialdemokratischer Ausrichtung, aber schon bei der ersten gesamtdeutschen Wahl 1990 zeigte sich trotz der organisatorischen Dominanz der westdeutschen Parteigliederung die Herausbildung spezifischer Charakteristika. Zwar führten bei dieser Wahl wahltaktisch geschickte Allianzen der CDU dazu, dass die Erfolgsbasis für die nächsten Jahre gelegt wurde. Andererseits zeigte sich aber schon hier die spezifische Bedeutung der PDS, die in den nächsten Jahren noch erheblich zunehmen sollte.

Parteienspektrum und Anhängerschaft mussten sich in Ostdeutschland in der ersten Jahrzehnthälfte der 90er Jahre neu organisieren, da politisch-soziale Orientierungen unter der totalitären Herrschaft der SED bis auf die katholische Bindung von Minderheiten in Sachsen und Thüringen erodiert waren. Nach der Einigung konnte allein die PDS an einem spezifischen sozialen Milieu anknüpfen.

Faktisch gab es um die Jahrzehntmitte der 90er Jahre in Ostdeutschland ein stabiles Drei-Parteien-System aus CDU, SPD und PDS mit stark abnehmender Bedeutung der GRÜNEN und zu vernachlässigender der F.D.P. (Veen 1995: 119ff./Schmidt, Ute 1998). Diese Tendenz bestätigt sich v.a., wenn wir die Ergebnisse der Landtagswahlen betrachten.

Abbildung 52: Landtagswahlen in den ostdeutschen Ländern 1990/1994 (in Prozent)

	CDU		SPD		PDS		B90/GRÜNEN		F.D.P.	
	1990	1994	1990	1994	1990	1994	1990	1994	1990	1994
Brandenburg	29,4	18,7	38,2	54,1	13,4	18,7	9,2	2,9	6,6	2,2
Meckl.-Vorp.	38,3	37,7	27,0	29,5	15,7	22,7	4,2	3,7	5,5	3,8
Sachsen-Anhalt	39,0	34,4	26,0	34,0	12,0	19,9	5,3	5,1	13,5	3,6
Sachsen	54,4	58,1	19,1	16,6	10,2	16,5	5,6	4,1	5,3	1,7
Thüringen	45,4	42,6	22,8	29,6	9,7	16,6	6,5	4,5	9,3	3,2

Abbildung 53: Landtagswahlen in den ostdeutschen Ländern 1999/2004 (in Prozent)

	CDU		SPD		PDS		B90/GRÜNEN		F.D.P.	
	1999	2004	1999	2004	1999	2004	1999	2004	1999	2004
Brandenburg	26,6	19,4	39,3	31,9	23,3	28,0	1,9	3,6	1,9	3,3
Meckl.-Vorp.*	30,2	31,4	34,3	40,6	24,4	16,4	2,7	2,6	1,6	4,7
Sachsen-Anhalt*	22,2	37,3	35,9	20,0	19,6	20,4	3,2	2,0	4,2	13,3
Sachsen	61,1	41,1	10,7	9,8	22,2	23,6	2,6	5,1	1,1	5,9
Thüringen	51,0	43,0	18,5	14,5	21,4	26,1	1,9	4,5	1,1	3,6

* In Meckl.-Vorp. und Sachsen-Anhalt fanden die Landtagswahlen im Jahre 1998 und 2002 statt.
Quelle: http://www.wahlrecht.de/ergebnisse/index.htm, Zugriff am 01.08.2006.

Eine Überraschung stellte in dieser Beziehung das Ergebnis der Landtagswahlen in Sachsen-Anhalt im Jahr 1998 dar: Die DVU konnte aus dem Stand einen Stimmenanteil von 12,9% erzielen. Allerdings schon bei der nächsten Landtagswahl 2002 war die DVU nicht mehr vertreten und bekam bei der letzten Landtagswahl im März 2006 nur noch 3 % der Stimmen. In Brandenburg erreichte die DVU 1999 bei der Landtagswahl 5,3% und bei der darauf folgenden Wahl im Jahr 2004 sogar 6,1% der Stimmen. In Sachsen konnte die NPD 2002 mit 9,2 % der Stimmen in den Landtag einziehen. In Mecklenburg Vorpommern bekam die NPD bei den Landtagswahlen 2006 7,3% der Stimmen und erhielt sechs Sitze im Landtag. In Thüringen hat die DVU 1999 3,1% der Stimmen erhalten. Bei der darauf folgenden Landtagswahl erhielt sie aber nur noch einen marginalen Stimmenanteil und bisher ist es keiner rechtsextremen Partei gelungen in den Thüringer Landtag einzuziehen.

Die Unterschiede des ostdeutschen zum westdeutschen Parteiensystem leiten sich einerseits aus strategischen Entscheidungen in der Gründungsphase ab, andererseits aus anderen Identifikationspotentialen der Parteien aus Sicht der ostdeutschen Wahlbevölkerung.

Die CDU stand 1989/90 vor der Entscheidung, ob sie den stark belasteten Parteiapparat der Block-CDU bei einer Fusion übernehmen sollte, oder ob nicht eine Auflösung und eine Neugründung der bessere Weg war. Man entschied sich v.a. unter dem Zeitdruck der anstehenden Wahlen für die erste Möglichkeit. Zudem ging die CDU ein Wahlbündnis mit dem „Demokratischen Aufbruch" (DA) und der Deutschen Sozialen Union (DSU) in der „Allianz für Deutschland" ein, das einerseits auch Reformkräfte integrierte, andererseits zum wesentlichen Mehrheitsbeschaffer wurde (Schmidt, Ute 1998: 44ff.). Allerdings bezahlte die CDU-Ost diese organisatorischen und strategischen Vorteile mit den Folgen der ungelösten „Altlastenfrage", denn immerhin drei Viertel der CDU-Ost-Mitglieder waren Altmitglieder aus der Blockpartei.

Der Stimmenanteil der CDU bei Landtagswahlen in Ostdeutschland verminderte sich von 41,2% (1990) auf 38,3% im Jahr 1994 und 34,4% 2004. Trotzdem regiert sie in Thüringen seit 1999 allein und in Sachsen (seit 2002) und Sachsen-Anhalt (seit 2006) jeweils in einer Großen Koalition unter ihrer Führung. Anfänglich profitierte sie von der Tatsache, dass die PDS, und nicht die SPD, das linke bzw. sozial orientierte Wählerspektrum absorbierte, aber zugleich (auf Landesebene) nicht koalitionsfähig erschien.

Die SPD als 1989 neu gegründete Partei hatte mit einer Reihe von strukturellen und historisch bedingten Schwächen zu kämpfen. Sie ist mit ihren 1998 rund 27.000 Mitgliedern im Osten eine „Volkspartei ohne Mitglieder", was dazu führt, dass 50% bis 60% der Mitglieder Mandats- bzw. Amtsträger sind (Schmidt, Ute 1998: 44). Bei der Volkskammerwahl 1990 hat sie in Überschätzung des durch sie ansprechbaren links orientierten Wählerpotentials die Bildung von Wahlbündnissen abgelehnt, was ihr zusammen mit der Ablehnung einer zügigen Einigung durch große Teile der West-SPD Startvorteile genommen hat. Sie hat ihren Stimmenanteil bei den Landtagswahlen von 26,6% (1990) zunächst auf 32,8% (1994) steigern können. Allerdings sank dieser seit 1999 von 27,7% auf nur noch 23,4% im Jahre 2004. Bei den Landtagswahlen in Sachsen 2004 konnte die SPD sogar nur noch 9,8% der Stimmen auf sich vereinigen und blieb damit deutlich hinter der Linkspartei (23,6%) zurück. In Brandenburg regiert die SPD seit 1998 und in Mecklenburg-Vorpommern seit 2006 in einer Großen Koalition unter ihrer Führung. In Berlin regiert die SPD seit 2002 zusammen mit der Linkspartei.

Neben diesen sich auf die Stimmenanteile beziehenden Unterschieden gibt es aber auch solche, die sich auf Wähler- und Mitgliedschaft von CDU- und SPD-Ost im Vergleich zum Westen beziehen. Bei den ersten beiden Bundestagswahlen 1990 und 1994 galt die CDU im Osten in erster Linie als die Partei der Arbeiter und des „verschreckten" Bürgertums (Veen 1995: 120/Schmidt, Ute 1998: 44). So konnte sie jeweils 49% bzw. 41% der Arbeiterstimmen für sich gewinnen. Seit 1998 nimmt die Zahl der Arbeiter, die die CDU wählen jedoch kontinuierlich ab und machte bei der BT-Wahl 2005 in den neuen Bundesländern letztlich nur noch 23% aus. Gemessen am Bildungsgrad wählten 2005 vor allem Menschen mit relativ niedriger Bildung die CDU (30%) aber nur 22% der Akademiker. Große Verluste musste die CDU in den neuen Bundesländern bei den Frauen über 60 Jahre hinnehmen. Wählten in dieser Gruppe 1990 noch 49,7% die CDU so waren es 2005 nur noch 28%. Insgesamt verlor die CDU bei der BT-Wahl 2005 viele Stimmen an die F.D.P. (+140.000) und die Linkspartei.PDS (+100.000), konnte aber auch 140.000 Stimmen früherer SPD Wähler für sich gewinnen (Neu 2006: 23ff.).

SPD-Mitglied- und Wählerschaft sind dagegen in Ostdeutschland eher dem bildungs-bürgerlichen Milieu und dem Bürgerrechtsspektrum zuzuordnen. So wählten auch 2005 33% der Angestellten und 24% der Beamten die SPD, aber nur 26% der Arbeiter. Darüber hinaus besitzen 34% ihrer Wähler die Hochschulreife und 31% sind Akademiker. Des Weiteren erhält die SPD in den neuen Bundesländern relativ starken Zuspruch (35%) von Wählern über 60 Jahren. Allerdings verlor die SPD bei der letzten BT-Wahl im Osten 750.000 Stimmen, von denen u.a. 140.000 an die CDU und 380.000 an die Linkspartei gingen (Neu 2006: 23ff.).

Der bedeutendste Unterschied im Parteiensystem-Ost gegenüber dem westdeutschen aber ist die starke Stellung der SED-Nachfolgepartei der PDS/Linkspartei.PDS, die sich mit Stimmenanteilen von 25,3% in den neuen Bundesländern bei der BT-Wahl 2005 zur drittstärksten Kraft, gleichauf mit der CDU, entwickelt hat. Weiterhin erreichte die PDS/Linkspartei bei den Landtagswahlen in den neuen Bundesländern nahezu überall Ergebnisse von über 20% und ist derzeit (2007) an der Landesregierung von Berlin beteiligt. Sie hat seit 1990 in allen ostdeutschen Ländern ausschließlich Zuwächse erfahren. Die Wählerschaft der PDS/Linkspartei hat sich in den letzten Jahren in den neuen Bundesländern sehr stark verändert. So lag der Stimmenanteil der PDS bei der BT-Wahl 1994 mit nur 15% bei den Arbeitern genauso hoch wie der der Selbständigen, während sie bei den Angestellten und Beamten 27% erreichte. Gemessen am Bildungsniveau wählten 1998 mit 28% vor allem Menschen mit höherer Bildung die PDS und nur 17% der Wähler mit relativ niedriger Schulbildung (Hartenstein 2002: 45). Daher galt die PDS auch lange Zeit als die „Partei der alten Eliten der DDR" (Neu 2006: 27). Seit der letzten BT-Wahl wird die Linkspartei.PDS nunmehr aber eher als „Partei der Arbeitslosen" gesehen, da ihr Wähleranteil 2005 vor allem bei den Arbeitern (+12% gegenüber 2002) und den Arbeitslosen (+20% gegenüber 2002) erheblich zugenommen hat (Schoon/ Werz 2005: 978). So ist es der Linkspartei gelungen, sich als Garantin spezifischer Interessen der ostdeutschen Bevölkerung darzustellen und sie konnte vor allem die Gruppe der Vereinigungsverlierer sowie ehemalige Nichtwähler für sich mobilisieren.

Abbildung 53a: Wahlverhalten nach Berufsgruppen im Wahlgebiet Ost bei den BT-Wahlen 1990 – 1998 (in Prozent) (Repräsentativbefragung)

	Gesamt			Arbeiter			Ang. + Beamte			Selbständige		
	BTW 90	BTW 94	BTW 98	BTW 90	BTW 94	BTW 98	BTW 90	BTW 94	BTW 98	BTW 90	BTW 94	BTW 98
CDU	42	39	28	49	41	27	36	32	24	50	51	36
SPD	24	32	36	25	35	39	25	30	35	16	20	20
FDP	13	4	4	11	3	3	15	4	4	21	7	10
GRÜNE	6	4	5	4	3	2	8	5	7	4	4	9
PDS	11	20	20	7	15	17	14	27	24	6	15	17

Quelle: Emmert, Thomas et al. 2001: 47

Abbildung 53b: Wahlverhalten nach Berufsgruppen im Wahlgebiet Ost bei der BT-Wahlen 2002-2005 (in Prozent) (Repräsentativbefragung)

	Arbeiter		Angestellte		Beamte		Selbständige		Arbeitslose	
	BTW 02	BTW 05	BTW 02	BTW 05	BTW 02	BTW 05	BTW 02	BTW 05	BTW 02	BTW 05
SPD	39	26	41	33	35	24	18	23	40	22
CDU/CSU	29	23	27	24	30	29	46	36	25	18
GRÜNE	3	3	6	8	9	9	9	6	5	4
FDP	8	8	7	9	6	10	14	17	6	6
PDS/Linkspartei.PDS	16	28	16	24	17	24	11	16	19	39

Quelle: Schoon/Werz 2005: 978, z.T. eigene Berechnungen

Zusammenfassend lässt sich für die Parteien und die Wählerstruktur in den ostdeutschen Bundesländern feststellen, dass auch noch heute große politische Mentalitätsunterschiede zu den alten Bundesländern bestehen. Die SPD und die CDU haben deutlich weniger Rückhalt in der ostdeutschen Wählerschaft und sie werden zudem von anderen Bevölkerungsgruppen gewählt als im Westen. In Ostdeutschland kristallisieren sich immer stärker zwei Wählergruppen heraus, die zum einen aus den Vereinigungsgewinnern und zum anderen aus den Vereinigungsverlierern bzw. -skeptikern bestehen. Die PDS hat es in den letzten Jahren verstanden, zusätzlich zu den ehemaligen DDR Funktionseliten die Gruppe der Vereinigungsverlierer an sich zu binden und sich immer mehr zur Partei der Ostdeutschen zu deklarieren, während die CDU auf Grund ihrer Verdienste bei der Wiedervereinigung eher von den Vereinigungsgewinnern gewählt wird. Schließlich kann man in Ost und West sogar von zwei unterschiedlichen Parteiensystemen sprechen: So herrscht in den alten Bundesländern eher das Vier-Parteien-System aus CDU/CSU, SPD, F.D.P. und Bündnis 90/GRÜNEN vor, während sich in den neuen Bundesländern eher ein Drei-Parteien-System aus SPD, CDU und PDS/Linkspartei herausgebildet hat

(Schultze 2002: 20).²⁴¹ Abzuwarten sind die Wirkungen des Zusammenschlusses von Linkspartei.PDS und WASG im Jahr 2007. Grundsätzlich sind zwei Entwicklungsrichtungen denkbar: Einerseits kann die Partei zum Sammelbecken der Interessen von Modernisierungsverlierern und Arbeitslosen werden, andererseits kann das bisherige Identifikationspotenzial für die ostdeutsche Bevölkerung durch die Ausdehnung auf Westdeutschland auch ein Stück weit verloren gehen. Im Juli 2007 gaben immerhin 11% der Befragten in Gesamtdeutschland bei der Sonntagsfrage („Welche Partei würden Sie wählen, wenn am nächsten Sonntag Bundestagswahlen wären?") an, Die Linke wählen zu wollen, 7% in Westdeutschland und 28% in Ostdeutschland (ARD Deutschland TREND Juli 2007: 9f.).

8.5 Das Parteienfinanzierungsproblem als Gestaltungselement des Parteienbegriffs

In den Verhandlungen des Parlamentarischen Rates spielte die Frage der Parteienfinanzierung nur ganz am Rande eine Rolle. Erst im zweiten Anlauf gelang es dem Zentrumsabgeordneten Brockmann, eine Ergänzung des Art. 21 Abs. 1 GG durchzusetzen, wonach die Parteien über die Herkunft ihrer Mittel Rechenschaft abzulegen hätten (Parlamentarischer Rat. 5. Mai 1949: 794). Dies geschah im Wesentlichen, um der Öffentlichkeit Aufschluss über die Personen zu geben, die hinter der jeweiligen Partei stehen (Parlamentarischer Rat, Drucksache Nr. 897).

Die Frage der Finanzierung von Parteien und ihrer Arbeit ist in hohem Maße verknüpft mit deren Organisationsstrukturen und der Rolle der Parteien in einem politischen System. Die Bereitschaft eines Staates, die Finanzierung eines Parteiensystems zu unterstützen, kann für dieses existenziell sein. Ausmaß und Struktur der Parteienfinanzierung ergeben sich auf den ersten Blick aus dem heute als klassisch zu bezeichnenden Dilemma eines Spannungsverhältnisses im Rahmen eines „magischen Vierecks", wie es der Politikwissenschaftler Karl-Heinz Naßmacher bezeichnete, als er fragte, wie können für Parteitätigkeit

---

²⁴¹ Weiterführende Literatur zum Themenbereich „politische Mentalitäten" Ost und West: Veen, Hans-Joachim/Zelle, Carsten 1994: Zusammenwachsen oder Auseinanderdriften? Eine empirische Analyse der Werthaltungen, der politischen Prioritäten und der nationalen Identifikationen der Ost- und Westdeutschen. Interne Studien der Konrad-Adenauer-Stiftung. Nr. 78/1994. Sankt Augustin./Aus der Reihe der Veröffentlichungen der KSPW (Kommission zur Erforschung des politischen und sozialen Wandels in den neuen Bundesländern): Gabriel, Oscar W. (Hrsg.): 1996: Politische Orientierungen und Verhaltensweisen im vereinigten Deutschland. Opladen./Grönebaum, Stefan 1997: Wird der Osten rot? Das ostdeutsche Parteiensystem in der Vereinigungskrise und vor den Wahlen 1998. In: Zeitschrift für Parlamentsfragen. H. 3. S. 407-425./Waschkuhn, Arno/Thumfart, Alexander (Hrsg.) 1999: Politik in Ostdeutschland. Lehrbuch zur Transformation und Innovation. München, Wien. APuZ-Themenheft B 37-38/2002 vom 16. September 2002. Gabriel, Oskar W./ Falter, Jürgen W./ Ratingen, Hans (Hrsg.) 2005: Wächst zusammen, was zusammen gehört? Stabilität und Wandel politischen Einstellungen im wiedervereinigten Deutschland. Baden-Baden. Heymann, Günther/ Jesse, Eckhard (Hrsg.) 2006: 15 Jahre deutsche Einheit. Deutsch-deutsche Begegnungen, deutsch-deutsche Beziehungen. Berlin.

- ausreichende Mittel zur Verfügung gestellt werden,
- ohne dass einzelne Parteien Startvorteile erhalten,
- in Abhängigkeit von wichtigen Geldgebern geraten
- oder sich in ständiger Korruptionsgefahr befinden (Naßmacher 1989: 27)?

Nun stellt sich aber die Entwicklung der Parteienfinanzierung in der Bundesrepublik Deutschland sehr viel differenzierter dar, als lediglich an diesen vier grenzsetzenden Forderungen orientiert. Die Finanzierungsstruktur muss nämlich noch einmal in mindestens sechs Felder unterteilt werden, die sich auch so im Abschlussbericht der Kommission unabhängiger Sachverständiger zur Parteienfinanzierung aus dem Jahr 1993 wiederfinden:

- in unmittelbare staatliche Leistungen,
- in mittelbare staatliche Leistungen, d.h. im Wesentlichen Steuerverzichte,
- in staatliche Finanzierung kommunaler Wählergemeinschaften (Steuerverzichte),
- in staatliche Leistungen an Fraktionen,
- in staatliche Leistungen an parteinahe Stiftungen,
- in Entschädigungen und Gehälter für Abgeordnete und deren Mitarbeiter (BT-Drucksache 12/4425: 7-10).

In unterschiedlicher Intensität setzten sich immer wieder Kommissionen mit diesen Formen der Finanzierung auseinander.[242] Auf der anderen Seite wurde die Entwicklung der staatlichen Parteienfinanzierung aber auch maßgebend von Urteilen des Bundesverfassungsgerichtes beeinflusst, mit denen im Laufe der letzten Jahrzehnte gleichzeitig auch zu einer Operationalisierung des Parteienbegriffes beigetragen wurde. Die Geschichte der rechtlichen Normierung der bundesdeutschen Parteienfinanzierung stellt sich als Wechselspiel einer nicht immer einheitlichen Verfassungsrechtsprechung auf der einen Seite und der jeweils folgenden, durch den Gesetzgeber versuchten, möglichst weitgehenden Ausschöpfung der in den Urteilen angedeuteten Parteienfinanzierungsmöglichkeiten dar wie die nebenstehende, einen Teil der weiteren Ausführungen vorwegnehmende Abbildung zeigt:

Der Gesetzgebungsprozess zur Parteienfinanzierung wurde im Verständnis der Bürger v.a. dadurch belastet, dass die Parteien sich durch die meist einstimmigen

---

[242] Vgl. dazu z.B. die Berichte der Sachverständigenkommissionen zur Parteienfinanzierung z.B.: den Bericht der Parteienrechtskommission aus dem Jahr 1958, den Bericht zur Neuordnung der Parteienfinanzierung aus dem Jahr 1983 und die Empfehlungen der Kommission unabhängiger Sachverständiger zur Parteienfinanzierung aus dem Jahr 1993 sowie die Gutachten, die Hans Herbert von Arnim 1982 und 1989 im Auftrag des Karl-Bräuer-Institutes des Bundes der Steuerzahler erstellt hat (von Arnim 1982 sowie 1989).

Abstimmungen ihrer Repräsentanten im Bundestag ihre eigene Finanzierung sicherten.[243]
Wir können heute auf eine lange Reihe einschlägiger Urteile des Bundesverfassungsgerichtes zum Problem der Finanzierung von Parteientätigkeit und der Parteien selbst zurückblicken, von denen das erste am 24. Juni 1958 (BVerfGE 8,51) und das vorerst letzte am 26 Oktober 2004 (BVerfGE 111, 382) gesprochen wurde.[244] Das Parteiengesetz liegt aktuell (2007) in seiner Fassung vom 22. Dezember 2004 (BGBl. I S. 3673, Gesetzentwurf: Bundestagsdrucksache 15/4246) vor.

Die wechselvolle Geschichte der Normierung staatlicher Parteienfinanzierung bzw. Teilfinanzierung hat zugleich wesentlich zu einer Begriffs- und Funktionsbestimmung der Parteien mit beigetragen. Wir werden Aspekte dieser Geschichte im Folgenden unter den Fragestellungen beleuchten:

- Welche wesentlichen Marksteine gab es in der Rechtsprechung des Bundesverfassungsgerichtes und in den Antworten des Gesetzgebers auf dessen Urteile in Form der Modifizierung des Parteiengesetzes bzw. der entsprechenden Steuergesetze?
- Welche Dimensionen des verfassungsmäßigen Parteienbegriffes lassen sich festmachen, und wie hat sich deren Bedeutung im Verlaufe des Bestehens der Bundesrepublik verändert?
- Wie ist die Neufassung des Parteiengesetzes aus dem Jahr 1994 und seine weiteren Novellierungen vor dem Hintergrund der Entwicklung bundesdeutscher Parteienfinanzierung zu beurteilen?

---

[243] In seiner Entscheidung aus dem April 1992 empfiehlt das Bundesverfassungsgericht dem Gesetzgeber daher auch, sich bezüglich der Neuordnung der Parteienfinanzierung des Rates von unabhängigen Sachverständigen zu bedienen (BVerfGE 85, 264 (190f.)). Die vom Bundespräsidenten berufene Kommission unabhängiger Sachverständiger zur Parteienfinanzierung formulierte entsprechend den Vorschlag, eine ständige Kommission einzurichten, die sich den Fragen der Parteien-, Abgeordneten- und Fraktionsfinanzierung widmen sollte (BT-Drucksache 12/4425: 45ff.). Die Novelle des Parteiengesetzes aus dem Februar 1994 ist diesem Rat in Form des neuen § 18 Abs. 6 gefolgt, der eine solche Kommission zur regelmäßigen Prüfung der Notwendigkeit von Anpassungen der neu eingeführten absoluten Obergrenze der Parteienfinanzierung an die Lebenshaltungskosten vorsieht.
[244] Siehe hierzu ausführlicher: Adams 2005: 522ff.

Abbildung 54: Wechselspiel zwischen Verfassungsrechtsprechung und Gesetzgebungsprozess in der Parteienfinanzierung

1954 – 1958
fast unbegrenzter Einkommensabzug durch Parteispenden

1958
Verbot
Prinzipien von Chancengleichheit und gleicher Teilhabe
Möglichkeit staatlicher Teilfinanzierung

1959 -1966
Finanzierung aus Hausmitteln des Inneren

PartG 1967
Wahlkampfkostenpauschale 2,50 DM pro Wahlberecht. ab 2,5% Stimmenanteile

EStG
Absetzbarkeit von Spenden und Beiträgen 600/1200 DM

1966
Verbot
Prinzip der Staatsfreiheit
Möglichkeit d. Finanzierung eines angemessenen Wahlkampfes

1968
Verbot des Ausschlusses von Finanzierung bei 2,5% Stimmenanteil

PartG 1969
Reduzierung der Grenzen auf 0,5% der Stimmenanteile

1976
Verbot des Ausschlusses unabh. Kandidaten von der Wahlkampfkostenerstattung

PartG 1979
Integration unabh. Kandidaten in die Wahlkampfkostenpauschaie
(**PartG** 1974 WKP: 3,50 DM)

1979
Andeutung der Möglichkeit einer Erhöhung der Absetzbarkeit von Spenden und Beiträgen

EStG 1980
Erhöhung der Absetzbarkeit von 1800/3600 DM

PartG 1983
Wahlkampfkostenpauschale 5,00DM
Kleinspendensteuerabzug Chancenausgleich
EStG 1983
Absetzbarkeit ohne absolute Höchstgrenzen

1986
Billigung der Absetzbarkeit v. max. 100.000/200.000 DM bei Akzeptanz des Chancenausgleiches, aber Feststellung des Fehlens gleicher Teilhabe

PartG 1988
getrennter Chancenausgleich für Spenden und Beiträge Sockelbetrag Publizitätsgrenze: 40.000 DM

EStG 1988
Reduzierung der Grenzen für Absetzbarkeit auf 60.00/120.000 DM

1992
Maßgaben der absoluten und relativen Obergrenzen sowie des Wählererfolges, weitgehende Ablösung von Wahlkampfkosten, Regelungsauftrag für Finanzierung komm. Wählergemeinschaft

PartG 1994
Grundfinanzierung v. 1,00 DM bzw. 1,30 DM pro Wähler 0,50 DM pro Spenden-/ Beitragsmark Obergrenze 230 Mio. DM pro Jahr

PartG 2002
Erhöhung der staatl. Zuwendungen
Einführung von Strafvorschriften und Drei-Länder-Quorum
Änderung der Rechenschaftslegung

2004
Unrechtmäßige Benachteiligung kleinerer Parteien durch Drei-Länder-Quorum

PartG 2004
Aufhebung des Drei-Länder-Quorums vor dessen Inkrafttreten

8.5.1 Der Normierungsprozess zur Parteienfinanzierung

Mit der Verabschiedung des Grundgesetzes war zwar den Parteien in Bezug auf deren politische Mitwirkung eine Sonderrolle gegenüber Vereinen und gesellschaftlichen Verbänden zugedacht worden und war zugleich mit Art. 21 Abs. 1 GG ein Hinweis des Gesetzgebers erfolgt, eine mögliche Einflussnahme gesellschaftlicher Kräfte auf bestimmte Parteien mit dem Mittel des Geldes zu kontrollieren. Die genaue Positionierung der Parteien zwischen institutionalisierter Staatlichkeit und Gesellschaft wie die Festlegung von Modus und Umfang der Rechenschaftspflicht sollten jedoch noch zu bestimmen sein.

Zunächst galt die Finanzierung von Parteitätigkeit als Privatsache von Mitgliedern, Sympathisanten und derjenigen, die in der Unterstützung bestimmter Parteien einen Nutzen für sich sahen (Naßmacher 1989: 28). Eine öffentliche Finanzierung wurde vorerst nicht angestrebt.[245]

Mit einem Steueränderungsgesetz schuf der Bundestag dann am 16. Dezember 1954 die Möglichkeit, Spenden an politische Parteien wie diejenigen an gemeinnützige und wohltätige Einrichtungen als Sonderausgaben von der Steuerschuld abzusetzen und institutionalisierte damit eine mittelbare Staatsfinanzierung der Parteien. Diese Regelung galt sowohl für natürliche als auch juristische Personen, ermöglichte also u.U. eine doppelte Ausschöpfung der sowieso schon sehr hohen Grenzbeträge.[246]

In seinem Urteil aus dem Jahr 1958 (BVerfGE 8, 51) bezeichnete das Bundesverfassungsgericht diese steuerliche Förderung von Parteien in der gehandhabten Form als verfassungswidrig und formulierte zugleich zwei der für seine folgende ständige Rechtsprechung fundamentalen Bewertungsprinzipien: das der Chancengleichheit der Parteien und das gleicher Teilhaberechte der Bürger an der politischen Willensbildung.

Nach dem Prinzip der Chancengleichheit müssen die Gesetze so gestaltet sein, dass alle Parteien prinzipiell gleich behandelt werden. Dies ist nicht der Fall, wenn bestimmte Parteien durch steuerliche Begünstigung stärker gefördert werden als andere, so argumentierte das Bundesverfassungsgericht (BVerfGE 8, 51 (64f.)). Eine Privilegierung finanziell leistungsfähiger Bürger und damit ihre Überrepräsentanz im politischen Willensbildungsprozess verbietet sich entsprechend dem Grundrecht der Bürger auf Gleichheit (BVerfGE 8, 51 (68f.)).

Darüber hinaus wurde in diesem Urteil der Grundstein einer staatlichen Teilfinanzierung für die Parteien gelegt, da entschieden wurde, dass Parteien v.a. als Wahlvorbereitungs- und Wahldurchführungsorganisationen (BVerfGE 8, 51 (63))

---

[245] Den ersten Fall einer öffentlichen Parteienfinanzierung stellte seit 1957 Puerto Rico dar (Naßmacher 1989: 29), in Europa folgte 1959 die Bundesrepublik Deutschland.
[246] Abgezogen werden konnten nach § 10 EStG Beträge in Höhe von 5 von Hundert des Einkommens bzw. 2 von Tausend der Jahresumsätze einschließlich der aufgewandten Löhne und Gehälter.

einzustufen seien und dass diese durch das Grundgesetz den Parteien zugedachten Aufgaben öffentliche seien. Die Parteien wurden ausdrücklich als „verfassungsrechtliche Institutionen" und „integrierende Bestandteile des Verfassungsaufbaus" (BVerfGE 8, 51 63f.) eingestuft. Hiermit wurde die Zahlung staatlicher Finanzmittel nicht nur für Wahlen, sondern auch für die sie tragenden Parteien zulässig (BVerfGE 8, 52).

Ab 1959 reagierte der Gesetzgeber auf das Urteil aus dem Vorjahr, in dem er nun Haushaltsmittel für die Parteien im Haushaltsplan des Bundesinnenministeriums vorsah.[247]

Mit 5 Mio. DM für alle Parteien zusammen pro Jahr nahm damit die staatliche Teilfinanzierung der Parteien ihren Beginn. Bis zu Beginn der 90er Jahre hat sich die Summe der Parteienfinanzierung aus der Steuerkasse versechsundvierzigfacht (Bund der Steuerzahler 1993). Aktuell erhalten die Parteien 133 Mio. Euro Zuschuss aus dem Staatshaushalt.

Theoretisch einzubeziehen wären hier noch die Zahlungen an die Fraktionen, die sich von 1966 bis 1989 verdreiundzwanzigfacht haben und auf eine vierjährige Wahlperiode umgerechnet bis 1989 312 Mio. höher waren als die Wahlkampfkostenerstattung und die Globalzuschüsse an die politischen Stiftungen, die sich von 1967 bis 1989 versiebzehnfacht haben (v. Arnim 1989: 11).

Die ab 1959 eingeführte Regelung der Teilfinanzierung von Parteien galt bis 1966 und zwar nur für die im Bundestag vertretenen Parteien. In seinem Urteil vom 19. Juli 1966 (BVerfGE 20, 56) arbeitete das Bundesverfassungsgericht dann wieder ein maßgebliches Charakteristikum des Parteienbegriffes heraus, das auch seine weitere Rechtsprechung stark bestimmte: das der Staatsfreiheit der Parteien.

Es argumentierte, dass für die demokratische Grundordnung i. S. des Grundgesetzes ein freier und offener Prozess der Meinungs- und Willensbildung im Volk unverzichtbar sei und dass die Parteien als fundamentaler Teil im gesellschaftlichen Willensbildungsprozess zu verstehen seien, der erst zur Bildung verfasster Staatsorgane führen soll (BVerfGE 20, 56 (97)).

Gesellschaftlicher Willensbildungsprozess und verfasste Staatlichkeit seien aber strikt voneinander zu trennen. Das gelte v.a. auch für die Finanzierung. Spätestens mit seinem Urteil aus dem Jahr 1966 erklärte das Bundesverfassungsgericht „eine völlige oder auch nur überwiegende Deckung des Geldbedarfs der Parteien aus öffentlichen Mitteln" für verfassungswidrig und argumentierte weiter, dass auch eine teilweise staatliche Finanzierung der gesamten politischen Tätigkeit der Parteien den Staatsorganen einen Eingriff in den Prozess der politischen Willensbildung ermöglichen würde. (BVerfGE 20, 56 (102)).

---

[247] Einzelplan 06-Innenministerium. Kap. 02 Titel 620. DM 5 Mio. „Zuschüsse zur Förderung politischer Bildungsarbeit der Parteien". Erläutert: „Die Mittel sollen Parteien bei der Wahrnehmung ihres Auftrages, an der politischen Bildung des deutschen Volkes mitzuwirken, unterstützen (...)". Ab 1962 wurde die Zweckbestimmung ergänzt durch den Untertitel 612a „Sondermittel für Aufgaben der Parteien nach Art. 21 GG".

Diese Ablehnung einer staatlichen Grundfinanzierung i. S. einer dauernden finanziellen Fürsorge für die Parteien blieb für die ständige Rechtsprechung des Bundesverfassungsgerichtes bis zum Jahr 1992 grundlegend. Allerdings bot es dem Gesetzgeber und den Parteien quasi ein „Bonbon" in seinem Urteil von 1966, in dem es abschließend darauf hinwies, dass es durchaus rechtens sei, den Parteien als zentralen Trägern der Wahlvorbereitung und der Wahlen die Kosten für einen angemessenen Wahlkampf zu erstatten (BVerfGE 20, 56 (113ff.)).[248]

Mit dem Parteiengesetz vom 24. Juli 1967 wurde dann eine Wahlkampfkostenpauschale von zunächst 2,50 DM pro Wahlberechtigtem eingeführt und die Zahlung dieser Gelder in Form von Abschlägen erlaubt. Dies erleichterte den Parteien faktisch die Finanzierung ihrer dauernden Lasten, wenngleich nur die Kosten erstattet werden durften, „die in unmittelbarem sachlichen Zusammenhang mit dem Wahlkampf stehen" (BVerfGE 20, 56 (100f.)). Die Wahlkampfkostenpauschale steigerte sich in den folgenden Jahren auf 5 DM (1983) und in Nordrhein-Westfalen zeitweise sogar auf 6,25 DM.[249]

Diese mit dem Urteil von 1966 eingeführte strenge Trennung der Parteienfunktion in Wahlorganisation einerseits und Teil der vom Staat fernzuhaltenden politischen Willensbildung andererseits hat sich in den folgenden Jahrzehnten als schlecht operationalisierbar erwiesen, bis zum Urteil von 1992 aber nicht zu einer Positionsänderung des Bundesverfassungsgerichtes geführt (dazu insbes. BVerfGE 73, 40 (95f.)).

Ohne auf weitere Urteile hier im Einzelnen eingehen zu können, sei angemerkt, dass sich das Bundesverfassungsgericht in den folgenden Jahren mit Fragen

- der Rechtmäßigkeit der pauschalisierten Zahlung der Wahlkampfkosten (BVerfGE 24, 300ff.),
- der Grundlagen des Ausschlusses von Parteien aus der Gruppe der Berechtigten (BVerfGE 24, 300ff.),
- der Publizitätsgrenzen für Spenden (BVerfGE 24, 300ff./72, 41ff./85, 264ff.),
- des Status' von politischen Fraktionen, der Regierungsparteien und der politischen Stiftungen zwischen organisierter Staatlichkeit und politischer Willens-

---

[248] Gleichzeitig formulierte es zwei wesentliche Strukturmerkmale zur Mittelverteilung: 1. sollten alle Parteien profitieren, die am Wahlkampf teilnehmen (damit nun auch diejenigen, die nicht im Bundestag vertreten sind), 2. beauftragte es den Gesetzgeber, einen Modus zu finden, der entsprechend der Zielsetzungen der 5%-Klausel die Gruppe der Berechtigten einschränkte, wobei die Ausschlussgrenze unter 5% zu liegen habe (BVerfGE 20, 56 (117)). Die Quote wurde ab 1967 auf 2,5% der abgegebenen Zweitstimmen festgelegt und im Anschluss an das Urteil von 1968 (BVerfGE 24, 300) auf 0,5% reduziert.
[249] Drittes Gesetz zur Änderung des Wahlkampfkostengesetzes vom 9.10.1990: Erhöhung der Pauschale auf 6,25 DM und erstmalige Einführung von Sockelbeträgen auf Landesebene, die noch rückwirkend auf die Landtagswahl vom 13.5.1990 ausgedehnt werden sollte. Kostensteigerung insgesamt: + 40% (v. Arnim 1991: 15ff.).

bildung und dementsprechend mit Fragen deren Rechtes auf finanzielle Förderung (BVerfGE 44 1-3, 125ff./73, 1ff./20, 56ff. 80/188),
- des Status' von unabhängigen Kandidaten gegenüber dem von Parteien bei der Wahlkampfkostenerstattung (BVerfGE 41, 399ff.) und ebenso mit demjenigen kommunaler Wählervereinigungen (BVerfGE 85, 264ff.) und schließlich
- mit Fragen der Festlegung einer oberen Grenze für den Anteil der Staatsquote an der Parteienfinanzierung auf max. 50% der den Parteien zur Verfügung stehenden Mittel, die als die relative Obergrenze[250] bezeichnet wird, beschäftigte.

Wesentliche Änderungen der Parteienfinanzierung ergaben sich in den 80er Jahren im Anschluss an die „Parteispenden-Affären" dadurch, dass von nun an auch über die Ausgaben, nicht nur die Einnahmen Rechenschaft abgelegt werden musste (PartG 1984), dass ab 1984 ein Chancenausgleich eingeführt wurde, der zu einer Entschärfung der Ungleichgewichte im Spenden- und Beitragsaufkommen der Parteien führen sollte und schließlich ab 1989, dass dieser Chancenausgleich für Spenden- und Beiträge gesondert durchgeführt wurde und dass ein so genannter Sockelbetrag[251] eingeführt wurde, der einen weiteren Schritt auf dem Weg zur Staatsfinanzierung der Parteien darstellte.

Die im ständigen Wechsel vorgenommene Anhebung von Publizitätsgrenzen und Absetzbarkeit von Spenden durch den Gesetzgeber und die entsprechende Rücknahme durch das Bundesverfassungsgericht sei hier nur pauschal erwähnt.[252]

Eine unrühmliche Entscheidung in der Verfassungsgerichtssprechung stellt das Urteil aus dem Jahr 1986 dar, (BVerfGE 73, 40) das die steuerliche Abzugsfähigkeit

---

[250] Anders als die absolute Obergrenze, die ab 1994 eingeführt wurde und einen festzulegenden Geldbetrag meint, fordert die relative Obergrenze, dass der Anteil der Gelder, die die Parteien vom Staat bekommen, nicht höher sein darf als derjenige, den sie selbst erwirtschaften. Problematisch dabei ist, dass z.B. auch Einkommen aus wirtschaftlicher Tätigkeit der Parteien, die ja nicht den Förderungsvoraussetzungen nach Art. 21 GG und § 2 PartG entsprechen, in diese Einkommensermittlung einbezogen werden und damit die Grenze für die staatliche Parteienfinanzierung nach oben verschieben können. Andererseits werden Fraktions- und Stiftungsfinanzierung nicht miteingerechnet.
[251] „Parteien, die mindestens 2 vom Hundert der im Wahlgebiet abgegebenen gültigen Zweitstimmen erreicht haben, erhalten für die Bundestagswahl zusätzlich zu der Pauschale in Absatz 1 einen Sockelbetrag in Höhe von 6 vom Hundert des in Absatz 1 festgelegten Betrages. Der Sockelbetrag darf bei einer Partei 80 vom Hundert ihres Anteils an der Wahlkampfkostenpauschale (Absatz 3) nicht überschreiten" (Art. 18 Abs. 6 PartG vom 22.12.1988).
[252] Spenden und Beiträge konnten bis 1979 nur in Höhe von 600 DM, bis 1983 in Höhe von 1.800 DM jährlich vom Einkommen abgesetzt werden. Ab 1983 waren sie in Höhe von 5 v.H. des Einkommens bzw. 2. v.T. der Umsätze und Löhne sowie Gehälter absetzbar. Als Ausgleich für Kleinspender wurden ein 50-prozentiger Steuerabzug für Spenden bis 1.200 DM bzw. 2.400 DM bei Verheirateten und der Chancenausgleich eingeführt. Nach dem Urteil des Bundesverfassungsgerichtes von 1986 wurde die Abzugsfähigkeit vom Einkommen auf 100.000 DM bzw. bei Verheirateten auf 200.000 DM begrenzt. Mit der Novelle des Parteiengesetzes aus dem Jahr 1988 wurden diese Beträge in Absatz 60.000 DM bzw. 120.000 DM herabgesetzt. Ab 1988 wurde mit dem „Gesetz zur steuerlichen Begünstigung von Zuwendungen an unabhängige Wählervereinigungen" die Möglichkeit geschaffen, entsprechende Spenden und Mitgliedsbeiträge bis zur Höhe von 1.200 bzw. 2.400 DM mit 50% von der Einkommenssteuer abzusetzen.

von Großspenden im Verbund mit dem Chancenausgleich als rechtens einstufte. Die damit verbundene Privilegierung von Großspenden bedeutete nach Ansicht vieler Kritiker einen eindeutigen Verstoß gegen das Prinzip gleicher Teilhaberechte aller Bürger am Prozess der politischen Willensbildung und somit das Prinzip der Chancengleichheit der Stimmen.

Das Urteil des Bundesverfassungsgerichtes aus dem April 1992 stellt in mehrfacher Hinsicht einen Markstein in der Normierung der staatlichen Parteienfinanzierung dar, es setzte drei entscheidende neue Akzente:

- es relativierte die bis dahin einseitige Rolle der Parteien als Wahlvorbereitungsorganisationen,
- es entwickelte den Begriff der Staatsfreiheit zu dem der Staatsferne und
- es setzte den Rahmen für eine Umstrukturierung der Parteienfinanzierung (BT-Drucksache 12/4425).

Wir können davon ausgehen, dass – nachdem das Bundesverfassungsgericht 1958 die Möglichkeit angedeutet hatte, nicht nur für die Wahlen, sondern auch für die die Wahlen tragenden Parteien staatliche Mittel einzusetzen, in der Folge aber eine solche „Grundfinanzierung" immer abgelehnt hatte – mit dem neuen Urteil eine Kehrtwende beschritten wurde. Jetzt nämlich wurde argumentiert, der Staat sei nicht gehindert, den „Parteien Mittel für die Finanzierung der allgemeinen ihnen nach dem Grundgesetz obliegenden Tätigkeit zu gewährleisten" (BVerfGE 85, 264f. (285)). Interessanterweise wurde diese Entscheidung mit dem Prinzip der Staatsfreiheit der Parteien in Zusammenhang gebracht, das ja bekanntlich 1966 zu einer Ablehnung staatlicher Parteienfinanzierung i. S. der Finanzierung staatlich verfasster Organe geführt hatte (BVerfGE 20, 56ff.). Sowohl gegenüber dem Staat als auch im Bereich der Gesellschaft sollen Parteien sich als „frei gebildete, im gesellschaftlich-politischen Bereich wurzelnde Gruppen" (BVerfGE 20, 56 (101)) ihre Freiheit erhalten. Der Begriff der „Staatsfreiheit" wurde zu dem der „Staatsferne" weiterentwickelt, was natürlich für die Einordnung der Parteien zwischen organisierter Staatlichkeit und gesellschaftlichem Willensbildungsprozess von fundamentaler Bedeutung ist.

Staatsfreiheit bzw. Staatsferne der Parteien trotz staatlicher Grundfinanzierung soll u.a. durch die relative Obergrenze erreicht werden, die noch einmal ausdrücklich formuliert wurde. Das heißt, dass der Grundsatz der Staatsfreiheit erst dann verletzt wird, wenn die Summe der staatlichen Mittel diejenige selbsterwirtschafteter Mittel übersteigt (BVerfGE 85, 264 (65)).

Als weiteres Essential enthält das Urteil von 1992 die historisch erstmalige Festlegung einer absoluten Obergrenze[253] einer jährlichen, staatlichen Parteienfinan-

---

[253] Der Gesetzgeber hat die vom Bundesverfassungsgericht zunächst in den Raum gestellte Frage nach dem Modus der Anpassung dieser absoluten Obergrenze an die allgemeine Kostensteigerung dahingehend beantwortet, dass ab 1995 die vom Bundespräsidenten zu berufende Sachverständigenkommission

zierung, die aus den den Parteien in Form von Wahlkampfkostenerstattung und Chancenausgleich in den Jahren von 1989 bis 1992 gezahlten Beträgen als Jahresdurchschnitt errechnet wurde (230 Mio. DM). Diese Grenze wurde 1998 auf 245 Mio. DM/Jahr und 2002 auf 133 Mio. €/Jahr erhöht.

Einen zusätzlichen – für das Verständnis der Parteien in unserem politischen System wesentlichen Aspekt – betonte das Bundesverfassungsgericht in diesem Urteil, als es forderte, dass neben der relativen und der absoluten Obergrenze staatlicher Parteienfinanzierung v.a. auch der Erfolg, den eine Partei beim Wähler hat (gemessen am Wahlerfolg, Beiträgen, Spenden), Maßstab für die Zahlung staatlicher Mittel sein müsse. Im Parteiengesetz von 1994 ist diese Forderung dahingehend umgesetzt worden, dass von nun an Basis für die Zahlung der staatlichen Mittel nicht mehr der nach dem Wahlerfolg einer Partei zu bestimmende Anteil an den Wahlberechtigten ist, sondern derjenige der tatsächlichen Wähler. Dies erscheint insbesondere im Zusammenhang mit der Tatsache von großer Bedeutung, dass die „Partei der Nichtwähler" mit Anteilen von teilweise über 20% auf dem Weg zu einer unsere politische Kultur in starkem Maße beeinflussenden Kraft ist. Dies und die Tatsache, dass der Staat aktuell 0,38 € zu jeder eingeworbenen Spenden- oder Beitragsmark dazu tut, zwingen die Parteien zu einer stärkeren Bemühung um die Wählerschaft.[254]

Mit seinem Urteil vom April 1992 hat das Bundesverfassungsgericht auch die Basis geschaffen für eine ganz wesentliche Umgewichtung der Parteien im Vergleich zu anderen politischen Vereinigungen, insbesondere zu kommunalen Wählervereinigungen, in dem es darauf hinwies, dass der Gesetzgeber auch den Status der auf kommunaler Ebene mit den Parteien konkurrierenden kommunalen Wählervereinigungen zu bedenken habe (BVerfGE 82, 264ff. (328)). Schließlich und endlich sei darauf hingewiesen, dass das Bundesverfassungsgericht in seinem Urteil vom 26. Oktober 2004 (BVerfGE 111, 382) die 3. Stufe (so gennantes Drei-Länder-Quorum) der 8. Novelle des Parteiengesetzes, welche zum 1. Januar 2005 in Kraft getreten wäre, aufhob.[255] Mit diesem Drei-Länder-Quorum war versucht worden, kleinere oder nur regional starke Parteien von der Finanzierung auszuschließen.

Vorschläge für eine eventuelle Anpassung vorzulegen hat (PartG v. 4. Februar 1994 § 18 Abs. 6). Eine quasi automatische Indexierung und damit verbundene Anpassung wie sie von den Parteien gefordert worden war, ist abgelehnt worden.

[254] Damit ist in die deutsche Parteienfinanzierung endgültig ein Verfahren eines "matching-funds" eingeführt worden (Düselder u.a. 1992: 181), das es z.B. in den USA schon lange gibt. Dies ist v.a. unter demokratietheoretischen Gesichtspunkten von Bedeutung, da so ein direkter Zusammenhang zwischen der Parteienfinanzierung und dem Erfolg der Partei beim Bürger hergestellt wird. Eine andere Möglichkeit wäre hier die Einführung eines Bürgerbeitrags in Form eines an die Parteien zu gebenden Wertcoupons oder von Beitragsmarken gewesen, wie sie schon im Rahmen der Arbeit der Parteienrechtskommission 1957 diskutiert wurde.

[255] Die ödp und die GRAUEN klagten vor dem BverfG erfolgreich gegen eine Neuerung in der 8. Novelle des PartG, wonach Parteien nur noch die volle staatliche Teilfinanzierung erhalten sollten, wenn sie bei der letzten Europa- oder BT-Wahl 0,5% der Stimmen oder bei mindestens 3 Landtagswahlen 1% der Stimmen erreicht haben.

Die politischen Parteien besitzen im System der Demokratie Deutschlands zwar kein Monopol (BVerfGE 20, 56 (114)), aber eine deutlich herausragende Stellung. Dies gilt natürlich insbesondere für Fragen der Finanzierung. Wenn auf kommunaler Ebene also Parteien und kommunale Wählervereinigungen konkurrieren, dann ist Parteien durch eine staatliche Teilfinanzierung eindeutig ein Wettbewerbsvorsprung gegeben. Dies erscheint nicht nur vor dem Hintergrund des Wandels unserer politischen Kultur bedeutsam, in der nicht etablierte politische Beteiligungsformen zunehmend an Attraktivität in der Bevölkerung gewinnen, sondern auch bezüglich der zu erwartenden Stärkung der Kommunen im Rahmen der politischen Einigung Europas.[256], [257]

8.5.2 Die staatliche Teilfinanzierung seit 1994

Die in den voranstehenden Abschnitten aus der Rechtsprechung des Bundesverfassungsgerichtes hergeleiteten Grundsätze der Parteienfinanzierung, Gleichheit der Stimmen i.S. gleicher Teilhaberechte der Bürger und Bürgerinnen an der politischen Willensbildung, Chancengleichheit der Parteien sowie Staatsfreiheit, bilden auch die Eckpfeiler der staatlichen Parteienfinanzierung nach der Novelle des Parteiengesetzes ab 1994. Der Grundsatz der Staatsfreiheit, der – zumindest in der Theorie – eine Verquickung zwischen Staatsapparat und Parteien verhindern soll, wurde in Anerkennung empirischer Realitäten modifiziert und kann jetzt als solcher der Staatsferne interpretiert werden. Umgesetzt wird er v.a. durch das Gebot der relativen Obergrenze bei der staatlichen Finanzierung, d.h. der Forderung, dass deren Betrag nicht höher sein darf als derjenige selbsterwirtschafteter Mittel. Hans Hermann von Arnim hat an vielen Stellen darauf hingewiesen, dass der tatsächliche Staatsanteil bei der Finanzierung der Bundestagsparteien 1994 65,7% betrug (1996: 129).

Den Forderungen der Chancengleichheit und der gleichen Teilhabe wird versucht, einerseits durch Beschränkungen in der steuerlichen Abzugsfähigkeit von Spenden Rechnung zu tragen,[258] andererseits durch eine zusätzliche Finanzierung der ersten 5 Mio. Stimmen, die v.a. kleinen Parteien zugute kommen soll.

---

[256] Vgl. dazu auch die Vorschläge der Gemeinsamen Verfassungskommission des Bundestages und des Bundesrates zur Neuformulierung von Art. 23, 24, und insbes. 28 und 29 Abs. 2 GG.

[257] Dieser Hinweis steht durchaus in Zusammenhang mit zuvor gegebenen, die in der Summe so etwas wie eine Linie in der Urteilssprechung des Bundesverfassungsgerichtes zur Parteienfinanzierung erkennen lassen. Hier seien genannt: Die Urteile BVerfGE 69, 92 und BVerfGE 78, 350, in denen ausgeführt wurde, dass der Grundsatz der Chancengleichheit verletzt sei, wenn durch die Abzugfähigkeit von Parteispenden die Wettbewerbslage von Parteien gegenüber anderen Gruppen und Bewerbern deutlich verbessert würde.

[258] Die Publizitätsgrenzen, d.h., die Grenze von der ab Name und Adresse der Spender im jährlich abzugebenden Rechenschaftsbericht der Partei erwähnt werden müssen, wurde von 40.000 DM auf 20.000 DM reduziert (§ 25 Abs. II PartG vom 4. Februar 1994). Die Spenden sind bis zu einer Höhe von 6.000 DM für Ledige und 12.000 DM für Verheiratete pro Jahr steuerlich abzugsfähig. Das bedeutet

Eine Neuerung des staatlichen Finanzierungsmodus' stellt die mit der Novelle von 1994 eingeführte Berücksichtigung des Erfolges in der Wählerschaft durch die Bezugnahme auf den Anteil der abgegebenen Stimmen, nicht denjenigen der Wahlberechtigten dar.

Nach dem Parteiengesetz von 1994 erhielten die einzelnen Parteien folgende staatliche Zuschüsse:

- Bei Erreichen von mindestens 0,5% der Zweitstimmen bei einer Wahl zum Bundestag oder zum Europaparlament bzw. bei einer Wahl zum Landtag mindestens 1% der Zweitstimmen, erhielt eine Partei für die ersten 5 Mio. Stimmen 1,30 DM pro Stimme, für jede weitere Stimme 1,00 DM. Der Gesamtbetrag war durch die absolute Obergrenze (1994: 230 Mio. DM/Jahr, von 1999-2001 245 Mio. DM/Jahr) „gedeckelt".
- Beträge und Spenden wurden bis zu einer Höhe von 6.000 DM pro natürliche Person und Jahr mit einem staatlichen Beitrag von 0,50 DM pro Spenden- und Beitragsmark bezuschusst (Art. 18 Abs. 3 PartG).
- Daneben gab es Steuerbegünstigungen von Mitgliedsbeiträgen und Spenden (6.000 DM/Jahr für Ledige und 12.000 DM für Verheiratete).

Abbildung 55: Eckpfeiler des Parteienfunktionsbegriffes nach der Novelle des PartG vom 4. Februar 1994

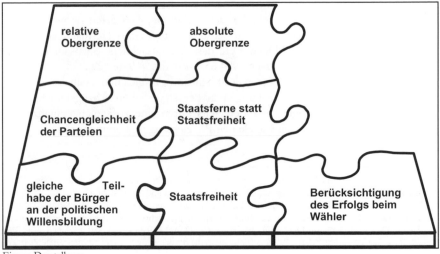

Eigene Darstellung.

---

eine Reduzierung der Abzugsfähigkeit auf ein Zehntel des zuvor gültigen Betrages. Die Abzugsfähigkeit für Körperschaften wurde aufgehoben.

Eine weitere Novellierung erfuhr das Parteiengesetz zum 28. Juni 2002 (BGBl I S. 2268), deren Neuerungen in drei Stufen in Kraft treten sollten. Die erste Stufe trat am 1. Juli 2002 in Kraft und umfasste unter anderem die folgenden Änderungen in der Höhe der staatlichen Zuwendungen nach § 18 Abs. 2 + 3 PartG:

- Der Betrag für die ersten 4 Mio. Wählerstimmen wurde von 1,30 DM pro Stimme auf 0,85 € erhöht. Auch für die übrigen Wählerstimmen wurde der Betrag von 1 DM auf 0,70 € um 40% erhöht. Die absolute Obergrenze wurde auf 133 Mio. €/Jahr festgesetzt.
- Die Zuwendungsbeträge wurden sogar um 50% erhöht. So wird jeder Euro Zuwendung (Mitglieds- oder Mandatsträgerbeitrag sowie rechtmäßig erlangte Spenden), den eine Partei erhält, nun mit einem staatlichen Beitrag von 0,38 € bezuschusst. Dabei gelten 3.300 € je natürlicher Person als Höchstgrenze für die Zuwendungen.

Darüber hinaus wurde auch die Steuerbegünstigung von Mitgliedsbeiträgen und Spenden auf 3.300 €/Jahr für Ledige und 6.600 € für Verheiratete erhöht (§ 10b Abs. 2, § 34g Satz 2 EStG).

Mit dem 1. Januar 2003 änderte sich für die Parteien vor allem die Rechnungslegung in den Rechenschaftsberichten. So müssen bspw. Mandatsträgerbeiträge einzeln unter Zuwendung aufgeführt werden. Gemäß § 27 Abs. 2 müssen Spenden von mehr als 10.000 € pro Jahr namentlich im Rechenschaftsbericht erwähnt werden. Darüber hinaus wurde der § 25 umfassend geändert. So dürfen unter anderem nach § 25 Abs.1, S.2 nur noch Barspenden bis 1.000 Euro angenommen werden. Spenden von staatseigenen Unternehmen sind gemäß § 25 Abs.2, S.5 untersagt. Mit dem neu eingeführten § 23b haben Parteien unter bestimmten Voraussetzungen die Möglichkeit mittels Selbstanzeige einen unwahrheitsgemäßen Rechenschaftsbericht zu korrigieren, ohne dass dies Sanktionen für die Partei nach sich zieht. Mit der 8. Novelle des Parteiengesetzes wurden erstmalig auch Strafvorschriften (§ 31d) eingeführt, nach denen unter anderem die Verschleierung der Herkunft oder der Verwendung von Parteivermögen, das Zerlegen von Großspenden in mehrere Teilbeträge bzw. das nicht Weiterleiten von Spenden mit einer Freiheitsstrafe von bis zu drei Jahren oder mit Geldstrafe geahndet werden.

Die 3. Stufe des geänderten Parteiengesetzes umfasste ein sog. Drei-Länder-Quorum (§ 18 Abs. 4, S. 3). Danach sollten nur noch Parteien, die bei 3 Landtagswahlen mindestens 1% der Stimmen oder bei einer Landtagswahl mindestens 5% der Stimmen erhalten haben, staatliche Zuwendungen für die Wählerstimmen bekommen. Diese Regelung sollte es vor allem kleinen, radikalen Parteien erschweren durch die bloße Teilnahme an einer Landtagswahl in Stadtstaaten an der staatlichen Teilfinanzierung teilzunehmen (BT-Drucksache 14/8778: 20). Gegen diese Neuregelung klagten die ödp und die GRAUEN erfolgreich vor dem Bundesverfassungsgericht (BVerfGE 111, 382). Die Umsetzung des Urteils des BVerfG vom 26. Oktober 2004 erfolgte durch die Aufhebung des Drei-Länder-Quorums durch das Neunte Gesetz zur Änderung des Parteiengesetzes vom 22. Dezember 2004 (BGBl. I S. 3673, Gesetzentwurf: Bundestagsdrucksache 15/4246).

8.5.3 Die Einnahmen der Parteien

Insgesamt sind die Einnahmen der Parteien zu unterscheiden nach:

- staatlicher Teilfinanzierung,
- Mitgliedsbeiträgen,
- Spenden,
- Einnahmen aus Parteivermögen und
- sonstigen Einnahmen.

Höhe und Entwicklung der Einnahmesituation geht aus den folgenden vier Tabellen hervor: [259]

Abbildung 56: Gesamteinnahmen der Parteien unter Abzug des innerparteilichen Geldtransfers 1995-2004 (in Mio. Euro)

Jahr	SPD	CDU	GRÜNEN	CSU	F.D.P.	PDS	Gesamt
1995	145.819	111.624	12.662	27.031	23.487	20.868	341.491
1996	144.717	113.364	13.104	31.834	20.749	18.539	342.307
1997	143.661	111.581	13.406	28.645	21.244	18.831	337.368
1998	153.103	129.310	14.894	33.522	25.235	19.748	375.812
1999	153.903	132.411	13.430	32.606	23.580	20.827	376.757
2000	149.301	130.876	11.999	28.025	22.450	20.113	362.764
2001	159.971	131.023	23.843	34.590	25.718	20.491	395.636
2002	158.773	141.591	26.334	46.081	31.541	21.914	426.234
2003	179.845	139.723	26.179	47.417	27.772	22.159	443.095
2004	170.126	154.262	25.392	39.814	29.331	21.050	439.975

Anmerkungen:
Haupteinnahmen: Mitgliedsbeiträge, Spenden und staatliche Teilfinanzierung
weitere Einnahmen: Einnahmen aus Vermögen, Einnahmen aus Veranstaltungen, Vertrieb von Druckschriften und Veröffentlichungen und sonstiger mit Einnahmen verbundener Tätigkeit, sonstige Einnahmen.

---

[259] Die Daten stammen aus den Rechenschafts- und Finanzberichten der Parteien und wurden gerundet sowie in Euro umgerechnet.

Abbildung 57: Summe und Entwicklung der staatlichen Teilfinanzierung der Bundestagsparteien 1995-2004 (in Mio. Euro)

Jahr	SPD	CDU	GRÜNEN	CSU	F.D.P.	PDS	Gesamt
1995	46.209	37.662	9.139	8.460	6.861	7.561	115.892
1996	46.245	37.086	8.468	8.574	6.321	6.058	112.752
1997	46.024	37.437	8.834	9.932	6.713	6.284	115.224
1998	49.514	37.761	9.308	8.950	6.740	6.399	118.672
1999	48.035	39.135	8.672	9.641	6.830	7.437	119.750
2000	47.772	40.501	8.289	8.717	7.414	7.050	119.743
2001	47.494	41.466	7.809	9.190	7.171	7.250	120.380
2002	48.871	43.602	8.705	11.916	8.299	7.171	128.564
2003	59.334	43.897	10.757	15.269	10.241	8.740	148.238
2004	46.355	43.708	9.720	11.774	9.009	7.885	128.451

Anmerkungen:
2003 erhielten alle Parteien bis auf die CDU eine Einmalzahlung auf Grund des CDU-Spendenskandals.

Abbildung 58: Mitgliedsbeiträge der im Bundestag vertretenen Parteien 1995-2004 (in Mio. Euro)

Jahr	SPD	CDU	GRÜNEN	CSU	F.D.P.	PDS
1995	79.965	50.550	9.363	9.473	5.771	8.285
1996	78.251	51.341	10.374	10.016	5.619	8.650
1997	80.717	51.433	11.037	9.960	5.431	8.617
1998	80.699	51.488	11.057	9.845	5.334	8.841
1999	80.512	53.848	10.685	10.103	5.509	8.952
2000	77.587	55.470	9.466	10.488	5.644	9.016
2001	76.663	57.032	9.129	12.634	5.679	8.926
2002	78.275	57.948	9.311	13.358	6.264	10.411
2003	53.890	42.748	5.333	10.240	6.120	9.875
2004	50.573	43.497	5.399	10.107	6.013	9.303

Anmerkungen:
In den Rechenschaftsberichten der Parteien ab 2003 müssen die Mandatsträgerbeiträge gesondert ausgewiesen werden. Bis dahin wurden diese mit zu den Mitgliedsbeiträgen gezählt.

Abbildung 59: Spenden an die im Bundestag vertretenen Parteien 1995-2004 (in Mio. Euro)

Jahr	SPD	CDU	GRÜNEN	CSU	F.D.P.	PDS
1995	12.720	18.365	4.473	7.343	5.591	2.572
1996	14.278	18.402	5.051	11.566	7.161	2.834
1997	11.837	17.295	4.648	7.066	7.288	3.001
1998	18.836	33.762	5.847	12.536	11.190	3.785
1999	17.236	33.368	5.140	7.805	9.843	3.834
2000	12.631	28.512	4.311	6.935	7.988	3.485
2001	16.528	25.459	5.121	10.886	10.799	3.699
2002	17.334	30.453	5.282	18.872	13.745	3.750
2003	10.445	17.397	3.435	9.717	7.351	1.753
2004	13.143	27.684	3.637	6.278	8.725	2.001

Anmerkungen:
In den Rechenschaftsberichten der Parteien müssen Spenden von natürlichen und juristischen Personen einzeln aufgeführt werden. Die hier aufgeführten Zahlen wurden zusammen addiert.

Ein Vergleich der Einnahmen z. B. für das Jahr 1995 hinsichtlich der Einnahmearten der Parteien, zeigt sehr unterschiedliche Strukturen. Entsprechend der höchsten Mitgliederzahlen sind die Summen der Mitgliedsbeiträge bei der SPD und der CDU am größten, bei den GRÜNEN und der PDS machen sie relativ gesehen immer noch den größten Finanzierungsposten aus. Spenden als Einnahmen sind sehr unterschiedlich verteilt. Eindeutiger Spitzenreiter ist hier die F.D.P., die, unter Berücksichtigung ihrer Mitgliederzahl, annähernd so viel Spenden wie Mitgliedsbeiträge einnimmt, gefolgt von der CSU. Bei den GRÜNEN machen die Spenden etwa die Hälfte der Summe der Mitgliedsbeiträge aus, bei der CDU gut und bei der PDS knapp ein Drittel. Die SPD nimmt nur etwa 16 % ihres Beitragsaufkommens in Form von Spenden ein.

Aktuell nehmen die F.D.P. und die SPD prozentual gesehen die meisten Mitgliedsbeiträge mit jeweils ca. 35 % bzw. 30 % der Gesamteinnahmen ein. Weiterhin Spitzenreiter beim Einwerben von Zuwendungen ist die F.D.P., deren Spendenaufkommen 2004 etwa 30 % ihrer Gesamteinnahmen ausmachte. Die CDU konnte zum Vergleich nur knapp 18 Prozent ihrer Einnahmen als Spenden verbuchen. Offensichtlich fällt es auch weiterhin der SPD und der PDS am schwersten Spender zu akquirieren. Ihr jeweiliger Anteil an den Gesamteinnahmen lag 2004 nur bei ca. 8 bzw. 10 Prozent.

8.5.4 Parteienfunktionen: Bewertung und Ausblick

Welche Änderungen im Hinblick auf das Funktionsbild der Parteien können abschließend im Verlauf des Bestehens der Bundesrepublik Deutschland festgestellt werden?

Die politischen Parteien haben heute eine über hundertjährige Entwicklung hinter sich, in deren Verlauf ihre Bedeutung sich von derjenigen bloßer Störfaktoren über diejenige eines notwendigen Übels zu derjenigen eines unentbehrlichen Mittlers der politischen Willensbildung in einer parlamentarischen Demokratie gewandelt hat (Bericht zur Neuordnung der Parteienfinanzierung 1983: 53).

Kernaufgaben der Parteien in diesem Willensbildungsprozess sind die Aufstellung von Wahlbewerbern, die Teilnahme an Wahlen und die Heranbildung geeigneter Bewerber sowie Parlaments- und Regierungsarbeit (BT-Drucks. 12/4425: 15). Gleichwohl muss angemerkt werden, dass das Bundesverfassungsgericht mit seinen Urteilen aus den Jahren 1968 und 1976 ausdrücklich auch den unabhängigen Kandidaten das Recht zugestanden hat, diese Funktionen mitzuerfüllen und an der staatlichen Finanzierung teilzuhaben (insbes. BVerfGE 41, 399 (417)).

Im Bereich der politischen Willensbildung und der politischen Bildung wirken die Parteien zwar mit, haben aber keine Monopolstellung inne, sondern konkurrieren hier mit anderen gesellschaftlichen Vereinigungen. Aus heutiger Sicht muss v.a. die im Rückblick festzustellende empirische Tendenz im Verhalten der Parteien als problematisch eingestuft werden, ihre Aufgabenbereiche immer stärker auszuweiten. Dies hat die Kommission unabhängiger Sachverständiger zur Parteienfinanzierung von 1993 dazu geführt, zu fordern, „die Tendenz zur Allzuständigkeit der Parteien, die dem § 1 Abs. 2 des Parteiengesetzes innewohnt" zu bremsen und den generellen Zugriff der Partei auf „nahezu alle in Staat und Gesellschaft auftauchenden Probleme" zu verhindern (BT-Drucks. 12/4425: 15).

Problematisch erscheint die empirisch festzustellende Ausweitung der Parteienaufgaben, die der ehemalige Bundespräsident Richard von Weizsäcker einmal in Verbindung mit dem allseits festzustellenden Fehlen einer inhaltlichen Entscheidungskompetenz der Parteien als „Machtversessenheit bei gleichzeitiger Machtvergessenheit" (BT-Drucksache 12/4425: 52) bezeichnete, v.a. im Hinblick auf eigentlich parteiuntypische Aufgaben wie unternehmerische Tätigkeiten. Dies gilt insbesondere, weil durch diese die Einnahmen der Parteien u.U. erhöht werden und damit die relative Obergrenze der Staatsfinanzierung beeinflusst wird.

Ähnliches gilt auch für die festzustellende gleichwohl aber unzulässige parteipolitische Einflussnahme auf die Besetzung von Beamten- und Richterstellen (ebenda: 16), die nach Meinung der Kommission unabhängiger Sachverständiger zur Parteienfinanzierung aus dem Jahr 1993 durch eine größere Einflussnahme der Bürger bei der Aufstellung von Kandidaten für Wahlen und politische Ämter eingedämmt werden sollte (ebenda: 16). In diesem Zusammenhang darf nämlich nicht vergessen werden, dass heute nur noch weniger als 3% der Bevölkerung in der Bundesrepublik parteipolitisch organisiert sind und dies mit weiter abnehmender Tendenz.

Bei einer zusammenfassenden Betrachtung der historischen Entwicklung der Parteienfinanzierung in der Bundesrepublik Deutschland lässt sich nun ein deutlicher Weg nachzeichnen, auf dem die Parteien von einer anfänglichen, kurzen Phase privater Finanzierung hin zu einer teilweisen staatlichen Basisfinanzierung im Rahmen der jüngsten Novellen des Parteiengesetzes gelangten.

Im Verfassungskonvent von Herrenchiemsee bestand Einigkeit darüber, dass die Parteien als dominante Träger des politischen Willensbildungsprozesses zwar entscheidende Organe des staatlichen Lebens seien, aber keine Staatsorgane (n. BVerfGE 20, 56 (110)).

Im Urteil des Bundesverfassungsgerichtes von 1958 wurde die Rechtfertigung einer staatlichen Teilfinanzierung der Parteien mit ihrer Rolle als „integrierende Bestandteile des Verfassungsaufbaus" begründet. In den 60er und 70er Jahren wurden das Funktionsbild der Parteien und die Fundierung ihrer Finanzierung primär an ihre tragende Rolle im Zusammenhang der Wahlen gebunden (BVerfGE 20, 56 (111), (107)/ BVerfGE 24, 300 (336)). Im Urteil aus dem Jahr 1968 wurde sogar die Zahlung der Wahlkampfkostenpauschale auf Basis der Zahl Wahlberechtigter, nicht der Wähler, damit gerechtfertigt, dass die Parteien im Wahlkampf eine für die Demokratie unverzichtbare Informationsarbeit leisten, die es zu honorieren gilt (BVerfGE 24, 300 (336)).

Leichte Änderungen in der Wahrnehmung der Parteienfunktion durch das Bundesverfassungsgericht deuteten sich in den Urteilen von 1979 und 1986 an, als darauf hingewiesen wurde, dass Parteien Teile der Willensbildung durch Wahlen seien. Darüber hinaus „Zwischenglieder zwischen dem Bürger und den Staatsorganen, Mittler, durch die der Wille der Bürger auch zwischen den Wahlgängen verwirklicht werden kann" (BVerfGE 52, 63 (82)).

In den Finanzierungsmodellen der 80er Jahre, die im Wesentlichen auf Absetzbarkeit und relativer Anonymität hoher Parteispenden, der Wahlkampfkostenpauschale, dem Chancenausgleich und dem Sockelbetrag aufbauten, war ein Bezug der Parteienfinanzierung zur Bewertung des Handelns der Parteien durch den Bürger nahezu abhanden gekommen, sieht man einmal von der großen Bedeutung von hohen Spenden ab, die nur für eine relativ geringe Anzahl von Bürgern in Frage kamen.

Eine wesentliche Kehrtwende im Funktionsbild der Parteien, so wie sie das Bundesverfassungsgericht in seinem Urteil von 1992 festlegte und wie sie die nachfolgende Novelle des Parteiengesetzes dokumentierte, ist darin zu sehen, dass die Parteien von nun an durch die Bindung der Zahlungen an die Zahl der Wähler und das Verfahren des matchings von Stimmenanteilen und Spenden wie Mitgliedsbeiträgen um die Gunst des Bürgers bemüht sein müssen. Dies soll dazu führen, dass die Parteien sich „ihren Charakter als frei gebildete, im gesellschaftlich-politischen

Bereich wurzelnde Gruppen bewahren" (BVerfGE 85, 264 (287)) und dabei ihr Verhältnis zu den Wählern ständig neu begründen müssen.

Wir sind also heute zu einem Funktionsbild der Parteien gelangt, in dem die Parteien genau auf der Grenze zwischen organisierter Staatlichkeit und Gesellschaft angesiedelt sind. Sie sind nach dem gegenwärtigen Verständnis staatsfern, jedoch nicht mehr staatsfrei und damit dem Bereich organisierter Staatlichkeit ein gutes Stück näher gerückt.

Ihre Aufgabe aber ist es, den Rückkopplungsprozess zwischen Staatsorganen und Volk durch die Formulierung politischer Ziele, durch das Erkennen von gesellschaftlichen Problemen und die Entwicklung angemessener Lösungen maßgeblich mitzugestalten (BVerfGE 85, 264 (284)). Das kann nur geschehen, wenn dem Bürger Mittel an die Hand gegeben werden, deren Verhalten zu sanktionieren. Mit der Novelle des Parteiengesetzes von 1994 geschah dies zumindest im Ansatz durch die Bindung der Zahlungen an Wahlbeteiligung, Wahlerfolg und die Fähigkeit der Parteien Bürger für Spenden und Mitgliedschaften zu mobilisieren. Damit wurde einerseits das schon seit langem diskutierte Verfahren eines Bürgerbonus[260] teilweise realisiert und andererseits wurden Teile der amerikanischen Parteienfinanzierung durch matching-funds[261] aufgenommen.

Bei der staatlichen Teilfinanzierung hat sich allerdings das vom BVerfG (vgl. BVerfGE 85, 264 (292)) geforderte ausgeglichene Verhältnis zwischen Wählerstimmen und Zuwendungsanteil in den letzten Jahren immer weiter zu Gunsten des letzteren entwickelt. So betrug im Jahr 1997 der durchschnittliche Zuwendungsanteil für alle Parteien 87,2%. (BT-Drucksache 14/637: 25). Weiterhin errechnete die Kommission unabhängiger Sachverständiger zur Parteienfinanzierung, dass die Parteien selbst bei einer Wahlbeteiligung von nur 1/6 die vollen staatlichen Beträge bekommen würden (ebenda). Damit verlor die Wählerstimme bei der Berechnung der staatlichen Beträge immer mehr an Einfluss. Diesem Ungleichgewicht versucht die Novelle des Parteiengesetzes von 2002 durch Erhöhung der staatlichen Mittel entgegenzuwirken. Nach Meinung von Muthers (2004: 80ff.) wird damit das Dilemma aber nur unzureichend gelöst, da vor allem auch die Größe der Partei erhebliche Schwankungen zwischen Wählerstimmen- und Zuwendungsanteil bedingt. Die Kommission unabhängiger Sachverständiger hat daher vorgeschlagen die absolute Obergrenze von derzeit 133 Mio. Euro zu halbieren und jeweils den einen Teil nur für den Wählerstimmenanteil und den anderen nur für den Zuwendungsanteil zu verwenden (ebenda: 84f.). Ihr Vorschlag blieb allerdings bisher unberücksichtigt.

---

[260] Unter Bürgerbonus sind Möglichkeiten der Bürger und Bürgerinnen zu verstehen, den Parteien durch bewusste Entscheidungen Gelder zukommen zu lassen, z.B. durch „Finanzierungsbons", die bei der Wahl mit abgegeben werden.
[261] Das Verfahren der „matching funds" bedeutet, dass von den Parteien selbst erwirtschaftete Mittel vom Staat nach festzulegendem Schlüssel aufgestockt werden, etwa um 50%. Ein solches Verfahren zwingt zunächst die Parteien zur Aktivität.

Das Parteiengesetz von 1994 führte eine Begrenzung der staatlichen Teilfinanzierung ein. Ohne diese wären im Superwahljahr 1994 730 Mio. DM vom Staat für die Parteien aufzubringen gewesen. Die absolute Obergrenze „deckelte" diesen Betrag auf 230 Mio. DM bis 1997 und 245 Mio. DM in den Jahren 1998- 2002. Erhöhungen erfolgten gemäß einem Urteil des Bundesverfassungsgerichtes (BVerfGE 85, 264 (291f.)) nur bei Veränderungen des Geldwertes und wurden durch eine vom Bundespräsidenten einberufene Kommission unabhängiger Sachverständiger festgelegt. Mit dem PartG von 2002 wurde die jährliche Obergrenze auf 133 Mio. € erhöht. Darüber hinaus werden Preissteigerungen zukünftig vom Präsidenten des Statistischen Bundesamtes festgestellt, anhand derer der Bundestag jährlich über die Anpassung der absoluten Obergrenze entscheiden kann (Muthers 2004: 113ff.). Es ist daher anzunehmen, dass diese zukünftig schneller als bisher erhöht werden wird.

Im Zusammenhang mit dem Prinzip der Chancengleichheit der Parteien ist die erhöhte Zahlung von 0,85 € für die ersten 4 Mio. Wähler einer Partei sicher bedenklich.[262]

Im Hinblick auf eine bessere Durchschaubarkeit der Parteienfinanzierung ist die vorgenommene Differenzierung in den zukünftigen Rechenschaftsberichten sicher zu begrüßen. Aber erscheint nicht eine namentliche Publizitätsgrenze für Spenden und Mandatsträgerbeiträgen sowie Erbschaften und Vermächtnissen von mehr als 10.000 € pro Kalenderjahr als viel zu hoch, v.a. wenn wir bedenken, dass nicht unterschieden wird nach Spenden an Parteien und Direktspenden an Kandidaten bzw. Mandatsträger? Bargeld-Spenden sind allerdings mittlerweile nach dem Parteiengesetzt auf 1.000 € begrenzt wurden.

Problematisch ist im Zusammenhang der Rechenschaftslegung auch, dass die Einnahmen aus wirtschaftlicher Tätigkeit nach wie vor den selbsterwirtschafteten Mitteln zugerechnet werden und damit in die Berechnungsgrundlage der relativen Obergrenze eingehen, obwohl die zu Grunde gelegten Tätigkeiten ganz sicher kein Ausdruck der Verwurzelung einer Partei im Volk sind. Ebenfalls problematisch erscheint, dass die öffentlichen Zuschüsse an die politischen Jugendorganisationen bei der Ermittlung der absoluten und relativen Obergrenze unberücksichtigt bleiben.

Alles in allem kann also gesagt werden, dass das Parteiengesetz, v. a. in seinen Fassungen von 1994 und 2002, Akzente in die richtige Richtung gesetzt hat, aber in vielen Dingen die Reform der Parteienfinanzierung nur halbherzig gewagt hat. Wie schon in den letzten 50 Jahren immer wieder, steht also weiter zu erwarten, dass erneute Korrekturen wieder durch Urteile des Bundesverfassungsgerichts erfolgen werden.

Welche Bedeutung hat die grundlegende Umstrukturierung der Parteienfinanzierung nun, wenn wir sie mit der Messlatte demokratietheoretischer Überlegungen beurteilen?

---

[262] Vgl. hierzu auch die Diskussion in Muthers 2004: 89ff.

Von Abraham Lincoln stammt bekanntlich die kürzeste und bis heute zutreffende Prüfliste für Demokratie:
Er sagte, Demokratie sei die Regierung des Volkes, durch das Volk, für das Volk. Danach sind also die Verankerung von Souveränität im Volk, eine weitgehende politische Teilhabe der Bevölkerung und schließlich eine soziale bzw. gesellschaftliche Bindung der Politik an das Volk zu fordern. Parteien übernehmen einerseits gouvernementale Aufgaben in diesem Prozess, andererseits sozial integrative. Giovanni Sartori hat u.a. für die gegenwärtigen Demokratien herausgearbeitet, dass Wahlen und Repräsentation der Bürgerinteressen dabei notwendige Instrumente der Massendemokratie sind, aber auch ihre Achillesferse. Dies gilt darum, weil die Wahlen nicht notwendig wirklich frei sind und v.a. Repräsentation nicht unbedingt echt sein muss (Sartori 1992: 40).

In einer hochgradig segmentierten Gesellschaft wie der unsrigen bedarf es aber einer intervenierenden und vermittelnden Institution wie der der Parteien, um politischen Willen zu gestalten, da bekanntlich die Möglichkeit zur Durchsetzung von Interessen mit direkten, nicht repräsentativen Mitteln, mit der Größe und Heterogenität von Gruppen abnimmt.

Dies vorausgesetzt kann die Forderung an die zukünftige Parteienfinanzierung nur lauten:

- angesichts vieler Skandale der unrechtmäßigen Erlangung von Spenden die Transparenz und Kontrolle der Rechenschaftsberichte noch weiter zu erhöhen und Vergehen konsequent zu bestrafen,
- ihre Tätigkeit auf die ihr nach dem Grundgesetz zukommenden Aufgaben im politischen Willensbildungsprozess zu beschränken, etwa durch Abtrennung ihrer Einkünfte aus wirtschaftlicher Tätigkeit von der Berechnung der relativen Obergrenze,
- ihre Bedeutung als Rückkopplungsglied zwischen Staatsorganen und Bürgern weiter, durch Maßnahmen der konsequenten Durchsetzung innerparteilicher Demokratie, zu betonen und schließlich
- der wachsenden Bedeutung anderer Akteure im politischen Willensbildungsprozess neben den Parteien auch im Finanzierungssystem Rechnung zu tragen.

Literaturverzeichnis

Abromeit, Heidrun 1995: Volkssouveränität, Parlamentssouveränität, Verfassungssouveränität. Drei Realmodelle der Legitimation staatlichen Handelns. In: PVS 36. Jg. H. 1. S. 49-66.

Dies. 1993: Interessensvermittlung zwischen Konkurrenz und Konkordanz. Opladen.

Adams, Karl-Heinz 2005: Parteienfinanzierung in Deutschland, Marburg.

Agnoli, Johannes/Brückner, Peter 1967: Die Transformation der Demokratie. Berlin.

Albert, Helmut 1992: Die Föderalismusdiskussion im Zuge der deutschen Einigung. In: Bohr, Kurt (Hrsg.): Föderalismus. Demokratische Struktur für Deutschland und Europa. München S. 1-31.

Albrecht, Ulrich 1992: Die Abwicklung der DDR. Die „2+4-Verhandlungen". Ein Insider-Bericht. Opladen.

Alemann, Ulrich von 1995: Parteien. Reinbeck bei Hamburg.

Ders. 1989: Organisierte Interessen in der Bundesrepublik Deutschland. Opladen.

Ders./Heinze, Rolf G./Schmid, Josef 1998: Parteien im Modernisierungsprozeß. Zur politischen Logik der Unbeweglichkeit. In: APuZ. B 1-2. 2. Januar 1998. S. 29-36.

Andersen, Uwe 1995: Stichwort Bundesstaat/Föderalismus. In: Ders./Woyke, Wichard (Hrsg.): Handwörterbuch des politischen Systems der Bundesrepublik Deutschland. 2. Aufl. Opladen. S. 80-88.

Ders. 1995a: Stichwort Gemeinden/Kommunale Selbstverwaltung. In: Ders./Woyke, Wichard (Hrsg.): Handwörterbuch des politischen Systems der Bundesrepublik Deutschland. 2. Aufl. Opladen. S. 178-187.

Ders./Woyke, Wichard (Hrsg.) 1995: Handwörterbuch des politischen Systems der Bundesrepublik Deutschland. 2. Aufl. Opladen.

Arbeitsgruppe Neue Verfassung der DDR des Runden Tisches (Hrsg.) 1990: Verfassungsentwurf für die DDR. Berlin.

Arbeitskreis Bürgerstiftungen 2000: Merkmale einer Bürgerstiftung. Verabschiedet vom Arbeitskreis Bürgerstiftungen auf der 56. Jahrestagung des Bundesverbandes Deutscher Stiftungen. Mai 2000. Berlin.

ARD-Deutschland TREND Juli 2007: Umfrage zur politischen Stimmung im Auftrag der ARD-Tagesthemen und sieben Tageszeitungen. Durchgeführt von Infratest dimap, Berlin. In World-Wide-Web: http://www.infratest-dimap.de/download/dt0707.pdf, letzter Zugriff am: 20.09.2007.

Arnim, Hans Herbert von 1989: Die neue Parteienfinanzierung. Schriften des Karl-Bräuer-Instituts des Bundes der Steuerzahler Heft 67. Wiesbaden.

Ders. 982: Parteienfinanzierung. Eine verfassungsrechtliche Untersuchung. H. 52 der Schriftenreihe des Karl-Bräuer-Instituts des Bundes der Steuerzahler. Wiesbaden.

Ders. 1991: Verfassungsrechtliches Gutachten über die Erhöhung der Wahlkampfkostenerstattung in Nordrhein-Westfalen für den Bund der Steuerzahler Nordrhein-Westfalen e.V. Düsseldorf.

Ders. 1993: Ist die Kritik an den politischen Parteien berechtigt? In: APuZ. B 11/93. 12. März 1993. S. 14-23.

Ders. 1996: Die Partei, der Abgeordnete und das Geld. Parteienfinanzierung in Deutschland. München.

Ders. 1999: Fetter Bauch regiert nicht gern. Die politische Klasse – selbstbezogen und abgehoben. München.

Ders./ Heiny, Regina/ Ittner, Stefan 2006: Politik zwischen Norm und Wirklichkeit. Systemmängel im deutschen Parteienstaat aus demokratietheoretischer Perspektive. Discussion Paper 35, Deutsches Forschungsinstitut für öffentliche Verwaltung. Speyer.

Aschoff, Hans-Georg (Hrsg.) 1995: Gott in der Verfassung. Die Volksinitiative zur Novellierung der Niedersächsischen Verfassung. Hildesheim.

Attali, Jacques (1995): Verbatim II: Mémoire à l'Èlysée en 3 Tomes. Paris.

Ausschuß der Regionen (Hrsg.) 1996: Einführung zum Ausschuß der Regionen. Brüssel.

Avenarius, Hermann 1989: Kleines Rechtswörterbuch. Bonn.

Backes, Uwe 2006: Polarisierung aus dem Osten? Linke und rechte Flügelparteien bei der Bundestagswahl 2005. In: Jesse, Eckhard/ Sturm, Roland (Koordinatoren): Bilanz der Bundestagswahl 2005. Voraussetzungen, Ergebnisse, Fakten. Herausgegeben von den Bayerischen Landeszentrale für politische Bildung. München.

Bannas, Günter 1995: Die Höhe der Abgeordneten-Einkünfte weckt Begehrlichkeiten. Häufig fordern Parteien und Vereine „freiwillige" Spenden. FAZ vom 13. November 1995.

Banner, Gerhard 1988: Vor- und Nachteile der Gemeindeordnungen in der Bundesrepublik. In: Mombauer, P. M. (Hrsg.): Neue Kommunalverfassung für Nordrhein-Westfalen? Köln.

Ders. 1991: Von der Behörde zum Dienstleistungsunternehmen. In: VOP 1991. 13. Jg. H. 1. S. 6-11.

Ders. 1994: Neue Trends im kommunalen Management. In: VOP 1994. 14. Jg. H. 1. S. 5-12.

Bartolini, Stefano/Mair, Peter 1990: Identity, Competition, and Electoral Availability. The Stabilisation of European Electorates 1885-1985. Cambridge.

Batt, Helge-Lothar 1996: Die Grundgesetzesreform nach der deutschen Einheit. Opladen.

Bayrisches Staatsministerium für Arbeit und Sozialordnung, Familie und Frauen 2006: Hartz IV – Ausgleichszahlungen an die Kommunen. Pressemitteilung vom 10. Dezember 2006.

Bayerisches Staatsministerium der Finanzen 2005: Informationen zur Finanzverwaltung. Der bundesstaatliche Finanzausgleich. Überblick – Zielsetzung – Instrumente. München. In World-Wide-Web: http://www.stmf.bayern.de/finanzpolitik/laenderfinanzausgleich/info_finanzausgleich.pdf, letzter Zugriff am: 14.08.2007.

Becker, Bernd 1996: Die unzulässigen Sonderzahlungen der Abgeordneten an Fraktionen und Partei: Reformvorschläge. In: ZParl 4/1996. Dokumentation und Kurzanalysen. S. 377-382.

Benda, Ernst 1995: Grundgesetz – Verfassung/Verfassungsreform. In: Andersen, Uwe/Woyke, Wichard (Hrsg.): Handwörterbuch des politischen Systems der Bundesrepublik Deutschland. 2. Aufl. Opladen. S. 218ff.

Benz, Angelika 1995: Regulierung, Deregulierung und Reregulierung – Staatsentlastung? In: Beck, Joachim/Benz, Angelika/Bolay, Friedrich W. u.a. : Arbeitender Staat. Studien zur Regierung und Verwaltung. Baden-Baden. S. 45-75.

Benz, Arthur 1993: Verfassungsreform als politischer Prozeß. Politikwissenschaftliche Anmerkungen zur aktuellen Revision des Grundgesetzes. In: DÖV 20. S. 881-889.

Ders. 1993a: Reformbedarf und Reformchancen des kooperativen Föderalismus nach der Vereinigung Deutschlands. In: Seibel, Wolfgang/Benz, Arthur/Mäding, Heinrich (Hrsg.): Verwaltungsreform und Verwaltungspolitik im Prozeß der deutschen Einigung. Baden-Baden. S. 454-473.

Bergsträsser, Ludwig 1980: Die Entwicklung des Parlamentarismus in Deutschland. In: Kluxen, Kurt (Hrsg.): Parlamentarismus. 5. Aufl. Königstein/Ts. S. 138-161.

Bericht zur Neuordnung der Parteienfinanzierung 1983. Vorschläge der vom Bundespräsidenten berufenen Sachverständigen-Kommission. Köln.

Bertelsmann Stiftung (Hrsg.) 1995: Neue Steuerungsmodelle und die Rolle der Politik. Dokumentation eines Symposiums. Gütersloh.

Besson, Waldemar/Jasper, Gotthard 1990: Das Leitbild der modernen Demokratie. Bauelemente einer freiheitlichen Staatsordnung (Bd. 300 der Schriftenreihe der Bundeszentrale für politische Bildung). Bonn.

Beyme, Klaus von 1978: Stichwort Partei, Fraktion. In: Brunner, Otto/Conze, Werner/Koselleck, Reinhard (Hrsg.): Geschichtliche Grundbegriffe. Historisches Lexikon zur politisch-sozialen Sprache in Deutschland. Stuttgart. S. 677-733.

Ders. 1993: Die politische Klasse im Parteienstaat. Frankf./M.

Billing, Werner 1995: Das Bundesverfassungsgericht. In: Andersen, Uew/Woyke, Wichard (Hrsg.): Handwörterbuch des politischen Systems der Bundesrepublik Deutschland. Opladen.

Blanke, Bernhard (Hrsg.) 1991: Stadt und Staat. Systematische, vergleichende und problemorientierte Analysen „dezentraler" Politik. PVS-Sonderheft 22. Opladen.

Blumenthal, Julia 2002: Auswanderung der Politik aus den Institutionen. Replik auf Eberhard Schuett-Wetschky. In: Zeitschrift für Politikwissenschaft. 1/02. S. 3 - 26.

Dies. 2003: Auswanderung aus den Verfassungsinstitutionen - Kommissionen und Konsensrunden. In: APuZ B43.

Boden, Martina 1995: Regionen in Europa. In: Klatt, Hartmut (Hrsg.): Das Europa der Regionen nach Maastricht. Analysen und Perspektiven. München u.a. S. 25-47.

Böhret, Carl/Konzendorf, Gottfried (Hrsg.) 1993: Der funktionale Staat. Ein Konzept für die Jahrhundertwende. Frankfurt am Main.

Böhret, Carl/Jann, Werner/Kronenwett, Eva 1988: Innenpolitik und politische Theorie. 3. Aufl. Opladen.

Bohley, Peter 1993: Europäische Einheit, föderatives Prinzip und Währungsunion. Wurde in Maastricht der richtige Weg beschritten? In: APuZ. B 1/93. S. 34-45.

Bomsdorf, Eckart 1987: Wählerwille, Mandate. Macht. In: Spektrum der Wissenschaft. Januar 1987. S. 32-40.

Botzenhardt, Erich/Ipsen, Gunther (Hrsg.) 1955: Freiherr vom und zum Stein: Ausgewählte politische Briefe und Denkschriften. Stuttgart.

Bracher, Karl Dietrich 1962: Parteienstaat, Präsidialsystem, Notstand. Zum Problem der Weimarer Staatskrise. In: PVS. H. 3. S. 212-224.

Brauburger, Stefan 1991: Stichwort Einigungsvertrag. In: Weidenfeld, Werner/Korte, Karl-Rudolf (Hrsg.): Handwörterbuch zur deutschen Einheit. Bonn. S. 259ff.

Ders. 1991a: Stichwort Deutsche Einheit. In: Weidenfeld, Werner/Korte, Karl-Rudolf (Hrsg.): Handwörterbuch zur deutschen Einheit. Bonn. S. 117ff.

Brohm, Winfried 1994: Rechtsstaatliche Vorgaben für informelles Verwaltungshandeln. In: DVBl 109. Jahrgang. H. 3. 133-139.
Brunn, Gerhard (Hrsg.) 1996: Region und Regionsbildung in Europa. Baden-Baden.
Buechler, Steven M. 2000: Social movements in advanced capitalism: the political economy abd cultural construction of social activism. New York u.a..
Bull, Hans Peter 1977: Die Staatsaufgaben nach dem Grundgesetz. Kronberg/Ts.
Bund der Steuerzahler 1993: Schnellbrief des Präsidiums. Presseinformation Nr. 35/27.9.1993. Wiesbaden.
Bundesministerium der Finanzen (Hrsg.) 1996: Unsere Steuern von A-Z. Ausgabe 1996. Bonn.
Dass. (Hrsg.) 2005: Unsere Steuern von A-Z. Ausgabe 2005. Berlin.
Bundesinnenministerium (Hrsg.) 1996: Zwischenbericht des Sachverständigenrates „Schlanker Staat". In: World-Wide-Web: http://www.bundesregierung.de/inland/ministerien/innen/sachver00.html#, letzter Zugriff am: 1.10.1996.
Dass. (Hrsg.): Innenpolitik. Bonn. Fortl.
Bundesministerium für Wirtschaft (Hrsg.) 1990: Der Wissenschaftliche Beirat beim Bundesministerium für Wirtschaft. Gutachten vom Juni bis März 1990. Göttingen.
Bundesministerium für Wirtschaft und Technologie (Hrsg.) 2006: Wirtschaftsdaten neue Länder. Juli 2006. In: World-Wide-Web: http://www.bmwi.de/BMWi/Redaktion/PDF/W/wf-wirtschaftsdaten-neue-laender,property=pdf,bereich=bmwi,sprache=de,rwb=true.pdf, letzter Zugriff am: 13.9.2006.
Bundesverfassungsgericht 1997: Gesamtstatistik des Bundesverfassungsgerichts für das Geschäftsjahr 1996. Karlsruhe.
Burke, Edmund 1803: Thoughts of the Cause of the Present Discontents, in: The Works of the Right Honourable Edmund Burke, Bd. 2, London.
Burkhardt, Simone/ Manow, Philip 2006: Was bringt die Föderalismusreform? Der Handlungsspielraum der Regierung, Zustimmungspflicht, Gesetzgebungsdauer und die Konfliktintensität zwischen Regierung und Opposition nach der Föderalismusreform. In World-Wide-Web: http://www.mpi-fg-koeln.mpg.de/aktuelles/themen/doks/Foederalismusreform_Auswertung_5_Juli_2006_final_version.pdf, letzter Zugriff am 23.10.2007.
Burkholz, Berhard 1995: Teilnahme von Unionsbürgern an kommunalen Bürgerentscheiden? – Zur Zulässigkeit einer Erweiterung landesrechtlicher Partizipationsrechte nach der Änderung des Art. 28 Abs. 1 GG. In: DÖV. H. 19/95. S. 816-819.
Busch, Eckart 1988: Parlamentarische Kontrolle. In: Ders./Handschuh, Ekkehard/Kretschmer, Gerald/ Zeh, Wolfgang 1988: Wegweiser Parlament. Parlamentarismus, Fraktionen, Gesetzgebung, Parlamentarische Kontrolle. Bonn. S. 401-537.
Ders./Handschuh, Ekkehard/Kretschmer, Gerald/Zeh, Wolfgang 1988: Wegweiser Parlament. Parlamentarismus, Fraktionen, Gesetzgebung, Parlamentarische Kontrolle. Bonn.
Busse, Volker 1991: Das vertragliche Werk der deutschen Einheit. In: DÖV. H. 9/91. S. 348ff.
Calliess, Christian 1996: Subsidiaritäts- und Solidaritätsprinzip in der Europäischen Union. Vorgaben für die Anwendung von Art. 3b EGV der gemeinschaftlichen Wettbewerbs- und Umweltpolitik. Baden-Baden.
Camilla, Werner 1990: Wer sind die Rebellen im Parlament? Die Interfraktionelle Initiative Parlamentsreform im Deutschen Bundestag. In: ZParl 3/90. S. 404-418.

Campbell, Angus u.a. 1954: The Voter Decides. Evanston.
Ders. u.a. 1969: Elections and the Political Order. New York.
CDU, CSU und SPD 2005: Gemeinsam für Deutschland. Mit Mut und Menschlichkeit. Koalitionsvertrag von CDU, CSU und SPD. 11. November 2005. Berlin.
Churchill, Winston S.: 1995: Der Zweite Weltkrieg. Mit einem Epilog über die Nachkriegsjahre. 3. Aufl. der Sonderausgabe. Bern, München, Wien.
Della Porta, Donatella/Kriesi, Hanspeter/Rucht, Dieter (Hrsg.) 1999: Social Movements in a Globalizing World. London.
Deutsche Bundesbank (Hrsg.): Auszüge aus Presseartikeln. Fortl.
Deutscher Bundesrat 2003: Einsetzung einer gemeinsamen Kommission von Bundestag und Bundesrat zur Modernisierung der bundesstaatlichen Ordnung. BR-Drucksache 750/03, 17. Oktober 2003.
Ders. 2004: Stenographischer Bericht der 11. Sitzung der Kommission von Bundestag und Bundesrat zur Modernisierung der Bundesstaatlichen Ordnung.
Ders. (Hrsg.) 2006: Bundesrat und Bundesstaat. Der Bundesrat der Bundesrepublik Deutschland, bearbeitet von Konrad Reuter. 13. Aufl. Berlin.
Deutscher Bundestag (Hrsg.) 1990: Sondergutachten des Sachverständigenrates zur Begutachtung der gesamtwirtschaftlichen Entwicklung: Zur Unterstützung der Wirtschaftsreform in der DDR. Voraussetzungen und Möglichkeiten. In: BT-Drucks. 11/6301. S. 1-31.
Ders. (Hrsg.) 1991: Unterrichtung durch die Präsidentin des Deutschen Bundestages. Bekanntmachung von Rechenschaftsberichten 1989 der politischen Parteien (BT-Drucks. 12/72).
Ders. (Hrsg.) 1991a: Unterrichtung durch die Präsidentin des Deutschen Bundestages. Bericht über die Rechenschaftsberichte 1989 sowie die Entwicklung der Finanzen der Parteien gemäß § 23 Abs. 5 des Parteiengesetzes (PartG). (BT-Drucks. 12/1100).
Ders. (Hrsg.) 1992: Unterrichtung durch die Präsidentin des Deutschen Bundestages. Bericht über die Rechenschaftsberichte 1990 sowie über Entwicklungen der Finanzen der Parteien gemäß § 23 Abs. 5 des Parteiengesetzes (PartG). (BT-Drucks. 12/3113).
Ders. (Hrsg.) 1993: Entwurf eines Gesetzes zur Änderung des Parteiengesetzes und anderer Gesetze (BT-Drucks. 12/5774).
Ders. (Hrsg.) 1993a: Gesetzentwurf der Abgeordneten Gerd Poppe, Christina Schenk, Werner Schulz (Berlin), Dr. Wolfgang Ullmann, Vera Wollenberger und der Gruppe BÜNDNIS 90/DIE GRÜNEN. Entwurf eines Gesetzes über die Finanzierung der Fraktionen (Fraktionsfinanzierungsgesetz) (BT-Drucks. 12/5788).
Ders. (Hrsg.) 1993b: Unterrichtung durch die Präsidentin des Deutschen Bundestages. Bericht über die Rechenschaftsberichte 1991 sowie über die Entwicklung der Finanzen der Parteien gemäß § 23 Abs. 5 Parteiengesetz (PartG) (BT-Drucks. 12/5575).
Ders. (Hrsg.) 1993c: Unterrichtung durch die Präsidentin des Deutschen Bundestages. Bekanntmachung von Rechenschaftsberichten der politischen Parteien für das Kalenderjahr 1992 (1. Teil). (BT-Drucks. 12/6140).
Ders. (Hrsg.) 1993d: Unterrichtung durch den Bundespräsidenten. Empfehlungen der Kommission unabhängiger Sachverständiger zur Parteienfinanzierung (BT-Drucks. 12/4425).
Ders. (Hrsg.) 1993 (zit. als Bericht): Bericht der Gemeinsamen Verfassungskommission gemäß dem Beschluß des Deutschen Bundestages -Drucksache 12/1590, 12/1670- und

Beschluß des Bundesrates – Drucksache 741/91 (Beschluß) (BT-Drucks. 12/6000 vom 5.11.1993).

Ders. (Hrsg.) 1996: Unterrichtung durch die Bundesregierung. Bericht der Wahlkreiskommission für die 13. Wahlperiode des Deutschen Bundestages gemäß § 3 Bundeswahlgesetz (BWG) (BT-Drucks. 13/3804).

Ders. (Hrsg.) 2001: Entwurf eines Gesetzes über verfassungskonkretisierende allgemeine Maßstäbe für die Verteilung des Umsatzsteueraufkommens, für den Finanzausgleich unter den Ländern sowie für die Gewährung von Bundesergänzungszuweisungen (Maßstäbegesetz – MaßstG –) (BT-Drucks. 14/6577 vom 4.7.2001).

Ders. 2003: Einsetzung einer gemeinsamen Kommission von Bundestags und Bundesrat zur Modernisierung der bundesstaatlichen Ordnung. BT-Drucksache 15/1685, 16. Oktober 2003.

Ders. 2006: Schriftliche Fragen mit den in der Woche vom 27. März 2006 eingegangenen Antworten. Drucksache 16/1111 vom 31.3.2006. S. 6 – 8. Berlin.

Ders. (Hrsg.) 2006a: Weg der Gesetzgebung. Berlin. In World-Wide-Web: http://www.bundestag.de/interakt/infomat/grundlegende_informationen/downloads/weg_download.pdf, letzter Zugriff am: 10.08.2007.

Deutscher Industrie- und Handelstag (DIHT) 1996: Für einen schlanken Staat. Anregungen des Deutschen Industrie- und Handelstages. 3. August 1996.

Deutscher Städte- und Gemeindebund (Hrsg.): Kommunalfinanzen 2002 bis 2004 in den alten Ländern, In: World-Wide-Web: http://www.dstgb.de/index_inhalt/homepage/top_themen/inhalt/archiv_2004/newsitem00824/824_2_4463.pdf, letzter Zugriff am 5.9.2007.

Ders. (Hrsg.) 2002: Kommunalfinanzen 2002 bis 2004 in den neuen Ländern, In: World-Wide-Web: http://www.dstgb.de/index_inhalt/homepage/top_themen/inhalt/archiv_2004/newsitem00824/824_3_2261.pdf, letzter Zugriff am: 11.10.06.

Ders. (Hrsg.) 2002a: Kommunalfinanzen 2002 bis 2004 in den alten Ländern, In: World-Wide-Web: http://www.dstgb.de/index_inhalt/homepage/top_themen/inhalt/archiv_2004/newsitem00824/824_2_4463.pdf, letzter Zugriff am: 11.10.2006.

Ders. (Hrsg.) 2003: Kommunalfinanzen 2003-2005. Prognose für die kommunalen Spitzenverbände. In: World-Wide-Web: http://www.dstgb.de/index_inhalt/homepage/pressemeldungen/inhalt/archiv_2005/finanzprognose_der_bundesvereinigung_der_kommunalen_spitzenverbaende_fuer_das_jahr_2005/bv_prognose_fuer_die_kommunalfinanzen_2005.pdf, letzter Zugriff am: 11.10.2006.

Ders. (Hrsg.) 2004: Kommunalfinanzen 2004 bis 2006 in den alten und den neuen Ländern. In: World-Wide-Web: http://www.dstgb.de/index_inhalt/homepage/artikel/inhalt/brennpunkte/gemeindefinanzen/aktuelles/finanzierungsdefizit_der_kommunen_in_2006_wieder_steigend/920_20_bv_prognose_2006.pdf#search=%22920_20_bv_prognose_2006.pdf%22, letzter Zugriff am: 11.10.2006.

Deutscher Städtetag (Hrsg.) 2004: Statistisches Jahrbuch deutscher Gemeinden. 91. Jahrgang 2004. Berlin.

Dill, Günter W./Hoffmann, Helmut (Hrsg.) 1996: Kommunen auf Reformkurs. Wie zukunftsfähig sind unsere Städte und Gemeinden für die Europäische Union? (Veröffentlichungen der Konrad-Adenauer-Stiftung). Sankt Augustin.

Doemming, Klaus-Berto v./Füsslein, Rudolf Werner/Matz, Werner 1951: Entstehungsgeschichte der Artikel des Grundgesetzes. Erstellt im Auftrage der Abwicklungsstelle des Parlamentarischen Rates und des Bundesministers des Innern auf Grund der Verhandlungen des Parlamentarischen Rates. In: Jahrbuch des öffentlichen Rechts der Gegenwart. Neue Folge/Bd. 1. Hrsg. v. Leibholz, Gerhard/Mangoldt, Hermann v. Tübingen.

Downs, Anthony 1968: Ökonomische Theorie der Demokratie. Tübingen.

Düselder, Heike/Rieken, Marion/Römmele, Andrea 1992: Vorschläge der Sachverständigen-Kommission zur Parteienfinanzierung. In: ZParl. 3/92. S. 179-1989.

Eilfort, Michael 1994: Die Nichtwähler. Wahlenthaltung als Form des Wahlverhaltens. Paderborn, München u.a.

Ellwein, Thomas/Hesse, Joachim Jens 1997: Der überforderte Staat. Frankf./M.

Emmert, Thomas et al. 2001: Das Ende einer Ära - Die Bundestagswahl vom 27. September 1998. In: Klingemann, Hans-Dieter/Kaase, Max (Hrsg.): Wahlen und Wähler. Analysen aus Anlass der Bundestagswahl 1998, Wiesbaden. S. 17-56.

Erbguth, Wilfried 1995: Verstärkung der Elemente unmittelbarer Bürgerbeteiligung auf kommunaler Ebene. Praktische Erfahrungen mit der bisherigen Handhabung. In: DÖV. 48. Jg. H. 19. S. 793-802.

Erdmann, Karl Dietrich 1988: Das Ende des Reiches und die Entstehung der Republik Österreich, der Bundesrepublik Deutschland und der Deutschen Demokratischen Republik. Hrsg. v. Bruno Gebhardt. 8. Aufl. Bd. 22. München.

EU-Informationen. Hrsg. von der Europäischen Kommission. Fortl.

Exler, Ulrich 1991: Aktuelle Probleme der Finanzpolitik und des Finanzausgleichs. In: Hirscher, Gerhard (Hrsg.): Die Zukunft des kooperativen Föderalismus in Deutschland. München. S. 83-105.

Falter, Jürgen W./Schumann, Siegfried/Winkler, Jürgen 1990: Erklärungsmodelle von Wählerverhalten. In: APuZ. B 37-38/90. 14. September 1990. S. 3-13.

Falter, Jürgen W. 1992: Wahlen 1990. Die demokratische Legitimation für die deutsche Einheit mit großer Überraschung. In: Jesse, Eckard/Mitter, Armin (Hrsg.): Die Gestaltung der deutschen Einheit. Geschichte-Politik-Gesellschaft (Schriftenreihe der Bundeszentrale für politische Bildung Bd. 308). Bonn. S. 163-188.

Fauser, Margit/Wierth, Torsten 2001: Stadt- und Bürgerstiftungen in Deutschland. In SFZ (Hrsg.): WerkstattBerichte Nr. 31. Gelsenkirchen.

Fetscher, Iring/Rohrmoser, Günter 1981: Analysen zum Terrorismus Bd. 1. Ideologien und Strategien. Opladen.

Feuchte, Paul 1996: Getrenntes und vereinigtes Stückwerk. Wie die deutschen Bundesländer entstanden. In FAZ vom 27. Januar 1996. Beilage 23.

Franken, Friedhelm (Hrsg.) 1989: Repräsentanten der Republik. Die deutschen Bundespräsidenten in Reden und Zeitbildern. Bonn.

Frankenberg, Günter 1996: Die Verfassung der Republik. Autorität und Solidarität in der Zivilgesellschaft. Baden-Baden.

Friedman, Milton 1971: Kapitalismus und Freiheit. Stuttgart.

Fülberth, Georg 1993: Eröffnungsbilanz des gesamtdeutschen Kapitalismus. Vom Spätsozialismus zur nationalen Restauration. Hamburg.

Genscher, Hans-Dietrich 1995: Erinnerungen. Berlin.

George, Siegfried/Holtmann, Antonius 1988: Föderalismus. In: Bundeszentrale für politische Bildung (Hrsg.): Grundlagen unserer Demokratie (Schriftenreihe der Bundeszentrale für politische Bildung Bd. 270). S. 187-249.
Gerlach, Irene 1995: Stichwort Wertewandel. In: Andersen, Uwe/Woyke, Wichard (Hrsg.): Handbuch des politischen Systems der Bundesrepublik Deutschland. Opladen (2. Aufl.).
Dies. 1996: Familie und staatliches Handeln. Ideologie und politische Praxis in Deutschland. Opladen.
Dies./Konegen, Norbert/Sandhövel, Armin 1996: Der verzagte Staat. Policy-Analysen. Sozialpolitik, Staatsfinanzen, Umwelt. Opladen.
Dies. 1998: Der schlanke Staat – Perspektiven der Deregulierung. In: Konegen, Norbert/Kevenhörster, Paul/Woyke, Wichard (Hrsg.): Politik und Verwaltung nach der Jahrtausendwende – Plädoyer für eine rationale Politik. Festschrift für Gerhard W. Wittkämper. Opladen.
Dies. 2000: Politikgestaltung durch das Bundesverfassungsgericht am Beispiel der Familienpolitik. In: ApuZ. B 3-4/ 00. 21. Januar 2000. S. 21-31.
Dies./Nitschke, Peter (Hrsg.) 2000: Metamorphosen des Leviathan. Staatsaufgaben im Umbruch. Opladen.
Dies. 2004: Familienpolitik. Wiesbaden.
Gillessen, Günther 1995: Weltfrieden und Machtinteressen. Der Geburtsfehler der Vereinten Nationen. FAZ vom 24. Juni 1995. Beilage Nr. 144. Bilder und Zeiten. S. 1/2.
Gisevius, Wolfgang 1994: Leitfaden durch die Kommunalpolitik. Bonn. 3. Aufl.
Görlitz, Axel/Burth, Hans-Peter 1998: Politische Steuerung. Ein Studienbuch. 2. Auflage. Opladen.
Goetz, Klaus H. 1995: Kooperation und Verflechtung im Bundesstaat. Zur Leistungsfähigkeit verhandlungsbasierter Politik. In: Voigt, Rüdiger (Hrsg.): Der kooperative Staat. Krisenbewältigung durch Verhandlung. Baden-Baden 1995. S. 145-166.
Grabow, Karsten 2000: Abschied von der Massenpartei. Die Entwicklung der Organisationsmuster von SPD und CDU seit der deutschen Vereinigung. Wiesbaden.
Graml, Herman 1988: Die Märznote von 1952: Legende und Wirklichkeit. Melle.
Greven, Michael Th. 1990: Vom „Sozialstaat" zur „Sozialpolitik". In: Bermbach, Udo/Blanke, Bernhard/Böhret, Carl (Hrsg.): Spaltungen der Gesellschaft und die Zukunft des Sozialstaates. Opladen.
Grimm, Dieter 1989: Das Grundgesetz in der deutschen Verfassungstradition. In: APuZ. B 16-17/89. 14. April 1989. S. 3 -12.
Grosser, Alfred 1991: Geschichte Deutschlands seit 1945. Die ersten dreißig Jahre. 15. Aufl. München.
Guggenberger, Bernd/Preuß, Ulrich K./Ullmann, Wolfgang (Hrsg.) 1991: Eine Verfassung für Deutschland. Manifest-Text-Plädoyers. München/Wien.
Habermas, Jürgen 1985: Über den doppelten Boden des demokratischen Rechtsstaates. In: Ders.: Eine Art Schadensabwicklung. Frankf./M.
Hamm-Brücher, Hildegard 1989: Ist unser parlamentarisches System in guter Verfassung? In: APuZ. B 37-38/89. S. 13-20.
Hanke, Christian 1994: Informale Regeln als Substrat des parlamentarischen Verhandlungssystems. Zur Begründung einer zentralen Kategorie der Parlamentarismusforschung. In: ZParl 3/94. S. 410-440.

Hartenstein, Wolfgang 2002: Fünf Jahrzehnte Wahlen in der Bundesrepublik: Stabilität und Wandel. In: APuZ B 21/2002. S. 39-46.

Hartwich 1990: Gefährdungen des demokratischen Sozialstaates in historischer Perspektive. In: Bermbach, Udo/Blanke, Bernhard/Böhret, Carl (Hrsg.): Spaltungen der Gesellschaft und die Zukunft des Sozialstaates. Opladen. S. 11-24.

Heckel, Martin 1995: Legitimation des Grundgesetzes. In: Isensee, Josef/Kirchhoff, Paul (Hrsg.): Handbuch des Staatsrechts der Bundesrepublik Deutschland. Heidelberg. S. 489-555.

Helms, Ludger 2001: Gerhard Schröder und die Entwicklung der deutschen Kanzlerschaft. In: Zeitschrift für Politikwissenschaft. H. 4, S. 1497 – 1519.

Hennis, Wilhelm 1964: Richtlinienpolitik und Regierungstechnik. Tübingen.

Ders. 1997: Totenrede des Perikles auf ein blühendes Land. In: FAZ vom 27. September 1997: 36.

Heisenberg, Wolfgang (Hrsg.) 1992: Die Vereinigung Deutschlands in europäischer Perspektive. Baden-Baden.

Henneke, Hans-Günter 1994: Der kommunale Finanzausgleich. – Einer der verfassungsrechtlich am sorgfältigsten behauenen Ecksteine der Grundlagen kommunaler Selbstverwaltung-. In: DÖV 1/94. S. 1-12.

Ders. 1994a: Möglichkeiten zur Stärkung der kommunalen Selbstverwaltung. In: DÖV 17/94. S. 705-715.

Hermens, Ferdinand (Hrsg.) 1968: Staat, Wahlrecht und politische Willensbildung in der BRD. Köln/Opladen.

Hertle, Hans-Hermann 1996: Chronik des Mauerfalls. Die dramatischen Ereignisse um den 9. November 1989. Berlin.

Herzog, Roman 1987: Sozialstaat. In: Maunz, Theodor/Dürig, Günter/Herzog, Roman u.a.: Grundgesetz-Kommentar. 4 Bde. Loseblattsammlung. München.

Ders. 1987 a: Art. 20, IV. In: Maunz, Theodor/Dürig, Günter/Herzog, Roman u.a.: Grundgesetz-Kommentar. 4 Bde. Loseblattsammlung.

Ders. 1987b: Zusammensetzung und Verfahren des Bundesrates. In: Isensee, Josef/Kirchhof, Paul (Hrsg.): Handbuch des Staatsrechts. Bd. II. Heidelberg. S. 505ff.

Hess, Adalbert 1995: Sozialstruktur des 13. Deutschen Bundestages: Berufliche und fachliche Entwicklungslinien. In: ZParl. H. 4. S. 567-585.

Hesse, Joachim Jens 1993: Das föderative System der Bundesrepublik Deutschland vor den Herausforderungen der deutschen Einheit. In: Seibel, Wolfgang/Benz, Arthur/Mäding, Heinrich (Hrsg.): Verwaltungsreform und Verwaltungspolitik im Prozeß der deutschen Einigung. Baden-Baden. S. 431-447.

Hesse, Konrad 1984: Grundzüge des Verfassungsrechts der Bundesrepublik Deutschland. 14. Aufl. Heidelberg.

Hesselberger, Dieter 2003: Das Grundgesetz. Kommentar für die politische Bildung. 13. Aufl. Bonn.

Heußner, Hermann K. 1994: Volksgesetzgebung in den USA und in Deutschland. Ein Vergleich der Normen, Funktionen, Probleme und Erfahrungen. Köln, Berlin, Bonn, München (Erlanger juristischer Abhandlungen Bd. 43).

Hirsch, Günter 1996: Keine Integration ohne Rechtseinheit. Im Konfliktfall muß der Europäische Gerichtshof Vorrang vor dem Bundesverfassungsgericht haben. In: FAZ vom 9. Oktober 1996: 9.

Hocevar, Rolf K. 1988: Neue Initiativen zur Verfassungs- und Parlamentsreform in der BRD. In: ZParl 3/1988.
Hoecker, Beate 1997: Zwischen Macht und Ohnmacht: Politische Repräsentation von Frauen in den Staaten der Europäischen Union. In: APuZ. B 52/97. 19. Dezember 1997. S. 3-14.
Hrbek, Rudolf/Weyand, Sabine 1994: betrifft: Das Europa der Regionen. Fakten, Probleme, Perspektiven. München.
Inescu, Lotte 1993: Verspielte Chance. Die Arbeit der Gemeinsamen Verfassungskommission. In: Kritische Justiz 4. S. 476ff.
Inglehart, Ronald 1989: Kultureller Umbruch. Wertewandel in der westlichen Welt. Frankf./M.
Innenministerium Nordrhein-Westfalen 2007: Kommunalfinanzbericht. Mai 2007. In: World-Wide-Web: http://www.im.nrw.de/pub/pdf/kommunalfinanzbericht_0705.pdf, letzter Zugriff am: 18.7.2007.
Institut für Demoskopie Allensbach: Allensbacher Berichte. Fortl. Allensbach/Bodensee.
Institut für Wirtschaftsforschung Halle (Hrsg.) 2003: Wie hoch sind die Transferleistungen für die neuen Länder? Pressemitteilung 21/2003 vom 27.10.2003. Halle (Saale)
Dass. (Hrsg.) 2004: Transferleistungen für die neuen Länder- eine Begriffsbestimmung. Pressemitteilung 27/2004 vom 7.Juli 2004. Halle (Saale)
Dass. (Hrsg.) 2005: Transferleistungen und Bruttoinlandsprodukt in Ostdeutschland. April 2005. Halle (Saale)
Isensee, Josef 1990: Verfassungsrechtliche Wege zur deutschen Einheit. In: ZfParl. 2/90. S. 319ff.
Ders. 1991: Wenn im Streit über den Weg das Ziel verloren geht. In: Guggenberger, Bernd/Stein, Tiene (Hrsg.): Die Verfassungsdiskussion im Jahr der deutschen Einheit. Analysen – Hintergründe – Materialien. München/Wien 1991. S 270-282.
Ders. 1992: Einheit in Ungleichheit: der Bundesstaat – Vielfalt der Länder als Legitimationsbasis des deutschen Föderalismus. In: Bohr, Kurt (Hrsg.): Föderalismus. Demokratische Struktur für Deutschland und Europa. München. S. 139-163.
Ders. 1996: Karlsruhe ist nicht mehr unangreifbar. Das Bundesverfassungsgericht als leise bröckelnde Säule des Verfassungsstaates. In: FAZ vom 26. September 1996. S.13.
Ismayr, Wolfgang 1992: Der deutsche Bundestag. Funktionen, Willensbildung, Reformansätze. Opladen.
Ders. (Hrsg.) 1997: Die politischen Systeme Westeuropas. Opladen.
Ders. 2001: Der Deutsche Bundestag im politischen System der Bundesrepublik Deutschland. 2. Aufl. Opladen.
Jackson, Donald W./ Tate, Neal C. (Hrsg.) 1993: Judicial Review and Public Policy. New York.
Jäger, Wolfgang 1989: Die Bundespräsidenten. Von Theodor Heuss bis Richard von Weizsäcker. In: APuZ. B 17. S. 33-47.
Jänicke, Martin 1993: Vom Staatsversagen zur politischen Modernisierung. In: Böhret, Carl/Wewer, Göttrik (Hrsg.): Regieren im 21. Jahrhundert – zwischen Globalisierung und Regionalisierung. S. 63-79.
Janning, Hermann (Hrsg.) 1995: Das Modell Soest. Der Umbau der Kommunalverwaltung auf Kreisebene. Berlin u.a.

Jarras, Hans D./Pieroth, Bodo 1992: Grundgesetz für die Bundesrepublik Deutschland. Kommentar. 2. Aufl. München.
Jesse, Eckhard 1988: Wahlen – Bundesrepublik Deutschland im Vergleich. Berlin.
Ders. 1990: Parteien in Deutschland. Ein Abriß der historischen Entwicklung. In: Mintzel, Alf/Oberreuter, Heinrich 1990: Parteien in der Bundesrepublik Deutschland. Bonn. (Bd. 282 der Schriftenreihe der Bundeszentrale für politische Bildung). S. 40-84.
Ders. 1992: Der innenpolitische Weg zur deutschen Einheit. Zäsuren einer atemberaubenden Entwicklung. In: Ders./Mitter, Armin (Hrsg.): Die Gestaltung der deutschen Einheit. Geschichte – Politik – Gesellschaft. (Schriftenreihe der Bundeszentrale für politische Bildung Bd. 308). Bonn. S. 111-142.
Ders. 1992a: Wahlsysteme und Wahlrecht. In: Gabriel, Oskar (W.) (Hrsg.): Die EG-Staaten im Vergleich. Strukturen, Prozesse, Politikinhalte. Bonn (Lizenzausgabe der Bundeszentrale für politische Bildung). S. 172-192.
Jung, Otmar 1995: Direkte Demokratie: Forschungsstand und -aufgaben. In. ZParl. H. 4/95. S. 658-677.
Ders./ Knemeyer, Franz-Ludwig 2001: Im Blickpunkt: Direkte Demokratie. München.
Katz, Richard S./ Mair, Peter 1995: Changing Modells of Party Organisation and Party Democracy. The Emergence of the Cartel Party. In: Party Politics, 5 ff..
Kaufmann, Franz-Xaver 1994: Diskurse über Staatsaufgaben. In: Grimm, Dieter (Hrsg.): Staatsaufgaben. Baden-Baden. S. 15-41.
Kaufmann, Robert 1992: Bundesstaat und deutsche Einheit. München.
Kelsen, Hans 1929: Wesen und Entwicklung der Staatsgerichtsbarkeit. In: Veröffentlichungen der Vereinigung der Deutschen Staatsrechtslehre. H. 5, S. 30 – 88.
Kickert, Walter J.M., 1997 (Hrsg.): Public Management and Administrative Reform in Western Europe. Cheltenham.
Kilper, Heiderose/Lhotta, Roland 1996: Föderalismus in der Bundesrepublik Deutschland. Opladen.
Kirchhof, Paul H. 1987: Die Identität der Verfassung in ihren unabänderlichen Inhalten. In: Isensee, Josef/Kirchhof, Paul (Hrsg.): Handbuch des Staatsrechts der Bundesrepublik Deutschland. Bd. I. Heidelberg. S. 775-814.
Ders. 2004: Entparlamentarisierung der Demokratie? In Kaiser, André/ Zittel, Thomas (Hrsg.): Demokratie und Demokratieentwicklung. Festschrift für Graf Kielmannsegg. Wiesbaden, S. 359 – 376.
Klatt, Hartmut 1991: Das föderative System der Bundesrepublik Deutschland als Rahmen für das Verhältnis von Zentralstaat und Ländern. In: Hirscher, Gerhard (Hrsg.): Die Zukunft des kooperativen Föderalismus in Deutschland (Bd. 63. Reihe Grundsatzfragen. Berichte und Studien der Hanns-Seidel-Stiftung e. V.). Bayreuth. S. 41-83.
Klein, Hans Hugo 1971: Parteipolitik im Bundesrat? In: Wilke, Dieter/Schulte, Bernd (Hrsg.) 1990: Der Bundesrat. Die staatsrechtliche Entwicklung des föderalen Verfassungsorgans. Darmstadt. S. 351-370.
Kleinfeld, Ralf 1996: Kommunalpolitik. Eine problemorientierte Einführung. Opladen.
Ders./Heidemann, Ralf/Treutler, Frank 1996: Neue Steuerungsmodelle in der Kommunalverwaltung – Eine Zwischenbilanz. In: Kleinfeld, Ralf 1996: Kommunalpolitik. Eine problemorientierte Einführung. Opladen. S. 157-249.
Kleßmann, Christoph 1986: Die doppelte Staatsgründung. Deutsche Geschichte 1945-1955. Bonn (Bd. 193 der Schriftenreihe der Bundeszentrale für politische Bildung). Bonn.

Klingemann, Dieter/Wessels, Bernhard 1999: Political Consequences of Germany's Mixed-Member-System: Personalization at the Grass-Roots? WZB Discussion-Paper FS III 99-205. Berlin.

Kloepfer, Michael 1994: Zukunftsbewältigung aus Vergangenheitserfahrung. Die Verfassungskommission wird dem vereinten Deutschland nicht gerecht. In: FAZ vom 1. Februar 1994: 8.

Klose, Ulrich 2004: Ein neues Steuerungsmodell aus dem Internet? In World-Wide-Web: http://www.ulrichklose.de/downloads/Magisterarbeit-Ulrich-Klose.pdf, letzter Zugriff am: 18.8.2007.

Knemeyer, Franz-Ludwig 1994: Die Kommunalverfassungen in der Bundesrepublik Deutschland. In: Roth, Roland/Wollmann, Hellmut (Hrsg.): Kommunalpolitik. Politisches Handeln in den Gemeinden. Opladen. S. 81-94.

Ders. 1995: Bürgerbeteiligung und Kommunalpolitik. Eine Einführung in die Mitwirkungsrechte von Bürgern auf kommunaler Ebene. München und Landsberg a. L.

Köcher, Renate 1991: Viel Zündstoff in der Verfassungsdebatte. Sozialstaat, Volksentscheid, das Recht auf Wohnung und einen Kindergartenplatz/Der Allensbacher Monatsbericht. In: FAZ vom 4. Dezember 1991. S. 5.

Dies. 1995: Hüter oder Herrscher? Die öffentliche Wahrnehmung des Bundesverfassungsgerichts ändert sich. In: FAZ vom 25. Oktober 1995.

Kock, Kai-Uwe u.a. 1998: Öffentliches Recht und Europarecht. Herne / Berlin.

Kolb, Rudolf 1993: Rentenversicherung: Der Generationenvertrag vor unlösbaren demographischen Belastungen? In: Ludwig-Erhard-Stiuftung (Hrsg.): Umbau der Sozialsysteme. Krefeld.

Kommunale Gemeinschaftsstelle für Verwaltungsvereinfachung (Hrsg.) 1995: Das neue Steuerungsmodell. Erste Zwischenbilanz. Bericht 10/1995. Köln.

Korger, Dieter 1991: Stichwort: Oktober/November 1989. In: Weidenfeld, Werner/Korte, Karl-Rudolf (Hrsg.): Handwörterbuch zur deutschen Einheit. Bonn.

Korte, Karl-Rudolf 1994: Die Chance genutzt? Die Politik zur Einheit Deutschlands. Frankf./M.

Ders./ Hirscher, Gerhard (Hrsg.) 2000: Darstellungspolitik oder Entscheidungspolitik? Über den Wandel von Politikstilen in westlichen Demokratien. Berichte und Studien der Hanns-Seidel-Stiftung e. V. Bd. 81. München.

Ders. 2001: Was kennzeichnet modernes Regieren? Regierungshandeln von Staats- und Regierungschefs im Vergleich. In: APuZ B5.

Krebsbach, August (Hrsg.) 1957: Die Preußische Städteordnung von 1808. In: Neue Schriften des Deutschen Städtetages. H. 1.Stuttgart. S. 47ff..

Kropp, Sabine/ Schüttemeyer, Suzanne S./ Sturm, Roland (Hrsg.) 2002: Koalitionen in West- und Osteuropa. Opladen.

Kürschners Volkshandbuch Deutscher Bundestag. 16. Wahlperiode. 102. Aufl. 11. Januar 2006.

Kunz, Volker 1989: Die Einnahmen und Ausgaben der Gemeinden. In: Gabriel, Oskar W. (Hrsg.): Kommunale Demokratie zwischen Politik und Verwaltung. Beiträge zur Kommunalwirtschaft Bd. 29. S. 59-106.

Läufer, Thomas (Hrsg.) 1995: Europäische Union. Europäische Gemeinschaft. Die Vertragstexte von Maastricht mit den deutschen Begleitgesetzen (Lizenzausgabe der Bundeszentrale für politische Bildung). Bonn.

Landfried, Christine 1994: Parteienfinanzen und politische Macht. Eine vergleichende Studie zur Bundesrepublik Deutschland, zu Italien und den USA. Baden-Baden. 2. Aufl.
Lange, Klaus 1995: Die kommunalrechtliche Experimentierkausel. In: DÖV 18/1995. S. 770-773.
Laufer, Heinz 1992: Das föderative System der Bundesrepublik Deutschland (Lizenzausgabe für die Bundeszentrale für politische Bildung). München.
Ders. 1995: Stichwort: Bundesrat. In: Andersen, Uwe/Woyke, Wichard (Hrsg.): Handwörterbuch des politischen Systems der Bundesrepublik Deutschland. Opladen. S. 57-62.
Lazarsfeld, Paul F./Berelson, Bernard R./Gaudet, Hazel 1944: The People's Choice. How the Voter makes up his Mind in a Presidential Campaign. New York.
Lehmbruch, Gerhard. 2000: Parteienwettbewerb im Bundesstaat. Erste. Auflage 1982. Wiesbaden.
Leithäuser, Johannes 1996: Effektiver „im Produktbereich Eheschließung". In: FAZ vom 26. September 1996.
Lenz, Helmut 1977: Die Landtage als staatsnotarielle Ratifikationsämter? In: DÖV. S. 157ff.
Leutheuser-Schnarrenberger, Sabine 1996: Der Konsens wird aufgekündigt. Die Kritik am Verfassungsgericht ist mehr als die übliche Urteilsschelte. In: FAZ vom 17. Oktober 1996: 12/13.
Lhotta, Roland 2002: Vermitteln statt Richten: Das Bundesverfassungsgericht als judizieller Mediator und Agenda-Setter im LER-Verfahren. In: Zeitschrift für Politikwissenschaft H 3, S. 1073 – 1098.
Lijphart, Arend 1999: Patterns of Democracy. Government Forms and Performance in Thirty-Six Countries. London.
Lipset, Seymour M./Rokkan, Stein (Hrsg.) 1967: Party Systems and Voter Alignments: Cross-National Perspektives. New Haven/London.
Lösche, Peter 1995: Parteienverdrossenheit ohne Ende? Polemik gegen das Lamentieren deutscher Politiker, Journalisten, Politikwissenschaftler und Staatsrechtler. In: ZParl. H. 1. S. 149ff.
Löw, Konrad 1997: Der Staat des Grundgesetzes. 2. Aufl. München.
Löwenstein, Karl 1964: Der britische Parlamentarismus. Entstehung und Gestalt. Reinbeck.
Loth, Wilfried 1989: Die Teilung der Welt 1941-1955. 7. überarb. Aufl. München.
Luthardt, Wolfgang 1994: Direkte Demokratie. Ein Vergleich in Europa. Baden-Baden.
Ders./Waschkuhn, Arno 1997: Plebiszitäre Komponenten in der repräsentativen Demokratie. In: Klein, Ansgar/Schmalz-Bruns, Rainer (Hrsg.): Politische Beteiligung und Bürgerengagement in Deutschland (Bd. 347 der Schriftenreihe der Bundeszentrale für politische Bildung). Bonn.
Ders. 2000: Legitimation durch Partizipation: Chancen und Grenzen direkter Demokratie. In Gerlach, Irene/Nitschke, Peter (Hrsg.): Metamorphosen des Leviathan. Staatsaufgaben im Umbruch. Opladen. S. 211-231.
Mäding, Heinrich 1995: Stichwort „öffentliche Finanzen". In: Andersen, Uwe/Woyke, Wichard (Hrsg.): Handwörterbuch des politischen Systems der Bundesrepublik Deutschland. Opladen. 2. Aufl. S. 401-410.
Mahrenholz, Ernst, Gottfried 1995: Die heimliche Macht: das Bundesverfassungsgericht. In: Noske, Heiner (Hrsg.): Der Rechtsstaat am Ende? Analysen, Standpunkte, Perspektiven. München und Landsberg/Lech. S. 83-91.
Margedant, Udo 2003: Die Föderalismusdiskussion in Deutschland. In APuZ B 29 -30.

Marschall, Stefan 1996: Die Reform des Bundestages 1995: Inhalte, Hintergründe, Konsequenzen. Dokumentation und Kurzanalysen. In: ZParl 3/96. S. 365-375.

Ders. 2000: Deutscher Bundestag und Parlamentsreform. In: ApuZ B 28.

Massing, Otwin 1997: Verfassungsgerichtliche Norm-Codierung als Verhaltenssteuerung. Anmerkungen zum „Soldaten-sind-Mörder"-Beschluß des Bundesverfassungsgerichts. In: Schlüter-Knauer, Carsten (Hrsg.): Die Demokratie überdenken. Festschrift für Wilfried Röhrich. Berlin. S. 213-239.

Maunz, Theodor/Düring, Günter (Hrsg.): 1993: Grundgesetz-Kommentar. München.

Maurer, Hartmut 1994: Die Finanzgarantie der Landkreise zwischen Bund und Ländern. In: Henneke, Hans-Günther/Maurer, Hartmut/Schoch, Friedrich: Die Kreise im Bundesstaat. Baden-Baden. S. 139-163.

Ders. 1994a: Allgemeines Verwaltungsrecht. 9. Auflage. München.

Mayntz, Renate 1993: Policy-Netzwerke und die Logik von Verhandlungssystemen. In: Windhoff-Héritier, Adrienne (Hrsg.): Policy-Analyse. Kritik und Neuorientierung. PVS-Sonderheft 24. Opladen. S. 39-56.

Metje, Matthias 1994: Wählerschaft und Sozialstruktur im Generationswechsel. Eine Generationsanalyse des Wahlverhaltens bei Bundestagswahlen. Wiesbaden.

Meulemann, Heiner 2002: Werte und Wertewandel im vereinten Deutschland. In: In: APuZ B 37 – 38, S. 13 – 22.

Meyer, Andreas 1993: Parlamentsverfassungsrecht – Anstöße für eine Reform. In: APuZ. B 52-53. S. 44-48.

Meyer, Birgit 1992: Die „unpolitische" Frau. Politische Partizipation von Frauen oder: Haben Frauen ein anderes Verständnis von Politik? In: APuZ. B 25-26. S. 3-13.

Meyer, Thomas/Scherer, Klaus-Jürgen/Zöpel, Christoph 1994: Parteien in der Defensive. Plädoyer für die Öffnung der Volkspartei. Köln.

Michels, Robert 1989: Zur Soziologie des Parteienwesens in der modernen Demokratie. Stuttgart. 4. Aufl.

Ministerium für die Gleichstellung von Frau und Mann des Landes Nordrhein-Westfalen (Hrsg.) 1994: Rechtsextremismus und Gewalt: Affinitäten und Resistenzen von Mädchen und jungen Frauen. Düsseldorf.

Mintzel, Alf/Oberreuter, Heinrich 1990: Parteien in der Bundesrepublik Deutschland. Bonn. (Bd. 282 der Schriftenreihe der Bundeszentrale für politische Bildung).

Mitter, Armin/Wolle, Stefan (Hrsg.) 1990: „Ich liebe euch doch alle!" Befehle und Lageberichte des MfS. Januar-November 1989. Berlin.

Mix, Ulrich/Herweijer, Michiel (Hrsg.): 1996: 10 Jahre Tilburger Modell. Erfahrungen einer öffentlichen Verwaltung auf dem Weg zum Dienstleistungscenter. Bremen.

Möckli, Silvano 1994: Direkte Demokratie. Ein Vergleich der Einrichtunen und Verfahren in der Schweiz und Kalifornien, unter Berücksichtigung von Frankreich, Italien, Dänemark, Irland, Österreich, Lichtenstein und Australien. Bern, Stuttgart, Wien.

Molitor, Ute 1993: Gibt es ein frauenspezifisches politisches Verhalten? In: Gabriel, Oskar W./ Troitzsch, Klaus G. (Hrsg.): Wahlen in Zeiten des Umbruchs. Frankf./M. S. 131-157.

Mommsen, Wolfgang 1974: Max Weber. Gesellschaft, Politik und Geschichte. Frankf./M.

Morgenthau, Henry 1945: Germany is our Problem. New York.

Mühleisen, Hans-Otto (Hrsg.) 1986: Das Geld der Parteien. Parteienfinazierung zwischen staatspolitischer Notwendigkeit und Kriminalität. München.

Müller, Helmut M. 1993: Schlaglichter der deutschen Geschichte. 2. Aufl. Mannheim.

Müller, Richard/Röck, Werner 1976: Konjunktur- und Stabilisierungspolitik. Theoretische Grundlagen und wirtschaftspolitische Konzepte. Stuttgart.

Münch, Ursula/Donner, Wolfgang 1992: Geschichtliche Grundlagen gegenwärtiger Politik – Geschichte der Demokratie in Deutschland. In: Lernfeld Politik. Eine Handreichung zur Aus- und Weiterbildung (Bd. 313 der Schriftenreihe der Bundeszentrale für politische Bildung). Bonn.

Muthers, Kerstin 2004: Rechtsgrundlagen und Verfahren zur Festsetzung staatlicher Mittel zur Parteienfinanzierung. Göttingen.

Nahamowitz, Peter 1993: Markt versus Staat: Theoriegeschichtliche Entwicklung und aktuelle Trends. In: Voigt, Rüdiger (Hrsg.): Abschied vom Staat – Rückkehr zum Staat? Baden-Baden. S. 231-264.

Naßmacher, Karl-Heinz 1989: Parteienfinanzierung als verfassungspolitisches Problem. In: APuZ. B 11/89. 10. März 1989. S. 27-36.

Naumdorf, Christian 1996: Der überflüssige Überhang: Reformvorschläge. In: ZParl. H. 3. S. 393-404.

Neu, Viola 2006: Analyse der Bundestagswahl 2005. KAS Arbeitspapier Nr. 15/2006, Sankt Augustin/Berlin.

Niclauß, Karlheinz 1988: Kanzlerdemokratie. Bonner Regierungspraxis von Konrad Adenauer bis Helmut Kohl. Stuttgart/Berlin u.a.

Ders. 1995: Das Parteiensystem der Bundesrepublik Deutschland. Paderborn, München, Wien u.a.

Nicolaus, Helmut 1996: Die unzulängliche Rechtfertigung der Überhangmandate: Aufklärungsversuche. In: ZParl. H. 3. S. 383-393.

Noack, Paul 1991: Deutschland, Deine Intellektuellen. München.

Nohlen, Dieter 1990: Wahlrecht und Parteiensystem. Opladen. 2. Aufl.

Oberreuter, Heinrich 1990: Politische Parteien: Stellung und Funktion im Verfassungssystem der Bundesrepublik. In: Mintzel, Alf/Oberreuter, Heinrich 1990: Parteien in der Bundesrepublik Deutschland. Bonn. (Bd. 282 der Schriftenreihe der Bundeszentrale für politische Bildung). S. 15-40.

Ders. 1995: Stichwort: Bundestag. In: Andersen, Uwe/Woyke, Wichard (Hrsg): Handwörterbuch des politischen Systems der Bundesrepublik Deutschland. Opladen. S. 88-101.

Ders. 1996 (Hrsg.): Parteiensystem am Wendepunkt? München, Landsberg/L.

Offe, Claus 1984: Politische Legitimation durch Mehrheitsentscheidung? In: Guggenberger, Bernd/ Offe, Claus (Hrsg.): An den Grenzen der Mehrheitsregel. Opladen. S. 150-183.

Oppelland, Torsten 2001: (Über-)Parteilich? Parteipolitische Konstellationen bei der wahl des Bundespräsidenten und ihr Einfluss auf die Amtsführung. In: Zeitschrift für Politikwissenschaft, H. 2, S. 551 – 572.

Papier, Hans-Jürgen 2003: Reform an Haupt und Gliedern. Eine Rede gegen die Selbstentmachtung des Parlamentes. In: FAZ vom 30.01.03, S. 8.

Parlamentarischer Rat, Hauptausschuß 1949: 57. Sitzung vom 5. Mai 1949. Protokoll.

Ders. 1949: Drucks. 897 vom 8. Mai 1949.

Ders. 1993: Ausschuß über Grundsatzfragen. Bd. 5/I. u. II. Boppard.

Patzelt, Werner J. 1994: Aufgaben politischer Bildung in den neuen Bundesländern. Dresden.

Ders. 2005: Warum verachten die Deutschen ihr Parlament und lieben ihr Verfassungsgericht? Ergebnisse einer vergleichenden demoskopischen Studie. In: ZParl 36, S. 517 – 538.

Petzhold, Siegfried/von der Heide, Hans J. (Hrsg.) 1991: Handbuch zur kommunalen Selbstverwaltung. Praxisnahe Informationen, Arbeitshilfe und Beratung. Regensburg.

Pflüger, Friedbert 1987: Von Heuss bis Weizsäcker: Hüter des Grundkonsenses. Das Amt des Bundespräsidenten in Theorie und Praxis. In: Funke, Manfred (Hrsg.): Demokratie und Diktatur: Geist und Gestalt politischer Herrschaft in Deutschland und Europa. Festschrift für Karl Dietrich Bracher. Düsseldorf. S. 383-400.

Ders. 2000 : Ehrenwort. Das System Kohl und der Neubeginn. München.

Pohl, Rüdiger 2002: Ostdeutschland im 12. Jahr nach der Vereinigung. Eine Bilanz der wirtschaftlichen Transformation. In: APuZ B 37 – 38, S. 30 – 38.

Pollitt, Christopher/Bouckaert, Geert 2005: Public Management Reform. A Comparative Analysis. 2. Aufl., Oxford 2005.

Popkin, Samuel L. 1991: The Reasoning Voter. Communication and Persuasion in Presidential Campaigns. Chicago.

Posser, Diether 1989: Der Vermittlungsausschuß. In: Bundesrat (Hrsg.): 40 Jahre Bundesrat. Baden-Baden. S. 203 -212.

Presse- und Informationsamt der Bundesregierung (Hrsg.) 1990: Vertrag über die Schaffung einer Währungs-, Wirtschafts- und Sozialunion zwischen der Bundesrepublik Deutschland und der Deutschen Demokratischen Republik. In: Bulletin 63/1990: S. 517ff.

Dass. (Hrsg.) 1990a: Vertrag zwischen der Bundesrepublik Deutschland und der Deutschen Demokratischen Republik über die Herstellung der Einheit Deutschlands – Einigungsvertrag. In: Bulletin 104/1990. S. 887ff.

Dass. (Hrsg.) 1992: Helmut Kohl. Bilanzen und Perspektiven. Regierungspolitik 1989-1992. Bonn. Bd. 2.

Preußische Städteordnung: s. unter Krebsbach.

Prittwitz, Volker 1994: Politikanalyse. Opladen.

Randelzhofer, Albrecht 1995: Souveränität und Rechtsstaat: Anforderungen an eine Europäische Verfassung. In: Noske, Heiner (Hrsg.): Der Rechtsstaat am Ende? Analysen, Standpunkte, Perspektiven. München und Landsberg/Lech. S. 123-135.

Raschke, Joachim 1985: Soziale Bewegungen. Ein historisch-systematischer Grundriss. Frankfurt/Main.

Reichard, Christoph 1994: Umdenken im Rathaus. Neue Steuerungsmodelle in der deutschen Kommunalverwaltung. Berlin.

Reichard, Christoph/Wollmann, Hellmut (Hrsg.) 1996: Kommunalverwaltung im Modernisierungsschub? Basel u.a.

Rensing, Matthias 1996: Geschichte und Politik in den Reden der deutschen Bundespräsidenten 1949-1984. Münster.

Renzsch, Wolfgang 1991: Finanzverfassung und Finanzausgleich. Die Auseinandersetzungen um ihre politische Gestaltung in der Bundesrepublik Deutschland zwischen Währungsreform und deutscher Vereinigung (1948 bis 1990). Bonn.

Ders. 1995: Konfliktlösung im parlamentarischen Bundesstaat. Zur Regelung finanzpolitischer Bund-Länder-Konflikte im Spannungsfeld von Administration und Politik – Vorläufige Überlegungen. In: Voigt, Rüdiger (Hrsg.): Der kooperative Staat. Krisenbewältigung durch Verhandlung? Baden-Baden. S. 167-192.

Ders. 2004: Der Streit um den Finanzausgleich. In: Wehling, Hans-Georg (Hrsg.): Die deutschen Länder. Geschichte, Politik, Wirtschaft. Wiesbaden. 3. Aufl. S. 373-395

Rheinbay, Barbara 1993: Die Deutschlandbilder der west- und ostdeutschen Intellektuellen im Prozeß der deutschen Einigung. Studien der Stresemann-Gesellschaft. Nr. 3. Mainz.

Ritter, Ernst-Hasso 1990: Das Recht als Steuerungsmedium im kooperativen Staat. In: Grimm, Dieter (Hrsg.): Wachsende Staatsaufgaben – sinkende Steuerungsfähigkeit des Rechts. Baden-Baden. S. 69-113.

Ritz, Adrian 2003: Evaluation von New Public Management. Bern, Stuttgart, Wien.

Roth, Roland 1990: Die Republikaner. Schneller Aufstieg und tiefer Fall einer Protestpartei am rechten Rand. In: APuZ. B 37-38. 14. September 1990. S. 27-39.

Ders. 1994: Lokale Demokratie von „unten". In: Roth, Roland/Wollmann, Hellmut (Hrsg.): Kommunalpolitik. Politisches Handeln in den Gemeinden. Opladen. S. 228-245.

Roth, Roland/Wollmann, Hellmut (Hrsg.) 1994: Kommunalpolitik. Politisches Handeln in der Gemeinde. Opladen.

Rucht, Dieter 1997: Soziale Bewegungen als demokratische Produktivkraft. In: Klein, Ansgar/ Schmalz-Bruns, Rainer (Hrsg.): Politische Beteiligung und Bürgerengagement in Deutschland (Bd. 347 der Schriftenreihe der Bundeszentrale für politische Bildung). Bonn. S. 382-404.

Rudzio, Wolfgang 1991: Das politische System der Bundesrepublik Deutschland. Opladen (teilweise wurde auch die Ausgabe 1995 benutzt).

Ders. 1991a: Das politische System der Bundesrepublik Deutschland. In: Grundwissen Politik (Schriftenreihe der Bundeszentrale für politische Bildung Bd. 302). Bonn. S. 48-89.

Rudzio, Wolfgang 2002: Koalitionen in Deutschland: Flexibilität informellen Regierens. In: Kropp, Sabine/ Schüttemeyer, Suzanne S./ Sturm, Roland (Hrsg.): Koalitionen in West- und Osteuropa. Opladen.

Rupp, Hans-Heinrich 1995: Heimliche Herrscher: die Europäische Gemeinschaft und die Rechts-Bürokratie. In: Noske, Heiner (Hrsg.): Der Rechtsstaat am Ende? Analysen, Standpunkte, Perspektiven. München und Landsberg/Lech. S. 115-123.

Rupp, Karl-Hanz: 1982: Politische Geschichte der Bundesrepublik Deutschland. Eine Einführung. Stuttgart.

Sachverständigenrat zur Beurteilung der gesamtgesellschaftlichen Entwicklung 2006: Jahresgutachten 2006 – 2007: Widerstreitende Interessen – ungenutzte Chancen. Wiesbaden. In World-Wide-Web: http://www.sachverstaendigenrat.org/, letzter Zugriff am 20.8.2007.

Säcker, Horst 2003: Das Bundesverfassungsgericht. Bonn. 6. Aufl.

Sarcinelli, Ulrich (Hrsg.) 1990: Demokratische Streitkultur. Theoretische Grundpositionen und Handlungsalternativen in Politikfeldern. Bonn (Bd. 289 der Schriftenreihe der Bundeszentrale für politische Bildung).

Sartori, Giovanni 1992: Demokratietheorie. Darmstadt.

Schäfer, Hans 1974: Der Vermittlungsausschuß. In: Bundesrat (Hrsg.): Der Bundesrat als Verfassungsorgan und politische Kraft. Darmstadt. S. 277-297.

Schätzler, Johann-Georg 1992: Handbuch des Gnadenrechts. Gnade – Amnestie – Bewährung. Eine systematische Darstellung mit den Vorschriften des Bundes und der Länder. 2. Aufl. München.

Schäuble, Wolfgang 1991: Der Vertrag. Wie ich über die deutsche Einheit verhandelte. Stuttgart.

Scharpf, Fritz W. et al. 1976: Politikverflechtung. Theorie und Empirie des kooperativen Föderalismus. Kronberg.
Ders. 1988: Verhandlungssysteme, Verteilungskonflikte und Pathologien der politischen Steuerung. In: Schmidt, Manfred G. (Hrsg.): Staatstätigkeit. International und historisch vergleichende Analysen. PVS-Sonderheft 19/1988. S. 61-87.
Ders. 1992: Koordination durch Verhandlungssysteme: Analytische Konzepte und institutionelle Lösungen. In: Benz, Arthur u.a.: Horizontale Politikverflechtung von Verhandlungssystemen. Frankf./M. S. 51-96.
Ders. 1993: Versuch über Demokratie im verhandelnden Staat. In: Czada, Roland/Schmidt, Manfred G. (Hrsg.): Verhandlungsdemokratie, Interessenvermittlung, Regierbarkeit. Festschrift für Gerhard Lehmbruch. Opladen S. 25-50.
Ders. 1994: Optionen des Föderalismus in Deutschland und Europa. Frankf./M..
Ders. 2000: Interaktionsformen. Akteurszentrieter Institutionalismus in der Politikforschung. Opladen.
Schedler, Kuno/Proeller, Isabella 2006: New Public Management. 3.Aufl. Bern.
Schell, Manfred 1986: Die Kanzlermacher. Mainz.
Schick, Rupert (Hrsg.) 1997: Der Bundestagspräsident. Die Bundestagspräsidentin. Amt, Funktionen, Personen. 14., akt. Aufl. Bonn.
Schiller-Dickhut 1994: Konzepte und Strategien „alternativer" Kommunalpolitik. In: Roth, Roland/ Wollmann, Hellmut (Hrsg.): Kommunalpolitik. Politisches Handeln in den Gemeinden. Opladen. S. 314-327.
Schmack-Reschke, Tobias 1997: Bürgerbeteiligung und Plebiszite in der Debatte der Gemeinsamen Verfassungskommission. In: Konegen, Norbert/Nitschke, Peter (Hrsg.): Revision des Grundgesetzes? Ergebnisse der Gemeinsamen Verfassungskommission (GKV) des Deutschen Bundestages und des Bundesrates. Opladen. S. 77-107.
Schmid, Carlo 1979: Erinnerungen. München.
Schmidt, Manfred G. 1980: CDU und SPD an der Regierung. Ein Vergleich ihrer Politik in den Ländern. Frankf./M.
Ders. 1995: Demokratietheorien. Opladen.
Ders. 2005: Politische Reformen und Demokratie. Befunde der vergleichenden Demokratie- und Staatstätigkeitsforschung. In: Vorländer, Hans (Hrsg.): Politische Reform in der Demokratie. Baden-Baden, S. 45 – 62
Schmidt, Ute 1998: Sieben Jahre nach der Einheit. Die ostdeutsche Parteienlandschaft im Vorfeld der Bundestagswahl 1998. In: APuZ. B 1-2. 2. Januar 1998. S. 37-53.
Schmitt, Carl: 1985: Die geistesgeschichtliche Lage des heutigen Parlamentarismus. Berlin. 6. Aufl.
Schneider, Bernd 1996: Zur aktuellen Finanzsituation der Städte und Gemeinden in den alten und den neuen Ländern. In: Deutscher Städte- und Gemeindebund (Hrsg.): Stadt und Gemeinde 3/1996. S. 99-108.
Schneider, Hans-Peter 1992: Die Bundesstaatliche Ordnung im vereinigten Deutschland. In: Huhn, Jochen/Witt, Peter-Christian (Hrsg.). Föderalismus in Deutschland. Traditionen und gegenwärtige Probleme. Baden-Baden. S. 239-263.
Schoch, Friedrich 1994: Finanzierungsverantwortung für gesetzgeberisch veranlaßte Ausgaben. In: Der Landkreis. 64. Jg. H. 6. S. 253-258.

Scholz, Rupert 1995: Abschied vom Politischen: Justitia als Wunderheiler? In: Noske, Heiner (Hrsg.): Der Rechtsstaat am Ende? Analysen, Standpunkte, Perspektiven. München und Landsberg/Lech. S. 91-98.
Schoon, Steffen/Werz, Nikolaus 2005: Die Bundestagswahl 2005 in den neuen Ländern. In: Deutschland-Archiv 6/2005. S. 972-980.
Schuett-Weschky 1987: Parlamentsreform: Meilenstein oder Sackgasse? In: APuZ. B 48.
Ders., Eberhard 2001: Auswanderung der Politik aus den Institutionen: Schwächung der Demokratie? Zur Legitimation der Parteiendemokratie. In: Zeitschrift für Politikwissenschaft. 1/01. S. 3 - 30.
Ders. 2003: Richtlinienkompetenz des Bundeskanzlers, demokratische Führung und Parteiendemokratie. Teil I: Richtlinienkompetenz als Fremdkörper in der Parteiendemokratie. In: Zeitschrift für Politikwissenschaft. H. 4, S. 1897 -1932.
Ders. 2004: Richtlinienkompetenz des Bundeskanzlers, demokratische Führung und Parteiendemokratie. Teil II: Fehlinformation des Publikums. In: Zeitschrift für Politikwissenschaft. H. 1, S. 5 - 29.
Ders. 2005: Parlamentarismuskritik ohne Ende? Parteidissens und Repräsentationskonzepte, am Beispiel der Entparlamentarisierungs- und der Gewaltenteilungskritik. In: Zeitschrift für Politikwissenschaft. 1/05. S. 3 – 34.
Schüttemeyer, Suzanne S. 1992: Der Bundestag als Fraktionsparlament. In: Hartmann, Jürgen/Thaysen, Uwe (Hrsg.): Pluralismus und Parlamentarismus in Theorie und Praxis. Winfried Steffani zum 65. Geburtstag. Opladen. S. 113-136.
Schultze, Rainer Olaf 1993: Statt Subsidiarität und Entscheidungsautonomie – Politikverflechtung und kein Ende: Der deutsche Föderalismus nach der Vereinigung. In: Staatswissenschaften und Staatspraxis. 4. Jg. H. 2. S. 225-255.
Ders. 1995: Stichwort Wahlforschung. In: Andersen, Uwe/Woyke, Wichard (Hrsg.): Handwörterbuch des politischen Systems der Bundesrepublik Deutschland. Opladen.
Ders. 2002: Eine Bundestagswahl oder zwei? Wählerverhalten in Deutschland Ost und West. In: Der Bürger im Staat, 52. Jg., H. 1/2/2002. S. 16-25.
Schumpeter, Josef A. 1987: Kapitalismus, Sozialismus und Demokratie. Tübingen.
Schuppert, Folke 1995: Rückzug des Staates? -Zur Rolle des Staates zwischen Legitimationskrise und politischer Neubestimmung. In: DÖV Sept. 1995. H. 18. S. 761-770.
Schwabedissen, Anette 1996: Kommunaler Finanzausgleich 1996. In: Nordrheinwestfälischer Städte- und Gemeindebund (Hrsg.): Städte- und Gemeinderat. 50. Jg. Mai 1996. S. 173-181.
Schweitzer, Michael 1992: Beteiligung der Bundesländer an der europäischen Gesetzgebung. In: Zeitschrift für Gesetzgebung. S. 128ff.
Seebacher-Brandt, Brigitte 1992: Die deutsch-deutschen Beziehungen: Eine Geschichte von Verlegenheiten. In: Jesse, Eckhard/Mitter, Armin (Hrsg.): Die Gestaltung der deutschen Einheit. Geschichte – Politik – Gesellschaft. Bonn. S. 15-41.
Seibel, Wolfgang 1994: Das zentralistische Erbe. Die institutionelle Entwicklung der Treuhandanstalt und die Nachhaltigkeit ihrer Auswirkungen auf die bundesstaatlichen Verfassungsstrukturen. In: APuZ. B 43-44/94. S. 3-20.
Senatsverwaltung für Inneres und Sport: Verwaltungsmodernisierung im Land Berlin. In World-Wide-Web: http://www.berlin.de/verwaltungsmodernisierung/index.html, letzter Zugriff am: 21.09.2007.

Shapiro, Martin/ Stone, Alec (Hrsg.) 1994: The New Constitutional Politics. Special Issue of Comparative Political Studies 26 (4).
Sieberer, Ulrich 2006: Strategische Zurückhaltung von Verfassungsgerichten. – Gewaltenteilungsvorstellungen und die Grenzen der Justizialisierung. In: Zeitschrift für Politikwissenschaft H 4, S. 1299 – 1323.
Siedentopf, Heinrich 1995: Experimentierklausel – eine „Freisetzungsrichtlinie" für die öffentliche Verwaltung. In: DÖV. 48. Jg. H. 5. S.-193.
Smith, Gordon 1982: The German Volkspartei and the Career of the Cath-All Concept. In: Döring, Herbert/Smith, Gordon (Hrsg.): Party Government and Political Culture in Western Germany. London. S. 59-76.
Sontheimer, Kurt 1993: Grundzüge des politischen Systems der neuen Bundesrepublik Deutschland. 16. Aufl. München und Zürich.
Sozialpolitik Aktuell: Entwicklung der Sozialleistungsquote 1975-2003. In World-Wide-Web: www.sozialpolitik-aktuell.de/datensammlung/2/ab/abll1.pdf, letzter Zugriff am: 14.09.2006.
Sozialpolitische Umschau. Hrsg. vom Presse- und Informationsamt der Bundesregierung. Bonn. Fortl.
Städte- und Gemeindebund Nordrhein-Westfalen, 15.1.1997: Finanzlage der Kommunen wird immer dramatischer. Pressemitteilung 1/1997. Düsseldorf.
Ders. 15.1.1997a: 130 Städte und Gemeinden erheben Verfassungsbeschwerde gegen das nordrhein-westfälische Finanzausgleichssystem. Pressemitteilung. Düsseldorf.
Ders. 14.3.2007: Keine Entwarnung bei den Kommunalfinanzen. Pressemitteilung 9/2007. Dorsten. In: World-Wide-Web: http://www.nwstgb.de/rahmen_aussen/index.htm l?ionasFrameCheckName=frmInhalt&ionasFrameCheckUrl=http%3A%2F%2Fwww.n wstgb.de%2Ftexte_und_medien%2Fpressemitteilungen%2Findex.phtml%3Freferrer% 3Dhttp%253A%252F%252Fwww.nwstgb.de%252F, letzter Zugriff am: 18.7.2007.
Staritz, Dietrich 1987: Die Gründung der DDR. Von der sowjetischen Besatzungsherrschaft zum sozialistischen Staat. München.
Starke, Frank Christian 1993: Krise ohne Ende? Parteiendemokratie vor neuen Herausforderungen. Köln.
Starzacher, Karl et al. (Hrsg.) 1992: Protestwähler und Wahlverweigerer. Krise der Demokratie? Köln
Steffani, Winfried 1989: Parlamentarische Demokratie – Zur Problematik von Effizienz, Transparenz, Partizipation. In: Ders. (Hrsg.): Parlamentarismus ohne Transparenz. Opladen.
Ders. 1991: Demokratische Offenheit bei der Wahl des Regierungschefs? In: Jahrbuch für Politik. 1/1991. S. 25-40.
Statistisches Bundesamt (Hrsg.) 2004: Datenreport 2004, Bonn, 2. Aufl.
Dass. (Hrsg.) 2006: Wahl zum 16. Deutschen Bundestag – Ergebnisse der Repräsentativen Wahlstatistik, Berlin.
Dass. (Hrsg.) 2006a: Statistisches Jahrbuch 2006. Wiesbaden.
Stelzenmüller, Constanze 1994: Direkte Demokratie in den Vereinigten Staaten von Amerika. Baden-Baden.
Sternberger, Dolf 1979: Verfassungspatriotismus. In: Ders.: Schriften. Bd. 10. Frankf./M. 1990. S. 13ff.
Stober, Rolf 1989: Wirtschaftsverwaltungsrecht. Stuttgart. 6. Aufl.

Stone Sweet, Alec 2000: Governing with Judges. Constitutional Politics in Europe. Oxford.
Ders. 2002: Constitutional Courts and Parliamentary Democracy. In: West European Politics 25 (1) S. 77 – 100.
Streek, Wolfgang (Hrsg.) 1994: Staat und Verbände. PVS-Sonderheft 25. Opladen.
Suksi, Markku 1993: Bringing in the People. A Comparision of Constitutional Forms and Practices of the Referendum. Dordrecht, Boston, London.
Sturm, Roland 1999: Party Competition and the Federal System: The Lehmbruch Hypothesis Revisisted. In: Jeffery, Charlie (Hrsg.): Recasting German Federalism. The Legacies of Unification. London, S. 197 – 216.k
Ders. 2003: Zur Reform des Bundesrates. Lehren eines internationalen Vergleiches der Zweiten Kammern. In: APuZ B 29 – 30.
Teltschik, Horst 1991: 329 Tage. Innenansichten der Einigung. Berlin.
Tilly, Charles 2004: Social Movements, 1768-2004. Pluto Press.
Toepel, Kathleen 1995: Regionale Strukturpolitik in den neuen Bundesländern unter Berücksichtigung des EU-Engagements. In: APuZ. B 49/1995. S. 31-37.
Teubner, Günther/Willke, Helmut 1984: Kontext und Autonomie. Gesellschaftliche Selbststeuerung durch reflexives Recht. In: Zeitschrift für Rechtssoziologie. Jg. 6. H. 1. S. 4-35.
Unruh, Georg-Christoph 1989: Die kommunale Selbstverwaltung. Recht und Realität. In: APuZ. Beilage zur Wochenzeitung Das Parlament. B 30-31. 21. Juli 1989: 3-13.
Vanberg, Georg 1998: Abstract Judicial Review, Legislative Bargaining, and Policy Compromise. In: Journal of Theoretical Politics 10 (3), 299 – 326.
Veen, Hans-Joachim 1995: Zwischen Rekonzentration und neuer Diversifizierung. Tendenzen der Parteienentwicklung fünf Jahre nach der deutschen Einheit. In: Gellner, Winand/Veen, Hans-Joachim (Hrsg.): Umbruch und Wandel in westeuropäischen Parteiensystemen. Frankf./M. u.a. S. 117-134.
Vogel, Hans-Joachim 1994: Die Reform des Grundgesetzes nach der deutschen Einheit. - Eine Zwischenbilanz – In: DVBl. 1. Mai 1994. S. 497-506.
Voigt, Rüdiger (Hrsg.) 1995: Der kooperative Staat. Krisenbewältigung durch Verhandlung? Baden-Baden.
Volcansek, Mary L. (Hrsg.) 1992: Judicial Policymaking in Western Europe. Special Issue of West European Politics. H. 15.
Dies. 2000: Constitutional Politics in Italy. The Constitutional Court. Houndmills.
Voscherau, Henning 1993: Verfassungsreform und Verfassungsdiskurs. In: APuZ. B 52-53/93. 24. Dezember 1993. S. 5-7.
Wassermann, Rudolf 1989: Grundgesetz und Rechtsprechung. In: APuZ. B 16-17/89. 14. April 1989. S. 25-32.
Ders. 1991: Abwehrbereit ohne Vorbehalt der Richtung. Zur Sinnkrise des Verfassungsprinzips der streitbaren Demokratie. In: FAZ vom 2. Juli 1991: 12.
Ders. 1995: Wen und wovor schützt der Rechtsstaat? In: Noske, Heiner (Hrsg.): Der Rechtsstaat am Ende? Analysen, Standpunkte, Perspektiven. München und Landsberg/Lech. S. 9-15.
Weber, Hermann 1991: DDR. Grundriß der Geschichte 1945-1990. Hannover.
Weber, Max 1980: Gesammelte politische Schriften. Mit einem Geleitwort von Theodor Heuss. Hrsg. von Johannes Winkelmann. Tübingen. 4. Aufl.
Ders. 1985: Wirtschaft und Gesellschaft. Tübingen.

Wehling, Hans-Georg 2006: Kommunalpolitik. In: Bundeszentrale für politische Bildung (Hrsg.): Informationen zur politischen Bildung. Heft 242. Bonn.
Wehner, Burkhard 1992: Die Katastrophen der Demokratie. Über die notwendige Neuordnung des politischen Verfahrens. Darmstadt.
Weizsäcker, Richard von 1999: Vier Zeiten. Erinnerungen. Berlin.
Wiesendahl, Elmar 1998: Wie geht es weiter mit den Großparteien in Deutschland? In: APuZ. B 1-2. 2. Januar 1998. S. 13-28.
Wittkämper, Gerhard W./Robert, Rüdiger 1990: Staatsziele und Staatszielbestimmungen. In: Gerlach, Irene/Robert, Rüdiger: Politikwissenschaft II. Innenpolitik der Bundesrepublik Deutschland. Münster. S. 7-32.
Wolffssohn, Michael 1992: Der außenpolitische Weg zur deutschen Einheit. Das Ausland und die vollendeten Tatsachen. In: Jesse, Eckhard/Mitter, Armin (Hrsg.): Die Gestaltung der deutschen Einheit. Geschichte – Politik – Gesellschaft (Schriftenreihe der Bundeszentrale für politische Bildung Bd. 308). Bonn. S. 142-162.
Wolle, Stefan 1992: Der Weg in den Zusammenbruch: Die DDR vom Januar bis zum Oktober 1989. In: Jesse, Eckhard/Mitter, Armin (Hrsg.): Die Gestaltung der deutschen Einheit. Geschichte – Politik – Gesellschaft (Schriftenreihe der Bundeszentrale für politische Bildung Bd. 308). Bonn. S. 73-111.
Woyke, Wichard 1994: Stichwort: Wahlen. Ein Ratgeber für Wähler, Wahlhelfer und Kandidaten. Opladen.
Ders. 2000: Stichwort: Bundeswehr/Wehrbeauftragter. In: Andersen, Uwe/Woyke, Wichard (Hrsg.): Handwörterbuch des politischen Systems der Bundesrepublik Deutschland. 4. Aufl. Opladen. S. 105-108.
Zacher, H. 1977: Sozialstaatsprinzip. In: Handwörterbuch der Wirtschaftswissenschaften. Bd. 7. Stuttgart/New York; Tübingen/Göttingen/Zürich. S. 152-160.
Zeh, Wolfgang 1988: Parlamentarismus. In: Busch, Eckart/Handschuh, Ekkehard/Kretschmer, Gerald/Zeh, Wolfgang 1988: Wegweiser Parlament. Parlamentarismus, Fraktionen, Gesetzgebung, Parlamentarische Kontrolle. Bonn. S. 9-135.
Zelle, Carsten 1995: Der Wechselwähler. Politische und soziale Erklärungsansätze des Wählerwandels in Deutschland und den USA. Opladen.
Zitelmann, Rainer 1990: Die Deutsche Frage. Analysen und Standpunkte. In: Zeitschrift für Politik. Nr. 3. S. 322-349.

Verzeichnis der Texte/Dokumente/Statistiken im Internet

* [1] Deutsche Verfassungen 1849, 1871, 1919, 1949 im Vergleich:
  http://croissant.uni-hd.de/BRD/verf_vg.htm
* [2] Londoner Protokoll vom 12. September 1944:
  http://www.verfassungen.de/de/de45-49/besatzungszonenprotokoll45.htm
* [3] Abkommen über das Kontrollsystem in Deutschland (14. November 1944):
  http://www.verfassungen.de/de/de45-49/kontrolleinrichtungen45.htm
* [4] Direktive für die amerikanische Militärregierung JCS 1067 (April 1945):
  http://usa.usembassy.de/etexts/ga3-450426.pdf (Englische Originalfassung)
  http://www.lsg.musin.de/geschichte/geschichte/Material/1945Lk/morgenthau.htm (Auszug Nr. 2,4,5)
* [5] Kapitulationsurkunde vom 7. Mai 1945:
  http://www.verfassungen.de/de/de45-49/kapitulation45.htm
* [6] „Berliner Deklaration" (5. Juni 1945):
  http://www.dhm.de/lemo/html/dokumente/Nachkriegsjahre_erklaerungBerlinerDeklaration/index.html
* [7] Mitteilung über die Drei-Mächte-Konferenz von Berlin (Potsdamer Abkommen) vom 2. August 1945:
  http://croissant.uni-hd.de/BRD/potsdam.htm
* [8] Rede des amerikanischen Außenministers James F. Byrnes (6. September 1946):
  http://www.byrnes-rede.de/index.php?id=257
  http://www.byrnes-rede.de/index.php?id=266 (Englische Originalfassung)
* [9] Rede des amerikanischen Außenministers George C. Marshall an der Harvard Universität/ Marshall-Plan (5. Juni 1947):
  http://www.tmw.at/Medien/Website%20Download%5C02%20ausstellungen%5C0200%20Sonderausstellungen%5Coesterreich%20baut%20auf%5CRede%20Marshall%201947_dt.pdf
* [10] Besatzungsstatut zur Abgrenzung der Befugnisse und Verantwortlichkeiten zwischen der zukünftigen deutschen Regierung und der Alliierten Kontrollbehörde (10. April 1949):
  http://www.dhm.de/lemo/html/dokumente/Nachkriegsjahre_verordnungBesatzungsstatut/index.html

* [11] Grundgesetz:
  http://www.bundestag.de/parlament/funktion/gesetze/grundgesetz/gg.html

* [12] Änderungen des Grundgesetzes 1949-2002:
  http://user.cs.tu-berlin.de/~gozer/verf/ggbrd1949/
* [13] Kabinette der Bundesregierungen 1. bis 14. Wahlperiode:
  http://www.uni-potsdam.de/u/schulen/einstein/zeitung/99_03/extra.htm
  13.1. Kabinette Adenauer I-V Übersicht:
  http://www.election.de/hist/kabinette_adenauer.html
  13.2. Kabinette Erhard I-II Übersicht:
  http://www.election.de/hist/kabinette_erhard.html
  13.3. Kabinett Kiesinger:
  http://www.election.de/hist/kabinette_kiesinger.html
  13.4. Kabinette Brandt I-II Übersicht:
  http://www.election.de/hist/kabinette_brandt.html
  13.5. Kabinette Schmidt I-III Übersicht:
  http://www.election.de/hist/kabinette_schmidt.html
  13.6. Kabinette Kohl I-V Übersicht:
  http://www.election.de/hist/kabinette_kohl.html
  13.7. Kabinette Schröder I-II Übersicht:
  http://www.election.de/hist/kabinette_schroeder.html
  13.8. Kabinett Merkel:
  http://www.election.de/hist/kabinette_merkel.html
* [14] Ergebnisse der Bundestagswahlen der 1. bis 14. Wahlperiode:
  http://www.wahlrecht.de/ergebnisse/bundestag.htm
  http://www.election.de/hist/hist_brd.html (interaktiv)
  14.1. 1. Wahlperiode:
  http://www.bundeswahlleiter.de/wahlen/ergebalt/d/t/bt-int49.htm
  http://www.election.de/cgi-bin/tab.pl?datafile=btw49l.txt (interaktiv)
  14.2. 2. Wahlperiode:
  http://www.bundeswahlleiter.de/wahlen/ergebalt/d/t/bt-int53.htm
  http://www.election.de/cgi-bin/tab.pl?datafile=btw53l.txt (interaktiv)
  14.3. 3. Wahlperiode:
  http://www.bundeswahlleiter.de/wahlen/ergebalt/d/t/bt-int57.htm
  http://www.election.de/cgi-bin/tab.pl?datafile=btw57l.txt (interaktiv)
  14.4. 4. Wahlperiode:
  http://www.bundeswahlleiter.de/wahlen/ergebalt/d/t/bt-int61.htm
  http://www.election.de/cgi-bin/tab.pl?datafile=btw61l.txt (interaktiv)
  14.5. 5. Wahlperiode:
  http://www.bundeswahlleiter.de/wahlen/ergebalt/d/t/bt-int65.htm
  http://www.election.de/cgi-bin/tab.pl?datafile=btw65l.txt (interaktiv)
  14.6. 6. Wahlperiode:
  http://www.bundeswahlleiter.de/wahlen/ergebalt/d/t/bt-int69.htm
  http://www.election.de/cgi-bin/tab.pl?datafile=btw69l.txt (interaktiv)
  14.7. 7. Wahlperiode:

http://www.bundeswahlleiter.de/wahlen/ergebalt/d/t/bt-int72.htm
http://www.election.de/cgi-bin/tab.pl?datafile=btw72l.txt (interaktiv)
14.8. 8. Wahlperiode:
http://www.bundeswahlleiter.de/wahlen/ergebalt/d/t/bt-int76.htm
http://www.election.de/cgi-bin/tab.pl?datafile=btw76l.txt (interaktiv)
14.9. 9. Wahlperiode:
http://www.bundeswahlleiter.de/wahlen/ergebalt/d/t/bt-int80.htm
http://www.election.de/cgi-bin/tab.pl?datafile=btw80l.txt (interaktiv)
14.10. 10. Wahlperiode:
http://www.bundeswahlleiter.de/wahlen/ergebalt/d/t/bt-int83.htm
http://www.election.de/cgi-bin/tab.pl?datafile=btw83l.txt (interaktiv)
14.11. 11. Wahlperiode:
http://www.bundeswahlleiter.de/wahlen/ergebalt/d/t/bt-int87.htm
http://www.election.de/cgi-bin/tab.pl?datafile=btw87l.txt (interaktiv)
14.12. 12. Wahlperiode:
http://www.bundeswahlleiter.de/wahlen/ergebalt/d/t/bt-int90.htm
http://www.election.de/cgi-bin/tab.pl?datafile=btw90l.txt (interaktiv)
14.13. 13. Wahlperiode:
http://www.bundeswahlleiter.de/wahlen/ergeb94/d/lan94u.htm
http://www.election.de/cgi-bin/tab.pl?datafile=btw94l.txt (interaktiv)
14.14. 14. Wahlperiode:
http://www.bundeswahlleiter.de/wahlen/ergeb98/d/lanu.htm
http://www.election.de/cgi-bin/tab.pl?datafile=btw98l.txt (interaktiv)
14.15. 15. Wahlperiode:
http://www.bundeswahlleiter.de/wahlen/bundestagswahl2002/deutsch/ergebnis2002/bund_land/btw2002/krulans_btw2002.htm
http://www.election.de/cgi-bin/tab.pl?datafile=btw02l.txt (interaktiv)
14.16. 16. Wahlperiode:
http://www.bundeswahlleiter.de/bundestagswahl2005/ergebnisse/landesergebnisse/
http://www.election.de/cgi-bin/tab.pl?datafile=btw05l.txt (interaktiv)

* [15] Ergebnisse der Landtagswahlen 1945-1998:
　http://www.election.de/cgi-bin/tab.pl?datafile=btw05l.txt (interaktiv)
　Schleswig Holstein: http://www.election.de/hist/hist_sh.html
　Mecklenburg Vorpommern ab 1990:
　http://www.election.de/hist/hist_mv.html
　Hamburg: http://www.election.de/hist/hist_hh.html
　Niedersachsen: http://www.election.de/hist/hist_ns.html
　Brandenburg ab 1990: http://www.election.de/hist/hist_bb.html
　Bremen: http://www.election.de/hist/hist_hb.html
　Sachsen- Anhalt: http://www.election.de/hist/hist_sa.html
　Berlin: http://www.election.de/hist/hist_be.html

Nordrhein-Westfalen: http://www.election.de/hist/hist_nw.html
Sachsen: http://www.election.de/hist/hist_sn.html
Hessen: http://www.election.de/hist/hist_he.html
Thüringen: http://www.election.de/hist/hist_th.html
Rheinland-Pfalz: http://www.election.de/hist/hist_rp.html
Bayern: http://www.election.de/hist/hist_by.html
Baden-Württemberg: http://www.election.de/hist/hist_bw.html
Saarland: http://www.election.de/hist/hist_sl.html
* [16] Tätigkeit des Deutschen Bundesrates 1949-2006:
http://www.bundesrat.de/cln_050/SharedDocs/Downloads/DE/statistik/ge
samtstatistik,templateId=raw,property=publicationFile.pdf/gesamtstatistik.pdf
* [17] Vertrag über die Beziehung zwischen der Bundesrepublik Deutschland und den drei Mächten (Deutschlandvertrag) (in geänderter Fassung vom 23. Oktober 1954): http://croissant.uni-hd.de/BRD/dtvertrag.htm
* [18] Staatsvertrag zur Währungs-, Wirtschafts- und Sozialunion (18. Mai 1990):
http://www.verfassungen.de/de/ddr/waehrungsunionsvertrag90.htm
* [19] Einigungsvertrag (31. August 1990):
http://croissant.uni-hd.de/BRD/evertrag.htm
* [20] Zwei-Plus-Vier-Vertrag (12. September 1990):
http://croissant.uni-hd.de/BRD/2+4.htm
* [21] Vertrag zwischen der Bundesrepublik Deutschland und der Republik Polen über gute Nachbarschaft und freundschaftliche Zusammenarbeit (17. Juni 1991):
http://www.auswaertiges-amt.de/diplo/de/Europa/DeutschlandInEuropa/BilateraleBeziehungen/Polen/Vertraege/Nachbarschaftsvertrag.pdf
* [22] Parteienverzeichnis:
http://www.bundeswahlleiter.de/wahlen/bundestagswahl2005/downloads/an
schriftenderparteien.pdf
* [23] Grundsatzprogramm der CDU Deutschland „Freiheit in Verantwortung" 1994:
http://www.cdu.de/doc/pdf/grundsatzprogramm.pdf
24.1. Grundsätze für Deutschland. Entwurf des neuen Grundsatzprogramms:
http://www.grundsatzprogramm.cdu.de/doc/070701-leitantrag-cdu-grundsatzprogramm-navigierbar.pdf
24.2. Vorstandsmitglieder, Satzung, Programm:
http://www.bundeswahlleiter.de/bundestagswahl2005/downloads/parteien/c
hristlichdemokratischeuniondeutschlands.pdf
* [24] Parteiprogramm der CSU „In Freiheit dem Gemeinwohl verpflichtet" (1993):
http://www.csu.de/csu-portal/csude/uploadedfiles/Dokumente/Grundsatzprogramm.pdf
24.1. Statut, Satzung, Programm:

http://www.bundeswahlleiter.de/bundestagswahl2005/downloads/parteien/christlichsozialeunioninbayern.pdf
* [25] Parteiprogramm der SPD:
    25.1. Berliner Programm:
    http://www.spd.de/show/1682028/spd_berlinerprogramm.pdf
    25.2. Godesberger Programm:
    http://www.spd.de/show/1682029/spd_godesbergerprogramm.pdf
    25.3. Bremer Grundsatzprogramm Entwurf:
    http://eintreten.spd.de/servlet/PB/show/1700699/bremer_entwurf_navigierbar.pdf
    25.4. Satzung, Programm:
    http://www.bundeswahlleiter.de/bundestagswahl2005/downloads/parteien/Sozialdemokratische_Partei_Deutschlands.pdf
* [26] Parteiprogramm der F.D.P
    27.1. Deutschlandprogramm 2005:
    http://files.liberale.de/fdp-wahlprogramm.pdf
    26.2. Wiesbadener Grundsätze für die liberale Bürgergesellschaft:
    http://www.fdp-bundesverband.de/pdf/wiesbadg.pdf
    26.3. Satzung, Geschäftsordnung, versch. Ordnungen, Wiesbadener Grundordnung (Grundsatzprogramm):
    http://www.bundeswahlleiter.de/bundestagswahl2005/downloads/parteien/Freie_Demokratische_Partei.pdf
* [27] Parteiprogramm von Bündnis 90/DIE GRÜNEN:
    http://www.bundeswahlleiter.de/bundestagswahl2005/downloads/parteien/BUeNDNIS_90_DIE_GRUeNEN.pdf
    27.1. Grundsatzprogramm Die Zukunft ist Grün 2002:
    http://www.gruene.de/cms/files/dokbin/68/68425.grundsatzprogramm_die_zukunft_ist_gruen.pdf
    27.2. Grüne Regeln: Grundkonsens, Satzung, Frauenstatut:
    http://www.gruene.de/cms/files/dokbin/32/32483.die_satzung_von_buendnis_90die_gruenen.pdf
* [28] Parteiprogramm der Republikaner:
    http://www.bundeswahlleiter.de/bundestagswahl2005/downloads/parteien/dierepublikaner.pdf
* [29] Parteiprogramm der DVU:
    http://www.bundeswahlleiter.de/bundestagswahl2005/downloads/parteien/DEUTSCHE_VOLKSUNION.pdf
* [30] Parteiprogramm Die Linke
    http://www.bundeswahlleiter.de/bundestagswahl2005/downloads/parteien/DIE_LINKE.pdf
* [31] Parteiprogramm Arbeit und soziale Gerechtigkeit – die Wahlalternative WASG

http://www.bundeswahlleiter.de/bundestagswahl2005/downloads/parteien/arbeitundsozialegerechtigkeit.pdf
31.1. Gründungsprogramm:
http://www.w-asg.de/uploads/media/gruendungsprogramm_20050531.pdf
31.2. Satzung:
http://www.w-asg.de/uploads/media/parteisatzung_20060430.pdf
* [32] Koalitionsvertrag SPD/CDU/CSU:
http://koalitionsvertrag.spd.de/servlet/PB/show/1645854/111105_Koalitionsvertrag.pdf

Index

Abgeordnetenbestechung 227
AGEG 159
Aktion Overlord 19
aktuelle Stunde 209
Allianz für Deutschland 81, 82
alliierte Deutschlandpolitik 13
Allzuständigkeit 163, 166, 167, 189, 317, 357
Ältestenrat 213, 217, 228, 229, 230
Altlastentilgungsfonds 90
Angriffskrieg 69
antizyklische Finanzpolitik 72
Arbeitslose 90
Asylrecht 52, 118, 263
Aufteilung des Steueraufkommens 177
Ausgleich regionaler Disparitäten 159
Ausländerbeiräte 165
Ausschuss der Regionen 155, 158, 159, 160
Austrittsrecht 61, 122
Bagatellsteuern 178
Bargaining 131, 212
Bauernlegen 29
Bedarfszuweisungen 176, 177
Befragung der Bundesregierung 212
Begnadigungsrecht 253
Behindertenschutz 54, 56
Beihilfekontrolle 159, 160
Beiträge 163, 178, 229, 348
Berechnung der Mandatszahl 288
Berliner Deklaration 23
Besatzungsstatut 39, 40
Bill of Rights 49, 261
Bizone 32, 33
Blockparteien 79, 81
Brüsseler Pakt 34, 36
Budgetierung 184, 185, 186, 211
Budgetrecht 209, 210
Bundesbankpräsident 88

Bundeskanzler 73, 205, 206, 207, 208, 210, 221, 226, 231, 239, 240, 241, 244, 248, 249, 250, 253
Bundesminister 211, 226, 234, 240, 253
Bundespräsident 43, 47, 200, 202, 207, 210, 226, 240, 245, 250, 251, 252, 253, 266, 268, 294, 357
Bundespräsidentenamt 208
Bundesrat 47, 70, 75, 95, 96, 98, 107, 110, 111, 113, 114, 121, 125, 127, 128, 134, 135, 138, 143, 144, 145, 146, 147, 148, 154, 155, 156, 200, 207, 213, 214, 215, 216, 217, 218, 220, 221, 222, 233, 235, 247, 255, 256, 257, 258, 259, 260, 261, 264, 266, 268, 310, 323
Bundesratsmodell 257
Bundesrecht 61, 94, 115, 126, 141, 266, 267
Bundesregierung 11, 30, 44, 45, 47, 72, 88, 89, 93, 95, 98, 100, 111, 112, 113, 114, 127, 135, 143, 154, 155, 156, 160, 200, 201, 211, 212, 213, 214, 215, 216, 218, 220, 222, 234, 236, 239, 249, 254, 256, 264, 266, 268, 323, 324
Bundesstaat 50, 61, 95, 121, 122, 123, 125, 126, 135
Bundestag 11, 38, 43, 47, 58, 69, 70, 75, 80, 87, 92, 93, 94, 97, 98, 99, 107, 108, 109, 110, 111, 112, 113, 114, 116, 128, 134, 138, 145, 155, 200, 202, 205, 206, 207, 208, 210, 211, 212, 213, 214, 216, 217, 218, 220, 221, 222, 224, 225, 227, 228, 229, 230, 232, 233, 234, 236, 237, 238, 239, 242, 245, 250, 251, 252, 253, 254, 256, 259, 260, 261, 264, 265, 266, 267, 268, 281, 286, 288, 290, 294, 295, 296, 297, 299, 310, 323, 330, 331, 332, 343, 345, 346, 347, 352, 355, 356, 360
Bundesverfassungsgericht 30, 41, 42, 44, 45, 46, 47, 52, 54, 63, 65, 93, 97, 98,

Index

99, 125, 126, 127, 128, 130, 138, 139, 145, 165, 166, 167, 169, 200, 201, 204, 207, 211, 216, 218, 226, 227, 229, 230, 232, 249, 253, 255, 261, 262, 263, 264, 265, 266, 267, 268, 271, 272, 273, 274, 일275, 276, 277, 278, 279, 288, 295, 296, 297, 298, 299, 310, 315, 322, 323, 324, 325, 327, 343, 345, 346, 347, 348, 349, 350, 353, 357, 358
Bundesversammlung 108, 208, 251, 252
Bundeswehr 69, 118, 127, 128, 207, 276
Bundeszwang 127, 130, 257
Bündniszugehörigkeit 104
Bürgerantrag 194, 195
Bürgerbegehren 57, 195, 196, 197, 311, 317
Bürgerentscheid 57, 195, 196, 197, 311, 312
Bürgermeisterverfassung 188, 189
Bürgerrechte 49, 162, 163, 196
Bürgerversammlung 193
CDA 327
CDU 28, 31, 34, 37, 38, 79, 81, 82, 84, 98, 107, 109, 124, 134, 207, 222, 240, 244, 245, 260, 286, 290, 291, 297, 298, 301, 304, 305, 308, 320, 327, 330, 333, 335, 336, 337, 338, 340, 354, 355, 356
Chancenausgleich 348, 349, 350, 358
Chancengleichheit 44, 66, 93, 297, 345, 349, 351, 360
cordon sanitaire 18
CSU 34, 37, 38, 81, 84, 98, 107, 109, 124, 134, 207, 222, 240, 244, 301, 304, 305, 320, 327, 330, 333, 335, 340, 354, 355, 356
Curzon-Linie 18, 19
DA 81, 82, 84, 338
DDR 30, 34, 38, 41, 64, 71, 76, 77, 78, 79, 80, 81, 82, 83, 84, 85, 86, 87, 88, 89, 91, 93, 94, 96, 97, 98, 100, 102, 103, 104, 105, 106, 107, 115, 116, 143, 144, 182, 195, 225, 280, 336
Deflation 72
Demokratieprinzip 55, 57, 58, 59, 61, 272

Demokratischer Aufbruch 79
Deregulierungsmaßnahmen 184
Deutsche Einigung 76
Deutschlandvertrag 40, 53
Diäten 226, 230, 235, 236
Diätenurteil 226, 230, 232
Direktspenden 360
Diskriminierungsverbot 73, 86, 115
DSU 81, 82, 338
dualistische Verfassung 187
duplex Regime 122
DVP 37, 320
DVU 331, 334, 336, 337
Eckpunkte der Länder für die bundesstaatliche Ordnung im vereinten Deutschland 107, 144
EG 76, 80, 83, 89, 92, 99, 101, 103, 152, 153, 154, 155, 156, 160
EGKS 39, 70
Einheitsstaat 122, 123
Einigungsvertrag 87, 94, 96, 97, 98, 99, 106, 107, 116, 143, 144, 146
Einwohnerantrag 194
Einwohnerveredelung 183
Einzelermächtigung 152
Einzelkandidatur 286
Eiserner Vorhang 24
Elternrecht 51
Enquete-Kommission 73, 108, 110, 205, 213, 233, 248, 309
Enteignung 29
Entgelte 178
Entscheidungsregel 282
Erforderlichkeitskontrolle 128, 133, 145, 173
Ergänzungszuweisungen 140
Erststimme 286, 288, 297
Ertragskompetenz 175
EU 175
EUREGIO 159
Europäische Union 51, 111, 113, 133, 146, 147, 152, 153, 155, 156, 160, 256, 274, 291
Europäischen Haftbefehl 274

Europarat 39
EVG 40
EWG 70
Ewigkeitsgarantie 44, 126, 130
Exekutivrat 17, 33
Existenzgarantie 165
Experimentierklausel 164, 183, 184
Extremistenerlass 45
F.D.P. 37, 84, 207, 222, 244, 249, 294, 297, 300, 304, 305, 320, 328, 330, 334, 335, 336, 337, 340, 354, 355, 356
Fachaufsicht 171
FAP 324, 325
FDGB 29, 79
Finanzausgleich 129, 131, 135, 136, 137, 138, 139, 140, 141, 144, 146, 179, 182, 183
Finanzausgleichsgesetz 174
Finanzhoheit 135, 167, 168
Finanzreform 129, 140
Finanzverfassung 37, 38, 59, 94, 97, 129, 130, 135, 146
finanzverfassungsrechtliche Garantie 165
Finanzzuweisungen 89, 174
Föderales Konsolidierungsprogramm 146
Föderalismus 38, 42, 44, 47, 54, 59, 61, 70, 85, 110, 120, 121, 122, 123, 124, 125, 126, 130, 131, 132, 133, 135, 140, 143, 145, 146, 147, 152, 153, 155, 172, 173, 188, 214, 333
Föderalismusprinzip 55, 59
Fonds Deutsche Einheit 89
Fragestunde 212, 236
Fraktion 88, 212, 214, 228, 229, 231, 234, 294
Fraktionsdisziplin 229
Fraktionsstatus 229
Fraktionszwang 229
Frankfurter Dokumente 35, 36, 37, 39, 59, 120, 123, 124, 131
freies Mandat 220
freiheitlich-demokratische Grundordnung FDGO 43, 44, 45, 46, 52, 53, 267, 268, 325

Freistaat 125
Führerprinzip 163, 322
GASP 70, 152
Gebühren 174, 178
Gemeindegebietsreform 163
Gemeindegröße 163
Gemeindeordnung 163, 193, 194, 196, 197
Gemeindeversammlung 112, 164, 194
gemeindliche Selbstverwaltung 163
Gemeinsamer Ausschuss 47, 55, 200
Gemeinschaftsaufgaben 47, 129, 130, 131, 136, 140, 159, 168, 256
Gemeinschaftswerk Aufschwung Ost 72, 89, 146
Gemeinwohl 56, 58, 225
Generalermächtigung 153
gerechte Sozialordnung 65
Gerichtshof der Europäischen Gemeinschaft 271
Gesamtfinanzierungssaldo 179
Gesamtneugliederung 124
Gesetzesfolgenabschätzung 173
Gesetzgebung 44, 47, 50, 53, 55, 57, 59, 60, 62, 63, 66, 111, 113, 126, 127, 128, 129, 130, 133, 137, 141, 145, 173, 174, 184, 213, 214, 215, 219, 221, 249, 253, 255, 256, 262, 266, 276
Gesetzgebungskompetenz 59, 66, 126, 127, 141, 142, 175, 214
Gesetzgebungsnotstand 254
Gesetzgebungsprozess 70, 108, 115, 128, 146, 147, 155, 164, 216, 221, 223, 224, 253, 257, 260, 262, 266, 275, 342, 344
Gewaltenteilung 44, 47, 50, 53, 58, 63, 123, 192, 214
Gewerbesteuerhebesätze 182
Gleichberechtigung 41, 54, 56, 73, 74, 111, 168
Globalsteuerung 71, 72
Gnadenverfahren 253
Godesberger Programm 330
Große Koalition 119, 244, 245

Index

Grundgesetz 37, 38, 42, 43, 44, 46, 47, 48, 49, 50, 51, 53, 54, 56, 57, 59, 61, 65, 66, 67, 68, 70, 71, 73, 83, 84, 85, 86, 94, 96, 106, 107, 108, 109, 111, 115, 117, 118, 120, 124, 125, 126, 127, 128, 129, 130, 131, 135, 144, 145, 165, 196, 207, 218, 225, 226, 239, 윌250, 254, 258, 260, 261, 263, 265, 267, 268, 273, 274, 277, 310, 322, 324, 325, 346, 349, 361
Grundgesetzesänderungen 70, 96, 98, 106, 108, 110, 143, 145, 155, 218, 274
Grundlagenvertrag 41
Grundmandate 238, 296
Grundrechte 37, 42, 43, 46, 47, 48, 49, 50, 51, 52, 56, 57, 58, 62, 64, 74, 107, 127, 129, 213, 268, 271, 273
Grundrechtskatalog 42, 43
Grundrechtsverwirkung 44, 45, 52, 265, 268
Grundsteuerhebesätze 182
GRÜNEN 74, 84, 93, 108, 109, 214, 225, 229, 230, 231, 238, 245, 247, 249, 291, 295, 297, 298, 302, 303, 304, 305, 306, 310, 331, 332, 334, 336, 337, 340, 354, 355, 356
Gruppenparlament 228, 232, 233
Hartz-IV 170, 171, 181, 276
Haushaltsausgleich 181
Haushaltsreform 210
Haushaltssicherungskonzept 181
Hebesatzrecht 141, 168
Hemmnisbeseitigungsgesetz 97
Herrenchiemseekonvent 37, 38
horizontaler Finanzausgleich 129, 135
Idee der Gerechtigkeit 62
Immunität 225
Indemnität 225
Industrieproduktion 91
Informationsrechte 209
Interfraktionelle Initiative Parlamentsreform 234
Interpellationsrechte 211
Investitionsvorranggesetz 97

Kabinettberichterstattung 212
Kabinettprinzip 240, 249
Kalter Krieg 20, 39
Kanzlerdemokratie 241, 242, 243
Kanzlerprinzip 241, 242
Kanzlerwahl 206, 209, 252
Kapitulation 23, 24, 25, 38
Kapitulationsurkunde 19, 23, 25
Klassenpartei 334
Koalitionsrunde 241
Koalitionsverhandlungen 206, 249
kommunale Wählervereinigungen 351
Kommunalverfassung 164, 181, 183, 188, 311
Kommunalwahlgesetze 165
Kommunalwahlrecht 165
Kompetenzbegrenzungsprinzip 153
Kompetenztrennung 126, 135
Kompetenzverflechtung 126, 135
Konferenz von Jalta 21, 25
Konferenz von Potsdam 23, 24, 25, 28, 163, 320
Konferenz von Teheran 19
Konföderation 38, 80, 122
Königsteiner Abkommen 259
Konjunktursteuerung 72
konstruktive Misstrauensvotum 206, 207, 209, 210, 239, 245
Kontrolle der Staatsgewalt 123
KPD 28, 29, 31, 37, 38, 45, 124, 268, 309, 320, 325
Kreisumlage 174
Kruzifixurteil 263, 277
KSZE 80, 101, 103
Kuratoriumsentwurf 86
Länderexekutive 130, 257
Länderfinanzausgleich 96, 97, 130, 138, 140, 144, 166, 183
Ländergrenzen 32, 44, 61, 120, 124, 131, 310, 328
Länderneugliederung 145
Länderrat 32, 33
Landesrecht 61, 113, 115, 126, 261
LDP 28, 320

Legitimationsmonopol 201
Lehrfreiheit 52
Linke 79, 305, 306, 326, 328, 336, 341
Linkspartei 295, 304, 306, 326, 332, 333, 334, 338, 339, 340
Listenwahl 283, 294
Lobbying 227
Londoner Empfehlung 35, 36
Luftbrücke 36
Luxemburg 157, 159, 271, 285, 292
Maastricht-Urteil 272, 273
Machtindex nach Shapley 294
Magistratsverfassung 188, 189
Magna Charta Libertatum 49
Mehrheitswahl 282, 283, 284, 286
Meinungsfreiheit 57
Menschenrechte 51, 58, 68, 271
Menschenwürde 46, 55, 56, 58
MfS 78
Mischfinanzierung 134, 136, 140, 144
Missbrauchsgebühr 266
Misstrauensvotum 201, 206, 207, 209, 210, 245
Mitregierung 132, 214, 233, 237
Modellparlament 200
monetaristische Politik 72
monistische Verfassung 187
moralische Richtlinienkompetenz 254, 255
Nationale Liste 324, 325
NATO 36, 40, 45, 69, 101, 102, 103, 104, 105
Neues Forum 79
Neugliederung 39, 57, 108, 112, 115, 124, 130
Nichtannahmegebühr 266
Nikolaikirche 77
Nohfeldener Erklärung 84
Norddeutsche Ratsverfassung 188
Notstandsgesetze 40
NPD 45, 268, 325, 331, 332, 337
Obrigkeitsstaat 162
Oder-Neiße Linie 19
Oder-Neiße-Grenze 26, 104

OEEC 34, 39
Organisationshoheit 167, 168
Organstreitigkeiten 263, 266
örtliche Steuern 168
Pariser Verträge 40
parlamentarische Demokratie 47, 203, 237
Parlamentarischer Rat 341
Parlamentarismus 200, 201, 202, 203
Parlamentarismuskritik 232, 233
Parlamentsautonomie 225, 231
Parlamentswahlen 27, 58
Parteiausschuss 328
Parteienbegriff 323
Parteienfinanzierung 323, 324, 341, 342, 343, 344, 345, 346, 348, 349, 350, 351, 352, 357, 358, 359, 361
Parteiengesetz 265, 320, 323, 324, 326, 328, 343, 347, 350, 360
Parteienlandschaft 81, 283, 330, 331, 333, 336
Parteienrechtskommission 342, 350
Parteienspektrum 81, 332, 336
Parteiensystem 34, 282, 283, 319, 320, 329, 331, 332, 334, 338, 339, 341
Parteienverbote 44, 45, 265, 268, 323, 324, 325
Paulskirchenverfassung 42
PDS 31, 80, 82, 84, 93, 109, 225, 229, 230, 238, 296, 326, 328, 334, 336, 337, 338, 339, 354, 355, 356
Personalhoheit 167
Persönlichkeitswahl 192, 284, 294, 296
Petition of Rights 49
Petitionsrecht 57
Pflichtaufgaben nach Weisung 171
Planungshoheit 167, 168
plebiszitäre Elemente 86, 251, 309, 310, 311, 315, 318
policy of postponement 18
Politbüro 79
Politikverflechtung 129, 140
Potsdamer Abkommen 28
pouvoir neutre 251, 254

Präambel 41, 47, 48, 55, 56, 68, 69, 71, 83, 94, 95, 96, 104, 123, 310
Präsidentenanklage 213, 269, 270
präsidentielle Reserverechte 253
Präsidialanklage 201
Pressefreiheit 45, 51, 77
Prevention of Terrorism Act 323
Publizitätsgrenze 360
Quorum 110, 115, 195, 196, 312
RAF 54
Rechtsaufsicht 171
Rechtsbindung 62, 63
Rechtsetzungshoheit 167, 168
Rechtsgleichheit 63
Rechtssicherheit 62, 67
Rechtsstaatsprinzip 55, 61, 62, 63, 64, 65, 214, 273
Rechtsverordnungen 114, 146, 184, 201, 214
Regelung offener Vermögensfragen 97
Regierungsbildung 143, 205, 206, 241, 282
Regierungserklärung 80, 82
Regierungskontrolle 58, 206
Region 158, 160, 186
Reichspräsident 23, 43, 250, 251
Reparationsleistungen 21, 26
Repräsentation 57, 205, 223, 231, 281, 307, 361
Repräsentationsfunktion 210, 222
Republikaner 93, 331, 334, 336
Republikprinzip 55, 56
Ressortprinzip 240, 248
Richteranklage 268, 269, 270
Richtervorlage 267
Richterwahlausschuss 208
Richtlinienkompetenz 239, 240, 243, 249
Richtlinienprinzip 240, 242, 249
Rittersturz 36, 120
Rotationsprinzip 331
Saarstatut 120
Sachverständigenrat 130, 133, 173, 215
Sachverständigenrat zur Begutachtung der wirtschaftlichen Lage 88

Schlüsselzuweisungen 176
Schuman-Plan 39
Schwangerschaftsabbruch 97, 98
SED 31, 34, 77, 78, 79, 91, 309, 320, 334, 336, 339
Senatsmodell 257, 259
Sockelbetrag 348, 358
Solange-II-Entscheidung 273
Solange-I-Urteil 272
Solidarpakt 146
Sonderlastenausgleich 176
Souveränität 14, 40, 53, 57, 70, 76, 99, 104, 122, 124, 133, 200, 216, 262, 271, 272, 361
Sozialstaatsprinzip 54, 55, 64, 65, 66, 67, 129
Sozialunion 86, 87, 88, 89, 92, 98, 99, 100, 105, 144
SPD 28, 29, 31, 34, 35, 37, 38, 48, 74, 81, 82, 84, 107, 108, 109, 124, 134, 222, 240, 244, 245, 246, 247, 286, 291, 297, 298, 299, 301, 302, 304, 305, 306, 308, 310, 320, 327, 328, 330, 331, 332, 333, 334, 335, 336, 337, 338, 339, 340, 354, 355, 356
Sperrklausel 81, 93, 196, 284, 285, 286, 288, 293, 295, 296
Spiegelaffäre 45
Sputnik 76
SRP 44, 45, 268, 325, 331
Staatenbund 17, 121, 122, 123
Staatenstaat 122
Staatsgebiet 41, 122
staatsnotarielle Funktionen 252
Staatsoberhaupt 56, 76, 231, 250, 251
Staatsorgane 346, 358
Staatsverschuldung 72, 210
Staatsvolk 122
Staatsziel 68, 69, 70, 71, 73, 74, 86, 98, 115, 118, 311
Staatsziel Europa/ Supranationalität 69
Staatsziel Frieden 69
Stabilitätsgesetz 71, 72, 210
starre Listen 290

Steinsche Städteordnung 162, 163
Steuereinnahmen 135, 138, 169, 174, 177, 181, 185
Steuerhoheit 134, 167, 168
Steuerkompetenzen 175
Steuerkraftmeßzahl 176
Stimmenverrechnungsverfahren 282, 293
Strukturfonds 138, 159
Strukturpolitik 133, 159
Subsidiaritätsprinzip 133, 145, 152, 153, 156
Süddeutsche Ratsverfassung 188, 189
Teilung Deutschlands 76, 80, 120, 160
Tierschutz 56, 73
Treuhandanstalt 82, 89, 90, 91, 96
Trizone 33
Übertragung von Hoheitsrechten 68, 69, 114, 145
Umweltschutz 54, 56, 73, 95, 118, 152, 159, 311
Unitarisierung 129
Unitarismus 122
unmittelbar geltendes Recht 46, 49, 50
Untersuchungsausschüsse 209
Verbundsystem 135
Vereinigung 31, 40, 72, 79, 80, 83, 84, 85, 87, 94, 96, 99, 101, 102, 103, 104, 109, 116, 118, 125, 143, 146, 286, 299, 324, 334
Vereinigungsfreiheit 52, 57, 268
Verfassungsbeschwerde 45, 50, 263, 266
Verfassungsdiskussion 84, 86, 117, 118, 144
Verfassungsorgane 47, 200, 205, 208, 231
Verfassungsprinzip 130
Verfassungsreform 73, 76, 110, 115, 129, 131, 309, 310
Verfassungssouveränität 262, 271, 274
Verhältnismäßigkeit 63, 161
Verhältniswahl 224, 282, 283, 284, 285, 296, 299
Vermittlungsausschuss 220, 221, 222, 233
Vermögenshaushalt 178, 181

Versammlung der Regionen Europas 154
Versammlungsfreiheit 52
Verteidigungsfall 47, 85, 208, 213, 250, 252
vertikale Gewaltenteilung 123
Vertrag von Amsterdam 68, 70, 152, 160
Vertrag von Maastricht 70, 152, 154, 156
Vertrag von Nizza 70, 153, 155
Vertrauensfrage 206, 207, 208, 245, 252, 254, 266
Verwaltungseffizienz 169, 183
Verwaltungshaushalt 168, 178, 179, 181
Verwaltungsmodernisierung 134
Volatilität 303, 304
völkerrechtliche Vertretung 252
Volksbegehren 85, 86, 125, 310, 311, 312, 315
Volksentscheid 86, 108, 112, 118, 125, 195, 201, 310, 311, 312
Volksinitiative 48, 310, 311
Volkskammer 38, 79, 81, 82, 85, 86, 87, 89, 93, 99, 105, 107, 143
Volkskongressbewegung 34, 309
Volkspartei 330, 334, 338
Vormärz 319
Wahlbeteiligung 38, 82, 194, 283, 299, 304, 306, 307, 308, 359
Wählerverhalten 300, 302, 304
Wahlgrundsätze 290
Wahlkampfkostenerstattung 346, 348, 350
Wahlkampfkostenpauschale 348, 358
Wahlkreiskommission 294
Wahlprüfungsausschuss 288
Wahlprüfungsverfahren 267
Wahlrechtsreform 238, 286
Wahlvertrag 87, 93
Währungsreform 36
Währungsunion 70, 89, 99, 152
Warschauer Pakt 76, 102, 104
WASG 326, 334, 336, 341
Wechselwahl 303
Wehrverfassung 128

Index

Weimarer Reichsverfassung 42, 43, 123, 163, 210, 261
Weltpolizisten 15, 16, 17, 18
WEU 40, 69, 70, 103
Widerstandsrecht 50, 53
Wiedervereinigung 30, 40, 56, 71, 80, 83, 91, 100, 102, 104, 125, 140, 164, 188, 310, 340
Willensbildung 57, 58, 111, 322, 323, 324, 326, 328, 329, 331, 345, 346, 349, 351, 357, 358
Willensbildungsprozess 58, 70, 165, 237, 326, 345, 346, 349, 357, 361
Wirtschaftsrat 33
Zeugnisverweigerungsrecht 226
Zonenbeirat 32
Zukunftsinvestitionsprogramm 72
Zustimmungsgesetze 218, 274
Zweckzuweisungen 176, 177
Zwei-Plus-Vier-Vertrag 40, 87, 99, 100, 104, 105, 106
Zweitstimme 283, 286, 287, 294

Namensverzeichnis

Ackermann 29
Adenauer 35, 37, 40, 243, 244, 245, 253, 261, 264
Attali 103, 105
Attlee 25
Baker 102, 117
Brandt 85, 126, 208, 211, 244, 245
Breschnew 77, 124
Burke 324
Bush 78, 102, 117
Byrnes 33
Campbell 303, 305
Carstens 253
Churchill 13, 14, 15, 16, 17, 18, 19, 20, 21, 22, 24, 25, 27, 77
Clay 36
d'Hondt 291, 293
Dönitz, von 23
Eden 18, 27
Edward I 201
Eichel 247
Erhard 35, 244, 245
Ernst 126
Friedmann 73
Genscher 101, 102, 105, 117, 208, 250
Gorbatschow 77, 78, 81, 101, 102, 103, 105, 106, 117
Grass 85
Grotewohl 31
Habermas 85, 273
Häfner 301
Hare-Niemeyer 291, 292, 293
Heinemann 253
Herzog 253, 256
Heuss 49, 252, 253, 255
Hitler 16, 17, 23, 25, 263
Honecker 65, 78, 80
Hopkins 21, 22
Horn 79
Hull 17
Ipsen 66, 163
Jäger 256
Jodl 23
Kaiser 34, 35
Kant 203
Kennan 21
Keynes 73
Kiesinger 244, 245
Klimmt 247
Kohl 73, 81, 89, 101, 102, 103, 105, 117, 208, 244, 246, 247, 248, 249, 267, 300
Köhler 253, 256
Krause 95, 99
Krenz 80, 81
Labeo 167
Lafontaine 247
Lazarsfeld 303
Liebknecht 78
Lincoln 364
Lipset 303, 304

Lübke 253, 255
Lüdemann 125
Luxemburg 78
Maizière 83, 99, 117
Marshall 33, 36
Meinhof 55
Merkel 246
Michels 333
Mielke 79
Modrow 31, 80, 81, 89, 103
Molitor 216, 309
Molotow 16, 29, 34
Morgenthau 20, 23
Müller 33, 35, 40, 73, 122, 301
Müntefering 247
Nickel 301
Onken 322
Pieck 29
Pöhl 89
Rau 253, 256
Reagan 78
Ribbentrop 16
Rokkan 303, 304
Romberg 89
Roosevelt 13, 15, 16, 17, 18, 20, 22, 24, 25, 77
Rürup 204, 249
Schäuble 88, 95, 117, 247
Scheel 126, 253
Schewardnadse 101, 102, 105, 107, 117
Schmid 37, 122, 336, 337
Schmidt 74, 211, 245, 246

Schmitt 203, 204
Scholz 110, 279
Schröder 135, 136, 208, 209, 244, 246, 247, 248, 249, 250, 267, 338
Schumacher 31, 35, 38
Schuman 39
Seiters 117, 247
Shapley 297
Shdanow 29
Simon 85
Sobottka 29
Sokolowski 36
Stalin 16, 17, 18, 19, 20, 22, 24, 25, 26, 27, 29, 31, 34, 40, 77
Steinmeier 247
Strauß 246, 248
Süssmuth 249
Thatcher 103
Tietmeyer 89
Truman 24, 25, 27, 33
Ulbricht 28, 29
Ullmann 110
Vogel 75
von Weizsäcker 252, 254
Voscherau 110, 118
Waigel 89
Weber 204, 252, 324, 332
Weizsäcker 249, 255
Weizsäcker, von 253, 255, 256, 361
Wilhelm IV 43
Wilson 13, 15
Wowereit 256

Neu im Programm Politikwissenschaft

Uwe Andersen / Wichard Woyke (Hrsg.)
Handwörterbuch des politischen Systems der Bundesrepublik Deutschland
6. Aufl. 2009. XXIV, 873 S. Geb. EUR 49,90
ISBN 978-3-531-15727-6

Dieses Buch bietet die Grundlagen zu allen wichtigen Aspekten des politischen Systems der Bundesrepublik Deutschland und eignet sich sowohl für politikwissenschaftliche Einführungskurse als auch zum Nachschlagen. Das Standardwerk wurde für die 6. Auflage komplett überarbeitet und erweitert.

Viktoria Kaina / Andrea Römmele (Hrsg.)
Politische Soziologie
Ein Studienbuch
2009. 507 S. Br. EUR 29,90
ISBN 978-3-531-15049-9

Mehr als 25 Jahre nach Erscheinen des letzten Überblicksbandes zur Politischen Soziologie fasst das als Sammelband angelegte Studienbuch den aktuellen Forschungsstand der Politischen Soziologie im Schnittbereich von Politikwissenschaft und Soziologie zusammen. Ausgewiesene Forscherinnen und Forscher geben einen Einblick in die theoretisch-konzeptionellen Grundlagen und Fortentwicklungen der zentralen Subdisziplinen der Politischen Soziologie, zum Beispiel der Werte- und Einstellungsforschung, der Wahl- und Parteiensoziologie, der Parlamentarismus- sowie politischen Partizipations- und Kommunikationsforschung. Der profunde Überblick über grundlegende Begriffe, Konzepte und Analyseinstrumentarien wird nicht nur um empirische Befunde ergänzt. Der Band bietet zudem eine Übersicht über die Analyse- und Forschungsdesigns der Politischen Soziologie, ihre zentralen Forschungsmethoden und verwendbaren Datengrundlagen. Unter besonderer Berücksichtigung neu konzipierter und noch entstehender BA- und MA-Studiengänge ist der Band ein unverzichtbares Studienbuch in einem wichtigen Bereich der Politikwissenschaft.

Roland Sturm
Politik in Großbritannien
2009. 252 S. Mit 46 Tab. Br. EUR 19,90
ISBN 978-3-531-14016-2

Das britische Regierungssystem gehört zu den „Klassikern" der vergleichenden Regierungslehre. Das „Westminster Modell" des Regierens hat sich in den letzten Jahrzehnten jedoch weitgehend verändert. Wie und auf welchen Feldern, kann hier erstmals in einem Gesamtkontext der Reformen des politischen Systems nachgelesen werden. Stichworte: Devolution, Wahlsystemreformen, House of Lords-Reform, Civil Service-Reform, Freedom of Information Act und Human Rights Act. Diese Darstellung legt Grundlagen für das Verständnis des britischen Regierungssystems.

Erhältlich im Buchhandel oder beim Verlag.
Änderungen vorbehalten. Stand: Juli 2009.

www.vs-verlag.de

VS VERLAG FÜR SOZIALWISSENSCHAFTEN

Abraham-Lincoln-Straße 46
65189 Wiesbaden
Tel. 0611.7878-722
Fax 0611.7878-400

Neu im Programm Politikwissenschaft

Hermann Adam
Bausteine der Wirtschaft
Eine Einführung
15. Aufl. 2009. 433 S. Mit 85 Abb. u. 31 Tab. Br. EUR 24,90
ISBN 978-3-531-15763-4

Dieses Lehrbuch ist ein seit vielen Jahren bewährtes Standardwerk. Alle volkswirtschaftlichen Grundbegriffe und Zusammenhänge, die man kennen muss, um die aktuellen politischen, wirtschaftlichen und gesellschaftlichen Probleme in Deutschland unter den weltwirtschaftlichen Bedingungen der Globalisierung zu verstehen, werden mit einfachen Worten erklärt. Inhalt und Darstellungsweise sind auf Studierende der Politik- und Sozialwissenschaften und der Volkswirtschaftslehre in den Anfangssemestern zugeschnitten. Darüber hinaus ist das Buch für Sozial- und Gemeinschaftskundelehrer sowie für Teilnehmer an politischen Bildungsveranstaltungen eine wertvolle Hilfe.

Sonja Blum / Klaus Schubert
Politikfeldanalyse
2009. 191 S. (Elemente der Politik) Br. EUR 14,90
ISBN 978-3-531-16389-5

Politikfeldanalyse fragt danach, was politische Akteure tun, warum sie es tun und was sie damit bewirken. Ihr Ziel ist, systematisches Wissen über Politik für die Politik bereitzustellen. Entsprechend der Zielsetzung der Reihe „Elemente der Politik" gibt dieser Band einen einführenden Überblick über
– das Verhältnis zwischen Politikwissenschaft und Politikfeldanalyse
– die wichtigsten theoretischen und methodischen Zugänge
– zentrale Begriffe (z. B. Akteure, Institutionen, Steuerungsinstrumente)
– den sog. „Policy-Cycle" sowie
– Ursachen und Erklärungen für politische Veränderungen

Thomas Meyer
Soziale Demokratie
Eine Einführung
2009. 308 S. Mit 11 Tab. Br. EUR 24,90
ISBN 978-3-531-16814-2

In vielen Demokratien wurden in den letzten Jahren zahlreiche soziale Errungenschaften in Frage gestellt oder schrittweise abgebaut. Dieser Band führt in die theoretischen, ökonomischen und praktischen Grundlagen der Sozialen Demokratie ein und bietet somit eine wichtige Alternative zu neoliberalen Politikentwürfen.

Erhältlich im Buchhandel oder beim Verlag.
Änderungen vorbehalten. Stand: Juli 2009.

www.vs-verlag.de

VS VERLAG FÜR SOZIALWISSENSCHAFTEN

Abraham-Lincoln-Straße 46
65189 Wiesbaden
Tel. 0611.7878-722
Fax 0611.7878-400